QlikView 11 para Desarrolladores

Aprenda a desarrollar aplicaciones de inteligencia de negocios con QlikView

Miguel Ángel García

Barry Harmsen

[PACKT] enterprise
professional expertise distilled

PUBLISHING

BIRMINGHAM - MUMBAI

QlikView 11 para Desarrolladores

Primera publicación en Español: Diciembre 2013

Primera publicación en idioma Inglés en Noviembre de 2012

Referencia de Producción: 1061213

Publicado por Packt Publishing Ltd.
Livery Place
35 Livery Street
Birmingham B3 2PB, UK.

ISBN 978-1-78217-423-3

www.packtpub.com

Imagen de portada por Barry Harmsen (barry@qlikfix.com)

Créditos

Autores

Miguel Ángel García

Barry Harmsen

Traducción

Miguel Ángel García

Revisores Técnicos

Ralf Becher

Steve Dark

Stephen Redmond

Editor de Adquisición

Joanne Fitzpatrick

Editor Técnico Líder

Ankita Shashi

Editor Técnico

Nitee Shetty

Coordinadores de Proyecto

Sai Gamare

Anugya Khurana

Editores

Tania Leyva

Aditya Nair

Alfida Paiva

Correctores de Texto

Tania Leyva

Joel Johnson

Bob Phillips

Índice

Monica Ajmera Mehta

Rekha Nair

Tejal Soni

Ilustraciones

Aditi Gajjar

Coordinador de Producción

Nilesh Mohite

Conidon Miranda

Portada

Nilesh Mohite

Conidon Miranda

Prólogo

En QlikTech, nos enorgullece ser una "compañía Americana con alma Sueca". Celebramos nuestras raíces en la encantadora ciudad de Lund, al sur de Suecia; de hecho, los equipos de desarrollo que trabajan en la construcción del software QlikView aún residen ahí. Manejamos el negocio a nivel global desde las oficinas que se encuentran en Philadelphia, Boston y San Mateo, en Estados Unidos.

No obstante, tenemos más que un alma sueca y un negocio americano. En realidad, la comunidad QlikView de clientes, partners y consultores es prácticamente internacional. Para comprender este alcance, solo se necesita ver a los autores de este excelente libro. Barry Harmsen es bien conocido en Los Países Bajos, donde se desempeña como consultor independiente de inteligencia de negocios. Es, sin duda, una estrella de la comunidad QlikTech. Miguel García, de México, ha trabajando ofreciendo consultoría en QlikView a nivel global.

La enorme gama de experiencia que Barry y Miguel comparten a través de este libro es una de sus más valiosas cualidades. Los ejemplos planteados están muy bien estructurados y ofrecen profundidad en los temas; pero también se toman el tiempo de explicar la perspectiva de negocio que sustenta su razonamiento.

En QlikTech, comúnmente decimos que QlikView no es tanto una herramienta para Inteligencia de Negocios como lo es una plataforma de Descubrimiento de Negocio. Este no es simplemente un término comercial: no estamos solamente buscando algo distinto que decir. Es un hecho que todos los días vemos a nuestros clientes hacer nuevos descubrimientos -encontrar nueva información y entendimiento-con QlikView.

Un reporte tradicional de BI simplemente dice lo que uno ya sabe, y éste viene empaquetado y en cierto formato para mantener ese conocimiento actualizado y poder compartirlo fácilmente. Un cuadro de mando típico permite monitorear indicadores clave y, si tiene un buen diseño, también facilita el navegar la información a niveles más granulares para comprender los detalles o tendencias que producen el comportamiento de dichos indicadores. Pero el Descubrimiento de Negocio hace esto y más. El Descubrimiento de Negocio permite a los usuarios formular nuevas preguntas y explorar las respuestas e implicaciones de las mismas con pocas restricciones.

Desde el primer capítulo, Barry y Miguel muestran exactamente cómo se da este descubrimiento. Es aquí donde introducen el modelo asociativo que hace a QlikView tan poderoso, y describen las formas en las que la dinámica de dicho modelo se puede interpretar desde la interfaz de usuario (el uso de los colores verde, blanco y gris).

Siguiendo un camino altamente práctico, los autores poco a poco introducen la mecánica de extraer datos de diversas fuentes. Guían al lector a través de numerosas técnicas para transformación, modelado y exploración de los datos extraídos. Ofrecen consejos y mejores prácticas de desarrollo en relación al manejo de seguridad, visualización de datos, e incluso análisis más complejos.

En resumen, para nuevos desarrolladores, esta es una guía excelente para comenzar a trabajar con QlikView. Para usuarios más experimentados, la profundidad de los ejemplos planteados y las recomendaciones que se comparten, hacen de ésta un excelente referencia para su trabajo.

Donald Farmer,

VP Product Management, QlikTech.

Acerca de los Autores

Miguel Ángel García es un Consultor de Inteligencia de Negocios con base en Monterrey, México. Luego de participar en una variedad de implementaciones exitosas con QlikView, y desempeñarse en una diversidad de roles en cada proyecto, su experiencia incluye el desarrollo y diseño de aplicaciones, pre-venta, arquitectura técnica, administración del sistema, así como también análisis funcional y administración de proyectos.

Actualmente cuenta con las certificaciones oficiales otorgadas por QlikTech de QlikView Designer, QlikView Developer y QlikView System Administrator para las versiones 9, 10 y 11 del producto.

Su pasión por QlikView lo llevó a crear y administrar el blog de iQlik (`http://iqlik.wordpress.com`). Puede seguir sus actualizaciones a través de Twitter con `@iQlik`.

Quiero agradecer a mi familia por su apoyo en todos los proyectos y emprendimientos que llevo a cabo.

Barry Harmsen es un Consultor de Inteligencia de Negocios con base en Los Países Bajos. Luego de trabajar con herramientas tradicionales de Inteligencia de Negocios, Almacenamiento de Datos y herramientas de Gestión de Desempeño, en 2008 cambió su enfoque hacia QlikView, por representar una forma de Inteligencia de Negocios centrada en el usuario. Desde entonces, ha participado en muchas implementaciones exitosas con QlikView, y a través de una variedad de industrias, entre las que se encuentran Servicios Financieros, Telecomunicaciones, Manufactura y Sector Salud. Escribe artículos sobre QlikView en `QlikFix.com`.

Quiero agradecer a mi hija Lucie, a mi hijo Lex, y en especial a mi esposa Miranda por su apoyo y paciencia durante la creación de este libro.

Agradecimientos

Escribir un libro no es un trabajo de una -o dos- personas. La realización de este material no habría sido posible sin las contribuciones de un gran equipo.

Queremos agradecer a Donald Farmer por escribir el prólogo y por ayudarnos a adquirir los permisos para utilizar algunos materiales de QlikTech en este libro. Gracias también a John Trigg por apoyar este proyecto.

Ralf Becher, Steve Dark, y Stephen Redmond hicieron la revisión técnica de este libro. Para la traducción de este material al Español, contamos con la participación de Tania Leyva como editora. Los atinados comentarios y sugerencias de este equipo añadieron una dimensión extra de calidad al libro. Es por eso que les agradecemos.

También queremos agradecer a todo el equipo editorial de Packt; Rashmi Phadnis, Joanne Fitzpatrick, Heather Gopsill, Anugya Khurana y Nitee Shetty. Su constante seguimiento nos ayudó a mantenernos enfocados y en tiempo.

Acerca de los Revisores Técnicos

Steve Dark se desempeñaba como desarrollador de SQL Server / MS ASP, creando soluciones de reporteo web durante 10 años, hasta que se le mostró QlikView. Poco después de este revelación, dejó su antiguo trabajo para fundar Quick Intelligence -una consultoría enfocada exclusivamente a ofrecer soluciones de Inteligencia de Negocios con QlikView. Como prefiere trabajar cerca de la acción, pasa la mayor parte de su tiempo con clientes, construyendo aplicaciones QlikView, administrando servidores, y ejecutando proyectos.

Nunca se cansará de mostrar QlikView a nuevos usuarios y verlos quedarse boquiabiertos.

Es un usuario activo en QlikCommunity y otros sitios de redes sociales, en donde comparte su entusiasmo por QlikView y proporciona ayuda a otros usuarios. Por medio de su blog, comparte tutoriales, ejemplos, y recomendaciones sobre QlikView. Lo puede seguir en `http://www.quickintelligence.co.uk/`.

Quiero agradecer a Barry y Miguel por escribir este libro y a la editorial por hacerlo posible. Creo honestamente que llena una brecha importante en el ecosistema QlikView.

Stephen Redmond es el Director de Tecnología de CapricornVentis Limited (http://www.capventis.com), un partner QlikView de nivel elite. Es el autor de varios libros, incluyendo la popular serie *DevLogix* para desarrolladores SalesLogix y más recientemente *QlikView for Developers Cookbook*.

Después de muchos años trabajando con sistemas CRM, soluciones de reportes y análisis, y sistemas de integración de datos, en 2006 comenzó a trabajar con QlikView. Desde entonces, CapricornVentis se ha convertido en el partner principal de QlikView en el territorio del Reino Unido e Irlanda y, con Stephen como líder, han implementado QlikView en una gran variedad de empresas grandes y de nivel corporativo a través de diversos sectores desde público a servicios financieros y retail.

Contribuye regularmente en foros en línea, incluyendo QlikCommunity. Su blog sobre QlikView está en http://qliktips.blogspot.com y lo puede seguir en twitter -@stephencredmond- donde comparte ideas sobre QlikView, inteligencia de negocios, visualización de datos, y tecnología en general.

Ralf Becher nació en 1968. Adquirió su formación como Director de Tecnologías de Información en la escuela de postgrado en administración de Leipzig en 1992. Trabajó como Arquitecto de Sistemas de TI y como Consultor de TI en las áreas de servicios financieros, banca, seguros, logística, automotriz y retail. Es co-fundador de TIQ Solutions, que opera desde 2004.

Su empresa se especializa en procesos modernos de administración y calidad de datos; desde 2004 ha ayudado a sus clientes a procesar, evaluar, y mantener la calidad de sus datos. TIQ Solutions asesora a sus clientes desde el análisis inicial del problema, ayudándoles a introducir, implementar y mejorar soluciones complejas en los campos de arquitectura de datos, integración de datos, migración de datos, administración de datos maestros y meta datos, almacenamiento de datos e inteligencia de negocios.

Ralf es un experto QlikView reconocido internacionalmente y con una fuerte presencia en la comunidad. Ha contribuido en la creación de soluciones adaptables a QlikView para integración de datos, especialmente en el ámbito de Java y Big Data.

www.PacktPub.com

Archivos ejemplo, eBooks, descuentos y más

Le sugerimos visitar www.PacktPub.com para descargar los archivos ejemplo y soluciones que acompañan los ejercicios de este libro.

¿Sabía que Packt ofrece versiones electrónicas de todos los libros que publica, disponibles en formato PDF, ePub, y otros? Puede adquirir la versión electrónica del libro en www.PacktPub.com y, por tener la copia física del libro, puede obtener un descuento al adquirir también el eBook. Póngase en contacto con nosotros a través de service@packtpub.com para más información.

En www.PacktPub.com, también puede acceder a una colección de artículos técnicos gratuitos, subscribirse a una variedad de boletines y recibir descuentos exclusivos y ofertas de libros Packt en formato físico y electrónico.

PACKTLIB®

http://PacktLib.PacktPub.com

¿Requiere soluciones instantáneas a sus preguntas de TI? PackLib es la librería digital en línea de Packt. Aquí puede acceder, leer y buscar a través de todos los libros de Packt.

¿Porqué subscribirse?

- Permite búsquedas a través de todos los libros publicados por Packt
- Permite copiar y pegar, imprimir y aplicar marcadores al contenido
- Es bajo demanda y accesible por medio de un navegador web

Acceso gratuito para usuarios registrados en Packt

Si tiene una cuenta con Packt en www.PacktPub.com, puede utilizarla para acceder a PacktLib hoy y ver nueve diferentes libros gratuitos. Simplemente utilice su nombre de usuario para acceso inmediato.

Actualizaciones al instante de nuevos libros Packt

Entérese cuando se publiquen nuevos libros siguiendo a @PacktEnterprise en Twitter, o a la página de *Packt Enterprise* en Facebook.

Tabla de Contenidos

Prefacio

Siempre ha existido la necesidad de soluciones de Inteligencia de Negocios (BI, por las siglas de su denominación en inglés: Business Intelligence) y análisis de información, y así también han existido diferentes enfoques para satisfacer dicha necesidad. Las herramientas tradicionales de BI se basan mucho en tecnologías desarrolladas desde hace décadas, aun cuando en épocas más recientes se han ido desarrollando nuevas tecnologías que han probado ser más flexibles y más adecuadas para un ambiente que se encuentra en constante evolución como lo es el de las plataformas de BI. QlikView es un ejemplo de este tipo de tecnología disruptiva, un nuevo tipo de software que cambia las reglas del juego.

QlikView es diferente, es un hecho. Es diferente de una forma que le permite tener ventaja frente al resto de las herramientas. Si ha trabajado anteriormente con herramientas tradicionales de BI, tal vez sea necesario deshacerse de algunas ideas preconcebidas que puede tener en relación a cómo se implementa una solución de BI. Por otro lado, si es relativamente nuevo en el área de la inteligencia de negocios, le ayudaremos a comprender las bases y ponerse al corriente. En cualquier caso, quédese tranquilo de que hizo la elección correcta al elegir QlikView como su herramienta y este libro como su guía.

La buena noticia es que el material que encontrará en estas páginas se ha escrito de una manera que resultará de utilidad tanto para principiantes, profesionales de BI con experiencia en otras herramientas, e incluso para quienes ya cuentan con experiencia en QlikView. Este libro le proporcionará el conocimiento requerido para entender cómo funciona QlikView, así como las habilidades necesarias para construir documentos QlikView de inicio a fin: desde cargar datos hasta construir gráficos. Aunque ya haya trabajado con QlikView antes, los ejercicios presentados en cada capítulo, así como las prácticas recomendadas que se abordan, le ayudarán a ampliar su conocimiento y ser más eficiente en el manejo de QlikView.

Entre otras características del presente material, algunas de las más importantes son:

- El libro es práctico y le permitirá realizar cada ejercicio en su propia computadora. Cada capítulo contiene ejemplos que le ayudarán a pasar de la teoría a la práctica de manera inmediata. Facilitamos esta experiencia práctica al proporcionar un conjunto de datos completo sobre el cual basamos los ejemplos y que utilizamos a lo largo del libro. Este conjunto de datos nos permitirá construir una aplicación QlikView completamente funcional con un cuadro de mando, hojas de análisis y reportes, usando el concepto DAR (Dashboard, Análisis y Reportes).

- En cada capítulo, se construye una parte de una aplicación final, lo cual le permite seguir su construcción de inicio a fin. Al mismo tiempo, nos permite cubrir diferentes retos de desarrollo con los que se puede encontrar en un proyecto QlikView.

- Nos aseguramos de cubrir conceptos de desarrollo tanto a nivel interfaz como a nivel código, de modo que los 14 capítulos cubren distintos temas que van desde script y extracción de datos hasta modelado de datos, diseño, gráficos y expresiones, seguridad, entre otros. También se plantean algunas mejores prácticas en relación a cada uno de los temas.

- Todos los ejemplos que se plantean en el libro están complementados con archivos de solución para que el lector pueda seguir los ejercicios paso a paso y comparar su trabajo. Los archivos QlikView que se proporcionan están habilitados para abrirse con la edición personal de QlikView, lo cual significa que no se requiere adquirir una licencia de QlikView para trabajar con los mismos.

- Aunque el caso práctico y la historia que seguimos en el libro se basan en una compañía ficticia, los datos utilizados en los ejemplos y en la aplicación final son reales. Gracias a la iniciativa de Open Government y al Buró de Estadísticas de Transportación de Estados Unidos, que compila y mantiene un conjunto de datos completo sobre la operación de aerolíneas en Estados Unidos, el lector podrá trabajar con datos reales y construir una aplicación QlikView para analizar el tráfico aéreo por número de vuelos, pasajeros transportados, transporte de carga, y muchas otras métricas a través de dimensiones como aerolínea, aeropuerto, ciudad, aeronaves, etc.

Enhorabuena por tomar esta iniciativa de aprendizaje sobre desarrollo de aplicaciones de Inteligencia de Negocios con QlikView. ¿Está listo para despegar? – Qlik On!

Lo que este libro cubre

El *Capítulo 1, Conozca QlikView*, presenta una introducción a la herramienta y las formas en que puede ser usada para explorar datos. De igual forma, en este capítulo aprenderemos sobre la tecnología y componentes detrás de QlikView y presentaremos el caso práctico que se sigue a lo largo del libro: Aerolíneas HighCloud.

En el *Capítulo 2, Ver para Creer*, ponemos manos a la obra y comenzamos a construir un documento QlikView simple. Aprenderemos lo que son las dimensiones y expresiones en el contexto de un documento QlikView y exploraremos formas de crear gráficos simples para visualizar datos. Así mismo, en este capítulo diseñaremos una interfaz de usuario básica para navegar a través del documento QlikView.

El *Capítulo 3, Fuentes de Datos*, habla sobre cómo extraer datos de diversas fuentes y cómo utilizar los asistentes de extracción con que cuenta la herramienta. También se presenta el formato propietario de QikView para almacenamiento de datos (QVD).

El *Capítulo 4, Modelado de Datos*, aborda los distintos tipos de modelo de datos que existen y presenta las ventajas de cada uno al trabajar con QlikView. Veremos algunos lineamientos que debemos considerar al diseñar un modelo de datos QlikView, y al mismo tiempo aprenderemos cómo sacar el mayor provecho al modelo de datos asociativo para hacer que nuestros documentos sean altamente dinámicos.

En el *Capítulo 5, Añadiendo Estilo*, exploramos formas de estilizar nuestros documentos QlikView. Aprenderemos sobre una serie de propiedades, tanto de documento como de hoja, que usaremos para mejorar el aspecto de nuestro documento. De igual manera, veremos con mayor detalle algunos objetos fundamentales de la interfaz y aprenderemos cómo cambiar su apariencia y estilo.

En el *Capítulo 6, Construyendo Dashboards*, se dan a conocer los tres tipos básicos de usuarios QlikView y las necesidades de información que cada uno tiene. Aprenderemos acerca de las opciones de visualización de datos con que cuenta QlikView, y veremos cómo añadir interactividad en los documentos QlikView. También se da una introducción a cálculos simples.

En el *Capítulo 7, Creando Scripts*, se introduce el lenguaje de programación de QlikView y el editor de script. Aprenderemos las instrucciones de script más importantes y cómo las podemos usar para manipular datos y controlar el flujo del script. También se habla de los operadores y funciones más importantes para trabajar con distintos tipos de dato. Además, veremos opciones para depurar scripts, así como organizar, estructurar y reutilizar el código.

El *Capítulo 8, Mejores Prácticas en Modelado de Datos*, profundiza más en el tema de modelado de datos y creación de scripts. Aprenderemos cómo asegurar que los modelos de datos sean consistentes y cómo trabajar con modelos de datos complejos y múltiples tablas de hechos. Así mismo, aprenderemos cómo reducir requerimientos de almacenamiento en aplicaciones QlikView y cómo lidiar eficientemente con información de fecha y hora.

En el *Capítulo 9, Transformación Básica de Datos*, aprenderemos técnicas para trabajar con datos no estructurados y transformarlos para su inclusión en un modelo de datos QlikView. Veremos ejemplos de limpieza de datos, tablas cruzadas y tablas jerárquicas.

En el *Capítulo 10, Expresiones Avanzadas*, aprenderemos más acerca del uso de variables, el uso de funciones condicionales y cómo realizar agregaciones avanzadas.

El *Capítulo 11, Análisis de Conjuntos y Comparaciones en el Tiempo*, explora con mayor detalle el Análisis de Conjuntos y explica cómo se puede utilizar esta herramienta para crear reportes de variabilidad en puntos de tiempo. También aprenderemos cómo crear escenarios de análisis comparativo con el uso de estados alternos.

El *Capítulo 12, Transformación Avanzada de Datos*, ahonda en el tema de transformación de datos. Aprenderemos sobre las arquitecturas de datos más comúnmente utilizadas y que pueden facilitar la administración y desarrollo de soluciones QlikView. Posteriormente, revisaremos el manejo de agregaciones y ordenación de datos fuente y exploraremos algunas de las capacidades más potentes de QlikView en relación a transformación de datos.

El *Capítulo 13, Más sobre Diseño Visual y Experiencia de Usuario*, ofrece recomendaciones para mejorar y facilitar el diseño visual de documentos QlikView. La segunda parte del capítulo presenta algunas opciones para hacer más interactivos y proactivos los documentos QlikView.

El *Capítulo 14, Seguridad*, nos muestra cómo aplicar seguridad a los documentos QlikView. Veremos cómo restringir el acceso de modo que solo usuarios autorizados puedan abrir los documentos QlikView. De igual forma, aprenderemos cómo limitar las acciones que un usuario puede realizar y lo que puede ver dentro del documento.

Lo que necesita para este libro

Para hacer uso de este libro, necesitará instalar el programa QlikView Desktop. Si aún no cuenta con él, en el *Capítulo 1, Conozca QlikView*, se explica cómo obtenerlo. Respecto a requerimientos del sistema, necesitará una computadora con al menos Windows XP (o superior), 2GB de espacio en disco y 2 GB de RAM. Se puede utilizar un equipo de 32 bits, pero se recomienda un equipo de 64 bits para este libro y para desarrollo QlikView en general.

Para una mejor comprensión, se requiere conocimiento básico sobre Inteligencia de Negocios y su terminología. Es preferible también, aunque no requerido estrictamente para este libro, un entendimiento básico de bases de datos y SQL.

A quién va dirigido el material

Este libro va dirigido a desarrolladores y usuarios que quieren aprender a crear aplicaciones de Inteligencia de Negocios con QlikView. Desarrolladores que ya hayan usado QlikView por un tiempo podrán encontrar recomendaciones útiles y mejores prácticas para hacer uso más efectivo de QlikView.

Este libro solamente cubre QlikView Desktop. Implementaciones en QlikView Server y Publisher están fuera del alcance de este libro. Este libro no va enfocado a administradores de servidores QlikView.

Convenciones

En este libro, encontrará ciertos estilos de texto que distinguen entre diferentes tipos de información. Aquí presentamos algunos ejemplos de estos estilos, y una explicación de su significado.

Palabras de código entre texto se muestran como sigue: "Importe esta conexión a todos los archivos QVW usando la instrucción include."

Un bloque de código se muestra de la siguiente forma:

```
LOAD `%ID Aeropuerto Origen`,
     `Aeropuerto Origen`;
SQL SELECT `%ID Aeropuerto Origen`,
     `Aeropuerto Origen`
FROM `Aeropuertos Origen`;
```

Nuevos términos y **palabras importantes** se muestran en negrita. Palabras que se ven en la pantalla, en menús o ventanas de diálogo por ejemplo, aparecen en el texto se la siguiente forma: "Ahora daremos clic en **Probar Conexión** para asegurar que la conexión se haya establecido".

> Advertencias o notas importantes aparecen en una caja como esta.

> Recomendaciones y trucos aparecen de esta forma.

Comentarios del lector

Los comentarios de nuestros lectores son siempre bienvenidos. Déjenos saber lo que piensa sobre este libro, lo que le gustó o no le gustó. La retroalimentación de nuestros lectores es importante para nosotros poder publicar títulos que realmente resulten de provecho.

Para enviarnos comentarios generales, simplemente envíe un correo a `feedback@ packtpub.com`, y mencione el título del libro en el asunto del mensaje.

Si hay algún tema en que tiene experiencia y le interesaría trabajar como autor o colaborador, vea nuestra guía para autores en `www.packtpub.com/authors`.

Asistencia al cliente

Ahora que es el orgulloso propietario de un libro Packt, tenemos una serie de recomendaciones para ayudarle a sacar el mayor provecho a su compra.

Descargando el paquete de archivos ejemplo

Usted puede descargar los paquetes de archivos ejemplo y soluciones para todos los libros Packt que ha adquirido a través de nuestro sitio web `http://www.packtpub.com`. Si adquirió el libro a través de uno de nuestros distribuidores, visite `http://www.packtpub.com/support` y regístrese para que le enviemos una liga de descarga a su correo electrónico.

Aviso Legal

"QlikTech no se hace responsable ni ofrece ninguna representación o garantía en relación a la precisión o integridad del contenido de este Libro o de los Materiales QlikView referenciados en el mismo y de manera específica se deslinda de toda responsabilidad y garantías, incluyendo pero no limitándose a las garantía de que este material sea apropiado para cualquier propósito. Las recomendaciones y estrategias en el Libro o los Materiales QlikView pueden no ser aplicables a toda situación. QlikTech no se hace responsable por daños, reclamaciones, demandas, costos, o causas de acción, sean conocidas o no, resultado de este libro."

Erratas

Aún cuando hemos tomado toda precaución para asegurar la precisión de nuestro contenido, los errores pueden pasar. Si encuentra algún error en cualquiera de nuestros libros, tal vez algún error en el texto o en el código, le agradeceremos lo haga de nuestro conocimiento. Si realiza esto, puede evitar la frustración de otros lectores y nos ayudará a mejorar versiones subsecuentes de este libro. Si encuentra cualquier error, por favor repórtelo visitando http://www.packtpub.com/support, seleccione el libro correspondiente, dé clic en la liga de **errata submission form**, e ingrese los detalles de su observación. Una vez que se haya verificado el error, se aceptará el registro y éste será publicado en nuestro sitio web, o será añadido a cualquier lista de errores existente, bajo la sección de Errata del título en cuestión.

Piratería

La piratería de material con derechos de autor en Internet es un problema continuo, presente en todos los tipos de contenido. En Packt, tomamos muy en serio la protección de derechos de autor y licencias. Si encuentra copias ilegales de nuestros títulos, en cualquier formato, en Internet, por favor proporcione la dirección web o nombre del sitio web inmediatamente para que podamos buscar un remedio.

Por favor, contáctenos en copyright@packtpub.com con un enlace al material del que sospecha piratería.

Apreciamos su ayuda para proteger a nuestros autores y permitirnos seguir ofreciendo contenido valioso.

Preguntas

Puede contactarnos a través del correo electrónico questions@packtpub.com si tiene algún problema con cualquier aspecto de este libro, y haremos todo cuanto esté a nuestro alcance para solucionarlo.

Uso del material para capacitación formal

El contenido altamente práctico y detallado de este libro lo hacen ideal para uso en cursos formales y capacitación presencial de QlikView. Si usted o su organización ofrecen cursos de QlikView, no pierda la oportunidad de adquirir el material complementario a este libro y aprovecharlo en sus clases. Para mayor información, contacte al autor por medio de su correo electrónico: mg@qlik-on.com.

1
Conozca QlikView

Enhorabuena por su decisión de emprender esta experiencia de aprendizaje con QlikView. Lo que aprenderá con este libro le permitirá construir aplicaciones de análisis que ayudarán a soportar el proceso de toma de decisiones dentro de su organización.

Antes de adentrarnos en el tema y comenzar a construir todo tipo de cosas increíbles, primero necesitamos repasar las bases que nos ayudarán a comprender mejor el funcionamiento de la herramienta. El primer capítulo ofrece una descripción de la parte frontal de QlikView. Descubriremos qué es QlikView, cómo se diferencia de otras herramientas, y cómo podemos explorar e interactuar con nuestros datos dentro de un documento QlikView. Claro está que, siendo éste un libro técnico, también revisaremos los diferentes componentes técnicos en que consiste QlikView. Este capítulo concluye con una introducción a *Aerolíneas HighCloud*, el caso práctico con el que estaremos trabajando a lo largo del libro.

De manera puntual, en este capítulo veremos:

- Qué es QlikView.
- Cómo explorar datos con QlikView.
- La tecnología y componentes detrás de QlikView.
- Aerolíneas HighCloud, y porqué QlikView puede ser justo la herramienta que necesitan.

Primero, veamos lo que es QlikView, qué podemos hacer con esta herramienta y cómo se diferencia de otras soluciones disponibles en el mercado.

¿Qué es QlikView?

QlikView es una herramienta computacional desarrollada por QlikTech, una compañía que fue fundada en Suecia en 1993, pero actualmente con sede a Estados Unidos. QlikView es una herramienta usada para Inteligencia de Negocios, comúnmente abreviada como BI por las siglas de su denominación en inglés: *Business Intelligence*. La inteligencia de negocios es definida por Gartner, una firma líder de analistas de la industria, como:

> *Un término general que incluye la aplicación, infraestructura y herramientas, y mejores prácticas que permiten el acceso a información y análisis de la misma para mejorar y optimizar el proceso de toma de decisiones y desempeño de una compañía.*

Siguiendo esta definición, QlikView es una herramienta que permite el acceso a la información y posibilita el análisis de los datos, lo cual a su vez mejora y optimiza el proceso de toma de decisiones de negocio y por ende también el desempeño del mismo.

Históricamente, la Inteligencia de Negocios ha sido comandada principalmente por los departamentos de Tecnologías de Información en las empresas. Los departamentos de TI eran responsables de todo el ciclo de vida de una solución de Inteligencia de Negocios, desde extraer los datos hasta entregar los reportes finales, análisis y cuadros de mando. Aunque este modelo funciona bien para la distribución de reportes estáticos predefinidos, la mayoría de las empresas se han ido dando cuenta que no cumple con las necesidades de sus usuarios de negocio. Como TI controla de cerca los datos y herramientas, los usuarios comúnmente experimentan largos tiempos de espera cuando surgen nuevas preguntas de negocio que no pueden ser respondidas con los reportes estándar.

¿Cómo se diferencia QlikView de herramientas tradicionales de BI?

QlikTech se enorgullece de abordar la Inteligencia de Negocios de una manera distinta a lo que compañías como Oracle, SAP, e IBM – descritas por QlikTech como proveedores tradicionales de BI – ofrecen. QlikTech busca poner las herramientas en manos del usuario de negocio, permitiéndole ser autosuficiente, ya que así puede realizar sus propios análisis.

Las firmas independientes de analistas de la industria han notado también este acercamiento distinto. En 2011, Gartner creó una subcategoría para herramientas de Descubrimiento de Datos en su evaluación anual de mercado, el *Cuadrante Mágico de plataformas de Inteligencia de Negocios*. QlikView fue el abanderado en esta nueva categoría de herramientas de BI.

QlikTech prefiere describir su producto como una herramienta de Descubrimiento del Negocio en lugar de Descubrimiento de Datos. Sostiene que descubrir cosas sobre el negocio es mucho más importante que descubrir datos. El siguiente diagrama ilustra este paradigma.

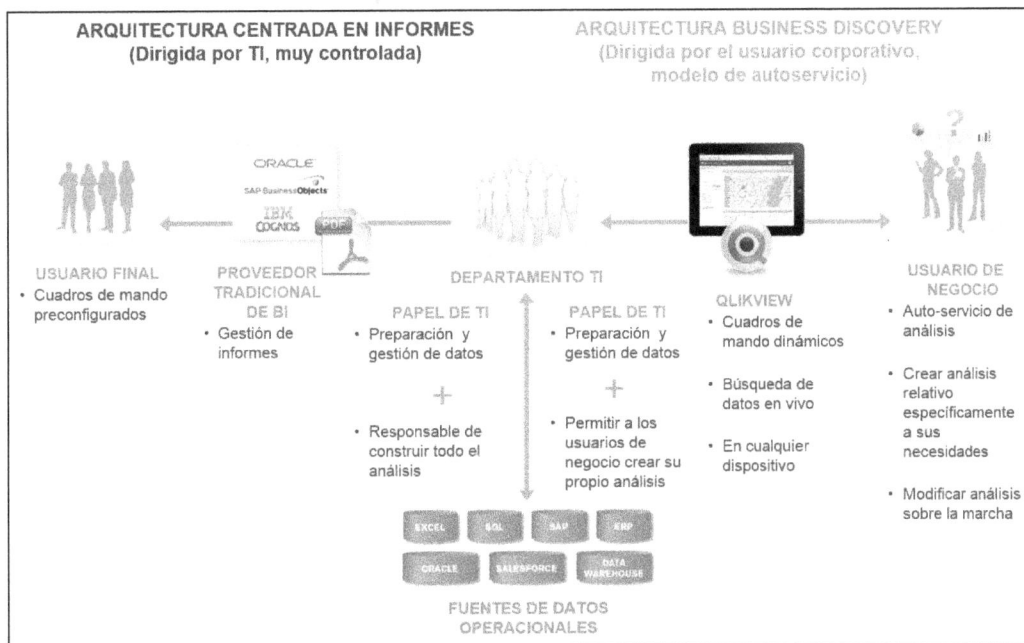

Fuente: QlikTech

Además de la diferencia en quién usa la herramienta – usuarios de TI contra usuarios de negocio – hay algunas otras funcionalidades que diferencian a QlikView de otras soluciones.

Experiencia de usuario asociativa

La principal diferencia entre QlikView y otras soluciones de BI es la experiencia de usuario asociativa. Mientras que las soluciones de BI tradicionales usan caminos predefinidos para navegar y explorar datos, QlikView permite a los usuarios tomar cualquier ruta que deseen para realizar análisis. Esto resulta en una manera mucho más intuitiva de navegar los datos. QlikTech describe esto como "trabajar de la forma en que trabaja la mente humana".

En la siguiente imagen se muestra un ejemplo. Mientras que en una solución típica de BI tendríamos que comenzar seleccionando una **Región** para después entrar paso a paso en el camino jerárquico definido, en QlikView podemos elegir cualquier punto de entrada que deseemos – **Región**, **Estado**, **Producto**, o **Vendedor**. Al ir navegando los datos, se nos presenta solo la información relacionada a nuestra selección y, para nuestra siguiente selección, podemos elegir cualquier camino que deseemos. La navegación es infinitamente flexible.

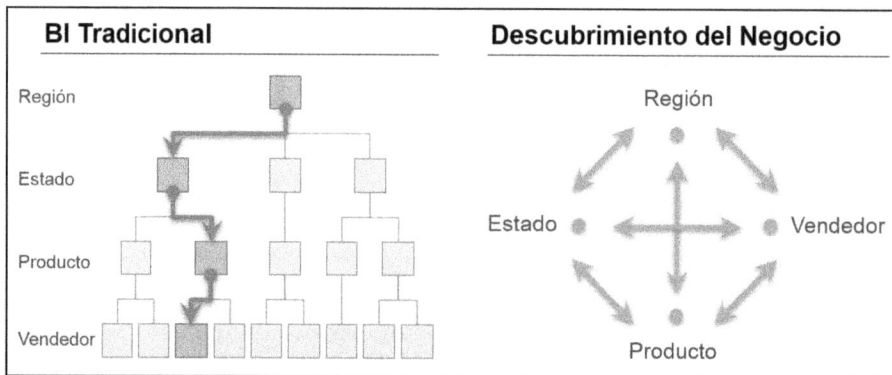

Adicionalmente, la interfaz de usuario QlikView nos permite ver los datos que están asociados a nuestra selección.

Por ejemplo, la siguiente imagen de pantalla (del documento demostrativo de QlikTech llamado *What's New in QlikView 11*) muestra un Cuadro de Mando en QlikView en el que hay dos valores seleccionados. En el campo **Quarter**, está seleccionado el valor **Q3**, y en el campo **Sales Reps**, está seleccionado **Cart Lynch**. Podemos ver esto porque los valores correspondientes están en color verde, lo cual significa que dichos valores han sido seleccionados. Cuando se hace una selección, la interfaz se actualiza automáticamente no solo para mostrar los datos que están asociados a esta nueva consulta, sino también los datos que no están asociados con dicha selección. Los datos asociados aparecen con un fondo blanco, mientras que los datos no asociados tienen un fondo gris. Algunas veces las asociaciones pueden ser bastante obvias; no es sorpresa que el tercer trimestre del año tenga asociado los meses de Julio, Agosto y Septiembre. Sin embargo, en otras ocasiones nos encontramos con otras asociaciones no tan obvias, como por ejemplo que Carl Lynch no ha vendido ningún producto en Alemania o España. Esta información extra, que no se ve en herramientas tradicionales de BI, puede ser de gran valor ya que ofrece un nuevo punto de comienzo para exploración de datos.

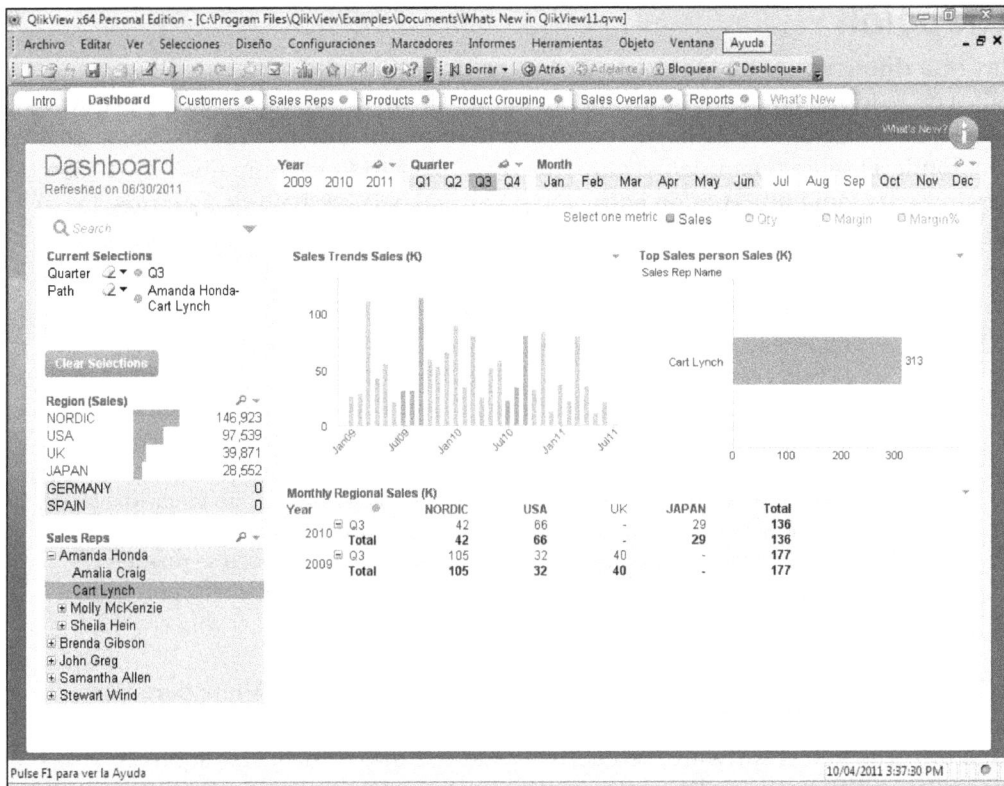

Tecnología

El principal diferenciador tecnológico de QlikView es que utiliza un modelo de datos en memoria, es decir, que toda la información con que interactúa el usuario está guardada en RAM en lugar de utilizar disco. Como el uso de RAM es mucho más rápido que disco, los tiempos de respuesta son muy rápidos, generando así una experiencia de usuario muy fluida.

En una sección posterior de este capítulo, ahondaremos un poco más en el tema de la tecnología detrás de QlikView.

Adopción

Hay otra diferencia entre QlikView y otras soluciones tradicionales de BI que radica en la forma en que se implementa dentro de una compañía. Mientras que las soluciones tradicionales de BI son típicamente implementadas de arriba hacia abajo – en donde TI selecciona una herramienta de BI para toda la compañía – QlikView comúnmente toma una ruta de adopción de abajo hacia arriba. Los usuarios de negocio de un solo departamento la implementan localmente, y su uso se expande desde ahí.

QlikView se puede descargar de manera gratuita para uso personal. A esta versión se le llama QlikView Personal Edition o PE. Los documentos creados en la edición personal de QlikView pueden ser abiertos por usuarios con licencia completa del software o publicarse a través de QlikView Server. La limitación es que, a excepción de algunos documentos habilitados por QlikTech para PE, un usuario de la edición personal de QlikView no puede abrir documentos creados por otro usuario o en otro equipo; algunas veces tampoco se pueden abrir sus propios documentos si fueron abiertos y guardados por otro usuario o instancia de servidor.

Frecuentemente, un usuario de negocio decidirá descargar QlikView para ver si puede resolver un problema de negocio. Cuando otros usuarios dentro del departamento ven el software, se vuelven cada vez más entusiastas sobre la herramienta, y cada quien baja el programa. Para poder compartir documentos, deciden comprar algunas licencias para el departamento. Luego, otros departamentos comienzan a notarlo también, y QlikView gana tracción dentro de la organización. Poco tiempo después, TI y los directivos de la empresa comienzan también a notarlo, lo cual lleva eventualmente a la adopción de QlikView en toda la empresa.

QlikView facilita cada paso del proceso, escalando de una implementación en una computadora personal hasta implementaciones a nivel organización con miles de usuarios. La siguiente imagen ilustra este crecimiento dentro de una organización:

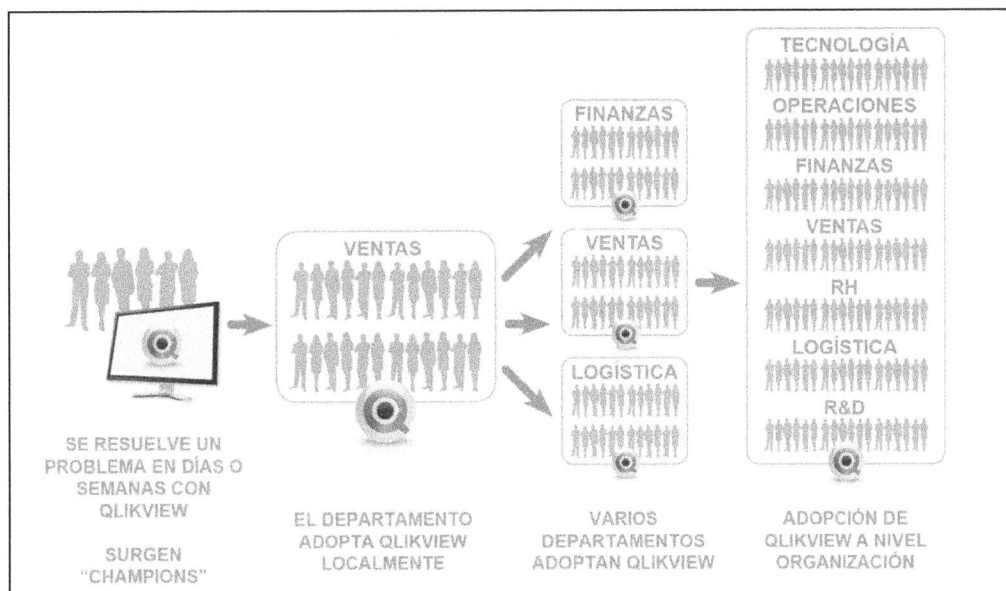

Conforme la popularidad e historial de QlikView en la organización crece, gana cada vez más visibilidad a nivel empresa. Aunque la ruta de adopción descrita anteriormente es probablemente el escenario más común, no es extraño ahora que una compañía opte por una implementación de QlikView en modo *top-down* a nivel empresa desde un inicio.

Explorando datos con QlikView

Ahora que sabemos lo que es QlikView y cuáles son sus diferenciadores frente a herramientas tradicionales de BI, aprenderemos cómo podemos explorar datos con QlikView.

Descargando QlikView

Antes de comenzar a explorar, necesitamos instalar QlikView. Puede descargar la edición personal de QlikView desde `http://www.qlikview.com/download`. Se le pedirá que se registre en el sitio, o acceder con sus credenciales si es que ya está registrado.

El registrarse en el sitio de www.qlikview.com no solo le da acceso a la descarga del software, sino que también le permite utilizar el sitio para leer y participar en los foros de QlikCommunity (http://community.qlikview.com) que es el foro de usuarios de QlikTech. Este foro es muy activo y puede ayudarle a resolver muchas preguntas, ya sea con una búsqueda de los temas en el foro o subiendo su propia pregunta.

La instalación de QlikView es muy directa. Simplemente dé doble clic en el archivo ejecutable y acepte todas las opciones predeterminadas que se presenten. Después de haber instalado el programa, inicie la aplicación QlikView. El programa se abrirá en la página de inicio y con la sección de **Comenzando** habilitada, como se ve en la siguiente imagen de pantalla:

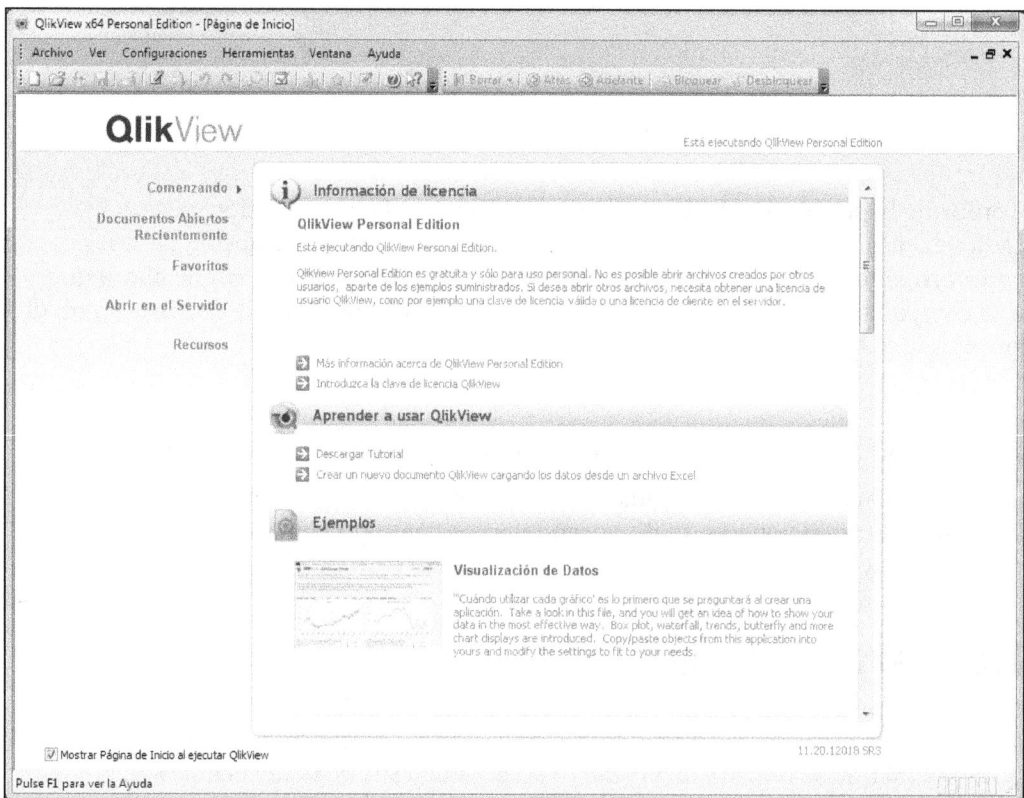

El ejemplo que usaremos es el que se llama **Movies Database**, que es un documento ejemplo que viene incluido en la instalación de QlikView. Puede encontrar este documento desplazándose en la lista de la sección de **Ejemplos** (está a mediación de la lista). Dé un clic sobre ella para abrirla. La pantalla inicial del documento se desplegará como se muestra a continuación:

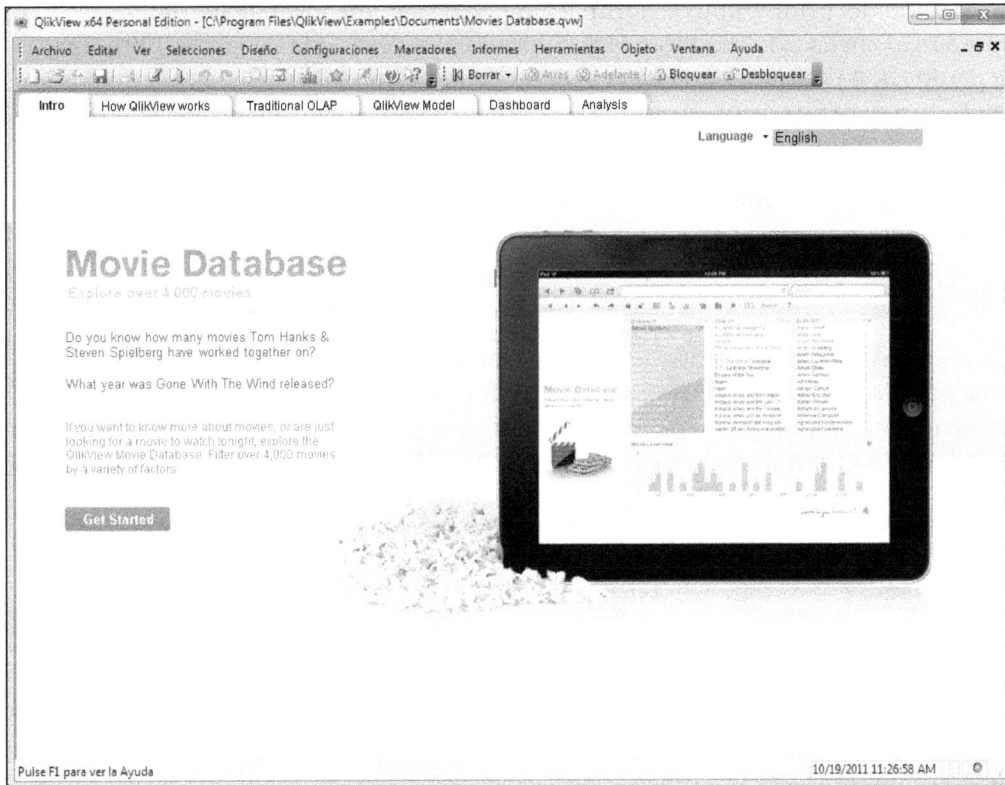

Este documento permite al usuario seleccionar el idioma mediante el menú desplegable que aparece en la parte superior derecha de la hoja **Intro**. Seleccionaremos el idioma *Español* para navegar el documento en nuestro idioma.

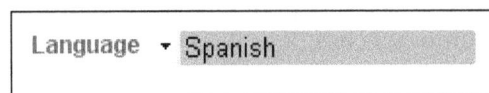

Navegando el documento

La mayoría de los documentos QlikView están organizados en varias hojas o pestañas. Estas hojas frecuentemente despliegan diferentes perspectivas o análisis sobre la misma información, o despliegan la misma información pero a diferentes niveles de agregación para satisfacer las necesidades de diferentes tipos de usuario. Un ejemplo del primer tipo de agrupación podría ser una vista de los datos enfocada al análisis de clientes y otra enfocada al análisis de productos. Otro tipo de agrupación podría ser una vista general de indicadores en un cuadro de mando enfocado a usuarios de nivel ejecutivo, y otra vista adicional enfocada a análisis con mayor profundidad para usuarios analistas.

Para navegar por las diferentes hojas en un documento QlikView se usan típicamente las pestañas en la parte superior de la hoja, como se muestra en la siguiente imagen de pantalla. Se pueden crear diseños más sofisticados en donde se esconde la fila de pestañas y se usan botones para navegar entre las diferentes hojas.

Las pestañas en el documento de **Movies Database** también siguen un orden lógico. En la pestaña de **Intro** se muestra una introducción de la aplicación, seguida por una demostración del principal concepto funcional de QlikView en la pestaña **Cómo funciona QlikView**. Después de que se muestra el contraste con herramientas OLAP en la pestaña **Análisis OLAP Tradicional**, se introduce el concepto asociativo en la pestaña **Modelo QlikView**. Las últimas dos pestañas muestran cómo se puede utilizar este modelo asociativo usando las pestañas de **Cuadro de Mando** y **Análisis**:

Desmenuzando los datos

Como se explicó al introducir el concepto de experiencia de usuario asociativa, toda selección en QlikView se aplica de manera automática al modelo de datos completo. Como veremos en la siguiente sección, podemos llegar a desmenuzar los datos de una manera tan simple como dar clics.

Cuadros de lista

¿Pero en dónde debemos dar clics? QlikView nos permite seleccionar datos de muchas maneras. Un método común es seleccionar un valor de un cuadro de lista, lo cual se logra dando clic sobre el mismo.

Activemos la pestaña de **Cómo funciona QlikView** para ver cómo funciona la selección de datos. Podemos hacer esto simplemente dando clic en la pestaña de **Cómo funciona QlikView** en la parte superior de la hoja, o dando clic en el botón de **Comenzar**.

La pestaña seleccionada muestra dos cuadros de lista: una contiene **Frutas** y la otra contiene **Colores**. Cuando seleccionamos manzana (**Apple**) en el cuadro de lista de **Frutas**, la pantalla se actualiza de inmediato para mostrar los datos asociados en el cuadro de lista **Colores**: verde (**Green**) y rojo (**Red**). El color amarillo (**Yellow**) se muestra con un fondo gris para indicar que dicho valor no está asociado, como se muestra en la siguiente imagen, ya que no hay manzanas amarillas. Para seleccionar varios valores dentro de un mismo cuadro de lista, debemos mantener presionada la tecla *Ctrl* mientras realizamos nuestra selección.

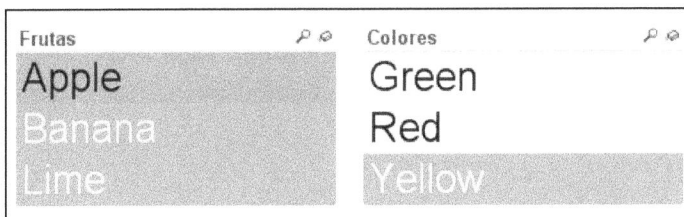

Selecciones en gráficos

Además de hacer selecciones en cuadros de lista, también podemos hacer selecciones directamente en los gráficos. Activemos ahora la hoja **Cuadro de Mando** y veamos cómo se hace esto. La hoja **Cuadro de Mando** contiene un gráfico llamado **Número de Películas**, en el cual se lista el número de películas por cada actor. Si quisiéramos seleccionar solo los primeros tres actores, podemos simplemente arrastrar el cursor del mouse para seleccionarlos dentro del mismo gráfico (haciendo una selección tipo lazo), en lugar de seleccionarlos de un cuadro de lista:

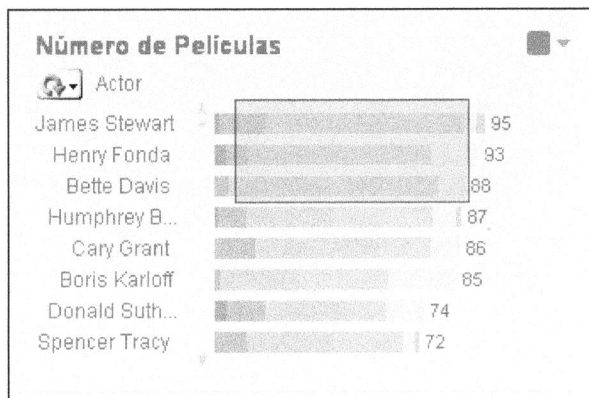

Como se aplica la selección de manera automática al resto del modelo de datos, el cuadro de lista correspondiente a **Actor** también se actualiza para reflejar la nueva selección:

Actor: 3	
Bette Davis	8
Henry Fonda	9
James Stewart	8
'Chicken' Holleman	1
J.G.' Jim Grant	1

Si queremos seleccionar solo un valor en un gráfico, no necesitamos pintar el área correspondiente con el mouse, sino que solo damos clic en el punto de datos correspondiente para aplicar la selección. Por ejemplo, al dar clic sobre **James Stewart** se selecciona dicho actor.

Búsqueda

Aunque los cuadros de lista y la selección tipo lazo son formas muy convenientes para aplicar selecciones sobre los datos, algunas veces no es tan conveniente desplazarnos en una gran lista de valores buscando un dato que puede o no estar ahí. Es aquí donde la opción de búsqueda resulta más útil.

Por ejemplo, podemos realizar una búsqueda del actor **Al Pacino**. Para hacer esto, primeramente activamos el cuadro de lista correspondiente dando clic sobre su barra de título. Después, simplemente comenzamos a escribir y el cuadro de lista se actualizará de manera automática para mostrar todos los valores que coinciden con la cadena de búsqueda introducida. Cuando hayamos encontrado el actor que buscamos, en este caso **Al Pacino**, podemos dar clic sobre el valor correspondiente para seleccionarlo:

al pa	X »
Actor: 46889	
Al Pacino	3
Al Palagonia	1
Jubal Palmer	1
Pascal Parmentier	2
Randal Patrick	1

En algunas ocasiones, buscaremos seleccionar datos en base a valores asociados. Por ejemplo, podríamos hacer una selección de todos los actores que aparecieron en la película de **Forrest Gump**. Aunque podríamos simplemente usar el cuadro de lista de **Título**, hay otra opción: **búsqueda asociativa**.

Para utilizar la búsqueda asociativa, damos clic en el símbolo **>>** que aparece a la derecha del recuadro de búsqueda en el cuadro de lista de **Actor**. Al hacer esto, se expandirá el recuadro de búsqueda y cualquier término que ingresemos no solo se buscará dentro de los valores del campo **Actor**, sino que se buscará en toda la base de datos que contenga la aplicación. Al escribir **Forrest Gump**, el recuadro de búsqueda mostrará que hay una película con ese título, como se muestra en la siguiente imagen. Si seleccionamos esa película y presionamos *Enter*, todos los actores que aparecieron en dicha película serán seleccionados.

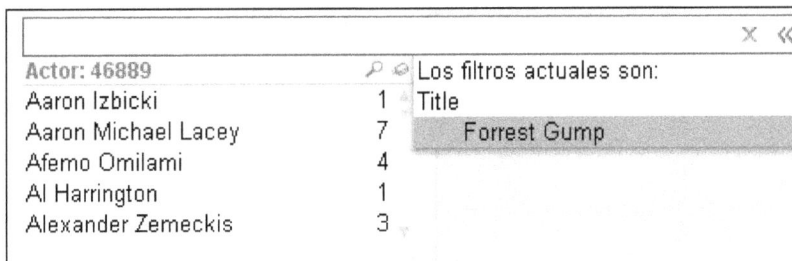

Actor: 46889		Los filtros actuales son:
Aaron Izbicki	1	Title
Aaron Michael Lacey	7	Forrest Gump
Afemo Omilami	4	
Al Harrington	1	
Alexander Zemeckis	3	

Usando marcadores de selección

Inevitablemente, al explorar datos con QlikView, llegará un punto en el que desearemos guardar nuestras selecciones actuales para poder regresar a esa misma consulta después. Esto se facilita con la opción de Marcadores. Los marcadores se usan para guardar el estado de selección para una consulta posterior.

Creando un nuevo marcador

Para crear un nuevo marcador, necesitamos abrir la ventana de **Añadir Marcador**. Esto se hace presionando las teclas *Ctrl + B* o seleccionando **Marcador | Añadir Marcador** de la barra de menús.

En la ventana de diálogo de **Añadir Marcador**, que se muestra en la imagen a continuación, podemos añadir un nombre descriptivo al marcador. Hay opciones adicionales que nos permiten cambiar cómo se aplica la selección (ya sea como una nueva selección o como adición a la selección actual) y si al aplicar el marcador se debe navegar automáticamente a la pestaña que se encuentra abierta al momento de que el marcador fue creado. El cuadro de entrada de **Texto** permite añadir una descripción más detallada y ésta se puede mostrar como mensaje emergente cuando el marcador es activado.

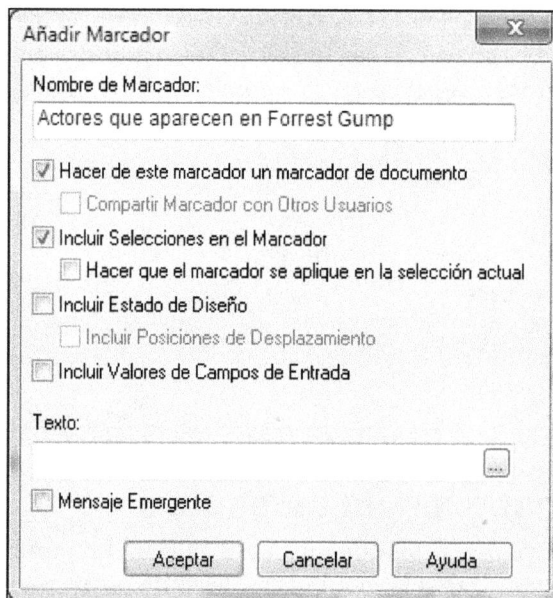

Aplicando un marcador

Podemos aplicar las selecciones de un marcador seleccionándolo desde el menú **Marcador**, como se ve a continuación:

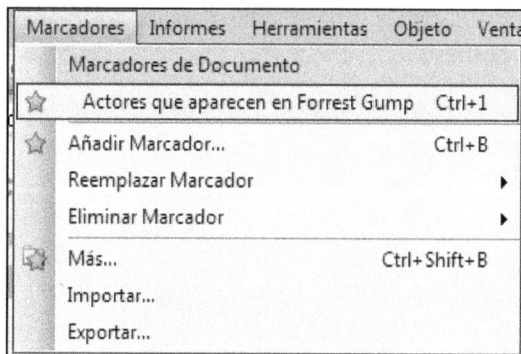

Deshaciendo selecciones

Afortunadamente, si llegamos a hacer una selección equivocada, QlikView es muy indulgente. Usando los botones de **Borrar**, **Atrás** y **Adelante** en la barra de herramientas, podemos fácilmente borrar el estado completo de selecciones, ir un paso atrás a lo que se tenía en la selección previa, o ir un paso adelante nuevamente. De manera similar a un navegador web, el botón de **Atrás** en QlikView nos puede llevar atrás varios pasos.

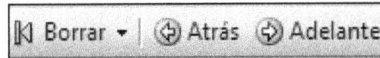

Cambiando la vista

Además de filtrar datos, QlikView también nos permite cambiar la información que se despliega en pantalla. Veremos cómo hacer esto en las siguientes secciones.

Grupos Cíclicos

Los grupos cíclicos son un conjunto de campos que los usuarios pueden intercambiar dinámicamente para usar como dimensión en un gráfico. En la interfaz del usuario, estos se identifican por una flecha circular. Como demostración de su funcionamiento, veamos el gráfico **Ratio del Total**, que se muestra en la siguiente imagen. De manera predeterminada, este gráfico muestra el número de películas agrupadas por duración. Si damos clic derecho sobre el icono que tiene la flecha circular, veremos una lista de agrupaciones alternativas. Dé clic sobre **Década** para visualizar el número de películas por década.

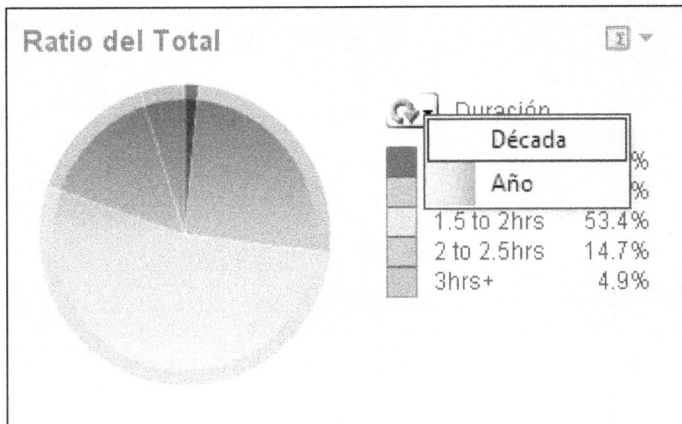

Grupos Jerárquicos

Los grupos jerárquicos son un conjunto de campos con una relación jerárquica entre sí, los cuales también se usan como dimensiones en gráficos y permiten a los usuarios navegar los datos de un nivel general a un nivel más granular. Por ejemplo, un camino jerárquico muy común es Año | Trimestre | Mes | Día. En la interfaz gráfica, los grupos jerárquicos se pueden identificar por su ícono que muestra una flecha apuntando hacia arriba.

En el documento de **Movies Database**, podemos encontrar un grupo jerárquico en la pestaña etiquetada como **Análisis OLAP tradicional**. Activémosla.

El grupo jerárquico que aquí aparece sigue el camino Director | Título | Actor. Dé clic sobre el **Director A. Edward Sutherland** para navegar al siguiente nivel jerárquico y mostrar todas las películas que él ha dirigido, como se muestra en la siguiente imagen de pantalla. Después, dé clic sobre **Every Day's a Holiday** para ver qué actores aparecieron en esa película. Al navegar por el camino jerárquico, siempre podemos ir a un nivel anterior dando clic sobre el ícono con la flecha hacia arriba, que en este caso está en la parte superior del cuadro de lista.

Director	Cuadro de Tabla		
A. Edward Sutherland	**Director**	**Título**	**Actor**
Abel Ferrara	A. Edward Sutherland	Every Day's A Holiday	Charles Butterworth
Adrian Brunel	A. Edward Sutherland	Every Day's A Holiday	Charles Winninger
Adrian Lyne	A. Edward Sutherland	Every Day's A Holiday	Edmund Lowe
Adrian Scartascini	A. Edward Sutherland	Every Day's A Holiday	Lloyd Nolan
Agnès Varda	A. Edward Sutherland	Every Day's A Holiday	Louis Armstrong
Akira Kurosawa	A. Edward Sutherland	Every Day's A Holiday	Mae West
Alain Resnais	A. Edward Sutherland	Every Day's A Holiday	Walter Catlett
Alan Alda	A. Edward Sutherland	Follow the Boys	Andrews Sisters
Alan Arkin	A. Edward Sutherland	Follow the Boys	Dinah Shore
Alan J. Levi	A. Edward Sutherland	Follow the Boys	Gale Sondergaard
Alan J. Pakula	A. Edward Sutherland	Follow the Boys	George Raft
Alan Myerson	A. Edward Sutherland	Follow the Boys	Jeanette MacDo...
Albert Austin	A. Edward Sutherland	Follow the Boys	Maria Montez
Albert Hughes	A. Edward Sutherland	Follow the Boys	Marlene Dietrich
Albert Lewin	A. Edward Sutherland	Follow the Boys	Nigel Bruce
Albert Parker	A. Edward Sutherland	Follow the Boys	Orson Welles

Contenedores

Los contenedores se utilizan para mostrar de manera alternada varios objetos en el mismo espacio de pantalla. Podemos seleccionar los objetos individuales dando clic sobre la pestaña correspondiente dentro del contenedor. El ejemplo de **Movies Database** incluye un contenedor en la hoja de **Análisis**.

Este contenedor aloja dos objetos: un gráfico que muestra la **Duración media de Películas** y una tabla que muestra el **Listado de Películas**, como se ve en la siguiente imagen.

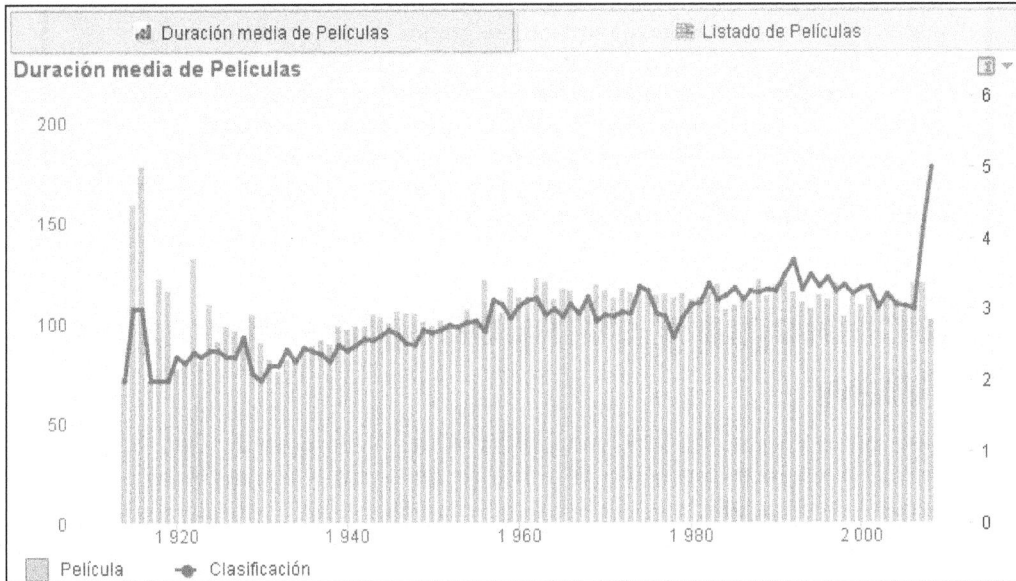

El gráfico que se muestra de manera predeterminada es el de **Duración media de Películas**, pero podemos cambiar al otro dando clic en la pestaña correspondiente de la parte superior del objeto contenedor.

¡Pero espere, aún hay más!

Después de todo el seleccionar, filtrar, desmenuzar, explorar y cambiar de vistas que hemos realizado, aún hay una pregunta en nuestra cabeza: ¿cómo podemos exportar los datos seleccionados a Excel? Afortunadamente, QlikView es muy flexible en este sentido; podemos simplemente dar clic derecho en cualquier objeto de hoja y elegir **Enviar a Excel** o, si se ha habilitado por el desarrollador, podemos dar clic en el icono **XL** que aparece en la barra de título del objeto.

Dé clic en el icono **XL** de la tabla **Listado de Películas** para exportar la lista de películas seleccionadas a Excel.

Una advertencia al exportar datos

Cuando hay tablas con un número grande de filas, QlikView solo despliega las filas que estarán visibles en pantalla y no toda la tabla completa. Sin embargo, cuando se selecciona la opción de **Enviar a Excel**, se debe bajar a un archivo Excel la tabla con todos sus registros. Para conjuntos de datos grandes, este proceso puede tomar una cantidad considerable de tiempo y puede causar que QlikView deje de responder mientras se escriben los datos.

La tecnología y componentes detrás de QlikView

Ahora que hemos visto cómo funciona QlikView desde el punto de vista de un usuario de negocio, es momento de entrar en temas un poco más técnicos. Veremos con mayor detalle los diferentes componentes en que consiste QlikView.

Uno de los elementos clave de QlikView es que utiliza una base de datos en memoria. En comparación con una base de datos basada en disco, esto le ofrece a QlikView una gran ventaja en cuanto a desempeño. Mientras que el tiempo de acceso a disco se mide en milisegundos, el tiempo de acceso a RAM se mide en nanosegundos, por lo que este último método es mucho más rápido.

"Pero espere -" podría usted decir, "en mi PC tengo mucho más espacio en disco que RAM; ¿eso significa que solo podré cargar cantidades limitadas de datos en memoria?"

Esta es una pregunta muy válida. Afortunadamente, hay dos factores que solventan este potencial problema:

- Memoria económica y los avances en los procesadores y sistemas operativos de 64 bits: Mientras que un megabyte de memoria en 1957 costaba cerca de US$ 411 millones, ahora, un gigabyte se puede conseguir por menos de US$ 5 (fuente: `http://www.jcmit.com/memoryprice.htm`). Esto, aunado al creciente uso y disponibilidad de sistemas operativos de 64 bits, los cuales pueden manejar mucha más RAM que los sistemas de 32 bits (hasta 2 terabytes en Windows 2008 R2), hace posible y (relativamente) accesible cargar grandes volúmenes de datos a RAM.

- Compresión inteligente: QlikView usa algunos algoritmos de compresión sofisticados (y algunos otros de sentido común, como no duplicar datos) para reducir de manera significativa la cantidad de memoria que se requiere para guardar datos. Típicamente, los datos en disco se comprimen a 10 por ciento de su tamaño original al cargarse a QlikView.

Estos dos factores hacen posible crear aplicaciones QlikView que contienen cientos – o incluso miles – de millones de registros.

La forma en que fluyen los datos

La base de datos en memoria es una excelente tecnología, pero no es lo único que requiere QlikView para funcionar. De manera funcional, los datos fluyen a través de QlikView de la siguiente manera:

1. Se comienza con los datos fuente. QlikView puede extraer datos de una gran variedad de fuentes, incluyendo ODBC, OLE DB, XML y archivos planos (Excel, CSV, etc). También existen muchos conectores diferentes, enfocados desde aplicaciones empresariales grandes como SAP, hasta redes sociales como Twitter.

2. Los datos se envían a QlikView usando un script de carga. Este script se puede usar para extraer, transformar, y cargar datos al modelo de datos en memoria o para guardarlos a archivos físicos intermedios en disco, en formato **QVD**.

3. Los datos de la base de datos en memoria se guardan en formato desagregado, que significa que todas las agregaciones y cálculos se hacen al momento que lo solicita el usuario. Esto simplifica el modelado de datos en QlikView, ya que no hay necesidad de crear tablas resumidas por separado.

4. Las selecciones que hace el usuario se propagan automáticamente a todo el modelo de datos y estos cambios son reflejados por el motor de presentación de QlikView.

5. Las aplicaciones QlikView se pueden presentar en diferentes clientes. La aplicación de Windows que utilizamos previamente es uno de estos clientes; otros ejemplos similares se cubrirán en la siguiente sección.

Lo anterior se ilustra en la siguiente imagen:

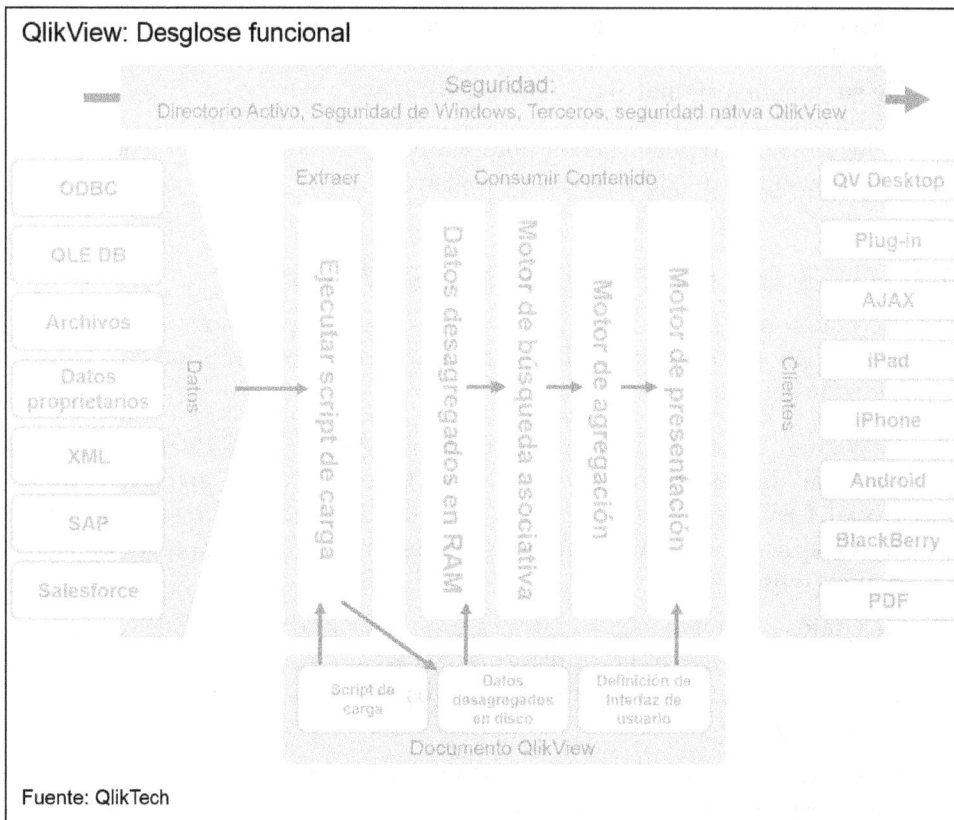

QlikView: Desglose funcional

Seguridad:
Directorio Activo, Seguridad de Windows, Terceros, seguridad nativa QlikView

ODBC

OLE DB

Archivos

Datos proprietarios

XML

SAP

Salesforce

Datos

Extraer

Ejecutar script de carga

Consumir Contenido

Datos desagregados en RAM

Motor de búsqueda asociativa

Motor de agregación

Motor de presentación

Clientes

QV Desktop

Plug-in

AJAX

iPad

iPhone

Android

BlackBerry

PDF

Script de carga

Datos desagregados en disco

Definición de Interfaz de usuario

Documento QlikView

Fuente: QlikTech

Cuando aumenta el uso de QlikView

Aunque las implementaciones QlikView dentro de una organización normalmente comienzan con una o pocas instalaciones locales, con frecuencia no se quedan ahí. Cuando el uso de QlikView comienza a crecer, el llevar el registro de versiones, lidiar con grandes volúmenes de datos, actualizar y distribuir las aplicaciones, así como asegurarse de que solo las personas autorizadas tengan acceso a las mismas, se vuelve cada vez más difícil como para solo usar el cliente de Windows.

Afortunadamente, QlikTech ofrece una amplia gama de componentes que aseguran que QlikView se pueda escalar de una implementación local en una laptop hasta llegar a ser una solución empresarial completa. Estos componentes se pueden clasificar en tres categorías:

- Creación de contenido.

- Actualización, publicación y distribución de contenido.

- Consumo de contenido.

Lo anterior se ilustra en la siguiente imagen:

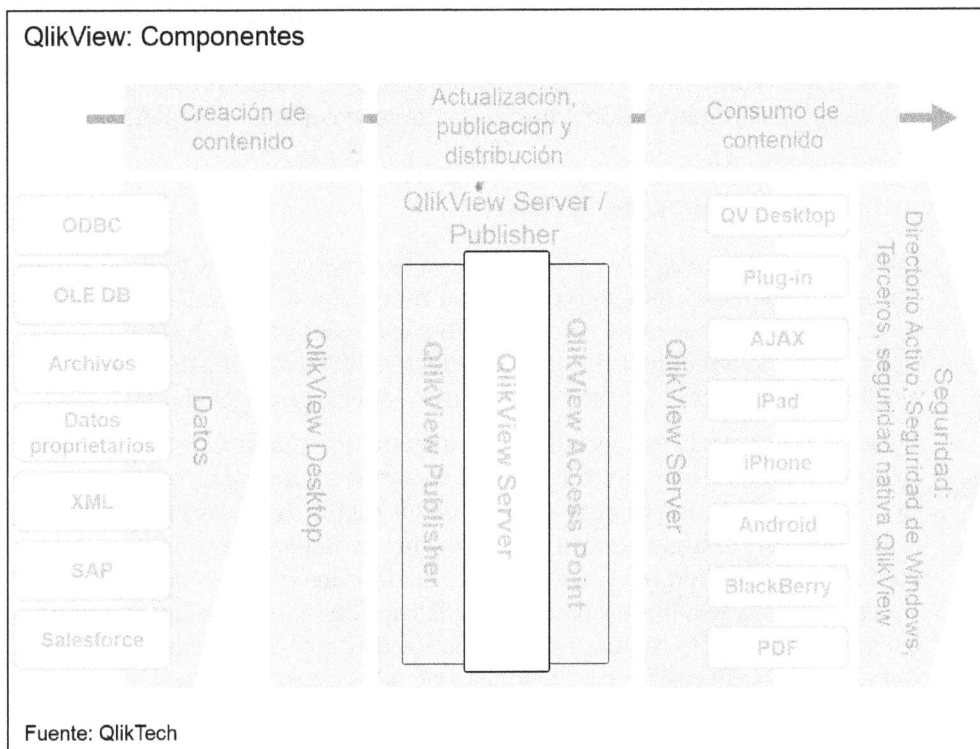

QlikView: Componentes

Fuente: QlikTech

Creación de contenido

La aplicación para Windows, QlikView Desktop, que usamos previamente para navegar y analizar los datos del ejemplo de **Movies Database** puede no solo usarse para consumir contenido, sino que también es la herramienta principal con la que se crean documentos QlikView. Como este libro está dirigido a desarrolladores, sobre ella enfocaremos los temas de los capítulos restantes.

Actualización, publicación y distribución de contenido

Cuando una implementación QlikView crece a magnitudes considerables, se puede volver impráctico actualizar y distribuir los archivos manualmente. Además, los datos se cargan a RAM cuando se utiliza el cliente local para abrir archivos QlikView. Cuando se trabaja con grandes volúmenes de datos, cada PC necesitará también una gran cantidad de RAM. Esto puede funcionar para equipos de desarrolladores, pero difícilmente será una solución apropiada el proporcionar a cada empleado de la organización equipos con mucha capacidad de RAM.

Afortunadamente, QlikView ofrece tres componentes para mitigar estos posibles inconvenientes para una adopción global:

- **QlikView Publisher**: Este componente se hace cargo de la actualización de datos en las aplicaciones, así como de su reducción y distribución. Se puede usar para programar tareas de recarga o para ejecutarlas en base a eventos externos. Si no se cuenta con una licencia de QlikView Publisher, es QlikView Server el que se hace cargo de la recarga de los documentos.

- **QlikView Server**: Es un servidor centralizado que puede cargar documentos QlikView a memoria y permite que los usuarios interactúen con estos documentos de forma remota a través de los distintos clientes QlikView. Además de ser el lugar central donde se almacenan los documentos, este componente también tiene la ventaja de facilitar los recursos de hardware necesarios para servir a los usuarios de las aplicaciones QlikView, evitando así que cada usuario requiera altos recursos de hardware locales. Es decir, los usuarios no necesitan cargar todos sus datos de manera local, sino que se utiliza el procesamiento del servidor para calcular y hacer agregaciones de datos.

- **QlikView Access Point**: Este es el portal a través del cual los usuarios pueden acceder a sus documentos QlikView.

Consumo de contenido

Los documentos QlikView se pueden consumir de muy variadas formas. Aunque este libro se enfoca principalmente en el cliente para Windows (QlikView Desktop), es importante tener en cuenta el resto de posibilidades:

- Navegador web – plugin o cliente AJAX: Hay dos opciones para consumir contenido QlikView a través de un navegador. La primera opción es un plugin ActiveX. Aunque este plugin ofrece la experiencia más cercana a la aplicación Windows nativa, solo funciona en Internet Explorer y requiere que el complemento sea instalado en cada equipo cliente. Debido a que realizar una instalación del complemento en cada equipo puede no ser tan práctico, y como hay otros navegadores web aparte de Internet Explorer, existe una segunda opción: el cliente AJAX. Este cliente no requiere que se instale ningún software en el equipo del usuario y funciona con la mayoría de los navegadores modernos.

- iPad y otras tabletas: Los dispositivos como el iPad pueden acceder a QlikView utilizando el cliente AJAX en su navegador. El cliente AJAX detecta automáticamente cuando se utiliza una tablet y cambia a una interfaz modo *touch*. Esto permite que se desarrolle un solo documento QlikView y que se publique tanto para computadoras regulares como para dispositivos móviles.

- iPhone, Android, y BlackBerry: Los dispositivos móviles con una pantalla más pequeña, como la mayoría de los *smartphones*, pueden usar una versión especial del cliente AJAX: la versión *Small Device*. Esta versión, en lugar de desplegar las hojas de trabajo completas, que pueden resultar ilegibles en una pantalla pequeña, muestra cada objeto (gráfico, tabla, etc) uno a la vez.

- QlikView Wrokbench y Sharepoint Web Parts: Usando QlikView Workbench, se pueden incorporar objetos de un documento QlikView a una solución basada en .NET. Los Web Parts de Sharepoint se pueden usar para incorporar objetos de documentos QlikView a sitios de SharePoint.

- PDF: Además de los clientes que permiten interactuar con documentos QlikView, también existe la opción, por medio de una licencia adicional, de distribuir documentos PDF estáticos desde QlikView Publisher.

Al repasar la lista de clientes, probablemente habrá notado que el cliente AJAX es el más versátil de todos. Aunque no siempre ha sido de este modo, actualmente las diferencias visuales y funcionales entre el cliente AJAX y el cliente ActiveX son muy pocas, por lo que se podría considerar que el cliente AJAX es el preferido por los usuarios para consumo de contenido QlikView.

Conozca Aerolíneas HighCloud

Es una típica mañana de lunes en la oficina. Sara, ejecutiva de **Aerolíneas HighCloud**, llega temprano a la oficina para comenzar una ocupada semana. El trabajo ha sido muy demandante últimamente.

Desde el inicio de la crisis del Euro, el mercado de transporte aéreo y de carga ha tenido una tendencia negativa en el área donde opera *HighCloud*. Consecuentemente, los resultados financieros de la empresa también han seguido la misma tendencia.

Semanas antes, en su esfuerzo por cambiar las cosas para la compañía, Steve, el CEO, lanzó una iniciativa para evaluar la expansión de la empresa hacia otros mercados. A Sara y su equipo se les asignó investigar el mercado de Estados Unidos. Es un proyecto que, si se hace correctamente, puede realmente hacer lucir a Sara y su equipo.

Desafortunadamente, las múltiples fuentes de datos, herramientas de consulta complicadas, y decenas de archivos Excel han hecho que el progreso sea lento. Lo que es peor, cada presentación de resultados preliminares ha desatado una ola de nuevas preguntas que no se pueden responder con los análisis y reportes existentes. La moral del equipo ha ido bajando y Sara ha notado que Steve está cada vez más molesto por la falta de resultados.

A diferencia del resto del equipo, Sara está de un humor excepcional esta mañana. Después de escuchar algunas cosas buenas sobre QlikView, decidió descargar una copia de la edición personal el fin de semana. Mientras experimentaba un poco, se las ingenió para cargar datos a QlikView y ha estado creando algunos gráficos y tablas desde entonces.

Con su laptop bajo el brazo y una sonrisa en su cara, entra confiadamente a la oficina del CEO y anuncia, "Steve, tienes que ver esto."

En este libro, seguiremos a Sara y a su equipo. Veremos cómo hacen uso de QlikView para resolver sus necesidades de negocio, y cómo se van desarrollando sus conocimientos y habilidades a través de cada capítulo, al tiempo que los de usted también evolucionan. Cada capítulo toma como base el resultado del anterior y contiene ejercicios paso a paso, junto con sus respectivas explicaciones, teoría y ejemplos prácticos.

Resumen

Esto concluye nuestro primer capítulo. En este capítulo, aprendimos lo que es QlikView y cómo se diferencia de las soluciones tradicionales de BI. También vimos cómo trabaja QlikView desde la perspectiva de un usuario de negocio, y echamos un vistazo a los diferentes componentes técnicos que conforman QlikView como solución empresarial. Concluimos el capítulo con una introducción de Sara y su equipo, así como de su misión – investigar si una expansión al mercado de Estados Unidos puede ayudar a Aerolíneas HighCloud a recuperar su estabilidad.

Para resumir, en este capítulo hemos aprendido:

- Que QlikView es una solución de Inteligencia de Negocios diferente a las herramientas tradicionales gracias a su experiencia de usuario asociativa, su tecnología base, y su ruta de adopción típica.

- Cómo dar sentido a nuestros datos con QlikView: seleccionando, filtrando, buscando, desmenuzando y navegando por diferentes caminos.

- Cómo funciona la tecnología detrás de QlikView, cómo se implementa y las diversas formas en que se pueden consumir las aplicaciones QlikView.

- Los problemas actuales de HighCloud y cómo Sara y su equipo esperan ayudar a resolverlos con el uso de QlikView.

Ahora que le hemos introducido QlikView, en el *Capítulo 2, Ver Para Creer,* entraremos de lleno al tema y comenzaremos los ejercicios prácticos, desarrollando un documento simple de prueba de concepto.

2
Ver para Creer

Como vimos en el capítulo 1, Aerolíneas HighCloud tiene una necesidad de negocio particular: poder analizar el mercado de aerolíneas comerciales en Estados Unidos desde distintas perspectivas, crear reportes que les ayuden a entender mejor la situación del mercado, y evaluar si incursionar en dicho mercado sería una buena estrategia para mejorar su situación o no. Sara tomó la iniciativa y mostró a su Director lo que podrían hacer con QlikView y logró impresionarlo. Después de su reunión, Sara tomó el compromiso de organizar una sesión de prueba de concepto formal.

En este capítulo, seguiremos a un equipo de pre-implementación QlikView trabajando en la etapa de **Ver para Creer**, (o SiB, por las siglas de su denominación en inglés: *Seeing is Believing*) del proceso de preventa, lo cual nos ayudará a comenzar a familiarizarnos con algunos conceptos básicos sobre la creación de documentos QlikView.

Así que pongamos manos a la obra y comencemos a crear. No hay mejor manera de aprender algo que *haciéndolo*, y este capítulo será nuestra plataforma inicial sobre la que basaremos nuestra experiencia de desarrollo con QlikView. Al mismo tiempo, esta sección le ayudará a construir su primera aplicación de inteligencia de negocios con QlikView de forma completamente práctica desde el inicio.

En un plano técnico, después de seguir el tutorial presentado en este capítulo usted será capaz de:

- Comprender el proceso de construcción de un documento QlikView.
- Identificar lo que son las dimensiones y expresiones dentro del contexto de una aplicación QlikView.
- Construir gráficos para visualizar información.
- Diseñar una interfaz de usuario básica para navegar a través del documento QlikView.

¿En qué consiste la etapa de SiB?

La etapa de SiB consiste en una sesión de prueba de concepto (PoC, por las siglas de su denominación en inglés: *Proof of Concept*) en la cual, durante el proceso de preventa, se demuestran las capacidades técnicas y de visualización de QlikView al cliente potencial. La forma en que hacemos la demostración del software en esta etapa usualmente involucra la creación de una aplicación QlikView enfocada al área de negocio del cliente, utilizando información real de su operación y en un periodo limitado de tiempo.

Es por eso que, en este capítulo, construiremos un documento QlikView basado en información real y útil, enfocándonos en cubrir la necesidad expuesta por Aerolíneas HighCloud. La base de datos que utilizaremos está disponible públicamente y proporciona información sobre la operación de aerolíneas comerciales en Estados Unidos. Los archivos originales han sido descargados del sitio web del Buró de Estadísticas de Transporte de Estados Unidos (`http://transtats.bts.gov`), y éstos han sido previamente procesados de forma que por ahora nos podamos enfocar en los principales conceptos que pretendemos describir en este capítulo. Conforme avancemos en los diferentes capítulos del libro, estaremos introduciendo conceptos más avanzados de manera que, al final, seamos capaces de trabajar con los archivos originales a lo largo de todo su proceso de transformación.

Debido a la naturaleza de la PoC, la aplicación analítica debe ser desarrollada de manera relativamente rápida por parte del equipo QlikView. Ya que nos estaremos enfocando principalmente en la funcionalidad técnica y capacidades de descubrimiento de datos, hemos decidido dejar fuera, por ahora, otros detalles relacionados con el diseño del documento (tales como color, estilo, posicionamiento de objetos, etc). Sin embargo, estos detalles se cubrirán a su tiempo en el *Capítulo 5, Aplicando Estilo*.

Preparando el espacio de trabajo

Antes de comenzar, necesitamos asegurarnos de tener todo lo que requeriremos en los ejercicios presentados en este capítulo.

Como en el capítulo 1 cubrimos el proceso de instalación de QlikView Desktop, asumimos que éste ya se encuentra instalado en su equipo. De no ser así, por favor tome un momento para instalarlo antes de continuar.

Definiendo la estructura de carpetas

Crearemos una estructura de carpetas de Windows con la cual trabajaremos a lo largo del libro. Este juego de carpetas nos ayudará a organizar los distintos archivos que utilizaremos y a acomodarlos por el rol específico que éstos tendrán en nuestro proyecto.

> El paquete de archivos proporcionado junto con el libro ya contiene la estructura de carpetas requerida. Si usted ha copiado los archivos originales a su equipo, puede omitir el proceso descrito a continuación.

Un escenario típico de implementación QlikView incluirá diferentes tipos de archivos, pero por ahora nos enfocaremos solo en dos de ellos:

- Lo archivos fuente.
- El documento QlikView.

> **Descargando el paquete de archivos ejemplo**
>
> Puede descargar el paquete de archivos ejemplo a través de la página http://www.packtpub.com e ingresando con su cuenta. Si adquirió el libro en otra parte, visite http://www.packtpub.com/support y llene el formulario para que se le envíe una dirección de descarga por correo electrónico.

Siga estos pasos para crear la estructura de carpetas:

1. Cree una carpeta Windows y llámela Desarrollos QlikView. Guarde esta carpeta en la ubicación de su conveniencia.

2. Dentro de esta carpeta crearemos una más. Esta nueva carpeta será específicamente utilizada para guardar los archivos con los que trabajaremos en los ejercicios de este libro. Nombraremos a la nueva carpeta como Operación de Aerolíneas.

3. Dentro del folder de Operación de Aerolíneas crearemos dos subcarpetas adicionales, una llamada Datos Fuente y otra llamada Aplicaciones.

4. Dentro de la carpeta de Datos Fuente crearemos una carpeta más y la nombraremos QVDs. La estructura final de carpetas se muestra en la siguiente imagen:

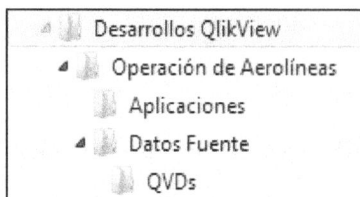

5. Ahora copiaremos los archivos QVD correspondientes a este capítulo en la carpeta de Archivos Fuente\QVDs.

Nuestro espacio de trabajo está casi listo; lo único que resta es crear el documento QlikView.

Creando el documento QlikView

Para crear el documento que usaremos en la construcción de nuestra aplicación QlikView, siga estos pasos:

1. Ejecute el programa QlikView.
2. Dé un clic en el menú **Archivo** y seleccione **Nuevo**.
3. Es posible que aparezca una ventana del asistente **Comenzando**, solicitando que seleccione una fuente de datos. Por ahora ignoraremos dicha ventana, y daremos clic en **Cancelar**.

   De no aparecer la ventana, haga caso omiso de este paso y continúe con el siguiente.

4. Dé un clic en el menú **Archivo** nuevamente y dé clic en **Guardar como**. Guardaremos este documento dentro de la carpeta de Operación de Aerolíneas\Aplicaciones y lo nombraremos Operación de Aerolíneas. qvw.

Ahora que tenemos nuestro ambiente de trabajo listo, continuaremos creando nuestra aplicación analítica.

> Con frecuencia usamos distintos términos para referirnos a los documentos QlikView, a los que a veces llamamos 'aplicaciones' o 'apps', ya que éstos ofrecen una experiencia mucho más interactiva que lo que el término 'documento' podría implicar. En este libro, usaremos los términos 'documento', 'aplicación' y 'app' alternativamente.

Creando la aplicación

Se podría decir que un documento QlikView está compuesto de dos elementos principales:

- El conjunto de datos que el usuario estará analizando: incluye las distintas tablas fuente necesarias para construir un modelo de datos, así como la lógica requerida para actualizar la información.

- La interfaz de usuario a través de la cual el usuario analiza la información: incluye los objetos contenidos en un documento, tales como un cuadro de lista para hacer selecciones y filtrar datos, o los gráficos y tablas usados para visualizar la información.

En relación con los elementos descritos arriba, segmentaremos la construcción de nuestro documento QlikView en dos fases principales:

- Construcción del modelo de datos.
- Diseño de la interfaz de usuario.

Antes de comenzar a crear nuestro documento QlikView, es importante tener un entendimiento claro de los requerimientos de negocio que nuestra aplicación debe satisfacer, de forma que las fases de construcción y diseño estén completamente enfocadas a cumplir dichos requerimientos.

Los requerimientos

En nuestro escenario de prueba de concepto, los ejecutivos de Aerolíneas HighCloud han determinado que la aplicación analítica debe proveer respuestas a preguntas centradas en los siguientes temas:

- Número de vuelos a través del tiempo.
- Número de pasajeros.
- Cantidad de carga transportada (correspondencia y demás mercancía).
- Rutas más utilizadas.

De igual forma, la aplicación debe permitir al usuario elegir entre distintas dimensiones relacionadas con aerolíneas y aeronaves, así como aeropuertos origen y destino, ciudades y estados.

Ahora que tenemos un objetivo más claro, continuemos con la primera fase de construcción.

Construyendo el modelo de datos

El tutorial en este capítulo está diseñado para enfocarnos mayormente en la creación de la interfaz de análisis de nuestro documento QlikView. Sin embargo, una parte fundamental del desarrollo de aplicaciones QlikView es la construcción de un modelo de datos apropiado que soporte los diferentes análisis requeridos por el usuario. El conjunto de datos que usaremos en este capítulo nos ayudará a describir los conceptos más importantes que debemos considerar al construir un modelo de datos.

¿Qué es un modelo de datos?

El corazón de una aplicación QlikView es su modelo de datos. Éste se compone de distintas tablas que contienen la información utilizada para medir el desempeño de un proceso de negocio. El modelo de datos se construye usando el lenguaje de programación de QlikView.

Un modelo de datos bien diseñado asociará todas las tablas que lo componen de una forma que nos permita manipular los datos a placer. Esto significa también que la posibilidad de crear objetos de análisis (gráficos) con distintas dimensiones depende de cómo se construya el modelo de datos y cómo se asocien las respectivas tablas (es decir, cómo se liguen entre sí).

Cargando la tabla de hechos

Para comenzar a construir nuestro modelo de datos, cargaremos a QlikView la tabla de hechos desde nuestros archivos fuente.

Una tabla de hechos es una tabla que contiene las medidas o eventos sobre los cuales haremos nuestros análisis. La tabla de hechos es, al mismo tiempo, la parte central de un modelo de datos.

> Un modelo de datos puede contener más de una tabla de hechos.
> Lidiaremos con las implicaciones de esto y el diseño de esquemas en
> el *Capítulo 4, Modelado de datos,* y en el *Capítulo 8, Mejores Prácticas en
> Modelado de Datos.*

Siga estos pasos para hacer la carga de la tabla de hechos:

1. Vaya a la ventana del editor de script presionando *Ctrl + E* o seleccionando
   Archivo | Editor de Script de la barra de menús.

2. En la ventana del editor de script tendremos inicialmente 10 líneas de
   código, todas comenzando con la palabra **SET**. Estas líneas corresponden a la
   inicialización de algunas variables relacionadas con opciones de formato. Por
   ahora, dejaremos esas líneas donde están y no las modificaremos.

3. En la parte de abajo del editor de script tendremos una serie de pestañas
   que contienen funciones específicas relacionadas con generación de código.
   Asegúrese de tener activa la pestaña de **Datos** y habilite la casilla de
   verificación de **Rutas Relativas**, tal como se muestra en la siguiente imagen:

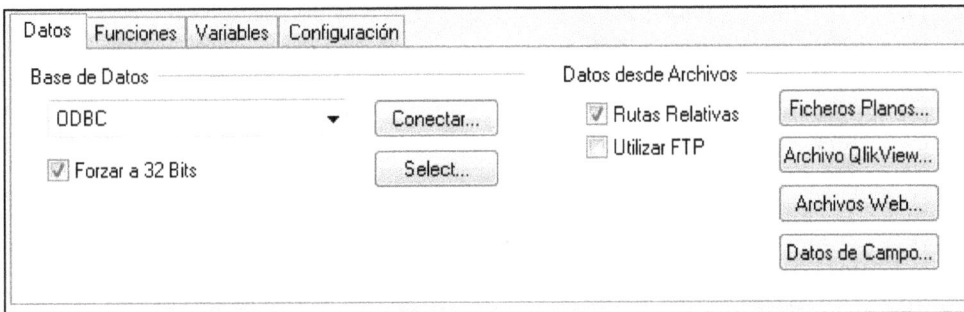

4. Posicione el cursor un par de líneas debajo de los comandos de inicialización y dé clic en el botón de **Ficheros Planos** para abrir la ventana de diálogo de **Abrir archivos locales**. Desde dicha ventana, navegue hasta donde se encuentra la carpeta de Archivos Fuente\QVDs que creamos en la sección anterior y seleccione el archivo llamado Datos de Vuelos.qvd, tal como se muestra en la siguiente imagen de pantalla. Una vez seleccionado el archivo indicado, dé clic en **Abrir**.

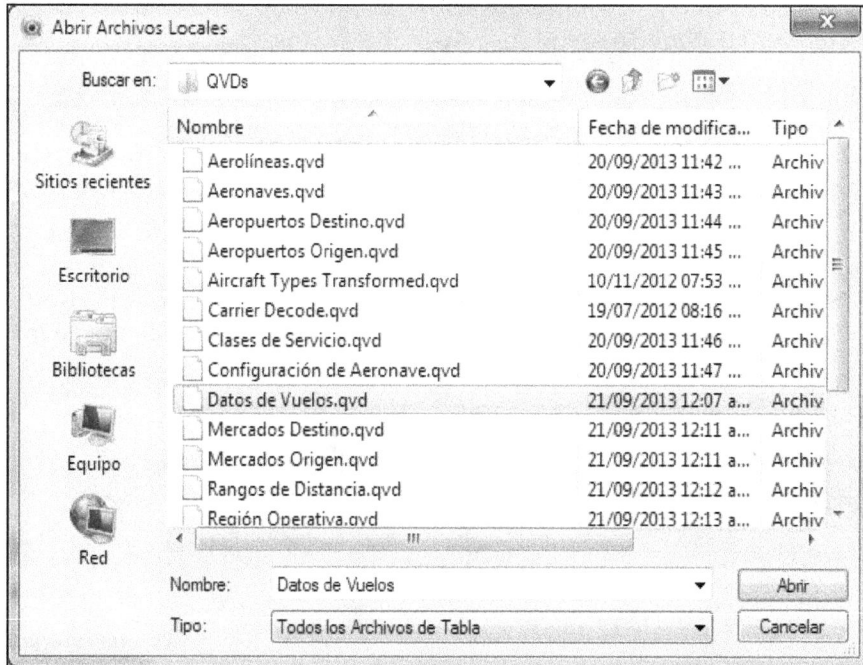

5. El archivo QVD que estamos usando es un formato optimizado para uso en QlikView y, como se mencionó previamente, es el resultado de procesar los archivos de datos originales que se encuentran en formato CSV. Exploraremos con mayor detalle las características de estos archivos, así como la forma en que son creados, en capítulos posteriores.

6. Aparecerá la ventana de diálogo de **Asistente de Archivo**. La opción de **Tipos de Archivos** debe estar especificada en **Qvd** (en el panel de la izquierda) de forma automática, como se muestra a continuación. Dé clic en **Finalizar** para cerrar la ventana.

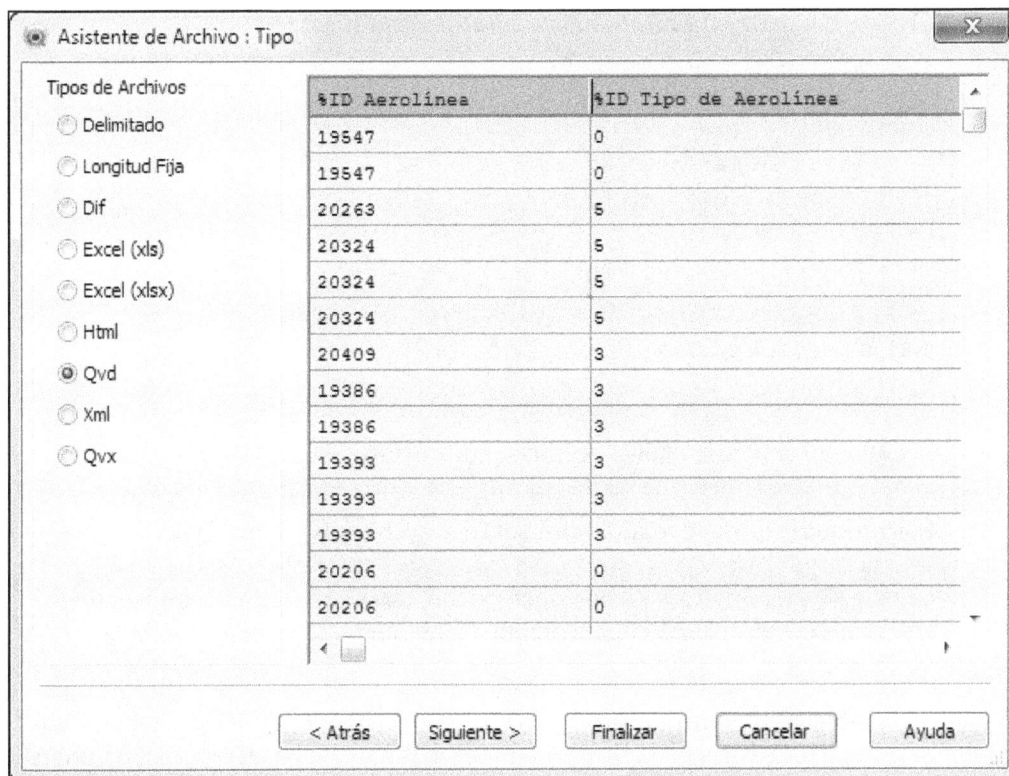

Al finalizar, se insertará de forma automática un comando `Load` en el editor de script a partir de la posición del cursor.

> Debido a que habilitamos la opción de **Rutas Relativas**, aparecerá también un comando de `Directory`; antepuesto a la sentencia `Load`. Podemos eliminar esta instrucción ya que no será relevante en nuestro código.

1. Lo siguiente que haremos es asignar un nombre interno a la tabla que vamos a cargar; la llamaremos `Vuelos`. Para hacer esto escriba `Vuelos:` (sin olvidar los dos puntos) justo arriba del comando `Load`.

2. El código creado será similar al mostrado a continuación:

```
Vuelos:
LOAD
...Nombres de Campo...
...Nombres de Campo...
...Nombres de Campo...
FROM
[..\Datos Fuente\QVDs\Datos de Vuelos.qvd]
(qvd);
```

La instrucción Load se compone de:

- El listado de campos que deseamos cargar de la tabla origen.

- El comando From, el cual especifica la ubicación del archivo que deseamos leer. La ubicación se puede especificar como ruta absoluta o relativa.

- Los atributos que especifiquemos sobre el archivo para que QlikView lo pueda cargar de forma correcta. En este caso, esta parte contiene solo la cadena (qvd). En otros casos podrá incluir otras propiedades importantes, las cuales cubriremos con más detalle en el *Capítulo 3, Fuentes de Datos*.

3. Ahora realizaremos una recarga del script para que los datos especificados de la tabla sean extraídos y cargados en el documento QlikView y podamos comenzar a trabajar con ellos. Sin embargo, antes de hacer eso, es una buena práctica dar un clic al botón **Guardar** para evitar perder los cambios hechos al documento en caso de que algo salga mal durante la recarga.

4. Luego de guardar el archivo, ubique el botón de **Recargar**, mostrado en la siguiente imagen, en la barra de herramientas que se encuentra en la parte superior de la ventana del editor de script y dé clic en él.

5. Después de la ejecución del script, aparecerá la ventana de **Propiedades de Hoja**. Haremos uso de esta ventana en la siguiente sección, pero por ahora solo dé clic en **Aceptar** para cerrarla.

Como resultado del procedimiento anterior, nuestro modelo de datos contiene ahora la tabla **Vuelos**.

Usando los cuadros de lista

El primer objeto de hoja que exploraremos en este tutorial es el cuadro de lista. El cuadro de lista es el más básico de todos los objetos de hoja en QlikView y contiene todos los valores posibles existentes en un campo determinado dentro del modelo de datos. Como se demostró en el *Capítulo 1, Conozca QlikView*, un cuadro de lista se usa para hacer selecciones en el documento y filtrar los datos.

Para comenzar a utilizar este objeto y comprender mejor su función, abramos la ventana de **Propiedades de Hoja** dando clic derecho en un espacio en blanco del área de trabajo y posteriormente seleccionando **Propiedades** del menú contextual. Una vez abierta la ventana de **Propiedades de Hoja**, asegúrese de que la pestaña de **Campos** esté activa.

De la lista de **Campos Disponibles** en el panel de la izquierda, añadiremos los campos **Aerolínea**, **Ciudad Origen**, **Estado Origen**, **País Origen**, **Ciudad Destino**, **Estado Destino** y **País Destino** a la lista de **Campos Mostrados en Cuadros de Lista** que se encuentra a la derecha. Esto lo haremos seleccionando cada uno de los campos mencionados y dando clic en el botón **Añadir >**.

> Para seleccionar todos los campos requeridos al mismo tiempo, dé clic en el primero y presione la tecla *Ctrl* mientras selecciona el resto.

La siguiente imagen de pantalla muestra la ventana de **Propiedades de Hoja**:

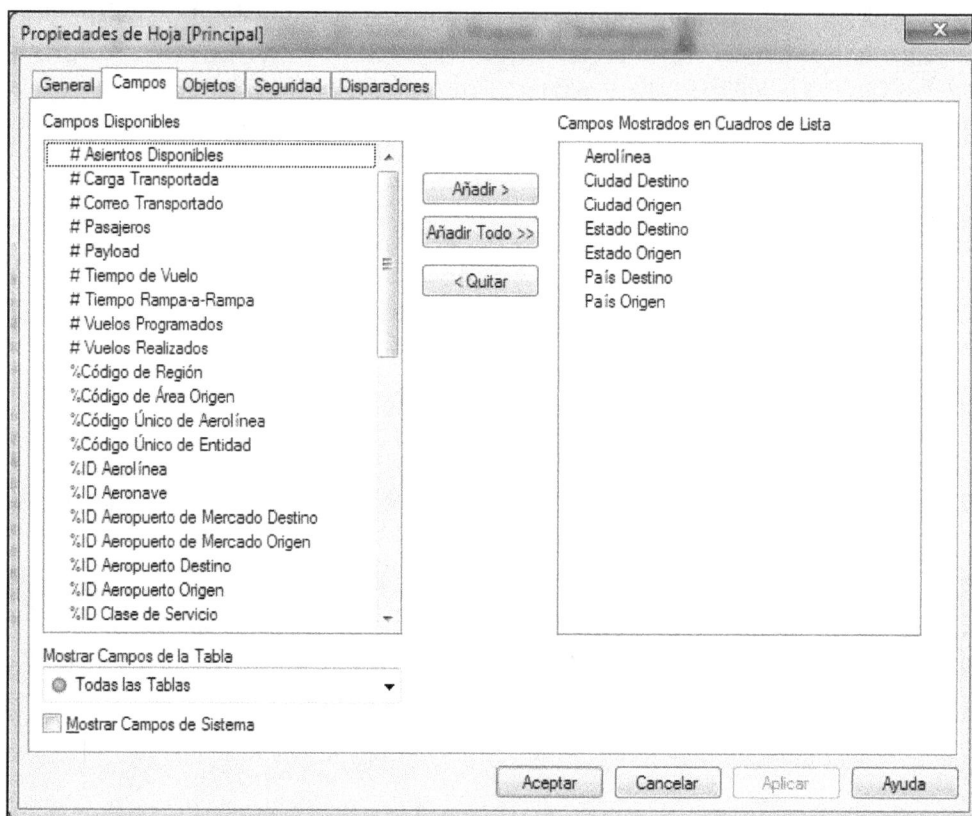

Dé clic en **Aceptar** para aplicar los cambios.

El resultado del procedimiento que acabamos de seguir será un cuadro de lista por cada uno de los campos que seleccionamos. Tomemos ahora un momento para posicionarlos adecuadamente en nuestra área de trabajo.

Los cuadros de lista inicialmente estarán superpuestos uno sobre el otro. Vaya al menú **Diseño** y dé clic en **Reajustar objetos de hoja** para que los objetos sean dispersados en todo el espacio disponible en pantalla.

Tome en cuenta que algunas veces es necesario ejecutar este comando más de una vez debido a que los objetos no son posicionados apropiadamente en pantalla la primera vez. Por lo tanto, en caso de ser necesario, dé clic en **Reajustar objetos de hoja** las veces que considere necesario hasta que los siete cuadros de lista que añadimos estén adecuadamente distribuidos en el área de trabajo.

También es posible dar clic en cada objeto de forma individual y arrastrarlo con el ratón para posicionarlo en el lugar que se desee. Para lograr esto, asegúrese de dar clic en la barra de título del objeto para que sea posible arrastrarlo o alternativamente presione la tecla *Alt* al momento de realizar ésta acción.

Alineando cuadros de lista

Otra forma de reacomodar los objetos de hoja es usando los comandos de alineación que se encuentran en la barra de herramientas de Diseño. Habilite la barra de herramientas de Diseño, que de manera predeterminada se encuentra deshabilitada, seleccionando **Ver | Herramientas | Diseño** de la barra de menús. Para usar los botones de alineación, active dos o más objetos a la vez dando clic en ellos y presionando al mismo tiempo la tecla *Shift*.

En el capítulo 1 se describió la funcionalidad del cuadro de lista, así que para ahora usted ya debe estar familiarizado con este objeto y con el uso de colores para marcar valores seleccionados, asociados y excluidos. Aun así, usemos algunos de los cuadros de lista que acabamos de añadir para reforzar el concepto.

Demos clic en el valor de **Adana, Turkey** en el cuadro de lista de **Ciudad Origen**. Esta acción filtrará el conjunto de datos para mostrar ahora la información correspondiente a vuelos que salen de Adana, Turquía. Podemos ver cómo el valor seleccionado se marca en verde inmediatamente. El resto de los cuadros de lista también se actualizarán para mostrar datos que están asociados con el valor que acabamos de seleccionar. Los valores asociados con nuestra selección tendrán un color de fondo blanco y los valores excluidos (es decir, los valores que no tienen relación alguna con nuestra consulta) se mostrarán con un color de fondo gris. El estado de selección que acabamos de describir se muestra en la siguiente imagen de pantalla:

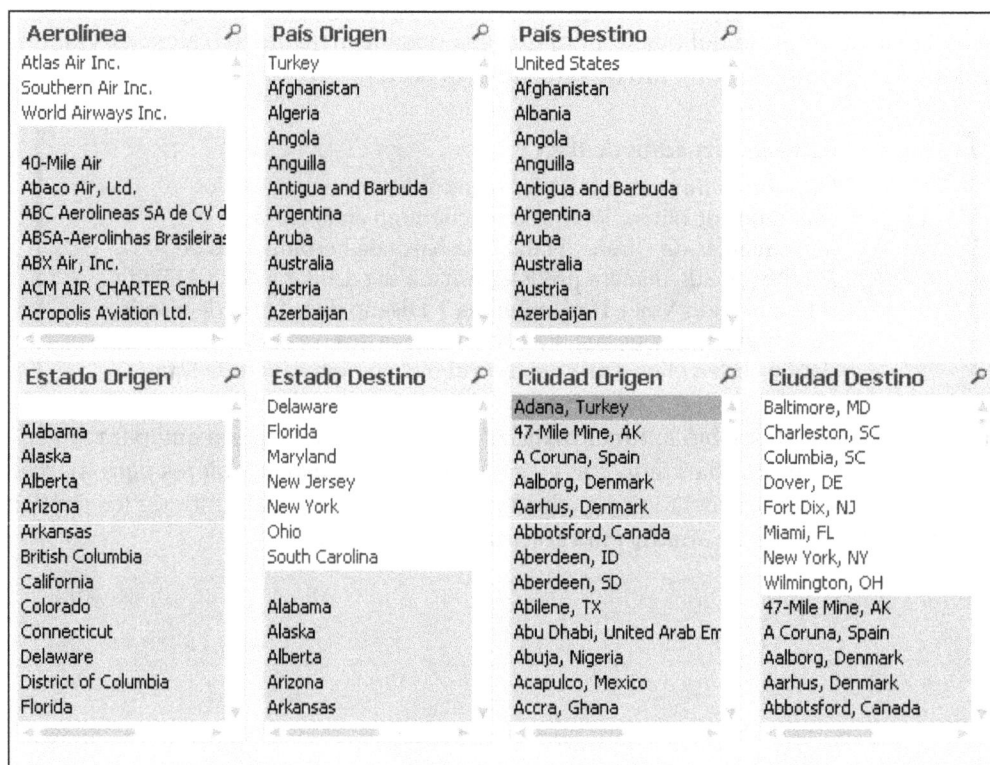

Aerolínea	País Origen	País Destino
Atlas Air Inc.	Turkey	United States
Southern Air Inc.	Afghanistan	Afghanistan
World Airways Inc.	Algeria	Albania
	Angola	Angola
40-Mile Air	Anguilla	Anguilla
Abaco Air, Ltd.	Antigua and Barbuda	Antigua and Barbuda
ABC Aerolineas SA de CV d	Argentina	Argentina
ABSA-Aerolinhas Brasileiras	Aruba	Aruba
ABX Air, Inc.	Australia	Australia
ACM AIR CHARTER GmbH	Austria	Austria
Acropolis Aviation Ltd.	Azerbaijan	Azerbaijan

Estado Origen	Estado Destino	Ciudad Origen	Ciudad Destino
	Delaware	Adana, Turkey	Baltimore, MD
Alabama	Florida	47-Mile Mine, AK	Charleston, SC
Alaska	Maryland	A Coruna, Spain	Columbia, SC
Alberta	New Jersey	Aalborg, Denmark	Dover, DE
Arizona	New York	Aarhus, Denmark	Fort Dix, NJ
Arkansas	Ohio	Abbotsford, Canada	Miami, FL
British Columbia	South Carolina	Aberdeen, ID	New York, NY
California		Aberdeen, SD	Wilmington, OH
Colorado	Alabama	Abilene, TX	47-Mile Mine, AK
Connecticut	Alaska	Abu Dhabi, United Arab Em	A Coruna, Spain
Delaware	Alberta	Abuja, Nigeria	Aalborg, Denmark
District of Columbia	Arizona	Acapulco, Mexico	Aarhus, Denmark
Florida	Arkansas	Accra, Ghana	Abbotsford, Canada

¿Qué aerolíneas tienen registro de vuelos saliendo de Adana, Turquía? ¿A qué ciudades y estados han llegado dichos vuelos? Estas preguntas son respondidas fácilmente por el motor asociativo de QlikView al simplemente seleccionar un valor en el cuadro de lista de **Ciudad Origen**. Un solo clic nos proporciona múltiples respuestas.

Después de que aplicamos una selección, QlikView actualiza los objetos y gráficos en el documento para atender esa consulta. Este proceso de selección es similar, en cierto modo, a la forma en que aplicamos filtros en una tabla de Excel. De igual manera es similar a hacer una consulta en una base de datos por medio de SQL, pero dejando de lado la parte del código.

En base a las asociaciones presentadas en la imagen previa, podemos hacer las siguientes afirmaciones:

- Solo tres aerolíneas han registrado vuelos partiendo de Adana, Turquía.

- Solo siete estados de Estados Unidos han sido destino en vuelos partiendo de Adana, Turquía en el universo de datos que estamos analizando.

- También podemos ver en la imagen las ocho ciudades a las que esos vuelos han llegado.

Dé clic en el botón de **Borrar**, el cual es mostrado en la siguiente imagen y que se encuentra en la barra de herramientas de Navegación, para regresar al estado inicial de selección.

Asociando tablas adicionales

Hasta ahora, hemos cargado una sola tabla y nos proporciona información suficiente sobre el tráfico aéreo, la cual ya podemos empezar a analizar. Sin embargo, solo tenemos algunos valores descriptivos y nos hacen falta otros más, puesto que la tabla de hechos que hemos cargado contiene en la mayoría de sus campos referencias (identificadores) a valores guardados en otras tablas. Necesitaremos integrar tablas adicionales a nuestro modelo de datos que nos provean la descripción correspondiente a dichos identificadores; al hacer esto, podremos enriquecer el contexto de los datos que analizamos y nos permitirá tener un mejor entendimiento de los mismos.

Estructurando el script

Antes de añadir más tablas a nuestro modelo de datos, es buena idea organizar un poco nuestro script. Para esto, usaremos diferentes pestañas en el editor de script que nos ayuden a separar los comandos Load que usaremos. De esta forma, podremos mantener nuestro script bien estructurado y organizado lógicamente. Como ya tenemos la primer sentencia Load (la cual creamos en la sección previa), posicionémosla en su propia pestaña.

Abra la ventana del editor de script (*Ctrl + E*) y posicione el cursor en la línea que está justo arriba del nombre que asignamos a la primer tabla (Vuelos). Luego, vaya al menú **Pestaña** y seleccione **Insertar Pestaña en el Cursor**. Aparecerá el **Diálogo Renombrar Pestaña**, y en él ingresaremos el texto Vuelos, que será el nombre de nuestra nueva pestaña, y daremos clic en **Aceptar**. El código que generamos previamente será enviado a esta nueva pestaña.

Ahora cargaremos las tablas restantes. Comenzaremos por agregar la tabla de Tipos de Aerolíneas, siguiendo los pasos a continuación:

1. Dentro del editor de script, active la pestaña que se encuentra más hacia la derecha, que debería ser la que se llama **Vuelos**, y seleccione **Pestaña | Añadir Pestaña**. En la ventana de **Diálogo Renombrar Pestaña**, ingrese Aerolíneas y dé clic en **Aceptar**.

2. Dé clic en el botón de **Ficheros Planos** y navegue a donde se encuentra el archivo Tipos de Aerolíneas.qvd, dentro de la carpeta Datos Fuente\ QVDs. Seleccione este archivo y dé clic en **Abrir**.

3. El tipo de archivo **Qvd** debe estar seleccionado de forma predeterminada en el panel de la izquierda dentro de la ventana de **Asistente de Archivo**. Dé clic en **Finalizar** para cerrar la ventana de diálogo.

4. Elimine la sentencia Directory; y asigne un nombre a la tabla escribiendo [Tipos de Aerolíneas]: justo arriba de la instrucción Load.

> Se requiere el uso de corchetes para encerrar el nombre de la tabla debido a la presencia de caracteres especiales en el mismo, en este caso un espacio en blanco.

Tome ahora un momento para seguir los pasos 2 al 4 para las tablas que se listan a continuación, pero asigne un nombre de tabla distinto a cada una de ellas en el paso 4.

> Antes de añadir una nueva sentencia Load, asegúrese de posicionar el cursor en una nueva línea en el editor de script.

Las tablas que añadiremos están contenidas en los siguientes archivos, y serán colocadas en diferentes pestañas del script de acuerdo a lo que se especifica a continuación:

- Pestaña **Aerolíneas**:
  ° Regiones Operativas.qvd

       °   `Tipos de Vuelo.qvd`

- Pestaña **Aeronaves** (siga el proceso del paso 1 arriba para crearla):
  - °   `Tipos de Aeronave.qvd`
  - °   `Aeronaves.qvd`

- Pestaña **Aeropuertos** (siga el proceso del paso 1 arriba para crearla):
  - °   `Rangos de Distancia.qvd`

> Un script QlikView se ejecuta de arriba hacia abajo y de izquierda a derecha a través de las distintas pestañas. Como mejor práctica, cada tabla fuente adicional debe estar en su propia pestaña cuando sea posible.

Después de añadir estas tablas y ejecutar una recarga del script podemos presionar *Ctrl + T* para abrir la ventana del **Visor de Tablas,** la cual muestra el modelo de datos recién generado y que presentamos en la siguiente imagen:

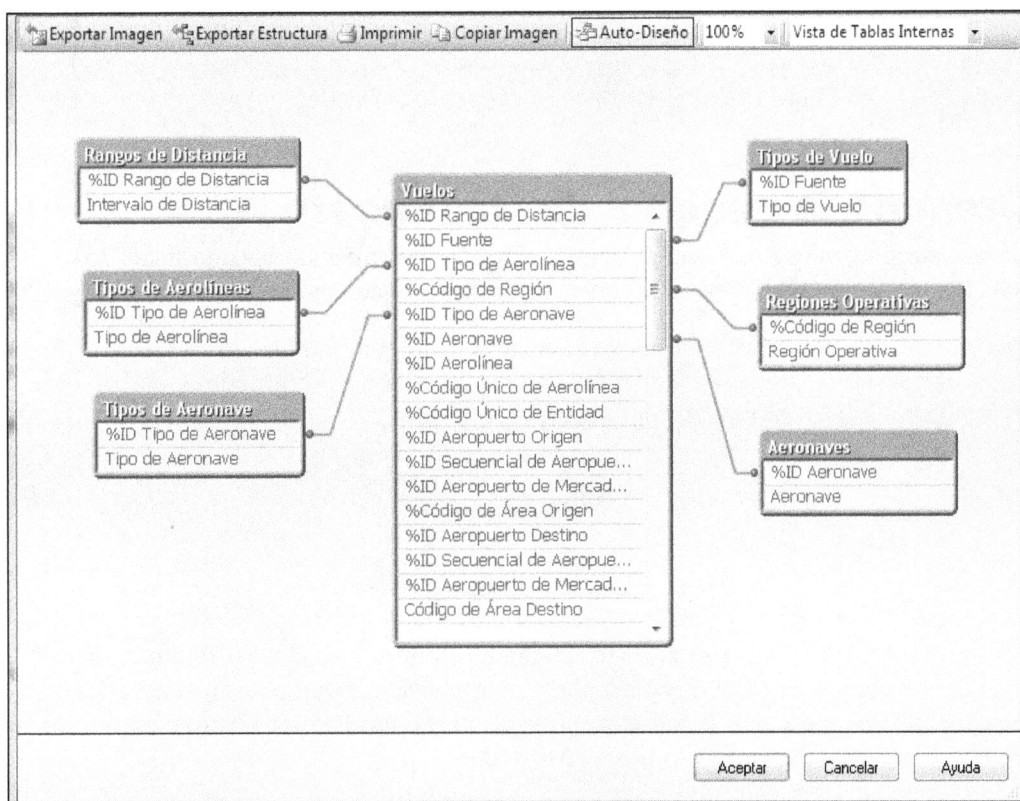

Cada recuadro azul representa una tabla, y en él se listan los campos contenidos en dicha tabla. Podemos también observar una línea azul que muestra la conexión entre dos tablas y a su vez marca las asociaciones generadas por QlikView en el modelo de datos.

> Para reacomodar la distribución de las tablas en el modelo de datos del visor de tablas, dé clic en el botón **Auto-Diseño** o alternativamente arrastre cada tabla con el mouse dando clic en los títulos de tabla.

La condición para que dos tablas se liguen es simplemente que compartan un campo entre sí con el mismo nombre. Como desarrollador, usted puede renombrar los campos para forzar o eliminar asociaciones en el modelo de datos. El visor de tablas es muy útil para verificar la asociación de tablas.

> Existe una convención a considerar al momento de construir un modelo de datos: dos tablas deben estar ligadas por solo un campo. Si comparten entre sí dos o más campos, se creará una llave sintética que puede significar un problema potencial que requiere atención. Abordaremos estas reglas con más profundidad en el *Capítulo 4, Modelado de Datos*.

Creando la pestaña de Dashboard

En esta sección, veremos cómo podemos extender las capacidades analíticas de nuestra aplicación QlikView añadiendo gráficos y objetos interactivos.

Primeramente, crearemos una nueva hoja de trabajo que nombraremos Cuadro de Mando. Desde la barra de herramientas de Diseño, ubique el botón de **Añadir Hoja**, ilustrado a continuación, y dé clic sobre él.

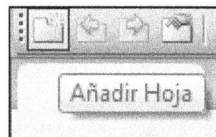

Para renombrar la nueva pestaña, dé clic derecho sobre un espacio en blanco en el área de trabajo y seleccione **Propiedades**. Luego, desde la ventana de **Propiedades de Hoja**, active la pestaña **General**, ubique el campo de entrada **Título** e ingrese el nombre Cuadro de Mando. Dé clic en **Aceptar**.

En caso de que la barra de herramientas de Diseño no esté visible, vaya al menú **Ver | Herramientas | Diseño**.

Creando y posicionando los filtros y controles de usuario

Empezaremos por añadir controles de usuario en forma de cuadros de lista a nuestra nueva pestaña.

Dé clic derecho en un espacio en blanco del área de trabajo de nuestra nueva hoja y seleccione **Seleccionar campos**. Luego, añada los siguientes campos para uso en filtros: **Año, Trimestre, Mes, Región Operativa, Tipo de Aerolínea, Tipo de Aeronave** y **Tipo de Vuelo**.

Después de añadir los campos especificados, dé clic en **Aceptar**.

Posteriormente, ajustaremos algunas propiedades de los cuadros de lista recién creados, comenzando por el de **Año**; dé clic derecho sobre éste y seleccione **Propiedades** del menú contextual.

Los cambios que haremos a este cuadro de lista se configuran en la pestaña de **Presentación** de la ventana de propiedades del objeto. Vaya a dicha pestaña y haga los siguientes ajustes:

1. Establezca la **Alineación** en **Centrado** tanto para **Texto** como para **Números**.

2. Deshabilite la casilla de **Sólo una Columna**.

3. Marque la opción de **Número de Columnas fijo**, y establezca el valor correspondiente en 3.

4. Marque la casilla de **Ordenar por Columna**.

5. Dé clic en **Aceptar** para aplicar los cambios.

Siga los pasos descritos arriba para los cuadros de lista correspondientes a los campos de **Trimestre, Mes** y **Región Operativa**, cambiando solamente el valor de número de columnas (paso 3) como se especifica a continuación:

- Asigne el valor 2 para el cuadro de lista de **Trimestre**.

- Asigne el valor 6 para el cuadro de lista de **Mes**.

- Asigne el valor 3 para el cuadro de lista de **Región Operativa**.

Tomemos un momento para reposicionar nuestros cuadros de lista adecuadamente en el espacio disponible y cambiar el tamaño de los mismos en caso de ser necesario. Debemos buscar posicionarlos de forma más o menos similar a lo mostrado en la siguiente imagen:

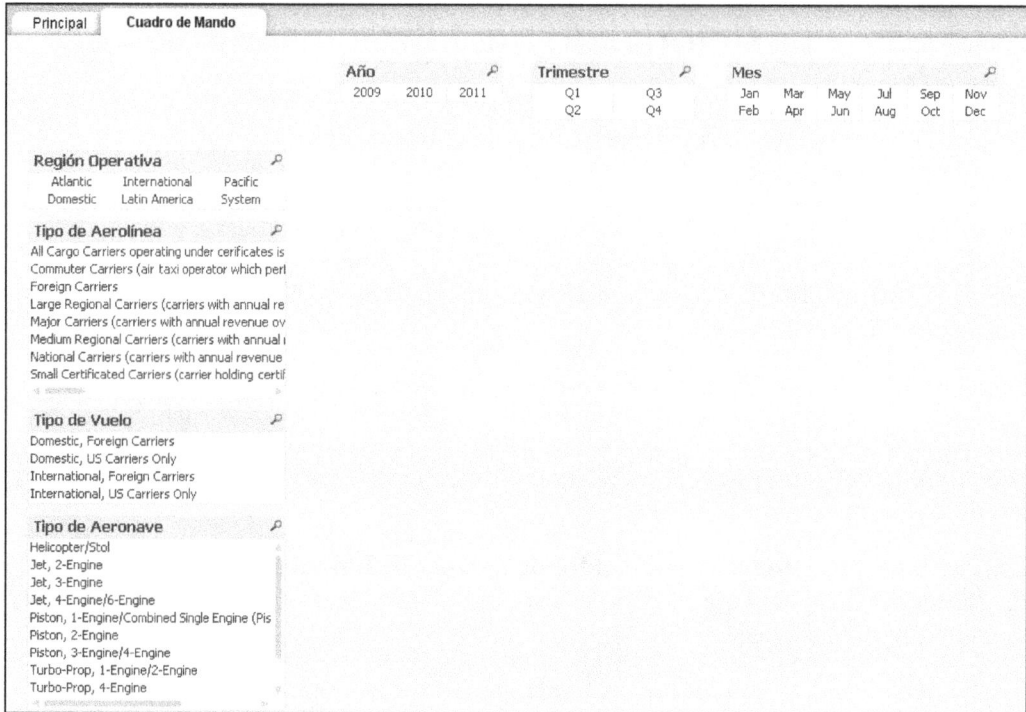

Optimizando el espacio en pantalla

Como probablemente habrá notado, será necesario incluir algunos campos adicionales para filtrado pero no tenemos suficiente espacio en pantalla disponible; recuerde que debemos reservar la parte principal de la hoja para gráficos y tablas. Por lo tanto, haremos uso de un tipo de objeto adicional que nos dará la misma funcionalidad que un cuadro de lista pero ocupando un espacio mucho menor; se trata del **objeto de búsqueda**.

El objeto de búsqueda permitirá al usuario buscar información relacionada a aerolíneas, aeronaves y aeropuertos desde un mismo lugar y en un espacio pequeño.

Dé clic en el botón de **Crear Objeto de Búsqueda**, mostrado abajo, que se encuentra en la barra de herramientas de Diseño.

Desde la ventana de diálogo de **Nuevo Objeto de Búsqueda**, podemos especificar sobre qué campos queremos que se realice la búsqueda cuando el usuario ingrese una cadena de búsqueda. Habilitaremos la búsqueda en solamente ciertos campos de nuestro modelo, por lo que debemos activar el botón de opción correspondiente (**Campos Seleccionados**), elegir los campos que deseamos añadir y dar clic en el botón **Añadir >**.

Los campos que añadiremos son los siguientes: **Tipo de Aeronave, Aerolínea, Código de Aerolínea, Ciudad Destino, Estado Destino, País Destino, Ciudad Origen, Estado Origen, País Origen** y **%Código Único de Aerolínea**.

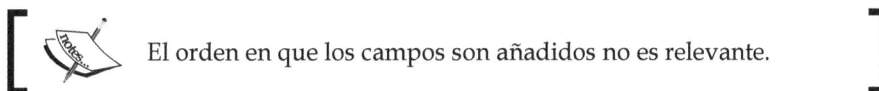

> El orden en que los campos son añadidos no es relevante.

Dé clic en **Aceptar** y posicione el objeto recién creado, el cual mostramos en la imagen siguiente, en la esquina superior izquierda de la pantalla. Para mover y arrastrar el objeto, dé clic en la lupa y arrastre con el mouse o, alternativamente, presione la tecla *Alt* mientras arrastra el objeto.

La forma en que este objeto funciona se describe a continuación:

1. El usuario dará clic dentro del objeto de búsqueda e ingresará una cadena de búsqueda. Una cadena de búsqueda es cualquier palabra o conjunto de palabras o caracteres que el usuario desea buscar dentro de la información cargada en la aplicación.

2. Todos los valores de campo que contengan la cadena de búsqueda especificada se listarán debajo del objeto de búsqueda. La cadena de búsqueda estará resaltada en amarillo para cada valor de campo en donde se haya encontrado la coincidencia. Por ejemplo, la siguiente imagen de pantalla muestra los resultados para la cadena de búsqueda South.

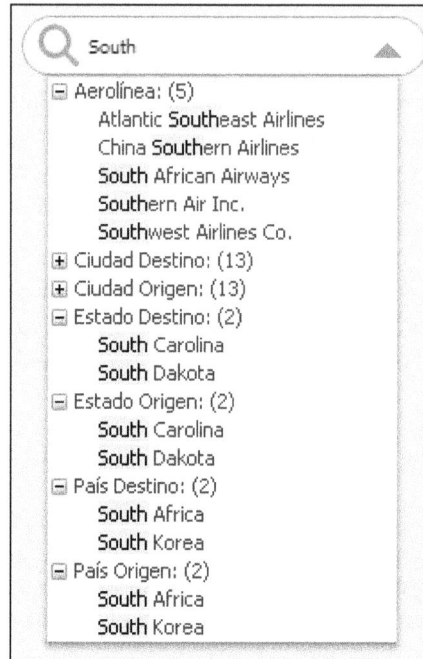

3. Cuando el total de valores con coincidencia en un campo determinado sobrepase un número predefinido (que de manera predeterminada es 10), los valores no se listarán para dicho campo automáticamente, sino que estarán colapsados. Si el total de correspondencias es menor al valor definido, se mostrará el listado de valores coincidentes. Se puede cambiar el límite predeterminado desde la pestaña de **Presentación** de la ventana de diálogo **Propiedades** del objeto.

Ahora que nuestro objeto de búsqueda y cuadros de lista están construidos, vamos a crear algunos gráficos.

Número de vuelos a través del tiempo

Nuestro primer objeto de análisis será un gráfico de barras que mostrará el número de vuelos registrados por año.

Usando la barra de herramientas de Diseño, dé clic en el botón de **Crear Gráfico**, el cual mostramos en la siguiente imagen.

El asistente de creación de gráficos aparecerá en pantalla. En el campo de entrada de **Título de la Ventana**, ingrese `Tráfico por año`. De la sección de **Tipo de Gráfico**, elija la opción de **Gráfico de Barras** (la primera del lado izquierdo) y dé clic en **Siguiente >**.

La siguiente ventana de diálogo es **Dimensiones**. Una dimensión es un campo sobre el que se van a totalizar los datos dentro del gráfico.

De la lista de campos que aparece a la izquierda, ubique y seleccione el campo de **Año** y añádalo a la lista de **Dimensiones Utilizadas** dando clic en el botón **Añadir >**. Después de eso, dé clic en **Siguiente >**.

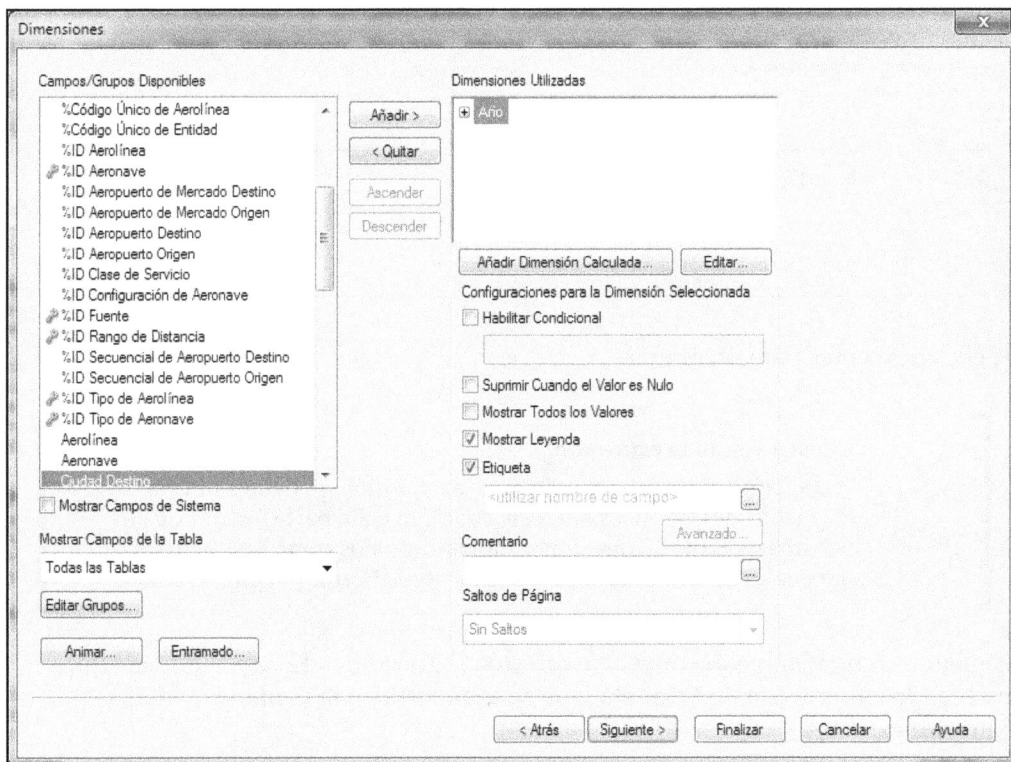

Ahora trabajaremos con la expresión, la fórmula que QlikView utilizará para calcular la métrica que deseamos graficar. En este caso, queremos obtener el total de vuelos registrados, y lograremos eso mediante una suma del campo # Vuelos Realizados. Dentro de la ventana de diálogo de **Editar Expresión**, la cual se abrirá automáticamente al dar clic en **Siguiente** en la ventana previa, ingrese:

```
Sum([# Vuelos Realizados])
```

La ventana de **Editar Expresión** se muestra en la siguiente imagen:

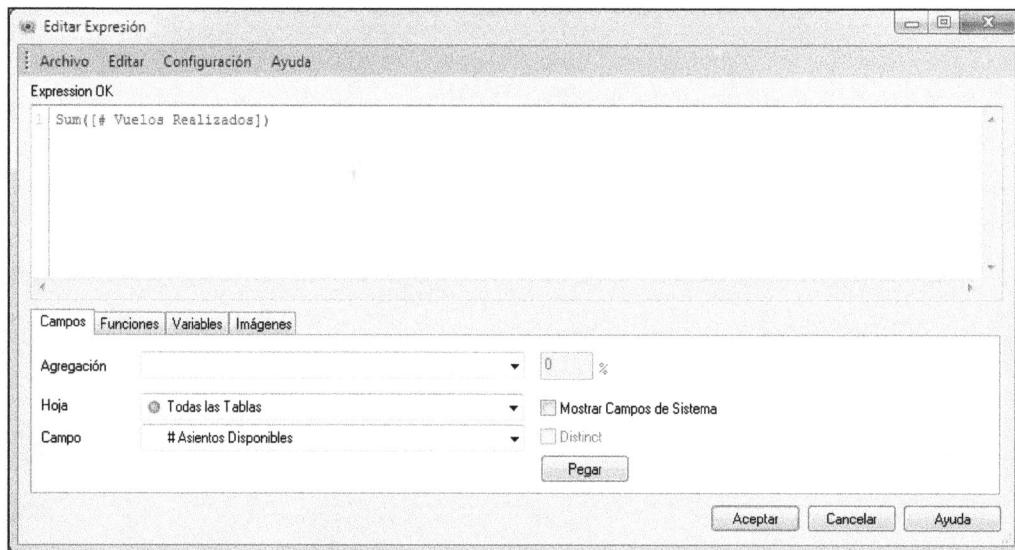

Dé clic en **Aceptar** para continuar.

> **Construyendo la expresión**
>
> En lugar de ingresar manualmente la expresión, podemos utilizar los menús desplegables que se encuentran en la parte inferior de la ventana de **Editar Expresión**. Cuando use estos controles, recuerde dar clic en el botón **Pegar** después de especificar los valores deseados.

Asignaremos una etiqueta a nuestra expresión ingresando el texto # de vuelos en el cuadro de entrada de **Etiqueta**, que se encuentra en la ventana de diálogo **Expresiones**.

En un momento continuaremos haciendo ajustes a nuestro gráfico, pero por ahora solo daremos clic en **Finalizar** para salir del asistente de creación de gráficos, que está compuesto de varias pestañas. Como resultado, debemos tener algo similar a lo que se muestra en la siguiente imagen:

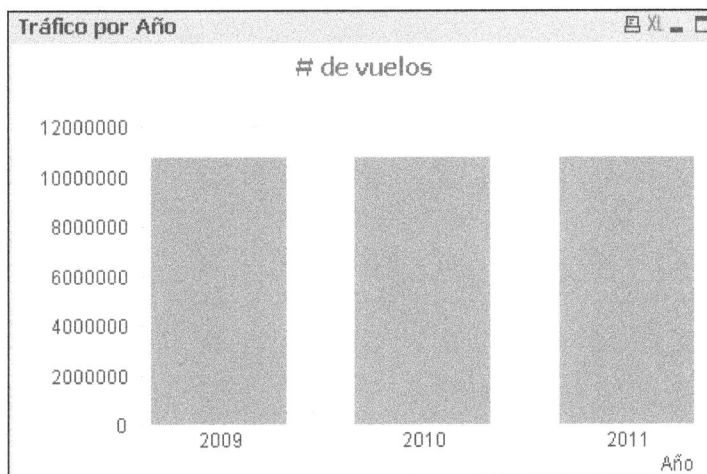

Vayamos nuevamente a la ventana de **Propiedades de Gráfico** (dé clic derecho en el gráfico y seleccione **Propiedades**), la cual contiene las mismas opciones que el asistente de creación de gráfico que vimos anteriormente, y apliquemos los siguientes ajustes a nuestro gráfico:

1. En la pestaña de **Título**, desactive la casilla de **Mostrar Título**.

    La pestaña de **Título** es la última de la pestañas en la ventana de **Propiedades de Gráfico**. Es posible que requiera usar los botones de desplazamiento ubicados en la parte superior derecha de la ventana para que pueda hacer visible esta pestaña.

2. Dentro de la pestaña de **Número**, seleccione el formato numérico **Entero**.

3. De la pestaña de **Ejes**, active la opción de **Mostrar Rejilla** dentro de la sección de **Ejes de Expresión** (la que está arriba, ya que hay dos casillas para **Mostrar Rejilla**).

4. Igualmente dentro de la pestaña de **Ejes**, cambie la orientación de las **Etiquetas de Primera Dimensión** para que sean **Diagonales**.

Luego de dar clic en **Aceptar** para aplicar los cambios, cambie el tamaño y posición del gráfico en pantalla para que ocupe una porción apropiada en la parte superior del área de trabajo. Lo que debemos tener hasta ahora es:

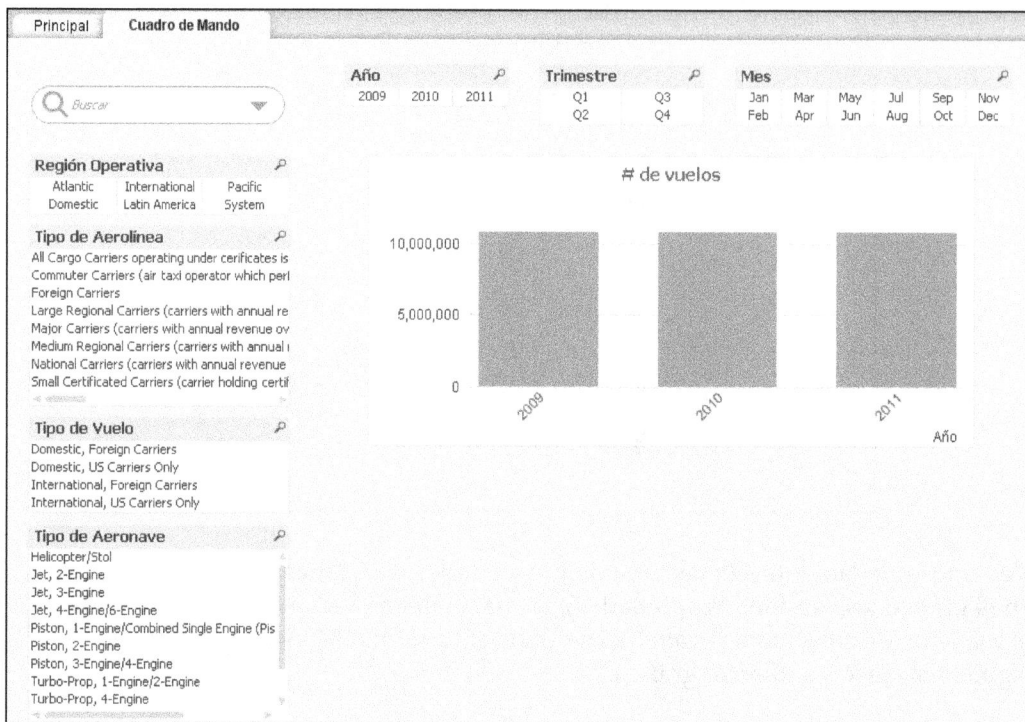

Con la interfaz que vemos en la imagen previa, un usuario ya puede comenzar a hacer consultas, filtrar información, y ver cómo se actualiza el gráfico con cada nueva selección. Podemos, por ejemplo, preguntarnos: ¿Cuántos vuelos por año se han realizado por aerolíneas extranjeras (**Foreign Carriers**)? ¿Cuántos de esos vuelos fueron domésticos y cuántos internacionales?

De todos modos, añadamos un poco más de funcionalidad a nuestra aplicación.

Un gráfico y múltiples análisis con expresiones cíclicas

Añadiremos un nuevo nivel de interactividad a nuestro gráfico usando un grupo cíclico de expresiones. Con un grupo cíclico de expresiones, el usuario tendrá la posibilidad de cambiar de forma interactiva la métrica que se visualiza en el gráfico.

El grupo cíclico que crearemos contendrá expresiones para calcular el número de vuelos, número de pasajeros, carga transportada y correspondencia transportada.

Para crear el grupo cíclico de expresiones, dé clic derecho en el gráfico de **Tráfico por año** y seleccione **Propiedades** del menú contextual.

Como ya hemos creado nuestra primera expresión, continuaremos añadiendo la segunda. Active la pestaña de **Expresiones** y dé clic en el botón de **Añadir**. Aparecerá la ventana de **Editar Expresión** y en ella ingresaremos lo siguiente:

```
Sum([# Pasajeros])
```

Dé clic en **Aceptar** y asigne la siguiente etiqueta a la expresión: `# de Pasajeros`.

Asegúrese de que esta segunda expresión esté seleccionada en la lista de expresiones y dé clic en el botón de **Agrupar**. Esto creará automáticamente nuestro grupo cíclico de expresiones.

Dé clic en el botón de **Añadir** una vez más e ingrese la siguiente expresión:

```
Sum([# Carga Transportada])
```

La etiqueta que asignaremos a esta expresión es `Carga Transportada`. Asegúrese de que la nueva expresión esté seleccionada y dé clic nuevamente en el botón **Agrupar**.

Dé clic una vez más en el botón de **Añadir** e ingrese la siguiente expresión:

```
Sum([# Correo Transportado])
```

La etiqueta que asignaremos a esta expresión será `Correspondencia Transportada`. Asegúrese de que la nueva expresión esté seleccionada y dé clic nuevamente en el botón **Agrupar**.

Finalmente, vaya a la pestaña de **Número** y asegúrese de que todas nuestras expresiones tengan formato numérico de **Entero**. Dé clic en **Aceptar** para aplicar los cambios.

Luego de seguir el procedimiento anterior, nuestro gráfico permitirá al usuario cambiar la expresión (métrica) activa a través de un botón de ciclo (en forma de flecha circular) que estará ubicado en la esquina inferior izquierda del objeto.

El usuario podrá seleccionar la métrica que desea activar, ya sea dando clic directamente en el botón de ciclo para cambiar secuencialmente la expresión del gráfico, o seleccionando la expresión deseada a través de un menú desplegable que es activado dando clic derecho en el botón del ciclo.

Nuestro gráfico deberá verse como en la siguiente imagen:

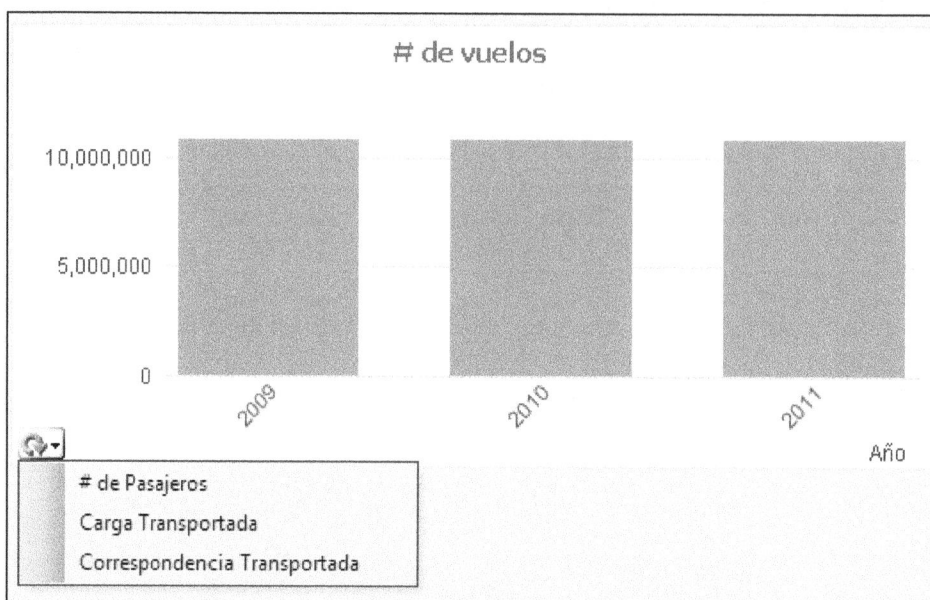

Agregando un grupo jerárquico de tiempo

Utilizando el mismo gráfico que creamos en la sección previa, haremos uso de un tipo distinto de dimensión: el Grupo Jerárquico. Cambiaremos la dimensión de **Año** por un grupo jerárquico que contendrá los campos **Año** y **Mes**.

Para comenzar, dé clic derecho en la gráfica de barras que creamos anteriormente y seleccione **Propiedades**. Active la pestaña de **Dimensiones** y dé clic en el botón de **Editar Grupos** que se encuentra en la parte inferior izquierda de la ventana.

Aparecerá la ventana de diálogo de **Grupos**, inicialmente vacía. Dé clic en el botón **Nuevo** y, desde la ventana de diálogo de **Configuraciones de Grupo**, ingrese Tiempo como **Nombre del Grupo**, asegurándose al mismo tiempo que el botón de opción correspondiente a **Grupo Jerárquico** esté seleccionado.

De la lista de **Campos Disponibles** que aparece a la izquierda, seleccione los campos **Año** y **Mes** y añádalos a la lista de **Campos Utilizados** dando clic en el botón de **Añadir >**. Asegúrese también que los campos sean añadidos en el orden correcto.

En caso de que los campos deseados no aparezcan en la lista, asegúrese de tener seleccionado el valor **Todas las Tablas** dentro del menú desplegable de **Mostrar Campos de la Tabla** que aparece debajo de la sección de **Campos Disponibles**.

Utilizando una etiqueta alternativa

De manera predeterminada, cada campo utilizará su propio nombre como etiqueta en el gráfico. Sin embargo, podemos especificar una etiqueta distinta para cada uno de ellos ingresándola en el campo de entrada de **Etiqueta** que se encuentra debajo de la lista de **Campos Utilizados**. Por ahora, no utilizaremos etiquetas alternativas.

La ventana de diálogo de **Configuraciones de Grupo** deberá verse como se muestra a continuación:

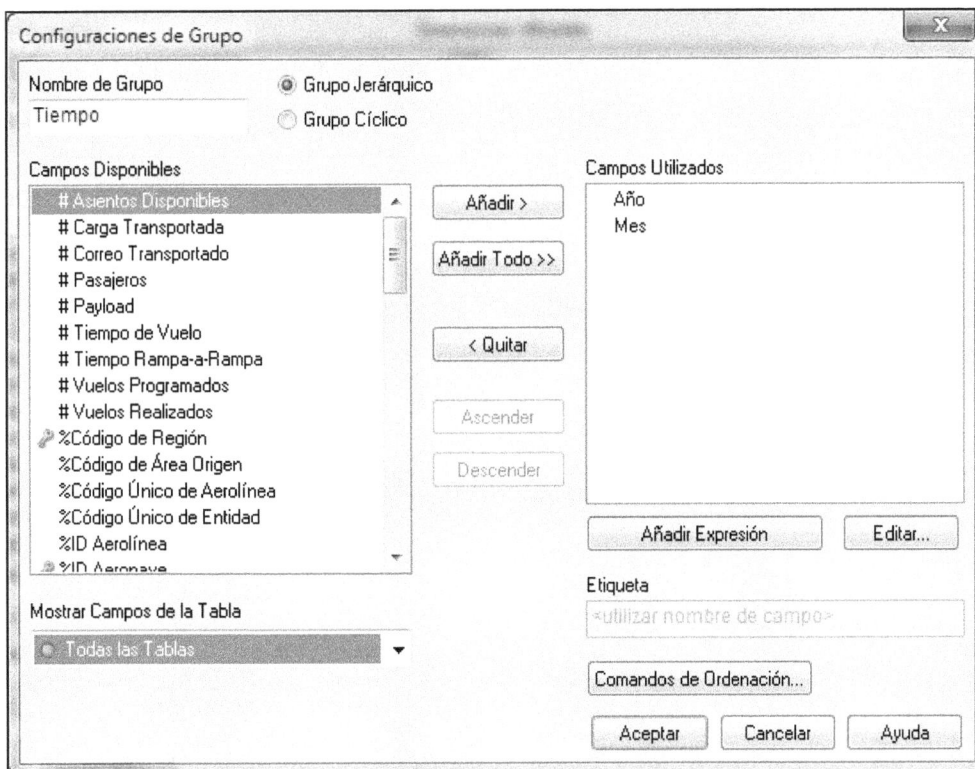

[🔆 Si los campos no son añadidos en el orden correcto la primera vez, puede utilizar los botones de **Ascender** y **Descender** para reordenarlos.]

Dé clic en **Aceptar** para aplicar los cambios en la ventana de **Configuraciones de Grupo** y dé clic en **Aceptar** una vez más en la ventana de **Grupos**.

Ahora veremos que el grupo que hemos creado aparece en la lista de **Campos/ Grupos Disponibles** en la ventana de **Dimensiones**. Seleccione el grupo **Tiempo** y añádalo a la lista de **Dimensiones Utilizadas** dando clic en el botón **Añadir >**. Luego, elimine la dimensión que teníamos previamente (**Año**) seleccionándola y dando clic en el botón **< Quitar**.

Dé clic en **Aceptar**.

Ahora tenemos una gráfica de barras que muestra el número de vuelos por año y podemos navegar con la dimensión jerárquica para ver una tendencia mensual dando clic en una de las barras, que representa un año. Otra forma de navegar dentro de la jerarquía es haciendo una selección libre (o lazo) que cubra solo una de las barras. Nuestro gráfico deberá verse como en la siguiente imagen:

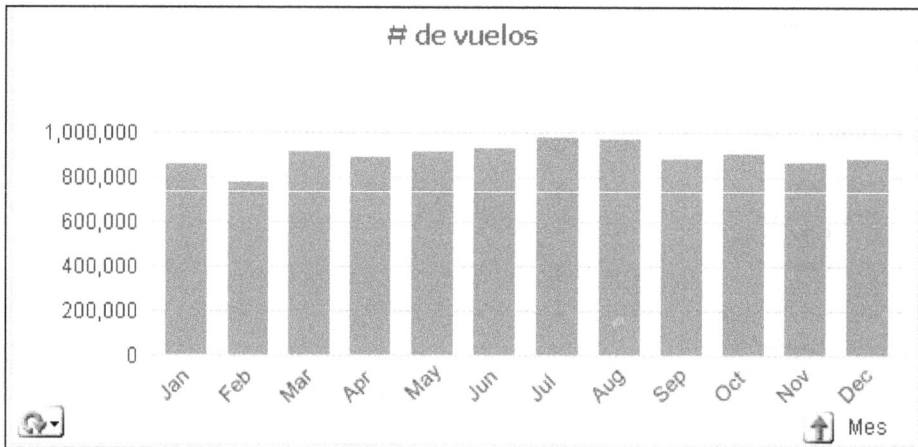

[🔆 **Navegando hacia arriba**

Cuando navegamos hacia los niveles inferiores de una jerarquía, podemos regresar al nivel superior dando clic en el botón que aparece al lado de la leyenda del campo, el cual tiene una flecha apuntando hacia arriba y se encuentra en la parte inferior derecha del objeto, o dando clic en el botón de **Atrás** de la barra de navegación.]

Con la funcionalidad presentada en esta sección y la anterior, el usuario podrá decidir libremente cómo desea visualizar los datos: seleccionando, segmentando, explorando e intercambiando a su conveniencia. De igual forma, el espacio ocupado por un solo objeto puede ser utilizado para ofrecer una gran variedad de análisis con solo unos clics.

Además de los grupos jerárquicos, podemos también crear grupos cíclicos para que el usuario pueda cambiar interactivamente la dimensión de forma similar a lo que hicimos con la expresión cíclica. El procedimiento para crear una dimensión de grupo cíclico es el mismo que describimos para la creación de grupos jerárquicos, solo que seleccionamos **Grupo Cíclico** en lugar de **Grupo Jerárquico** en la ventana de **Configuraciones de Grupo**.

Las 10 rutas principales

Ahora añadiremos un gráfico en forma de tabla para desplegar las 10 rutas principales en cuanto a número de vuelos, pasajeros, carga o correspondencia. Lo llamaremos `Las 10 rutas principales`.

Comencemos por dar clic en el botón de **Crear Gráfico** de la barra de herramientas de Diseño. En la primera ventana del asistente de gráfico, seleccione el ícono de **Tabla Simple**, que mostramos a continuación, dentro de la sección de **Tipo de Gráfico**. Ingrese `Las 10 rutas principales` dentro del campo de entrada de **Título de la Ventana** y dé clic en **Siguiente >**.

En la ventana de **Dimensiones**, añada el campo **Ciudad Origen – Destino** a la lista de **Dimensiones Utilizadas** y dé clic en **Siguiente >**.

Ahora añadiremos las siguientes cuatro expresiones con sus etiquetas correspondientes:

- Vuelos: `Sum([# Vuelos Realizados])`
- Pasajeros: `Sum([# Pasajeros])`
- Carga: `Sum([# Carga Transportada])`
- Correo: `Sum([# Correo Transportado])`

Después de añadir las expresiones, asegúrese de seleccionar **Sin Totales** como **Modo Total** para las cuatro expresiones. Esto se realiza seleccionando el botón de opción correspondiente de la sección ubicada en la parte inferior derecha de la ventana.

> La configuración de **Modo Total** se aplica de forma individual a cada expresión, por lo que debemos seleccionar una por una y aplicarles el cambio individualmente.

La sección de **Modo Total** se muestra en la siguiente imagen de pantalla:

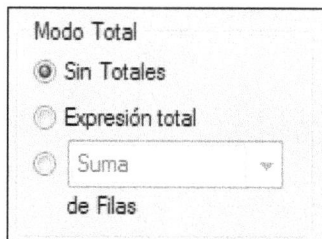

Dé clic en **Siguiente >** dos veces para abrir el diálogo de **Presentación**. Una vez ahí, habilite la opción de **Número máximo (1 – 100)** y establezca el valor correspondiente en **10**.

Dé clic en **Siguiente >** tres veces para llegar al diálogo de **Número** y aplique un formato numérico de **Entero** a las cuatro expresiones.

Dé clic en **Finalizar** y, después de reacomodar y redimensionar los objetos, debemos tener lo siguiente:

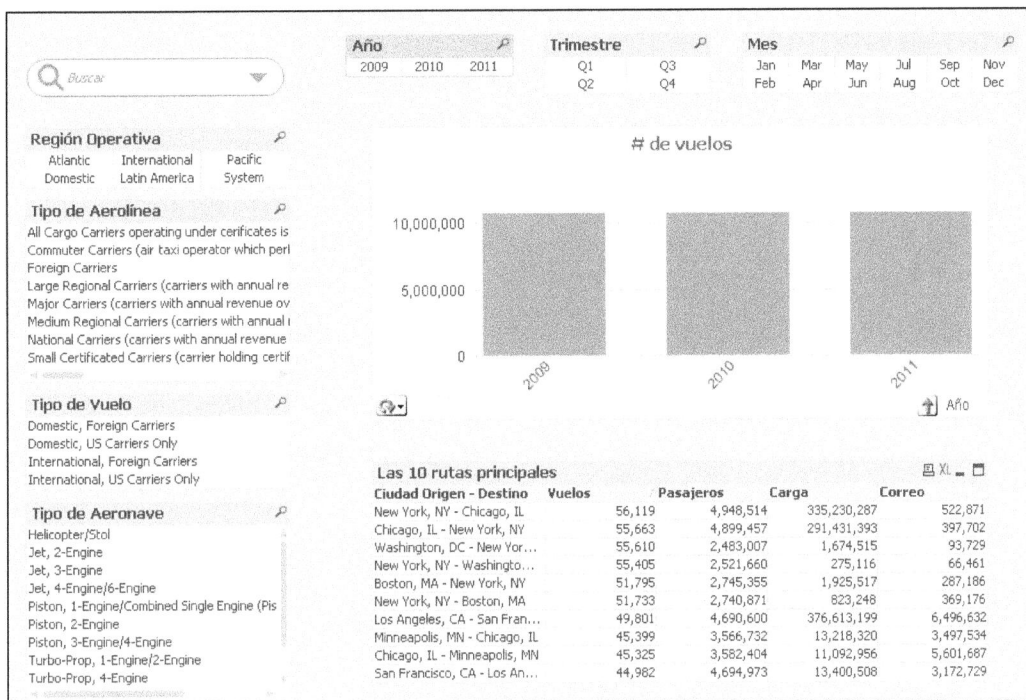

Región Operativa
Atlantic   International   Pacific
Domestic   Latin America   System

Tipo de Aerolínea
All Cargo Carriers operating under cerificates is
Commuter Carriers (air taxi operator which perf
Foreign Carriers
Large Regional Carriers (carriers with annual re
Major Carriers (carriers with annual revenue ov
Medium Regional Carriers (carriers with annual i
National Carriers (carriers with annual revenue
Small Certificated Carriers (carrier holding certif

Tipo de Vuelo
Domestic, Foreign Carriers
Domestic, US Carriers Only
International, Foreign Carriers
International, US Carriers Only

Tipo de Aeronave
Helicopter/Stol
Jet, 2-Engine
Jet, 3-Engine
Jet, 4-Engine/6-Engine
Piston, 1-Engine/Combined Single Engine (Pis
Piston, 2-Engine
Piston, 3-Engine/4-Engine
Turbo-Prop, 1-Engine/2-Engine
Turbo-Prop, 4-Engine

Las 10 rutas principales

Ciudad Origen - Destino	Vuelos	Pasajeros	Carga	Correo
New York, NY - Chicago, IL	56,119	4,948,514	335,230,287	522,871
Chicago, IL - New York, NY	55,663	4,899,457	291,431,393	397,702
Washington, DC - New Yor...	55,610	2,483,007	1,674,515	93,729
New York, NY - Washingto...	55,405	2,521,660	275,116	66,461
Boston, MA - New York, NY	51,795	2,745,355	1,925,517	287,186
New York, NY - Boston, MA	51,733	2,740,871	823,248	369,176
Los Angeles, CA - San Fran...	49,801	4,690,600	376,613,199	6,496,632
Minneapolis, MN - Chicago, IL	45,399	3,566,732	13,218,320	3,497,534
Chicago, IL - Minneapolis, MN	45,325	3,582,404	11,092,956	5,601,687
San Francisco, CA - Los An...	44,982	4,694,973	13,400,508	3,172,729

Para que la tabla despliegue las 10 rutas principales debemos ordenar los valores en base a una de las 4 columnas de expresión, en orden ascendente o descendente. Para hacer esto, dé doble clic en el encabezado de la columna que desee ordenar. La primera vez que se ordene la columna, se hará en orden ascendente. Puede dar doble clic una segunda vez para ordenarla en forma descendente.

Ahora que hemos preparado un documento QlikView, podemos explorar y descubrir datos contenidos en el mismo. Es posible interactuar con la aplicación, hacer selecciones, y usar los gráficos para generar un entendimiento de la información.

Resumen

Apenas vamos empezando a crear y construir aplicaciones analíticas con QlikView. Aunque el modelo de datos que utilizamos fue simple de construir, cubrimos los conceptos básicos que un desarrollador debe considerar al diseñarlo.

El principal objetivo de este capítulo fue mostrar los conceptos básicos de desarrollo de aplicaciones QlikView desde una perspectiva de diseño, creando objetos básicos y ajustando las distintas propiedades de los mismos para hacerlos más funcionales.

Este capítulo le ayudo a aprender cómo cargar datos a QlikView desde archivos QVD, a asociar diferentes tablas fuente para crear un modelo de datos, y a identificar dimensiones y expresiones en el contexto de un documento QlikView.

Adicionalmente, este capítulo mostró cómo crear una interfaz de usuario con controles para filtrar datos y hacer selecciones. Finalmente, aprendimos cómo crear gráficos y tablas con un alto grado de interactividad.

En el *Capítulo 3, Fuentes de Datos,* aprenderemos cómo cargar datos desde diversas fuentes y en distintos formatos.

3
Fuentes de Datos

Hemos completado la etapa de prueba de concepto con gran éxito. Logramos mostrar al equipo de Aerolíneas HighCloud el valor potencial que QlikView puede traer a su organización y cómo serán capaces de generar un mayor entendimiento de sus datos y negocio para tomar decisiones acertadas. Ahora, la pregunta natural que surge después de ver lo que QlikView puede ofrecer en cuanto a capacidades de análisis es: ¿Qué tipo de base de datos requiere QlikView para trabajar?

La respuesta simple a esta pregunta es que QlikView no requiere de una base de datos específica o de un Almacén de Datos (DWH, por las siglas de su denominación en inglés: *Data Warehouse*) del cual obtener los datos que se quieren presentar. Sin embargo, los datos deben residir en algún repositorio de forma que QlikView pueda acceder a ellos y permitir al usuario visualizarlos, descubrir patrones y construir todo tipo de gráficos con ellos. Ese repositorio puede ser casi cualquier base de datos estándar, archivo plano (por ejemplo .xls o .csv), página web, etc, o cualquier combinación de éstos.

Al construir el modelo de datos para la aplicación con la que trabajamos en el *Capítulo 2, Ver para Creer*, utilizamos tablas extraídas desde un archivo con formato QVD (QlikView Data), pero, como se mencionó antes, las tablas que alimentarán el modelo de datos pueden estar almacenadas y gestionadas en una gran variedad de sistemas. Cada tipo o formato de tabla fuente puede requerir diferentes métodos de extracción. Es ahí donde entran las **Fuentes de Datos**.

En este capítulo aprenderá:

- Cómo extraer datos de diferentes fuentes.
- Cómo leer datos usando el asistente de extracción.
- Lo que son los archivos QVD y QVX.

Aun cuando hay muchos sistemas de gestión de bases de datos (SGBD) en el mercado, podemos dividirlos en tres categorías:

- Aquellos que proveen conectividad vía controladores ODBC/OLE DB.

- Aquellos que usan sistemas propietarios y que no cuentan con conectividad estándar.

- Aquellos que no son necesariamente SGBD, sino que tienen sus tablas almacenadas en archivos planos con formatos como XLS, CSV, TXT, XML, etc.

Discutiremos algunos puntos importantes sobre cada una de estas categorías de forma que tengamos un entendimiento general de las implicaciones de cada fuente de datos.

Usando controladores ODBC y OLE DB

Primero, veamos lo que significan los acrónimos:

- Open Database Connectivity (**OBDC**).
- Object Linking and Embedding Database (**OLE DB**).

Es probable que usted ya sepa qué son y no entraremos en detalles sobre cómo trabajan estos controladores internamente, pero, en términos generales, podemos verlos como "traductores de consultas" que habilitan la comunicación entre una aplicación (como QlikView) y el SGBD. Como han estado en uso por mucho tiempo, casi todos los proveedores de SGBD ofrecen acceso a sus sistemas a través de controladores ODBC y/o OLE DB.

Instalando los controladores

Cuando se utiliza una impresora, se requiere que instalemos un controlador en nuestra computadora de forma que los documentos que enviemos a imprimir puedan ser recibidos e impresos apropiadamente. Lo mismo sucede con los controladores para SGBD. Es necesario instalar el controlador correspondiente en la máquina de donde enviaremos consultas para que éstas puedan ser interpretadas y procesadas correctamente por el SGBD que, a su vez, responderá a dicha consulta enviando el conjunto de datos solicitado.

> Algunos controladores comunes son instalados junto con la instalación del sistema operativo Windows y no requeriremos instalarlos nosotros mismos.

Un punto importante a considerar al instalar controladores ODBC y OLE DB es la arquitectura. En la mayoría de los casos, tendremos disponibles paquetes de instalación de los controladores tanto para sistemas de 32 bits como para 64 bits. Necesitamos considerar no solo la arquitectura del sistema operativo que manejamos sino también la edición (x86 o x64) de QlikView que utilizaremos. Por ejemplo, si el sistema operativo es de 32 bits, entonces la única edición de QlikView que se puede instalar en el mismo es la de 32 bits (x86). Sin embargo, si el sistema operativo es de 64 bits, es posible instalar ya sea la edición x86 o la edición x64 de QlikView. Por tanto, es importante saber qué edición es más conveniente para el ambiente en el que trabajaremos desde el momento que instalamos QlikView.

La versión y edición de QlikView

Si quiere saber qué edición de QlikView está ejecutando, lo puede averiguar yendo al menú **Ayuda** y seleccionando **Acerca de QlikView**. Ahí, encontrará información como la versión (9, 10, 11, etc), la actualización, el número de compilación y la edición.

En algunos casos, el SGBD puede no tener controladores para ambas arquitecturas y encontraremos solamente el correspondiente a la edición de 32 bits. En ese caso, QlikView permite usar controladores de conexión de 32 bits incluso desde la edición de 64 bits.

Accediendo a bases de datos no estándar

OLE BD y ODBC son las más típicas formas de acceso a bases de datos que encontraremos, pero hay ciertas fuentes de datos a las que no podemos acceder de forma nativa con estos estándares. Para estos pocos aunque cada vez más comunes escenarios, QlikView ofrece la posibilidad de integrar lo que conocemos como "bases de datos no estándar" y extraer de ellas datos para manipularlos de forma similar a cualquier otra fuente de datos.

Es posible acceder a fuentes de datos no estándar de la misma manera en que accedemos cualquier otra fuente de datos típica: con un controlador o conector. Para ello, podemos construir nuestro propio conector o adquirirlo de un tercero. El primero típicamente requiere algún desarrollo en C o C++ para crear la arquitectura de comunicación entre la fuente de datos en cuestión y QlikView. QlikTech ofrece un kit de desarrollo (SDK, por las siglas de su denominación en inglés: *Software Development Kit*) para facilitar la construcción de estos programas, incluso proporcionando código de ejemplo.

Un ejemplo de una fuente de datos no estándar sería `Salesforce.com`. La conectividad con `Salesforce.com` se logra a través de un complemento gratuito ofrecido por QlikTech que permite la fácil extracción de datos almacenados en este sistema CRM. Este adaptador, que consiste en archivos `dll`, es lo que conocemos como conector y su función es similar a la de un controlador ODBC/OLE DB.

Otro ejemplo típico de una fuente de datos no estándar utilizado en un gran número de implementaciones QlikView es el sistema SAP. Por un costo adicional, QlikTech ofrece un conjunto de conectores que se pueden utilizar para extracción de datos de SAP (R/3, mySAP y/o BW). Este conector está certificado por SAP y permite crear scripts de extracción por medio de ventanas de diálogo fáciles de usar.

Conectores personalizados de terceros

Como se mencionó anteriormente, también es posible construir nuestros propios conectores personalizados. Cuando la fuente de datos es `Salesforce.com` o SAP, se puede optar por utilizar los conectores que ofrece QlikTech. De igual forma, existen conectores desarrollados por terceros para extracción de datos desde otras fuentes comunes y no estándar. Dos ejemplos de dichos conectores son:

- QVSource: Este conector, desarrollado por Industrial CodeBox, puede ser usado para extraer datos desde un gran número de servicios web que pueden ser accedidos vía APIs. Permite la fácil extracción de datos desde redes sociales, como Facebook o Twitter, así como desde aplicaciones web enfocadas al uso en negocios, como Google Analytics, Google Spreadsheets, entre otras.
    - Para más información acerca de QVSource, visite `http://www.qvsource.com`.

- QlikView JDBC connector: Este conector, desarrollado por TIQ Solutions, permite la conexión con fuentes de datos a través de la tecnología JDBC (Java Database Connectivity) desde QlikView. JDBC es un estándar para la conectividad con una gran variedad de fuentes de datos. Un ejemplo de esta tipo de bases de datos es Derby, o incluso ambientes 'Big Data' como Hadoop Hive.
    - Puede encontrar más información acerca del conector JDBC visitando `http://www.tiq-solutions.de/display/enghome`.

Leyendo archivos planos

El tercer tipo de fuente de datos que encontraremos normalmente consiste en archivos de tabla más comunes, como Excel, CSV, TXT, XML o incluso HTML. Para este tipo de fuente de datos, el único requisito es que su contenido tenga una estructura definida y fácil de interpretar. Será más fácil extraer datos de estos archivos si tienen una estructura de tabla tradicional, es decir, con solo filas y columnas (igual que cualquier tabla en una base de datos). Sin embargo, encontraremos casos en los que estos archivos contienen información adicional que no forma parte de la tabla en sí, como por ejemplo algún encabezado o pie de página, y por lo tanto es posible que se requiera algún proceso de transformación por medio de script.

[En el *Capítulo 9, Transformación Básica de Datos*, exploraremos algunas técnicas para tratar archivos de tabla no estructurados.]

La posibilidad de leer archivos planos es especialmente importante cuando queremos asociar información de un SGBD con información generada por usuarios de negocio que puede no estar almacenada en una base de datos. Algunos ejemplos de esto son los pronósticos de venta o indicadores de mercado externos.

Extrayendo datos – dos ejemplos prácticos

En esta sección, repasaremos el proceso requerido para extraer datos hacia un documento QlikView. Este proceso de extracción consiste en:

1. Conectarse a la fuente de datos.
2. Realizar la consulta en la base de datos.
3. Realizar la recarga del script en QlikView.

Veremos dos ejemplos de extracción de datos utilizando dos fuentes de datos diferentes:

* Una base de datos de Microsoft Access.

* Un archivo plano.

Extrayendo datos de MS Access

Nuestro primer ejemplo demostrará el proceso de extracción desde una base de datos de MS Access. Será un buen ejemplo, ya que el proceso de conexión es muy similar a cuando nos conectamos a la mayoría de los SGBD. Usaremos uno de los controladores descritos en la sección anterior y cubriremos los pasos requeridos en todo el proceso.

> Antes de continuar, asegúrese de tener un archivo llamado `Tablas de Dimensión.mdb` dentro de la carpeta `Datos Fuente\MDBs`. Si no es así, proceda a crear la carpeta, si es necesario, y copiar el archivo.

Configuración del controlador

Los controladores requeridos para extraer datos de MS Access son normalmente instalados de forma predeterminada junto con el sistema operativo Windows. Los controladores predeterminados son hechos para arquitecturas de 32 bits, pero eso no será un problema para nosotros, ya que ambas ediciones de QlikView (tanto x86 como x64) pueden hacer uso de controladores de 32 bits.

La conectividad a una base de datos de MS Access es facilitada por Microsoft a través de controladores ODBC y OLE DB. En este paso, debemos decidir cuál de los dos tipos de controladores queremos utilizar. Como el proceso de conexión para el controlador OLE DB es más simple, optaremos por ese método. Sin embargo, tomaremos un momento para describir brevemente el proceso de configuración requerido al usar controladores ODBC.

> El proceso descrito a continuación no es necesario cuando usamos controladores OLE DB; para nuestro ejemplo, podemos omitir estos pasos.

Cómo establecer una conexión ODBC

Para crear una conexión por ODBC necesitamos acceder al cuadro de diálogo **Administrador de orígenes de datos ODBC**. Esta ventana se accede a través de **Panel de Control | Herramientas Administrativas | Orígenes de datos ODBC**.

> **Accediendo al Administrador de orígenes de datos ODBC de 32-bits desde un equipo de 64 bits**
>
> Si usted utiliza un equipo de 64 bits y requiere configurar un controlador de 32 bits, será necesario acceder al **Administrador de orígenes de datos ODBC** desde otra ubicación. Vaya al folder `%systemdrive%\Windows\SysWoW64` y ejecute el archivo `Odbcad32.exe`. De otro modo solo los controladores de 64 bits estarán disponibles para configurarse.
>
> Si su sistema operativo es Windows 8, existe un acceso directo tanto para la ventana de administración de ODBC de 32 bits como para la de 64 bits desde la sección de **Herramientas Administrativas** del Panel de Control.

Una vez en la ventana de **Administrador de orígenes de datos ODBC**, activaremos la pestaña de **DSN de Sistema** de forma que la configuración que hagamos esté visible para cualquier usuario del equipo y posteriormente daremos clic en el botón **Agregar**.

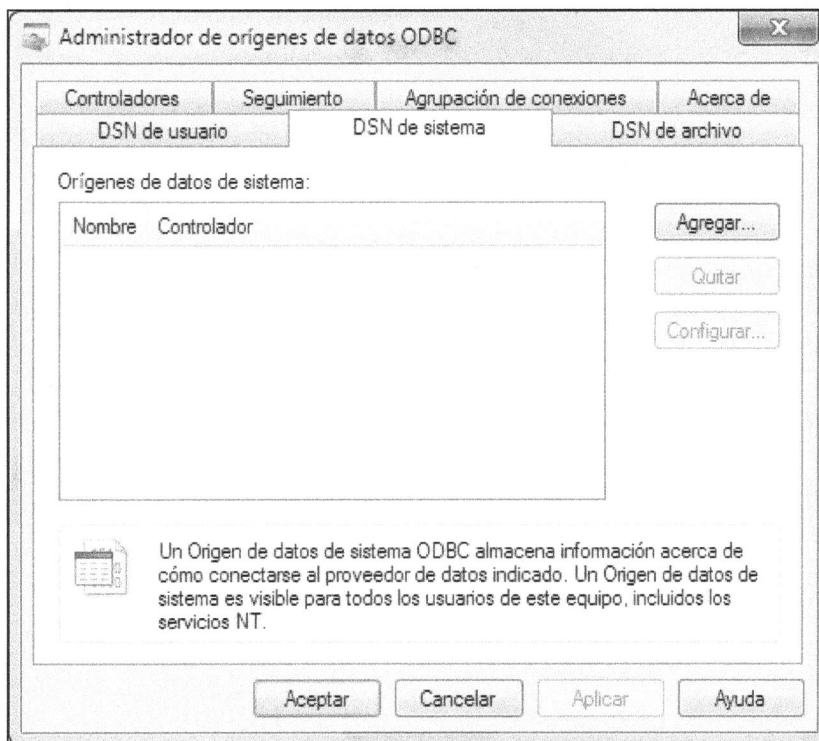

Aparecerá la ventana de **Crear nuevo origen de datos**, con la que podremos seleccionar el controlador deseado, como se muestra en la siguiente imagen de pantalla:

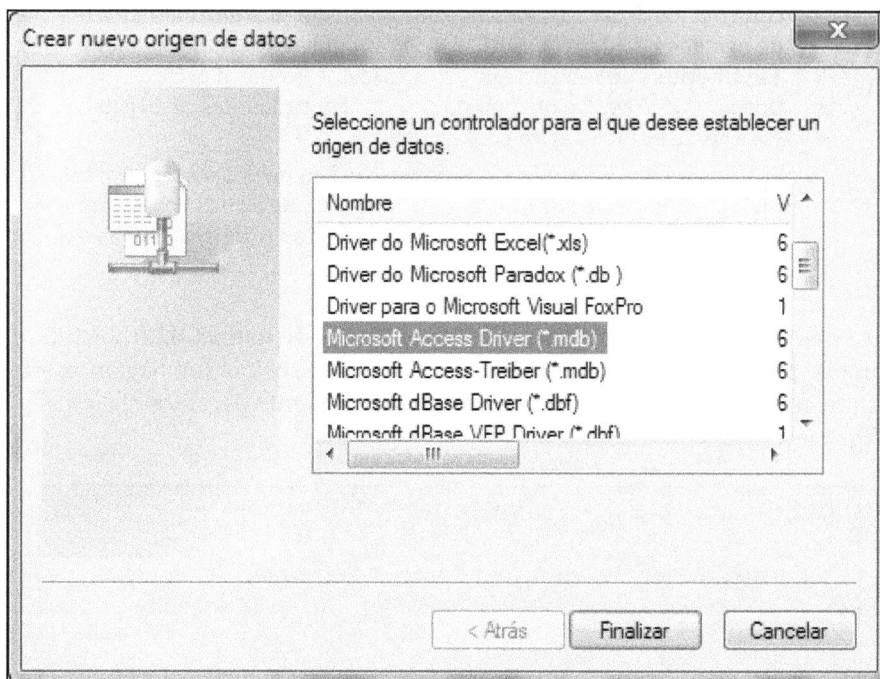

Después de dar clic en **Finalizar** aparecerá la ventana de configuración. Dependiendo del controlador que se seleccione, la configuración y parámetros requeridos para la conexión variará. Sin embargo, la configuración para casi cualquier controlador en esta y las ventanas posteriores es bastante sencilla.

Después de la configuración, una conexión ODBC puede ser usada desde QlikView de la misma forma que una conexión OLE DB, simplemente seleccionando ODBC en lugar de OLE DB al momento de crear la cadena de conexión. Esto lo describiremos en la siguiente sección.

Continuaremos ahora con nuestro ejemplo usando el controlador OLE DB. Si usted siguió el proceso recién descrito, dé clic en **Cancelar** para seguir ahora el procedimiento para OLE DB.

Creando la cadena de conexión OLE DB

La cadena de conexión es básicamente un conjunto de instrucciones y especificaciones con los que QlikView establecerá la comunicación con la fuente de datos. Contiene principalmente el nombre de la base de datos o ubicación en la red, el nombre del controlador a utilizar, así como las credenciales con las que se accederá a la base de datos (usuario y contraseña), si así se requiere.

La cadena de conexión se crea desde QlikView, por lo que ahora abriremos el documento que creamos en el *Capítulo 2, Ver para Creer*, llamado `Operación de Aerolíneas.qvw`. Añadiremos nuevas tablas al modelo de datos, esta vez extrayéndolas desde MS Access, para continuar explorando las capacidades de extracción con que cuenta QlikView.

Una vez que el documento QlikView se ha abierto, vayamos a la ventana del editor de script (*Ctrl + E* o **Archivo | Editor de Script**). Ya hemos trabajado brevemente con esta ventana y esta vez utilizaremos la sección de **Base de Datos** de la pestaña **Datos**.

Active la pestaña de **Aeropuertos** y coloque el cursor en la última línea, debajo de la sentencia `Load`. De la sección de **Base de Datos**, seleccione **OLE DB** en el menú desplegable y dé clic en el botón **Conectar**, el cual se muestra en la siguiente imagen:

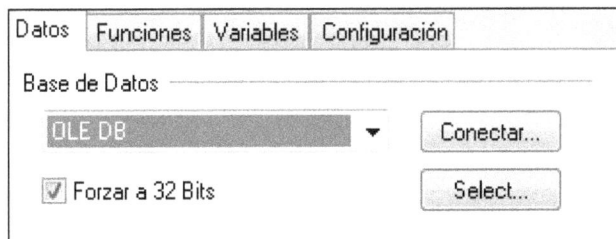

La casilla de **Forzar a 32 Bits** se usa para especificar que QlikView debe buscar los controladores de 32 bits instalados en el equipo, en lugar de buscar controladores de 64 bits. Esta casilla es relevante tanto para controladores ODBC como OLE DB.

Si usted se encuentra usando la edición de 64 bits de QlikView, marque esta casilla antes de dar clic al botón de **Conectar** de forma que QlikView utilice el motor de conexión apropiado.

Recordemos que estamos utilizando la conexión de 32 bits solo porque no contamos con un controlador de 64 bits disponible para consultar nuestra base de datos. Es recomendable utilizar controladores de 64 bits en todos los casos en que se tengan disponibles debido a que, comparativamente, éstos tendrán mejor desempeño que los de arquitectura de 32 bits.

Aparecerá la ventana de **Propiedades de vínculo de datos**, la cual está compuesta de varias pestañas. La primera pestaña (**Proveedor**) muestra una lista de los controladores OLE DB disponibles. En esta pestaña seleccionaremos **Microsoft Jet 4.0 OLE DB Provider**. Una vez seleccionado, demos clic en **Siguiente >>** para ir a la pestaña de **Conexión**, en la que especificaremos el archivo de base de datos al cual nos deseamos conectar.

De clic en el botón de explorar (**...**), ubicado entre los números 1 y 2, para seleccionar la base de datos que tenemos guardada dentro de la carpeta `Datos Fuente\MDBs`.

Debido a que el archivo de base de datos no requiere credenciales para conectarnos a él, dejaremos los campos de **Nombre de usuario** y **Contraseña** en blanco. La opción de **Contraseña en blanco** deberá ser activada también.

Ahora daremos clic en **Probar conexión** para asegurarnos que la conexión sea establecida. Un mensaje indicará si la prueba se ejecutó correctamente y, de ser sí, podemos dar clic en **Aceptar**. Si la prueba no se ejecutó correctamente, necesitaremos asegurarnos que la configuración establecida esté correcta y verificar que el archivo de base de datos pueda ser accedido sin problemas.

Encriptación de credenciales de usuario

Para bases de datos que requieren credenciales de usuario, el nombre de usuario y contraseña se puede guardar como parte de la cadena de conexión, ya sea como texto simple o encriptado. Para guardarlas como texto encriptado, seleccione la opción de **Encriptar Credenciales de Conexión de Usuario** que se encuentra en la pestaña de **Configuración** del panel de herramientas de la ventana de editor de script. Haga esto antes de generar la cadena de conexión.

Después de dar clic en **Aceptar**, podrá ver la cadena de conexión recién generada como parte del script.

Es posible tener varias cadenas de conexión en el mismo documento QlikView. Esto permite extraer datos desde distintas fuentes. Cada vez que se encuentre una nueva cadena de conexión durante la ejecución del script, la cadena de conexión anterior es desconectada automáticamente. También podemos usar la instrucción `Disconnect;` para cortar de forma explícita la conexión a la base de datos anterior antes de conectarse a la nueva.

Portabilidad de la cadena de conexión

En algunas circunstancias podemos requerir crear varios archivos QVW para extraer tablas desde una misma base de datos. Una manera elegante y de fácil administración para manejar esta situación es guardar la cadena de conexión en un archivo de texto y dejarlo en una carpeta a la que los distintos archivos QVW que requieran dicha conexión puedan acceder durante la ejecución del script. La cadena de conexión se puede importar a cada QVW mediante la instrucción `Include` (desde la ventana de **Editar Script**, seleccione **Insertar | Incluir Sentencia**). La ventaja de este método es que si la cadena de conexión cambia, necesitaremos modificarla en un solo lugar y así todos los archivos QVW que hacen uso de ella estarán, de forma automática, utilizado la cadena de conexión actualizada.

Consultando la base de datos

Ahora que hemos establecido la comunicación con la base de datos a través de nuestra cadena de conexión, podemos comenzar a extraer los datos de la misma usando el lenguaje de consulta estructurado (SQL, por las siglas de su denominación en inglés: *Structured Query Language*). QlikView facilita la creación de sentencias `Select` con que realizamos nuestras consultas.

El asistente de Creación de Sentencia Select

La sentencia `Select` se usa para extraer datos desde la fuente hacia nuestro documento QlikView y comunica al SGBD el conjunto específico de datos que requerimos. Podríamos simplemente escribir esta sentencia de forma manual, pero en lugar de eso usaremos la ventana de diálogo de **Crer Sentencia Select** para encontrar la tabla de la que queremos extraer datos, así como los campos que necesitamos, y construir de forma automática el script de QlikView correspondiente.

Como ya hemos creado la cadena de conexión, podemos dar clic en el botón de **Select** desde la pestaña de **Datos** en el panel de herramientas del editor de script. Haciendo esto, aparecerá la ventana de **Crear Sentencia Select** que utilizaremos para especificar la base de datos, tabla, y campos que deseamos cargar. Después de especificar los parámetros en esta ventana, se creará la sentencia `Select` correspondiente.

Demos un vistazo a los componentes de esta ventana, de forma que sepamos lo que hace cada opción. La siguiente imagen muestra el cuadro de diálogo de **Crear Sentencia Select**:

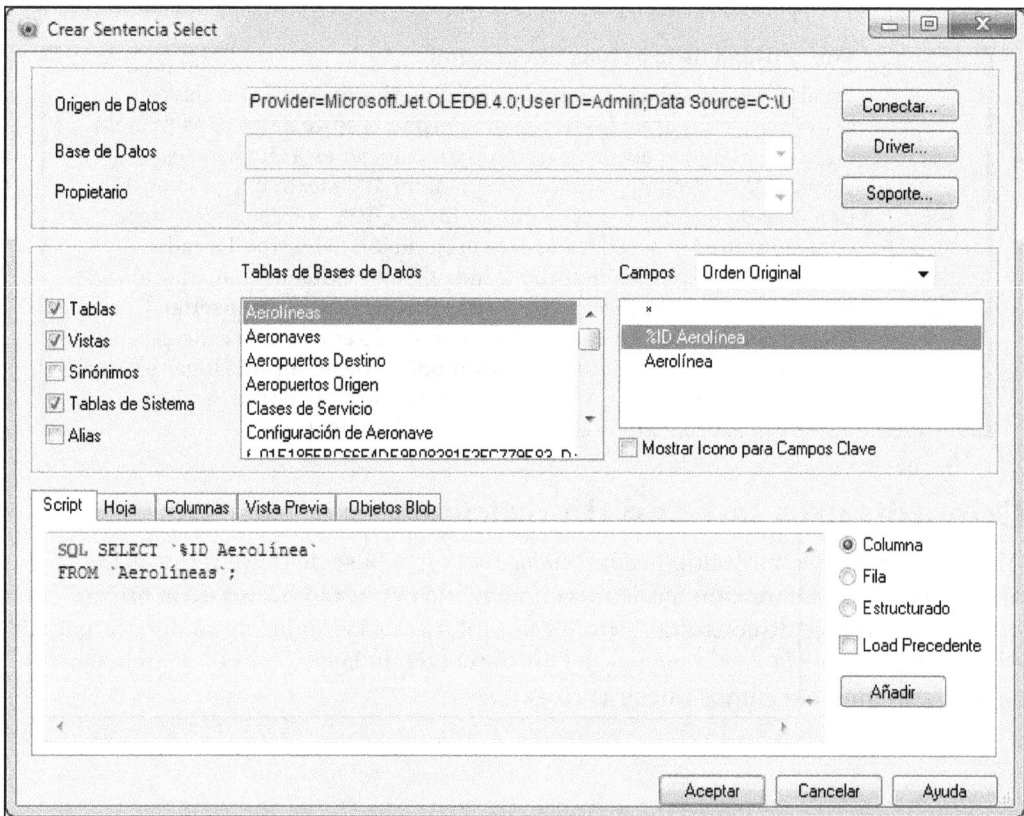

Podemos segmentar la ventana en tres paneles horizontales. En el panel superior es donde especificamos la base de datos en donde las tablas que buscamos están guardadas. Contamos con un campo desplegable de **Base de Datos** y otro de **Propietario**. De igual forma, tenemos tres botones a la derecha de este panel:

- **Conectar**: Este botón nos permite crear otra conexión. Es rara vez utilizado, ya que la ventana actual es normalmente abierta después de que una conexión se ha establecido.

- **Driver**: Este botón nos da información acerca del controlador que estamos utilizando.

- **Soporte**: Este botón abre una ventana que ofrece información relacionada con la base de datos y el controlador en cuestión.

En el panel central podemos elegir lo que formará la parte principal de nuestra sentencia `Select`: la tabla y campos a extraer.

En la parte izquierda de este panel central, tenemos un conjunto de casillas de verificación que nos permiten filtrar el listado de tablas que vemos a la derecha. Podemos seleccionar ver solamente **Tablas**, **Vistas**, ambas, etc. La lista de tablas en la sección de **Tablas de Bases de Datos** está ordenada de forma alfabética y podemos simplemente presionar la primera letra del nombre de la tabla que buscamos para desplazarnos de forma automática a la sección en donde se encuentran las tablas que comienzan con esa letra.

Luego de seleccionar la tabla, podemos pasar a la siguiente sección del panel central, donde se encuentra la lista de campos contenidos en la tabla seleccionada. En esta sección, tenemos la opción de ordenar los campos listados **Alfabéticamente** o con el **Orden Original** en que éstos se encuentran almacenados en la base de datos.

Observe que siempre veremos un asterisco al inicio de la lista. Podemos seleccionar este caracter "comodín" si deseamos extraer todos los campos que tiene la tabla especificada. En caso de que queramos cargar solo algunos de los campos y no todos, podemos seleccionar cada uno individualmente.

> Al seleccionar los campos de forma individual, utilice la tecla *Ctrl* con cada selección para poder seleccionar más de uno.

De igual forma, en esta sección podemos elegir **Mostrar Icono para Campos Clave** en caso de que deseemos identificar los campos que están definidos como campos llave en la base de datos.

Finalmente, tenemos el panel inferior que está dividido en varias pestañas. Repasemos cada una de ellas de forma breve:

- **Script**: En esta pestaña podremos ver el script que se ha generado por el asistente basado en nuestras selecciones de los paneles superior y central.

- A la derecha, tenemos opciones adicionales para especificar cómo queremos que el script sea generado (**Columna**, **Fila**, o **Estructurado**). Podemos también agregar un **Load Precedente**, con lo cual se listarán los campos resultantes de forma individual y se harán disponibles para operaciones del lado de QlikView (y no dependientes de la base de datos).

- De igual forma, tenemos un botón de **Añadir**, que permite la creación de varias sentencias Select y con varias tablas al mismo tiempo, evitando la necesidad de dar clic en **Aceptar** y tener que regresar a la ventana de **Crear Sentencia Select** cada vez.

- **Hoja**: Se usa para ver información general acerca de la tabla seleccionada.

- **Columnas**: Nos da información específica sobre las propiedades de los campos que conforman la tabla.

- **Vista Previa**: Muestra un ejemplo del resultado de nuestra consulta y consiste de solo algunos registros.

- **Objetos Blob**: Nos permite incorporar objetos contenidos en campos de tipo Blob (por las siglas de su denominación en inglés: *Binary Large Object*) a nuestra aplicación QlikView. Esta funcionalidad solo está soportada cuando usamos conexiones ODBC.

Añadiendo la tabla de Aeropuertos

Aun cuando la base de datos de Access contiene todas las tablas de dimensión usadas en el modelo de datos de Operación de Aerolíneas (y más), solo extraeremos desde ahí las tablas correspondientes a aeropuertos origen y destino para incorporarlas a nuestra aplicación.

Usando el asistente de **Crear Sentencia Select** recién descrito, cree la sentencia requerida para extraer la tabla de **Aeropuertos Origen** con sus dos campos (**%ID Aeropuerto Origen** y **Aeropuerto Origen**). Asegúrese de crear el script en forma de **Columna** con los nombres de campos listados en un **Load Precedente** para que podamos manipularlos después, en caso de así requerirlo.

La siguiente imagen muestra la configuración que necesitamos en el diálogo de **Crear Sentencia Select** para este ejemplo particular:

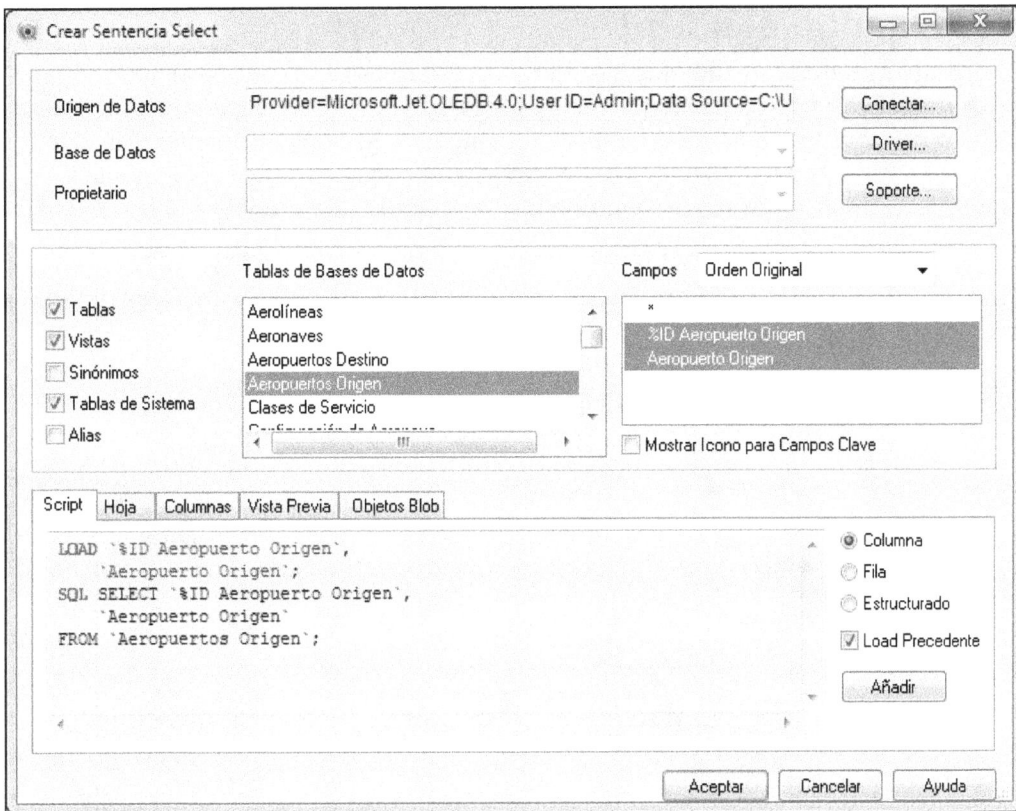

El script resultante se muestra a continuación:

```
LOAD `%ID Aeropuerto Origen`,
    `Aeropuerto Origen`;
SQL SELECT `%ID Aeropuerto Origen`,
    `Aeropuerto Origen`
FROM `Aeropuertos Origen`;
```

Observe que no hemos utilizado el símbolo comodín al momento de seleccionar la lista de campos a cargar, aun cuando deseamos extraer todos los campos. Esto se considera una mejor práctica para asegurar que solo los campos requeridos estén dentro del resultado de nuestra consulta, y no más. Suponga, por ejemplo, que un nuevo campo es añadido a la tabla fuente. Si usáramos el símbolo comodín para realizar nuestra consulta a la base de datos, estaríamos automáticamente extrayendo el nuevo campo aun cuando no fuera necesario para nuestro modelo de datos, gastando recursos valiosos de ancho de banda en el proceso.

Ahora siga el mismo procedimiento para generar el script requerido en la carga de la tabla de **Aeropuertos Destino**.

Recargando el script

Ahora tenemos una consulta que ejecutar y necesitamos recargar nuestro script para extraer los datos correspondientes hacia nuestro documento QlikView (y directo a la RAM del equipo por el tiempo que el documento QlikView permanezca abierto). Para hacer esto, podemos seleccionar **Archivo | Recargar** de la barra de menús, presionar *Ctrl + R*, o dar clic en el botón correspondiente en la barra de herramientas.

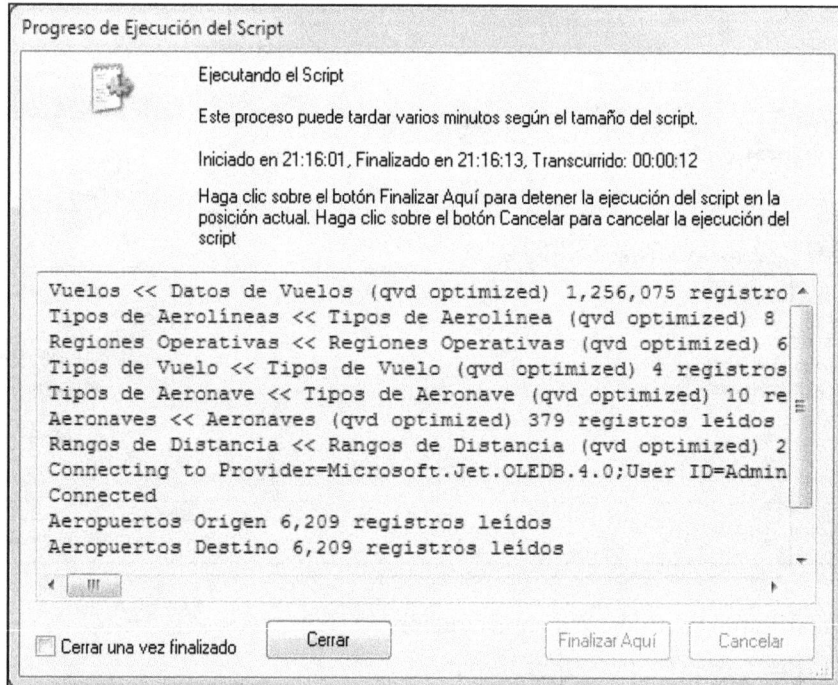

```
Progreso de Ejecución del Script

    Ejecutando el Script

    Este proceso puede tardar varios minutos según el tamaño del script.

    Iniciado en 21:16:01, Finalizado en 21:16:13, Transcurrido: 00:00:12

    Haga clic sobre el botón Finalizar Aquí para detener la ejecución del script en la
    posición actual. Haga clic sobre el botón Cancelar para cancelar la ejecución del
    script

    Vuelos << Datos de Vuelos (qvd optimized) 1,256,075 registro
    Tipos de Aerolíneas << Tipos de Aerolínea (qvd optimized) 8
    Regiones Operativas << Regiones Operativas (qvd optimized) 6
    Tipos de Vuelo << Tipos de Vuelo (qvd optimized) 4 registros
    Tipos de Aeronave << Tipos de Aeronave (qvd optimized) 10 re
    Aeronaves << Aeronaves (qvd optimized) 379 registros leídos
    Rangos de Distancia << Rangos de Distancia (qvd optimized) 2
    Connecting to Provider=Microsoft.Jet.OLEDB.4.0;User ID=Admin
    Connected
    Aeropuertos Origen 6,209 registros leídos
    Aeropuertos Destino 6,209 registros leídos

    Cerrar una vez finalizado    Cerrar    Finalizar Aquí    Cancelar
```

De manera predeterminada, se encuentra habilitada la opción de **Cerrar una vez finalizado**; esta opción se ubica en la parte inferior izquierda de la ventana **de Progreso de Ejecución del Script**. Esto indica que QlikView debe cerrar la ventana de progreso inmediatamente después de finalizar la ejecución del script. En algunos casos resulta útil deshabilitar esta opción, de forma que podamos ver un resumen del proceso una vez finalizado. Podemos simplemente deshabilitar la opción directamente desde esta ventana o cambiar el parámetro a través de **Configuraciones | Preferencias de Usuario | Mantener Progreso Abierto tras la Recarga de Datos**. Así, sabremos que la ejecución del script habrá finalizado cuando el botón **Cerrar** se habilite y podremos revisar tiempos de ejecución y número de registros cargados antes de cerrar la ventana manualmente. Dé clic en el botón **Cerrar** para salir de esta ventana en caso de que ésta se encuentre abierta ahora.

Debido a que realizamos una recarga de datos desde la ventana del editor de script, el diálogo de **Propiedades de Hoja** aparece inmediatamente después de la ejecución con la pestaña **Campos** activa de forma predeterminada.

> Este diálogo no aparece cuando ejecutamos la recarga desde afuera del editor de script. Si ese es el caso, puede accederlo dando clic derecho a un espacio vacío del área de trabajo y seleccionando la opción **Seleccionar Campos**.

Dé clic en **Aceptar** para cerrar la ventana de **Propiedades de Hoja**.

El modelo de datos resultante

Si presionamos *Ctrl + T* ahora, aparecerá la ventana del **Visor de Tablas** y podremos observar el modelo de datos resultante de la recarga. El modelo de datos estará conformado por las tablas que añadimos previamente en el *Capítulo 2, Ver para Creer,* así como las dos tablas que añadimos provenientes de la base de datos de MS Access.

También se puede acceder al visor de tablas por medio del menú **Archivo**, seleccionando la opción **Visor de Tablas**, o utilizando el botón correspondiente de la barra de herramientas de Diseño.

La siguiente imagen muestra nuestro modelo de datos:

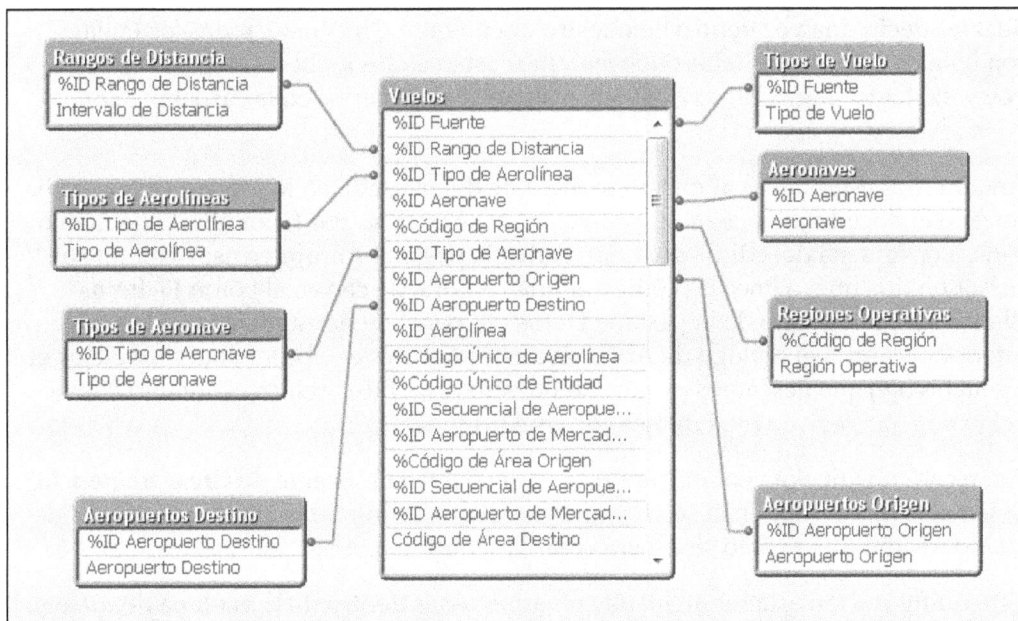

El visor de tablas es una herramienta muy útil para analizar el modelo de datos y revisar las asociaciones entre tablas. En el *Capítulo 4, Modelado de Datos,* describiremos con mayor detalle cómo podemos sacarle un mayor provecho.

> Es importante remarcar que en esta etapa de introducción hemos estado utilizando tablas fuente ya preparadas, es por eso que podemos construir el modelo de datos con mínimo esfuerzo. En un capítulo posterior, cubriremos con mayor detalle el proceso de construcción del modelo de datos a través de script.

Después de revisar el visor de tablas, dé clic en **Aceptar** para cerrar la ventana y asegúrese de guardar los cambios que hemos realizado a la aplicación antes de continuar con la siguiente sección.

Cargando un archivo plano

Ya hemos cubierto el proceso de extracción de datos desde una base de datos típica usando controladores ODBC y OLE DB. QlikView también tiene la capacidad de cargar datos de ficheros planos, tales como archivos Excel, CSV, TXT, y XML, entre otros.

Veamos un ejemplo de carga de datos usando un archivo CSV para describir el proceso y cuadros de diálogo involucrados. Cargaremos dos tablas adicionales en formato CSV con el propósito de demostrar que, no importa la fuente de datos, al final (es decir, una vez dentro de nuestro documento QlikView), todas las tablas son iguales. Las nuevas tablas que leeremos están en los archivos `Mercado Origen.csv` y `Mercado Destino.csv`, así que asegúrese de tenerlos en la carpeta `Datos Fuente\CSVs`.

Añadiremos estas tablas al mismo modelo de datos usado en la sección previa. Si ha cerrado el documento `Operación de Aerolíneas.qvw`, por favor ábralo de nuevo. Vaya a la ventana del editor de script, active la pestaña **Aeropuertos**, y coloque el cursor en una nueva línea de código al final. Ahora, dé clic en el botón **Ficheros Planos** ubicado dentro de la pestaña **Datos** del panel de herramientas en la parte inferior. Se abrirá el diálogo de **Abrir Archivos Locales** en el cual podemos elegir el/los archivo(s) que deseamos cargar. En nuestro caso, buscaremos el archivo llamado `Mercados Origen.csv` y daremos clic en **Abrir**.

Aparecerá una nueva ventana que es el equivalente al asistente de **Crear Sentencia Select** que discutimos en la sección anterior. Aquí definiremos algunas opciones de configuración sobre cómo se deberá crear la sentencia `Load`.

Esta configuración está segmentada en varios pasos dentro de la ventana de diálogo **Asistente de Archivo**. Repasaremos las secciones más importantes de este asistente.

Especificando atributos del archivo

El primer paso es definir algunos atributos del archivo que estamos leyendo, así como los campos que deseamos incluir. En la siguiente imagen de pantalla podemos ver los contenidos del diálogo **Asistente de Archivo : Tipo**.

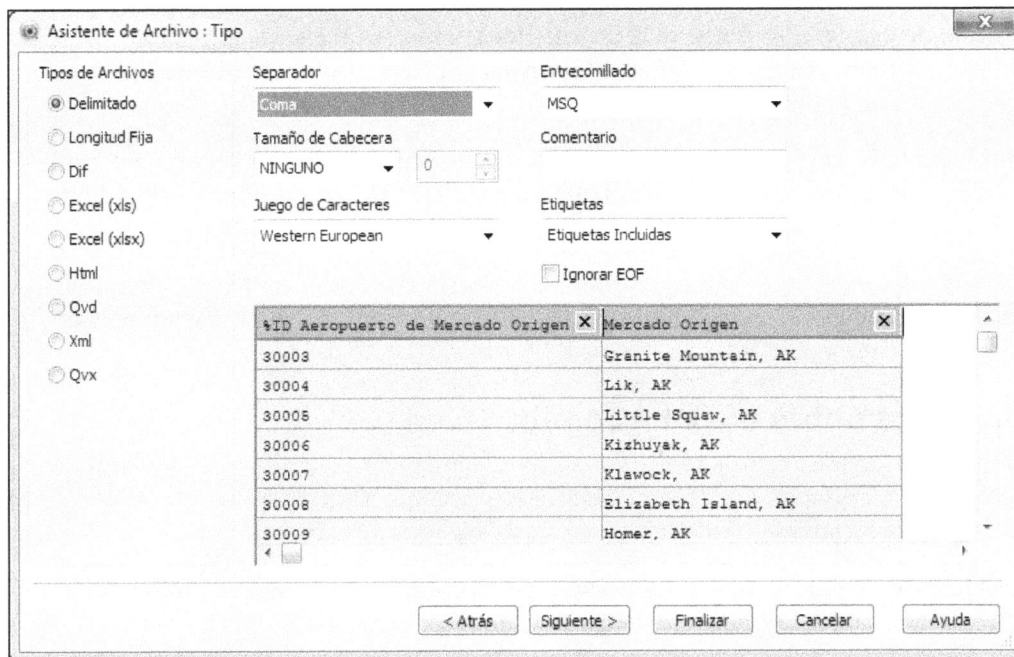

Podemos dividir esta ventana en tres paneles. El primero (a la izquierda) contiene botones de opción que nos permiten seleccionar el **Tipo de Archivo** correspondiente. El segundo panel, ubicado en la parte superior derecha, contiene varias opciones relacionadas con los atributos del archivo. Estas opciones pueden variar dependiendo del tipo de archivo. En el tercer panel, tenemos la vista previa en la parte inferior que refleja la forma en que el archivo está siendo interpretado por QlikView de acuerdo a las configuraciones que se hayan especificado en los otros dos paneles. El panel de vista previa provee retroalimentación inmediata después de que modificamos cualquiera de las opciones de configuración en el resto de la ventana.

Los atributos de archivos CSV

Como nuestro archivo CSV es un archivo delimitado, es posible seleccionar el caracter utilizado como separador en el mismo. Esto se hace por medio del campo **Separador**.

También es posible seleccionar el tipo de **Entrecomillado**, que puede ser **Estándar**, **MSQ**, y **Ninguno**. De forma predeterminada (es decir, con el tipo **MSQ**) se permiten comillas estándar dobles (" ") o simples (' ') dentro de los valores de campo, pero con una condición: deben aparecer tanto en el primero como en el último caracter no vacío de un valor de campo.

En caso de que la tabla tenga más de una línea como encabezado, es posible especificar dicha configuración en esta misma ventana, como número de líneas o como número de bytes.

QlikView también puede reconocer líneas de comentarios dentro del archivo, para lo cual especificamos el/los caracteres que identifican una línea de comentario dentro del campo **Comentario**.

Las otras opciones que podemos especificar son: si el archivo contiene o no una línea con el nombre de los campos (**Etiquetas**) y/o si QlikView debe ignorar marcas de fin de archivo (**Ignorar EOF**).

Una nota sobre el Entrecomillado

Si una de las celdas de una tabla tiene solo un caracter de comillas, o si las comillas no están en la primera y última posición de la celda, la recarga del script no se ejecutará correctamente y el archivo no será cargado como esperaríamos.

El siguiente diagrama muestra tres escenarios diferentes con los que podemos encontrarnos al leer archivos de texto con comillas en los datos. Los primeros dos resultarán en una carga incompleta o la tabla tendrá datos "sucios". El tercer escenario tendrá una ejecución correcta. Preste especial atención al valor del tercer registro en el **Campo B** de la tabla de entrada para cada escenario.

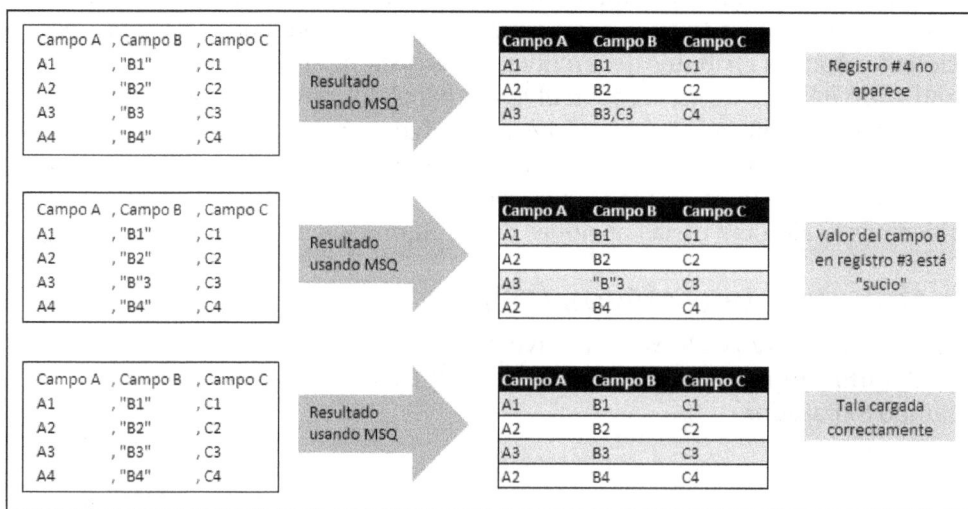

Debemos enfatizar este punto porque en el primer escenario mostrado arriba QlikView no alertará sobre un posible error de interpretación de la tabla fuente, sino que simplemente tomará el registro "sucio" como el final del archivo y terminará la extracción; todos los registros subsecuentes no serán cargados. Este problema potencial no siempre es aparente en el panel de vista previa del **Asistente de Archivo** debido a que la celda "sucia" puede encontrarse más abajo en la tabla. Una forma rápida de identificar si este problema está presente luego de una recarga es revisar si algún cuadro de lista tiene tipos de contenido mezclado.

La solución al primer y segundo escenario es cambiar el **Entrecomillado** a **Estándar** o **Ninguno** dentro de las opciones del cuadro de diálogo **Asistente de Archivo : Tipo**.

Vista previa

El panel de vista previa, como mencionamos anteriormente, mostrará la forma en que la tabla está siendo interpretada por QlikView dependiendo de las configuraciones que hayamos establecido. De igual forma, podemos hacer uso de este panel para renombrar campos y/o excluir columnas de la extracción.

Para cambiar el nombre a un campo desde el panel de vista previa, simplemente dé clic en la celda que contiene el nombre del campo (que estará sombreada de color gris oscuro y con una marca **X** del lado derecho) y escriba el nuevo nombre que desee asignar. Si el archivo que se está cargando no contiene etiquetas de campo, QlikView le asigna nombres como @1, @2, etc, dependiendo del índice de la columna.

> Para continuar, asegúrese de haber definido la configuración como se muestra en la imagen de pantalla mostrada al inicio de esta sección.

Después de haber establecido estas configuraciones, hemos concluido este primer paso del asistente. Demos clic en **Siguiente >** para continuar con el segundo paso del **Asistente de Archivo**.

El paso de Transformación

El segundo paso del **Asistente de Archivo** es el proceso de **Transformación**. Dado que no haremos ningún tipo de transformación a nuestro archivo fuente por ahora, omitiremos este segundo paso. Sin embargo, es importante que conozca cómo y cuándo puede ser de utilidad. El *Capítulo 9, Transformación Básica de Datos,* cubre este tema con mayor profundidad.

Basta decir por ahora que el paso de transformación es usado cuando cargamos archivos que no tienen un formato de tabla tradicional (es decir, simples filas y columnas). El diálogo de **Asistente de Archivo : Transformar** se muestra a continuación:

Como se puede observar, hay una advertencia acerca de la utilización de esta función: puede requerir un alto consumo de RAM. Si su archivo fuente es grande en tamaño, tal vez este paso de transformación no le sea útil y puede ser necesario emplear otras técnicas para procesar los datos fuente.

Dé clic en **Siguiente >** una vez más para saltarnos el paso de transformación e ir al tercer paso del **Asistente de Archivo**.

Refinando la tabla fuente

Hay varias opciones que se pueden definir para tratar a un archivo plano y refinarlo/ convertirlo en el proceso de carga. Estas opciones se encuentran en el cuadro de diálogo de **Asistente de Archivo : Opciones**, mostrado en la siguiente imagen:

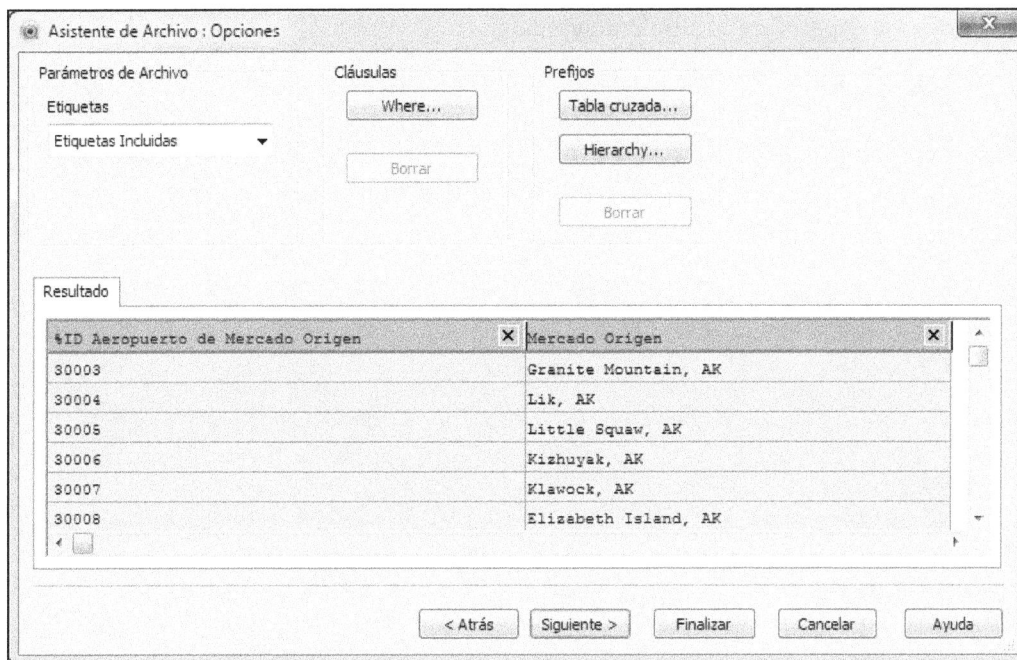

Podemos definir opciones como sentencias de filtrado (**Where**) y especificar que se debe tratar el archivo fuente como una **Tabla cruzada** o como una **Jerarquía**. Aunque no haremos uso de estas opciones al cargar la tabla de **Mercados Origen** describiremos su función brevemente.

Asistente de Cláusula Where

Una cláusula `Where` es usada cuando queremos excluir ciertos registros de la tabla fuente en nuestra extracción. Con el asistente de cláusula **Where** podemos especificar la condición que QlikView debe evaluar para definir si un registro es cargado o no. Al dar clic en el botón **Where** desde el cuadro de diálogo de **Asistente de Archivo : Opciones**, nos aparecerá la siguiente ventana:

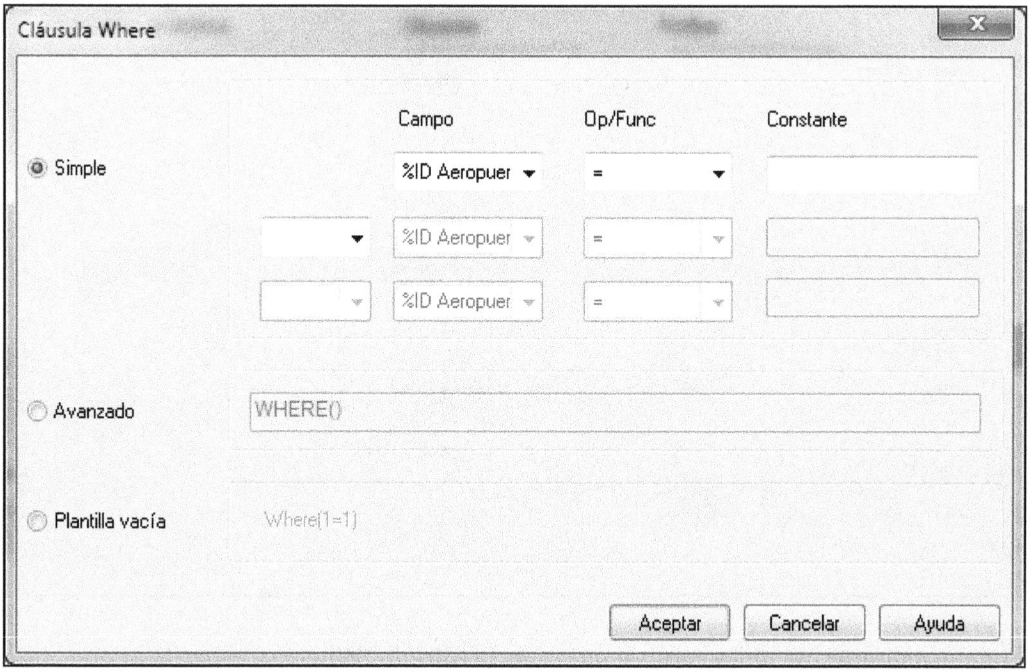

La configuración **Simple** nos permite definir condiciones utilizadas comúnmente en la forma de Campo – Operador – Valor. Por ejemplo, `Campo A <> X` excluirá todos los registros de la tabla fuente que tengan el valor X en el Campo A. Los operadores disponibles en este asistente se muestran en la siguiente imagen:

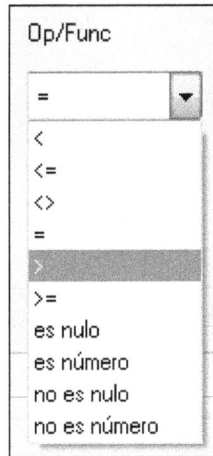

La opción **Avanzado** nos permite definir la cláusula `Where` de forma manual, mientras que la opción de **Plantilla vacía** solo añadirá una cláusula `Where` similar a la siguiente:

```
Where (1 = 1)
```

Esta plantilla no excluirá ningún registro de la lectura, pero es posible manipularla manualmente después de que el script haya sido generado.

> Hablaremos acerca del uso avanzado de la cláusula `Where` en el *Capítulo 7, Creando Scripts,* y en el *Capítulo 8, Mejores Prácticas en Modelado de Datos.*

La Tabla cruzada

Con QlikView también podemos convertir una tabla cruzada (aquella en la que hay una columna para cada valor de dimensión) al formato de tabla tradicional. Para nuestro archivo actual no necesitaremos esta función, pero es importante que conozcamos sobre ella, ya que esta estructura de tabla es muy común; es particularmente usada para tablas de presupuestación en Excel. Un ejemplo de una tabla cruzada se muestra a continuación:

Departamento	Ene	Feb	Mar	Abr	May	Jun
A	160	336	545	152	437	1
B	476	276	560	57	343	476
C	251	591	555	195	341	399
D	96	423	277	564	590	130

Debido a su misma estructura, estas tablas no son apropiadas para un modelo de datos en QlikView. Discutiremos este tema con mayor detalle en el *Capítulo 8, Mejores Prácticas en Modelado de Datos,* junto con otras opciones de transformación y lectura de tablas de jerarquía.

El script resultante

Continuemos con el siguiente paso en el **Asistente de Archivo**. Dé clic en el botón **Siguiente >** desde el cuadro de diálogo de **Asistente de Archivo : Opciones**, y aparecerá el diálogo de **Asistente de Archivo : Script**.

Esta ventana nos permite revisar el código generado en base a las configuraciones establecidas en los pasos anteriores. Adicionalmente, podemos especificar un parámetro de **Longitud Máxima de Línea** para hacer que el script sea más fácil de leer una vez que se inserte en el editor de script, o habilitar la opción de **Cargar Todo (*)**, con la cual se generará un script que carga todos los campos que se encuentren en la tabla fuente.

> Si ha realizado cambios en los nombres de campo o excluido algunos campos de la carga (usando la ventana de **Asistente de Archivo : Tipo**), no debería usar la opción de **Cargar Todo (*)**, ya que con esto se borrará la configuración hecha previamente.

El cuadro de diálogo de **Asistente de Archivo : Script** se muestra en la siguiente imagen de pantalla:

```
Asistente de Archivo : Script                                          X

Longitud Máxima de Línea

1                              Cargar Todo (*)


LOAD [%ID Aeropuerto de Mercado Origen],
     [Mercado Origen]
FROM
[..\Datos Fuente\CSVs\Mercados Origen.csv]
(txt, codepage is 1252, embedded labels, delimiter is ',', msq);



        < Atrás     Siguiente >     Finalizar     Cancelar     Ayuda
```

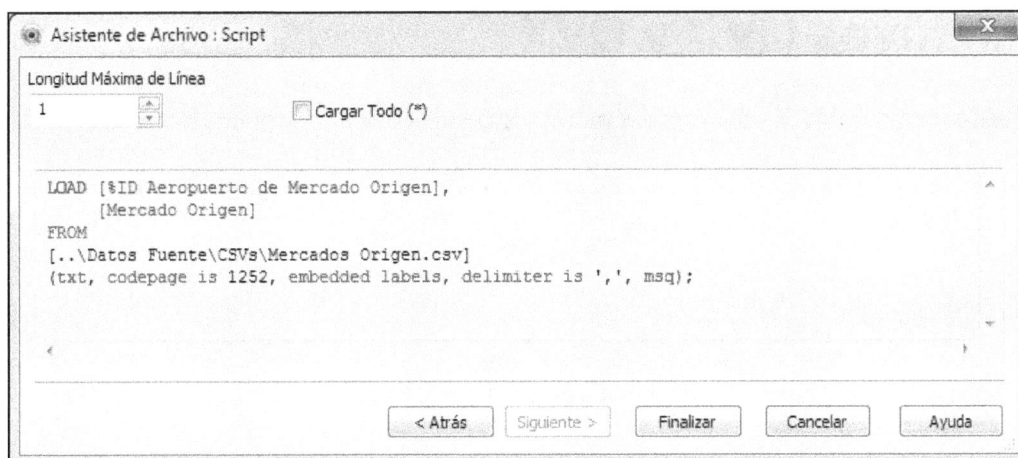

Dejemos las opciones de este diálogo en su estado predeterminado y demos clic
en **Finalizar**. El script se generará y será añadido al editor de script.

> Observe que al extraer datos de un archivo plano no utilizamos una
> sentencia Select, sino solo una sentencia Load. Esto es debido a que
> la sentencia SQL Select es solo utilizada para enviar el comando
> apropiado al controlador intermediario entre la base de datos y
> QlikView y realizar la consulta correspondiente. Como estamos
> usando archivos locales, no se está utilizando ningún controlador
> específico y es la funcionalidad de extracción de QlikView la que se
> encarga de leer los datos.

Ahora podemos realizar una recarga del script y la tabla se añadirá a nuestro
documento QlikView para ser tratada como cualquier otra tabla, de cualquier otra
fuente, en el modelo de datos.

> **Guardar antes de recargar**
>
> La operación de recarga ejecutará cada instrucción de script y habrá
> ocasiones en que esta ejecución fallará por alguna razón. Por lo tanto,
> es una buena práctica guardar los cambios al documento antes de
> ejecutar la recarga.

Ahora que hemos cargado la tabla de Mercados Origen tomemos un momento
para hacer lo mismo con la tabla de Mercados Destino. Posteriormente, guarde los
cambios y cierre el documento QlikView.

Archivos QVD y QVX

Hemos repasado el proceso de recarga de datos tanto desde bases de datos tradicionales como desde archivos planos. En esta sección echaremos un vistazo a los tipos de archivo QVD y QVX, que son usados por QlikView para almacenar y leer datos de forma optimizada. Discutiremos los usos y beneficios de este tipo de archivos.

Archivos QVD

Los archivos QVD (por las siglas de su denominación en inglés: *QlikView Data*) son usados para guardar y extraer datos desde y hacia QlikView. Cualquier tabla, de cualquier base de datos, que se pueda leer con QlikView, también se puede guardar como copia en un archivo con formato QVD antes o después de las transformaciones realizadas sobre la tabla. Las características especiales de este tipo de archivo son:

- Contiene siempre solo una tabla lógica.

- Para su creación, se usa un algoritmo especial de compresión de datos, con el que se logra reducir el tamaño del archivo hasta en un 90%, dependiendo de la cardinalidad de los campos contenidos en la tabla.

- Al leer archivos QVD en QlikView, la velocidad de lectura es de entre 10 y 100 veces más rápida que si se cargara la misma tabla desde una base de datos. Cuando el QVD se lee sin aplicar operaciones sobre los campos, QlikView realiza la recarga de forma optimizada.

Una de las principales ventajas de usar archivos QVD es que la tabla puede ser explotada por más de una aplicación QlikView una vez que se tiene el QVD en disco. Esto reduce la carga en el servidor de base de datos y al mismo tiempo optimiza los recursos de QlikView y tiempo de desarrollo. Este proceso es llamado extracción en capas y se describe con mayor detalle en el *Capítulo 12, Transformación Avanzada de Datos*.

El archivo QVD será particularmente útil para trabajar con escenarios de carga incremental, los cuales también son descritos en el *Capítulo 12, Transformación Avanzada de Datos*.

Para extraer datos desde un archivo QVD que ya se encuentra en disco, usamos el **Asistente de Archivo** de forma similar a como cargamos el archivo CSV previamente.

Archivos QVX

Los archivos QVX (por su denominación en inglés: *QlikView data eXchange*) se usan para extracción de datos desde sistemas externos. La principal diferencia con respecto al formato QVD es que el formato QVX es público y puede ser creado desde interfaces externas a QlikView. Se puede también decir que es el formato con que las fuentes de datos no estándar (descritas previamente en este mismo capítulo) envían datos a QlikView a través de un conector personalizado. La extracción de datos es optimizada mediante el uso de archivos QVX cuando se cumple con las especificaciones del formato, aunque no tiene las mismas velocidades de extracción que el formato QVD.

Cargando una tabla Inline

Además de las formas de carga de datos descritas previamente, existe la posibilidad de cargar datos desde una tabla *Inline* y añadirla al modelo de datos. Esto es especialmente útil para tablas pequeñas que no residen en ningún archivo o base de datos. En una tabla Inline, los datos se ingresan directamente en el editor de script mediante el proceso que se describe a continuación.

Desde la ventana del editor de script, vaya al menú **Insertar** y seleccione **Cargar Sentencia | Cargar Inline**. Esto abrirá el **Asistente para Datos Inline** que se muestra en la siguiente imagen de pantalla:

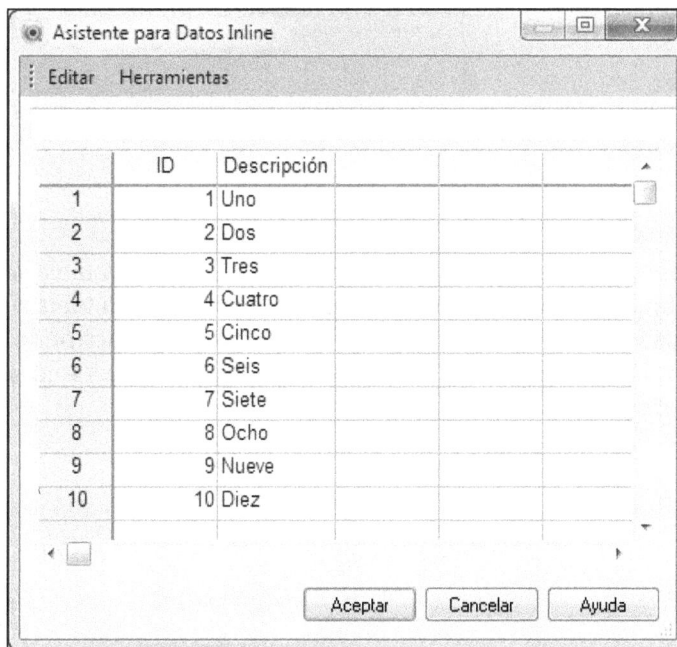

La ventana se asemeja a una hoja de cálculo, con filas y columnas.

> Para ingresar etiquetas de columna, dé doble clic en la celda del encabezado.

Podemos comenzar a ingresar los datos manualmente de forma directa en las celdas y después de esto simplemente dar clic en **Aceptar**.

> **Importando Datos de Documento a la tabla Inline**
>
> Dentro del **Asistente para Datos Inline**, es posible ingresar una lista de valores contenidos en un campo cargado a RAM. Esto se hace mediante el asistente de importación de datos de documento. Para abrir este asistente, vaya al menú **Herramientas**, dentro del **Asistente para Datos Inline**, y seleccione **Datos de Documento**.

El script resultante de nuestra tabla fuente será similar a lo siguiente:

```
LOAD * INLINE [
    ID, Descripción
    1, Uno
    2, Dos
    3, Tres
    4, Cuatro
    5, Cinco
    6, Seis
    7, Siete
    8, Ocho
    9, Nueve
    10, Diez
];
```

La ventaja de este método es que no necesitará administrar una tabla separada (ya sea de base de datos o en archivo plano) cuando se trate de una tabla pequeña. Tome en cuenta que los valores estarán en "código duro" dentro del script de la aplicación. Cuando requiera hacer cambios a los datos de este tipo de tablas solo será posible hacerlos desde el editor de script.

Resumen

Hemos cubierto las capacidades de extracción más básicas que ofrece QlikView. También hemos descrito las diferentes fuentes de datos a las que QlikView puede acceder, así como algunas recomendaciones para el manejo de tablas fuente.

De igual forma, el equipo técnico de Aerolíneas HighCloud ha podido evaluar las capacidades de QlikView para consolidar datos de distintas fuentes y ha visto las diferentes opciones que tienen a su disposición en lo referente a fuentes de datos con QlikView. Es decir que se les ha presentado uno de los principales diferenciadores de QlikView: esa capacidad de leer y procesar datos guardados en variados sistemas, combinarlos, asociarlos y guardarlos todos en una sola ubicación (el documento QlikView) para posibilitar un análisis más completo a los usuarios.

En el *Capítulo 4, Modelado de Datos*, aprenderemos cómo podemos usar los datos extraídos para construir un modelo de datos apropiado.

4
Modelado de Datos

Hemos estado siguiendo al equipo de Aerolíneas HighCloud mientras se familiariza con el uso de QlikView, sus potentes capacidades analíticas y su motor de asociación de datos. Ha llegado la hora de establecer cómo se desarrollará su primera aplicación productiva, comenzando con el núcleo mismo: el **Modelo de Datos**.

La construcción del modelo de datos que se hizo en capítulos previos resultó una tarea sencilla, debido a que usamos tablas pre-procesadas. En este capítulo, sin embargo, veremos el cómo y el porqué del diseño de modelos de datos en QlikView, explorando diferentes escenarios y aprendiendo acerca del funcionamiento interno del modelo asociativo de QlikView. Un buen diseño del modelo de datos nos permitirá sacar la mayor ventaja del conjunto de datos que estemos analizando.

En este capítulo aprenderá:

- Cuál es el tipo de modelo de datos más apropiado para QlikView.
- Las diferentes "reglas" que se deben seguir al diseñar el modelo de datos de una aplicación QlikView.
- Cómo sacar la mayor ventaja del modelo asociativo para hacer los documentos altamente dinámicos.
- Cómo trabajar con tablas y las asociaciones entre ellas.

Modelado de Datos Dimensional

Nos tomaremos primero un momento para revisar un poco de teoría, e incluso algo de historia. Si usted ya está familiarizado con el modelado dimensional, siéntase libre de pasar directo a la sección de este capítulo llamada *El modelo asociativo*. De otro modo, continúe leyendo para ver cómo fueron concebidos los modelos de datos usados en sistemas de procesamiento transaccional, porqué estos modelos son difíciles de consultar por medio de SQL y cómo una técnica alternativa de modelado resuelve algunos de sus problemas.

> Esta sección se basa en gran medida en el artículo de Ralph Kimball, *A Dimensional Modeling Manifesto*. La versión completa puede encontrarse en `http://www.kimballgroup.com/1997/08/02/a-dimensional-modeling-manifesto/`

En aquellos días

Cuando las computadoras aparecieron por primera vez en escena, los métodos usados para guardar, consultar y modificar datos estaban aún en su infancia. Por ejemplo, al guardar una orden de algún cliente, era muy probable que toda la información de la orden física fuera directamente copiada a un solo registro o archivo.

Aun cuando era muy conveniente tener la información almacenada digitalmente, los usuarios pronto descubrieron que guardar y manipular dicha información no lo era tanto. Como cada registro era guardado por sí solo, era difícil mantener consistencia en los datos. Imagine la información de dirección de clientes, o detalles de productos, repitiéndose en cada una de las órdenes; estará de acuerdo que mantener actualizada esa información se puede volver un proceso complicado.

Para contrarrestar estos problemas y usar de forma más eficiente los recursos de espacio en disco, los desarrolladores comenzaron a aplicar sus propias optimizaciones que normalmente consistían en separar los datos en tablas distintas. Aunque este método se acercaba más a ser una solución apropiada, también tenía una desventaja: los algoritmos para ligar estas tablas y trabajar con ellas debían estar definidos dentro de las mismas aplicaciones y esto añadía un grado más de complejidad.

Bases de datos relacionales y modelos de Entidad Relación

Afortunadamente, los sistemas de bases de datos relacionales llegaron a escena en la década de 1980 para resolver el problema. Estos sistemas iban completamente enfocados a guardar, extraer y modificar datos.

Al mismo tiempo, la técnica de modelado de Entidad Relación (ER) tomó auge. Esta técnica, en términos simples, busca eliminar toda redundancia que pueda haber en el modelo de datos; esto ayudó a simplificar y mejorar el diseño de los sistemas transaccionales. Por ejemplo, en lugar de tener que actualizar la información de dirección de algún cliente en todos los registros de órdenes en que aparezca, con este modelo se requiere actualizar un solo registro en una tabla maestra. Luego se hace referencia a la información en esta tabla maestra desde otras tablas usando un código único, el cual es un campo que identifica de forma única cada registro de la tabla maestra.

Todos estos avances mejoraron de forma significativa la eficiencia para insertar y modificar información en una base de datos transaccional, pero al mismo tiempo se volvió más complicado el extraer información de los mismos. Por ejemplo, considere la siguiente tabla que contiene atributos relacionados a las aeronaves:

Aeronaves
%ID Aeronave
Aeronave
Fabricante
País de Fabricante
Nombre Completo de Aeronave
Nombre Corto de Aeronave
Fecha de Alta
Fecha de Baja
Clasificación
Tipo de Motor
Número de Motores

Si modeláramos la información utilizando la técnica de Entidad Relación, estaríamos normalizando los datos para producir el siguiente modelo:

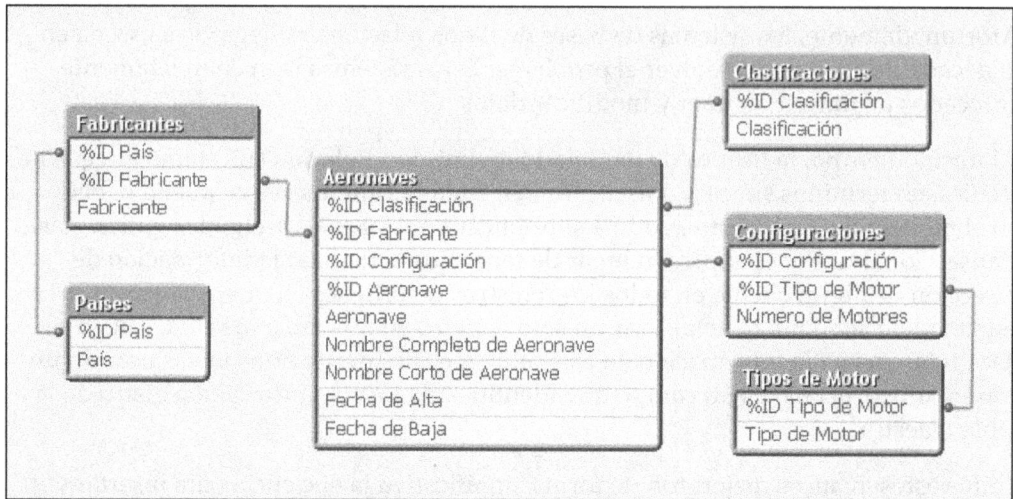

Lo anterior es solo referente a información relacionada con aeronaves. Imagine si quisiéramos modelar toda la información que nos interesa (aeropuertos, aerolíneas, países, vuelos, personal, etc); podríamos terminar teniendo decenas o cientos de tablas.

Cuando trabajamos con fuentes de datos que no provienen de un almacén de datos o *data marts*, este es el escenario más posible que nos encontraremos y, probablemente, se puede volver aún más complejo. Por ejemplo, el sistema SAP ERP tiene miles de tablas para todas las distintas entidades que maneja.

Modelado dimensional

Cuando los modelos de ER se vuelven muy complicados de consultar, un modelado dimensional puede ser una buena alternativa. Un modelo de datos dimensional está compuesto de una sola tabla de hechos, la cual contiene una llave primaria, así como también llaves adicionales que la ligan con las tablas de dimensión.

Estas tablas de dimensión contienen descripciones y atributos que añaden contexto a las métricas guardadas en la tabla de hechos. Las dimensiones normalmente contienen datos de varios niveles jerárquicos, todos "aplanados" dentro de una sola tabla. Por ejemplo, en nuestra tabla de dimensión **Aeronaves**, tenemos tanto **Aeronaves** como **Fabricantes** (dos entidades distintas, pero relacionadas directamente) en la misma tabla.

Además de tener llaves para referenciar a las tablas de dimensión, las tablas de hechos también contienen datos de métricas. Por ejemplo, las métricas como pasajeros transportados o asientos disponibles normalmente son aditivas y podemos sumarlas a través de varias dimensiones. Un ejemplo de esto podría ser: carga transportada totalizada a nivel aeronave por mes, en donde la carga transportada es un hecho o métrica, mientras que aeronave y mes son dimensiones para dar contexto a la métrica.

> Una tabla de hechos no siempre contiene solo métricas. Por ejemplo, al guardar un evento, como cuando una persona de ventas visita un cliente, solo necesitamos guardar las llaves hacia las dimensiones relevantes (persona, cliente y fecha) en nuestra tabla de hechos.

El esquema en estrella

Las tablas de hechos y dimensiones normalmente se combinan en un esquema tipo estrella. Se le da este nombre porque, con algo de imaginación, el modelo de datos se asemeja a una estrella. Un ejemplo de esquema en estrella se muestra en la siguiente imagen:

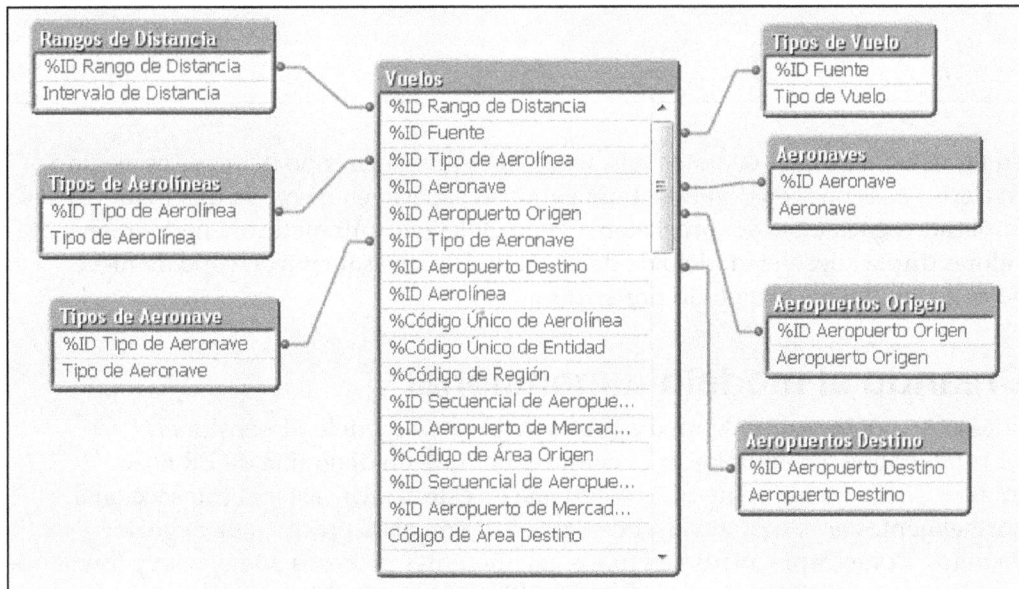

La tabla de **Vuelos** es nuestra tabla de hechos y contiene todas las medidas así como las llaves a las tablas de dimensión que le rodean. Una gran ventaja del esquema en estrella es que es muy fácil de entender y los usuarios de negocio pueden fácilmente reconocer los nombres de las tablas y cómo se relacionan entre sí.

El esquema en copo de nieve

En el ejemplo anterior, cada tabla de dimensión está completamente *desnormalizada*. Hay otro tipo de modelo dimensional en el que las tablas de dimensiones no están completamente aplanadas. Este modelo recibe el nombre de esquema en copo de nieve, debido a que (nuevamente con algo de imaginación) el diagrama se parece a un copo de nieve. Un ejemplo de este modelo se muestra en la siguiente imagen. Es el mismo esquema que el visto anteriormente, pero la dimensión de **Aeronave** no está completamente desnormalizada.

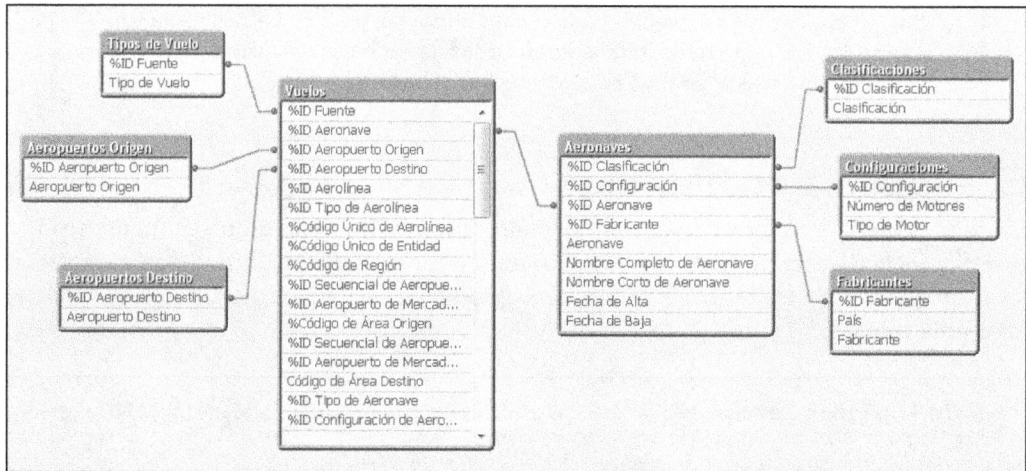

En un sistema de base de datos relacional, el esquema en copo de nieve es elegido en ciertas ocasiones en donde se busca ahorrar espacio en disco, ya que evita valores duplicados en la tabla de dimensión. Como QlikView automáticamente remueve valores duplicados del modelo de datos, el uso de un esquema en copo de nieve no es generalmente el método preferido.

Creando el modelo dimensional

Entonces, ¿cómo vamos de un diagrama de ER a un modelo dimensional?
Lo primero que debemos hacer es comprender que un diagrama de ER no se traduce directamente en un único esquema en estrella. Un sistema transaccional normalmente contiene datos usados a través de muchos procesos de negocio distintos. Por ejemplo, piense en todos los diferentes procesos de negocio y funciones que un sistema ERP típico soporta: contabilidad, recursos humanos, manufactura, cadena de suministro, gestión de ventas y clientes, por nombrar algunos. Los datos de todos estos procesos son comúnmente almacenados en un único esquema de Entidad Relación.

El primer paso para convertir un esquema de ER a uno dimensional es dividir el esquema en sus distintos procesos de negocio. Cada uno de estos procesos se modelará en su propio esquema en estrella.

El siguiente paso es declarar la granularidad del proceso de negocio (por ejemplo, un único vuelo, o un pago de nómina). Después agrupamos las métricas que son usadas en el proceso de negocio en una sola tabla de hechos.

Luego de eso, las tablas restantes son aplanadas en tablas de dimensión y directamente ligadas a la tabla de hechos usando una llave única. Es posible que una misma tabla de dimensión sea utilizada en más de un esquema en estrella. Esto es lo que llamamos una **dimensión conformada**. Por ejemplo, la dimensión *Empleado* puede usarse tanto en el contexto de Operación de Aerolíneas como en el de Nóminas.

> En QlikView, podemos utilizar archivos QVD para almacenar dimensiones conformadas. Por ejemplo, podemos guardar la dimensión de Aeronaves en un archivo QVD y usar ese archivo en cualquier aplicación que requiera información sobre la aeronave. De esta manera, aseguramos una mayor consistencia en los datos a través de múltiples aplicaciones.

Trabajando con varias tablas de hechos

Como se mencionó anteriormente, cada proceso de negocio es modelado en su propio esquema en estrella. Si se trabaja con múltiples tablas de hechos en un solo documento QlikView, se pueden generar llaves sintéticas y referencias circulares. Para resolver este problema, las tablas de hechos se pueden concatenar en una sola o se puede crear una tabla que las conecte entre sí usando las dimensiones en común (llamada **Tabla de Asociaciones** o Link Table). Las técnicas específicas para lograr esto se describen en el *Capítulo 8, Mejores Prácticas en Modelado de Datos*.

Modelos dimensionales en QlikView

En QlikView, el principal beneficio de utilizar un modelo dimensional es un mejor tiempo de respuesta. QlikView simplemente trabaja mejor cuando hay menos saltos que hacer en el modelo. Una ventaja más es que el modelo dimensional es muy sencillo de interpretar y puede extenderse fácilmente. Es decir, se le pueden añadir nuevos hechos (mientras se mantenga la misma granularidad), nuevas dimensiones, o ampliar las dimensiones ya existentes.

Como QlikView trabaja mejor con menos saltos en el modelo, se podría preguntar si trabajará aún mejor si se tiene todo en una sola tabla. Si pocos saltos es mejor, ningún salto debe ser mucho mejor, ¿cierto? La respuesta a esta pregunta es "depende". El siguiente diagrama muestra de forma generalizada las ventajas y desventajas de varios tipos de esquema en relación con QlikView:

	Opción 1 Copo de Nieve	Opción 2 Estrella	Opción 3 Una sola tabla
Tiempo de respuesta	Satisfactorio	Bueno	Excelente
Consumo de RAM	Bueno	Bueno	Malo
Tiempo de ejecución de script	Bueno	Excelente	Malo
Flexibilidad del modelo	Pobre	Excelente	Excelente
Complejidad del scipt	Pobre	Excelente	Excelente

En nuestra experiencia, el esquema en estrella es el modelo preferido porque ofrece un balance adecuado entre los diferentes pros y contras.

> Si quiere aprender más sobre el modelo dimensional, un excelente libro que debería considerar es *The Data Warehouse Toolkit: The Complete Guide to Dimensional Modeling* (Second Edition), Ralph Kimball and Margy Ross, Wiley publication, ISBN: 0471200247.

El modelo de datos asociativo

Después de haber revisado la teoría acerca de los modelos de datos dimensionales, aplicaremos estos conceptos a la forma en que trabaja QlikView. A este punto, sabemos que un documento QlikView se usa, en términos generales, para visualizar datos. Estos datos pueden venir de muchas y muy variadas fuentes: una base de datos, archivos Excel, un sistema propietario, o incluso alguna página web. Pero ¿cómo consolidamos toda esa información? La respuesta es: mediante el **modelo asociativo**.

Se podría decir que el modelo asociativo es equivalente en estructura al modelo dimensional. Sin embargo, un modelo de datos de cualquier tipo en QlikView se vuelve un modelo asociativo porque no solo contiene las distintas tablas fuente de las cuales los gráficos obtendrán los datos, sino que también mantiene estas tablas asociadas permitiendo al documento QlikView y a sus usuarios explotar su información y realizar agregaciones de datos y cruces de dimensiones para visualizarlos desde muchas perspectivas. En un modelo de datos de QlikView, todos los valores de campos de todas las tablas en el modelo están asociados entre sí de forma automática en base solamente al nombre de los campos.

Veamos el modelo de datos de nuestra aplicación de Operación de Aerolíneas, el cual construimos en un ejemplo previo del *Capítulo 3, Fuentes de Datos*:

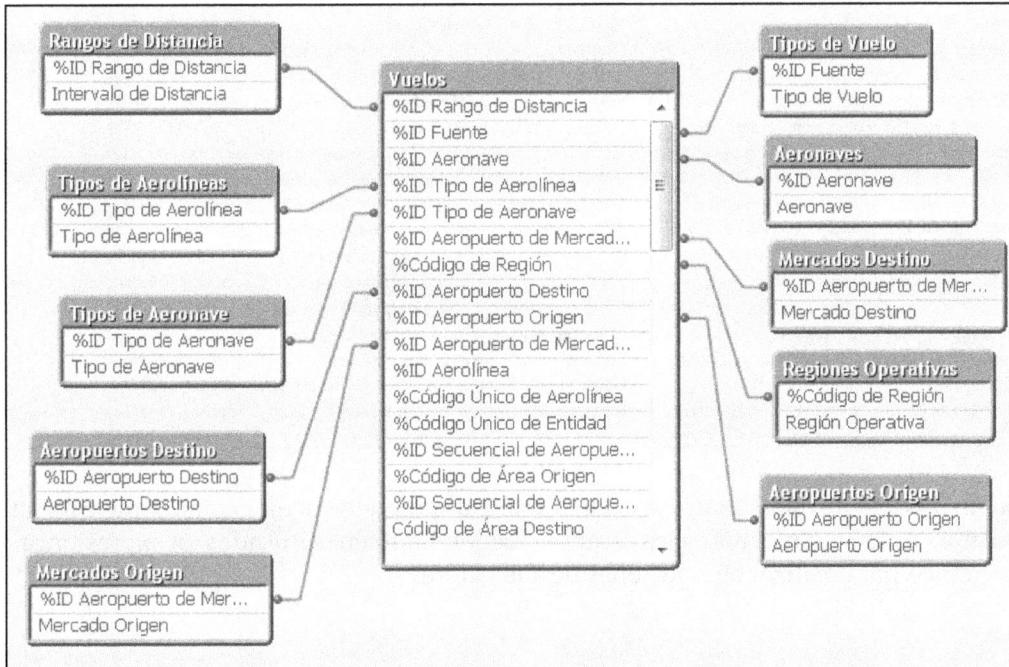

En la imagen de pantalla mostrada arriba, podemos observar cómo la tabla de hechos (es decir, la tabla de **Vuelos**) está directamente asociada con todas las tablas de dimensión. El propósito de estas tablas de dimensión, como lo mencionamos en la sección previa, es dar contexto a los valores o métricas guardados en la tabla de hechos. Además, las tablas de dimensión no solo están asociadas con la tabla de hechos, sino que al mismo tiempo están indirectamente asociadas entre ellas a través de la tabla central.

En el modelo de datos que mostramos arriba podemos, por ejemplo, hacer una referencia cruzada entre los **Aeropuertos Origen** y los **Aeropuertos Destino** (a través de la tabla de **Vuelos**) y obtener valores de **Intervalo de Distancia** entre dos aeropuertos cualesquiera. Estos tres campos están almacenados en tres tablas de dimensión diferentes en nuestro modelo de datos y el hecho de que están asociadas permite que QlikView realice la referencia cruzada de forma natural, dando pie al análisis asociativo que recién hemos descrito. El resultado de este análisis se muestra en la siguiente imagen:

Intervalos de distancia entre aeropuertos		
Aeropuerto Origen	**Aeropuerto Destino**	**Intervalo de Dist...**
Zachar Bay, AK: Zachar Bay Airport	West Point, AK: West Point Village	Less Than 500 Miles
Miami, FL: Miami International	Shaw River, Australia: Shaw River Airport	10500-10999 Miles
Teterboro, NJ: Teterboro Airport	Latrobe, Australia: Latrobe Valley	10000-10499 Miles
New York, NY: John F. Kennedy International	Sydney, Australia: Sydney International	9500-9999 Miles
Sydney, Australia: Sydney International	Newburgh/Poughkeepsie, NY: Stewart Inter...	9500-9999 Miles
Bathurst, Australia: Bathurst Airport	Miami, FL: Miami International	9000-9499 Miles
Newark, NJ: Newark Liberty International	Singapore, Singapore: Singapore Changi Int...	9000-9499 Miles
Orlando, FL: Orlando International	Bathurst, Australia: Bathurst Airport	9000-9499 Miles
Singapore, Singapore: Singapore Changi Int...	Newark, NJ: Newark Liberty International	9000-9499 Miles
Los Angeles, CA: Los Angeles International	Singapore, Singapore: Singapore Changi Int...	8500-8999 Miles
New York, NY: John F. Kennedy International	Manila, Philippines: Ninoy Aquino International	8500-8999 Miles
Singapore, Singapore: Singapore Changi Int...	Los Angeles, CA: Los Angeles International	8500-8999 Miles
Sydney, Australia: Sydney International	Dallas/Fort Worth, TX: Dallas/Fort Worth Int...	8500-8999 Miles
Atlanta, GA: Hartsfield-Jackson Atlanta Inter...	Johannesburg, South Africa: Oliver Reginald...	8000-8499 Miles
Bangkok, Thailand: Suvarnabhumi Internati...	Los Angeles, CA: Los Angeles International	8000-8499 Miles
Basco, Philippines: Basco Airport	Teterboro, NJ: Teterboro Airport	8000-8499 Miles
Cincinnati, OH: Cincinnati/Northern Kentucky...	Hong Kong, Hong Kong: Hong Kong Internat...	8000-8499 Miles
Dallas/Fort Worth, TX: Dallas/Fort Worth Int...	Brisbane, Australia: Brisbane International	8000-8499 Miles
Dallas/Fort Worth, TX: Fort Worth Alliance	Sana'a, Yemen: Sana'a International	8000-8499 Miles
Doha, Qatar: Doha International	Houston, TX: George Bush Intercontinental/...	8000-8499 Miles
Dubai, United Arab Emirates: Dubai Internat...	Houston, TX: George Bush Intercontinental/...	8000-8499 Miles
Dubai, United Arab Emirates: Dubai Internat...	Los Angeles, CA: Los Angeles International	8000-8499 Miles

En un modelo de datos asociativo, cualquier campo puede actuar como dimensión en un gráfico. Así mismo, todos los campos pueden también ser usados en expresiones de gráfico para realizar agregaciones de sus valores.

Lineamientos para la asociación de tablas

Para diseñar y construir un modelo de datos en QlikView debemos comprender cómo se crean las asociaciones entre las tablas. De igual forma, necesitamos considerar algunas reglas básicas para evitar problemas de desempeño y/o de consistencia de datos. En esta sección describiremos y revisaremos estos lineamientos.

Cómo se crean las asociaciones

QlikView crea asociaciones entre tablas de una forma simple y directa: mediante el nombre de los campos. Esto implica que, para cualquier conjunto de tablas, se crea una asociación entre dos de ellas de forma automática si ambas contienen un campo con exactamente el mismo nombre. Suficientemente simple.

> En QlikView, los nombres de campo son sensibles a mayúsculas.

En base a este concepto, podemos decir que QlikView construirá el modelo de datos con sus respectivas asociaciones, incluso si el desarrollador no define explícitamente cómo desea que las tablas se liguen. Sin embargo, para que esto suceda, las tablas fuente deben tener los nombres de campo correctos. Como este escenario lo encontramos en raras ocasiones, especialmente si estamos cargando tablas desde diferentes sistemas fuente, la herramienta más básica y fundamental para el diseño de un modelo de datos en QlikView es: **renombrar campos**.

Renombrando campos

Hay dos escenarios principales en los que un desarrollador necesitará renombrar un campo:

- Para asegurar que dos tablas se asocien a través de los campos correctos cuando dichas tablas no tienen un campo en común, es decir, con el mismo nombre, pero a pesar de ello es posible asociar estas dos tablas mediante algún par de campos.

- Para prevenir asociaciones no deseadas entre tablas cuando éstas comparten un campo con el mismo nombre, pero dicho campo no representa realmente una llave con la cual se pueda asociar el contenido de las tablas.

Para renombrar un campo, simplemente usamos la palabra reservada as en el script de carga para asignar un alias al nombre de campo original. Por ejemplo, veamos el siguiente script de carga en donde se cargan las descripciones de los aeropuertos:

```
[Aeropuertos Origen]:
LOAD
Código as [ID Aeropuerto Origen],
Descripción as [Aeropuerto Origen]
FROM
[..\Datos Fuente\QVDs\Aeropuertos.qvd]
(qvd);
```

Lo que hace el código presentado es cargar la tabla contenida en el archivo Aeropuertos.qvd. Esta tabla tiene dos campos: Código y Descripción. En este caso, cambiamos el nombre de campo original de Código a ID Aeropuerto Origen y de Descripción a Aeropuerto Origen.

De esta forma, aseguramos que se cree una asociación entre la tabla de Aeropuertos Origen y cualquier otra tabla en el modelo que contenga un campo con el nombre de ID Aeropuerto Origen o Aeropuerto Origen. Al mismo tiempo, aseguramos que la tabla no se asocie con otras tablas que contengan campos llamados Código o Descripción.

Renombrando campos con la instrucción Qualify

La instrucción Qualify puede ser usada para calificar nombres de campo con el nombre de su tabla correspondiente, lo cual significa que los campos especificados serán renombrados para darles la forma de nombredetabla.nombredecampo, asegurando así que no se creen asociaciones no deseadas.

Veamos nuestro ejemplo previo en donde tuvimos que renombrar los campos Código y Descripción. Podemos renombrar estos campos usando la instrucción Qualify de la siguiente manera:

```
Qualify Código, Descripción;
[Aeropuertos Origen]:
LOAD
Código,
Descripción
FROM
[..\Datos Fuente\QVDs\Aeropuertos.qvd]
(qvd);
```

El script de carga mostrado arriba resultará en una tabla con dos campos: Aeropuertos Origen.Código y Aeropuertos Origen.Descripción.

En el ejemplo mostrado arriba, se especifican de manera explícita los dos campos que deseamos renombrar. En algunos casos, podemos requerir renombrar un número mayor de campos y resulta cada vez más impráctico el listarlos todos como parte de la instrucción. Afortunadamente, la instrucción `Qualify` también permite el uso de caracteres comodín en el parámetro de `fieldlist`. Por ejemplo, podemos usar un asterisco para especificar que todos los campos cargados a partir de la instrucción y en adelante sean calificados. Podemos también combinar el asterisco con una cadena o con un signo de interrogación (el cual es otro carácter comodín) para especificar que un conjunto de campos cuyos nombres coincidan con un criterio dado sean calificados. Por ejemplo:

- `Qualify Código, Descripción;`: Esta instrucción calificará solamente los campos de nombre `Código` y `Descripción`.

- `Qualify "*ID";`: Este comando calificará todos los campos cuyo nombre termina con `ID`.

- `Qualify *;`: Este comando calificará todos los campos que sean cargados desde ese punto en adelante.

Algunas veces, la función de `Qualify` requiere ser activada solo para una parte del script, pero se debe desactivar después de cargar ciertas tablas. Para hacer eso, podemos simplemente usar la instrucción `Unqualify`, especificando la lista de campos de la misma manera como se describió anteriormente.

En otros casos, requeriremos que la función de `Qualify` aplique para todos los campos excepto uno o dos (por ejemplo, los campos llave de forma que se mantengan las asociaciones). Para lograr esto, podemos combinar las instrucciones `Qualify` y `Unqualify` como se hace en el siguiente ejemplo:

```
Qualify *;
Unqualify %Campo_Llave1, %Campo_Llave2;
```

La combinación de instrucciones mostrada arriba provocará que todos los campos cargados desde ese punto en adelante sean calificados con sus respectivos nombres de tabla, excepto los campos llamados `%Campo_Llave1` y `%Campo_Llave2`. Esto es muy útil cuando queremos asegurar que los campos llave no se vean afectados por la instrucción `Qualify`.

> Recuerde que la instrucción `Qualify` puede ser desactivada en cualquier punto del script con una instrucción `Unqualify`.

Evitando conflictos en el modelo de datos

Con la simplicidad que QlikView ofrece para la construcción del modelo de datos asociativo, es muy probable que nos encontremos ocasionalmente con alguno de los siguientes dos problemas:

- La presencia de lo que conocemos como "llaves sintéticas" (descritas en la siguiente sección).
- La presencia de referencias circulares en el modelo de datos.

Debemos tratar de evitar ambos problemas, ya que éstos pueden causar una degradación en el desempeño de la aplicación QlikView o incluso inconsistencia de datos.

Trabajando con llaves sintéticas

Cuando dos tablas comparten más de un campo en común, QlikView crea una llave compuesta, o llave sintética, para tratar de asociar ambas tablas a través de la combinación de valores de todos los campos que tienen en común. Esto forma una tabla adicional en el modelo de datos que contiene los campos en común entre las tablas involucradas, así como una llave compuesta de dichos campos que también es añadida a las tablas correspondientes para crear la asociación.

A continuación se muestra un ejemplo de modelo de datos con una llave sintética:

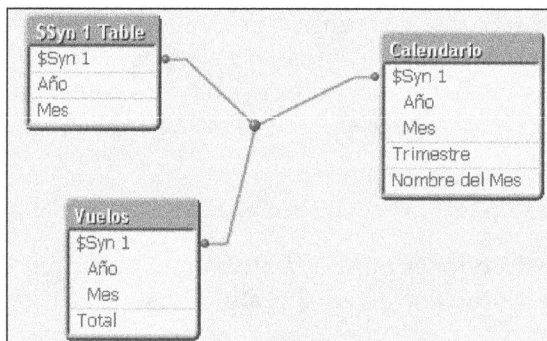

Como se puede observar en la imagen previa, el modelo de datos está compuesto principalmente de dos tablas: **Vuelos** y **Calendario**. Estas dos tablas tienen dos campos en común: **Año** y **Mes**.

El motor asociativo de QlikView ha ligado automáticamente estas dos tablas a través de una llave compuesta por la combinación de valores de los dos campos en común.

De igual forma, hay una tercer tabla en nuestro modelo de datos, llamada **$Syn 1 Table**. Esta es la tabla sintética que guarda la combinación de valores de los dos campos que componen a su vez la llave sintética.

La presencia de llaves sintéticas en un modelo de datos puede causar que la aplicación tenga tiempos de respuesta altos y algunas veces incluso que se consuman todos los recursos disponibles. Por lo tanto, se sugiere evitarlas cuando sea posible.

Hay varios métodos que podemos seguir para remover llaves sintéticas de un modelo de datos:

- Podemos renombrar los campos que forman la llave sintética y que no deberían formar parte de la asociación entre las dos tablas.

- Podemos remover los campos que causan la presencia de la llave sintética de una de las dos tablas. Para remover un campo, simplemente borramos la línea de código correspondiente del script de carga.

- Podemos crear una llave compuesta, representada por un nuevo campo calculado en base a la concatenación de todos los campos comunes que realmente se requieren para ligar ambas tablas.
    - Después de crear una nueva llave compuesta, podemos borrar los campos individuales de cualquiera de las dos tablas.

El siguiente diagrama de flujo muestra el proceso de decisión que un desarrollador debe seguir para decidir cuál de los métodos mencionados arriba se debe utilizar:

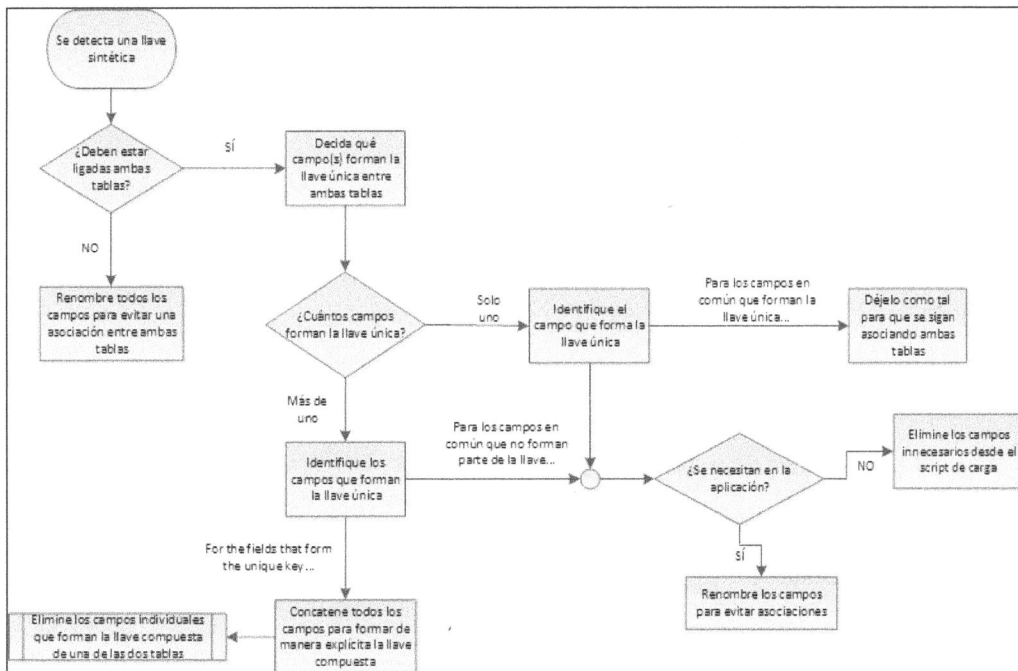

Volviendo a nuestro ejemplo de llaves sintéticas mostrado anteriormente, veamos cuál de estos métodos nos ayudará a resolver nuestro problema. Siguiendo el diagrama de flujo, podemos concluir que:

- Sí, las tablas deben estar asociadas entre sí.
- La llave única se forma con la combinación de dos campos.
- Los campos que componen la llave única son **Año** y **Mes.**

Por lo tanto, deberíamos aplicar el tercero de los métodos descritos y proceder a crear una llave compuesta con los campos **Año** y **Mes**. Al mismo tiempo, necesitaremos quitar los campos individuales de una de las dos tablas.

Decidimos que la llave única estaba compuesta por ambos campos porque, si usáramos solo uno de ellos para ligar las tablas, la liga no sería única. Es decir:

- Si usáramos el campo **Año** como nuestra llave, un registro de la tabla de hechos estaría asociado con 12 registros de la tabla de **Calendario**, ya que existen 12 meses en un año.
- De manera similar, si usáramos el campo **Mes** como nuestra llave, un registro de la tabla de hechos estaría asociado a cuantos registros como número de años existan en la tabla de **Calendario**.

Una relación entre la tabla de hechos y la tabla de dimensión debe ser siempre al mismo nivel de granularidad.

Creando una llave compuesta

Ya que estamos en materia, veamos cómo crear la llave compuesta requerida en nuestro escenario simulado para resolver el problema de la llave sintética.

Primeramente, debemos estar familiarizados con los valores que existen en cada una de las tablas involucradas. Asumiremos lo siguiente:

- El campo **Mes** tiene los siguientes valores:

  `1, 2, 3, 4, 5, 6, 7, 8, 9, 10, 11, 12`

- El campo **Año** tiene los siguientes valores:

  `2010, 2011, 2012`

Una llave compuesta se crea desde el script de carga. El siguiente script creará el modelo de datos apropiado cargando ambas tablas y creando al mismo tiempo la llave compuesta en cada una. Así mismo, se eliminan los campos comunes de la tabla de **Vuelos** y mantienen en la tabla de **Calendario**:

```
Vuelos:
Load
Año & '|' & Mes as AñoMes,
Total
From Vuelos.qvd (qvd);

Calendario:
Load
Año & '|' & Mes as AñoMes,
Mes,
Año,
Trimestre,
[Nombre del Mes]
From Calendar.qvd (qvd);
```

Estamos usando el operador Ampersand (&) para concatenar los valores de los dos campos en uno solo. Luego, asignamos un alias al nuevo campo calculado usando la palabra reservada `as`.

Agregando un separador a campos concatenados

Al concatenar campos, siempre es una buena idea usar un separador entre ellos para asegurar consistencia de datos. Por ejemplo: `Año & ' | ' & Mes as AñoMes`.

El modelo de datos que resulta se muestra en la siguiente imagen de pantalla:

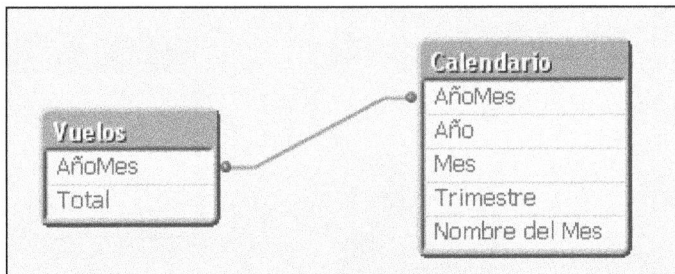

La llave sintética ha sido exitosamente eliminada del modelo de datos y las asociaciones entre ambas tablas se han definido de forma explícita.

Trabajando con referencias circulares

De forma similar a como se generan las llaves sintéticas, una referencia circular también puede ser resultado de una asociación de tablas inadecuada en nuestro modelo de datos y, como tal, puede ser corregida usando los mismos principios descritos previamente. Pero antes de revisar cómo resolver un detalle así, veamos primero qué es exactamente una referencia circular.

Podemos ver a nuestro modelo de datos como un mapa que muestra los caminos a través de los cuales podemos llegar de un punto a otro. Por ejemplo, considerando el modelo de datos visto en la sección anterior, el único camino para ir de la tabla de hechos a la tabla del **Calendario** es la ruta **AñoMes**. Esto significa que para llegar de una tabla a otra debemos conocer qué **Mes** y **Año** estamos buscando.

Sin embargo, cuando el modelo de datos se vuelve más complejo, con un número mayor de tablas y más puntos destino, podemos llegar a tener más de una ruta para conectar un punto A con un punto B. Se dice que todos los caminos llegan a Roma. Pues bien, en nuestro caso, debemos asegurar que siempre haya una única ruta entre dos puntos cualesquiera. De otro modo, estaríamos lidiando con una referencia circular.

Para comprender mejor lo que es una referencia circular, veamos el siguiente modelo de datos:

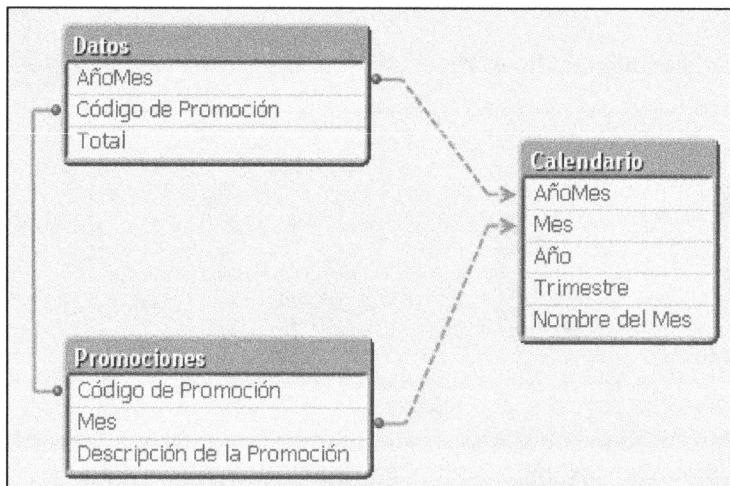

Como se puede observar, existe una referencia circular cuando las conexiones entre las tablas simulan un círculo y tenemos dos rutas para llegar de un punto a otro. Por ejemplo, podemos ir de la tabla **Datos** a la tabla **Calendario** ya sea de forma directa, a través de la ruta **AñoMes**, o yendo primero a la tabla **Promociones** y después yendo a la tabla **Calendario**.

Esto es un problema que se necesita atender, puesto que su presencia puede crear problemas de consistencia de datos, degradación de desempeño de la aplicación y en algunos casos hasta hacer inoperable la aplicación.

Para resolver el escenario expuesto, y basándonos en el método usado para resolver el problema de llaves sintéticas con el diagrama de flujo, debemos comenzar preguntándonos cuál(es) de las asociaciones creadas en el modelo es/son correcta(s) y cuál(es) no. En este caso, la asociación entre la tabla de **Promociones** y el **Calendario** no es correcta debido a que el campo **Mes** guardado en la primera no necesariamente representa el mes en que se usó la promoción, sino el mes en que se dio de alta. Simplemente resultó que tienen el mismo nombre, pero eso a veces no significa que existe una relación.

En la mayoría de los casos, como en el ejemplo anterior, nos encontraremos con que el problema surge de asociaciones no deseadas y el problema es fácil de resolver (usando el primer método descrito en la sección de llaves sintéticas). En otros casos, existen verdaderos desafíos de diseño que se deben analizar más profundamente.

En el *Capítulo 8, Mejores Prácticas en Modelado de Datos,* hay una sección completa dedicada a resolver los principales desafíos de diseño que un desarrollador se puede encontrar al diseñar un modelo de datos.

Ahora, describiremos cómo funciona el Visor de Tablas y cómo éste se puede volver nuestro mejor aliado al diseñar un modelo de datos.

La ventana del Visor de Tablas

En capítulos anteriores, tuvimos la oportunidad de echar un breve vistazo a la ventana del **Visor de Tablas**. Como esta herramienta es de gran utilidad al analizar y diseñar nuestro modelo de datos, entraremos a describirlo con mayor detalle. Como ilustración, considere el modelo de datos mostrado en la siguiente ventana del **Visor de Tablas**:

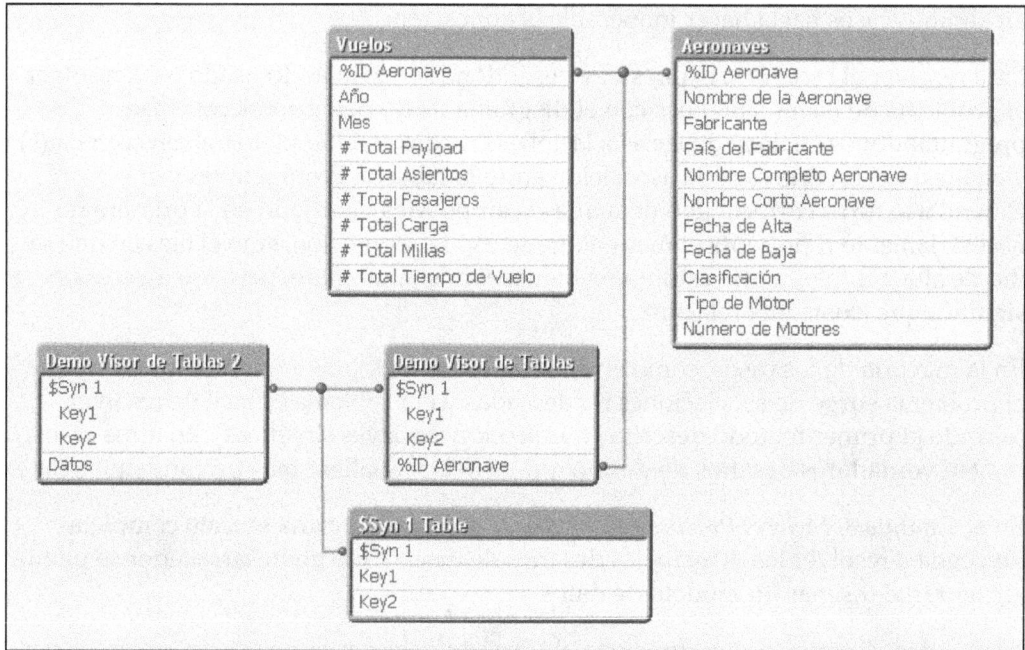

El visor de tablas se puede abrir seleccionando **Archivo | Visor de Tablas** desde la barra de menús o presionando *Ctrl + T*.

Esta ventana muestra las tablas (recuadros) y sus asociaciones (conectores). Cuando más de dos tablas están asociadas por la misma llave, se indicará con un punto azul en la línea que representa la conexión.

La posición en que se muestran las tablas y los conectores puede ser cambiada usando el mouse: dando clic y arrastrando el encabezado de tabla o el punto de conexión. Las tablas también se pueden redimensionar arrastrando sus orillas. Vale la pena mencionar que un diseño limpio en el visor de tablas no es relevante para el funcionamiento del modelo de datos, pero se recomienda trabajarlo dado que siempre es bueno tener un diagrama fácil de comprender.

Se puede obtener mucha información acerca de nuestro modelo de datos usando el **Visor de Tablas**. A continuación veremos cómo interpretarla.

Información de tablas

Si posicionamos el cursor sobre el encabezado de una de las tablas dentro de la ventana del visor de tablas, se muestra un mensaje emergente con información relacionada a la tabla en cuestión. Esta información incluye: el nombre de la tabla, la cantidad de registros de la tabla, así como la cantidad de campos y campos llave que contiene. Esta información nos ayuda a realizar un chequeo rápido de lo que se ha cargado al modelo de datos. De igual forma, si se añade un comentario a la tabla (utilizando la sentencia de script COMMENT TABLE), éste también se despliega en el mensaje emergente. La siguiente imagen muestra un ejemplo del mensaje correspondiente a la tabla **Aeronaves**:

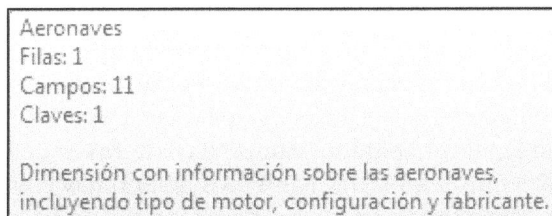

```
Aeronaves
Filas: 1
Campos: 11
Claves: 1

Dimensión con información sobre las aeronaves,
incluyendo tipo de motor, configuración y fabricante.
```

Información de campos

Cuando posicionamos el mouse sobre un nombre de campo en el visor de tablas, la información presentada es aún más interesante:

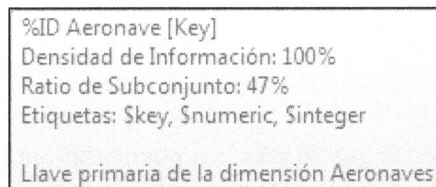

```
%ID Aeronave [Key]
Densidad de Información: 100%
Ratio de Subconjunto: 47%
Etiquetas: $key, $numeric, $integer

Llave primaria de la dimensión Aeronaves
```

En la imagen anterior, se muestra lo siguiente:

- El nombre del campo con un calificador entre corchetes, en caso de tratarse de un campo llave. Esta calificador nos puede indicar las siguientes cualidades del campo:
  - ° [Perfect Key] indica que 1) todos los registros de la tabla en donde aparece el campo contienen un valor (no hay registros con valores nulos en ese campo), 2) la tabla contiene solo valores únicos en ese campo (un valor de ese campo no aparece en dos o más registros de la tabla) y 3) el ratio de subconjunto del campo es 100%. Este calificador lo deberíamos ver en tablas de dimensión en donde la llave identifica de manera única cada registro.

      ◦   [Primary Key] indica que todos los valores del campo son únicos, pero es posible que haya registros con valores nulos en el campo o que el ratio de subconjunto del campo es menor a 100%.

      ◦   [Key] indica que el campo no contiene valores únicos. Este calificador se ve normalmente en tablas de hechos, en donde un valor de dimensión puede estar asociado con varios registros de la tabla.

- **Densidad de Información** del campo: indica el porcentaje de registros de la tabla que contienen un valor no nulo.

- **Ratio de subconjunto**: indica el porcentaje de valores únicos de la tabla comparado contra el total de valores únicos de ese mismo campo en todo el modelo de datos. Este dato solo es relevante para campos llave, debido a que éstos aparecen en múltiples tablas y no todas comparten el mismo conjunto de valores. El ratio de subconjunto puede ser utilizado para rápidamente identificar problemas en asociaciones de tablas. Por ejemplo, cuando la suma de ratios de subconjunto para un campo llave a través de las distintas tablas en donde está presente es 100%, sabremos que no hay coincidencia de valores llave entre dichas tablas.

- **Etiquetas**: que muestra una lista de etiquetas aplicadas al campo. Algunas de estas etiquetas, tales como las que indican si el campo es un campo llave o el tipo de dato que contiene el campo, son generadas automáticamente. Adicionalmente, es posible aplicar otras etiquetas manualmente.

- De manera opcional, puede aparecer algún comentario que se le haya asignado al campo.

Vista previa

El observar indicadores de ratios y demás nos puede dar algunos detalles importantes sobre los datos con que estamos trabajando en nuestro modelo. No obstante, en algunos casos es más fácil simplemente ver los datos de la tabla de primera mano. Al dar clic derecho en el encabezado de la taba y seleccionar **Vista Previa**, se mostrará una ventana con los primeros 1,000 registros de la tabla:

Diálogo						X
Código de Aerolínea	Aerolínea	Código de Aeropuerto ...	Ciudad Origen	Código de Esta...	Estado Origen	
IB	Iberia Air Lines Of Spain	JFK	New York, NY	NY	New York	
IB	Iberia Air Lines Of Spain	JFK	New York, NY	NY	New York	
EM	Empire Airlines Inc.	OTH	North Bend/Coos B	OR	Oregon	
4Y	Yute Air Aka Flight Alask	PKA	Napaskiak, AK	AK	Alaska	
4Y	Yute Air Aka Flight Alask	KUK	Kasigluk, AK	AK	Alaska	
4Y	Yute Air Aka Flight Alask	KWK	Kwigillingok, AK	AK	Alaska	
B6	JetBlue Airways	SAN	San Diego, CA	CA	California	

Herramientas del visor de tablas

La barra de herramientas que aparece en la ventana del visor de tablas contiene algunas funciones útiles:

- El comando de **Exportar Imagen** nos permite guardar una imagen del modelo de datos en formato PNG o BMP.

- La estructura del documento QlikView también se puede exportar usando el botón de **Exportar Estructura**. Esto crea tres archivos de texto: uno para las tablas, otro para los campos y uno más para el mapeo de los campos. Por supuesto, estos archivos pueden después ser cargados a un documento QlikView para análisis adicional.

- También es posible **Imprimir** una imagen del modelo de datos o copiar esta imagen al portapapeles usando el botón **Copiar Imagen**.

- La función de **Auto-Diseño** acomoda automáticamente las tablas. Esta funcionalidad intenta generar un diseño visual coherente del modelo, pero en nuestra experiencia rara vez lo logra. Nuestro método preferido sigue siendo acomodar las tablas manualmente.

> El diseño visual del diagrama en la ventana del visor de tablas normalmente persiste, aun cuando el documento es cerrado y abierto nuevamente. Sin embargo, cualquier cambio en el modelo de datos puede hacer que las tablas aparezcan distribuidas de forma distinta a lo previamente definido en el visor de tablas.

- El nivel de zoom con que se despliega el diagrama se puede configurar usando la lista desplegable correspondiente. El nivel predeterminado es **100%**.

Hay una lista desplegable que es de especial interés pues permite visualizar el diagrama usando una **Vista de Tablas Internas** o **Vista de Tablas Origen**.

La **Vista de Tablas Internas** es la opción predeterminada que muestra cómo está guardada la información en el modelo asociativo de QlikView. Si se crean llaves sintéticas, estas serán desplegadas en esta vista. Por otro lado, la **Vista de Tablas Origen** muestra cómo QlikView lee las tablas de la fuente. En caso de que existan llaves sintéticas en el modelo, éstas no son mostradas, sino que se muestran múltiples conectores entre las tablas, como se ve a continuación:

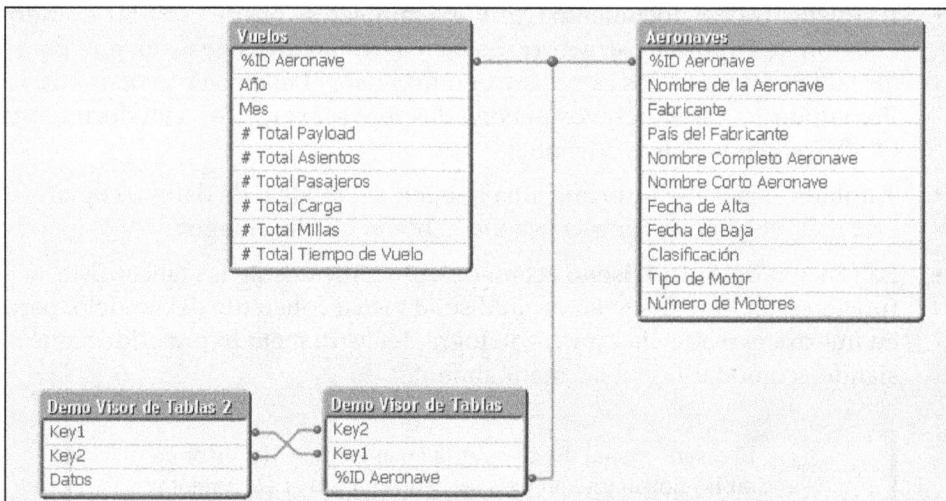

Vista de Tablas Origen, compare este diagrama al desplegado en la Vista de Tablas Internas que se muestra al inicio de esta sección.

Resumen

Hemos llegado al final de este capítulo esperando que los lineamientos descritos le hayan resultado útiles y aplicables a sus escenarios particulares.

Aprendimos lo que es el modelado dimensional, en qué difiere con respecto al modelado Entidad Relación, y porqué es buena idea usar estas técnicas en QlikView. También vimos cómo sacar el mayor provecho a la información mostrada en la ventana del visor de tablas, cómo funciona el modelo asociativo, y cómo hace lo que hace.

Incluso exploramos algunas reglas básicas para crear asociaciones en QlikView, y cómo lidiar con problemas en el modelado de datos.

A este punto, tenemos un entendimiento claro de cómo se debería diseñar el modelo de datos para la aplicación de Aerolíneas HighCloud. Continuaremos ofreciendo algunas recomendaciones para el diseño y modelado de datos eficiente en capítulos posteriores. Pero antes de eso, en el *Capítulo 5, Aplicando Estilo,* entraremos a explorar con mayor profundidad las opciones de estilizado que podemos aplicar a nuestros documentos QlikView.

5
Aplicando Estilo

Hasta este momento, nuestro enfoque se ha inclinado más hacia cargar datos a QlikView y construir el modelo de datos que a visualizar la información. Ahora cambiaremos un poco este enfoque para trabajar en la presentación de nuestro documento y la creación de un tablero para visualización de datos.

Además de presentar datos, un aspecto muy importante de un cuadro de mando es que debe ser visualmente agradable. Nuestros usuarios estarán accediendo al documento probablemente de forma diaria, así que más vale que les demos algo atractivo que ver mientras disfrutan su café matutino.

Nuestro curso de acción será tomar ventaja de la flexibilidad de personalización de QlikView para estilizar nuestro documento, aplicarle la identidad visual corporativa de Aerolíneas HighCloud y preparar el área de trabajo en donde posteriormente añadiremos nuestros gráficos.

En este capítulo, cubriremos los siguientes temas:

- Configuración del área de trabajo.
- Exploración y manipulación de las propiedades de hoja.
- Manejo de la apariencia de los objetos de hoja.
- Uso de los objetos más fundamentales para selección y filtrado de datos.
- Posicionamiento, dimensionamiento y alineación de objetos de hoja.

Pero antes de comenzar, una advertencia.

El solo hecho de que se pueda hacer, no significa que lo debamos hacer.

El diseño es claramente algo muy subjetivo. La buena noticia es que hay algunos principios generales de diseño que asegurarán que nuestros documentos QlikView sean visualmente agradables y, al mismo tiempo, fáciles de leer por el usuario.

El principio más importante es: **minimice los pixeles que no representan datos.** Este es un principio introducido por Edward R. Tufte para medios impresos y traído a los medios digitales por Stephen Few. Lo que nos dice el principio es que nos debemos enfocar en presentar los datos y minimizar o hacer menos llamativos los pixeles/objetos que no representan datos. Algunos ejemplos de pixeles que debemos cuidar de no mostrar en exceso son: bordes de objetos, rejillas, sombreado, objetos tridimensionales, entre otros.

Si está interesado en explorar temas de visualización de datos y diseño de cuadros de mando con mayor profundidad, recomendamos ampliamente el libro de Stephen Few *Information Dashboard Design*, (Segunda Edición), *Analyitcs Press*, ISBN: 1938377001

Por supuesto, el principal objetivo de este libro es enseñar cómo desarrollar aplicaciones QlikView. Por esa razón, queremos permitirle explorar cuantas opciones nos sea posible. Desafortunadamente, al demostrar algunas funcionalidades técnicas, probablemente estaremos mostrando cosas que se consideran malos diseños visuales. En última instancia, la decisión de usar ciertas visualizaciones o aplicar ciertos principios de diseño recae en el lector; le sugerimos mantener un juicio crítico.

Requerimientos de Diseño

Antes de comenzar a construir la interfaz de una aplicación QlikView, debemos primero definir dos características fundamentales:

- La resolución de pantalla con que la mayoría de los usuarios accederá al documento.
- El estilo y diseño general de nuestro documento.

Es recomendable definir una resolución de pantalla específica desde el inicio, ya que esto determinará el posicionamiento y tamaño de los objetos en la pantalla. Si creamos un documento enfocado a una resolución más grande que la que los usuarios tendrán en sus equipos, provocaremos que tengan que utilizar barras de desplazamiento con frecuencia. Por otro lado, si enfocamos nuestro documento a una resolución de pantalla más pequeña que la de nuestros usuarios, ellos estarán viendo mucho espacio vacío. Ambas situaciones son un inconveniente con el que nuestros usuarios tendrán que lidiar diariamente, y no queremos que esto suceda.

El tener una resolución de pantalla predefinida en el documento no impide que el usuario acceda al mismo usando un monitor con una resolución distinta. QlikView permite a los usuarios utilizar diferentes niveles de zoom, de forma que los objetos se adapten al tamaño de la pantalla que se esté utilizando. Esto se logra mediante las opciones de menú **Ver | Adaptar Zoom a la Pantalla** o **Ver | Zoom**. No obstante, el uso de estas opciones puede causar problemas de alineación e inconsistencias de despliegue de objetos. Es mejor evitarlas cuando sea posible.

Para el documento de Aerolíneas HighCloud usaremos una resolución de pantalla de 1280 x 1024, puesto que es la que nuestra audiencia principal (ejecutivos de alto nivel de la compañía) tienen configurada en sus monitores.

De igual forma, se ha determinado que dividiremos el espacio de la pantalla en 4 paneles principales:

- El panel superior será usado para posicionar controles de usuario relacionados con selección de periodos de tiempo, así como también el logo de la compañía.
- El panel de la izquierda contendrá la mayor parte de los cuadros de lista usados en la aplicación para filtrado de datos.
- El área central se usará para posicionar los diferentes gráficos y objetos de visualización.
- El panel de la derecha tendrá otros objetos especiales que discutiremos más adelante.

La distribución de la interfaz que hemos definido se muestra en el siguiente diagrama:

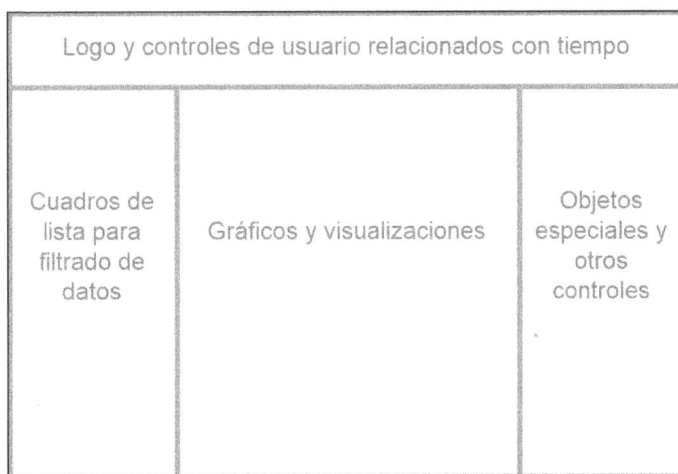

Logo y controles de usuario relacionados con tiempo		
Cuadros de lista para filtrado de datos	Gráficos y visualizaciones	Objetos especiales y otros controles

El estilo general del documento debe también reflejar la identidad corporativa de Aerolíneas HighCloud. Lograremos esto al:

- Usar el logo oficial de la compañía, mostrado abajo. Este logo estará visible en todo momento y desde todas las pestañas del documento.

✈ HighCloud

- Especificar el color de fondo en blanco.
- Usar los siguientes colores corporativos para definir la apariencia de los distintos objetos de hoja.

Nombre del color	Código del color (RGB)
Azul HighCloud	0, 112, 192
Café HighCloud	73, 68, 41

La ventana de propiedades de documento

La ventana de **Propiedades de Documento** es donde se definen las configuraciones a nivel documento. Usando este dialogo aseguraremos que el logo de HighCloud esté presente en todas las pestañas del documento. También dividiremos el espacio de la pantalla en los paneles descritos previamente y estableceremos el **Color de Fondo** predeterminado como blanco. La ventana de **Propiedades de Documento** se muestra en la siguiente imagen de pantalla:

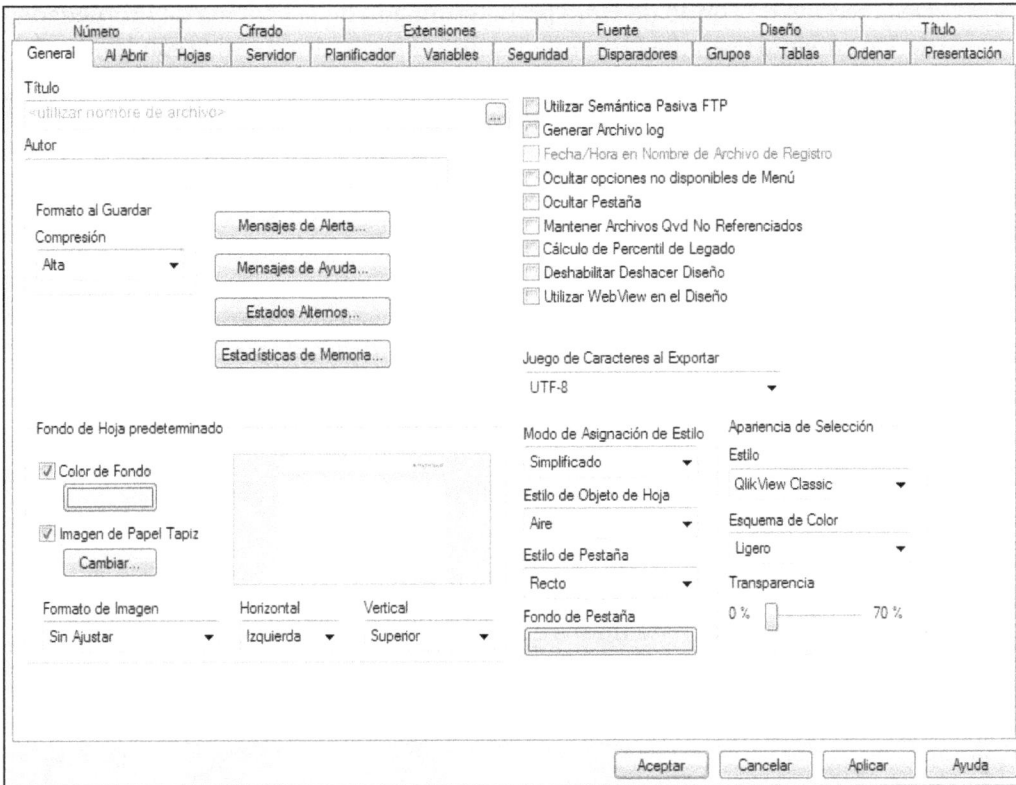

Teniendo en cuenta los requerimientos de diseño especificados previamente, comenzaremos configurando la apariencia del documento siguiendo estos pasos:

1. Abra el documento `Operación de Aerolíneas.qvw` con el que hemos estado trabajando y vaya a la pestaña **Cuadro de Mando**.

2. Como la interfaz del documento necesita caber en una resolución de 1280 x 1024, seleccione **Ver | Restablecer Ventana | 1280 x 1024** de la barra de menús.

3. Luego, abra la ventana de **Propiedades de Documento** presionando *Ctrl + Alt + D* o seleccionando **Configuraciones | Propiedades de Documento** de la barra de menús.

4. Navegue a la pestaña **General** y habilite la casilla de **Imagen de Papel Tapiz**. Luego, dé clic en el botón **Cambiar**.

5. Ubique el folder `Operación de Aerolíneas\Diseño`, seleccione la imagen `Highcloud_Background.png` y dé clic en **Abrir**.

6. De la sección de **Fondo de Hoja predeterminado** de la ventana de **Propiedades de Documento** (pestaña **General**), localice el menú desplegable con la etiqueta **Vertical** y seleccione la opción **Superior** de la lista. El menú desplegable de **Horizontal** se mantendrá con la opción predeterminada (**Izquierda**).

7. Finalmente, cierre la ventana de **Propiedades de Documento** dando clic en **Aceptar**.

Hemos configurado la aplicación QlikView para que tenga el tamaño de ventana que requerimos en nuestro documento. De esta forma, podemos asegurar que las pestañas que diseñemos abarcarán completamente el espacio de los monitores de nuestros usuarios sin necesidad de usar las barras de desplazamiento.

> Al usar la funcionalidad de **Ver | Restablecer Ventana**, se recomienda siempre revisar en el entorno objetivo (de los usuarios finales) si habrá alguna barra de herramientas u otros objetos acaparando espacio de pantalla.

También añadimos una imagen de fondo que ya incluye el logo de HighCloud, así como divisores de paneles predefinidos que nos guiarán en el posicionamiento de los objetos. Todas las pestañas que creemos a partir de ahora en nuestro documento tendrán automáticamente el papel tapiz especificado.

> En el *Capítulo 13, Más sobre Diseño Visual y Experiencia de Usuario,* exploraremos con mayor detalle cómo crear estas imágenes de fondo.

Luego de seguir el procedimiento anterior, nuestra pestaña **Cuadro de Mando** se verá como en la siguiente figura:

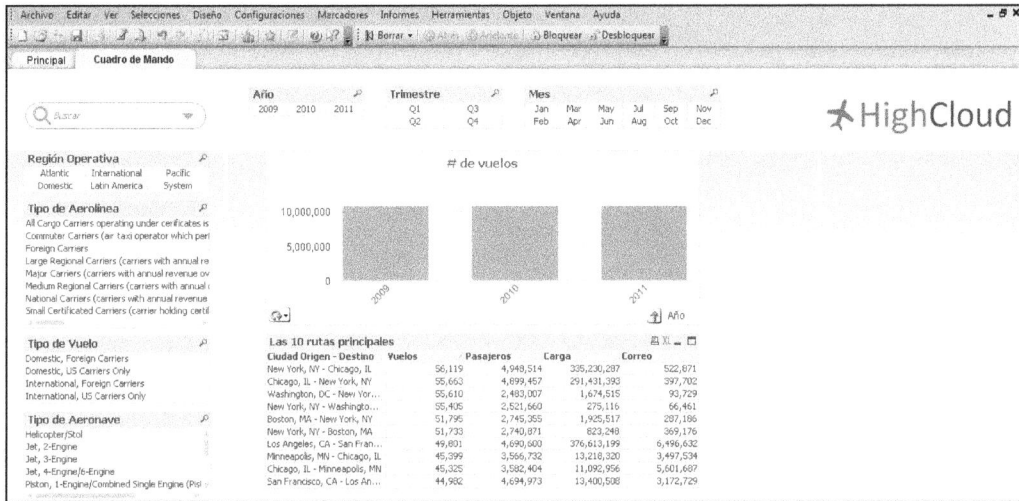

El diálogo de Propiedades de Hoja

Así como hay propiedades a nivel documento, también podemos establecer propiedades a nivel hoja e incluso a nivel objeto. Demos un vistazo al dialogo de **Propiedades de Hoja**.

Abriremos esta ventana dando clic derecho en un espacio libre del área de trabajo en la pestaña **Cuadro de Mando** y seleccionando **Propiedades**.

La siguiente imagen muestra el diálogo de **Propiedades de Hoja**.

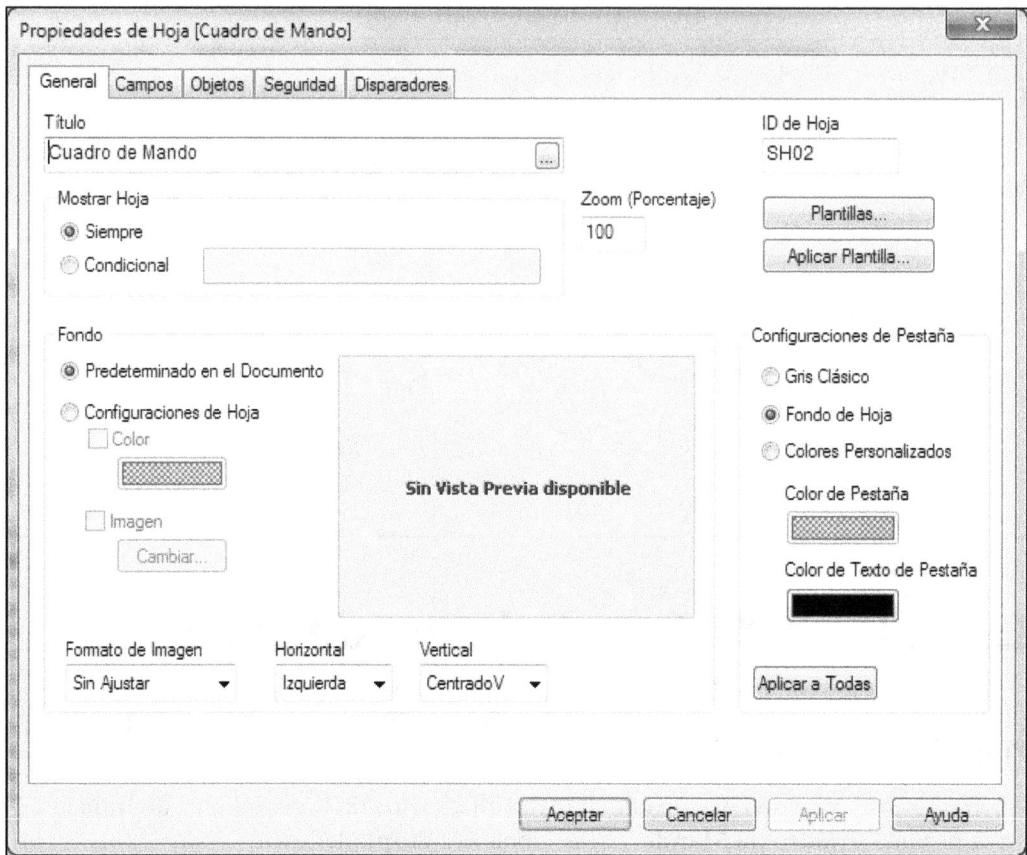

Como su nombre lo indica, el diálogo de **Propiedades de Hoja** se puede usar para establecer algunas propiedades relacionadas con una hoja de trabajo. Revisemos brevemente las opciones que tenemos disponibles para esto.

En la pestaña **General** nos interesan principalmente las siguientes propiedades:

- **Título**: Esta propiedad se usa para definir el título que se le desea asignar a la hoja. Además de poder definir un texto estático, es posible utilizar un valor calculado.

- **Mostrar Hoja**: Esta propiedad nos permite ocultar/mostrar la hoja en base a alguna condición. Por ejemplo, podemos usar una expresión como `GetSelectedCount([Aerolínea]) = 1` para mostrar la hoja solamente cuando una sola aerolínea esté seleccionada.

- **ID de Hoja**: Esta propiedad indica el identificador interno de la hoja. Este identificador lo podemos usar para referenciar a la hoja desde otros objetos en el documento; por ejemplo, para activar la hoja (especificada mediante su ID) dando clic a un botón.

- **Fondo**: Aquí podemos especificar que se utilice el fondo **Predeterminado en el Documento**, es decir que se herede de lo que se tenga configurado a nivel documento, o establecer un **Color** e **Imagen** específico para la hoja.

- **Configuraciones de Pestaña**: Esta propiedad se puede utilizar para configurar algún estilo o color personalizado para la pestaña.

Anteriormente hemos trabajado con la pestaña **Campos**, la cual proporciona una manera fácil de añadir varios cuadros de lista a la vez al área de trabajo. Simplemente se seleccionan los campos deseados desde la lista de **Campos Disponibles** y se incluyen a la lista de **Campos Mostrados en Cuadros de Lista** dando doble clic en el mismo (o presionando **Añadir >**).

La pestaña de **Objetos** muestra todos los objetos que están presentes en la hoja, incluso aquellos que están ocultos por alguna condición. Desde esta pestaña podemos abrir la ventana de propiedades de cada objeto individual o incluso eliminar cualquiera de ellos. La pestaña de **Objetos** se muestra en la siguiente imagen:

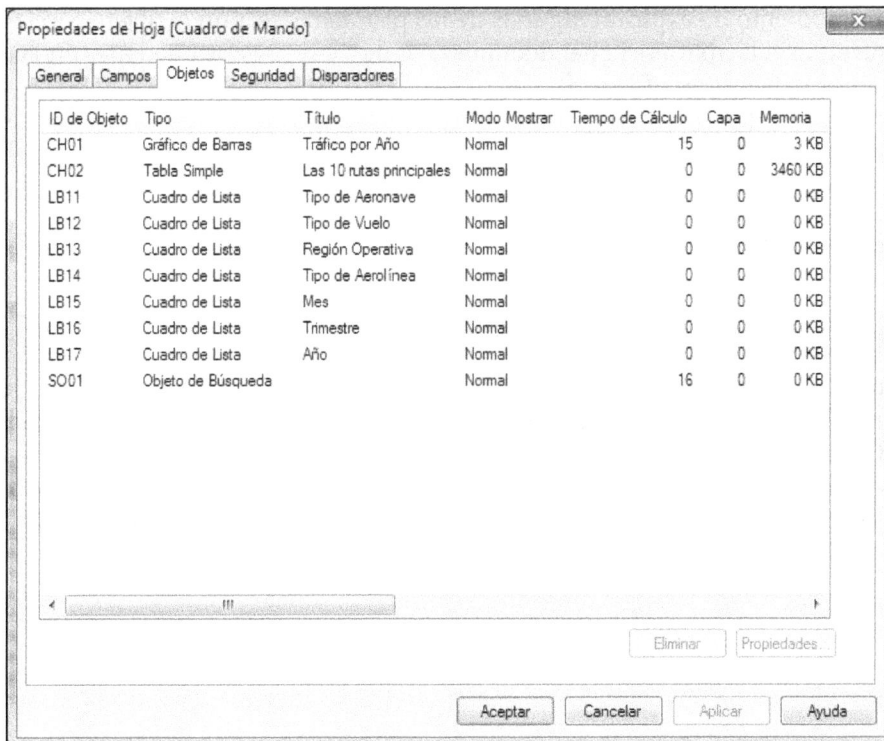

Propiedades de Hoja [Cuadro de Mando]

General | Campos | Objetos | Seguridad | Disparadores

ID de Objeto	Tipo	Título	Modo Mostrar	Tiempo de Cálculo	Capa	Memoria
CH01	Gráfico de Barras	Tráfico por Año	Normal	15	0	3 KB
CH02	Tabla Simple	Las 10 rutas principales	Normal	0	0	3460 KB
LB11	Cuadro de Lista	Tipo de Aeronave	Normal	0	0	0 KB
LB12	Cuadro de Lista	Tipo de Vuelo	Normal	0	0	0 KB
LB13	Cuadro de Lista	Región Operativa	Normal	0	0	0 KB
LB14	Cuadro de Lista	Tipo de Aerolínea	Normal	0	0	0 KB
LB15	Cuadro de Lista	Mes	Normal	0	0	0 KB
LB16	Cuadro de Lista	Trimestre	Normal	0	0	0 KB
LB17	Cuadro de Lista	Año	Normal	0	0	0 KB
SO01	Objeto de Búsqueda		Normal	16	0	0 KB

Eliminar | Propiedades

Aceptar | Cancelar | Aplicar | Ayuda

Vale la pena hacer énfasis sobre las columnas **Tiempo de Cálculo** y **Memoria** en la pestaña de **Objetos**. Estas columnas pueden ser usadas cuando estamos buscando optimizar nuestra aplicación, ya que nos permiten identificar los objetos específicos que tienen el mayor impacto en el desempeño o que están usando la mayor cantidad de memoria.

La pestaña de **Seguridad** se usa para especificar las acciones que les son permitidas a los usuarios sobre la pestaña en cuestión. También podemos propagar las configuraciones de seguridad desde una hoja hacia todas las demás si se marca la opción de **Aplicar a todas las Hojas**. Adicionalmente, si marcamos la opción de **Solo Lectura**, los usuarios no podrán realizar selecciones en la hoja.

Los **Disparadores** son eventos a los que QlikView puede responder con alguna **Acción**. Cuando se usan disparadores en las hojas, los eventos que se pueden configurar son el de **Activar hoja** y el de **Desactivar hoja**, es decir que se puede ejecutar una acción cada vez que el usuario entre o salga de la hoja, respectivamente. Los disparadores se exploran con mayor detalle en el *Capítulo 13, Más sobre Diseño Visual y Experiencia de Usuario*.

Estableciendo las propiedades de objeto

Ahora es momento de explorar algunas de las propiedades a nivel objeto con las que controlamos la apariencia del documento QlikView. Las propiedades en las que estamos más interesados son:

- Colores del título.
- Fuente del título.

Veamos a qué nos referimos.

Colores y estilo de título

De manera predeterminada, casi cualquier objeto en un documento QlikView tiene una barra de título en la parte superior a menos que elijamos ocultarlo de forma explícita. Dado que la barra de título estará visible para la mayoría de nuestros objetos, tomemos un momento para estilizarla de acuerdo a los lineamientos de diseño corporativos de HighCloud. Usaremos *Azul HighCloud* como el color de título y seleccionaremos un estilo personalizado.

Cambiando los colores de título

Siga estos pasos para aplicar el nuevo formato a las barras de título:

1. Dé clic derecho sobre cualquiera de los cuadros de lista en la hoja, por ejemplo el de **Región Operativa**.

2. Seleccione **Propiedades** y active la pestaña **Título**.

3. Se pueden configurar dos tipos de color de título: uno para cuando el objeto esté **Inactivo** y otro para cuando el objeto esté **Activo**. Un objeto activo es aquel en el que el usuario dio clic por última vez, mientras que todos los demás están inactivos. Como no estamos interesados en identificar visualmente el estado actual de cada objeto, aplicaremos el mismo color para ambas opciones.

4. Dé clic en el botón de **Color de Fondo** en la sección de **Título Inactivo** para abrir el cuadro de diálogo de **Área de Color**.

5. Asegúrese de que los botones de opción correspondientes a **Color Sólido** y **Color de Base Fijo** estén seleccionados.

6. Dé clic en el recuadro coloreado al lado de la opción **Fijo** para abrir el cuadro de diálogo **Color**.

7. Añadiremos el color **Azul HighCloud** a la sección de **Colores personalizados** ingresando el código RGB 0, 112, 192 a las casillas de entrada correspondientes (**Rojo**, **Verde** y **Azul**) y dando clic en el botón **Agregar a colores personalizados**.

8. Ya que estamos aquí, añadamos de una vez el color **Café HighCloud** a la sección de **Colores personalizados**. Haremos esto seleccionando primero la segunda casilla de la sección **Colores personalizados**, para después ingresar el código RGB 73, 68, 41 a las casillas de entrada correspondientes (**Rojo**, **Verde**, **Azul**, respectivamente). Finalmente, daremos clic al botón de **Agregar a colores personalizados**.

9. Seleccione el color personalizado **Azul HighCloud** nuevamente de la sección de **Colores personalizados** y dé clic en **Aceptar** para cerrar el diálogo **Color**.

10. De igual forma, dé clic en **Aceptar** para cerrar la ventana **Área de Color**.

Ahora que hemos cambiado la opción de **Color de Fondo** para la sección de **Título Inactivo**, podemos repetir el mismo proceso para establecer el **Color de Texto** correspondiente y asignarle un color blanco. Una vez realizado esto, habremos hecho una buena cantidad de clics pero aún nos falta configurar la sección de **Título Activo**. Afortunadamente, podemos tomar un atajo que nos ahorrará algo de tiempo:

1. Dé clic derecho en la opción de **Color de Fondo** de la sección **Título Inactivo** y seleccione **Copiar**.

2. Dé clic derecho en la opción de **Color de Fondo** de la sección **Título Activo** y seleccione **Pegar Todo**.

3. Repita el mismo proceso para establecer el **Color de Texto** en la sección de **Título Activo**.

> Vale la pena remarcar que el último color copiado permanece en el portapapeles de QlikView, aun cuando otros objetos o texto son copiados después.

La siguiente imagen de pantalla muestra las secciones de **Título Inactivo** y **Título Activo**:

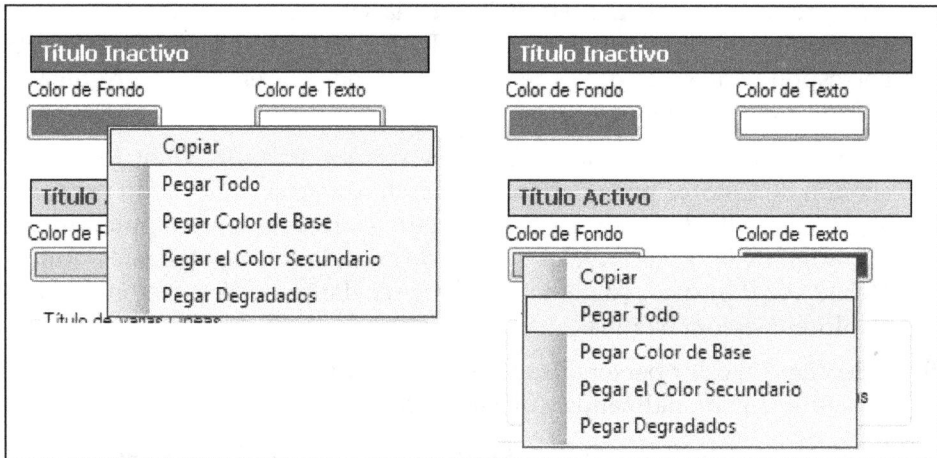

Entonces, hemos aplicado los colores deseados para la barra de título de este cuadro de lista en particular. Necesitaremos hacer unos ajustes adicionales antes de aplicar el mismo estilo a todos los objetos en nuestro documento.

Los cuadros de diálogo de Área de Color y Color

Los cuadros de diálogo de **Área de Color** y **Color** con que recién trabajamos son ampliamente usados para establecer el formato de color de una variedad de componentes en los objetos QlikView.

Además del color estático y sólido que acabamos de usar, también es posible usar degradados de uno o dos colores. De igual manera, los colores no solo pueden ser fijos, sino que también pueden basarse en cálculos dinámicos. Un caso de uso para esto sería usar un color rojo cuando cierto valor se encuentre debajo del objetivo y un color verde cuando el valor esté arriba del objetivo. Los colores calculados se definen usando una expresión con las funciones de color de QlikView, entre las que se encuentran Red(), LightGren(), Yellow(), entre otras. Aparte de estos colores estándar predefinidos, se puede representar cualquier color personalizado usando la función RGB().

La siguiente imagen de pantalla muestra el cuadro de diálogo de **Área de Color**:

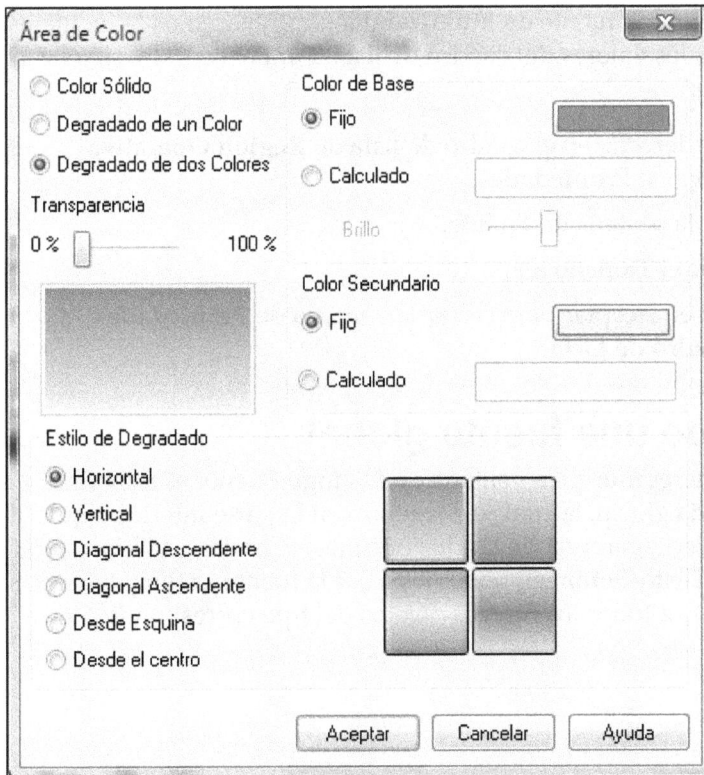

Observe que el estilo de degradado utilizado en la imagen previa es solo un ejemplo. No se recomienda usar este tipo de colores llamativos en sus documentos.

Definiendo una fuente de título

El tamaño de fuente de título predeterminado en QlikView es de 10 puntos, que podríamos considerar algo grande. Cambiemos la fuente de título siguiendo estos pasos:

1. Desde el diálogo de **Propiedades de Cuadro de Lista** correspondiente al cuadro de lista de **Región Operativa**, dé clic en el botón **Fuente** que se encuentra en la pestaña **Título**.

2. En la ventana **Diálogo Fuente**, estableceremos el **Tamaño** en 9. Seguiremos usando los valores predeterminados de **Fuente** y **Estilo de Fuente** (**Tahoma, Negrita**).

3. Dé clic en **Aceptar** dos veces para aplicar los cambios y cerrar los diálogos abiertos.

Definiendo la fuente del contenido

Además de definir la fuente de título, también cambiaremos la fuente usada para desplegar los valores del cuadro de lista. Para hacer esto, siga los pasos a continuación:

1. Dé clic derecho en el cuadro de lista de **Región Operativa** y seleccione **Propiedades**.

2. Active la pestaña de **Fuente**.

3. Cambie el **Tamaño** a 9.

4. Dé clic en Aceptar para cerrar la ventana de **Propiedades de Cuadro de Lista**.

Definiendo una fuente global

Una opción interesante en la ventana de **Diálogo Fuente** es establecer una **Fuente Predeterminada** global, la cual se encuentra en la parte inferior izquierda de la ventana. Al seleccionar una de las dos opciones (**Cuadros de Lista, Gráficos, etc.** u **Objetos de Texto/Botones**), podemos **Fijar** la fuente, estilo y tamaño seleccionados en ese momento a todos los nuevos objetos del tipo correspondiente.

La ventana de **Diálogo Fuente** se muestra en la siguiente imagen de pantalla:

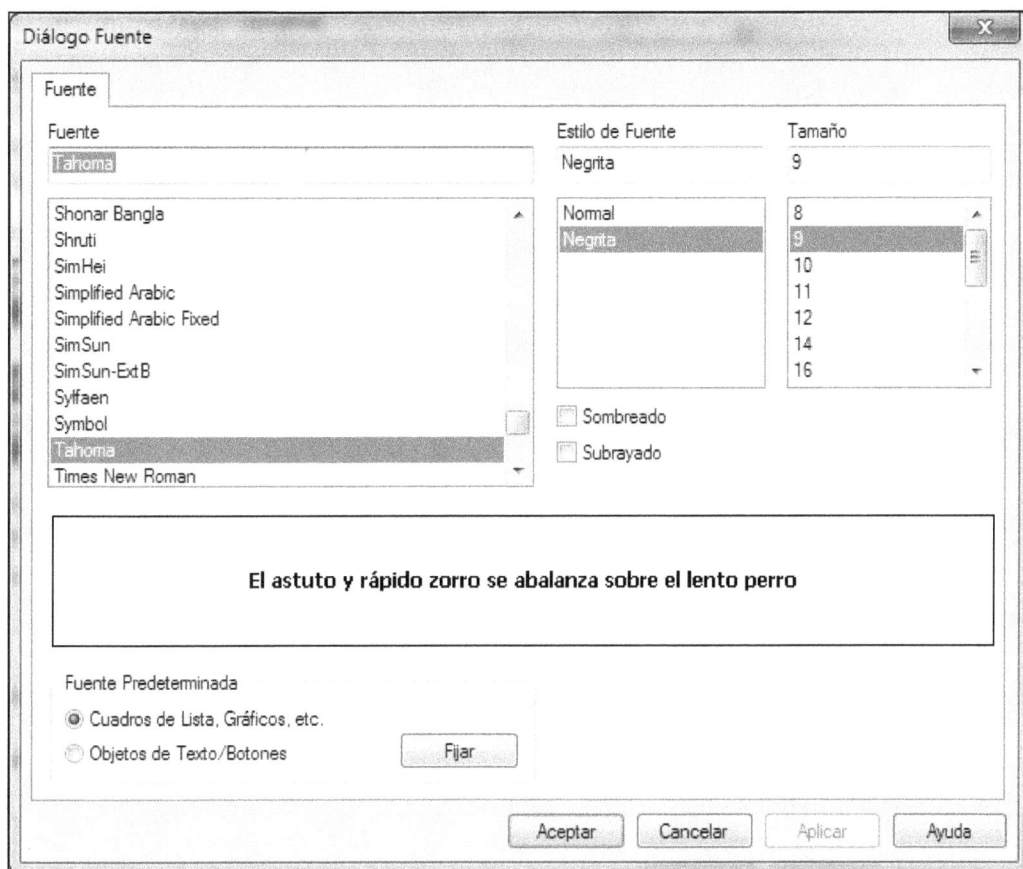

Esta opción está disponible tanto desde el diálogo de fuente de título como desde el diálogo de fuente de contenido.

Propagando la apariencia del objeto

Al seguir los pasos descritos previamente, hemos definido la apariencia de un cuadro de lista individual. Para aplicar la misma configuración a todos los cuadros de lista restantes, dé clic derecho en el que ya hemos configurado, seleccione **Propiedades** desde el menú contextual y vaya a la pestaña **Diseño**.

En la esquina superior derecha del cuadro de diálogo, se podrá ver un botón de **Aplicar a**. Dé clic en este botón y aparecerá el cuadro de diálogo de **Propiedades de Título y Borde**. Asegúrese de marcar las siguientes opciones:

* La opción de **Aplicar propiedades a** debe estar seleccionada.

* Active los botones de opción de **Objetos en este Documento** y **Todos los Tipos de Objeto**.

* Active la casilla de **Establecer por defecto para nuevos objetos en este documento**.

* Dé clic en **Aceptar** en los dos cuadros de diálogo que se encuentran abiertos para aplicar los cambios.

Definiendo un estilo de objeto de hoja predeterminado

Los títulos, aún tienen un aspecto muy simple. Como apuntamos al inicio de este capítulo, el tener un diseño limpio y simple no es necesariamente algo malo y en muchos casos es lo mejor. Ahora aplicaremos una presentación un poco más llamativa al cambiar la propiedad de **Estilo de Objeto de Hoja** siguiendo el proceso descrito a continuación:

1. Abra el cuadro de diálogo de **Propiedades de Documento** seleccionado **Configuraciones | Propiedades de Documento** o presionando las teclas *Ctrl + Alt + D*.

2. Asegúrese de que esté activa la pestaña **General**.

3. Cambie la propiedad de **Modo de Asignación de Estilo** a **Avanzado**

4. Cambie la opción de **Estilo de Objeto de Hoja** a **Cristal**.

5. Dé clic en **Aceptar** para aplicar los cambios.

Con esto, las barras de título de los objetos tienen una apariencia de modo cristal y esquinas redondeadas. El modo de asignación de estilo avanzado nos permite hacer cambios adicionales al estilo de un objeto, como por ejemplo aplicar esquinas redondeadas.

Hay una serie de estilos predefinidos disponibles a través del menú de **Estilo de Objeto de Hoja**. La siguiente imagen muestra cómo se ve cada combinación de **Modo de Asignación de Estilo** y **Estilo de Objeto de Hoja**:

Ocultando títulos

Gracias al contenido de algunos cuadros de lista (como en nuestro caso **Año**, **Trimestre**, y **Mes**), algunas veces no se requiere un título. Podemos ocultar el título de estos objetos dando clic derecho sobre ellos de forma individual, seleccionando **Propiedades**, y desactivando la casilla de **Mostrar Título** que se encuentra en la pestaña **Título**.

Trabajando con cuadros de lista

De momento, nuestro documento QlikView contiene los siguientes cuadros de lista en la pestaña **Cuadro de Mando**:

- Región Operativa
- Grupo de Aerolíneas
- Tipo de Vuelo
- Tipo de Aeronave
- Año
- Trimestre
- Mes

Veamos cómo podemos añadir nuevos cuadros de lista y cambiar sus propiedades.

Añadiendo cuadros de lista

Añadamos un nuevo cuadro de lista que represente el campo **Aerolínea** dando clic derecho en el área de trabajo y seleccionando **Propiedades** (o presionando *Crtl + Alt + S*, que es la combinación de teclas para ejecutar el comando del menú **Configuraciones | Propiedades de Hoja**). A continuación, activaremos la pestaña **Campos** y buscaremos el campo **Aerolínea** dentro de la lista de **Campos Disponibles**, ubicada a la izquierda, para luego seleccionarlo y presionar el botón **Añadir >**.

> **Muchos caminos nos llevan a Roma**
>
> Para añadir un objeto a una pestaña existen tres métodos básicos: usando la barra de menús, usando la barra de herramientas o usando el menú contextual:
>
> Barra de Menús: Seleccione **Diseño | Nuevo Objeto de Hoja.**
>
> Barra de Herramientas: Usando la barra de herramientas de diseño.
>
>
>
> Menú contextual: Dando clic derecho en un espacio vacío de la hoja de trabajo y eligiendo el objeto deseado del submenú **Nuevo Objeto de Hoja.**
>
> En los ejemplos contenidos en este libro se usarán diferentes métodos cada vez, pero usted es libre de elegir el que prefiera.

En un momento veremos cómo posicionar los objetos que estamos añadiendo al área de trabajo. Ahora añadiremos un nuevo cuadro de lista, esta vez usando un método distinto:

1. Dé clic derecho en algún espacio vacío del área de trabajo y seleccione **Nuevo Objeto de Hoja | Cuadro de Lista.**

2. Seleccione **Aeronave** de la lista desplegable **Campo**.

3. Dé clic en **Aceptar** para cerrar la ventana de diálogo.

La ventana de Propiedades de Cuadro de Lista

Además de las configuraciones predeterminadas, hay otras opciones interesantes que se pueden aplicar a los cuadros de lista. En esta sección, revisaremos las opciones más relevantes.

Dé clic derecho sobre cualquier cuadro de lista y seleccione **Propiedades** para abrir la ventana de **Propiedades de Cuadro de Lista**.

> A pesar de que contamos con mucha flexibilidad para personalizar la apariencia de los cuadros de lista, una de las pocas opciones que no pueden ser cambiadas, al menos no de forma natural, son los colores usados para identificar el estado de selección. El verde siempre significa seleccionado, mientras que blanco y gris indican valores asociados y excluidos, respectivamente.

La pestaña General

Como su nombre lo indica, la pestaña **General** contiene opciones generales sobre el cuadro de lista. Algunas opciones que vale la pena resaltar son:

- **Título**: Esta opción se utiliza para definir que la etiqueta de **Título** sea distinta al nombre de campo (opción predeterminada). La etiqueta de **Título** también se puede establecer basada en un cálculo.

- **ID de Objeto**: Si el título es el valor con el que nosotros conoceremos al cuadro de lista, el **ID de Objeto** es el valor con el que el cuadro de lista es conocido por QlikView. Este ID puede ser usado para referenciar el cuadro de lista desde otros objetos QlikView.

- **Siempre un valor seleccionado**: Esta casilla de verificación solo está disponible cuando un solo valor en el cuadro de lista está seleccionado al momento de abrir su diálogo de **Propiedades**. Esta opción hace que el cuadro de lista en cuestión deba tener solo un valor seleccionado en todo momento.

- Casillas de **Mostrar Frecuencia** y **En Porcentaje**: Estas opciones se usan para desplegar el número de ocurrencias que cada valor tiene en el conjunto de datos activo. Cuando se activa la opción de **En Porcentaje**, se muestra el número relativo de ocurrencias contra el total en lugar del número absoluto.

La pestaña Expresiones

La pestaña **Expresiones** nos permite añadir cálculos y minigráficos a nuestros cuadros de lista; por ejemplo, se puede añadir una expresión que calcule el número de vuelos al cuadro de lista de **Aerolínea**, lo cual nos daría como resultado algo similar a lo mostrado en la siguiente imagen:

Aerolínea (# de Vuelos)	
	367
40-Mile Air	2,257
Abaco Air, Ltd.	101
ABC Aerolineas SA de CV dba Interjet	132
ABSA-Aerolinhas Brasileiras	3,719
ABX Air, Inc.	46,908
ACM AIR CHARTER GmbH	223
Acropolis Aviation Ltd.	48
Aer Lingus Plc	13,532
Aerodynamics Inc.	1,190
Aeroenlaces Nacionales, S.A. de C.V....	1,706
Aeroflot Russian Airlines	4,080
Aerolineas Argentinas	1,691
Aerolineas Galapagos S A Aerogal	2,402
Aerolitoral	15,043
AeroLogic GmbH	1,272
Aeromexico	48,581
Aeromexico Travel	2,403

La pestaña Ordenar

La pestaña **Ordenar** está presente en los diálogos de propiedades de muchos objetos, no solo de los cuadros de lista. Mediante esta pestaña, nos es posible ordenar los datos presentados utilizando cualquiera de los siguientes criterios, descritos en orden descendente de prioridad:

- **Estado**: Se usa para ordenar los valores en base al estado de selección de los elementos. **Ascendente** listará todos los valores seleccionados o posibles al inicio, seguidos por los elementos no seleccionados. **Descendente** hace la ordenación en sentido inverso. **Auto Ascendente** pone todos los elementos seleccionados arriba, pero solo cuando el cuadro de lista no es lo suficientemente grande para mostrar todos los valores al mismo tiempo; si se pueden mostrar todos los valores, éstos simplemente no son ordenados.

- **Expresión**: Ordena los valores basándose en el resultado de una expresión o cálculo. Por ejemplo, podemos ordenar las aerolíneas en base al número de vuelos que han registrado.

- **Frecuencia**: Ordena los valores en base al número de veces que aparecen en el conjunto de datos.

- **Valor numérico**: Ordena los valores en base al valor numérico de cada elemento.

- **Texto**: Con esta opción se realiza una ordenación alfabética.

- **Orden de Carga**: Ordena los valores en base al orden en que fueron cargados a QlikView.

La pestaña Presentación

La pestaña **Presentación** nos permite cambiar aspectos de presentación del cuadro de lista. Algunas opciones importantes son:

- **Ignorar Estilo de Selección**: Esta opción permite emplear algunas variantes (aunque limitadas) en el estilo de selección. Por ejemplo, es posible reemplazar el fondo verde en los valores seleccionados con una casilla de verificación.

- **Sólo una Columna**: Mediante esta opción, especificamos que se debe usar solo una columna para mostrar los valores de campo en el cuadro de lista aunque haya espacio para más columnas.

- **Suprimir Barra de Desplazamiento Horizontal**: Cuando el texto de los elementos no cabe a lo ancho de un cuadro de lista, automáticamente se crea una barra de desplazamiento horizontal. Esta opción nos permite ocultar dicha barra de desplazamiento.

- **Ordenar por Columna**: Cuando esta opción está habilitada, el orden en que se despliegan los elementos se hace por columna en lugar de por fila.

- **Alineación**: Esta opción se usa para establecer la alineación del **Texto** y **Números** dentro de un cuadro de lista.

- **Dividir Texto de Celda**: Esta opción permite incrementar el número de líneas ocupadas por los valores de campo en el cuadro de lista, de forma que se pueda visualizar un texto largo que de otro modo no se vería completo en una sola línea.

> **Suprimir Barra de Desplazamiento Horizontal**
>
> Ahora es un buen momento para eliminar la barra de desplazamiento horizontal en los cuadros de lista correspondientes a **Aerolínea**, **Aeronave**, **Tipo de Aeronave**, y **Tipo de Aerolínea**.

La pestaña Número

Como la pestaña **Ordenar**, la pestaña **Número** se utiliza en una gran variedad de objetos de hoja. Mediante esta pestaña podemos controlar el formato con que se despliega el contenido en el cuadro de lista usando formatos predefinidos o personalizados. Por ejemplo, si queremos que los valores numéricos se desplieguen siempre con dos decimales, podemos seguir estos pasos:

1. Damos clic en la casilla de verificación de **Ignorar Configuraciones de Documento**.
2. Seleccionamos el botón de opción **Fijar en**.
3. Ingresamos un 2 en el cuadro de entrada de **Decimales**.

Al dar clic en el botón **Cambiar formato de documento**, aparece un cuadro de diálogo que nos permite establecer el formato numérico predeterminado para cada uno de los campos existentes en nuestro modelo de datos de forma individual y a nivel documento. Esto significa que solo tendremos que especificar el formato del campo una vez y en cualquier parte donde el campo sea utilizado se usará el formato establecido. Esta opción también está disponible a través de la ventana de diálogo **Propiedades de Documento** (**Configuraciones | Propiedades de Documento | Número**).

La pestaña Fuente

De igual forma, la pestaña **Fuente** es una pestaña común y su propósito es evidente. Ya hemos trabajado con estas propiedades en una sección previa de este capítulo al cambiar la fuente del título.

La pestaña Diseño

Así mismo, la pestaña **Diseño** se utiliza en casi todos los objetos de hoja de QlikView. Como su nombre lo sugiere, esta pestaña nos permite establecer varias opciones relacionadas al diseño visual de objeto.

Las diferentes propiedades disponibles en esta pestaña varían de acuerdo al modo de asignación de estilo elegido en las propiedades de documento (**Simplificado** o **Avanzado**). El modo **Avanzado** nos permite ajustar más opciones de diseño, entre las que se encuentran bordes, sombreado y esquinas redondeadas.

Como el modo **Avanzado** es más completo, esta sección asume que el modo de asignación de estilo **Avanzado** está activo.

Algunas opciones importantes de esta pestaña se muestran a continuación:

- **Utilizar Bordes**: Esta casilla se usa para habilitar o deshabilitar los bordes del objeto en cuestión.

- **Intensidad de Sombreado**: Aquí podemos especificar si se desea aplicar algún efecto de sombreado y, de ser así, aquí podemos elegir la intensidad del mismo.

- **Ancho de Borde**: Se usa para definir el ancho del borde del objeto, en caso de estar habilitado.

- **Esquinas redondeadas**: Esta casilla se usa para especificar si deseamos utilizar esquinas redondeadas. Al (de)seleccionar esquinas individuales, podemos especificar qué esquinas queremos que tengan el efecto de redondeo.

- **Capa**: Se usa para establecer el orden a utilizar cuando hay objetos superpuestos uno sobre otro. Existen capas predefinidas de **Inferior**, **Normal** y **Superior**, y además es posible definir una capa personalizada; los objetos de mayor capa se posicionan encima de los de menor capa.

- **Aplicar a**: Este botón nos permite aplicar el formato actual del objeto en cuestión a otros objetos. Usamos esta función en un ejercicio anterior para propagar la apariencia de la barra de título a todos los objetos del documento.

- **Plantillas** y **Aplicar Plantilla**: Esta opción almacena el formato actual en un archivo externo de plantilla. Este archivo puede luego utilizarse para aplicar el mismo formato de objeto en otros documentos QlikView. En el *Capítulo 13, Más sobre Diseño Visual y Experiencia de Usuario,* se describe esta funcionalidad con mayor detalle.

- **Mostrar**: Esta opción nos permite aplicar una condición para evaluar si el objeto debe o no ser mostrado en pantalla. Un ejemplo de esto sería utilizar la expresión `GetSelectedCount([Tipo de Aeronave]) = 1` al cuadro de lista **Aeronave** de modo que solo se encuentre visible cuando un solo tipo de aeronave se haya seleccionado.

- **Permitir Mover/Ajustar**: Al desactivar esta opción, se bloquea la posición y tamaño del objeto.

- **Permitir Copiar/Clonar**: Si desactivamos esta opción, el objeto ya no se podrá copiar al portapapeles ni ser clonado.

La pestaña Título

La pestaña **Título** también es utilizada en todos los objetos de hoja de QlikView. La usamos en un ejercicio anterior para definir los colores y fuente del título de los cuadros de lista pero contiene algunas opciones adicionales que son de interés:

- **Título de Varias Líneas**: Con esto, podemos desplegar el texto del título en varias líneas, las cuales son definidas a través del campo de entrada de **Altura de Título (Filas)**.

- **Coord. X**, **Coord. Y**, **Ancho** y **Altura**: Aunque es más fácil usar el ratón para redimensionar, arrastrar y alinear objetos, estas opciones nos permiten definir el tamaño y posición de un objeto con mayor precisión. Estos parámetros se pueden definir tanto para el estado **Normal** como para el estado **Minimizado** del objeto.

- **Alineación de Título**: Aquí definimos la alineación del texto desplegado en la barra de título.

- **Iconos Especiales**: Se usa para añadir iconos a la barra de título que permiten al usuario realizar funciones específicas. Un ejemplo de estos iconos sería el que se usa para enviar datos a Excel. Se recomienda no añadir muchos iconos, ya que pueden llegar a saturar la interfaz del usuario. Cuando se requieren muchos iconos, es mejor seleccionar solo el icono de **Menú**, el cual funciona como un menú desplegable con todas las acciones disponibles.

- **Permitir Minimizar** y **Minimizado Automático**: La opción de **Permitir Minimizar** hace que un objeto pueda (o no) ser minimizado. Si está activada esta opción, se añadirá un icono de minimizar a la barra de título similar a los que vemos en las ventanas de Windows. Cuando se activa la opción de **Minimizado Automático** en varios objetos dentro de la misma ventana, podemos intercambiar el estado de los mismos de modo que cuando uno de ellos esté minimizado el otro permanezca en estado normal y viceversa; esto permite que ambos usen el mismo espacio en pantalla sin empalmarse.

- **Permitir Maximizar**: Esta opción hace que un objeto pueda ser maximizado. Similar a la opción de **Permitir Minimizar**, ésta también añade un icono a la barra de título como los que vemos en las ventanas de Windows.

- **Texto de la Ayuda**: Permite añadir un icono en forma de signo de interrogación a la barra de título del objeto que, al dar clic sobre él, muestra un mensaje emergente con el texto ingresado en el campo correspondiente. Es posible también construir el **Texto de la Ayuda** en base a una expresión o cálculo.

Esto concluye la revisión general de las propiedades de los cuadros de lista. No se preocupe si no memorizó cada una de ellas; las encontraremos frecuentemente en los ejercicios del resto del libro.

El cuadro de selección múltiple

Los cuadros de lista representan una manera muy conveniente de hacer selecciones de forma rápida, pero tienen una desventaja: ocupan mucho espacio en pantalla. Es aquí donde el cuadro de selección múltiple ofrece una buena alternativa. Este objeto se usa también para hacer selecciones pero, en lugar de desplegar siempre todos los valores de campo, éstos se encuentran colapsados y son accedidos a través de una lista desplegable, permitiendo que el objeto contenga varios campos en un espacio limitado.

Añadiremos un cuadro de selección múltiple que contendrá información relacionada con los vuelos para lo cual seguiremos estos pasos:

1. Vaya al menú **Diseño** y seleccione **Nuevo Objeto de Hoja | Cuadro de Selección Múltiple**.

2. En el campo de entrada de **Título**, ingrese `Información de Vuelos`.

3. De la lista de **Campos Disponibles**, dé doble clic en los campos **Ciudad Origen – Destino**, **Ciudad Origen**, **País Origen**, **Ciudad Destino**, **País Destino** e **Intervalo de Distancia**.

4. Vaya a la pestaña **Ordenar** y seleccione el campo **Intervalo de Distancia** de la lista de **Campos**.

5. En la sección de **Ordenar por**, desactive la opción **Texto** y marque la casilla correspondiente a **Orden de Carga**.

6. Dé clic en **Aceptar** para aplicar los cambios y cerrar el diálogo de **Nuevo Cuadro de Selección Múltiple**.

El objeto resultante debe ser similar a como se muestra en la siguiente imagen. Observe cómo la lista de valores se puede desplegar al dar clic en cada uno de los campos. También vea que el orden en que se muestran los valores del campo **Intervalo de Distancia** no es alfabético, sino que usa el orden en que se cargaron los datos a QlikView:

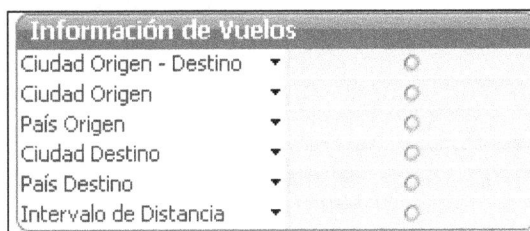

Durante este ejercicio pudo haberse dado cuenta que la pestaña **Ordenar** contiene varios campos y que podemos aplicar un criterio de ordenación distinto a cada uno. Este es el caso para las opciones de alineación en la pestaña de **Presentación** y las opciones de formato en la pestaña de **Número**. Dicho comportamiento no solo se ve en los cuadros de selección múltiple, sino también en cualquier objeto que contenga múltiples dimensiones y/o expresiones, tales como los cuadros de tabla y gráficos.

El cuadro de Selecciones Actuales

Con QlikView, podemos seleccionar datos de muchas formas: a través de cuadros de lista, dando clic en los gráficos o por medio de búsquedas, por nombrar solo algunas. Todo esto representa un alto grado de flexibilidad para navegar los datos en una aplicación, pero al mismo tiempo se vuelve necesario estar atento a qué información está seleccionada en cada momento para evitar confusiones.

Por fortuna, QlikView tiene una opción con la que se le puede mostrar al usuario las selecciones que se tienen aplicadas de una forma accesible: la ventana de **Selecciones Actuales**. Para abrir esta ventana simplemente presionamos *Ctrl + Q* o seleccionamos **Ver | Selecciones Actuales** de la barra de menús. Esto muestra una ventana flotante con las selecciones actuales. Una vez que echamos un vistazo a la ventana, la podemos cerrar fácilmente.

En algunos casos, resulta conveniente desplegar de forma permanente el cuadro de selecciones actuales e integrarla a la interfaz de la aplicación. Es aquí donde el Cuadro de Selecciones Actuales se vuelve útil. Para añadir un cuadro de selecciones actuales a la hoja de trabajo siga estos pasos:

1. Seleccione **Diseño | Nuevo Objeto de Hoja | Cuadro de Selecciones Actuales** de la barra de menús.

2. Dé clic en **Aceptar** para cerrar la ventana de **Nuevo Cuadro de Selecciones Actuales** con la configuración predeterminada.

El cuadro de selecciones actuales resultante se verá similar al mostrado en la siguiente imagen. Observe cómo cada selección que se hace se va añadiendo a la lista. Así mismo, observe que no hicimos ningún cambio a las propiedades del objeto al crearlo, tal vez usted quiera revisar las opciones en otro momento.

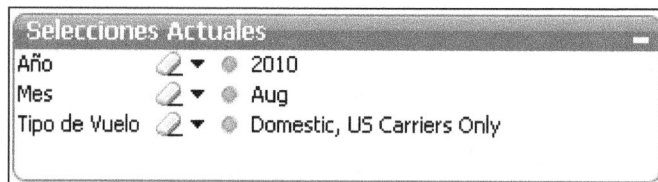

Aplicando selecciones desde el cuadro de selecciones actuales

Además de ser una excelente opción para desplegar los filtros que se encuentran aplicados al documento, el cuadro de selecciones actuales nos permite interactuar con las selecciones de las siguientes maneras:

- Borrar filtros: Al dar clic en el icono de borrado correspondiente a cualquiera de los campos desplegados, la selección en ese campo será borrada.

- Modificar selecciones: Al dar clic en el icono de lista desplegable, se muestran los valores de campo correspondientes, de los cuales podemos ajustar nuestra selección y añadir o quitar valores de la misma, de manera similar a como hacemos desde un cuadro de lista.

- Al dar clic derecho en cualquiera de los filtros desplegados, podemos ejecutar acciones adicionales como **Seleccionar Valores Excluidos**, **Seleccionar Todo**, **Borrar**, o **Borrar Otros Campos**.

Añadiendo un Objeto Marcador

Al usar QlikView, invariablemente nos encontramos con selecciones que desearemos consultar frecuentemente o en una sesión posterior. Podemos crear un marcador usando el menú (**Marcadores | Añadir Marcador**), usando la barra de herramientas, o presionando *Ctrl + B*. Otra opción es el Objeto Marcador. Este objeto nos permite crear y eliminar marcadores desde el área de trabajo.

Añadamos un objeto marcador a nuestra hoja **Cuadro de Mando** siguiendo estos pasos:

1. Dé clic derecho en un espacio en blanco del área de trabajo y seleccione **Nuevo Objeto de Hoja | Objeto Marcador**.
2. Ingrese Marcadores en el cuadro de entrada **Título**.
3. Marque la casilla de **Mostrar Botón Eliminar**.
4. De la sección de **Alineación de Botón**, seleccione **Vertical**.
5. Dé clic en **Aceptar** para crear el objeto marcador.

Alineando y redimensionando objetos de hoja

Si vemos el resultado de nuestros cambios hasta ahora, nos daremos cuenta que tenemos un desorden en nuestra interfaz (como se muestra en la siguiente imagen de pantalla). Los objetos aparecen dispersos por todas partes y no están alineados con nuestro papel tapiz. Esto no es algo conveniente para nuestros usuarios, así que veamos cómo resolverlo.

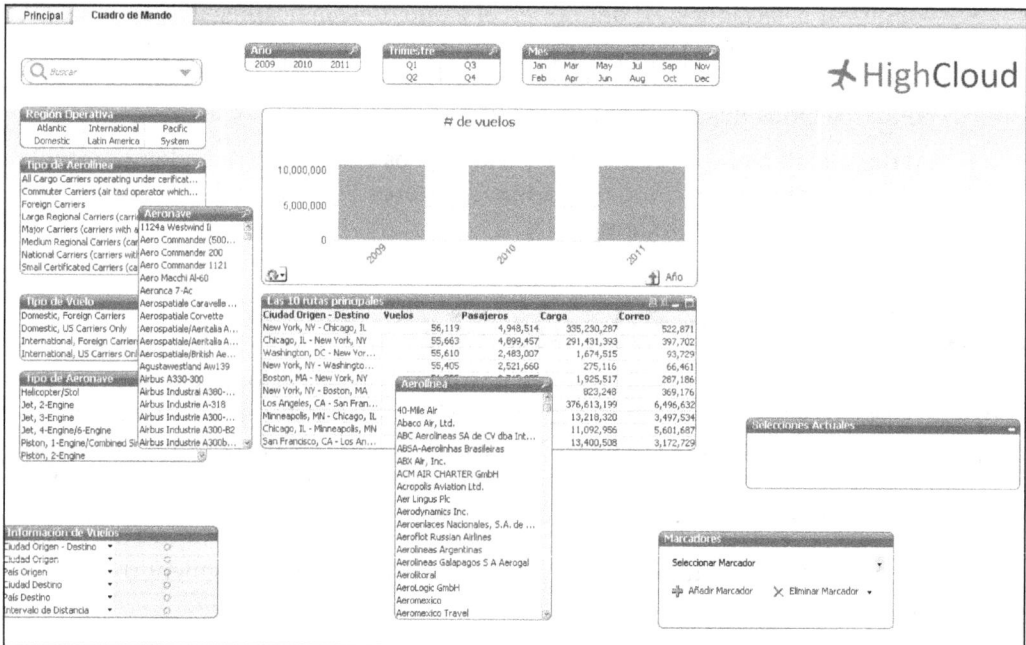

Seleccionando Objetos

Para seleccionar un objeto particular, simplemente dé clic en su barra de título. Para seleccionar múltiples objetos a la vez, active todos ellos dando clic y arrastrando el ratón para cubrir el área en donde se encuentran los objetos deseados (como una selección tipo lazo) o dando clic en sus barras de título correspondientes manteniendo la tecla *Shift* presionada.

Reposicionando objetos

Los objetos (o un grupo de objetos) de hoja se pueden mover en el área de trabajo dando clic en su barra de título y arrastrándolos a su nueva ubicación. Los objetos que no tienen barra de título (por ejemplo, los cuadros de lista de **Año**, **Trimestre** y **Mes** que ajustamos previamente) pueden ser arrastrados si mantenemos presionada la tecla *Alt* y damos clic sobre el mismo para arrastrarlo a su nueva posición. Este método también funciona con objetos que sí tienen una barra de título e incluso con objetos en donde la opción de **Permitir Mover/Ajustar** ha sido deshabilitada.

Si mantenemos presionada la tecla *Ctrl* y al mismo tiempo usamos las flechas del teclado, se moverá el/los objeto(s) activo(s) 1 pixel en la dirección correspondiente a la flecha presionada. Si queremos mover el objeto 10 pixeles a la vez debemos presionar *Ctrl + Shift* al moverlo.

Redimensionando objetos

Para redimensionar un objeto, dé clic y arrastre una de sus orillas hasta que se ajuste al tamaño deseado. Para esto también se pueden usar cualquiera de las esquinas del objeto.

Para redimensionar más de un objeto a la vez, active todos ellos. Al redimensionar uno de los objetos activos, todos los objetos del grupo adoptarán el nuevo tamaño, sea vertical u horizontalmente, o ambos.

Redimensionando un cuadro de selección múltiple

La tarea de redimensionar un cuadro de selección múltiple puede ser un poco complicada. A diferencia de los otros objetos de hoja, si damos clic y arrastramos una de sus orillas podemos obtener resultados inesperados. Por ejemplo, si usamos la orilla derecha y tratamos de hacer el objeto más pequeño, ocupará un menor espacio pero aparecerá una barra de desplazamiento horizontal, lo cual significa que ahora una parte del objeto está oculta.

Si, por otro lado, usamos la orilla derecha para tratar de hacer el objeto más grande, no habrá cambio aparente.

La clave para redimensionar apropiadamente un cuadro de selección múltiple radica en redimensionar las celdas que lo componen. Un cuadro de selección múltiple se puede ver como compuesto de celdas: una celda contiene la etiqueta del campo y otra contiene los valores del campo. Al posicionar el cursor en la orilla derecha de cada celda, en lugar de en la orilla del objeto, podremos dar clic y arrastrar para cambiar el tamaño de esa celda y, al mismo tiempo, el tamaño del objeto completo.

Posicione el cursor del ratón sobre el lado izquierdo del icono de lista desplegable y observe cuando el cursor cambie su forma. Dé clic y arrastre para cambiar el tamaño de la celda correspondiente a la etiqueta del campo. Ahora, posicione el cursor del ratón sobre la orilla derecha de la celda que contiene los valores de campo para cambiar su tamaño de igual manera. Redimensionar las celdas puede requerir un poco de destreza puesto que hay muy poca distancia entre los puntos que hacen que el cursor actúe sobre la celda o sobre el objeto. La siguiente imagen muestra la forma de cursor asociada a cada acción:

Cursor	Acción
✛	Cambiar tamaño de celda
⇔	Cambiar tamaño del objeto

Alineando objetos de hoja

Para alinear los objetos de hoja en pantalla, active los objetos deseados y use los botones de alineación que se encuentran en la barra de herramientas de diseño. Al dar clic derecho sobre cualquiera de los objetos activos también se muestran estas opciones, las cuales vemos en la siguiente imagen:

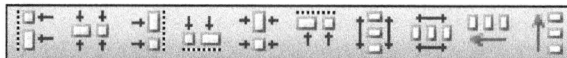

Si la barra de herramientas de diseño no se encuentra visible (está desactivada de manera predeterminada), se puede habilitar seleccionando **Ver | Barras de Herramientas | Diseño** desde la barra de menús.

Arreglando un poco la casa

Acomodemos un poco los objetos en nuestro cuadro de mando actual usando los métodos descritos previamente. Trate de lograr un acomodo como el que se muestra en la siguiente imagen de pantalla:

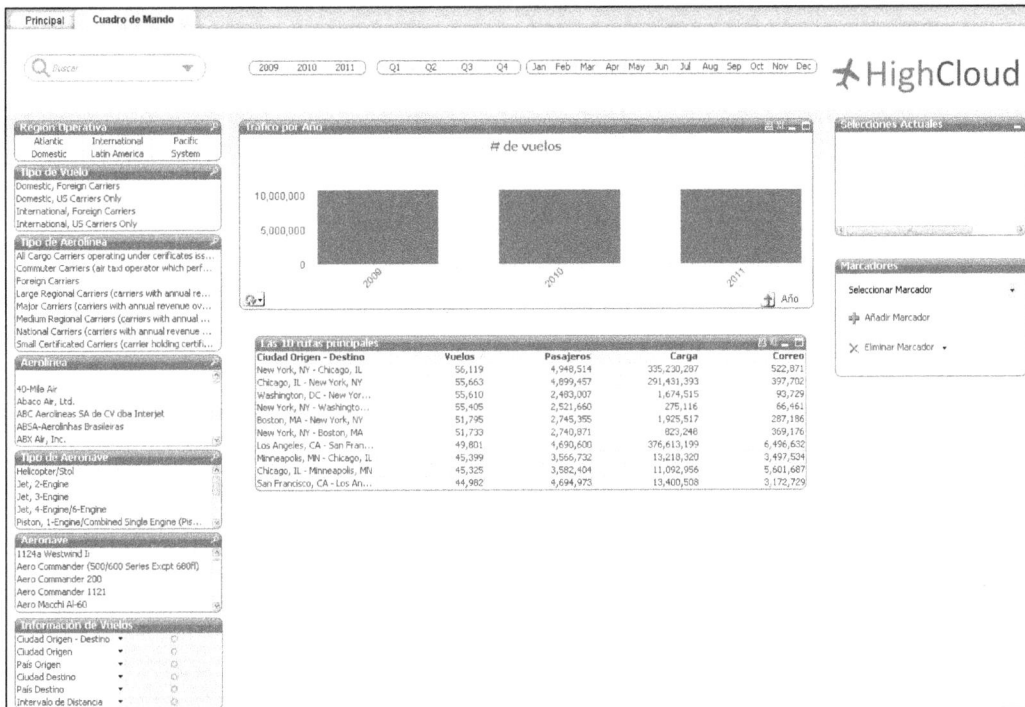

Es probable que haya notado que en la imagen de pantalla anterior se realizaron algunos otros cambios. Además de alinear y redimensionar los objetos, también se hicieron los siguientes ajustes:

- Se deshabilitó el borde del objeto de búsqueda.
- Se cambió el número de columnas del cuadro de lista de Trimestre a 4.
- Se cambió el número de columnas del cuadro de lista de Mes a 12.
- Se añadió una barra de título al gráfico de Tráfico por Año.
- Se aplicó una alineación a la derecha a las etiquetas en el gráfico de Las 10 rutas principales.

Trate de aplicar estos cambios usted mismo.

Creando y aplicando un mapa de colores predeterminado

Ahora solo nos queda una cosa más por hacer para terminar de estilizar nuestro documento: aplicar el esquema de colores estándar en HighCloud a nuestros gráficos.

Definiendo colores de gráfico

Comenzaremos aplicando los colores HighCloud al gráfico de **Tráfico por Año**. Siga estos pasos:

1. Dé clic derecho en el gráfico de barras y seleccione **Propiedades**.

2. Active la pestaña **Colores**.

3. De la sección de **Aspecto de los Datos**, dé clic en el primer botón de color, bajo la lista de **Colores 1-6**, y aparecerá el diálogo de **Área de Color** que ya conocemos.

4. Cambie el **Color de Base** al color **Azul HighCloud** que definimos previamente y cierre la ventana de **Área de Color**.

5. A continuación, dé clic en el segundo botón del mapa de colores y cámbielo a **Café HighCloud**.

6. Dé clic en **Aceptar** para cerrar la ventana de **Propiedades de Gráfico**.

Una vez que hemos cambiado el mapa de colores del objeto, nuestro gráfico adoptará los nuevos colores en el orden que hemos definido. Por ahora, solo un color (Azul HighCloud) es usado en el gráfico. Sin embargo, usaremos el mismo mapa de colores para todos los gráficos que crearemos después y algunos de ellos requerirán usar más de los colores definidos.

Estableciendo el mapa de colores predeterminado

Veamos ahora cómo podemos usar la definición de colores previa y establecerla como el esquema predeterminado para todos nuestros gráficos.

1. Dé clic derecho en el gráfico de **Tráfico por Año** nuevamente y seleccione **Propiedades**.

2. Active la pestaña **Colores** y dé clic en el botón **Avanzado**. Verá la siguiente ventana de diálogo:

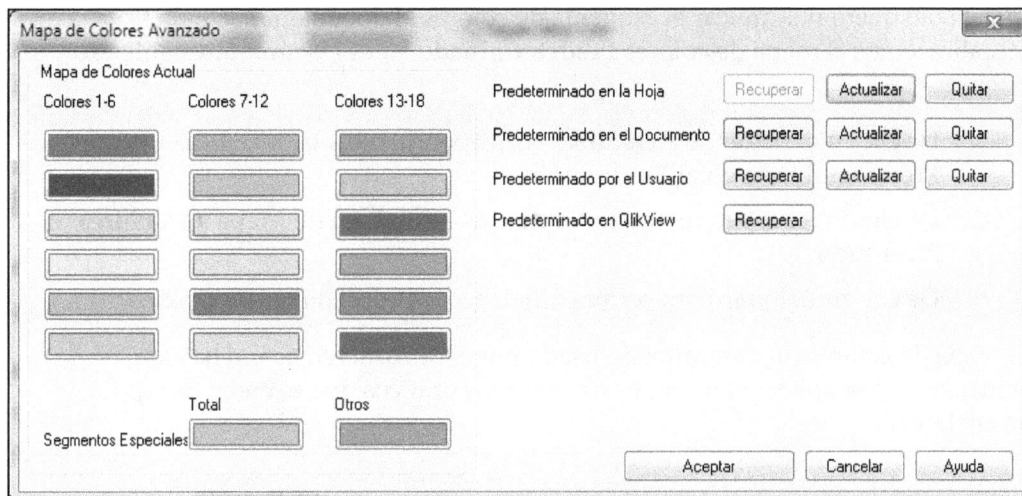

El diálogo de **Mapa de Colores Avanzado** nos permite obtener y actualizar el mapa de colores predeterminado en varios niveles:

- **Predeterminado en la Hoja**: El mapa de colores es sólo usado por objetos que se encuentran dentro de la hoja en cuestión.

- **Predeterminado en el Documento**: El mapa de colores es usado por objetos dentro del documento actual.

- **Predeterminado por el Usuario**: Este mapa de colores es usado por todos los objetos que el usuario actual cree. Esta opción es muy útil cuando se tiene un estilo corporativo que se desea aplicar a todos los objetos en todos los documentos.

- **Predeterminado en QlikView**: Este es el mapa de colores predeterminado en QlikView y solo se puede recuperar, pero no sobrescribir.

> El establecer un mapa de colores predeterminado no reemplaza la configuración de colores en objetos que hayan sido previamente creados. Para esos objetos los colores se deberán actualizar manualmente, si así se desea. En el *Capítulo 13, Más sobre Diseño Visual y Experiencia de Usuario,* exploraremos una forma en la que podemos usar plantillas para ajustar el diseño completo de un documento QlikView.

Como solo queremos aplicar el esquema de colores al documento actual, actualizaremos el mapa de colores **Predeterminado en el Documento** siguiendo estos pasos:

1. Dé clic en el botón de **Actualizar** correspondiente a la opción de **Predeterminado en el Documento**.

2. Dé clic en **Aceptar** para cerrar el cuadro de diálogo de **Mapa de Colores Avanzado**.

3. Dé clic en **Aceptar** para cerrar el diálogo de **Propiedades de Gráfico**.

El mapa de colores predeterminado usado por el documento actual ha sido actualizado y se aplicará automáticamente a los gráficos que se creen de aquí en adelante.

Resumen

Hemos llegado al final de este capítulo, en el que hemos aprendido a establecer propiedades de documento, hoja y objeto. Además aprendimos cómo añadir un papel tapiz para organizar la interfaz, así como definir y aplicar un estilo particular en nuestro documento y usar un mapa de colores predeterminado.

Aprendimos a crear diferentes objetos de hoja como cuadros de lista, el cuadro de selecciones actuales, el cuadro de selección múltiple y el objeto marcador.

Luego de preparar y establecer el estilo de nuestro documento, podemos continuar creando diferentes objetos de visualización en QlikView. En el *Capítulo 6, Construyendo Dashboards,* exploraremos cómo construir gráficos y tablas que serán usados en cuadros de mando, hojas de análisis y reportes.

6
Construyendo Dashboards

Tenemos ya un modelo de datos con qué trabajar y una interfaz estilizada y organizada a nuestro gusto y necesidades. Es momento de añadir gráficos, tablas y otros objetos de visualización a nuestro documento.

Primero veremos los diferentes tipos de usuario y lo que normalmente buscan en una aplicación QlikView. Después de eso, veremos las opciones de gráfico disponibles junto con algunos otros objetos de hoja que nos permitirán extender nuestro cuadro de mando (o "dashboard"). De igual manera, revisaremos con mayor detalle las formas con las que podemos crear cálculos básicos en los diferentes objetos de hoja.

De manera puntual, en este capítulo veremos:

- Cuáles son los tres tipos de usuarios QlikView y cómo atender mejor sus necesidades.
- Cuáles son las opciones de gráfico disponibles en QlikView.
- Otros objetos de hoja que pueden añadir interactividad a nuestra aplicación QlikView.
- Cómo crear cálculos básicos.

¡Comencemos!

Tipos de usuario

El modelo de datos en un solo documento QlikView se puede utilizar para servir las necesidades de información de una variedad de audiencias, desde el nivel ejecutivo hasta el nivel operacional. Como cada grupo de usuarios tendrá distintas necesidades, con frecuencia los documentos QlikView se construyen siguiendo el concepto de Dashboards, Análisis y Reportes (DAR). Estas tres categorías nos dan un marco general sobre el cual podemos segmentar las necesidades de información y análisis que cada usuario tiene, pero existe la posibilidad de que algunos usuarios caigan en más de una categoría.

Veamos cada una de estas categorías y cómo se abordan sus necesidades típicamente en un documento QlikView.

Usuarios de Dashboards

Un dashboard, o cuadro de mando, ofrece una vista rápida y general de la información. Estos son utilizados normalmente por el nivel ejecutivo y gerencial para monitorear el desempeño a través de un número limitado de **KPIs** (por las siglas de su denominación en inglés: *Key Performance Indicators*) y compararlo contra los objetivos correspondientes.

La información desplegada en los cuadros de mando está comúnmente a un nivel general de granularidad, es decir, en este tipo de vistas no se proporciona el acceso a información de detalle, o se ofrece de manera limitada. Se diseña de esta manera ya que, cuando un usuario de un dashboard detecta una anomalía en los datos, con frecuencia la siguiente acción es pedir a un analista explorar el detalle correspondiente.

Una visualización de datos típica en QlikView incluye velocímetros y semáforos para ofrecer una vista rápida con el estatus actual de los KPIs definidos. La siguiente imagen de pantalla muestra un dashboard típico y con una interfaz visualmente limpia:

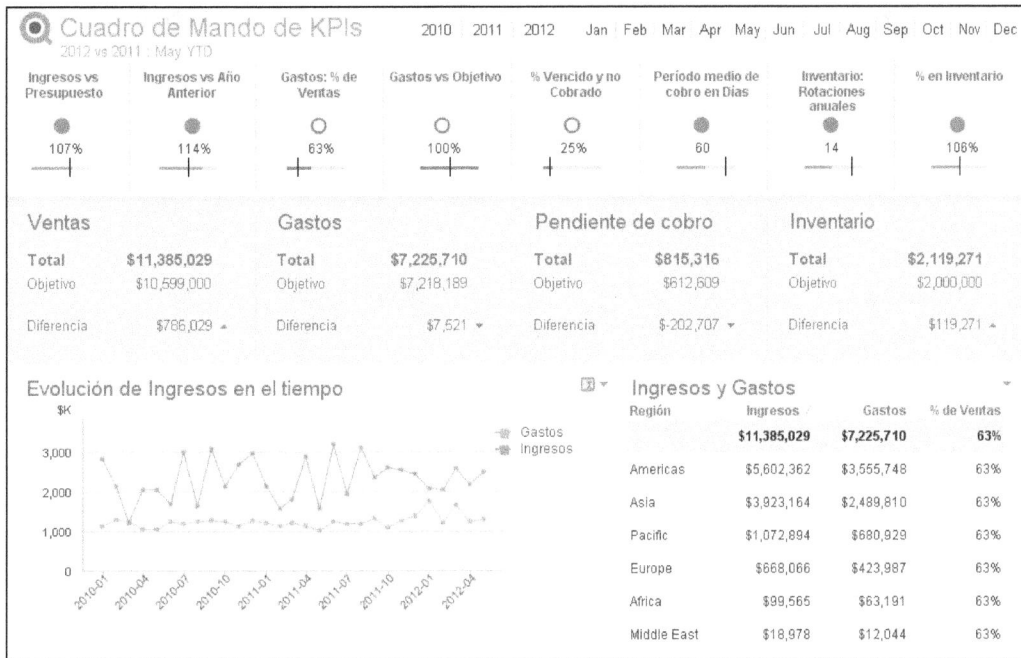

⦿ Cuadro de Mando de KPIs			2010	2011	2012	Jan Feb Mar Apr May Jun	Jul Aug Sep Oct Nov Dec
2012 vs 2011 : May YTD							

Ingresos vs Presupuesto	Ingresos vs Año Anterior	Gastos: % de Ventas	Gastos vs Objetivo	% Vencido y no Cobrado	Período medio de cobro en Días	Inventario: Rotaciones anuales	% en Inventario
●	●	○	○	○	●	●	●
107%	114%	63%	100%	25%	60	14	106%

Ventas		Gastos		Pendiente de cobro		Inventario	
Total	$11,385,029	Total	$7,225,710	Total	$815,316	Total	$2,119,271
Objetivo	$10,599,000	Objetivo	$7,218,189	Objetivo	$612,609	Objetivo	$2,000,000
Diferencia	$786,029 ▲	Diferencia	$7,521 ▼	Diferencia	$-202,707 ▼	Diferencia	$119,271 ▲

Evolución de Ingresos en el tiempo

$K — Gastos / Ingresos

3,000
2,000
1,000
0

2010-01 2010-04 2010-07 2010-10 2011-01 2011-04 2011-07 2011-10 2012-01 2012-04

Ingresos y Gastos

Región	Ingresos	Gastos	% de Ventas
	$11,385,029	**$7,225,710**	**63%**
Americas	$5,602,362	$3,555,748	63%
Asia	$3,923,164	$2,489,810	63%
Pacific	$1,072,894	$680,929	63%
Europe	$668,066	$423,987	63%
Africa	$99,565	$63,191	63%
Middle East	$18,978	$12,044	63%

Analistas

Mientras que los usuarios de dashboards comúnmente prefieren tener una vista general del desempeño, los analistas son quienes realmente desmenuzan los datos. Ellos tratarán de descubrir no solo qué ocurrió, sino también cómo ocurrió. Para hacer esto, requieren acceso al conjunto de datos completo sin dejar fuera un solo detalle; también necesitan poder consultarlo en muchas y muy variadas formas.

En QlikView esto nos lleva a tener varios cuadros de lista para un fácil filtrado de datos, junto con diferentes gráficos que ayuden a revelar el contexto completo de la información presentada. Muchos analistas también crearán sus propios objetos de visualización cuando requieran responder alguna pregunta específica, o harán uso extensivo de escenarios de simulación (*What If?*) para probar hipótesis y predecir resultados en base a cambios de ciertas variables.

Una visualización de datos típica para análisis incluye gráficos de dispersión, barras, líneas y tablas pivotantes. La siguiente imagen de pantalla muestra un ejemplo de una hoja de análisis:

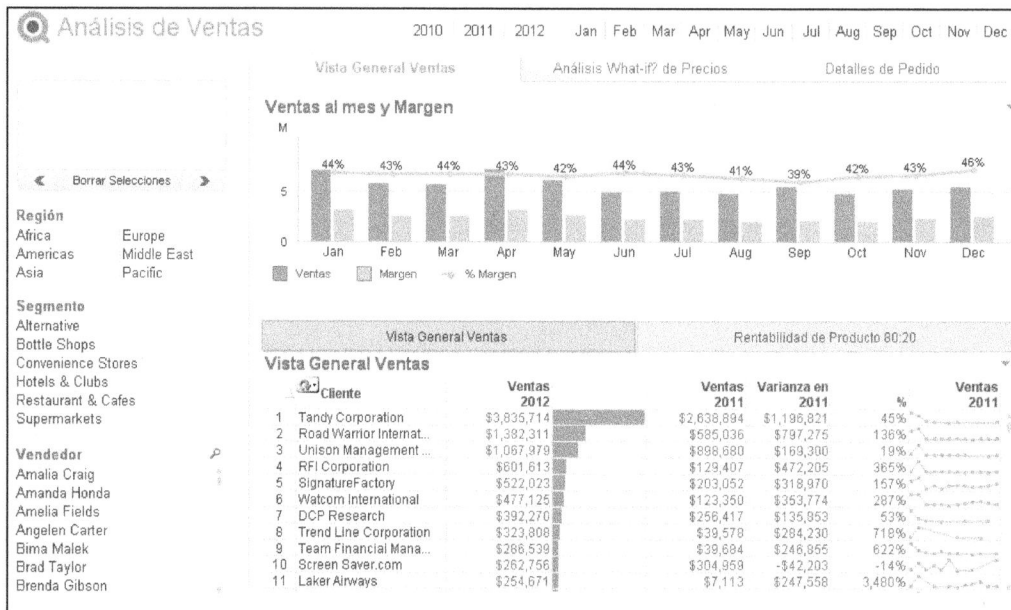

Usuarios de Reportes

En QlikView, los reportes son despliegues de información más o menos estática en forma tabular. Los reportes pueden servir múltiples propósitos; por ejemplo, pueden ser usados para ofrecer a los usuarios de nivel operativo la información que necesitan para sus actividades diarias. De igual forma, pueden servir como el punto de culminación de un ejercicio de análisis.

Las visualizaciones de datos típicas enfocadas a reporteo son tablas simples y tablas pivotantes. La siguiente imagen de pantalla muestra un reporte típico:

Informe de Existencias

Grupo de Producto	Tipo Producto	Subgrupo de Producto	Unidades de Inventario	Valor de Inventario	Rotaciones de Inventario
Alcoholic Beverages	⊞		76,649	$45,367	5.0
	⊟	⊟ Bagels	122	$7,115	2.0
		Muffins	6,328	$25,312	8.2
Baked Goods	Bread	Sliced Bread	422	$9,314	7.0
		Total	**6,872**	**$41,742**	6.9
	Total		**6,872**	**$41,742**	6.9
Baking Goods	⊞		7,056	$268,548	16.5
Beverages	⊞		18,160	$234,458	12.5
Breakfast Foods	⊞		1,472	$44,619	10.4
Canned Foods	⊞		47,874	$205,029	7.5
Canned Products	⊞		1,284	$11,283	11.1
Dairy	⊞		10,034	$249,399	4.0

Aplicando el concepto DAR al documento de Operación de Aerolíneas

Ahora que hemos repasado la parte teórica de los casos de uso de QlikView y los perfiles de usuarios comúnmente encontrados, es momento de regresar a lo práctico. Para continuar, abra el documento de Operación de Aerolíneas.qvw con el que hemos estado trabajando. Construiremos nuestros ejercicios en base al modelo de datos e interfaz construidos previamente.

> Si no ha seguido cada ejercicio presentado en capítulos anteriores y no tiene un documento actualizado, no se preocupe. Tome el archivo con nombre Solución Capítulo 5_Operación de Aerolíneas. qvw, que está ubicado dentro de la carpeta de Operación de Aerolíneas\Aplicaciones; cree una copia como respaldo y renómbrelo a Operación de Aerolíneas.qvw.

Si observamos el documento que hemos construido hasta ahora, nos daremos cuenta que éste aun no cubre los casos de uso de Dashboards, Análisis y Reportes. Debido a eso, en esta sección exploraremos un poco más a detalle los varios tipos de gráfico disponibles en QlikView mientras al mismo tiempo aplicamos el concepto DAR.

Pero antes necesitamos echar un vistazo nuevamente a los requerimientos de negocio definidos por los usuarios de Aerolíneas HighCloud.

Requerimientos de Documento

Luego de sesiones de trabajo y entrevistas con el equipo ejecutivo de Aerolíneas HighCloud, Sara ha determinado que es indispensable mostrar los siguientes KPIs:

- Factor de Ocupación (%): Este indicador es una comparación del número de pasajeros contra el número de asientos disponibles.

- Vuelos realizados contra vuelos programados: Comparación del número de vuelos que fueron realizados contra aquellos que fueron realmente programados.

- Tiempo de vuelo (%): Es el total de tiempo que la aeronave estuvo en el aire comparado contra el tiempo transcurrido desde la puerta de salida hasta la puerta de llegada.

- Número de Pasajeros (en millones): Número de pasajeros transportados, en millones.

- Vuelos realizados (en miles): Número de vuelos realizados, en miles.

- Milla por pasajero (en millones): Total de millas que todos los pasajeros fueron trasportados, en millones.

- Milla por asiento disponible (en millones): Total de millas que todos los asientos (incluyendo los desocupados) se transportaron, en millones.

- Participación de Mercado: Esto se calculará basado en el número pasajeros.

Además de los requerimientos enumerados arriba, existe una necesidad de analizar los datos con mayor detalle. Aunque las sesiones de trabajo y entrevistas no fueron concluyentes sobre los requerimientos específicos de análisis (rara vez lo son), se llegó al consenso de que por lo menos las siguientes áreas se deben poder investigar desde la aplicación:

- Análisis de tendencia del número de vuelos, pasajeros, carga y correo postal a través del tiempo.

- Top 10 de rutas en base al número de vuelos, pasajeros, carga y correo postal.

- El número de pasajeros comparado con los asientos disponibles (Factor de Ocupación) a través de diferentes tipos de vuelo.

- La correlación entre el número de pasajeros, correo postal, y el número de vuelos.

Adicionalmente, las métricas que se muestran actualmente en la hoja **Cuadro de Mando**, se deberán mover a una nueva sección de análisis.

Así mismo, se decidió que los siguientes dos reportes deberán estar disponibles para consulta:

- Vuelos por mes.
- KPIs por Aerolínea.

Creando la hoja de análisis

La primera hoja que crearemos es la de Análisis; como la pestaña actual de **Cuadro de Mando** ya contiene algunas de las métricas que deseamos incluir en la nueva hoja, procederemos simplemente a cambiar el nombre de la hoja de **Cuadro de Mando** a Análisis:

1. Dé clic derecho en cualquier espacio vacío del área de trabajo y seleccione **Propiedades**.
2. Vaya a la pestaña **General** e ingrese Análisis en el cuadro de entrada **Título**.
3. Dé clic en **Aceptar** para cerrar el cuadro de diálogo de **Propiedades de Hoja**.

Estando ahí, renombremos la pestaña **Principal** a Asociaciones. Esta hoja ayudará a los usuarios a encontrar asociaciones en los datos a través de muchos campos diferentes. Es posible que requiramos reposicionar los cuadros de lista para que se ajusten a la nueva distribución de espacio.

> **Manejo de hojas**
>
> La barra de herramientas de diseño en la parte superior de la pantalla contiene algunos comandos útiles para trabajar con las hojas.
>
>
> El primer icono a la izquierda añade una nueva hoja. El segundo y tercer icono mueven la hoja activa a la izquierda o derecha en la fila de pestañas. El último icono se usa para abrir el diálogo de propiedades correspondiente a la hoja activa.
>
> Esta misma funcionalidad se puede también encontrar en el menú **Diseño**. Este menú contiene también la función de **Eliminar Hoja**, con la cual se puede eliminar la hoja activa.

Solo como un breve repaso para mantenernos enfocados en nuestra tarea, se listan los requerimientos que fueron definidos específicamente para la hoja de **Análisis**:

- Análisis de tendencia en cuanto a número de vuelos, pasajeros, carga y correo postal a través del tiempo.

- Top 10 rutas en base al número de vuelos, pasajeros, carga y correo postal.

- El número de pasajeros comparado contra el número de asientos disponibles (Factor de Ocupación) a través de distintos tipos de vuelo.

- Correlación entre el número de pasajeros, correo postal y el número de vuelos.

Añadiendo un nuevo gráfico

Ahora que tenemos una interfaz con qué trabajar, es momento de agregar otro gráfico a la pestaña de **Análisis**. Como recordará del *Capítulo 2, Ver para Creer,* para añadir un nuevo gráfico existen varios métodos: seleccionando **Diseño | Nuevo Objeto de Hoja | Gráfico** de la barra de menús, dando clic derecho en un espacio de la hoja de trabajo y seleccionando **Nuevo Objeto de Hoja | Gráfico**, o dando clic en el botón de **Crear Gráfico** de la barra de herramientas.

Esto abre la primera página del diálogo de **Propiedades de Gráfico**: la pestaña **General**. En esta pestaña podemos definir algunas configuraciones generales para nuestro gráfico, tales como el texto a desplegar en la barra de título (**Título de la Ventana**) y el **Tipo de Gráfico** que deseamos construir.

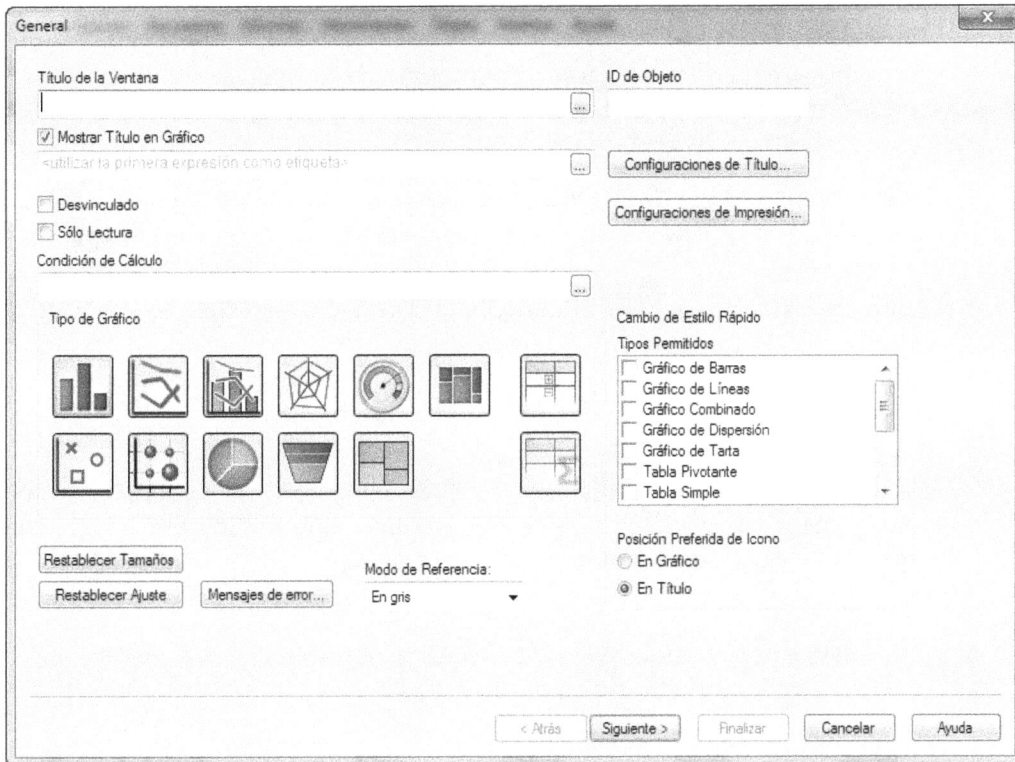

Otra opción interesante en esta primera ventana es la opción de **Cambio de Estilo Rápido**. Con esto se permite al usuario cambiar dinámicamente el tipo de gráfico con que se muestra la información; por ejemplo, se puede cambiar entre un gráfico de barras y una tabla simple.

> **Sí, las tablas pivotantes y tablas simples también son gráficos en QlikView.**
>
> Puede resultar un poco (o muy) raro, pero las tablas pivotantes y tablas simples son considerados gráficos en QlikView.

Gráfico de Barras

Uno de los gráficos requeridos en nuestra aplicación debe desplegar el número de pasajeros y el número de asientos disponibles por tipo de vuelo. Usaremos un gráfico de barras para visualizar estas métricas. Siga estos pasos para crearlo:

1. De la sección de **Tipo de Gráfico** en el cuadro de diálogo de **Nuevo Gráfico**, seleccione la opción de **Gráfico de Barras** (la primera a la izquierda) y dé clic en **Siguiente >**.

2. El siguiente diálogo es el de **Dimensiones**. De la lista que aparece a la izquierda, ubique el campo **Tipo de Vuelo** y añádalo a la lista de **Dimensiones Utilizadas** seleccionándolo primero y después dando clic al botón **Añadir >**. Después de eso, dé clic en **Siguiente**.

3. Ahora ingresaremos una expresión para obtener el número total de pasajeros. En el cuadro de diálogo de **Editar Expresión**, que se abre de forma automática al dar clic en **Siguiente** en la ventana anterior, ingrese la siguiente expresión y dé clic en **Aceptar**:

   ```
   Sum([# Pasajeros])
   ```

4. Añadiremos una etiqueta a nuestra expresión ingresando `# de Pasajeros` en el campo de **Etiqueta** correspondiente.

5. Añadiremos una segunda expresión para calcular el número de asientos disponibles. Haga esto dando clic en el botón de **Añadir**, el cual abre nuevamente la ventana de **Editar Expresión**.

6. Ingrese la siguiente expresión y dé clic en **Aceptar**:

   ```
   Sum([# Asientos Disponibles])
   ```

7. Ingrese la etiqueta `# de Asientos Disponibles` en el campo correspondiente.

8. Demos un vistazo al resultado intermedio; dé clic en **Finalizar**.

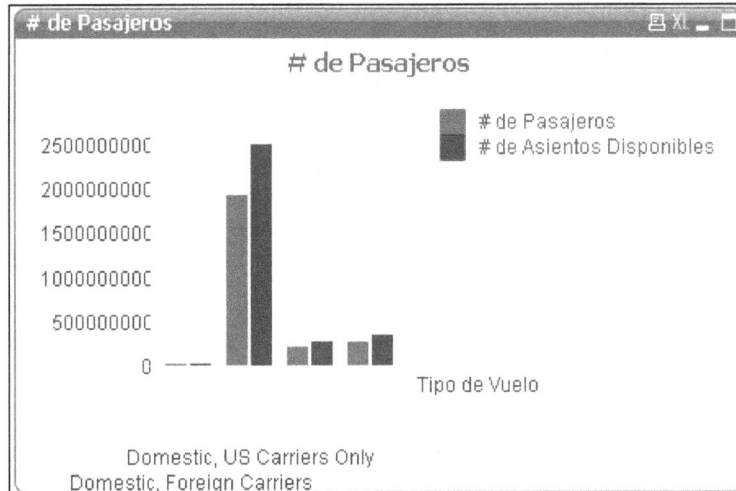

Si vemos el gráfico que hemos creado (mostrado arriba), nos daremos cuenta que es muy difícil de leer. Los números son bastante grandes y todos esos ceros ocupan mucho espacio. Además, el título que aparece en el área del gráfico y en la barra de título dicen exactamente lo mismo y no hacen referencia a la segunda expresión en el gráfico.

> Debemos notar que los colores han sido correctamente asignados, ya que el mapa de colores predefinido se estableció en el capítulo anterior.

Corrijamos estos problemas cambiando las siguientes configuraciones en el diálogo de **Propiedades del Gráfico**.

1. En la pestaña **General**, ingrese # de Pasajeros / Asientos Disponibles (x 1 millón) por Tipo de Vuelo en el cuadro de entrada de **Título de la Ventana**. A continuación, deshabilite la opción de **Mostrar Título en Gráfico**.

2. En la pestaña de **Expresiones**, seleccione la expresión de **# de Pasajeros** y marque la casilla de **Valores sobre los datos**. Luego, seleccione la expresión de **# de Asientos Disponibles** y de igual manera marque la opción de **Valores sobre los datos**. Modifique la definición de ambas expresiones para que ahora el resultado se divida por 1 millón. Las expresiones ahora serán:

```
Sum ([# Pasajeros]) / 1000000
Sum ([# Asientos Disponibles]) / 1000000
```

3. En la pestaña de **Estilo**, cambie la **Orientación** a horizontal (icono de la derecha).

4. Mediante la pestaña de **Presentación**, establezca el formato de fuente de la **Leyenda** a **Tahoma** con un **Estilo de Fuente Normal** y un **Tamaño** de **8**. Eso se hace dando clic primero en el botón **Configuración** y después dando clic en el botón **Fuente** en el cuadro de diálogo de **Configuraciones de Leyenda**.

5. En la pestaña de **Ejes**, dentro de la sección de **Ejes de Expresión**, marque la casilla de **Mostrar Rejilla**. Cambie el formato de la **Fuente** tanto para los **Ejes de Expresión** como para el **Eje de Dimensión** a **Tahoma** con **Estilo de Fuente Normal** y con **Tamaño** de **8**; use los botones de **Fuente** correspondientes.

6. En la pestaña **Número**, presione la tecla *Shift* y seleccione **# de Pasajeros** y **# de Asientos Disponibles** de la lista de **Expresiones**. Después, seleccione el botón de opción de **Fiar en** e ingrese **1** en el campo de entrada de **Decimales**.

7. En la pestaña de **Diseño**, deshabilite la opción de **Utilizar Bordes**.

8. Dé clic en **Aceptar** para cerrar la ventana de **Propiedades de Gráfico**.

El gráfico resultante debe ser parecido a lo que se muestra en la siguiente imagen:

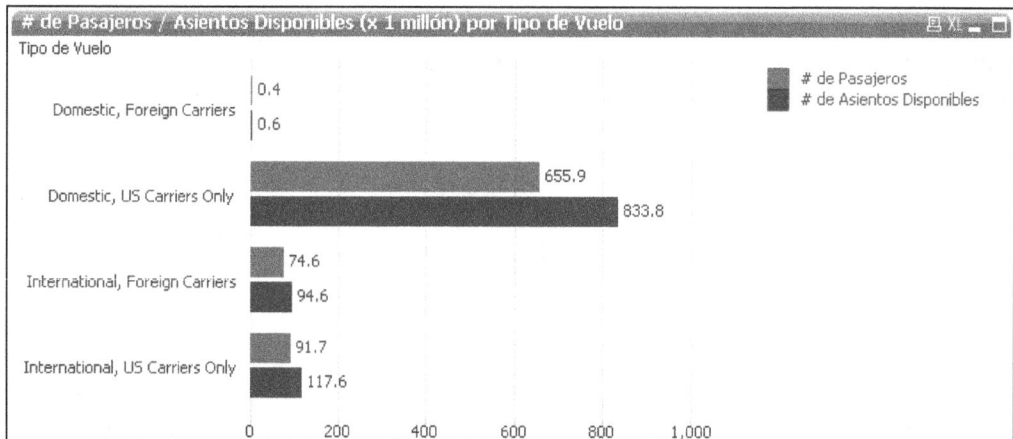

Ya ajustada la apariencia de nuestro gráfico, podemos copiar estas configuraciones a otro gráfico usando la **Herramienta Copiar Formato**. Para esto, active el objeto del cual se desea copiar el formato y después dé clic en el botón de **Herramienta Copiar Formato** en la barra de herramientas de diseño. Después, dé clic en el gráfico al que se desea aplicar el formato. En este caso, lo usaremos para aplicar el formato recién definido a nuestro gráfico de **Tráfico por Año**.

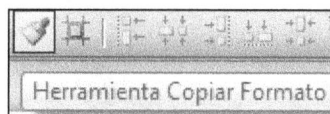

Propiedades adicionales del gráfico de barras

En el ejemplo previo repasamos las propiedades más comunes del gráfico de barras. Como pudo haber observado en las diferentes ventanas de diálogo, QlikView ofrece muchas otras opciones y configuraciones adicionales. Veamos algunas opciones que son de interés y están disponibles para gráficos de barras.

Estilo

En la pestaña de **Estilo** podemos definir un **Aspecto** 3D, degradado o sombreado en nuestro gráfico. Adicionalmente, podemos cambiar la opción de **Orientación** justo como hicimos en nuestro ejemplo. Si elegimos una orientación horizontal, el texto del eje de dimensiones puede llegar a ser más legible. Probablemente la opción más importante en esta pestaña es la de **Subtipo**, que permite cambiar de un gráfico **Agrupado**, en el cual dos barras correspondientes a un valor de dimensión se muestran lado a lado, a uno **Apilado**, en donde estas mismas dos barras se verán una sobre la otra (en forma apilada).

Presentación

Algunas opciones de interés en la pestaña **Presentación** son las de **Distancia entre Barras**, que controla la distancia entre las barras en un grupo, y la **Distancia de separación**, la cual controla la distancia entre los grupos de barras. Esta última opción es relevante cuando existen varias dimensiones o varias expresiones en el gráfico.

Expresiones y la ventana de Editar Expresión

Antes de que veamos algunos otros tipos de gráfico y objetos que QlikView ofrece, daremos un vistazo con mayor detalle a las **Expresiones** y a la ventana de **Editar Expresión**.

Expresiones

Para este punto, ya habrá notado que las expresiones en QlikView se pueden usar en casi cualquier parte a través de los distintos cuadros de diálogo de la aplicación, desde expresiones de gráfico hasta configuraciones de color o títulos de ventana. Esto hace a QlikView una herramienta altamente flexible. Las expresiones en QlikView son muy similares a las fórmulas que se utilizan en Excel o a las funciones que se utilizan en lenguajes como SQL.

La ventana de Editar Expresión

La ventana de **Editar Expresión** se usa para ingresar y definir expresiones. Donde vea el icono de tres puntos (...) al lado de un cuadro de entrada significa que se puede dar clic al mismo para ingresar una expresión o cálculo.

Abramos la ventana de **Editar Expresión** para explorarla más de cerca.

1. Dé clic derecho sobre el gráfico de **# de Pasajeros / Asientos Disponibles** y seleccione **Propiedades** desde el menú contextual

2. Active la pestaña **Expresiones** y seleccione la expresión de **# de Pasajeros** de la lista que aparece a la izquierda.

3. Dé clic en el botón con los tres puntos (...) que aparece al lado del cuadro de entrada de **Definición**.

La ventana de **Editar Expresión** se muestra en la siguiente imagen de pantalla:

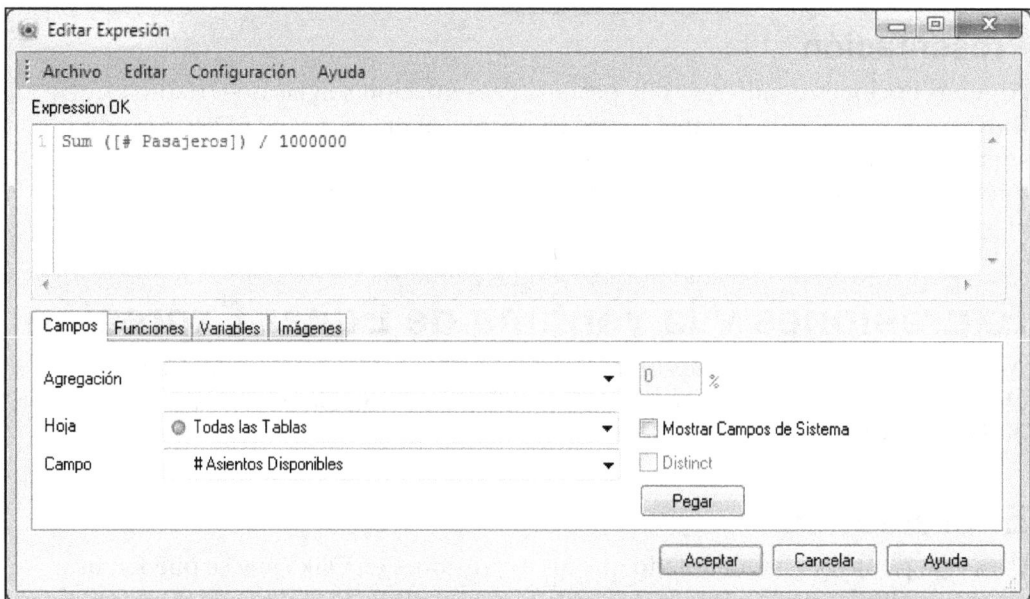

Esta ventana contiene un cuadro de entrada grande en donde se puede ingresar la expresión. Una vez que se haya familiarizado con las diferentes funciones y su sintaxis (cubriremos una buena parte de las mismas a lo largo del libro), se dará cuenta que esta es la forma más fácil de definir una expresión. La ventana de **Editar Expresión** automáticamente revisa la sintaxis de la expresión que se ha ingresado y, si se detecta algún error, se alertará del mismo mediante un mensaje de **Error en la expresión** y subrayando en rojo la parte de la expresión que QlikView no haya podido interpretar.

```
Error in expression:
  1  Summ ([# Pasajeros]) / 1000000
```

Tome en cuenta que la verificación automática de sintaxis no siempre funciona del todo bien. Cuando se usan expresiones más avanzadas, el editor indicará algunas veces que hay un error cuando en realidad la expresión está correcta y es evaluada sin problemas por QlikView.

En la parte inferior de la ventana del editor de expresiones se puede ver un panel de herramientas organizado en pestañas. Veamos lo que podemos hacer con cada pestaña.

Campos

La pestaña **Campos** permite construir la expresión seleccionando cada uno de sus componentes. Podemos elegir una función de **Agregación**, como **Suma** o **Promedio**, y el campo sobre el cual se debe aplicar la función. El menú desplegable de **Hoja** se puede usar para filtrar la lista de campos en base a la tabla a la que pertenecen.

Cuando se activa la casilla de **Distinct**, solo los valores únicos serán considerados en la agregación. Esto puede resultar útil cuando, por ejemplo, queremos contar el número de clientes únicos en lugar de obtener el número total de veces que aparecen en la base de datos.

Cuando se hayan hecho todas las selecciones deseadas, la expresión se puede ingresar dando clic en el botón **Pegar**. Observe que el código se insertará en la posición actual del cursor y reemplazará cualquier texto seleccionado al momento de pegar la nueva expresión.

Funciones

Aunque la pestaña de **Campos** permite crear expresiones usando solo el ratón, su funcionalidad puede resultar bastante limitada en cuanto al tipo de expresiones que se pueden crear con ella. Sin embargo, la pestaña de **Funciones** contiene una lista más completa de funciones disponibles, agrupadas por **Categoría de Función**.

Se desplegará la sintaxis correspondiente en un cuadro de texto al seleccionar una función en particular. La función seleccionada puede ingresarse como expresión dando clic en el botón de **Pegar**, pero los parámetros correspondientes a la función se tendrán que ingresar de forma manual.

| Campos | Funciones | Variables | Imágenes |

Categoría de Función Condicional ▼

Nombre de Función If ▼ Pegar

dual If (condition, then_expr [, else_expr])

Variables

Como veremos posteriormente en este mismo capítulo, las variables pueden usarse para guardar expresiones y valores. La ventaja de usarlas para tal fin es que podemos usar expresiones en muchos lugares y administrarlas en un solo lugar.

Si, por ejemplo, en lugar de ingresar directamente la expresión de # de Pasajeros en el cuadro de entrada de la expresión, hubiéramos creado una variable conteniendo esa misma definición, nos sería posible seleccionar dicha variable del menú desplegable en la pestaña de **Variables** y llegar al mismo resultado.

Imágenes

Una expresión en QlikView no siempre tiene que resultar en un texto o un cálculo. Hay algunos objetos, por ejemplo el objeto de texto, o incluso una tabla simple, que también pueden desplegar el resultado de una expresión en forma de imagen.

La pestaña de **Imágenes** nos permite seleccionar imágenes que están embebidas en la aplicación o que han sido importadas al documento mediante script. Simplemente seleccione el nombre de una imagen del menú desplegable o, de modo más conveniente, de un menú visual de imágenes que aparece al dar clic en el botón **Avanzado**.

Al dar clic en el botón **Pegar**, se ingresará al editor una cadena de texto que hace referencia a la imagen seleccionada. También es posible usar esas referencias a imágenes dentro de una expresión. Por ejemplo, la siguiente expresión comparará el campo Objetivo usando una función If(). Si el valor es mayor a 100, se mostrará una flecha apuntando hacia arriba y de color verde, de otro modo se desplegará una flecha apuntando hacia abajo y de color rojo.

```
if(Objetivo > 100, 'qmem://<bundled>/BuiltIn/arrow_n_g.png',
'qmem://<bundled>/BuiltIn/arrow_s_r.png')
```

Dé clic en **Cancelar** en la ventana de **Editar Expresión** para cerrarla sin guardar los cambios y cierre también la ventana de **Propiedades de Gráfico**.

La ventana de Vista Previa de la Expresión

Como podemos llegar a tener expresiones en muchos lugares distintos, puede resultar difícil administrarlas. Es aquí en donde la ventana de **Vista Previa de la Expresión** nos puede ayudar; ofrece un lugar central para administrar todas las expresiones usadas en nuestro documento QlikView.

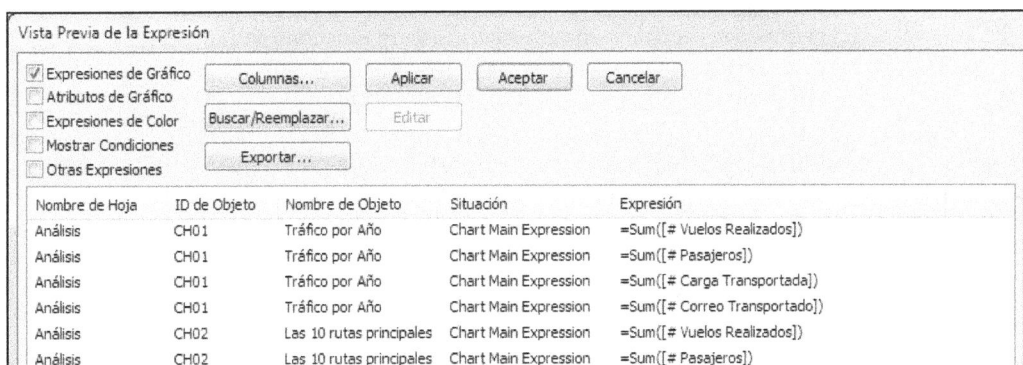

Vista Previa de la Expresión					
☑ Expresiones de Gráfico	Columnas...	Aplicar	Aceptar	Cancelar	
☐ Atributos de Gráfico					
☐ Expresiones de Color	Buscar/Reemplazar...	Editar			
☐ Mostrar Condiciones					
☐ Otras Expresiones	Exportar...				
Nombre de Hoja	ID de Objeto	Nombre de Objeto	Situación	Expresión	
Análisis	CH01	Tráfico por Año	Chart Main Expression	=Sum([# Vuelos Realizados])	
Análisis	CH01	Tráfico por Año	Chart Main Expression	=Sum([# Pasajeros])	
Análisis	CH01	Tráfico por Año	Chart Main Expression	=Sum([# Carga Transportada])	
Análisis	CH01	Tráfico por Año	Chart Main Expression	=Sum([# Correo Transportado])	
Análisis	CH02	Las 10 rutas principales	Chart Main Expression	=Sum([# Vuelos Realizados])	
Análisis	CH02	Las 10 rutas principales	Chart Main Expression	=Sum([# Pasajeros])	

La ventana de **Vista Previa de la Expresión** se puede abrir presionando *Ctrl + Alt + E* o seleccionando **Configuraciones | Vista Previa de la Expresión** desde la barra de menús.

De forma predeterminada, solo se despliegan las **Expresiones de Gráfico**. Esta lista se puede expandir o reducir al de(seleccionar) las casillas correspondientes a cada tipo de expresión en la parte superior izquierda de la ventana.

Es posible editar una expresión en particular simplemente seleccionándola de la lista y dando clic en el botón **Editar**. De manera similar, es posible editar varias expresiones a la vez, mediante el botón de **Buscar/Reemplazar**. Sea cuidadoso al usar esta función ya que puede ocasionar cambios no intencionales.

Gráfico de Líneas

El **Gráfico de Líneas** funciona de forma muy similar al gráfico de barras que revisamos en la sección anterior. Entonces, en lugar de crear un nuevo gráfico de línea, lo crearemos a partir de uno de los gráficos de barras que ya tenemos.

> **Gráficos de barras y gráficos de líneas**
>
> Aunque los gráficos de barras y gráficos de líneas son considerados por muchos como intercambiables, en realidad hay casos de uso específicos en los que se recomienda utilizar uno de ellos en lugar del otro. Los gráficos de barras se aprovechan mejor cuando los utilizamos para comparar diferentes categorías, por ejemplo, al comparar desempeño a través de diferentes Tipos de Vuelo. Por otro lado, los gráficos de línea, son mejor aprovechados cuando se usan para detectar tendencias a través de series que tienen un orden particular, por ejemplo series de tiempo (orden cronológico) o etapas en un proceso.

Sigamos los siguientes pasos para convertir el gráfico de **Tráfico por Año** de barras a líneas:

1. Dé clic derecho sobre el gráfico de **Tráfico por Año** y seleccione **Propiedades**.

2. En la pestaña **General**, dentro de la sección de **Tipo de Gráfico**, seleccione **Gráfico de Líneas** (el segundo icono de izquierda a derecha).

3. Dé clic en **Aceptar** para aplicar los cambios.

El gráfico de líneas resultante se muestra en la siguiente imagen:

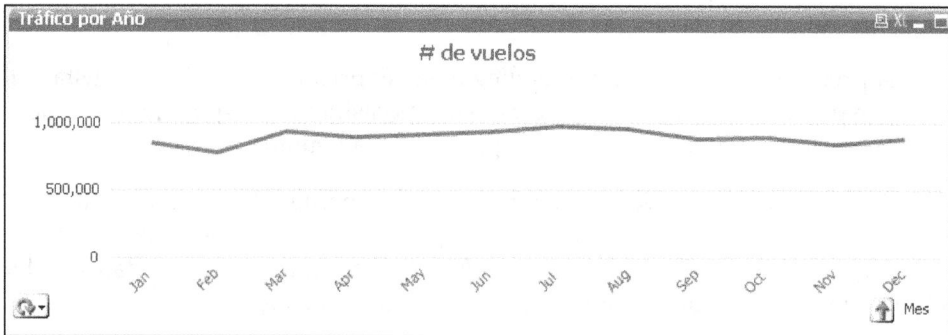

Observe cómo es necesario seleccionar un año para visualizar la tendencia por mes. En este caso, hemos seleccionado 2011 en el cuadro de lista **Año**.

Aunque el gráfico ya se ve suficientemente bien haremos unos cambios adicionales:

- Como estamos más interesados en la tendencia que en los valores exactos, el eje de expresiones no necesita comenzar en 0.

- Añadiremos símbolos a los puntos de datos para que sea más claro para el usuario identificar dónde posicionar el cursor del ratón en caso de que quiera ver el valor exacto.

- Los números en el eje Y son bastante grandes; aplicaremos un formato numérico para que los valores se muestren en miles, millones o miles de millones dependiendo de la selección.

Siga estos pasos para aplicar los cambios:

1. Dé clic derecho sobre el gráfico **Tráfico por Año** y seleccione **Propiedades**.

2. Active la pestaña **Ejes** y deshabilite la opción de **Forzado a 0**.

3. Active la pestaña de **Expresiones** y dé clic en el icono de expandir que se encuentra a la izquierda de la expresión cíclica para poder ver las expresiones individuales.

4. Para cada expresión de forma individual, marque la casilla de **Símbolo**, dentro de la sección de **Opciones de Presentación**, y seleccione **Puntos** de la lista desplegable correspondiente.

5. Active ahora la pestaña de **Presentación** y defina el **Tamaño de Símbolo** en **4pt**, dentro de la sección de **Configuración de Línea/Símbolo**; esto cambiará el tamaño de los puntos.

6. Active la pestaña de **Número** y seleccione todas las expresiones dando clic en la primera (**# de vuelos**) y después presionando la tecla *Shift* al tiempo que se da clic sobre la última expresión (**Correspondencia Transportada**). Todas las expresiones estarán ahora resaltadas y los cambios que hagamos en esta pestaña aplicarán a todas por igual.

7. En el cuadro de entrada de **Símbolo de Miles**, ingrese x `Miles`.

8. En el cuadro de entrada de **Símbolo Millón**, ingrese x `Millón`.

9. En el cuadro de entrada de **Símbolo Billón**, ingrese x `Billón`.

10. Dé clic en **Aceptar** para aplicar los cambios y cerrar el diálogo de **Propiedades de Gráfico**.

El gráfico de líneas resultante se muestra en la siguiente imagen:

Así, la tendencia se puede percibir de forma fácil y los puntos de datos individuales están más visibles. Adicionalmente, la escala del eje Y ahora tiene números más cortos. La ventaja de establecer símbolos para miles, millones y miles de millones (billón) es que la escala del eje Y se adapta de forma automática al rango apropiado al actualizarse el gráfico en base a las selecciones del usuario.

Propiedades adicionales de gráfico de línea

Lo que vimos en el ejemplo anterior fueron algunos de los atributos más comunes relacionados a los gráficos de línea. Ahora bien, hay otras configuraciones en el diálogo de **Propiedades de Gráfico** que es importante revisar y eso es lo que haremos a continuación.

Expresiones

En la pestaña de **Expresiones**, la opción de **Acumulación** nos permite que, en lugar de desplegar lo valores individuales correspondientes a cada valor de dimensión, cada valor represente la suma del actual y todos los anteriores. En el siguiente gráfico, en lugar de visualizar el número de vuelos de cada mes, lo que vemos es el total acumulado hasta ese punto.

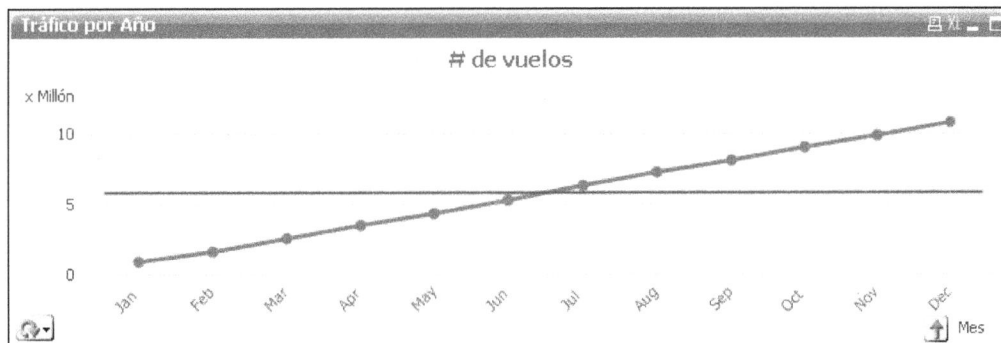

La segunda línea que se observa en el gráfico representa el promedio; esta opción se define bajo la sección de **Líneas de Tendencia**.

Estilo

En la pestaña de **Estilo** se puede cambiar el **Aspecto** del gráfico. Además de tener algunos efectos 3D, una opción interesante es la del **Gráfico de Área** (cuarto icono en la lista). Otra configuración útil, aunque no tanto como en el caso de los gráficos de barras, es la **Orientación**. Esto permite cambiar la orientación de horizontal a vertical.

Presentación

La pestaña de **Presentación** ofrece opciones para cambiar la forma en que se presentan los datos dentro de un gráfico. Algunas opciones útiles están dentro de la sección de **Configuración de Línea/Símbolo**; con estas opciones, nos es posible cambiar el **Ancho de Línea** así como el **Tamaño de Símbolo** (como ya hemos hecho).

Para gráficos que llegan a tener muchos valores en el eje X, una opción útil es la de **Desplazamiento en Gráfico**. Al habilitar la opción de **Activar Barra de Desplazamiento de Eje X** y especificar un valor en el cuadro de entrada correspondiente a **Cuando el Número de Elementos pase de:**, se desplegará una barra de desplazamiento cuando el número de valores en el eje X exceda la cantidad especificada.

Otra opción igual de útil en esta pestaña se encuentra en la sección de **Líneas de Referencia**. Esto se puede usar para integrar líneas (rectas) adicionales al gráfico. Un ejemplo práctico sería crear una línea con el objetivo de desempeño para comparar cada valor individual con dicho objetivo.

Al dar clic en el botón **Añadir** correspondiente, aparece el diálogo de **Líneas de Referencia**. Es aquí donde podemos definir la línea de referencia mediante una expresión, definir una etiqueta y cambiar algunas otras propiedades referentes al formato. La siguiente imagen muestra un ejemplo de una línea de objetivo estática en 900,000 vuelos pero también se podría agregar un objetivo dinámico si se incluyera en el modelo de datos o mediante alguna variable.

Gráfico Combinado

El **Gráfico Combinado** es simplemente una combinación de un gráfico de barras con uno de líneas e incorpora las propiedades y opciones de ambos.

Veamos cómo funciona este tipo de visualización convirtiendo el gráfico que ya hemos construido de **# de Pasajeros / Asientos Disponibles (x Millones) por Tipo de Vuelo**:

1. Dé clic derecho sobre el gráfico de barras y selecciones **Propiedades**.

2. De la pestaña **General**, cambie el **Tipo de Gráfico** de **Barras** a **Gráfico Combinado** (tercer icono).

3. En la pestaña de **Expresiones**, seleccione la expresión de **# de Pasajeros**. Luego, desactive la opción de **Línea** dentro de la sección de **Opciones de Presentación** y active la opción de **Barra**. De igual forma, desactive la opción de **Valores sobre los datos**.

4. A continuación, seleccione la expresión de **# de Asientos Disponibles**. Luego, desactive la opción de **Líneas** y active la opción de **Símbolo**. De la lista desplegable correspondiente a **Símbolo**, seleccione la opción de **Rombos**. De igual forma, desactive la opción de **Valores sobre los datos**.

5. Dé clic en el botón de **Añadir** para abrir la ventana de **Editar Expresión** e ingresar la expresión mostrada a continuación para luego dar clic en **Aceptar** y cerrar el diálogo:

```
Column(1) / Column(2)
```

6. Ingrese `Factor de Ocupación` como la etiqueta de esta nueva expresión.

7. Asegurándonos de tener la nueva expresión seleccionada, desactive la opción de **Línea** y habilite la opción de **Valores sobre los datos**.

8. Active ahora la pestaña de **Presentación** y defina el **Tamaño de Símbolo** en **4pt**.

9. En la pestaña de **Número**, seleccione la expresión de **Factor de Ocupación** y establezca la **Configuración de Formato Numérico** como **Fijar en 1 Decimales** y marque la opción de **Mostrar en porcentaje (%)**.

10. Dé clic en **Aceptar** para cerrar el diálogo de **Propiedades de Gráfico**.

El resultado final se debe ver similar a lo mostrado en la siguiente imagen:

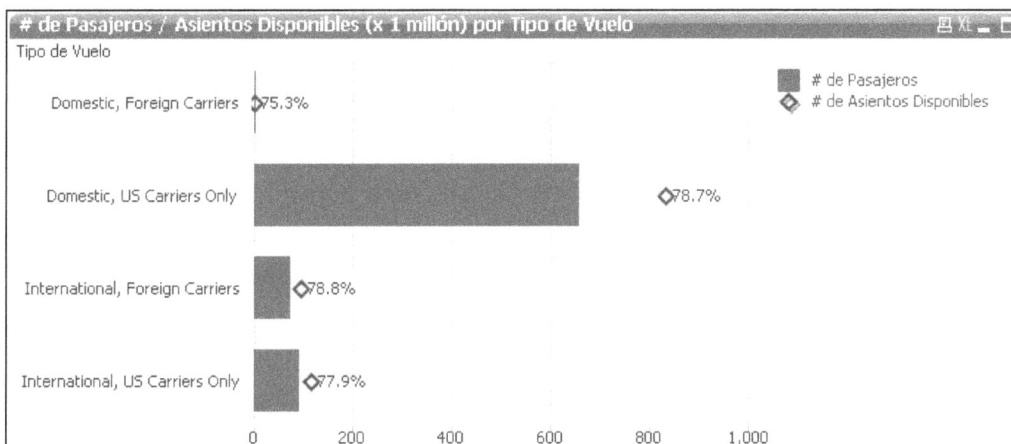

Algo que seguramente detectó es que, aunque tenemos tres expresiones, solo dos están visibles en el gráfico. Esto ocurre debido a que no seleccionamos ninguna opción de presentación para la expresión de **Factor de Ocupación**, sino que solamente le activamos la opción de **Valores sobre los datos** por lo cual solo el valor de dicha expresión es mostrado como parte del gráfico.

Inlcuso puede estarse preguntando sobre la expresión que utilizamos para calcular el **Factor de Ocupación**:

```
Column(1) / Column(2)
```

Esta expresión indica a QlikView que se debe dividir el resultado de la primera expresión entre el resultado de la segunda expresión. Claro está que el orden de las expresiones no deberá cambiar para que este cálculo funcione de forma confiable.

El Contenedor

Con tres gráficos creados, nuestra área de trabajo se está saturando nuevamente; es hora de organizarla una vez más. La opción que elegiremos esta vez será un objeto contenedor en el cual agruparemos múltiples objetos en un mismo espacio en pantalla. El usuario podrá cambiar de forma interactiva el objeto que desea visualizar.

Pongamos los tres gráficos (o dos gráficos y una tabla) dentro del objeto contenedor siguiendo estos pasos:

1. Vaya al menú **Diseño** y seleccione **Nuevo Objeto de Hoja | Contenedor**.

2. En la pestaña **General**, seleccione los tres gráficos de la lista **Objetos Existentes** (**Tráfico por Año**, **Las 10 rutas principales**, y **# de Pasajeros**).

> En la lista de **Objetos Existentes**, el nombre de los objetos aparece antepuesto con su ID de objeto correspondiente, por ejemplo **CH03 Tráfico por Año**.

3. Dé clic en **Añadir >** para pasarlos a la lista de la derecha, **Objetos Mostrados en el Contenedor**.

4. Vaya a la pestaña de **Presentación** y seleccione **Etiquetas al final** del menú desplegable de **Aspecto**.

5. Navegue a la pestaña de **Diseño** y desactive la opción de **Utilizar Bordes**.

6. Dé clic en **Aceptar** para cerrar el diálogo de **Nuevo Contenedor** y que el nuevo objeto sea creado.

El contenedor resultante se muestra en la siguiente imagen. Observe cómo podemos fácilmente cambiar entre los gráficos dando clic en las etiquetas de la parte inferior.

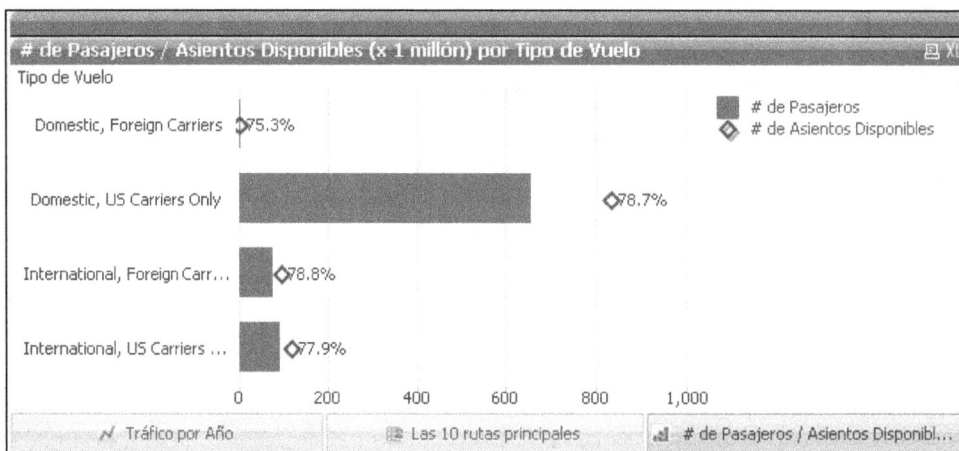

Observará que los gráficos originales aún aparecen en nuestra área de trabajo, haciéndola ver aún más desordenada. Eliminaremos estos gráficos que ya no requerimos dando clic derecho sobre ellos y seleccionando la opción de **Eliminar**. Aparecerá una ventana de diálogo preguntando si deseamos borrar solo el objeto seleccionado o también todos los objetos enlazados. De clic en **Eliminar Seleccionados** como se muestra en la siguiente imagen:

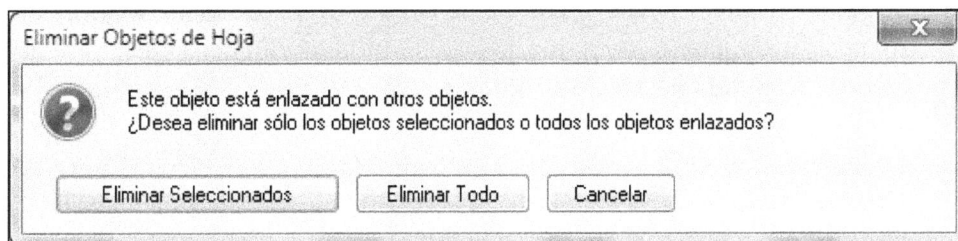

La razón por la que aparece este diálogo es porque ahora existen dos instancias del mismo objeto y QlikView los trata como objetos enlazados (un mismo objeto compartiendo las mismas propiedades y ID, pero en ubicaciones distintas). Revisaremos con mayor detalle lo que estos objetos son en una sección posterior de este capítulo.

Después de que hemos eliminado todos los gráficos duplicados y hemos alineado apropiadamente el objeto contenedor, quitaremos la barra de título del contenedor siguiendo estos pasos:

1. Dé clic derecho en la barra de título del contenedor o en uno de los botones de la parte inferior y seleccione **Propiedades**.
2. Active la pestaña **Título** y deshabilite la opción de **Mostrar Título**.
3. Dé clic en **Aceptar** para aplicar los cambios y cerrar la ventana.

Es importante dar clic sobre el título del objeto contenedor o sobre uno de sus botones; de otro modo no estaríamos abriendo del diálogo de propiedades del contenedor, sino el del gráfico activo.

Ahora que hemos hecho algo de espacio, podemos añadir algunos otros gráficos.

Gráfico de Dispersión

Uno de los requerimientos de análisis que debemos cumplir es el de ofrecer una vista con la correlación entre el número de pasajeros, correspondencia transportada y el número de vuelos realizados a nivel aerolínea. Para visualizar esto, añadiremos un gráfico de dispersión siguiendo estos pasos:

1. Seleccione **Diseño | Nuevo Objeto de Hoja | Gráfico** de la barra de menús.

2. En la ventana de **Nuevo Gráfico** ingrese la siguiente etiqueta en el campo de entrada de **Titulo de Ventana**: Número de pasajeros vs correspondencia.

3. Deshabilite la opción de **Mostrar Título en Gráfico** y seleccione **Gráfico de Dispersión** (icono de la izquierda en la segunda fila) de la sección de **Tipo de Gráfico**. Después, dé clic en **Siguiente**.

4. Seleccione **Aerolínea** de la lista de **Campos/Grupos Disponibles** y dé clic en el botón **Añadir >** para que el campo sea añadido a la lista de **Dimensiones Utilizadas**. Dé clic en **Siguiente**.

5. En la pestaña de **Expresiones**, seleccione **# Correo Transportado** de la lista desplegable **X** y **# Pasajeros** de la lista desplegable **Y**.

6. Marque la opción de **Gráfico de Burbujas** e ingrese la siguiente expresión en el campo de entrada de **Expresión de Tamaño de Burbuja**:

   ```
   Sum([# Vuelos Realizados])
   ```

7. Dé clic en **Siguiente** dos veces.

8. En la pestaña de **Estilo**, dentro de la sección de **Aspecto**, seleccione el tercer icono de arriba hacia abajo en la columna de la derecha y dé clic en **Siguiente**.

9. En la pestaña de **Presentación**, desactive la opción de **Mostrar Leyenda** y dé clic en **Siguiente**.

10. En la pestaña de **Ejes**, marque las casillas de **Mostrar Rejilla**, **Mostrar Rejilla Menor** y **Etiqueta a lo largo del eje** tanto dentro de la sección correspondiente a **Eje X** como de la de **Eje Y**. Estas opciones añadirán una rejilla a nuestro gráfico y posicionarán las etiquetas a lo largo de los ejes para ocupar menos espacio. Dé clic en **Siguiente**.

11. En la pestaña de **Colores**, habilite la opción de **Colores persistentes**. Esta propiedad nos ayuda a que las dimensiones (en este caso aerolíneas) mantengan el mismo color aunque el estado de selección cambie. Dé clic en **Siguiente**.

12. En la pestaña de **Número**, seleccione las tres expresiones y establezca el formato numérico en **Entero**. Ingrese `x 1 mil` en el cuadro de entrada de **Símbolo de Miles**, `x 1 millón` como **Símbolo Millón** y `x 1 billón` como **Símbolo Billón**.

13. Dé clic en **Finalizar** para aplicar la configuración y cerrar el diálogo.

El gráfico resultante se muestra en la siguiente imagen. El eje Y muestra el número de pasajeros mientras que el eje X muestra la cantidad de correo transportado. El tamaño de la burbuja nos indica cuántos vuelos fueron realizados por cada aerolínea.

Podemos inmediatamente ver que hay aerolíneas que solo transportan correo, como **United Parcel Service**, y otras que solo tienen pasajeros, como **Southwest Airlines Co**. De hecho, la mayoría de las aerolíneas parecen transportar solo uno u otro, pero no ambos.

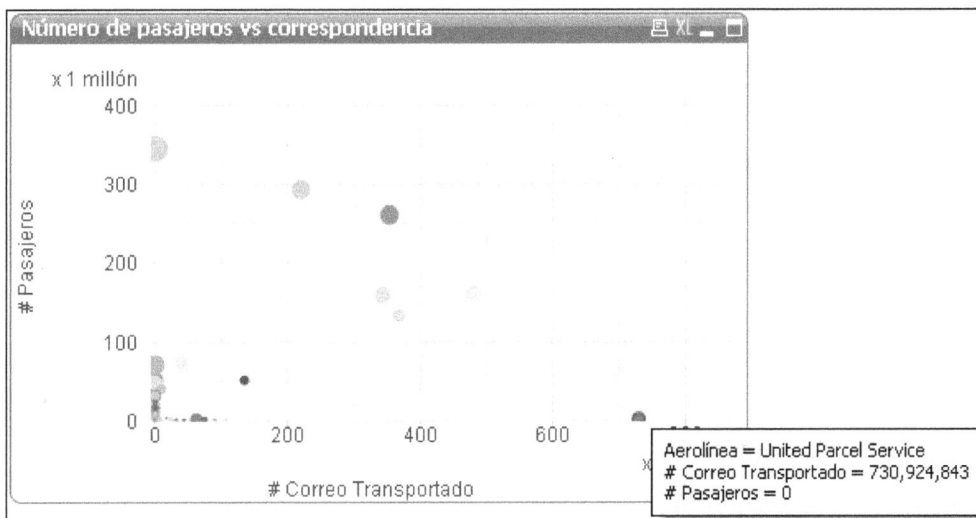

Realice algunas selecciones en el cuadro de lista de **Región Operativa** y podrá llegar a algunas conclusiones interesantes. También observe cómo la escala del gráfico cambia de acuerdo a las selecciones, puesto que definimos símbolos de **Miles**, **Millón** y **Billón**.

En nuestro ejemplo, usamos la opción de **Modo Simple** para crear las expresiones del gráfico de dispersión. Como su nombre lo indica, esto nos permite solo ingresar expresiones simples. Podemos cambiar a **Modo Avanzado** dando clic en la casilla correspondiente dentro de la pestaña de **Expresiones**. Esto cambiará la vista del diálogo a aquella de **Expresiones** que hemos visto en ejercicios previos.

> Es importante tener en cuenta que, al trabajar con gráficos de dispersión, la primera expresión que se defina siempre será usada para el eje X, la segunda para el eje Y y la tercera para definir el tamaño de la burbuja.

El Botón

Ahora que hemos creado una estructura básica y los gráficos requeridos en nuestra hoja de análisis, es momento de añadir algunos botones con los que el usuario podrá interactuar. QlikView nos permite ejecutar una acción, o secuencia de acciones, al dar clic sobre un botón.

Comencemos con un ejemplo práctico. Durante un análisis, el usuario requerirá borrar frecuentemente el conjunto de selecciones que haya aplicado o deshacer/rehacer pasos individuales dentro de la secuencia de selecciones. Siga este proceso para añadir un botón con el que se borrarán las selecciones del usuario:

1. De la barra de menús, seleccione **Diseño | Nuevo Objeto de Hoja | Botón**.

2. En la pestaña **General** del diálogo **Nuevo Objeto de Botón**, ingrese Borrar dentro del cuadro de entrada **Texto**.

3. Cambie el **Color** a *Café HighCloud*, el cual fue definido en el capítulo anterior y debe estar en la lista de colores personalizados, en la ventana de **Color**.

4. Cambie a la pestaña **Acciones**.

5. Dé clic en el botón **Añadir**, seleccione **Borrar Todo** de la lista de **Acción** a la derecha y dé clic en **Aceptar**.

6. Dé clic en **Aceptar** para cerrar el diálogo de **Nuevo Objeto de Botón**.

Ya creamos un botón que, al ser presionado, borrará las selecciones que se tengan aplicadas.

Como pudimos observar al crear nuestro primer botón, hay una gran variedad de acciones que se le pueden asignar. Estas acciones pueden ser encadenadas, de forma que al dar un solo clic al botón se ejecute una secuencia completa de acciones en el orden que se defina. La siguiente imagen de pantalla muestra la secuencia de acciones con la que podemos primero borrar las selecciones aplicadas, cambiar a una hoja determinada y finalmente hacer una nueva selección en un campo especificado:

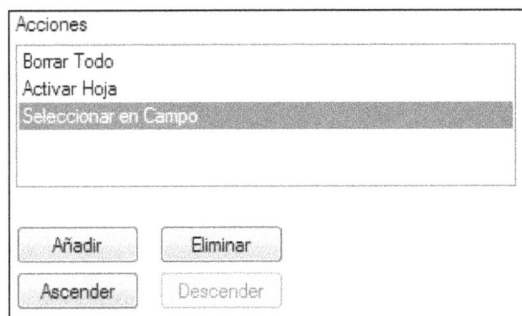

Aun necesitamos crear botones para deshacer o rehacer una selección. Las acciones correspondientes se encuentran con el nombre de **Atrás** y **Adelante**, respectivamente. Tome un momento para crear los botones que realicen estas dos acciones y, una vez creados, alinéelos bajo el cuadro de **Selecciones Actuales**. Si todo marcha correctamente, deberíamos tener algo como esto:

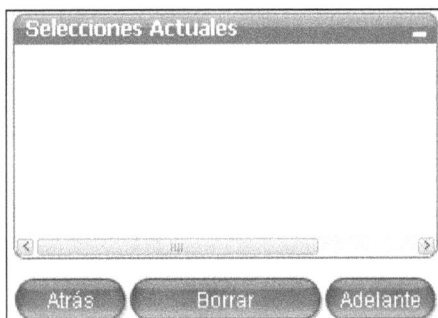

Pruebe cada uno de los botones para asegurarse que hacen lo que se supone deben hacer.

Cuadro de Estadísticas

Un cuadro de estadísticas es una manera conveniente de mostrar de forma rápida algunas estadísticas sobre un único campo numérico. Por ejemplo, a continuación se muestra un cuadro de estadísticas con el total, promedio, máximo y mínimo de distancia recorrida en vuelos.

Distancia	
Suma	1,128,276,217
Media	898
Mínimo	0
Máximo	10,733

Sigamos el siguiente proceso para añadir un cuadro de estadísticas a nuestra hoja de **Análisis**:

1. Dé clic derecho en cualquier espacio vacío de la hoja y seleccione **Nuevo Objeto de Hoja | Cuadro de Estadísticas**.

2. En la pestaña **General**, seleccione **Distancia** del menú desplegable de **Campo**.

3. Dé doble clic en la opción de **Contador de Totales** dentro de la lista de **Funciones Mostradas** para eliminarla, ya que no será relevante en nuestro ejemplo.

4. Cambie a la pestaña **Número** y seleccione todas las **Funciones** presionando la tecla *Shift* al mismo tiempo que selecciona la primera y la última de las funciones que aparecen en la lista. Asígneles un formato numérico **Entero**, activando antes la casilla de **Ignorar Opciones Predefinidas**.

5. Dé clic en **Aceptar** para crear el cuadro de estadísticas y posiciónelo debajo de los botones que creamos anteriormente. Mueva el objeto marcador a una posición más abajo, en caso de ser necesario.

Ahora, cada vez que hagamos alguna selección, el cuadro de estadísticas de **Distancia** mostrará automáticamente varios cálculos hechos a través de los registros individuales de la tabla de hechos.

Habiendo incorporado el nuevo cuadro de estadísticas, y después de redimensionar y posicionar los objetos, la hoja de **Análisis** se deberá ver como se muestra a continuación:

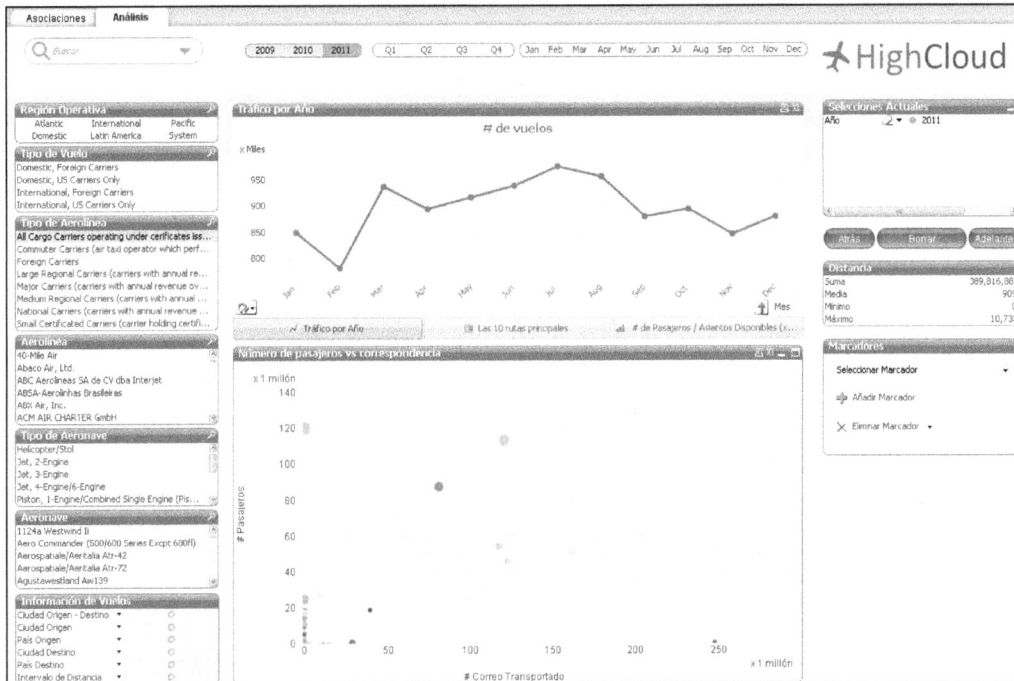

La hoja de **Análisis** ya cumple con todos nuestros requerimientos. Los objetos que hemos creado en esta pestaña incluyen gráficos de barras, líneas, combinado, y de dispersión, así como botones y el cuadro de estadísticas. También aprendimos cómo organizar los objetos usando un contenedor y exploramos con mayor detalle las propiedades disponibles para los gráficos, las expresiones y el editor de expresiones, así como la ventana de **Vista Previa de la Expresión**.

Desde luego, QlikView tiene muchos otros objetos y funciones que podemos utilizar en nuestras aplicaciones. Procedamos entonces a nuestra siguiente hoja para descubrir un poco más de lo que podemos lograr con QlikView.

Creando la hoja Cuadro de Mando

Como se definió anteriormente, necesitaremos visualizar las siguientes métricas y KPIs en la hoja de Cuadro de Mando:

- Factor de Ocupación (%): Este indicador nos da una comparación del número de pasajeros contra el número de asientos disponibles.

- Vuelos realizados contra vuelos programados: Es una comparación del número de vuelos que fueron realizados contra aquellos que fueron realmente programados.

- Tiempo de vuelo (%): Es el total de tiempo que la aeronave estuvo en el aire comparado contra el tiempo transcurrido desde la puerta de salida hasta la puerta de llegada.

- Número de Pasajeros (en millones): Número de pasajeros transportados, en millones.

- Vuelos realizados (en miles): Número de vuelos realizados, en miles.

- Milla por pasajero (en millones): Es el total de millas que todos los pasajeros fueron trasportados, en millones.

- Milla por asiento disponible (en millones): Es el número total de millas que todos los asientos (incluyendo los desocupados) se transportaron, en millones.

- Participación de Mercado: Esto se calculará basado en el número pasajeros.

Como buscamos tener una interfaz consistente a través de las pestañas de nuestro documento, lo primero que haremos es preparar el área de trabajo con los objetos en común siguiendo estos pasos:

1. Añada una nueva hoja seleccionando **Diseño | Añadir Hoja** de la barra de menús.

2. Dé clic derecho en el área de trabajo de la nueva hoja y seleccione **Propiedades**.

3. En la pestaña **General**, ingrese la etiqueta `Cuadro de Mando` dentro del campo de entrada de **Título** y dé clic en **Aceptar** para cerrar el diálogo.

4. Dé clic derecho en el área correspondiente a la pestaña (donde aparece el nombre de la hoja) y seleccione **Ascender Hoja** para posicionar la hoja **Cuadro de Mando** a la izquierda de la hoja **Análisis**.

5. Luego, active la pestaña **Análisis**.

6. Repita el proceso que se describe a continuación para cada uno de los objetos mostrados en la siguiente imagen. Dé clic derecho y seleccione **Copiar al portapapeles | Objeto**. Luego, navegue a la nueva pestaña **Cuadro de Mando**, dé clic derecho en un espacio en blanco del área de trabajo y seleccione **Pegar Objeto de Hoja como Enlace**.

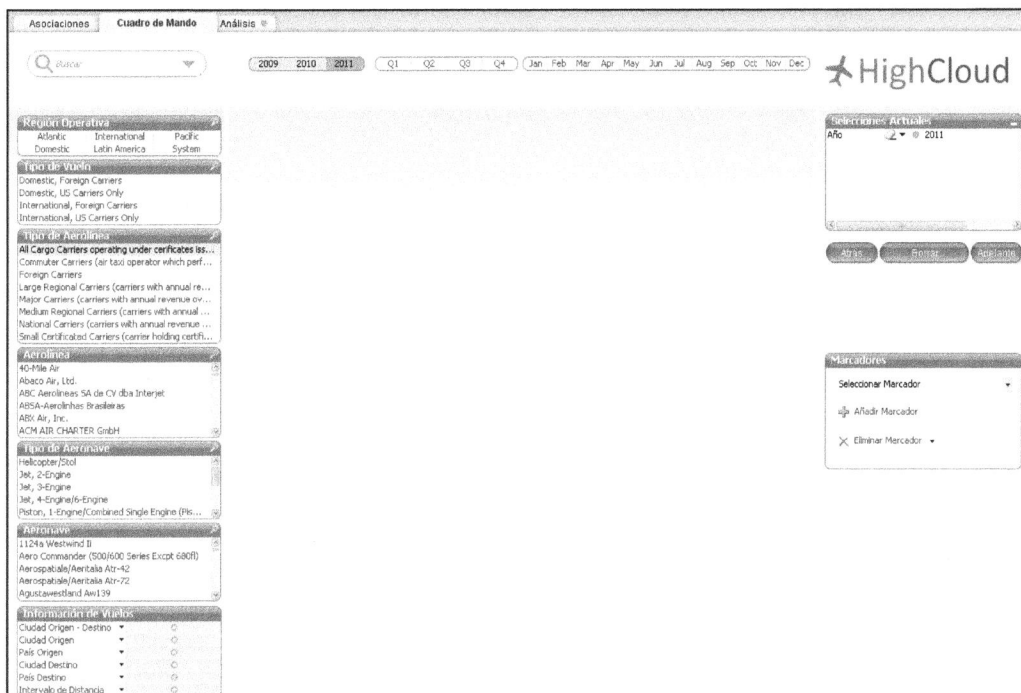

Cuando cambiamos entre las hojas de **Cuadro de Mando** y **Análisis**, podremos ver que los cuadros de lista, cuadro de selecciones actuales, botones y objeto marcador aparecen consistentemente en ambas hojas; solo el contenido central del área de trabajo cambia entre una hoja y otra.

Objetos Enlazados

En el ejercicio previo utilizamos el comando de **Pegar Objeto de Hoja como Enlace** en lugar de **Pegar Objeto de Hoja** para copiar los objetos a la nueva hoja. La diferencia entre estas dos opciones es que el comando **Pegar Objeto de Hoja** crea una copia del objeto independiente del objeto original, mientras que el comando de **Pegar Objeto de Hoja como Enlace** crea una nueva instancia del objeto original (o un objeto enlazado). Cualquier cambio que hagamos a las propiedades de un objeto enlazado se aplicará a todas las instancias del mismo, con excepción de las propiedades de tamaño y posición.

> El tamaño y posición de objetos enlazados se puede actualizar de forma manual dando clic derecho sobre el objeto y seleccionando **Objetos Enlazados | Ajustar Posición de Objetos Enlazados.**

Cuando un mismo objeto es utilizado en varios lugares, como los cuadros de lista que aparecen en todas las hojas, es conveniente utilizar objetos enlazados para una más fácil administración de los mismos.

> **Copiar o crear objetos enlazados mediante arrastrar y soltar**
>
> Es posible copiar objetos o crear objetos enlazados arrastrando y soltando el objeto original.
>
> Para crear una copia de un objeto, mantenga presionada la tecla *Ctrl* al tiempo que da clic sobre la barra de título del objeto y lo arrastra. Una pequeña cruz verde en el cursor del ratón indicará que se está haciendo una copia del objeto. Deje de presionar el botón del ratón cuando el cursor se encuentre en un espacio en blanco de la hoja para crear la copia.
>
> Para crear un objeto enlazado, se usa una técnica muy similar, solo que se usan las teclas *Ctrl + Shift* mientras se arrastra y suelta el objeto. Un icono en forma de cadena al lado del cursor del ratón indicará que se está creando un objeto enlazado.
>
> También podemos crear copias de objetos u objetos enlazados en otras hojas diferentes a la que contiene el objeto fuente. Para hacer esto, en lugar de arrastrar el objeto a un espacio vacío de la hoja, arrástrelo a la pestaña correspondiente a la hoja donde desea crear el nuevo objeto. El objeto preservará la misma posición que tiene en la hoja origen, pero ahora estará dentro de la hoja destino.

Veamos cómo funcionan los objetos enlazados siguiendo estos pasos:

1. En la pestaña **Cuadro de Mando** crearemos una copia del cuadro de lista **Aerolínea**. Para esto, mantenga presionada la tecla *Ctrl*, dé clic en el título del objeto y arrástrelo a un espacio vacío de la hoja de trabajo.

2. Dé clic derecho sobre la copia creada del objeto y seleccione **Propiedades**.

3. En la pestaña **General**, ingrese la etiqueta `Copia` al cuadro de entrada de **Título**.

4. En la pestaña **Fuente**, defina el **Estilo de Fuente** en **Negrita** y el **Tamaño** en **16**.

5. Dé clic en **Aceptar** para cerrar el diálogo de **Propiedades**.

6. Ahora crearemos un objeto enlazado del cuadro de lista de **Tipo de Aeronave**. Para esto, mantenga presionadas las teclas *Ctrl + Shift* mientras da clic en el título de lo objeto y lo arrastra a un espacio vacío del área de trabajo.

7. Dé clic derecho en la nueva instancia del objeto enlazado y seleccione **Propiedades**.

8. En la pestaña **General**, ingrese la etiqueta `Objeto Enlazado` como **Título**.

9. En la pestaña **Fuente**, cambie el **Estilo de Fuente** a **Negrita** y el **Tamaño** a **16**.

10. Dé clic en **Aceptar** para cerrar el diálogo de **Propiedades**.

El resultado de este ejercicio nos muestra la diferencia entre objetos copiados y objetos enlazados. Los cambios aplicados a la copia del cuadro de lista de **Aerolínea** no han sido aplicados al objeto original, mientras que los cambios aplicados al objeto enlazado de **Tipo de Aeronave** fueron automáticamente aplicados al objeto original. De hecho, se aplicaron los cambios al cuadro de lista de **Tipo de Aeronave** en la hoja **Análisis** ya que las tres instancias de objeto están enlazadas.

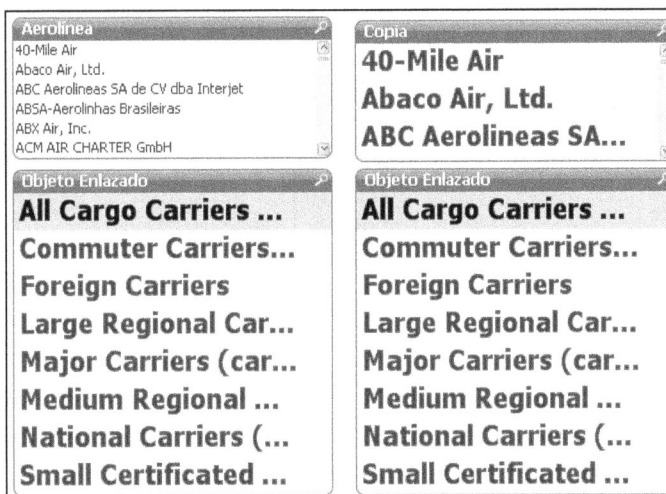

Presionemos ahora *Ctrl + Z* para deshacer los cambios hasta que volvamos a nuestro diseño original.

> **Considere esto al eliminar objetos enlazados.**
>
> Al eliminar un objeto enlazado aparece un mensaje de confirmación preguntando si deseamos borrar solo el objeto seleccionado o si queremos borrar todos los objetos enlazados. Si se selecciona **Eliminar todos**, todas las instancias del objeto serán eliminadas, incluso las que se encuentren en otras hojas.

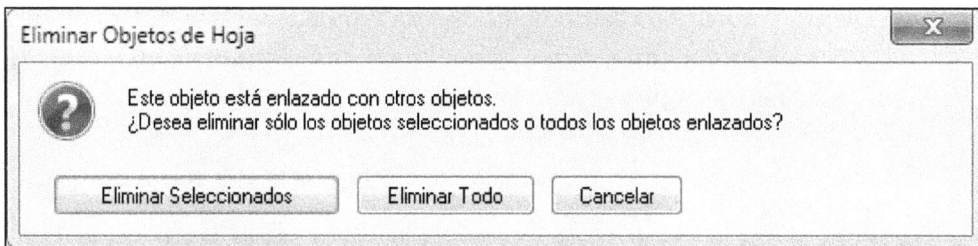

Gráfico de Indicador

Después de nuestro breve desvío para explorar el funcionamiento de los objetos enlazados, continuemos construyendo nuestra pestaña **Cuadro de Mando**. Añadiremos tres gráficos de indicador, uno para mostrar el indicador de factor de ocupación, el segundo para mostrar el porcentaje de vuelos realizados en comparación con los vuelos programados y el tercero para mostrar el porcentaje de tiempo de vuelo.

1. Comenzaremos a crear un nuevo gráfico presionando el botón de **Crear Gráfico** ubicado en la barra de herramientas de Diseño.

2. En la primera ventana de diálogo, seleccione como **Tipo de Gráfico** el **Gráfico de Indicador**.

3. En el campo de **Título de la Ventana**, ingrese `% Factor de Ocupación` y dé clic en **Siguiente**.

4. Este tipo de gráfico no requiere dimensiones, así que nos saltaremos esta ventana y daremos clic en **Siguiente** una vez más para llegar a la ventana de diálogo de **Expresiones**.

Si existe alguna dimensión en un gráfico de indicador, éste mostrará el valor correspondiente al primer elemento del campo definido como dimensión. Siempre asegúrese de que no exista ningún campo como dimensión. Esto es principalmente importante de tener en cuenta cuando se hace uso del **Cambio de Estilo Rápido** en los gráficos.

5. Añada la siguiente expresión en la ventana de diálogo de **Editar Expresión** y dé clic en **Aceptar** para continuar:

```
Sum ([# Pasajeros]) / Sum ([# Asientos Disponibles])
```

6. La expresión que acabamos de crear calculará el porcentaje de asientos ocupados.

7. La etiqueta que asignaremos a esta expresión será la misma que usamos como **Título de la Ventana**: `% Factor de Ocupación.`

8. Dé clic en **Siguiente** tres veces hasta llegar a la ventana de **Presentación**, en donde aplicaremos la siguiente configuración:

   ° Dentro de la sección de **Configuraciones de Indicador**, los valores **Mínimo** y **Máximo** serán `0.5` y `1`, respectivamente.

   ° Dentro de la sección de **Configuración de Segmentos**, añadiremos dos nuevos segmentos dando clic en el botón **Añadir** dos veces.

   ° Desactive la opción de **Ancho Automático de Segmentos** en la parte inferior de la ventana.

   ° Al estar activada, la opción de **Ancho Automático de Segmentos** ajusta el tamaño de cada segmento de forma automática en base a los valores definidos para mínimo y máximo. Queremos evitar esto, ya que nosotros mismos definiremos el ancho de los segmentos.

9. Ahora tendremos cuatro segmentos y configuraremos cada uno de la siguiente manera:

   ° **Segmento 1:**

   Límite inferior: `0.5.`

   Color definido con un **Degradado de dos Colores** con el **Color de Base** definido en **Rojo** (R:`255`; G:`0`; B:`0`) y el **Color Secundario** en **Naranja** (R:`255`; G:`128`, B:`0`).

   El **Estilo de Degradado** será **Vertical**.

° **Segmento 2**:

Límite inferior: 0.625.

Color definido con un **Degradado de dos Colores** con el **Color de Base** definido en **Naranja** (R:255; G:128; B:0) y el **Color Secundario** en **Amarillo** (R:255; G:255, B:0) .

El **Estilo de Degradado** será **Vertical**.

° **Segmento 3**:

Límite inferior: 0.75.

Color definido con un **Degradado de dos Colores** con el **Color de Base** definido en **Amarillo** (R:255; G:255; B:0) y el **Color Secundario** en **Verde claro** (R:128; G:255, B:128).

El **Estilo de Degradado** será **Vertical**.

° **Segmento 4**:

Límite inferior: 0.85.

Color definido con un **Degradado de dos Colores** con el **Color de Base** definido en **Verde claro** (R:128; G:255; B:128) y el **Color Secundario** en **Verde** (R:0; G:255, B:0).

El **Estilo de Degradado** será **Vertical**.

Con esto, habremos configurado nuestro gráfico de indicador para desplegar valores entre 50 y 100 porciento. Dentro de este rango, hemos definido cuatro segmentos separados, cada uno con su propio color. Se puede observar que solo definimos el límite inferior para cada segmento; esto es porque el límite superior del segmento queda automáticamente definido por el límite inferior del siguiente segmento o por el valor máximo definido. En nuestro ejemplo, el **Segmento 1** cubre los valores de 50 a 62.5 porciento (aunque hemos especificado los valores como decimales, es decir 0.5 y 0.625), el **Segmento 2** cubrirá el rango de valores de 62.5 a 75 por ciento y así el resto de los segmentos.

Los límites que hemos definido en nuestro ejemplo pueden parecer arbitrarios. En una situación real, deberíamos idealmente establecer estos límites en base a objetivos definidos por los usuarios de negocio.

Continuemos configurando nuestro gráfico de indicador.

1. Todavía desde la pestaña de **Presentación**, habilite las casillas correspondientes a **Mostrar escala**, **Mostrar Etiquetas en Cada Unidad Principal**, **Ocultar Límites de Segmento** y **Ocultar Límites de Indicador**.

2. Definiremos el valor de **Mostrar Escala** en cada 6 **Unidades Principales** y **Mostrar Etiquetas en Cada** 1 **Unidad Principal**.

3. Dé clic en **Siguiente** tres veces para llegar a la ventana de diálogo de **Número**, en donde aplicaremos el formato **Entero** y activaremos la opción de **Mostrar en porcentaje (%)**.

4. Dé clic en **Siguiente** para abrir el diálogo de **Fuente**, en donde definiremos un **Tamaño** de **8**.

5. Dé clic en **Finalizar** para crear el gráfico.

El resultado debe ser el siguiente gráfico de indicador:

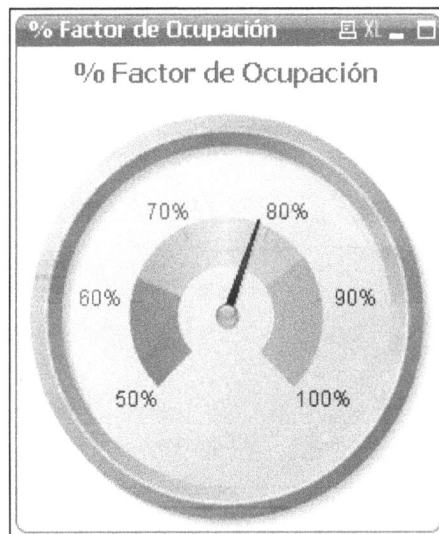

Podemos notar que resulta un poco difícil ver el número exacto que está mostrando el gráfico; añadiremos un **Texto en Gráfico** para mostrar en todo momento el resultado correspondiente. Siga estos pasos:

1. Abra la ventana **Propiedades de Gráfico** una vez más y active la pestaña de **Presentación**.

2. Ubique la sección de **Texto en Gráfico** y dé clic en el botón **Añadir** correspondiente. Esto abrirá la ventana de **Texto del Gráfico**, como se muestra en la siguiente imagen:

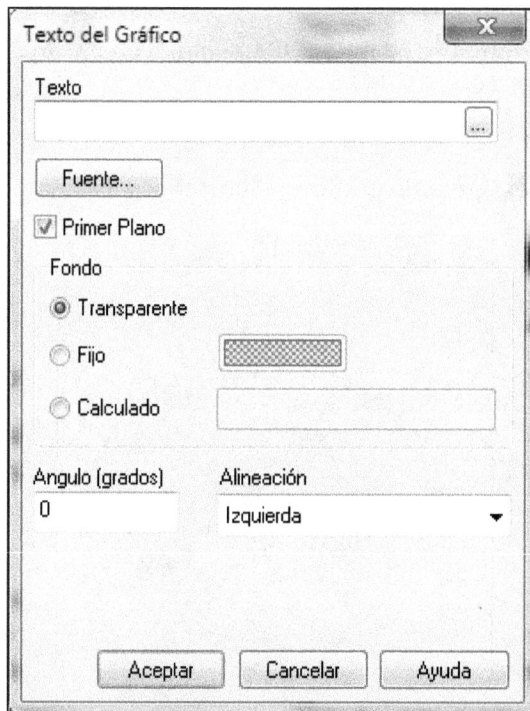

3. Ingresaremos una expresión dentro del campo de entrada de **Texto**. Abra el editor de expresión dando clic en el botón que aparece a la derecha de este campo.

4. Ingrese la siguiente expresión y dé clic en **Aceptar**:

```
=Num (Sum ([# Pasajeros]) / Sum ([# Asientos Disponibles]),
'##.#%')
```

> Es importante añadir el signo de igual al inicio de la expresión, porque de lo contrario, el cálculo no se realizará sino que la expresión será interpretada como simple texto.

5. La expresión que definimos calcula el **Factor de Ocupación** y la función `Num()` nos permite especificar un formato para que el resultado se despliegue como porcentaje.

6. Desde la ventana de **Texto del Gráfico**, asegúrese de que la **Alineación** sea **CentradoH** y cambie la **Fuente** a **Tahoma**, **Estilo de Fuente Normal** y **Tamaño** de fuente **14**.

7. Dé clic en **Aceptar** en todas las ventanas de diálogo restantes para aplicar los cambios.

Inicialmente, el texto que hemos añadido será posicionado en la esquina superior izquierda del objeto, por lo que necesitaremos reposicionarlo a la ubicación deseada. Para hacer eso, siga estos pasos:

1. Active el gráfico de indicador dando clic en su barra de título. Luego, presione *Ctrl + Shift*.

2. Esto hará que se despliegue un borde rojo alrededor del texto que deseamos mover, así como también de los otros componentes interiores del gráfico (es decir el área del gráfico, la leyenda en caso de haber, y el título).

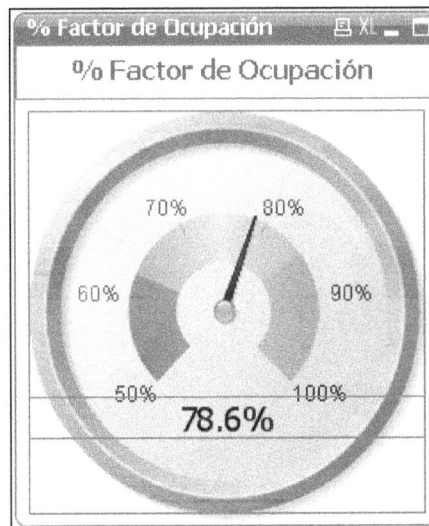

3. Usando el ratón, arrastre el área del texto a una ubicación apropiada dentro del gráfico y redimensiónela a un tamaño conveniente, como se muestra en la imagen previa.

> **Redimensionando los componentes interiores del gráfico**
>
> Es posible redimensionar y reposicionar otros componentes del gráfico, tales como el título y leyendas, usando el método de *Ctrl + Shift* recién descrito. Tome en cuenta que este proceso puede requerir algo de destreza y precisión; es probable que deba tratar varias veces hasta lograr el resultado deseado.

Los últimos ajustes que haremos a este gráfico serán quitar la barra de título y borde y hacer el fondo del gráfico transparente. Para hacer esto, siga estos pasos:

1. Abra el diálogo de **Propiedades de Gráfico**.

2. Active la pestaña de **Colores** y deslice el control de **Transparencia** (dentro de la sección de **Fondo de Marco**) hasta un **100**%.

3. Cambie a la pestaña **Diseño** y desactive la opción de **Utilizar Bordes**.

4. Cambie ahora a la pestaña de **Título** y desactive la opción de **Mostrar Título**.

5. Dé clic en **Aceptar** para cerrar la ventana de **Propiedades de Gráfico**.

El resultado final debe ser un gráfico de indicador que se ve similar a esto:

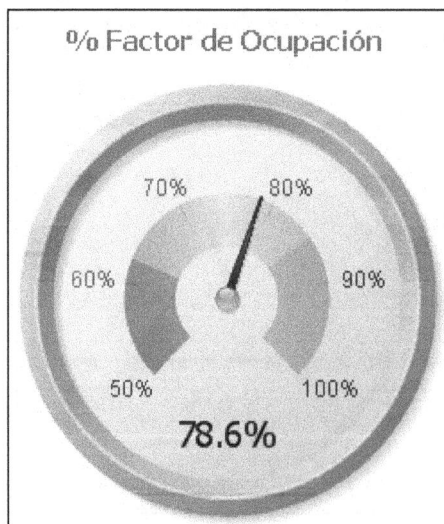

Clonando el objeto para reutilizarlo

Ahora que hemos creado un gráfico de indicador con varias configuraciones específicas, haremos uso del mismo para crear uno nuevo sin tener que repetir todo el proceso de construcción.

Dé clic derecho sobre el gráfico de indicador que hemos creado y seleccione la opción **Clonar**. Se creará una copia idéntica del objeto; lo único que tendremos que hacer es reposicionarlo y cambiar la expresión, el título, así como el **Texto en Gráfico**.

Dé clic derecho en el objeto clonado y seleccione **Propiedades** para hacer los cambios descritos a continuación:

1. En la pestaña **General**, el **Título de la Ventana** será `Realizados vs Programados`.

2. La expresión que usaremos es:

   `Sum([# Vuelos Realizados]) / Sum([# Vuelos Programados])`

3. La etiqueta de nuestra expresión será la misma que la usada para el **Título de la Ventana**: `Realizados vs Programados`.

4. En la pestaña de **Presentación**, cambie las siguientes configuraciones:

   ° El valor **Máximo** del indicador será `1.2`.

   ° Definiremos **Mostrar Escala** cada `8` **Unidades Principales**.

   ° Definiremos **Mostrar Etiquetas en Cada 1 Unidad Principal**.

   ° Dé clic sobre el **Texto en Gráfico** que añadimos anteriormente y presione el botón **Editar**. Usaremos ahora la siguiente expresión:

   `=Num (Sum([# Vuelos Realizados]) / Sum([# Vuelos Programados]) , '##.#%')`

5. Presione **Aceptar** en los cuadros de diálogo que permanecen abiertos para aplicar finalmente los cambios a nuestro segundo gráfico de indicador.

Añadiendo el % de Tiempo de Vuelo

El último gráfico de indicador que crearemos será el de % **de Tiempo de Vuelo**. Dado que ya ha visto cómo crear un nuevo gráfico de indicador y cómo clonar uno ya existente, intente crear este nuevo gráfico usted mismo tomando en cuenta lo siguiente:

1. El **Título de la Ventana** y **Etiqueta** de la expresión serán `% Tiempo de Vuelo`.

2. La expresión para calcular el % **de Tiempo de Vuelo** es:

   `Sum ([# Tiempo de Vuelo]) / Sum ([# Tiempo Rampa-a-Rampa])`

3. El valor máximo del gráfico deberá ser 1.

4. La escala se mostrará en cada 6 **Unidades Principales**.

5. Las etiquetas se mostrarán en cada 1 unidad principal.

Después de aplicar los ajustes y ordenar los objetos, nuestro **Cuadro de Mando** debe verse similar a esto:

Más estilos de indicadores

En el ejercicio anterior elegimos el estilo predeterminado de velocímetro para nuestro gráfico de indicador. Sin embargo, QlikView maneja algunas otras opciones de estilo que pueden ser seleccionados desde la pestaña de **Estilo** del diálogo de **Propiedades de Gráfico**.

La siguiente imagen de pantalla muestra, de izquierda a derecha y de arriba hacia abajo, un velocímetro, velocímetro vertical, termómetro, semáforo, termómetro horizontal y un indicador digital. Estos objetos están incluidos en el archivo de solución correspondiente a este capítulo, dentro de la pestaña **Estilos de Indicador**.

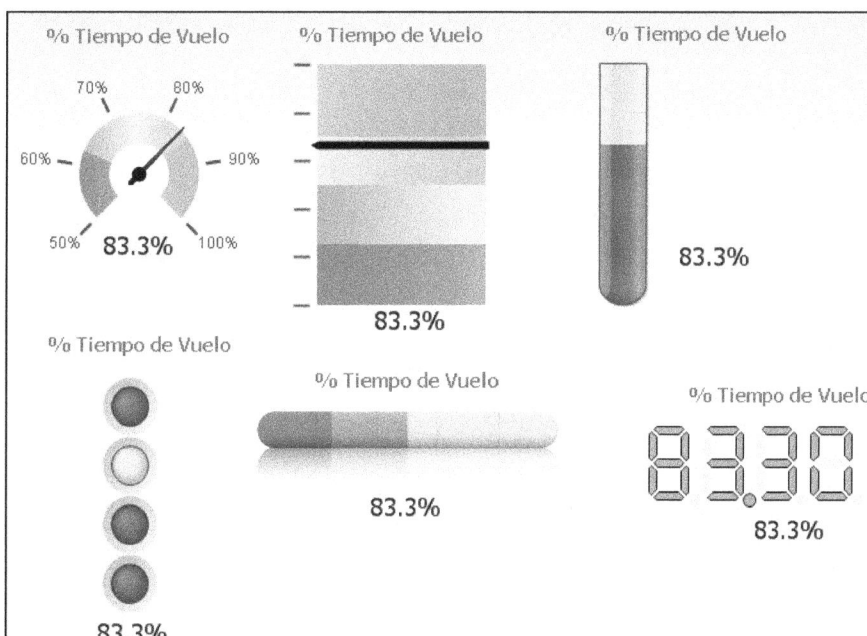

Añadiendo un objeto de texto

Ahora estaremos añadiendo las siguientes cuatro métricas:

- Número de Pasajeros (en millones)
- Vuelos Realizados (en miles)
- Milla por pasajero (en millones): Esto nos da el total de millas que todos los pasajeros fueron trasportados, en millones.
- Milla por asiento disponible (en millones): Esto nos da el número total de millas que se pudieron haber transportado pasajeros, en base a la capacidad de la aeronave.

Para desplegar estas métricas usaremos Objetos de Texto. Un objeto de texto se puede usar para desplegar un texto estático o calculado e incluso también imágenes.

Sigamos estos pasos para crear el primer objeto de texto que usaremos para desplegar el número total de pasajeros.

1. Dé clic derecho en un espacio vacío del área de trabajo y seleccione **Nuevo Objeto de Hoja | Objeto de Texto**.

2. En el cuadro de entrada de **Texto**, ingrese la siguiente expresión:
   ```
   =Num(Sum ([# Pasajeros]) / 1000000, '#,##0.00')
   ```

3. Mueva el control de **Transparencia**, ubicado en la parte inferior de la ventana, a un **100%**.

4. Vaya a la pestaña **Fuente** y defina el tipo de fuente como **Tahoma**, el **Estilo de Fuente** en **Negritas** y el **Tamaño** de fuente en **16**.

5. En la pestaña de **Diseño**, habilite la opción de **Utilizar Bordes**.

6. En la pestaña de **Título**, habilite la opción de **Mostrar Título** e ingrese la siguiente etiqueta dentro del campo de entrada de **Texto de Título**:
   ```
   # de Pasajeros (en millones)
   ```

7. Cambie la opción de **Alineación de Título Horizontal** a **CentradoH**

8. Active la opción de **Dividir Texto**, dentro de la sección de **Título de Varias Líneas**.

9. Dé clic en **Aceptar** para cerrar la ventana de diálogo.

Después de ajustar el tamaño, el objeto resultante deberá verse como en la siguiente imagen:

Es posible que haya notado algunas cosas al seguir el proceso recién descrito:

- La expresión que ingresamos la definimos con un signo de igual (=) al inicio. Esto es para indicar a QlikView que debe tratar el texto ingresado como una expresión y evaluarla, en lugar de tratarlo como texto estático.

- El objeto de texto no tiene una pestaña de **Número**, es por eso que usamos la función Num() para dar el formato adecuado al resultado de la expresión.

- Al habilitar la opción de **Dividir Texto** se especifica que el título del objeto ocupe varias líneas. Esto suele ser útil cuando tenemos un texto de título relativamente extenso y espacio horizontal limitado.

Una vez que hemos creado el primer objeto de texto, tome un momento para crear los otros tres. Recuerde que puede presionar la tecla *Ctrl* y usar el cursor del ratón para copiar un objeto, de modo que no tenga que crear cada uno de los objetos desde cero. El texto de título y expresiones correspondientes a cada uno de los tres objetos a crear se muestra en la siguiente tabla.

Texto de Título	Expresión
Vuelos realizados (en miles)	`=Num(Sum ([# Vuelos Realizados]) / 1000, '#,##0.00')`
Millas por Pasajero (en millones)	`=Num(Sum ([# Pasajeros] * Distancia) / 1000000, '#,##0.00')`
Millas por asiento disponible (en millones)	`=Num(Sum ([# Asientos Disponibles] * Distancia) / 1000000, '#,##0.00')`

Después de crear los cuatro objetos de texto, posiciónelos bajo los gráficos de indicador de la siguiente manera:

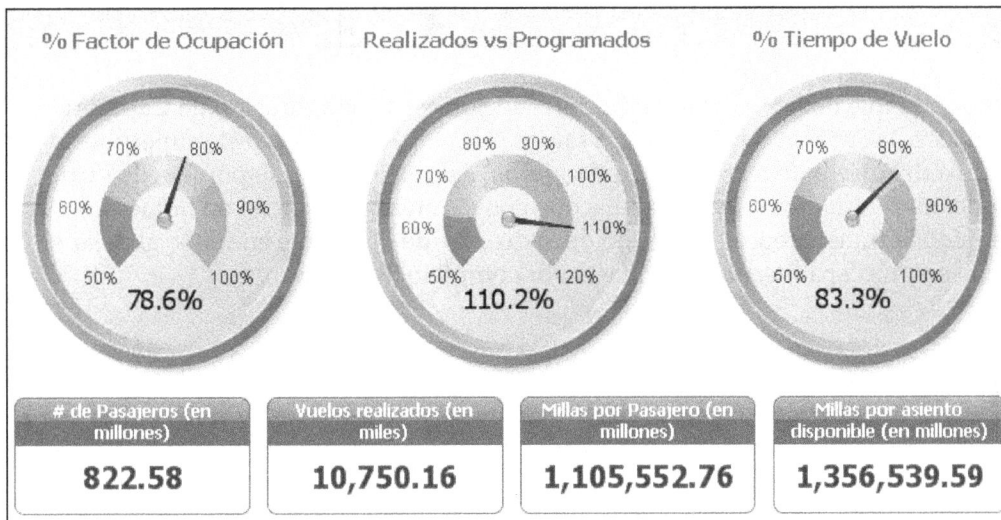

Usando un objeto de texto para desplegar una imagen

Como mencionamos al inicio de esta sección, un objeto de texto también se puede usar para desplegar una imagen. Por ejemplo, podríamos mostrar un icono de advertencia en nuestro objeto de **# de Pasajeros** cuando la cantidad de pasajeros sea menos de 1 millón. Para hacer eso, sigamos estos pasos:

1. Vaya al menú **Diseño** y seleccione **Nuevo Objeto de Hoja | Objeto de Texto**

2. No ingrese ningún texto; en lugar de eso, active el botón de opción **Imagen**, ubicado en la sección de **Fondo**, y dé clic al botón **Cambiar**.

3. Navegue a la carpeta `Operación de Aerolíneas\Diseño` y seleccione la imagen `advertencia.gif`.

4. De la pestaña de **Diseño**, cambie la **Capa** a **Superior**.

5. Dé clic en **Aceptar** para cerrar la ventana.

6. Posicione el icono de advertencia sobre el objeto de texto de **# de Pasajeros** de forma que se vea como en la siguiente imagen:

Algo en lo que debemos poner especial atención es la configuración de **Capa**. Al establecer la capa en **Superior** aseguramos que el icono siempre este superpuesto encima del objeto de texto de **# de Pasajeros**. Esto es importante porque, de otro modo, no podríamos seleccionar el icono con el ratón. Además, si no hubiéramos definido la transparencia del objeto de texto de **# de Pasajeros** en 100%, al dejar el icono en una capa menor, lo ocultaría por completo del usuario.

> Recuerde que siempre podemos acceder a las propiedades de cualquier objeto a través de la pestaña de **Objetos** en la ventana de **Propiedades de Hoja** (*Ctrl + Alt + S*).

El resultado actual es casi lo que queremos. Ahora bien, nos falta establecer la condición que determine si el icono debe o no mostrarse. Para eso, sigamos estos pasos:

1. Dé clic derecho sobre el icono de advertencia y seleccione **Propiedades**.

2. Vaya a la pestaña **Diseño** y active el botón de opción **Condicional**, dentro de la sección de **Mostrar**.

3. Ingrese en el cuadro correspondiente la siguiente expresión:
    ```
    Sum ([# Pasajeros]) < 1000000
    ```

4. Dé clic en **Aceptar** para cerrar la ventana de **Propiedades**.

El icono de advertencia será visible solamente cuando la condición especificada se cumpla, es decir, cuando el número de pasajeros sea menor de 1 millón. Para probarlo, puede hacer algunas selecciones; por ejemplo, si selecciona el año **2011** y el **Tipo de Aeronave Pistón, 1-Engine/Combined Single Engine**.

Es útil añadir este tipo de apoyos visuales para que resulte fácil a los usuarios identificar posibles problemas o anomalías.

Asignando acciones a un objeto de texto

Otra funcionalidad interesante de los objetos de texto es que se les puede asignar acciones, logrando así que funcionen de forma similar a un botón.

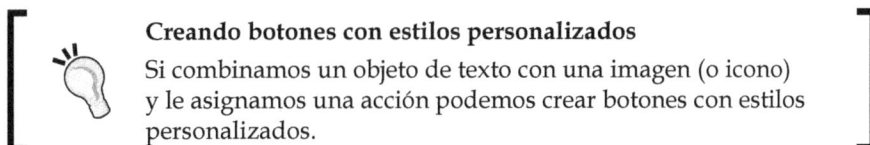

> **Creando botones con estilos personalizados**
> Si combinamos un objeto de texto con una imagen (o icono) y le asignamos una acción podemos crear botones con estilos personalizados.

Se puede usar esta funcionalidad tipo botón para permitir una más fácil navegación a través del documento. Por ejemplo, un objeto de texto podría usarse para cambiar a una pestaña que contenga información a nivel detalle cuando el usuario dé un clic sobre el mismo desde una pestaña de cuadro de mando a nivel global. En el siguiente ejemplo, asignaremos una acción para navegar a la hoja **Análisis** cuando el usuario dé clic en alguno de los objetos de texto que ya hemos añadido.

1. Para empezar, vaya a la pestaña de **Análisis**.

2. Abra el diálogo de **Propiedades de Hoja** presionando *Ctrl + Alt + S*.

3. En la pestaña **General**, cambie el **ID de Hoja** a `SH_Analisis` y dé clic en **Aceptar** para cerrar el diálogo.

4. Vaya de nuevo a la hoja **Cuadro de Mando**.

5. Dé clic derecho sobre el objeto de texto de **# de Pasajeros (millones)** y seleccione **Propiedades**.

6. Active la pestaña de **Acciones** y dé clic en el botón **Añadir**.

7. De la lista de la izquierda, seleccione **Diseño** como **Tipo de Acción** y, de la lista de la derecha, seleccione la **Acción Activar Hoja**. Luego dé clic en **Aceptar**.

8. Aun en la pestaña de **Acciones**, ubique el cuadro de entrada de **ID de Hoja** e ingrese SH_Analisis. Dé clic en **Aceptar**.

9. Repita los pasos 5 a 8 para cada uno de los tres objetos de texto restantes.

En adelante, cada vez que el usuario dé clic sobre uno de los objetos de texto se activará la hoja de **Análisis** de forma automática. Observe que usamos el **ID de Hoja** para hacer referencia a la hoja de **Análisis**, en lugar de utilizar su nombre. Como se explicó previamente, los identificadores de objeto son usados internamente para referenciar objetos.

> A los gráficos de indicador también se les puede asignar acciones usando la pestaña de **Acciones** de su ventana de **Propiedades de Gráfico**. Un caso de uso típico sería permitir al usuario navegar a información de mayor detalle para una métrica particular. Por ejemplo, podríamos crear una hoja con información de detalle relacionada específicamente con el indicador de **Factor de Ocupación**, de forma que ésta pueda ser analizada desde diferentes ángulos (a través del tiempo, por aerolínea, etc.) y después hacer referencia a esta hoja desde el gráfico de indicador correspondiente.

Añadiendo un gráfico de tarta

La siguiente y última métrica que añadiremos a nuestro cuadro de mando es la de Participación de Mercado. Esta métrica estará basada en el número de pasajeros por aerolínea comparado al total. Usaremos un gráfico de tarta para visualizar esta métrica. Siga los pasos descritos a continuación:

1. Dé clic derecho en un espacio vacío del área de trabajo en la hoja **Cuadro de Mando** y seleccione **Nuevo Objeto de Hoja | Gráfico**.

2. En la pestaña **General**, seleccione la opción **Gráfico de Tarta** como **Tipo de Gráfico** (tercer icono de izquierda a derecha en la segunda fila) y dé clic en **Siguiente**.

3. En la pestaña de **Dimensiones**, seleccione **Aerolínea** de la lista de **Campos/Grupos Disponibles** y dé clic en **Añadir >** para añadirla a la lista de **Dimensiones Utilizadas**. Dé clic en **Siguiente** para continuar.

4. En la ventana de diálogo de **Editar Expresión**, ingrese la siguiente expresión y dé clic en **Aceptar**:

   ```
   Sum ([# Pasajeros])
   ```

5. Ingrese Participación de Mercado como **Etiqueta** de la expresión.

6. Aun dentro de la pestaña de **Expresiones**, habilite tanto la opción de **Relativo** como la opción de **Valores sobre los datos**.

7. Dé clic en **Finalizar** para crear el gráfico de tarta.

El resultado hasta ahora debe ser similar a lo mostrado en la siguiente imagen:

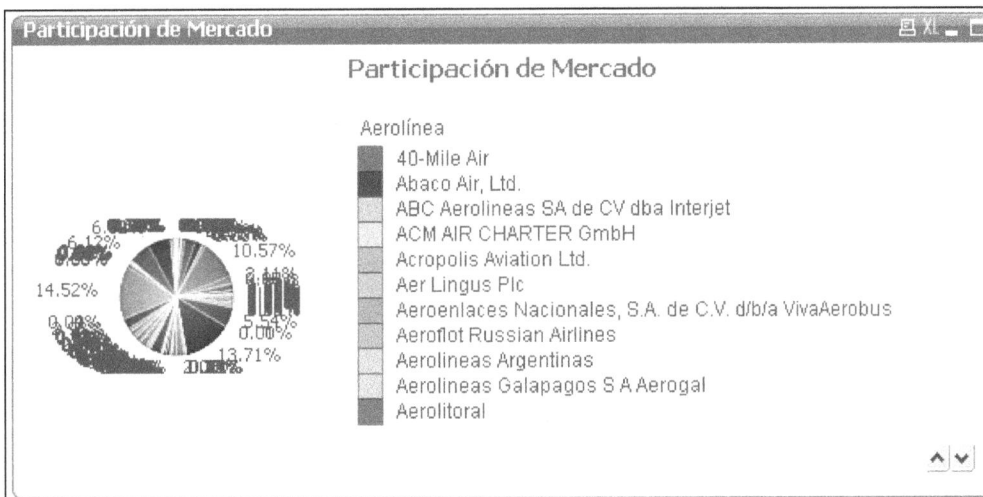

El resultado no parece un gráfico de tarta en absoluto. Si maximizamos el objeto para verlo en pantalla completa muestra la tarta, pero sigue siendo inútil así. La razón por la que se ve de esta forma es que tiene demasiados valores de dimensión.

Límites de dimensión

Como el objetivo del gráfico es mostrar quiénes son los principales jugadores en el mercado, modificaremos el gráfico de modo que solo veamos las aerolíneas que representan el 50 por ciento del mercado. Todas las demás aerolíneas se agruparán en una sección de "Otros".

Siga estos pasos para realizar los ajustes:

1. Dé clic derecho sobre el gráfico de tarta y seleccione **Propiedades**.

2. Vaya a la pestaña de **Límites de Dimensión**.

3. Habilite la casilla de **Restringir qué valores mostrar utilizando la primera expresión**.

4. Seleccione el botón de opción de **Mostrar sólo valores que ascienden a:** y defina el valor correspondiente a 50% **relativo al total**. Habilite también la casilla de **Incluir Valores Límite**.

5. Dé clic en **Aceptar** para cerrar el diálogo de **Propiedades de Gráfico**.

El nuevo gráfico de tarta se debe ver similar a lo mostrado a continuación:

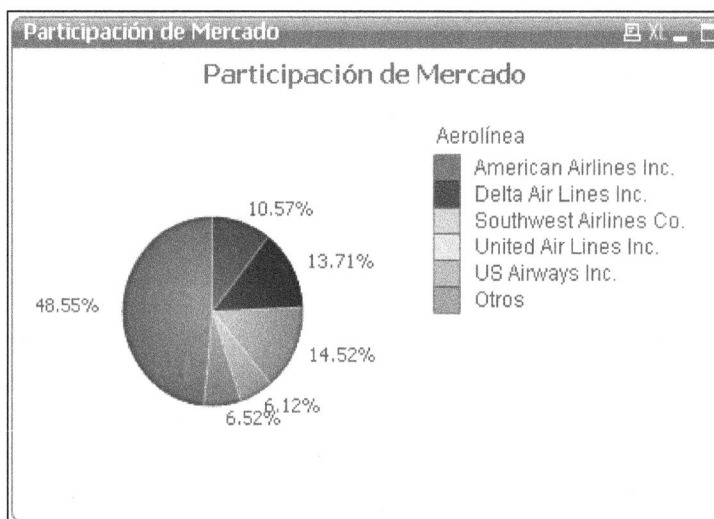

Vemos que hay realmente solo cinco aerolíneas que, en conjunto, atienden el 50 por ciento de los pasajeros totales. Observe también que los valores mostrados están en porcentaje aun cuando nuestra expresión regresa un número entero (la cantidad de pasajeros). Esto se da porque habilitamos la opción de **Relativo** en la pestaña de **Expresiones**, lo que hace que QlikView calcule automáticamente la cantidad relativa al total para cada uno de los segmentos del gráfico.

La opción de **Límites de Dimensión** es una funcionalidad muy útil que fue introducida en la versión 11 de QlikView y nos permite controlar el número de valores de dimensión que se despliegan en un gráfico.

En la ventana de **Límites de Dimensión**, todas las dimensiones disponibles en el gráfico son listadas a la izquierda. Simplemente seleccione la dimensión para la que desea configurar un límite de valores a desplegar y elija cualquiera de las opciones disponibles en la ventana para controlar qué valores son desplegados. A continuación se describen estas opciones:

- La opción de **Mostrar sólo** nos permite especificar que se muestren los *Primeros*, *Mayores* o *Menores* n valores.

- Con la opción de **Mostrar sólo valores que sean:** podemos seleccionar *Mayor que*, *Menor que*, *Mayor que o igual a*, o *Menor que o igual a* cierto valor especificado, el cual se puede definir como:
    ◦ Un porcentaje relativo al total
    ◦ Una cantidad exacta

- Mediante la opción de **Mostar sólo valores que ascienden a:** podemos especificar un valor de límite, el cual puede darse como:
    ◦ Un porcentaje relativo al total
    ◦ Una cantidad exacta

La diferencia entre la segunda y tercera opción es que la segunda evalúa el resultado individual correspondiente a cada valor de dimensión, mientras que la otra evalúa el resultado acumulado en forma ascendente o descendente. Esto se puede utilizar, por ejemplo, en un análisis de Pareto, donde se presentarían todas las aerolíneas que componen un 80 por ciento de los vuelos, dejando fuera el resto.

> Los límites de dimensión se pueden definir solo en base a la primera expresión. En caso de que el gráfico tenga más de una expresión, el resto no se toman en cuenta al evaluar qué valores mostrar.

Se pueden definir algunas opciones adicionales al trabajar con los límites de dimensión:

- **Mostrar Otros**: cuando esta opción se encuentra habilitada, todos los valores de dimensión que están fuera de los límites establecidos se agrupan en una categoría de *Otros*, la cual estará visible en el gráfico.

- **Contraer Dimensiones Internas** se puede usar en conjunto con la opción de **Mostrar Otros** para ocultar o desplegar valores de dimensión subsecuentes en la fila de *Otros*, en caso de que el gráfico tenga más dimensiones definidas en niveles inferiores a la seleccionada. Esta opción es particularmente útil en gráficos de tipo tabla simple.

- **Mostrar Total**: cuando se encuentra habilitada esta opción se desplegará una nueva fila de totales que es independiente de la especificada con el **Modo Total** en la pestaña de **Expresiones**. Esto significa que podemos definir una opción en **Modo Total** para realizar alguna operación sobre las filas de una tabla (por ejemplo), mientras que la definida en esta otra pestaña mostrará el total real considerando tanto valores que caen dentro de los límites de dimensión como fuera de ellos.

> La configuración **Mostrar Total** de **Límites de Dimensión** es tratada como si fuera un nuevo valor de dimensión. Esto abre la posibilidad a tener subtotales dentro de una tabla simple.

- **Modo de Agrupación Global**: esta opción determina si las restricciones definidas deberían ser calculadas considerando las dimensiones internas (definidas en niveles inferiores dentro del gráfico) o en base a un subtotal, sin considerar las dimensiones restantes.

Pudo haber notado que esta opción no la tenemos disponible solamente para gráficos de tarta, sino para todos los gráficos, con excepción de gráficos de indicador y tablas pivotantes.

Añadiendo el valor de dimensión a los puntos de datos

Viendo el gráfico de tarta que hemos construido, puede darse cuenta que resulta un poco inconveniente tener que alternar entre los segmentos del gráfico y la leyenda para ver qué aerolínea representa cada segmento. Afortunadamente, hay un pequeño truco que podemos aplicar para posicionar las etiquetas en los puntos de datos. Siga estos pasos:

1. Dé clic derecho en el gráfico de tarta y seleccione **Propiedades**.

2. Vaya a la pestaña de **Expresiones** y dé clic en el botón **Añadir** para crear una nueva expresión.

3. Ingrese la siguiente expresión en la ventana de **Editar Expresión**:

   ```
   If(Count(distinct [Aerolínea]) = 1, [Aerolínea], 'Otros')
   ```

4. Ingrese `Aerolínea` como **Etiqueta** de la expresión y habilite la opción de **Valores sobre los datos**.

5. En la pestaña de **Presentación**, deshabilite la opción de **Mostrar Leyenda**.

Estando ahí, apliquemos algunos cambios de estilo adicionales:

1. En la pestaña de **Fuente**, cambie el **Tamaño** a **8**.
2. En la pestaña de **Diseño**, deshabilite la opción de **Utilizar Bordes**.
3. En la pestaña de **Título**, deshabilite la opción de **Mostrar Título**.
4. Dé clic en **Aceptar** para cerrar la ventana de **Propiedades de Gráfico**.

Ahora, los nombres de las aerolíneas son mostrados directamente en los segmentos del gráfico junto con su participación de mercado correspondiente. Como no hay necesidad de tener una leyenda, la hemos deshabilitado.

La expresión que usamos: if(count(distinct [Aerolínea]) = 1, [Aerolínea], 'Otros') usa una función condicional para evaluar si el segmento del gráfico en cuestión corresponde a una única aerolínea haciendo un conteo de valores únicos sobre del campo Aerolínea. Si el conteo resulta en uno, se utiliza el nombre de la aerolínea correspondiente; si no, quiere decir que el segmento en cuestión es el de *Otros*, por lo que asignamos la etiqueta Otros. La vista terminada de nuestro cuadro de mando se debe ver como en la siguiente imagen:

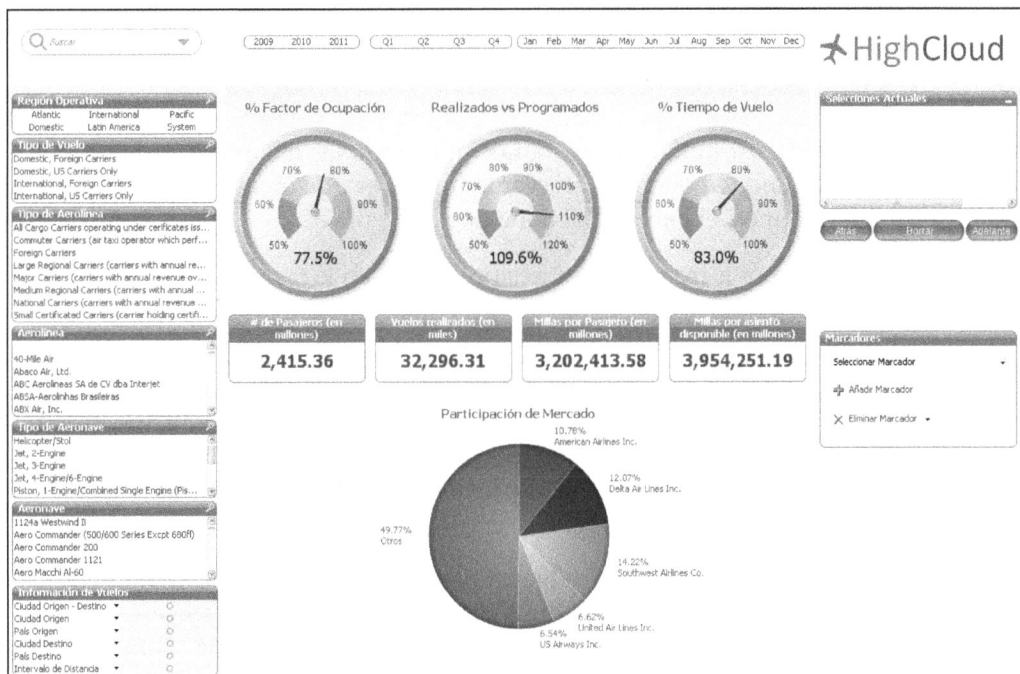

Hemos terminado de construir la hoja del cuadro de mando. Reutilizamos algunos de los objetos de la hoja **Análisis** y añadimos gráficos de indicador, objetos de texto y un gráfico de tarta. Además de crear nuevos objetos, exploramos lo relacionado a objetos enlazados, acciones y límites de dimensión.

Continuemos con la última hoja, la de **Reportes**.

Construyendo la hoja de Reportes

Habiendo creado las hojas de Cuadro de Mando y Análisis, es momento de pasar a crear la última hoja de nuestro arreglo DAR: la hoja de **Reportes**.

Como se definió en los requerimientos, estaremos creando los siguientes objetos:

- Vuelos por mes
- KPIs por Aerolínea

Antes de comenzar a crear los nuevos objetos, veamos de forma breve un método con el que podemos reutilizar las expresiones que hemos creado en ejercicios anteriores.

Variables

A este punto, pudo haber notado que estamos utilizando las mismas expresiones en varios lugares. Aunque podemos simplemente ingresar la misma expresión cada vez que requiramos, el hacerlo así tiene dos desventajas:

- Nos arriesgamos a crear variaciones (mínimas) en la forma en que las expresiones son calculadas. Por ejemplo, una expresión de "total de ventas" podría contener impuestos, mientras que otra no.

- Hace que la administración sea más complicada; si la forma de calcular una expresión cambia, tendríamos que aplicar el cambio en cada uno de los lugares en donde dicha expresión es utilizada dentro del documento, aunque la ventana de **Vista Previa de la Expresión** nos puede facilitar hasta cierto punto esta tarea.

Y así llegamos a las Variables. Las variables representan una excelente manera de guardar definiciones de expresiones (y otras instrucciones, pero de eso veremos más adelante) en una ubicación central a la que se puede referenciar desde cualquier parte del documento.

Para explorar su funcionamiento, comencemos por crear una variable que guarde la expresión correspondiente al KPI de **Factor de Ocupación**:

1. Vaya al menú **Configuraciones | Panel de Variables** o presione *Ctrl + Alt + V* para abrir la ventana de **Panel de Variables**.

2. Dé clic en **Añadir**, ingrese eFactorDeOcupacion en el cuadro de entrada de **Nombre de Variable** y dé clic en **Aceptar**.

3. La nueva variable no es seleccionada automáticamente, aunque ese sería el comportamiento esperado, así pues, debemos seleccionarla manualmente después de haberla creado para poder ingresar su **Definición** en el campo de entrada correspondiente. La definición que daremos a esta variable es:

   ```
   (Sum ([# Pasajeros]) / Sum ([# Asientos Disponibles]))
   ```

4. Ingrese la siguiente descripción en el cuadro de entrada de **Comentario**:

   ```
   Número de pasajeros transportados en comparación con el número de
   asientos disponibles.
   ```

5. Dé clic en **Aceptar** para cerrar la ventana de **Panel de Variables**.

6. Vaya a la pestaña **Cuadro de Mando**.

7. Abra las propiedades del gráfico de indicador de **Factor de Ocupación** dando clic sobre el mismo y seleccionando **Propiedades**.

8. En la pestaña de **Expresiones**, reemplace la definición de la expresión de % **Factor de Ocupación** con lo siguiente:

   ```
   $(eFactorDeOcupacion)
   ```

9. En la pestaña de **Presentación**, reemplace la expresión definida para el **Texto en Gráfico** con lo siguiente:

   ```
   =Num($(eFactorDeOcupacion), '##.#%')
   ```

10. Dé clic en **Aceptar** para cerrar la ventana de diálogo de **Propiedades de Gráfico**.

Si vemos ahora el gráfico de indicador de **Factor de Ocupación**, nos daremos cuenta que visualmente nada ha cambiado, pero internamente, ahora el gráfico hace referencia a la variable eFactorDeOcupacion, administrada centralmente. Si cambiáramos la definición de esta variable en la ventana de **Panel de Variables**, el cambio se reflejaría inmediatamente en el gráfico de indicador en cuestión.

Hay algunos puntos a resaltar sobre los pasos que hemos seguido:

- Encerramos la expresión en paréntesis: Como queremos asegurar que la expresión siempre se calcule en el orden correcto, le hemos añadido paréntesis al inicio y al final. Imagine, por ejemplo, si tuviéramos una nueva variable `vEjemplo` que contenga `10 + 5` sin paréntesis. Si usáramos esa variable en una expresión que además contiene una división, por ejemplo `$(vEjemplo) / 5`, estaríamos obteniendo un resultado incorrecto tal vez sin darnos cuenta (`11` en lugar de `3`).

- No añadimos un signo de igual a la variable de expresión: Cuando a una expresión dentro de una definición de variable se le antepone un signo de igual (`=`), la variable es calculada en un contexto global. En nuestro ejemplo, esto significaría que el valor de **Factor de Ocupación** se calcularía una vez para el conjunto de datos completo. Al usar dicha variable en un gráfico, todos los valores de dimensión serían ignorados y la expresión simplemente asignaría el mismo valor (global) a cada elemento de dimensión. Como obviamente no queremos que esto pase, en este ejemplo no hemos utilizado un signo de igual al inicio.

- Expansión de Signo Dólar: Al encerrar el nombre de una variable (o expresión) con paréntesis y un signo dólar (Expansión Signo Dólar), como lo hicimos en nuestro ejemplo, se indica a QlikView que debe interpretar el contenido de la variable y evaluarlo en lugar de solo desplegar su contenido. Por ejemplo, `$(=1 + 1)` no regresará el texto estático `1 + 1`, sino el resultado `2`. Veremos con más detalle la Expansión Signo Dólar en el *Capítulo 10, Expresiones Avanzadas*. Por ahora, es suficiente remarcar que debemos usar la sintaxis de Expansión Signo Dólar al referenciar variables para que éstas sean interpretadas.

- El nombre de la variable comienza con una e: Esto es meramente para fines de administración. El tener una nomenclatura definida para el uso de variables (y campos) le ayudará a identificar de forma rápida el propósito de una determinada variable. Comúnmente usamos los siguientes prefijos al nombrar variables:
    ◦ `eNombreDeVariable`: Cuando el propósito de la variable es guardar una definición de expresión.
    ◦ `vNombreDeVariable`: Cuando el propósito de la variable es guardar un valor estático o dinámico.

La ventana de Vista Previa de la Expresión en acción

Claro está que, para crear variables que guarden expresiones comúnmente utilizadas se requiere saber cuáles expresiones estaremos usando comúnmente. Esto no siempre se sabe desde el inicio. Afortunadamente, podemos usar la ventana de **Vista Previa de la Expresión** para encontrar y reemplazar expresiones en el documento. Veamos cómo funciona este método y cambiemos el cálculo del indicador de **Realizados vs Programados** para que use una variable.

1. Vaya al menú **Configuraciones | Panel de Variables** o presione *Ctrl + Alt + V* para abrir la ventana de **Panel de Variables**.

2. Dé clic en **Añadir**, ingrese `eRealizadosvsProgramados` en el campo de entrada de **Nombre de Variable** y dé clic en **Aceptar**.

3. Seleccione la variable `eRealizadosvsProgramados` de la lista e ingrese la siguiente **Definición** en el cuadro de entrada correspondiente:

   `(Sum ([# Vuelos Realizados]) / Sum ([# Vuelos Programados]))`

4. En el campo de entrada de **Comentario**, escriba `Porcentaje de vuelos realizados en comparación con los vuelos programados.`

5. Dé clic en **Aceptar** para cerrar la ventana de **Panel de Variables**.

6. Abra la ventana de **Vista Previa de la Expresión** seleccionando **Configuraciones | Vista Previa de la Expresión** de la barra de menús o presionando *Ctrl + Alt + E*.

7. Asegúrese de que estén marcados todos los tipos de expresiones en los controles de filtrado dentro de la ventana.

8. Dé clic al botón **Buscar/Reemplazar**.

9. Ingrese `Sum([# Vuelos Realizados]) / Sum([# Vuelos Programados])` en el campo de entrada de **Buscar**.

10. Ingrese lo siguiente en el campo de entrada de **Reemplazar con**:

    `$(eRealizadosvsProgramados)`

11. Deshabilite la opción de **Sensible a Mayúsculas** y dé clic en el botón **Reemplazar Todos**.

12. Dé clic en **Cerrar** para cerrar el diálogo de **Buscar/Reemplazar**.

El uso de este método requiere que las expresiones se hayan ingresado de forma idéntica en todos los lugares, sin espacios extra o fuera de lugar. En realidad, este no siempre es el caso; puede necesitar realizar una búsqueda más genérica y realizar algunos cambios manualmente en lugar de usar la opción de **Buscar/Reemplazar**.

Si todo marchó correctamente, debería ver las expresiones modificadas dentro del gráfico de indicador de **Realizados vs Programados** en la hoja **Cuadro de Mando**.

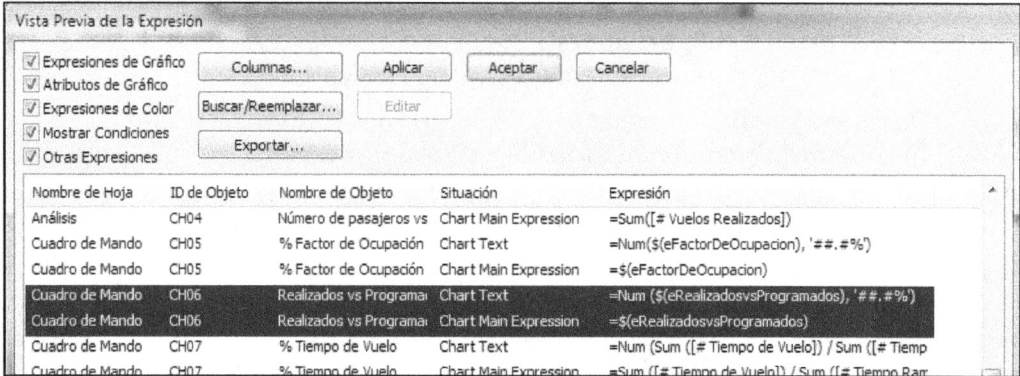

Hemos visto cómo crear una nueva variable y cómo actualizar de forma retroactiva a las expresiones que ya están en uso para que utilicen estas nuevas variables. Se deja como un ejercicio opcional al lector el actualizar las expresiones restantes. El resto de este capítulo hará referencia a los nombres de variables, pero usted podría también usar la expresión; el resultado será el mismo.

Si desea reemplazar las expresiones restantes con sus respectivas variables, los nombres y definiciones correspondientes se muestran en la siguiente tabla:

Nombre de Variable	Expresión	Descripción/Comentario
eTiempoDeVuelo	(Sum ([# Tiempo de Vuelo]) / Sum ([# Tiempo Rampa-a-Rampa]))	% de tiempo de vuelo en comparación con el tiempo total de puerta de salida a puerta de llegada.
ePasajeros	(Sum ([# Pasajeros]) / 1000000)	Total de pasajeros, en millones.
eAsientosDisponibles	(Sum ([# Asientos Disponibles]) / 1000000)	Total de asientos disponibles, en millones.

Nombre de Variable	Expresión	Descripción/Comentario
eVuelosRealizados	(Sum ([# Vuelos Realizados]) / 1000)	Total de vuelos realizados, en miles.
eMillasPorPasajero	(Sum ([# Pasajeros] * Distancia) / 1000000)	Número de millas (en millones) que se transportaron todos los pasajeros.
eMillasPorAsientoDisponible	(Sum ([# Asientos Disponibles] * Distancia) / 1000000)	Número de millas (en millones) que se pudo haber transportado pasajeros dado un factor de ocupación del 100%.

Ya que hemos revisado cómo crear variables y cómo usarlas para re-utilizar expresiones, continuemos con la creación de nuestra hoja de **Reportes**.

Copiando Hojas

Cuando se construyó la hoja **Cuadro de Mando**, creamos una nueva hoja y copiamos instancias enlazadas de algunos objetos previamente creados en la hoja **Análisis** y que seguían siendo relevantes para la nueva hoja. Otro método con el que podemos lograr lo mismo es copiar primero una hoja existente (completa) y eliminar los objetos que no son necesarios de la nueva copia. Usaremos este método para crear nuestra hoja **Reportes**:

1. Vaya a la pestaña **Análisis**.
2. Dé clic derecho en un espacio vacío del área de trabajo y seleccione **Copiar Hoja** del menú contextual.
3. Abra la ventana de **Propiedades de Hoja** correspondiente a la nueva copia de la hoja **Análisis** presionando *Ctrl + Alt + S*.
4. Renombre la hoja ingresando Reportes en el cuadro de entrada de **Título**, dentro de la pestaña **General**. Dé clic en **Aceptar** para cerrar el diálogo **Propiedades de Hoja**.
5. De la nueva hoja, elimine los objetos que no necesitamos: el objeto contenedor y el gráfico de dispersión que están al centro y el cuadro de estadísticas de la derecha.

Ahora estamos listos para agregarle nuestros objetos de reportes.

KPIs por aerolínea, país origen y país destino

Nuestro primer requerimiento es crear una tabla que muestre el factor de ocupación, el porcentaje de vuelos realizados en comparación con los programados y el porcentaje de tiempo de vuelo. También debemos poder cambiar la dimensión para ver estos indicadores por aerolínea, país origen o país destino.

Grupos Cíclicos y Jerárquicos

Para poder cambiar de forma interactiva la dimensión de la tabla, estaremos usando un grupo cíclico como dimensión. Como se vio previamente, los grupos cíclicos pueden ser usados para intercambiar de forma dinámica la dimensión de un gráfico. Podemos ciclar a través de las dimensiones dando clic en el icono de flecha circular o seleccionando una dimensión específica si damos clic en el icono de menú desplegable o damos clic derecho sobre la flecha circular.

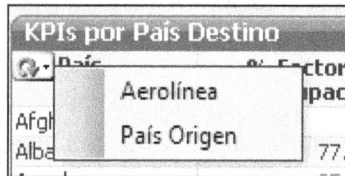

En el *Capítulo 2, Ver para Creer,* describimos una manera de crear grupos jerárquicos y grupos cíclicos. Sin embargo, hay otro método, el cual seguiremos a continuación:

1. Seleccione **Configuraciones | Propiedades de Documento** de la barra de menús para abrir la ventana de **Propiedades de Documento**.

2. Vaya a la pestaña **Grupos** y dé clic en **Nuevo**.

3. Asegúrese de que el botón de opción correspondiente a **Grupo Cíclico** esté seleccionado dentro de la ventana de **Configuraciones de Grupo**.

4. Ingrese `Aerolínea_Origen_Destino` en el campo de entrada de **Nombre de Grupo**.

5. Seleccione los campos **Aerolínea**, **País de Origen** y **País Destino** de la lista de **Campos Disponibles** y dé clic en **Añadir >** para pasarlos a la lista de **Campos Utilizados**.

6. Dé clic en **Aceptar** para cerrar la ventana de **Configuraciones de Grupo**.

7. Dé clic en **Aceptar** nuevamente para cerrar la ventana de **Propiedades de Documento**.

Ya creamos un grupo cíclico llamado `Aerolíneas_Origen_Destino` que podemos usar como dimensión en nuestros gráficos.

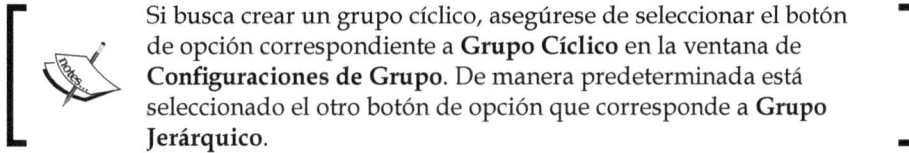

> Si busca crear un grupo cíclico, asegúrese de seleccionar el botón de opción correspondiente a **Grupo Cíclico** en la ventana de **Configuraciones de Grupo**. De manera predeterminada está seleccionado el otro botón de opción que corresponde a **Grupo Jerárquico**.

Algunos puntos interesantes a considerar:

- En la ventana de **Configuraciones de Grupo**, el cuadro de entrada de **Etiqueta** se puede utilizar para definir una etiqueta con que desplegar el campo en lugar de usar el nombre del mismo.

- Además de campos del modelo de datos, se puede usar una expresión para definir un campo en el grupo. Este campo se puede añadir usando el botón de **Añadir Expresión** y se comportará como una dimensión calculada.

- En nuestro ejemplo, abrimos el diálogo de **Configuraciones de Grupo** a través de la ventana de **Propiedades de Documento**. Este diálogo también se puede acceder mediante el botón de **Editar Grupos** que se encuentra en la pestaña de **Dimensiones** de la ventana de **Propiedades de Gráfico**. Este método es probablemente más conveniente, ya que encaja mejor en el proceso de construcción de un nuevo objeto; este método fue el que discutimos en el *Capítulo 2, Ver para Creer*.

Un grupo jerárquico se crea de manera similar a como hemos visto para los grupos cíclicos, la única diferencia es que los campos en la lista de **Campos Utilizados** no son accedidos de forma cíclica, sino que representan varios niveles de una jerarquía para desglose de información. El campo que se lista primero es la agregación de mayor nivel, mientras que el último campo listado es el que representa el mayor nivel de detalle en el grupo. Nuestro gráfico de **Tráfico por Año** usa un grupo jerárquico basado en tiempo; la jerarquía que este grupo tiene definida consiste solo en dos campos: **Año** y **Mes**.

Es recomendable asegurar que solo campos que mantienen una jerarquía adecuada y bien definida sean usados en grupos jerárquicos.

Tabla Simple

Lo que se conoce como tabla simple en QlikView es, precisamente, una tabla regular. Puede contener dimensiones y expresiones calculadas, lo que lo convierte en el candidato ideal para nuestros KPIs.

> **Tabla Simple vs Cuadro de Tabla**
>
> Es común que cuando apenas comenzamos a familiarizarnos con QlikView confundamos la tabla simple con el cuadro de tabla. Mientras que la tabla simple puede contener tanto dimensiones como expresiones, un cuadro de tabla solo puede contener dimensiones. Esto lo hace inapropiado para desplegar cálculos. Aún así, el cuadro de tabla puede ser útil para desplegar una lista de posibles combinaciones de valores de campo en el modelo de datos.

Sigamos estos pasos para crear la tabla simple que usaremos para visualizar los KPIs:

1. De la barra de menús, seleccione **Diseño | Nuevo Objeto de Hoja | Gráfico**.

2. En la pestaña **General**, seleccione la opción de **Tabla Simple** en la sección de **Tipo de Gráfico** (el último icono abajo a la derecha).

3. Ingrese la siguiente expresión en el cuadro de entrada de **Título de la Ventana** y dé clic en **Siguiente**:

   ```
   ='KPIs por ' & GetCurrentField([Aerolínea_Origen_Destino])
   ```

4. En la pestaña de **Dimensiones**, seleccione el grupo cíclico de **Aerolínea_Origen_Destino** de la lista de **Campos/Grupos Disponibles** y dé doble clic sobre el mismo para pasarlo a la lista de **Dimensiones Utilizadas**.

5. Dé clic en **Siguiente** para ir a la pestaña de **Expresiones**.

6. Cree tres nuevas expresiones usando las variables predefinidas (o ingrese las expresiones directamente, si no ha creado las variables) y sus etiquetas correspondientes:

   ○ *% Factor de Ocupación*: `$(eFactorDeOcupacion)`

   ○ *Realizados vs Programados*: `$(eRealizadosvsProgramados)`

   ○ *% Tiempo de Vuelo*: `$(eTiempoDeVuelo)`

7. Dé clic en **Siguiente** dos veces para ir a la pestaña de **Presentación**.

8. Cambie la configuración de **Alineación** para las tres expresiones para que la **Etiqueta** y los **Datos (Texto)** están alineados a la **Derecha** y la **Etiqueta (Vertical)** tenga alineación **Inferior**.

9. Dentro de la sección de **Totales**, seleccione el botón de opción de **Totales en la última Fila**.

10. Dentro de la sección de **Configuraciones de Varias Filas**, marque la opción de **Dividir Texto de Cabecera**.

11. Dé clic en **Siguiente** para ir a la pestaña de **Efectos Visuales**.

12. Para las tres expresiones, defina el valor **Superior >=** en `0.85` y el de **Inferior <=** en `0.5`.

13. Dé clic en **Siguiente** para ir a la pestaña de **Estilo**.

14. Defina el valor de **Líneas Cada** n **Filas** en 1 y dé clic en **Siguiente** para ir a la pestaña de **Número**.

15. Asigne un **Configuración de Formato Numérico** para las tres expresiones con la opción de **Fijar en** 1 **Decimales** y habilite la casilla de **Mostrar en porcentaje** (%).

16. Dé clic en **Siguiente** tres veces para ir a la pestaña de **Título**.

17. Marque la casilla de **Minimizado Automático**.

18. Dé clic en **Finalizar** para crear la tabla simple.

El resultado debe verse similar a la siguiente imagen:

KPIs por Aerolínea	% Factor de Ocupación	Realizados vs Programados	% Tiempo de Vuelo
Comair Inc.	74.5%	108.6%	71.0%
Seaborne Aviation	70.6%	97.4%	71.0%
Air Wisconsin Airlines Corp	71.1%	94.6%	70.7%
Pinnacle Airlines Inc.	76.3%	96.7%	70.7%
Chautauqua Airlines Inc.	72.6%	96.3%	70.4%
	78.6%	**110.2%**	**83.3%**

La mayoría de las configuraciones parecerán bastante evidentes para este punto, excepto la expresión que usamos para el cuadro de entrada de **Título de la Ventana**:

```
='KPIs por ' & GetCurrentField([Aerolínea_Origen_Destino])
```

Para esta expresión usamos la función `GetCurrentField()`. Esta función toma el nombre de un grupo cíclico o jerárquico, en nuestro ejemplo el grupo cíclico `Aerolínea_Origen_Destino`, y regresa el nombre del campo que esté activo. Cuando ciclamos a través de las tres dimensiones, se notará cómo el título de la tabla cambia para reflejar la dimensión activa.

> Observe que la función `GetCurrentField()` regresa el nombre de un campo en el modelo de datos, independientemente si se ha definido o no una etiqueta alternativa. Si queremos cambiar el valor mostrado por esta función, debemos cambiar el nombre de campo en el modelo de datos o cambiarlo usando una función condicional en la expresión.

Otra cosa que tal vez haya notado en el resultado final del ejercicio es que algunos renglones de la tabla tienen un guión (-) en lugar de un valor en las columnas de expresión. Esto pasa cuando el resultado de la expresión es nulo o indefinido. Podemos ilustrar esto creando un cuadro de tabla temporal con los campos **Aerolínea**, **# Vuelos Realizados** y **# Vuelos Programados**. Veremos que, aunque la aerolínea **40-Mile Air** tiene algunos vuelos realizados, ninguno de ellos fue programado. Esto significa que el KPI de **Realizados vs Programados** no puede ser calculado (no es posible una división entre cero).

Aerolínea	# Vuelos Realizados	# Vuelos Programados
40-Mile Air	1.00	0.00
40-Mile Air	5.00	0.00
40-Mile Air	7.00	0.00
40-Mile Air	8.00	0.00
40-Mile Air	9.00	0.00
40-Mile Air	10.00	0.00
40-Mile Air	11.00	0.00
40-Mile Air	12.00	0.00
40-Mile Air	13.00	0.00

Observe que cada combinación posible de valores resultante de los campos elegidos ocupará un renglón en el cuadro de tabla. Todos los registros de la tabla en el modelo de datos que tengan la misma combinación de valores se agruparán en un mismo renglón del objeto. En nuestro ejemplo, la aerolínea **40-Mile Air** podría tener 10 registros con 1 vuelo realizado y estos serán todos agrupados en un solo renglón del cuadro de tabla.

Si queremos la cantidad exacta del número de registros que agrupa cada combinación única de valores deberíamos usar una tabla simple e incluir una expresión con la función Count().

No todas las expresiones son números

Una funcionalidad interesante de las tablas simples y pivotantes es que no todas las expresiones deben ser números. Veamos la pestaña **Expresiones** de la ventana de **Propiedades de Gráfico** y notaremos que hay un menú desplegable de **Representación**. De manera predeterminada, este menú tiene definida la opción de **Texto** pero hay otras opciones que vale la pena resaltar:

- **Imagen**: Esta opción funciona de la misma manera que en el objeto de texto que usamos anteriormente. Por ejemplo, podemos utilizarla para desplegar una flecha apuntando hacia arriba cuando cierto indicador tenga un resultado positivo o apuntando hacia abajo en caso de que el resultado sea negativo.

- **Indicador Circular**: Con esto, podemos integrar un gráfico de indicador de estilo circular dentro de las celdas de la tabla (similar a los que añadimos a nuestra pestaña **Cuadro de Mando**). El gráfico dentro de la celda mantendrá la mayor parte de las funcionalidades que un gráfico de indicador normal ofrece.

- **Indicador Lineal**: Un indicador circular ocupa una buena cantidad de espacio vertical, haciéndolo poco conveniente para usarse en tablas. El indicador lineal, por otro lado, no comparte esta desventaja, ya que ocupa principalmente espacio horizontal, por lo que es una mejor opción para usarse en tablas.

- **Indicador de Semáforo**: Esta opción muestra un semáforo con el valor correspondiente encendido. Alternativamente, este mismo indicador puede mostrar una sola luz (en lugar de varias a la vez) encendida del color que corresponda.

- **Indicador LED**: Esta opción muestra el valor de la expresión usando un indicador digital estilo LED.

- **Mini Gráfico**: Esta opción se puede usar, por ejemplo, para desplegar una tendencia usando un mini gráfico con alguno de los estilos disponibles basados en una línea (Chispa, Línea de Puntos y Puntos) o basados en barras (Barras y Ejes). El mini gráfico requiere una dimensión adicional en la cual basar la tendencia, por ejemplo *Periodo*.

- **Enlace**: Esta opción es usada para habilitar hipervínculos en las celdas de la tabla. En este caso, se usa una etiqueta `<url>` dentro de la expresión para separar el texto que se despliega y el enlace. Por ejemplo: `=Compañía & '<url>' & [Compañía URL]`.

Estas opciones son útiles para añadir apoyos visuales a la tabla y facilitar al usuario la detección de tendencias o anomalías de forma rápida.

La siguiente imagen muestra una tabla con un indicador lineal, un indicador de semáforo y un mini gráfico dentro de las celdas. Este objeto se incluye en la hoja de **Otras Representaciones** dentro del archivo de solución correspondiente a este capítulo.

Tipo de Aeronave	Indicador Lineal	% Factor de Ocupación	Realizados vs Programados	Realizados vs Programados	% Tiempo de Vuelo	% Tiempo de Vuelo
Turbo-Prop, 1-E...		59.8%	◯	121.0%		77.0%
Jet, 2-Engine		78.2%	◯	103.0%		83.1%
Piston, 2-Engine		47.7%	◯	129.3%		83.5%
Piston, 1-Engine...		34.6%	◯	701.9%		85.2%
Jet, 3-Engine		67.2%	◯	122.7%		87.5%
Turbo-Prop, 4-E...		-	◯	281.7%		89.8%
Helicopter/Stol		30.5%	◯	29.5%		91.0%
Jet, 4-Engine/6...		81.7%	◯	907.4%		93.0%
Piston, 3-Engine...		-		-		95.6%
		77.5%	◯	**109.6%**	**83.0%**	**83.0%**

Tome en cuenta que, al exportar tablas a Excel, las imágenes como indicadores o mini gráficos no se exportarán.

Tablas pivotantes

Continuando ahora con nuestro segundo requerimiento para la pestaña de reportes, debemos crear una tabla que muestre el número de pasajeros y vuelos realizados por tipo de aerolínea, aerolínea, año y mes. Esta tabla debe tener totales por año y subtotales por tipo de aerolínea.

Para crear esta tabla usaremos una tabla pivotante, puesto que ofrece más flexibilidad que la tabla simple cuando trabajamos con múltiples dimensiones. Sigamos estos pasos para crear la tabla:

1. Dé clic derecho en un espacio en blanco del área de trabajo y seleccione **Nuevo Objeto de Hoja | Gráfico**.

2. En la pestaña **General**, seleccione **Tabla Pivotante** dentro de la sección de **Tipo de Gráfico** (icono de la derecha en la primer fila) y dé clic en **Siguiente**.

3. En la pestaña de **Dimensiones**, seleccione **Tipo de Aerolínea**, **Aerolínea, Año** y **Mes** de la lista de **Campos/Grupos Disponibles** y añádalos a la lista de **Dimensiones Utilizadas** dando clic en **Añadir >**. Una vez hecho lo anterior, dé clic en **Siguiente**.

4. En el diálogo de **Editar Expresión**, ingrese la expresión previamente definida para **Número de Pasajeros** $(ePasajeros) y asígnele como **Etiqueta** el texto **Número de Pasajeros (millones)**.

5. Añada una segunda expresión para calcular los vuelos realizados, `$(eVuelosRealizados)`, y asígnele como **Etiqueta** el texto `Vuelos Realizados (miles)`.

6. Dé clic en **Siguiente** dos veces para ir a la pestaña de **Presentación**.

7. Añadiremos un `Selector Desplegable` a las columnas de **Tipo de Aerolínea**, **Aerolínea** y **Año** seleccionándolas de la lista de **Dimensiones y Expresiones** y marcando la casilla de **Selectores Desplegables**.

8. De igual forma, habilite la opción de **Mostrar Sumas Parciales** para las dimensiones de **Tipo de Aerolíneas** y **Aerolínea**.

9. Las expresiones de **Número de Pasajeros (millones)** y **Vuelos Realizados (miles)** tendrán la **Alineación** de Etiqueta a la **Derecha**.

10. Marque la casilla de **Dividir Texto de Cabecera** y asigne una **Altura de Cabecera** de 3 **Líneas**.

11. Dé clic en **Siguiente** tres veces para ir a la pestaña de **Número**.

12. Para la expresión de **Número de Pasajeros (millones)**, defina la **Configuración de Formato Numérico** como **Fijar en** 3 **Decimales**.

13. Para la expresión de **Vuelos Realizados (miles)**, defina la **Configuración de Formato Numérico** como **Fijar en** 2 **Decimales**.

14. Dé clic en **Siguiente** tres veces para llegar a la pestaña de **Título**.

15. Habilite la opción de **Minimizado Automático**.

16. Dé clic en **Finalizar** para crear la tabla pivotante.

Una vez que se tiene la tabla, se mostrará inicialmente con todas las dimensiones colapsadas y solo la primera estará visible. Utilice los iconos de expandir al lado de cada celda de dimensión para expandir y visualizar el siguiente nivel de agregación. Cuando se expande un valor de dimensión, se puede volver a colapsar utilizando el icono de colapsar que aparecerá en lugar del que usamos para expandirlo.

Como hemos habilitado la opción de **Selectores Desplegables** en los campos de **Tipo de Aerolínea**, **Aerolínea** y **Año**, podemos abrir una lista desplegable dando clic en el icono que aparece en el encabezado de dichas columnas. Dentro de esta lista, podemos realizar búsquedas y selecciones de forma similar a como lo hacemos en cuadros de lista. De igual manera, esta función facilita mucho la búsqueda de valores específicos de dimensión en tablas pivotantes con muchos valores.

Al dar clic derecho en el encabezado de columna de una dimensión y seleccionar **Expandir todo** o **Contraer todo**, podemos expandir/colapsar todos los valores de dimensión correspondientes al mismo tiempo.

Una de las ventajas de las tablas pivotantes es la posibilidad de no solo listar los valores de dimensión como filas, sino también desplegarlos como columnas, creando así una tabla cruzada.

1. Expanda cualquiera de los valores de la dimensión **Tipo de Aerolínea** para mostrar la columna **Aerolínea**.

2. Ahora, expanda cualquiera de los valores de **Aerolínea** para mostrar la columna **Año**.

3. Dé clic y arrastre la columna **Año** para que ésta sea posicionada arriba de la columna de **Número de Pasajeros (millones)**; esto colocará todos los valores correspondientes en la parte superior en forma horizontal. Vale la pena remarcar que algunas veces se requiere algo de destreza y otro poco de paciencia para lograr poner el campo en la ubicación correcta.

La tabla pivotante resultante se deberá ver como en la siguiente imagen:

Número de Pasajeros (millones)						
Año ▼		2009		2010		2011
Tipo de Aerolínea	Número de Pasajeros (millones)	Vuelos Realizados (miles)	Número de Pasajeros (millones)	Vuelos Realizados (miles)	Número de Pasajeros (millones)	Vuelos Realizados (miles)
Commuter Ca... ⊞	12.691	749.76	12.531	730.85	12.370	733.96
Foreign Carriers ⊞	67.966	561.50	71.336	585.75	75.025	595.57
Large Region... ⊞	7.605	234.44	1.551	70.46	0.400	41.01
Major Carriers...⊞	617.952	7,165.88	606.961	6,567.00	599.764	6,129.19
Medium Regi... ⊞	0.284	7.84	0.623	17.19	1.201	25.15
National Carr... ⊞	74.068	1,466.55	108.726	2,210.71	130.076	2,663.80
Small Certific... ⊞	5.667	587.45	4.808	590.42	3.740	561.46
- ⊞	0.016	0.37 -	-	-	-	
Total	**786.250**	**10,773.78**	**806.536**	**10,772.38**	**822.576**	**10,750.16**

En muchas formas la tabla pivotante es similar a una tabla simple. Sin embargo, podemos notar algunas diferencias:

- En una tabla pivotante las expresiones pueden tener subtotales (mediante la opción de **Mostrar Sumas Parciales**) a diferentes niveles.

- Es posible desglosar la información a nivel mayor de detalle cuando se requiera y de forma interactiva, dando clic en el icono de expandir. Esto, sin embargo, se puede restringir si habilitamos la opción de **Siempre expandido** en la pestaña de **Presentación**, la cual hace que la tabla siempre muestre todos los valores posibles de todas las dimensiones de la tabla.

- Se puede crear una tabla cruzada simplemente arrastrando las dimensiones, como hicimos en el ejemplo anterior con la dimensión **Año**. Podemos también restringir esto si deshabilitamos la opción de **Permitir Pivotar** en la pestaña de **Presentación** de la ventana de **Propiedades de Gráfico**.

Minimizado Automático

Ahora hemos creado dos objetos de gráfico en nuestra hoja de **Reportes**: una tabla simple y una tabla pivotante. Estas dos tablas no necesariamente serán consultadas al mismo tiempo por el usuario. Adicionalmente, es mejor si hacemos estos objetos lo más grandes posibles, hasta donde el espacio en pantalla lo permita, así que sería una buena idea mostrar solo uno de ellos a la vez.

Al crear las dos tablas habilitamos la opción de **Minimizado Automático** (ubicada en la pestaña de **Título**) en ambas. Cuando la opción de **Minimizado Automático** está habilitada para un objeto, éste es minimizado de forma automática cuando otro objeto cambia de un estado minimizado a normal. Para que esto funcione así, los respectivos objetos deben tener la opción de **Minimizado Automático** habilitada.

Aseguremos que ambos objetos utilicen el máximo espacio posible en pantalla siguiendo estos pasos:

1. Minimice tanto la tabla simple como la tabla pivotante.

2. Posicione y redimensione las tablas minimizadas en el espacio que existe en el lado derecho de la pantalla, entre los botones y el objeto marcador.

3. Ahora, restaure la tabla simple dando doble clic en el objeto minimizado correspondiente.

4. Redimensione la tabla de forma que ocupe todo el espacio disponible en el centro de la interfaz.

5. A continuación, restaure la tabla pivotante dando doble clic en el objeto minimizado correspondiente. En ese momento, la tabla simple cambiará a estado minimizado de forma automática; si no es así, revise que la casilla de **Minimizado Automático** en la pestaña de **Título** este activada para ambos objetos.

6. Expanda los campos en la tabla pivotante y ajuste su tamaño para que ocupe todo el espacio disponible en el centro de la interfaz.

La hoja de **Reportes** resultante debe verse como en la siguiente imagen de pantalla:

Año		Número de Pasajeros (millones) 2009	Vuelos Realizados (miles)	Número de Pasajeros (millones) 2010	Vuelos Realizados (miles)	Número de V... (millones) 2011
Tipo de Aerolínea	**Aerolínea**					
Commuter Ca...		12.691	749.76	12.531	730.85	12.370
	Abaco Air, Ltd.	0.000	0.05	0.000	0.02	0.000
	ABC Aerolíneas...	-				0.018
	ABSA-Aerolíneas...	0.000	1.31	0.000	1.15	0.000
	ACM AIR CHAR...	0.000	0.03	0.000	0.09	0.000
	Acropolis Aviati...	-		0.000	0.01	0.000
	Aer Lingus Plc	1.077	4.88	0.991	4.22	1.019
	Aeroenlaces Nac...	0.030	0.38	0.052	0.53	0.076
	Aeroflot Russian...	0.197	1.27	0.290	1.38	0.298
	Aerolíneas Arge...	0.103	0.52	0.124	0.67	0.117
	Aerolíneas Gala...	0.074	0.73	0.122	0.90	0.110
	Aerolitoral	0.150	3.76	0.267	5.44	0.346
	AeroLogic GmbH	-		0.000	0.33	0.000
	Aeromexico	1.370	15.04	1.400	13.04	2.010
	Aeromexico Travel	0.099	0.88	0.084	0.75	0.096
	Aeroservices Ex...	-	0.00			
	Aerosur	0.118	1.05	0.113	1.03	0.061
	Aerosvit Ukrani...	0.086	0.43	0.085	0.44	0.110
	Aerotransportes...	0.000	1.54	0.000	1.53	0.000
	Aerounion Aerot...	0.000	1.00	0.000	1.34	0.000
Foreign Carriers	Aerovias de Inte...	-		0.190	2.05	0.087
	Aerovias Nac'l...	0.899	7.91	0.928	8.14	0.953
	Air-India	0.629	2.91	0.592	2.76	0.080
	Air Alsie A/S			0.000		0.000
	Air Atlanta Icela...	0.000	0.32	0.000	0.37	0.000
	Air Berlin PLC a...	0.218	0.90	0.346	1.33	0.525
	Air Canada	4.795	59.79	5.323	66.16	5.724
	Air Canada Regi...	1.646	58.82	1.620	61.08	-
	Air China	0.446	3.18	0.526	3.76	0.583
	Air Europa	0.097	0.44	0.174	0.85	0.178
	Air Georgian	0.100	14.62	0.106	14.37	0.116
	Air Jamaica Lim...	0.911	7.59	0.647	5.87	0.260
	Air Japan Co	0.131	0.77	0.027	0.14	-
	Air New Zealand	0.858	3.11	0.818	2.83	0.826
	Air North	0.001	0.13	0.002	0.20	0.001
	Air Pacific Ltd.	0.158	0.71	0.142	0.62	0.165
	Air Tahiti Nui	0.355	1.50	0.361	1.51	0.369
	Air Transat	0.042	0.34	0.092	0.43	0.086
	AirBridgeCargo...	-		0.000	0.01	0.000

La ventana del Editor de Informes

Habrá notado que la barra de menús tiene una opción de **Informes**. Si no requerimos esta opción para crear los reportes, ¿entonces qué hace?

Aunque los "informes" que creamos en la pestaña de **Reportes** muestran información detallada en forma tabular, estos se limitan a solo tablas. Otra desventaja es que estos reportes solo pueden ser compartidos con usuarios que tienen acceso al documento QlikView o exportándolos a Excel, en donde el formato especificado puede perderse.

Es aquí donde se vuelve útil el **Editor de Informes**. La ventana de **Editor de Informes** nos permite diseñar reportes estáticos que se pueden utilizar para distribución impresa o para guardarlos en archivos PDF. Aunque el **Editor de Informes** está lejos de ser una solución de reporteo en la que podamos controlar cada detalle visual, puede ser altamente útil para crear algunos reportes estáticos.

Exploremos cómo funciona la ventana del **Editor de Informes** de manera práctica creando un informe:

1. Vaya al menú **Informes | Editar Informes**.

2. De la ventana de **Editor de Informes**, dé clic en el botón **Añadir** para crear un nuevo reporte.

3. Ingrese **Reporte Estático** como el **Nombre del nuevo Informe** y dé clic en **Aceptar**.

4. Dé clic en el botón **Editar >>** para comenzar creando el reporte.

Aquí se nos presenta una pantalla de una hoja vacía. Podemos añadir objetos a esta hoja en blanco simplemente arrastrándolos desde el documento QlikView hacia esta hoja. Esto implica que, para desplegar un objeto en nuestro informe, el objeto ya debe existir como parte del documento.

En el siguiente ejemplo, usaremos objetos que ya hemos creado en las hojas de **Cuadro de Mando**, **Análisis** y **Reportes**. En algunas situaciones, también podemos crear una hoja de trabajo específica, la cual puede estar escondida para el usuario, con el fin de guardar ahí objetos adicionales que sean para uso exclusivo en la creación de informes estáticos. Dichos objetos pueden tener un formato distinto a los objetos originales. Por ejemplo, mientras que tal vez en un dashboard sí queramos indicadores de ordenado y selección en objetos, tal vez en un informe estático queramos esconderlos.

Añadiremos algunos objetos a nuestro informe que hasta ahora está vacío:

1. Arrastre el cuadro de lista **Tipo de Vuelo** desde la aplicación hacia la ventana del **Editor de Informes**.

2. Vaya a la hoja **Cuadro de Mando** y arrastre el gráfico de tarta de **Participación de Mercado** hacia la ventana del **Editor de Informes**.

3. A continuación, vaya a la pestaña de **Análisis** y arrastre el gráfico de línea **Tráfico por Año** hacia la ventana del **Editor de Informes**.

4. Seleccione **Página | Configuraciones de Página** de la barra de menús del **Editor de Informes**.

5. Active la pestaña **A Franjas** y habilite la opción de **Referenciar página como posibles valores de campo**.

6. Seleccione **Tipo de Vuelo** del menú desplegable y dé clic en **Aceptar**.

7. Dé clic en **Aceptar** para cerrar la ventana del **Editor de Informes**.

Así hemos creado un reporte sencillo que itera en los valores posibles de **Tipo de Vuelo** y crea una página por cada valor; en cada página creada se muestra el **Tipo de Velo** correspondiente, la **Participación de Mercado por Aerolínea** y una tendencia de **Número de Vuelos**. Se crea un acceso directo al reporte dentro del menú **Informes**.

En algunos casos, los gráficos se imprimen usando patrones en lugar de colores dentro de un informe estático. Para evitar esto, vaya a las propiedades del gráfico en cuestión y, dentro de la pestaña **Colores**, deshabilite la opción de **Utilizar Patrones en lugar de Colores | Imprimir**.

Algunas opciones que existen en la ventana del **Editor de Informes** y que vale la pena tomar en cuenta son:

- **Página única** y **Página múltiple**: cuando añadimos una nueva página al informe podemos decidir si queremos una página única o una página múltiple. La versión múltiple es útil para incorporar tablas que se pueden extender a varias hojas.

- **Informes | Opciones de Configuración de Informe | Cabecera/Pie de página**: Esta opción de menú se usa para incorporar texto de cabecera y pie de página a nuestro informe. Tiene algunas variables predefinidas que se pueden mostrar, como el número de página, la fecha, la hora, el nombre del archivo y el nombre del informe. También se pueden incluir aquí imágenes, lo cual puede ser útil si queremos incluir un logo en nuestros reportes.

- **Informes | Opciones de Configuración de Informe | Selecciones**: En lugar de basar nuestro informe en la selección actual del documento, podemos también borrar todas las selecciones aplicadas y definir un marcador como punto de partida. Además de selecciones, podemos usar la función **A Franjas** para que el reporte haga una iteración a través de todos los valores posibles de un campo. Al aplicar la opción **A Franjas** a nivel informe, en lugar de a una sola página, esta función aplicará a todas las páginas del informe.

Aunque técnicamente es un "reporte estático", puede considerarse dinámico debido a que el resultado del informe, sea una página impresa o un archivo PDF, será generado en el momento en que el usuario ejecute el informe seleccionándolo desde el menú correspondiente. De esta forma, las selecciones que el usuario tenga aplicadas al crear el informe serán preservadas en el mismo, a menos que especifiquemos lo contrario en la configuración del informe.

Una vez que hemos creado la hoja de **Reportes** y realizado un informe estático, este capítulo casi llega a su fin. Los nuevos objetos con los que trabajamos en esta sección son la tabla simple, el cuadro de tabla y la tabla pivotante. Además de estos objetos, aprendimos acerca de las variables, grupos cíclicos y jerárquicos, minimizado automático y el editor de informes.

Pasemos ahora a la última sección de este capítulo, en la cual daremos un vistazo a algunos otros objetos que no hemos cubierto a detalle.

Otros gráficos

A lo largo de este capítulo, vimos los tipos de gráfico más comúnmente usados en QlikView. Sim embargo, hay otros gráficos que no utilizamos y aprovecharemos esta última sección para describirlos brevemente. Pero no se preocupe; con el conocimiento que adquirió en este capítulo no debería tener problema creando estos gráficos usted mismo. Los ejemplos que a continuación mostramos también están incluidos en la hoja **Otros Gráficos** del archivo de solución correspondiente a este capítulo.

Gráfico de Radar

El gráfico de radar puede ser usado para visualizar información de naturaleza cíclica. Por ejemplo, la siguiente imagen muestra el número de pasajeros por mes. En este ejemplo, podemos ver claramente que se incrementan los viajes durante los meses de verano.

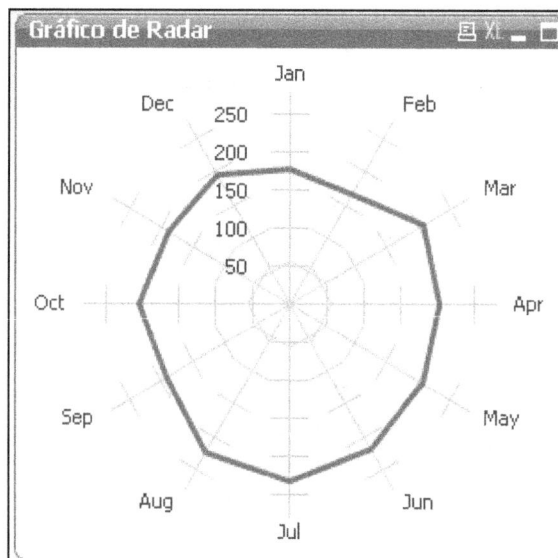

Gráfico Mekko

El gráfico mekko es básicamente un gráfico de barras capaz de manejar una dimensión adicional. Nuestro ejemplo, mostrado en la siguiente imagen, despliega el número de pasajeros por **Tipo de Vuelo** y **Año**. El ancho de la barra es determinado por la cantidad relativa con respecto al total considerando la primer dimensión, **Tipo de Vuelo**; y la contribución a los segmentos de una misma barra es determinada por la cantidad relativa al total considerando la segunda dimensión, **Año**. Al ver este gráfico, podemos darnos cuenta que la mayoría de los pasajeros viajan en vuelos de tipo Domestic, US Carrier Only y que el número de pasajeros está distribuido de forma casi equitativa a través de los diferentes años.

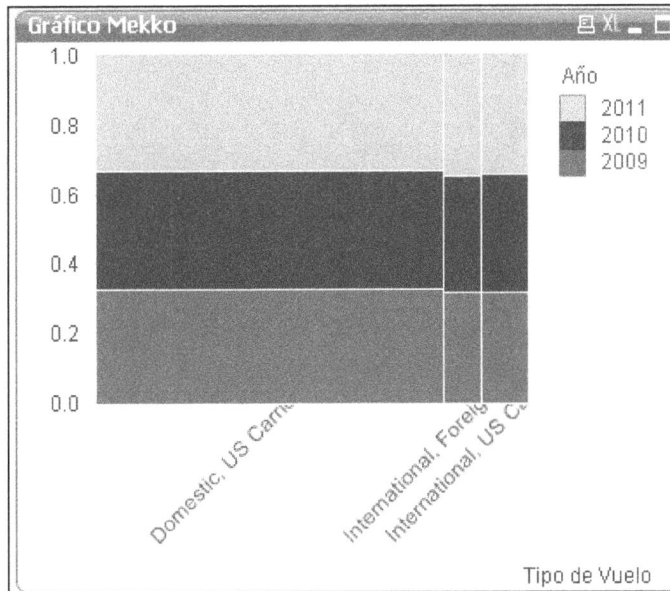

Gráfico de Rejilla

Un gráfico de rejilla puede contener tres dimensiones. En el siguiente ejemplo hemos usado las dimensiones de **Año**, **Trimestre** y **Tipo de Vuelo**. El tamaño del círculo representa el número de pasajeros. Si observamos la información de cerca, y probablemente con algo de imaginación, podemos concluir lo mismo que con los dos gráficos anteriores. Los círculos son más grandes en los trimestres **Q2** y **Q3**, lo que indica un incremento en pasajeros durante el verano. También podemos ver que la mayoría de los pasajeros viajan en vuelos tipo **Domestic, US Carriers Only**. Adicionalmente, se observa que el tercer trimestre del año ha ido incrementando gradualmente en los últimos tres años.

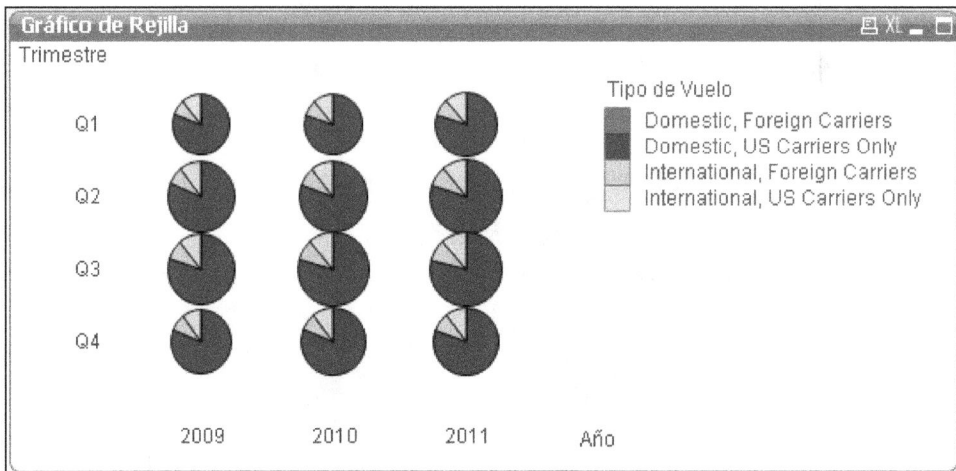

Gráfico de Embudo

Un gráfico de embudo se utiliza normalmente en reportes de ventas para visualizar la "tubería de ventas", es decir, identificar cuántas oportunidades de venta se encuentran en cada etapa del proceso. La siguiente imagen muestra un ejemplo en el que se ven las distintas etapas del proceso de venta y cuántos clientes se encuentran en cada una de ellas.

Gráfico de Bloques

Un gráfico de bloques se usa para desplegar información jerárquica, representando cada segmento con bloques que a su vez pueden contener bloques que representan el siguiente nivel jerárquico. En nuestro ejemplo el tamaño del bloque representa el número de pasajeros que fueron transportados. Cada bloque representa una ciudad destino y las mismas están agrupadas en bloques más grandes que representan su país correspondiente.

Se puede ver que la mayoría de los pasajeros han tenido como destino alguna ciudad de Estados Unidos. Dentro de Estados Unidos, podemos ver que **Atlanta, GA** y **Chicago, IL** son los destinos más populares.

Al comparar los bloques en el gráfico, podemos darnos cuenta que el número total de pasajeros que viajan de Estados Unidos a Canadá, México y el Reino Unido, combinados, es más pequeño que el número de pasajeros con destino a Atlanta, GA.

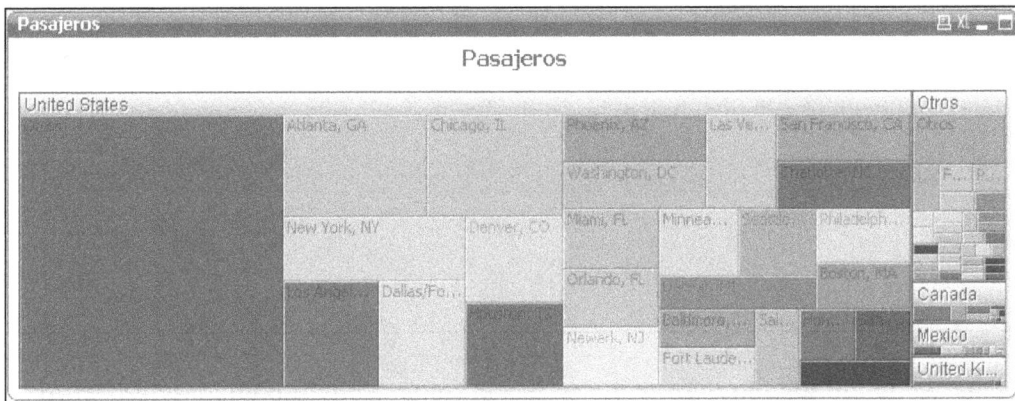

Gráfico de Entramado

El gráfico de entramado no es realmente otro tipo de gráfico, sino una opción de gráfico que existe para todos los tipos de gráfico, a excepción de tablas simples y tablas pivotantes. Esta opción genera una cuadrícula en donde se crean diferentes gráficos, uno para cada valor único de la primera dimensión del gráfico. Para facilitar las comparativas entre los diferentes cuadros de gráfico, los ejes de cada uno usan la misma escala.

En el siguiente ejemplo hemos creado un gráfico con dos dimensiones: **Tipo de Vuelo** y **Mes**. Se ha habilitado la opción de **Entramado** para la primera dimensión. El resultado es un gráfico que despliega, dentro de una cuadrícula, un gráfico por cada **Tipo de Vuelo**. Cada gráfico muestra una tendencia del factor de ocupación por mes correspondiente a cada uno de los tipos de vuelo.

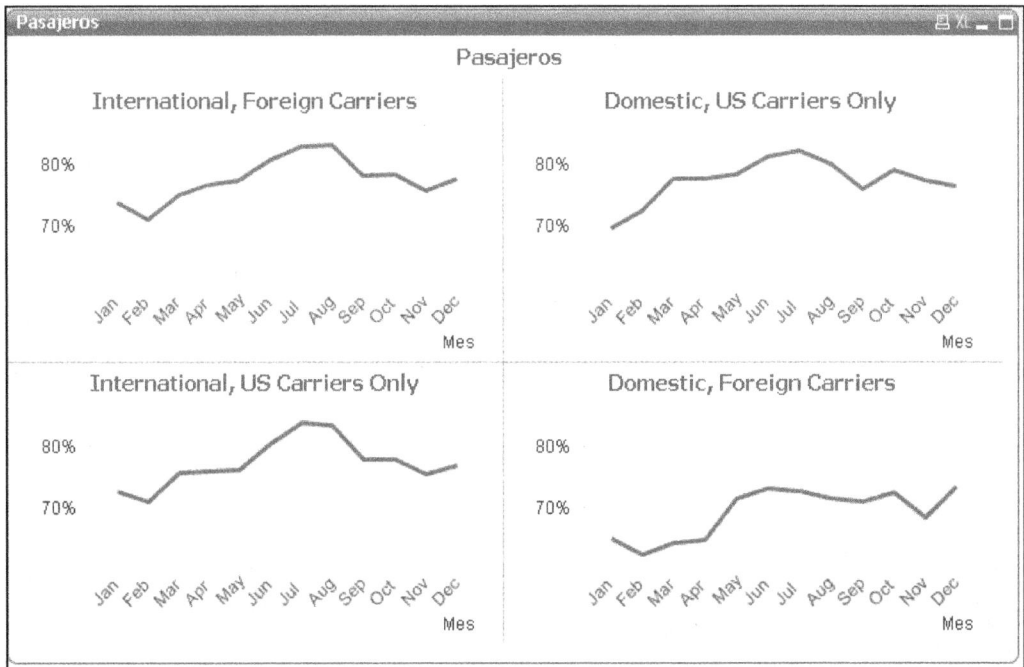

La opción de **Entramado** se habilita yendo a la ventana de **Propiedades de Gráfico**. En la pestaña de **Dimensiones** se encuentra el botón de **Entramado**; al dar clic a ese botón se abrirá la ventana de **Configuraciones de Entramado**, la cual se muestra en la siguiente imagen:

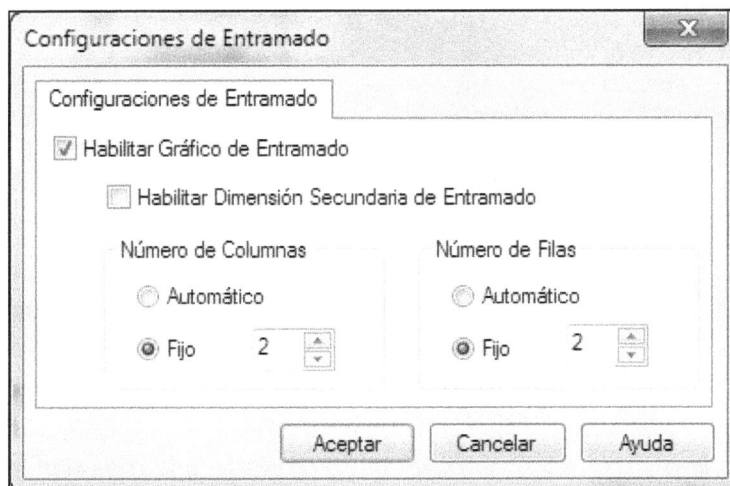

Para crear un gráfico de entramado, simplemente marcamos la casilla de **Habilitar Gráfico de Entramado**. Opcionalmente, podemos definir el **Número de Columnas** y/o **Número de Filas** manualmente.

> A excepción del gráfico de entramado y el de bloques, nos podemos dar cuenta que siempre que pensemos usar cualquiera de los gráficos mostrados en esta sección (radar, mekko, embudo o rejilla), normalmente existe una mejor alternativa usando gráficos de barras, líneas o de dispersión.

Resumen

Este ha sido un capítulo bastante intenso en el que esperamos haya podido extender su entendimiento sobre visualización de datos en QlikView y familiarizarse con los conceptos básicos para construir una interfaz de dashboard, análisis y reportes en QlikView.

Iniciamos con la hoja Análisis, donde creamos objetos de visualización básica como gráficos de barras, líneas, combinado y de dispersión. Así mismo, aprendimos cómo crear objetos contenedores, cuadros de estadísticas y botones, y exploramos con mayor detalle las propiedades de gráfico, expresiones, el editor de expresiones y la ventana de Vista Previa de la Expresión.

Después, construimos la hoja Cuadro de Mando, en donde aprendimos cómo crear gráficos de indicador, objetos de texto y gráficos de tarta, mientras al mismo tiempo aprendimos sobre los objetos enlazados, acciones y límites de dimensión.

La última hoja que creamos fue la de Reportes; aquí aprendimos cómo crear una tabla simple y una tabla pivotante. Adicionalmente, aprendimos sobre las variables, los grupos cíclicos y jerárquicos, el minimizado automático y el Editor de Reportes.

Concluimos este capítulo revisando otras opciones de tipo de gráfico que no se incluyeron en nuestro documento QlikView y al mismo tiempo describimos los casos típicos de uso de cada uno.

En el Capítulo 7 aprenderemos más sobre el uso de script. Sin embargo, antes de comenzar con eso, es probable que quiera tomar algo de tiempo y seguir explorando los diferentes tipos de gráfico y opciones usted mismo. Aunque hemos tratado de mostrarle lo más posible en relación a creación y configuración de gráficos, aún hay mucho más por descubrir.

7
Creando Scripts

En el *Capítulo 6, Construyendo Dashboards,* trabajamos con la parte gráfica de una aplicación QlikView, usamos objetos de hoja para crear dashboards, hojas de análisis y reportes. Aunque puede resultar atractivo continuar trabajando con la interfaz, aún tenemos cosas que hacer en la parte del modelo de datos. Pasa muy frecuentemente que los datos de entrada (las tablas que extrae QlikView) no están en un formato apropiado o con la estructura que requiere el modelo de datos que se está preparando, por lo que en este capítulo nos enfocaremos en el uso del lenguaje de script de QlikView que usamos para transformar datos.

Primero daremos un vistazo al editor de script y algunas de las instrucciones más importantes. Así mismo, veremos cómo utilizarlas para manipular tablas y controlar el flujo del script. Continuaremos explorando algunas funciones comúnmente usadas para trabajar con condiciones y con varios tipos de dato. Como los scripts en QlikView pueden volverse un tanto extensos y complejos, veremos algunas formas en las que podemos depurar nuestros scripts y detectar posibles errores fácilmente. Después, veremos cómo organizar y estandarizar los scripts para que sean fáciles de entender y administrar. Concluiremos este capítulo viendo algunas técnicas para reutilizar partes del script dentro de un mismo documento o en varios documentos QlikView.

En este capítulo aprenderemos acerca de:

- El editor de script.
- Las instrucciones de script más importantes y cómo las podemos usar para manipular tablas y controlar el flujo del script.
- Operadores y funciones para trabajar con varios tipos de datos.
- Las opciones disponibles para probar un script.
- Cómo organizar y estandarizar el script.
- Cómo reutilizar scripts.

El Editor de Script

Como vimos en los *Capítulos 2, Ver para Creer*, *3, Fuentes de Datos* y *4, Modelado de Datos*, el editor de script es donde sucede una gran parte de la magia. Echemos un vistazo a las diferentes funciones que hay disponibles en esta ventana.

Nuevamente estaremos modificando el documento de Operación de Aerolíneas. qvw con el que hemos trabajado en los capítulos previos. Una vez que lo haya abierto, vayamos al editor de script seleccionando **Archivo | Editor de Script** de la barra de menús o presionando *Ctrl + E*.

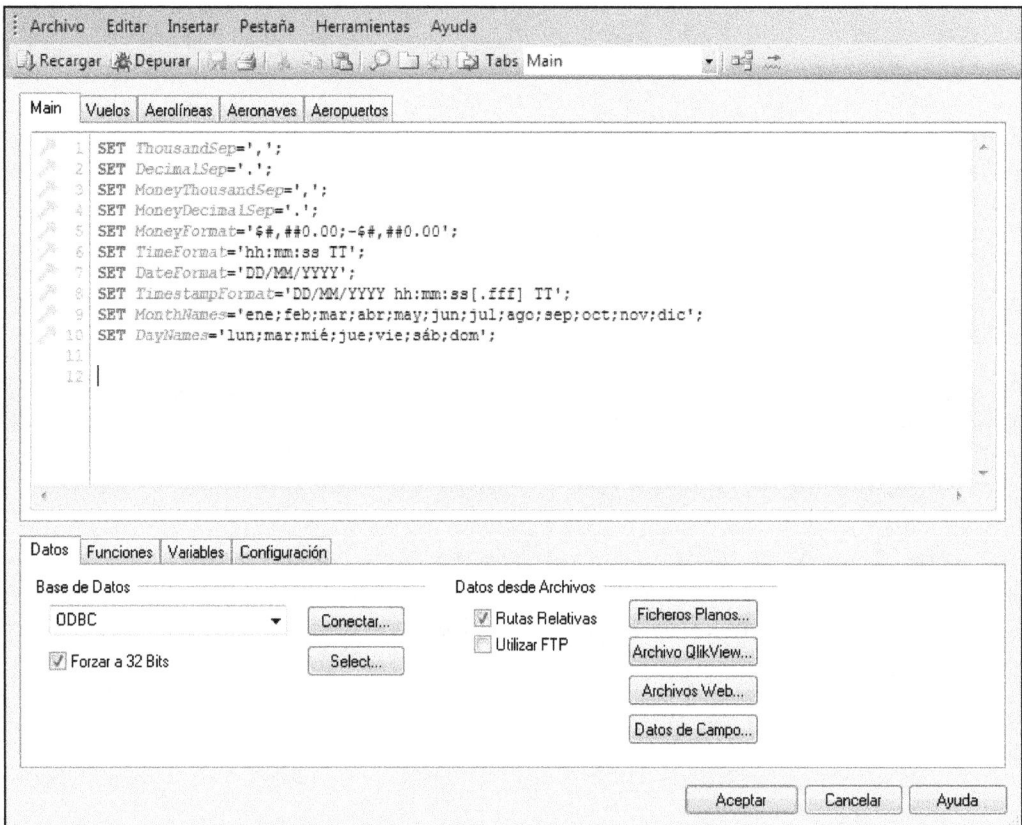

Observe que el editor de script está compuesto por las siguientes secciones:

- La barra de menús

- La barra de herramientas

- El panel de script

- El panel de herramientas

Barra de menús y barra de herramientas

La barra de menús ofrece una gran variedad de opciones, y algunas son complementadas con iconos de acceso rápido en la barra de herramientas. Aquí, las opciones más importantes a resaltar son:

Función	Descripción
Archivo | Recargar	Ejecuta el script completo para actualizar los datos del modelo
Archivo | Guardar todo el Documento	Guarda el documento completo, no solo el script
Pestaña | Añadir Pestaña	Como hemos visto ya, podemos organizar los scripts usando pestañas; esta opción añade una pestaña nueva
Pestaña | Renombrar	Renombra la pestaña activa
Pestaña | Ascender	Mueve la pestaña activa a la izquierda
Pestaña | Descender	Mueve la pestaña activa a la derecha

Panel de Script

El área que ocupa la mayor atención es el recuadro grande color blanco – el panel de script. Esta es el área de trabajo principal del editor de script. Cuando se crea un nuevo archivo QlikView, el script se crea automáticamente con una pestaña **Main** y algunas líneas de script en donde se definen variables de interpretación numérica. Estas líneas indican a QlikView cómo interpretar un formato numérico y son generadas de forma automática en base a la configuración del sistema operativo.

Algunas características relevantes del editor de script son que las líneas en el panel de script aparecen numeradas y que el editor tiene coloreado de sintaxis. En base a su función y significado, las palabras del script se muestran de diferente color o fuente. Por ejemplo, la palabra SET está en negritas y de color azul, mientras que el texto que le sigue inmediatamente está en cursivas y de color gris.

Es importante recordar también que todas las instrucciones de script en QlikView terminan con un punto y coma (;).

La excepción a esta regla son las estructuras de control, tales como IF .. THEN .. ELSE, DO LOOP, FOR .. NEXT, las cuales se utilizan para controlar el flujo y ejecución del script. Exploraremos las estructuras de control más adelante en este mismo capítulo.

Panel de herramientas

En los capítulos previos solamente utilizamos la pestaña **Datos** del panel de herramientas. No obstante, esta sección del editor de script tiene otras pestañas, como se muestra en la siguiente imagen:

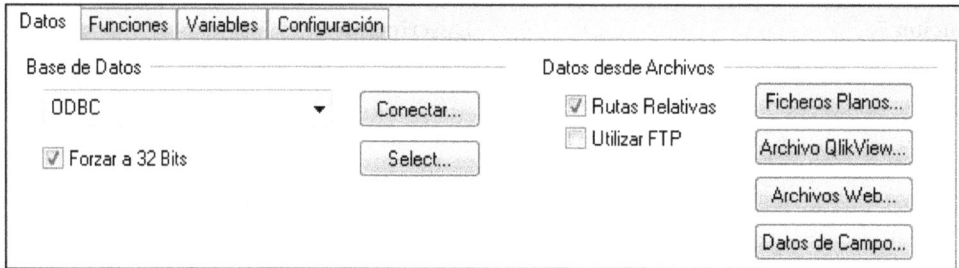

A continuación se describe cada una de estas pestañas:

- La pestaña de **Funciones** nos sirve como un catálogo organizado por categorías de las funciones de script disponibles. Más adelante en este mismo capítulo veremos algunas de estas funciones.

- La pestaña de **Variables** muestra las variables de sistema y usuario. Esta pestaña se actualiza después de cada recarga de script, por lo que en un documento nuevo puede aparecer en blanco.

- La pestaña de **Configuración** tiene opciones adicionales referentes a la configuración de acceso al sistema y encriptación de contraseñas.

Ahora que hemos visto los componentes del editor de script, tomemos la ruta práctica y veamos cómo crear scripts.

Instrucciones de script

Un script en QlikView se compone de una secuencia de instrucciones. Estas instrucciones son normalmente usadas para manipular los datos o para controlar de forma condicional la manera en que se ejecuta el script. Por ejemplo, podemos necesitar unir dos tablas en una sola u omitir cierta parte del script si no se cumple una condición.

Cabe remarcar que un script en QlikView se ejecuta en orden secuencial. Es decir, el script se ejecuta de arriba hacia abajo y de izquierda a derecha.

Construyendo la tabla de dimensión de aeronaves

En el *Capítulo 2, Ver para Creer,* comenzamos construyendo un documento QlikView para analizar datos sobre la operación de aerolíneas. Cargamos una tabla de hechos y algunas tablas de dimensiones. Esta información se cargó desde archivos QVD y no fue necesario hacerle modificación alguna a las tablas fuente. Claro está que este escenario es ideal y rara vez nos encontraremos con esto en el mundo real. En este siguiente ejemplo veremos un escenario un poco más realista y nos enfocaremos en particular a la construcción de una tabla de dimensión de Aeronaves. En lugar de una única tabla de dimensión de Aeronaves, tendremos varios archivos fuente que deberemos combinar:

- `Aeronave_Archivo_Base.csv`: contiene información de aeronaves que estuvieron en la base de datos hasta 2009, inclusive.

- `Aeronave_Actualización_2010.csv`: contiene aeronaves que se han añadido a la base de datos desde 2010.

- `Tipos_Aeronave.csv`: contiene atributos utilizados para agrupar aeronaves en categorías; por ejemplo, el tipo de motor y el número de motores.

Tome un momento para revisar el contenido de estos archivos. Observe que la columna `TIPO_AERONAVE_ID` en el archivo `Aeronave_Archivo_Base.csv` hace referencia a la columna `ID Tipo de Aeronave` en el archivo `Tipos_Aeronave.csv`. El formato del archivo `Aeronave_Actualización_2010.csv` es casi idéntico al de `Aeronave_Archivo_Base.csv` solo que, en lugar de tener una columna `TIPO_AERONAVE_ID`, tiene una de nombre `TIPO_AERONAVE`. Esta columna tiene los valores tipo de motor y el número de motores en una sola cadena de texto.

Una vez que haya revisado los archivos fuente, veamos el proceso que debemos seguir para construir la tabla de dimensión de aerolíneas mediante script.

Cargando la información de aeronaves

Cargue la información de aeronaves a QlikView siguiendo estos pasos:

1. Abra el documento de `Operación de Aerolíneas.qvw` que guardamos en el capítulo anterior y presione *Ctrl + E* para acceder al editor de script.

2. En la pestaña **Datos** del panel de herramientas, asegúrese de que la casilla de **Rutas Relativas** se encuentre activada.

3. Vaya a la pestaña de script de **Aeronaves** y borre todo el código que contenga.

4. Dé clic al botón de **Ficheros Planos** en el panel de herramientas y navegue a la carpeta de `Datos Fuente\CSVs`.

5. Seleccione el archivo `Aeronave_Archivo_Base.csv` y dé clic en **Abrir**.

6. Renombre los campos dando clic en el encabezado de las columnas y reemplazando el texto como se indica a continuación:

Nombre original	Nuevo Nombre
AERONAVE_ID	%ID Aeronave
TIPO_AERONAVE_ID	%Tipo de Aeronave
SSD_NOMBRE	Nombre de Aeronave
FABRICANTE	Fabricante
NOMBRE_LARGO	Nombre Completo de Aeronave
NOMBRE_CORTO	Nombre Corto de Aeronave
FECHA_INICIO	Fecha de Alta Aeronave
FECHA_FIN	Fecha de Baja Aeronave

7. Cierre el **Asistente de Archivos** dando clic en **Finalizar**.

8. Reemplace la instrucción de `Directory;` con `[Aeronaves]:`, esto asignará un nombre a la tabla.

El código resultante debe ser similar al siguiente:

```
[Aeronaves]:
LOAD AERONAVE_ID            as [%ID Aeronave],
     TIPO_AERONAVE_ID       as [%Tipo de Aeronave],
     SSD_NOMBRE             as [Nombre de Aeronave],
     FABRICANTE             as Fabricante,
     NOMBRE_LARGO           as [Nombre Completo de Aeronave],
     NOMBRE_CORTO           as [Nombre Corto de Aeronave],
     FECHA_INICIO           as [Fecha de Alta Aeronave],
     FECHA_FIN              as [Fecha de Baja Aeronave]
FROM
[..\Datos Fuente\CSVs\Aeronaves_Archivo_Base.csv]
(txt, codepage is 1252, embedded labels, delimiter is ',', msq);
```

Observe que el nombre y directorio del archivo están especificados de forma relativa, es decir, la ubicación del archivo fuente es relativa a la ubicación del documento QlikView con que estamos trabajando. Esto se da porque hemos habilitado la opción de **Rutas Relativas**. Si esta opción estuviera deshabilitada, se habría usado el nombre y directorio completo del archivo. El uso de rutas relativas resulta conveniente cuando el documento QlikView puede moverse de un ambiente a otro, por ejemplo de Desarrollo a Producción.

Tome un momento para revisar el resto del script y vea si usted ha obtenido lo mismo.

Añadiendo los tipos de aeronave

El siguiente paso es enriquecer los datos de aeronaves usando la información del archivo de `Tipos_Aeronave.csv`. Para ello, siga estos pasos:

1. Posicione el cursor en la última línea del script de carga correspondiente a `Aeronaves`.

2. Dé clic en el botón **Ficheros Planos** dentro del panel de herramientas y navegue al directorio `Datos Fuente\CSVs`.

3. Seleccione `Tipos_Aeronave.csv`.

4. Observe que los encabezados en este archivo no son detectados de forma automática por QlikView.

5. Cambie la opción de **Etiquetas** mediante el menú desplegable correspondiente a **Etiquetas Incluidas**.

6. El campo llave **ID Tipo de Aeronave** no concuerda con el nombre que hemos dado a la columna correspondiente en la tabla de Tipos de Aeronave. Corrija esto cambiando el nombre de la columna por %**ID Tipo de Aeronave**.

7. Cierre la ventana de **Asistente de Archivo** dando clic en **Finalizar**.

8. Reemplace la instrucción `Directory;` por `[Tipos de Aeronave]:` para asignarle el nombre a la tabla.

9. Guarde el documento dando clic al icono de **Guardar** en la barra de herramientas, presionando *Ctrl + S* o seleccionando **Archivo | Guardar todo el Documento** de la barra de menús.

El código resultante se verá como sigue:

```
[Tipos de Aeronave]:
LOAD [ID Tipo de Aeronave] as [%Tipo de Aeronave],
     [Tipo de Motor],
     [Número de Motores]
FROM
[..\Datos Fuente\CSVs\Tipos_Aeronave.csv]
(txt, codepage is 1252, embedded labels, delimiter is ',', msq);
```

Más vale guardar que arrepentirse

De manera predeterminada, cuando QlikView encuentra algún error durante la recarga del documento, automáticamente cierra lo cierra y carga la última versión guardada del archivo. Puede llegar a ser frustrante cuando ingresamos una cantidad considerable de cambios en el script para que de repente estos cambios se pierdan solo porque nos faltó un punto y coma en alguna parte.

Una manera de evitar este problema es siempre guardar el documento antes de realizar una recarga. Esto se puede hacer yendo al menú **Archivo | Guardar todo el Documento**, presionando *Ctrl + S* o simplemente dando clic en el botón **Guardar** de la barra de herramientas.

Otra forma más segura es especificar que se guarde el archivo automáticamente antes de cada recarga. Para hacer esto, cierre el editor de script y abra la ventana de **Preferencias de Usuario** mediante el menú **Configuraciones | Preferencias de Usuario** o presionando *Ctrl + Alt + U*. En la ventana correspondiente, active la pestaña **Guardar** y habilite la opción de **Guardar antes de Recargar**. También es recomendable marcar la opción de **Utilizar Backup** y definir el valor de **Mantener los Últimos n Ejemplos** en 5. Esta opción asegura que las últimas 5 versiones del archivo permanezcan en disco.

Para ejecutar el script y ver el resultado, simplemente siga estos pasos:

1. Seleccione **Archivo | Ejecutar Script**, presione *Ctrl + R* o dé clic al botón **Recargar** en la barra de herramientas para ejecutar el script.

2. Cuando el script haya terminado de ejecutarse verá inmediatamente la ventana de **Propiedades de Hoja**. Dé clic en **Aceptar** para cerrarla.

Notará que se han perdido dos de los cuadros de lista, el de **Tipo de Aeronave** y el de **Aeronave**. Esto ocurrió porque los campos que usábamos para estos cuadros de lista fueron eliminados del modelo de datos.

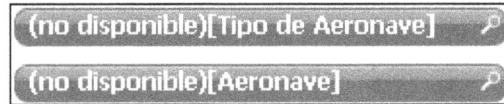

Borremos estos dos cuadros de lista y reemplacémoslos con un cuadro de selección múltiple de aeronaves, siguiendo estos pasos:

1. Dé clic derecho en el cuadro de lista con título **(no disponible)[Tipo de Aeronave]** y seleccione **Eliminar**. Como es un objeto enlazado, seleccione **Eliminar Todo** para remover el objeto de todas las pestañas.

2. Repita el paso anterior para el cuadro de lista con título **(no disponible) [Aeronave]**.

3. Cree un cuadro de selección múltiple y añada al mismo los campos de **Nombre de Aeronave**, **Tipo de Motor** y **Número de Motores**.

4. Cambie el estilo del cuadro de selección múltiple de forma que se vea como en la siguiente imagen y posiciónelo debajo del cuadro de lista de **Aerolínea**.

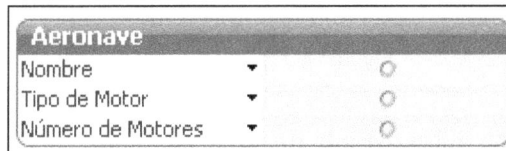

5. Añada el cuadro de selección múltiple a las hojas de **Análisis** y **Reportes** como objeto enlazado, manteniendo presionadas las teclas *Ctrl + Shift* mientras arrastra el objeto a las pestañas correspondientes.

6. Verifique que los datos estén correctamente asociados seleccionando el campo **Nombre** del cuadro de lista **Aeronave** y vea si los valores de **Tipo de Motor** y **Número de Motores** se actualizan.

Cargando la segunda tabla de aeronave

Una vez cargadas estas dos tablas, carguemos la última tabla, `Aeronave_Actualización_2010`. Recuerde que este archivo es muy similar al de `Aeronave_Archivo_Base.csv`. La única diferencia es que no existe un campo llave (identificador) para el tipo de aeronave, solo contiene el nombre de la categoría. Cargaremos este archivo siguiendo estos pasos:

1. Posicione el cursor debajo de la última línea del script actual.

2. Dé clic en el botón **Ficheros Planos** del panel de herramientas y navegue al directorio de `Datos Fuente\CSVs`.

3. Seleccione el archivo `Aeronave_Actualización_2010.csv`.

4. Con excepción del campo `TIPO_AERONAVE`, renombre los campos de la siguiente manera:

Nombre Original	Nuevo Nombre
AERONAVE_ID	%ID Aeronave
SSD_NOMBRE	Nombre de Aeronave
FABRICANTE	Fabricante
NOMBRE_LARGO	Nombre Completo de Aeronave
NOMBRE_CORTO	Nombre Corto de Aeronave
FECHA_INICIO	Fecha de Alta Aeronave
FECHA_FIN	Fecha de Baja Aeronave

5. Cierre la ventana del **Asistente de Archivo** dando clic en **Finalizar**.

6. Reemplace la instrucción `Directory;` con `[Aeronaves 2010]:` para asignarle el nombre a la tabla.

7. Si no habilitó la opción de guardar automáticamente el documento antes de recargar, guárdelo manualmente seleccionando **Archivo | Guardar todo el Documento** de la barra de menús o presionando *Ctrl + S*.

8. El script resultante se verá como sigue:

```
[Aeronaves 2010]:
LOAD AERONAVE_ID    as [%ID Aeronave],
     TIPO_AERONAVE,
     SSD_NOMBRE     as [Nombre de Aeronave],
     FABRICANTE     as Fabricante,
     NOMBRE_LARGO   as [Nombre Completo de Aeronave],
     NOMBRE_CORTO   as [Nombre Corto de Aeronave],
     FECHA_INICIO   as [Fecha de Alta Aeronave],
     FECHA_FIN      as [Fecha de Baja Aeronave]
```

```
FROM
[..\Datos Fuente\CSVs\Aeronaves_Actualización_2010.csv]
(txt, codepage is 1252, embedded labels, delimiter is ',', msq);
```

9. Recargue el documento seleccionando **Archivo | Ejecutar Script** de la barra de menús o presionando *Ctrl + R*.

10. Una vez que el script haya finalizado, dé clic en **Aceptar** para cerrar la ventana de **Propiedades de Hoja**.

11. Incluya los campos TIPO_AERONAVE y Fecha de Alta Aeronave en el cuadro de selección múltiple de **Aeronave**.

Al interactuar con el cuadro de selección múltiple de **Aeronave**, notaremos que hay algo extraño. Hay tres campos con información muy similar. **TIPO_AERONAVE** contiene información que también se muestra en los campos de **Tipo de Motor** y **Número de Motores**. Notaremos que cualquier aeronave que tenga una fecha de alta previa al 2010 está asociada con los campos de **Tipo de Motor** y **Número de Motores**, mientras que los modelos más recientes están asociados con el campo **TIPO_AERONAVE**.

Si abrimos el visor de tablas, nos daremos cuenta que el modelo de datos contiene una tabla sintética con nombre **$Syn1**. Revisamos ya lo que representan las llaves sintéticas en el *Capítulo 4, Modelado de Datos*. En la siguiente sección, veremos un ejemplo práctico de cómo resolver este problema.

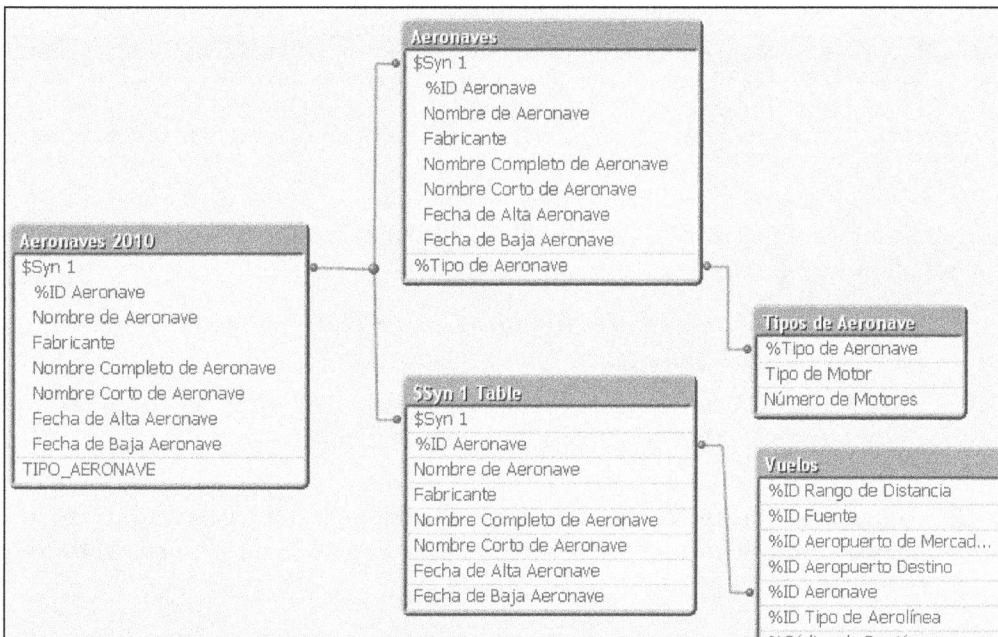

Poniendo las cosas en orden

¿Recuerda cómo funciona la lógica asociativa de QlikView? Automáticamente asocia los campos que tengan el mismo nombre. Además, las asociaciones entre tablas deben hacerse solo en base a un campo. Bien, las tablas de **Aeronaves** y **Aeronaves 2010** que recién cargamos contienen siete campos en común entre ellas. Para resolver este problema, QlikView creó una llave sintética mediante una combinación única de valores entre los siete campos.

Resolveremos el problema uniendo estas tablas en una sola tabla de dimensión de **Aeronaves**. El siguiente esquema muestra en forma general el método que seguiremos.

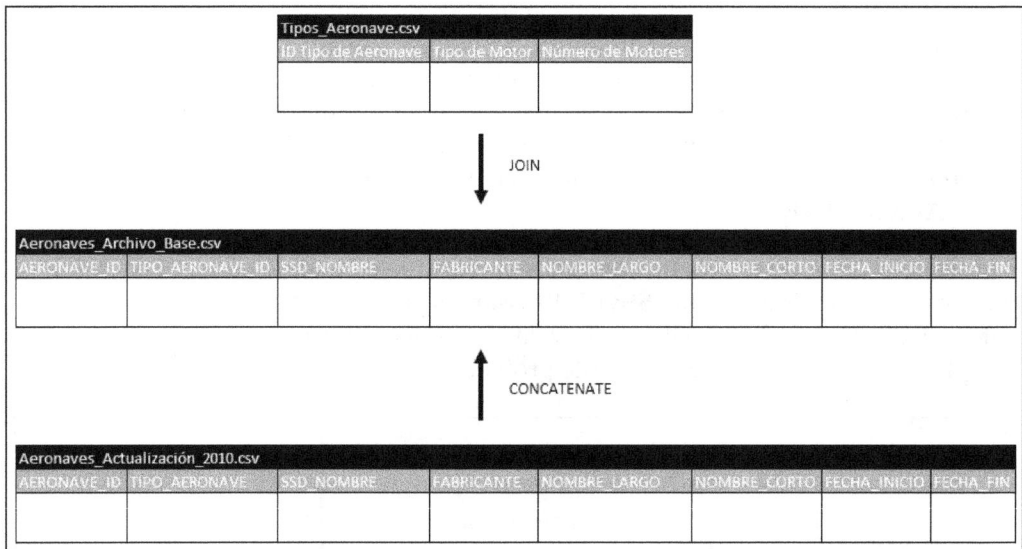

Comenzaremos uniendo la tabla de **Tipos de Aeronave** a la tabla de **Aeronaves**. Luego, concatenaremos la tabla de **Aeronaves 2010** al resultado de la operación anterior. Para lograr esto, siga estos pasos:

1. Vaya de nuevo al editor de script presionando *Ctrl + E* o seleccionando **Archivo | Editor de Script** de la barra de menús.

2. Vaya a la sentencia LOAD correspondiente al archivo de Tipos_Aeronave. csv y reemplace el texto [Tipos de Aeronave]: con el texto LEFT JOIN ([Aeronaves]).

3. Ahora, vaya a la sentencia LOAD correspondiente al archivo Aeronave_2010_ Actualización.csv y reemplace el texto [Aeronaves 2010]: con el texto CONCATENATE ([Aeronaves]).

4. Reemplace la línea correspondiente al campo `TIPO_AERONAVE` con `SubField(TIPO_AERONAVE, ',', 1) as [Tipo de Motor]`, y presione *Enter* para crear una nueva línea.

5. En la nueva línea de script, ingrese `SubField(TIPO_AERONAVE, ',', 2) as [Número de Motores],`.

6. Debajo de la sentencia `LOAD` correspondiente al archivo `Aeronaves_ Actualización_2010.csv` añada el siguiente código: `DROP FIELD [%Tipo de Aeronave] FROM [Aeronaves];`.

El código terminado se verá como sigue:

```
[Aeronaves]:
LOAD AERONAVE_ID                as [%ID Aeronave],
    TIPO_AERONAVE_ID            as [%Tipo de Aeronave],
    SSD_NOMBRE                  as [Nombre de Aeronave],
    FABRICANTE                  as Fabricante,
    NOMBRE_LARGO                as [Nombre Completo de Aeronave],
    NOMBRE_CORTO                as [Nombre Corto de Aeronave],
    FECHA_INICIO                as [Fecha de Alta Aeronave],
    FECHA_FIN                   as [Fecha de Baja Aeronave]
FROM
[..\Datos Fuente\CSVs\Aeronaves_Archivo_Base.csv]
(txt, codepage is 1252, embedded labels, delimiter is ',', msq);

LEFT JOIN ([Aeronaves])
LOAD [ID Tipo de Aeronave] as [%Tipo de Aeronave],
    [Tipo de Motor],
    [Número de Motores]
FROM
[..\Datos Fuente\CSVs\Tipos_Aeronave.csv]
(txt, codepage is 1252, embedded labels, delimiter is ',', msq);

CONCATENATE ([Aeronaves])
LOAD AERONAVE_ID        as [%ID Aeronave],
    SubField(TIPO_AERONAVE, ',', 1) as [Tipo de Motor],
    SubField(TIPO_AERONAVE, ',', 2) as [Número de Motores],
    SSD_NOMBRE     as [Nombre de Aeronave],
    FABRICANTE     as Fabricante,
    NOMBRE_LARGO       as [Nombre Completo de Aeronave],
    NOMBRE_CORTO       as [Nombre Corto de Aeronave],
    FECHA_INICIO       as [Fecha de Alta Aeronave],
    FECHA_FIN          as [Fecha de Baja Aeronave]
FROM
[..\Datos Fuente\CSVs\Aeronaves_Actualización_2010.csv]
(txt, codepage is 1252, embedded labels, delimiter is ',', msq);

DROP FIELD [%Tipo de Aeronave] FROM [Aeronaves];
```

Se aplicaron los siguientes cambios:

- Al añadir la instrucción LEFT JOIN ([Tipos de Aeronave]), indicamos que no se deben cargar los datos del archivo Tipos_Aeronave.csv a una tabla separada, sino que se deben unir a la tabla especificada entre paréntesis. Una operación de unión (Join) se hace usando los campos en común entre ambas tablas. En este caso el campo en común es [%Tipo de Aeronave].

- Si se utiliza la instrucción de CONCATENATE ([Aeronaves]), indicamos que no se deben cargar los datos del archivo Aeronaves_Actualización_2010. csv a una tabla separada, sino que se deben añadir los registros correspondientes a la tabla especificada entre paréntesis. Los campos que no existen en ambas tablas, por ejemplo el campo [%Tipo de Aeronave], contendrán valores nulos en los registros para los que no exista este campo.

- La columna TIPO_AERONAVE contiene tanto el campo Tipo de Motor como Número de Motores, separados por una coma. La expresión SubField(TIPO_AERONAVE, ',' , 1) as Tipo de Motor usa la función Subfield() para separar la cadena del campo TIPO_AERONAVE en subcadenas en base a la coma (','). La primera subcadena regresará el campo Tipo de Motor, mientras que la segunda el campo Número de Motores.

- Como ya no necesitamos el campo llave de [%Tipo de Aeronave], aplicamos la instrucción DROP FIELD [%Tipo de Aeronave] FROM [Aeronaves];

Para ver el efecto de los cambios, recarguemos el script seleccionando **Archivo | Ejecutar Script** de la barra de menús o presionando *Ctrl + R*.

Después de la ejecución del script, abra el visor de tablas seleccionando **Archivo | Visor de Tablas** de la barra de menús o presionando *Ctrl + T*.

Aeronaves
%ID Aeronave
Nombre de Aeronave
Fabricante
Nombre Completo de Aeronave
Nombre Corto de Aeronave
Fecha de Alta Aeronave
Fecha de Baja Aeronave
Tipo de Motor
Número de Motores

Podemos ver que todas las tablas fuente se han combinado en una sola tabla de dimensión de **Aeronaves**.

Manipulando tablas

Hasta aquí, hemos visto un ejemplo de cómo se pueden usar las funciones e instrucciones de script en QlikView para cargar y combinar datos. Veamos otras instrucciones de script comúnmente usadas para manipular tablas.

Como vimos en capítulos anteriores, la instrucción LOAD es la sentencia principal para cargar datos a QlikView.

El script que creamos en este capítulo nos mostró dos instrucciones que pueden usarse para combinar datos de diferentes tablas: JOIN y CONCATENATE. Veremos con más detalle lo que estas y otras instrucciones realizan.

La instrucción JOIN

La sentencia JOIN se puede usar como prefijo a la sentencia LOAD. Es usada para unir una tabla a otra que haya sido previamente cargada. Las dos tablas son unidas usando una unión natural, lo que significa que las columnas de ambas tablas son comparadas y la unión se hace en base a las columnas que ambas tablas tienen en común. De igual forma, si ambas tablas comparten varias columnas, la unión se hace en base a la combinación única de valores de esas columnas, que tomarán el rol de campos llave.

Hay varios tipos de uniones que se pueden realizar con el prefijo JOIN. Si no se especifica un tipo de unión, QlikView hace la operación de tipo outer join de manera predeterminada. Esto quiere decir que todas las filas de ambas tablas se incluyen en la tabla resultante. Cuando hay filas de una tabla para las que no existe una correspondencia en la otra tabla, las columnas de esta segunda se añaden a la primera y se les asignan valores nulos.

Para ejemplificar, consideremos las dos tablas a continuación:

Tabla1				Tabla2		
A	B	C		B	C	D
1	1	1		2	2	2
2	2	2		3	3	3
3	3	3		5	5	5

Estas dos tablas comparten dos columnas, B y C. Usamos el siguiente código para realizar un `join` regular (`outer`, por ser el predeterminado).

```
Tabla1:
LOAD * INLINE
[
A, B, C
1, 1, 1
2, 2, 2
3, 3, 3
];

JOIN
LOAD * INLINE
[
B, C, D
2, 2, 2
3, 3, 3
5, 5, 5
];
```

El resultado es la siguiente tabla:

Tabla1 - JOIN			
A	**B**	**C**	**D**
1	1	1	
2	2	2	2
3	3	3	3
	5	5	5

Las columnas compartidas (**B** y **C**) se han combinado en una sola tabla y los campos **A** y **D** se han añadido de las dos tablas. Como la segunda tabla se está uniendo a la primera, el nombre de la primera tabla es el que se usa en la tabla resultante después de la operación. De igual forma, a los registros para los que no se encontró correspondencia entre una tabla y otra, se les asignan valores nulos en las columnas que se añaden durante la operación.

> **Hágalo explícito**
>
> Al usar la instrucción JOIN sin especificar una tabla destino, la operación se realiza tomando como tabla destino la que es cargada en la sentencia que aparece justo antes de esta instrucción. Si la tabla destino fue cargada en otra etapa anterior del script, la operación se debe realizar especificando entre paréntesis el nombre de la tabla con que se desea realizar la unión. En nuestro ejemplo, esto se haría reemplazando la instrucción JOIN con JOIN (Tabla1). Desde una perspectiva de mantener nuestro código fácil de entender, es preferible que siempre se proporcione el nombre de la tabla sobre la que se quiere realizar la unión. Aunque en este caso la tabla que queremos unir está directamente arriba de la instrucción JOIN, esto no siempre se presenta así. En dado caso que el orden del script cambie, es posible que la unión se esté realizando con otra tabla sin darnos cuenta.

Hay varios tipos de operación JOIN que pueden realizarse, dependiendo de la palabra que vaya antepuesta a la sentencia.

- INNER JOIN: Solo filas que tienen correspondencia en ambas tablas se mantienen en la tabla resultante.

- OUTER JOIN: Todas las filas de ambas tablas se mantienen en la tabla resultante. A las filas que no tengan una correspondencia en la otra tabla se les asignarán valores nulos en las columnas que les sean añadidas. Cuando no se especifica el tipo de operación JOIN que se desea realizar, este es el que se usa de forma predeterminada.

- LEFT JOIN: Todas las filas de la primera tabla se mantienen, y solo las filas de la segunda tabla que tengan correspondencia en la primera se mantienen en la tabla resultante. Cuando no se encuentra correspondencia para los registros de la primera tabla, se les asignará un valor nulo en las columnas que sean añadidas provenientes de la segunda tabla.

- RIGHT JOIN: Todas las filas de la segunda tabla se mantienen, y solo las filas de la primera tabla que tengan correspondencia en la segunda se mantienen en la tabla resultante. Cuando no se encuentra correspondencia para los registros de la segunda tabla, se les asignará un valor nulo en las columnas que sean añadidas provenientes de la primera tabla.

Aplicando esto a nuestras tablas ejemplo, los resultados serían:

Tabla1- INNER JOIN

A	B	C	D
2	2	2	2
3	3	3	3

Tabla1 - OUTER JOIN

A	B	C	D
1	1	1	
2	2	2	2
3	3	3	3
5	5	5	5

Tabla1 - LEFT JOIN

A	B	C	D
1	1	1	
2	2	2	2
3	3	3	3

Tabla1 - RIGHT JOIN

A	B	C	D
2	2	2	2
3	3	3	3
5	5	5	5

La sentencia KEEP

La sentencia KEEP funciona de manera muy similar a la sentencia JOIN, con una pequeña diferencia. En lugar de combinar las tablas en una sola, la sentencia KEEP mantiene ambas tablas y solo realiza un filtrado para decidir si mantener o quitar registros de una de las tablas en base a correspondencia de valores con la otra tabla. Aplica la misma lógica que con el comando JOIN descrito anteriormente, donde se pueden especificar uniones de tipo INNER, OUTER, LEFT y RIGHT.

Consideremos las mismas dos tablas de entrada que usamos para ilustrar el comando JOIN:

Tabla1

A	B	C
1	1	1
2	2	2
3	3	3

Tabla2

B	C	D
2	2	2
3	3	3
5	5	5

Si aplicáramos una sentencia LEFT KEEP a estas dos tablas, como se muestra en el siguiente código:

```
Tabla1:
LOAD * INLINE
[
```

```
A, B, C
1, 1, 1
2, 2, 2
3, 3, 3
];

Tabla2:
LEFT KEEP (Tabla1)
LOAD * INLINE
[
B, C, D
2, 2, 2
3, 3, 3
5, 5, 5
];
```

El resultado que obtendríamos serían las siguientes dos tablas. Se ve que el último registro de la **Tabla2** ha sido eliminado, ya que no existen correspondencias para el mismo en la **Tabla1**:

Tabla1				Tabla2		
A	**B**	**C**		**B**	**C**	**D**
1	1	1		2	2	2
2	2	2		3	3	3
3	3	3				

La sentencia CONCATENATE

La sentencia CONCATENATE también se usa como prefijo a la sentencia LOAD pero, en lugar de empatar y combinar registros entre tablas, simplemente añade los registros de una tabla a la otra.

Consideremos nuevamente las mismas dos tablas del ejemplo previo:

Tabla1				Tabla2		
A	**B**	**C**		**B**	**C**	**D**
1	1	1		2	2	2
2	2	2		3	3	3
3	3	3		5	5	5

Usaríamos el siguiente código para concatenar las dos tablas:

```
Tabla1:
LOAD * INLINE
[
A, B, C
1, 1, 1
2, 2, 2
3, 3, 3
];

CONCATENATE (Tabla1)
LOAD * INLINE
[
B, C, D
2, 2, 2
3, 3, 3
5, 5, 5
];
```

El resultado sería la siguiente tabla:

Tabla1			
A	B	C	D
1	1	1	
2	2	2	
3	3	3	
	2	2	2
	3	3	3
	5	5	5

Habrá notado que las filas de la segunda tabla fueron adjuntadas a la primera, y a los campos que no existen en ambas tablas se les asignaron valores nulos en los registros correspondientes.

Hágalo explícito también

Como puede ver en el código ejemplo, a la sentencia CONCATENATE también le podemos especificar de manera explícita la tabla a la que deseamos concatenar los datos. Por las mismas razones que discutimos en relación al comando JOIN, es buena idea siempre manejarlo de esta forma.

La sentencia NOCONCATENATE

Cuando dos tablas comparten exactamente las mismas columnas, QlikView las concatenará de forma automática. Por ejemplo, viendo el siguiente código podríamos asumir que el resultado serían dos tablas `Tabla1` y `Tabla2`.

```
Tabla1:
LOAD * INLINE
[
A, B, C
1, 1, 1
2, 2, 2
3, 3, 3
];

Tabla2:
LOAD * INLINE
[
A, B, C
4, 4, 4
5, 5, 5
6, 6, 6
];
```

En realidad, como ambas tablas tienen exactamente las mismas columnas, QlikView las unirá de manera implícita, concatenando la `Tabla2` a la `Tabla1`. El resultado del script es solo una tabla.

Podemos evitar que esto suceda si anteponemos a la sentencia LOAD de la `Tabla2` la instrucción NOCONCATENATE. Esta instrucción indica a QlikView que se debe crear una nueva tabla sin importar que ya exista una con las mismas columnas.

Usando tablas de mapeo

La sentencia MAPPING ofrece una alternativa a la sentencia JOIN en un escenario muy específico: cuando queremos reemplazar un valor llave con un valor de una tabla de equivalencia o mapeo. Para ver cómo funciona esto, modificaremos nuestra tabla de dimensión de **Aeronaves** añadiendo el país del fabricante. Hagamos esto abriendo el editor de script y siguiendo estos pasos:

1. Posicione el cursor justo arriba de la sentencia LOAD correspondiente a la tabla **Aeronaves**.

2. Dé clic en el botón de **Ficheros Planos** en el panel de herramientas y navegue al directorio de `Datos Fuente\CSVs`.

3. Seleccione el archivo `Aeronaves_Fabricantes.csv`.

4. Use el menú desplegable de **Etiquetas** para seleccionar **Etiquetas Incluidas**.

5. Cierre la ventana de diálogo de **Asistente de Archivo** dando clic en **Finalizar**.

6. Reemplace la instrucción `Directory;` con `Map_País_Fabricante:` para asignar ese nombre a nuestra tabla.

7. En la siguiente línea, anteponga la instrucción `MAPPING` a la sentencia `LOAD`.

8. Ahora, añada una nueva línea en la sentencia `LOAD` correspondiente a la tabla de `Aeronaves`, justo debajo de la definición del campo `Fabricante`.

9. En esta nueva línea añadiremos la siguiente instrucción: `ApplyMap('Map_ País_Fabricante', FABRICANTE, 'No especificado') as [País del Fabricante],`.

10. Añada una nueva línea debajo de la definición del campo `Fabricante`, en la sentencia `LOAD` correspondiente a la carga del archivo `Aeronaves_ Actualización_2010.csv`.

11. En esta nueva línea ingrese la siguiente instrucción: `ApplyMap('Map_ País_Fabricante', FABRICANTE, 'No especificado') as [País del Fabricante],`.

El script modificado para la tabla de mapeo debe ser similar al siguiente:

```
Map_País_Fabricante:
MAPPING LOAD Compañía,
     País
FROM
[..\Datos Fuente\CSVs\Aeronaves_Fabricantes.csv]
(txt, codepage is 1252, embedded labels, delimiter is ',', msq);
```

Cuando se antepone el prefijo `MAPPING` a la sentencia `LOAD`, indicamos que se quiere crear una tabla de mapeo. Este es un tipo específico de tabla que tiene las siguientes propiedades:

- Solo puede tener dos columnas, la primera para el valor del cual se busca una equivalencia (o mapeo) y la segunda para el valor de equivalencia que el mapeo debe regresar.

- Es una tabla temporal. Al finalizar la ejecución del script QlikView automáticamente eliminará la tabla del modelo de datos.

Posteriormente, usamos la función de `ApplyMap()` para buscar el país del fabricante mientras cargamos los archivos de `Aeronaves_Archivo_Base.csv` y `Aeronaves_Actualización_2010.csv`. La función `ApplyMap()` toma tres parámetros:

- El nombre de la tabla de equivalencia, en nuestro caso la tabla se llama `Map_País_Fabricante`.

- El valor que se desea buscar en la tabla de mapeo, que puede ser un campo o una expresión de la tabla origen. En el ejemplo, utilizamos el campo `FABRICANTE`.

- Un parámetro opcional que indica qué valor asignar cuando no se encuentre una correspondencia en la tabla de mapeo. En nuestro ejemplo, usamos el valor `'No Especificado'`. Si no se especifica un valor predeterminado, se usa el valor del segundo parámetro como resultado del mapeo.

> Es posible que se esté preguntando porqué usamos el nombre `FABRICANTE` en la función `ApplyMap()` y no el nombre que se le asignó durante la carga, `Fabricante`. La razón es que los campos con alias solo se vuelven conocidos hasta que la carga de la tabla se haya completado.

Veamos cómo afecta esto al modelo de datos:

1. Guarde y recargue el documento.
2. Una vez que finalice la recarga, elimine los campos **TIPO_AERONAVE** y **Fecha de Alta Aeronave** del cuadro de selección múltiple de **Aeronave**.
3. Añada los campos de **Fabricante** y **País del Fabricante** al cuadro de selección múltiple de **Aeronave**.
4. Seleccione el valor de **No Especificado** del cuadro de lista de **País del Fabricante**.

Observaremos que hay seis aeronaves para las cuales no se ha definido un valor en el campo de **País del Fabricante**. Si vemos los valores del campo **Aeronave**, nos daremos cuenta de que esto pasa porque hay clases de aeronave genéricas que no tienen asignado ningún **Fabricante**.

Añadiendo comentarios

La sentencia COMMENT se puede usar para asignar comentarios a tablas y campos. Estos comentarios serán después mostrados al pasar el cursor del ratón sobre los nombre de tabla o campo en varias ventanas y cuadros de diálogo, entre ellas la ventana del **Visor de Tablas**, y son muy útiles para comprender mejor el modelo de datos.

Es posible añadir comentarios a tablas usando una instrucción como la mostrada a continuación:

```
COMMENT TABLE [Aeronaves] WITH 'Dimensión que contiene información de
aeronaves, incluyendo tipos de motor, configuración y fabricante';
```

De igual manera, se pueden añadir comentarios a campos:

```
COMMENT FIELD [%ID Aeronave] WITH 'Llave primaria de la dimensión Tipo
de Aeronave';
```

Claro está que comentar cada tabla y campo de forma individual en el script puede ser mucho trabajo. Además, normalmente ya se tienen las definiciones de campos y tablas guardadas fuera de QlikView, ¿para qué duplicar trabajo? Afortunadamente, no tenemos que hacerlo. QlikView tiene la opción de usar tablas de mapeo para asignar comentarios de tabla y campo.

Abramos el editor de script y apliquemos comentarios a nuestra dimensión de **Aeronaves** siguiendo estos pasos:

1. Posicione el cursor después de la última línea de la tabla de mapeo Map_País_Fabricante.

2. Dé clic en **Ficheros Planos** en el panel de herramientas y navegue al directorio Datos Fuente\Excel.

3. Seleccione el archivo Comentarios.xls.

4. Asegúrese de que, en el **Asistente de Archivo**, esté seleccionada la opción **Tablas$** en el menú desplegable **Tablas**.

5. Cierre el **Asistente de Archivo** dando clic a **Finalizar**.

6. Reemplace la instrucción Directory; con Map_Comentarios_Tablas: para asignar el nombre a la tabla.

7. En la siguiente línea, aplique el prefijo MAPPING a la sentencia LOAD.

8. Posicione el cursor debajo de la última línea del script de carga de la tabla Map_Comentarios_Tablas.

9. Dé clic en **Ficheros Planos** en el panel de herramientas y navegue al directorio `Datos Fuente`.

10. Seleccione el archivo `Comentarios.xls`.

11. Revise que, en el **Asistente de Archivo**, esté seleccionada la opción **Campos$** en el menú desplegable **Tablas**.

12. Cierre el **Asistente de Archivos** dando clic en **Finalizar**.

13. Reemplace la instrucción `Directory;` por `Map_Comentarios_Campos:` para asignar el nombre a la tabla

14. En la siguiente línea, aplique el prefijo `MAPPING` a la sentencia `LOAD`.

15. Posicione el cursor debajo de la última línea del script de carga de la tabla `Map_Comentarios_Campos`.

16. Ingrese ahora las siguientes dos líneas de código:

```
COMMENT TABLES USING Map_Comentarios_Tablas;
COMMENT FIELDS USING Map_Comentarios_Campos;
```

El script resultante debe verse como sigue:

```
Map_Comentarios_Tablas:
Mapping LOAD NombreDeTabla,
     Comentario
FROM
[..\Datos Fuente\Excel\Comenatarios.xls]
(biff, embedded labels, table is [Tablas$]);

Map_Comentarios_Campos:
MAPPING LOAD NombreDeCampo,
     Comentario
FROM
[..\Datos Fuente\Excel\Comenatarios.xls]
(biff, embedded labels, table is [Campos$]);

COMMENT TABLES USING Map_Comentarios_Tablas;
COMMENT FIELDS USING Map_Comentarios_Campos;
```

Ahora hemos creado dos tablas de mapeo e indicado a QlikView que utilice estas tablas para asignar los comentarios a las tablas y campos usando las sentencias de `COMMENT TABLES` y `COMMENT FIELDS`.

Una vez que guardemos y recarguemos el documento, podemos ir al **Visor de Tablas** presionando las teclas *Ctrl + T* y veremos los comentarios que se asignaron pasando el cursor del ratón por los campos de la tabla **Aeronaves**.

Guardando tablas

Ya que creamos la tabla de Aeronaves, la podemos usar en nuestro documento QlikView. En un ambiente en donde existen varios documentos QlikView, es muy probable que queramos reutilizar una misma tabla en varias aplicaciones. Afortunadamente, existe una forma de exportar una tabla del modelo QlikView a un archivo externo QVD usando la instrucción STORE.

Podemos guardar la tabla de Aeronaves a un archivo QVD ingresando la siguiente línea de código al final del script:

```
STORE [Aeronaves] INTO '..\Data Files\QVDs\Aeronaves_Procesado.qvd'
(qvd);
```

Esto indica a QlikView que almacene la tabla Aeronaves en el sub-directorio Datos Fuente\QVDs con el nombre Aeronaves_Procesado.qvd. El sufijo (qvd) al final de la instrucción indica que el formato a utilizar al guardar el archivo es QVD. La otra opción es (txt), para especificar un formato de texto.

Renombrando tablas y campos

Para renombrar tablas y campos en QlikView podemos usar la instrucción RENAME. El siguiente código muestra algunos ejemplos de esta sentencia:

```
RENAME TABLE [Aeronaves] TO [Dimensión Aeronaves];
RENAME FIELD [%ID Aeronave] TO [ID Aeronave];
RENAME FIELD [Fecha de Alta Aeronave] to [Alta], [Fecha de Baja
Aeronave] to [Baja];
```

Observe que en la tercera instrucción también podemos renombrar múltiples campos dentro de una misma sentencia. Podemos renombrar objetos usando una tabla de mapeo de manera similar a como hicimos para asignar comentarios. El siguiente código muestra un ejemplo:

```
RENAME TABLES USING Map_Nombres_Tabla;
RENAME FIELDS USING Map_Nombres_Campos;
```

Es evidente que no debe faltar cargar la tabla de mapeo correspondiente antes de usar una instrucción como las anteriores.

Borrando tablas y campos

Para borrar tablas y campos usamos la instrucción DROP. El siguiente código muestra algunos ejemplos de su uso:

```
DROP TABLE [Aeronaves];
DROP FIELD [%Tipo de Aeronave];
DROP FIELD [%Tipo de Aeronave] FROM [Aeronaves];
```

La primera instrucción borra la tabla [Aeronave]. La segunda borra el campo [%Tipo de Aeronave]. La tercera también borra el campo [%Tipo de Aeronave], pero solo de la tabla [Aeronaves]. Si hay otras tablas que contengan este mismo campo, esos no son eliminados.

Manejo de variables

Como vimos en el capítulo anterior, una variable es un nombre simbólico que se puede usar para guardar un valor o expresión. Las variables también pueden ser usadas en el script. Por ejemplo, podríamos crear una variable y llamarla vFechaDeHoy la cual definiremos que contenga el valor de la fecha actual:

```
LET vFechaDeHoy = Today();
```

La función Today() es una función QlikView que regresa la fecha del día actual. Una vez definida la variable, podemos usar su valor en cualquier parte del script.

QlikView tiene dos sentencias que se usan para asignar un valor a una variable mediante el script, SET y LET. La diferencia entre ambas es que la instrucción SET asigna el valor de forma literal a la variable, mientras que la función LET primero evalúa la cadena antes de asignarla. Esto se ilustra mejor con un ejemplo:

Instrucción	Valor de la variable
SET vVariable = 1 + 2;	1 + 2
LET vVariable = 1 + 2;	3

Controlando el flujo del script

Un script en QlikView se ejecuta de izquierda a derecha y de arriba hacia abajo. Sin embargo, algunas veces necesitaremos omitir ciertas partes del script o ejecutar una sección de código varias veces de forma secuencial. Es aquí donde resultan útiles las estructuras de control.

Una estructura de control es una sentencia condicional cuyo resultado determina qué parte de script ejecutar. Abramos el editor de script y sigamos estos pasos para, de forma condicional y en base al valor de una variable, cargar la tabla de Vuelos:

1. Seleccione la pestaña de script Main.

2. Al final del script en esta pestaña, introduzca la siguiente instrucción:

   ```
   SET vCargarVuelos = 'N';
   ```

3. Active la pestaña **Vuelos**.

4. Antes de la sentencia LOAD, cree una nueva línea que contenga la siguiente sentencia:

   ```
   IF '$(vCargarVuelos)' = 'S' THEN
   ```

5. Al final del script en esta pestaña, ingrese la siguiente sentencia:

   ```
   END IF
   ```

Al ejecutar el script, notaremos que la tabla Vuelos no será cargada. Solo se incluirá la tabla si cambiamos el valor de la variable vCargarVuelos a S y se recarga el script nuevamente. Estamos usando sintaxis de Expansión Signo Dólar de la misma forma que la hemos usado en expresiones de gráfico antes.

> Antes de continuar, asegúrese de cambiar el valor de la variable vCargarVuelos a S en el script.

La estructura de control que usamos en el ejemplo es IF .. THEN .. END IF. Esto revisa si una condición especificada se cumple; de ser así, se ejecuta una porción del script. Como QlikView requiere saber qué porción debe ejecutarse en base a esta condición, finalizamos la instrucción con END IF.

Otras estructuras de control de interés son:

Estructura de Control	Explicación	Ejemplo
DO LOOP	Ejecuta sentencias mientras (WHILE) o hasta (UNTIL) que se cumpla una condición	DO WHILE i < 10 [se ejecuta mientras i sea menor a 10] LOOP
FOR NEXT	Usa un contador para iterar secuencialmente por una porción de código	FOR i = 1 TO 10 [se ejecuta para los valores 1 a 10] NEXT
FOR EACH NEXT	Itera secuencialmente por una porción de código para cada valor dentro de una lista separada por comas	FOR EACH i IN A, B, C [se ejecuta para A, B y C] NEXT

IF
 	
THEN
 	
ELSEIF
 	
ELSE
 	
END IF
	El script sigue un camino distinto en base a qué condición se cumple; esta es la estructura de control que usamos previamente. Las condiciones ELSEIF y ELSE son opcionales.	IF i = 1 THEN
		
		[se ejecuta cuando i = 1]
		
		ELSEIF i = 2 THEN
		
		[se ejecuta cuando i = 2]
		
		ELSE
		
		[se ejecuta cuando i no es 1 ni 2]
		
		END IF

SWITCH CASE DEFAULT END SWITCH	Ejecuta un grupo diferente de sentencias en base al valor de una expresión. Si no se encuentra correspondencia, se ejecuta la sección DEFAULT.	SWITCH i CASE 1 [se ejecuta cuando i = 1] CASE 2 [se ejecuta cuando i = 2] DEFAULT [se ejecuta cuando i no es 1 ni 2] END SWITCH

Un tipo especial de estructura de control es la sentencia SUB .. END SUB. Esta define una subrutina, que es una sección de script que se puede llamar desde otras partes del script. Veremos esto con mayor detalle más adelante en la sección de *Reutilizando scripts* de este mismo capítulo.

Funciones Condicionales

Frecuentemente sucede que necesitamos modificar/manipular datos en base a una condición. Por ejemplo, podemos requerir clasificar cualquier aeronave que estuvo en la base de datos antes de 1990 como "Clásica" y clasificar todo lo que se ingresó después de 1990 como "Actual". Abramos el editor de script y veamos cómo logarlo:

1. Ubique la sentencia LOAD correspondiente a la tabla [Aeronaves].

2. Añada una coma al final de la línea FECHA_FIN as [Fecha de Baja Aeronave] y presione *Enter* para crear una nueva línea.

3. En la nueva línea, ingrese la siguiente expresión:

   ```
   If(Year(FECHA_INICIO) < 1990, 'Clásica', 'Actual') as
   [Clasificación de Aeronave]
   ```

4. Como el archivo de actualización 2010 solo contiene aeronaves que son de 2010 en adelante, no necesitamos usar una expresión condicional, sino que podemos aplicar un valor fijo.

5. Dentro del bloque de script correspondiente a la carga del archivo Aeronaves_Actualización_2010.csv, ubique la línea FECHA_FIN as [Fecha de Baja Aeronave] y añada una coma al final de la misma. Luego presione *Enter* para crear una nueva línea.

6. Ingrese la siguiente expresión en esta nueva línea:

   ```
   'Actual' as [Clasificación de Aeronave]
   ```

7. Guarde y recargue el documento.

8. Añada el campo **Clasificación de Aeronave** al cuadro de selección múltiple de **Aeronave**.

Al seleccionar el valor **Clásica** de la lista desplegable de **Clasificación de Aeronave**, podemos ver que solo hay asociadas fechas menores al año **1990**.

La expresión que utilizamos usa la función If() de la siguiente manera:

```
If(Year(FECHA_INICIO) < 1990, 'Clásica', 'Actual') as [Clasificación
de Aeronave]
```

La función If() toma tres parámetros:

- Una condición. En nuestro caso Year(FECHA_INICIO) < 1990, la cual regresa verdadero si el año de la fecha de baja es previo a 1990; de otro modo, regresa falso.

- La expresión a utilizar cuando la condición se cumpla: 'Clásica'

- La expresión a utilizar cuando la condición no se cumpla: 'Actual'

QlikView tiene muchas otras funciones condicionales, pero la función `If()` es la más común. Si desea revisar las funciones condicionales disponibles, seleccione **Ayuda | Contenido** de la barra de menús, active la pestaña **Índice** en la ventana de **HTML Help** y busque `Funciones condicionales`.

Trabajando con diferentes tipos de datos

Se ha visto que QlikView ofrece un conjunto de herramientas completo para trabajar con datos. En esta sección, revisaremos algunos de los operadores y funciones más importantes para trabajar con cadenas de texto, números, fechas y tiempo.

Cadenas

Las cadenas son porciones de texto; en QlikView estas cadenas se usan normalmente para añadir contexto a los números. Pudo haber notado que, en el script, las cadenas de texto siempre se encierran entre comillas simples (').

Operadores de cadenas

La operación más comúnmente aplicada a cadenas de texto es concatenar dos o más cadenas en una sola. Esto se logra con el operador ampersand (`&`), por ejemplo:

```
[Nombre] & ' ' & [Apellido]
```

Esto concatena los valores de `Nombre` y `Apellido`, con un espacio en medio, para formar una sola cadena de texto con el nombre completo.

Funciones de cadena

La siguiente tabla muestra las funciones de cadena más importantes.

Función	Descripción	Ejemplo	Resultado
`Len(cadena)`	Regresa la longitud de una cadena, en número de caracteres	`Len('QlikView')`	8
`Left(cadena, número de caracteres)`	Comenzando del lado izquierdo, la función regresa los caracteres correspondientes de acuerdo a la cantidad especificada	`Left('QlikView', 4)`	Qlik

Función	Descripción	Ejemplo	Resultado
`Right(cadena, número de caracteres)`	Comenzando del lado derecho, la función regresa los caracteres correspondientes de acuerdo a la cantidad especificada	`Right('QlikView', 4)`	View

`Mid(cadena, posición de inicio, número de caracteres (opcional))`	Regresa una subcadena a partir de la cadena especificada. De forma opcional, se puede especificar la longitud de la subcadena resultante. Si no se especifica una longitud, se regresa la parte derecha de la cadena comenzando desde la posición de inicio.	`Mid('QlikView', 5, 2)`
		
		`Mid('QlikView', 5)`
			Vi
			
			View

`Index(cadena, subcadena, ocurrencia (opcional))`	Regresa la posición en la cual se encuentra la subcadena dentro de la cadena. Si se define una ocurrencia, QlikView buscará esa ocurrencia, de otro modo se asume la primera ocurrencia. Si se proporciona un número negativo en la ocurrencia, QlikView comienza la búsqueda desde el final de la cadena. Si no se encuentra ocurrencia, se regresa 0.	`Index('QlikView', 'i')`
		
		`Index('QlikView', 'i', 2)`
		
		`Index('QlikView', 'i', -1)`
			3
			
			6
			
			6

`Upper(cadena)`	Convierte la cadena a mayúsculas	`Upper('QlikView')`	QLIKVIEW
`Lower(cadena)`	Convierte la cadena a minúsculas	`Lower('QlikView')`	qlikview
`Capitalize(cadena)`	Convierte la cadena para uso de mayúsculas en la primera letra de cada palabra	`Capitalize('QlikView document')`	QlikView Document
`Replace(cadena, cadena_búsqueda, cadena_reemplazo)`	Reemplaza las ocurrencias de cadena_búsqueda dentro de cadena por cadena_reemplazo	`Replace('QlikView', 'Qlik', 'Click')`	ClickView
`KeepChar(cadena, caracteres a mantener)`	Regresa la cadena excluyendo los caracteres que no estén dentro de la lista de caracteres a mantener	`KeepChar('QlikView', 'ike')`	ikie

Función	Descripción	Ejemplo	Resultado
`PurgeChar(cadena, carecteres a excluir)`	Regresa la cadena excluyendo los caracteres que se hayan especificado en la lista de caracteres a excluir	`PurgeChar('QlikView', 'ie')`	QlkVw
`TextBetween(cadena, carácter de incio, carácter final, ocurrencia (opcional))`	Regresa la subcadena encontrada entre los caracteres de inicio y final. Si se especifica una ocurrencia, QlikView buscará esa ocurrencia específica, de otro modo se asume la primera	`TextBetween('<Qlik><View>', '<', '>', 2)`	View
`Trim(cadena)`	Regresa la cadena sin espacios al inicio o final de la misma	`Trim (' QlikView ')`	QlikView
`LTrim(cadena)`	Igual que la función `Trim`, pero solo elimina espacios al inicio.	`LTrim(' QlikView')`	QlikView
`RTrim(cadena)`	Igual que la función `Trim`, pero solo elimina espacios al final.	`RTrim('QlikView ')`	QlikView

Puede encontrar más información sobre otras funciones de cadena yendo al menú **Ayuda** y seleccionando **Contenido**; posteriormente vaya a la pestaña **Índice** y busque `Funciones de cadena`.

Todas estas funciones pueden anidarse. Por ejemplo, en el documento de Operación de Aerolíneas, los aeropuertos origen y destino tienen la siguiente nomenclatura:

```
[Nombre de la ciudad], [Estado o País]: [Nombre del Aeropuerto]
```

Por ejemplo:

```
New York, NY: John F. Kennedy International
```

o

```
Amsterdam, Netherlands: Schipol
```

Si solo estamos interesados en extraer el nombre del aeropuerto, que es la parte después de los dos puntos, podríamos usar la siguiente expresión:

```
Mid([Aeropuerto Destino], Index([Aeropuerto Destino]), ':') ´+ 2)
```

En este ejemplo, primero usamos la función `Index()` para obtener la posición de los dos puntos. Después le indicamos a la función `Mid()` que obtenga la cadena que comienza dos posiciones a la derecha de los dos puntos (no deseamos los dos puntos ni los espacios intermedios).

De manera similar, podemos anidar funciones para obtener el nombre de la ciudad:

```
Left([Aeropuerto Destino], index([Aeropuerto Destino], ',') - 1)
```

Esto indica a la función `Left()` que obtenga los caracteres hasta la primer ocurrencia de una coma.

Números y funciones numéricas

QlikView soporta las operaciones aritméticas básicas:

Operador	Descripción	Ejemplo	Resultado
+	Suma	2 + 2	4
-	Resta	10 – 5	5
*	Multiplicación	5 * 5	25
/	División	25 / 5	5

La siguiente tabla muestra algunas de las funciones numéricas más importantes:

Función	Descripción	Ejemplo	Resultado
Ceil()	Redondeo hacia arriba. Opcionalmente, se le puede especificar un parámetro para indicar a qué múltiplo redondear.	Ceil(2.5) Ceil(2.6, 0.25)	3 2.75
Floor()	Redondeo hacia abajo. Opcionalmente, se le puede especificar un parámetro para indicar a qué múltiplo redondear	Floor(2.5) Floor(2.6, 0.25)	2 2.5
Round()	Redondeo. Opcionalmente, se le puede especificar un parámetro para indicar a qué múltiplo redondear.	Round(3.14) Round(3.16, 0.1) Round(3.14, 0.1)	3 3.20 3.10

Además de funciones numéricas, QlikView tiene una amplia gama de funciones estadísticas, financieras y matemáticas. Una descripción de las mismas se puede encontrar yendo al menú **Ayuda | Contenido | Índice** y buscando Funciones de script.

La pestaña de **Funciones** del panel de herramientas en el editor de script también da acceso a la librería completa de funciones.

> **Tipo de dato Dual**
>
> QlikView tiene un tipo de dato que se puede interpretar al mismo tiempo como número y como texto – el tipo Dual. Este tipo de dato se usa normalmente para campos de meses, donde un mes puede regresar tanto una abreviación (Jun) como un número (6). Los valores duales son creados usando la función Dual(). Por ejemplo: Dual ('June', 6)

Funciones de fecha y hora

Las fechas y horas son atributos importantes en un documento QlikView. Poder ver la evolución de resultados a través del tiempo es prácticamente un requerimiento obligatorio en cualquier solución de Inteligencia de Negocios.

Es necesario entender que, internamente, el tipo de dato Fecha/Hora es representado por un número de punto flotante.

Por ejemplo, las 12 del mediodía de Mayo 22, 2012 se guarda internamente como 41,051.5. La porción entera 41,051, representa la fecha; es el número de días transcurridos desde Diciembre 31, 1899. La parte decimal 0.5 representa la hora. Como un día (24 horas) es 1, una hora es 1/24 y doce horas es 12/24, lo cual es igual a ½ ó 0.5.

Conociendo esto, podemos usar las funciones numéricas que vimos anteriormente para realizar operaciones de fecha y hora. Por ejemplo, podemos usar la función Floor() para eliminar la información de hora de un campo que contiene fecha y hora.

Además de las funciones numéricas, QlikView tiene también una gama de funciones para trabajar específicamente con información de fecha y hora. La siguiente lista muestra las funciones más comunes. Para ilustrar, asuma que Fecha es igual a 10:15 AM del día 22 de Mayo de 2012, que cae en martes.

Función	Descripción	Ejemplo	Resultado
Year()	Regresa el año de la fecha	Year(Fecha)	2012
Month()	Regresa el mes de la fecha	Month(Fecha)	5
Week()	Regresa el número de semana de la fecha, en base a la norma ISO	Week(Fecha)	21
Day()	Regresa el día del mes	Day(Fecha)	22
Weekday()	Regresa un número entre 0 (lunes) y 6 (domingo), que representan un día de la semana	Weekday(Fecha)	1
Hour()	Regresa la hora	Hour(Fecha)	10
Minute()	Regresa el minuto	Minute(Fecha)	15
Today()	Regresa la fecha del día de hoy, sin componente hora	Today()	2012-05-22
MakeDate()	Crea una fecha en base a un año, mes y día que se especifique. Si no se le especifica un día, se asume el primer día del mes. Si no se especifica un mes, se asume el primer mes del año	MakeDate(2012, 5, 22) MakeDate(2012, 5) MakeDate(2012)	2012-05-22 2012-05-01 2012-01-01

Puede encontrar más información relacionada con las funciones de fecha y hora yendo al menú **Ayuda | Contenido | Índice** y buscando Funciones de Fecha y Hora.

Ahora que hemos visto cómo utilizar diferentes sentencias, funciones y expresiones para crear scripts en QlikView, es hora de ver qué opciones tenemos para probar nuestros scripts.

Depurando el script

Al crear scripts en QlikView se corre el riesgo de cometer errores y generar defectos en el código, como sucede en cualquier forma de programación. En esta sección, veremos algunas opciones disponibles para encontrar y resolver defectos en su script.

Verificación de sintaxis

El uso incorrecto de sintaxis es una causa común de errores. Afortunadamente, QlikView tiene una funcionalidad que detecta estos errores: Verificación de Sintaxis.

El script en QlikView tiene coloreado de sintaxis. Cuando se detecta alguna sintaxis incorrecta, la sentencia es subrayada con una línea roja a partir de donde se encontró el error. En la práctica, esto quiere decir que normalmente existe un error en la línea que aparece antes del texto subrayado en rojo. La siguiente imagen de pantalla muestra una porción de código con un error de sintaxis, vea si puede identificar cuál es el error.

```
1
2   Map_País_Fabricante:
3   MAPPING LOAD Compañía
4       País
5   FROM
6   [..\Datos Fuente\CSVs\Aeronaves_Fabricantes.csv]
7   (txt, codepage is 1252, embedded labels, delimiter is ',', msq);
8
```

Si observó con detenimiento el script mostrado en la imagen anterior, habrá notado que hace falta una coma después de la columna Compañía. Esto provoca que la sentencia se subraye en rojo a partir de ese punto.

Además de poder identificar errores de forma dinámica, es posible ejecutar una verificación de sintaxis a través de todo el script seleccionando el menú **Herramientas | Verificación de Sintaxis** o dando clic en el icono correspondiente de la barra de herramientas, que aparece al final del lado derecho.

Guardando logs a disco

Al ejecutar una recarga en QlikView, se muestra un registro de actividades en la ventana de **Progreso de Ejecución del Script**. Se puede guardar una copia de este log en disco de forma que pueda ser revisado después. Si no ha activado esta opción para el ejemplo actual, siga estos pasos:

1. Vaya a **Configuraciones | Propiedades de Documento** para abrir la ventana de **Propiedades de Documento**.

2. En la pestaña **General**, habilite la opción de **Generar Archivo Log**.

3. Para crear archivos log individuales para cada una de las veces que se ejecute el script, active también la opción de **Fecha/Hora en Nombre de Archivo de Registro**.

4. Dé clic en **Aceptar** para cerrar la ventana de **Propiedades de Documento**.

Así, cada vez que se ejecute el script se creará un archivo log adicional en el mismo directorio donde está guardado el documento QlikView. El archivo log tendrá el nombre del documento, con la fecha, hora y extensión .log. Por ejemplo: `Operación de Aerolíneas.qvw.2012_07_07_10_24_43.log`.

El depurador de script

El **Depurador** ofrece algunas funcionalidades útiles para identificar y corregir errores en el script. Podemos abrir la ventana **Depurador**, mostrada en la siguiente imagen de pantalla, dando clic en el icono con etiqueta **Depurar** en la barra de herramientas o seleccionando **Archivo | Depurar** de la barra de menús.

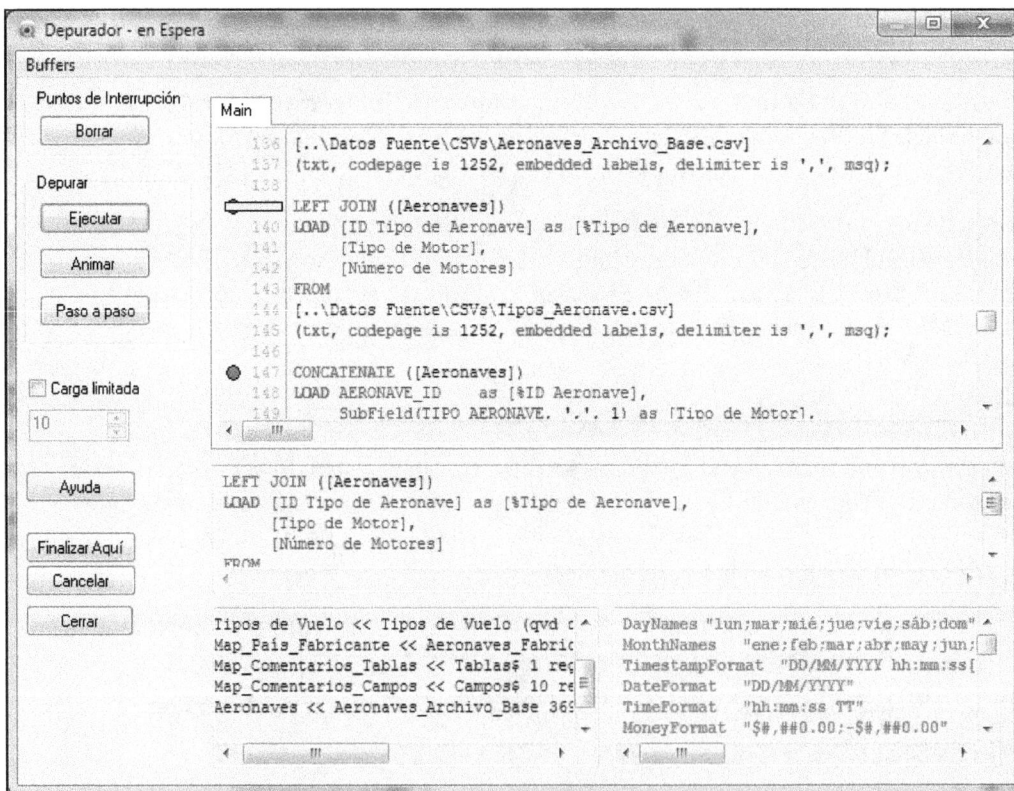

Además de algunos botones para ejecutar varias acciones, el diálogo **Depurador** contiene las siguientes áreas:

- El script de todas las pestañas desplegado en una sola.

- La sentencia que se está ejecutando en cada momento.

- Del lado izquierdo, el progreso de ejecución del script. Esto muestra la misma información que la ventana **Progreso de Ejecución del Script** que vemos durante una recarga regular.

- De lado derecho, los valores de las variables usadas en el documento.

Podemos ejecutar el script de las siguientes formas:

- Usando el botón **Ejecutar**, el cual ejecutará el script de forma regular hasta el final o hasta que se llegue a un punto de interrupción.

- Dando clic al botón **Animar**, que permite que el script se ejecute de manera regular, pero se añade una breve pausa después de cada paso. De esta forma, la ejecución se puede monitorear fácilmente.

- Dando clic al botón **Paso a paso**, que ejecuta una sola sentencia del script.

La sentencia que se está ejecutando en cada momento se marca con una barra amarilla al lado izquierdo de la misma. Esto se puede observar en la línea 139 de la imagen de pantalla previa.

Las siguientes funciones son de importancia dentro del depurador.

Usando puntos de interrupción

Los puntos de interrupción se usan para pausar la ejecución del script en un punto en particular, de forma que podamos inspeccionar el estado intermedio del documento sin tener que ir paso a paso por el script completo.

Un punto de interrupción se representa por un punto rojo, el cual es añadido dando clic en el número de fila en donde se desea insertar. La imagen previa muestra un punto de interrupción en la línea 147. Se puede borrar un punto de interrupción individual dando clic sobre el mismo. Podemos borrar todos los puntos de interrupción a la vez dando clic en el botón **Borrar**.

Carga limitada

Cuando hay tiempos de recarga largos, el depurar scripts puede resultar un poco engorroso. Es aquí donde la opción de **Carga limitada** es útil. Cuando esta opción está habilitada y se especifica un número de registros a cargar en el cuadro de entrada correspondiente, QlikView cargará solamente esa cantidad de registros en cada sentencia LOAD.

> Como una carga limitada no extrae todos los datos, es probable que las tablas de mapeo u operaciones JOIN no funcionen correctamente.

Rastreo de script

Otra opción que puede usarse para depurar scripts es la sentencia Trace. Esta sentencia se llama desde el script y puede utilizarse para escribir todo tipo de información (para depurar) a la ventana de **Progreso de Ejecución del Script** y a los archivos log, en caso de estar habilitados.

Por ejemplo, podemos revisar si el número de filas de la tabla Aeronaves cambia después de ejecutar un comando LEFT JOIN usando la tabla Tipos_Aeronave.csv. Esto se hace añadiendo el siguiente código antes y después de la operación.

```
Let vNoDeRegistros = NoOfRows('Aeronaves');
TRACE >>> Número de filas en Aeronaves: $(vNoDeRegistros);
```

La primera línea del script usa la función NoOfRows() para asignar el número de registros de la tabla Aeronaves como valor a la variable vNoDeRegistros. La segunda línea usa la sentencia Trace para escribir este valor al registro de actividad del script.

El resultado se muestra en la siguiente imagen de pantalla; podemos ver que hay 369 registros en la tabla antes y después de la sentencia LEFT JOIN.

Progreso de Ejecución del Script

Ejecutando el Script

Este proceso puede tardar varios minutos según el tamaño del script.

Iniciado en 15:25:57, Finalizado en 15:26:01, Transcurrido: 00:00:04

Haga clic sobre el botón Finalizar Aquí para detener la ejecución del script en la posición actual. Haga clic sobre el botón Cancelar para cancelar la ejecución del script

```
Map_Comentarios_Campos << Campos$ 10 registros leídos
Aeronaves << Aeronaves_Archivo_Base 369 registros leídos
>>> Número de filas en Aeronaves: 369
Tipos_Aeronave 9 registros leídos
>>> Número de filas en Aeronaves: 369
Aeronaves << Aeronaves_Actualización_2010 378 registros leído
Rangos de Distancia << Rangos de Distancia (qvd optimized) 25
```

☐ Cerrar una vez finalizado   Cerrar   Finalizar Aquí   Cancelar

---

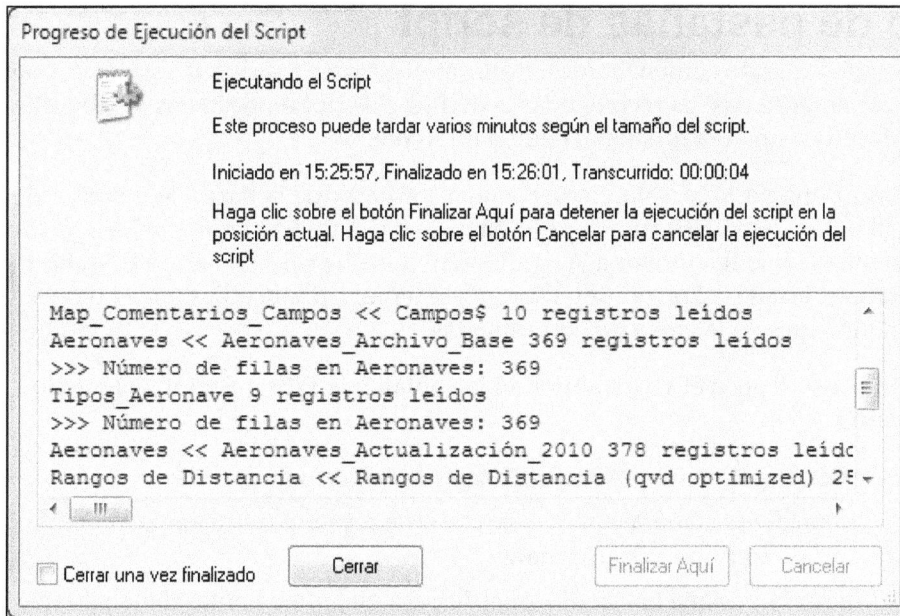

Hemos visto varias opciones para depurar nuestros scripts en QlikView; es tiempo de pensar en cómo mantener las cosas en orden y entendibles.

Estandarizando y organizando el script

¿Se ha visto usted en la siguiente situación alguna vez? Se presenta un problema. Después de varias horas de pensar, desarrollar, pensar un poco más y desarrollar otro poco, encuentra una solución. "¡Esto es un trabajo brillante!" se dice a sí mismo, "resuelve por completo el problema de una manera muy elegante".

Luego de unos meses, se presenta una nueva pregunta de negocio y se requiere hacer un pequeño cambio a la solución original. Observa su trabajo inicial y después de examinar el código concluye que no puede encontrarle ni pies ni cabeza. "¡Esto es un trabajo horrible!" se dice a sí mismo, "¿En qué estaba pensando en aquel momento?".

¿En realidad su script pasó de ser brillante a ser basura después algunos meses? Seguramente no. Simplemente perdió claridad sobre lo que hace el script. Afortunadamente, siempre hay formas de asegurar que nosotros mismos, y cualquier tercero que vea el script, comprendamos rápidamente lo que hace el script e identifiquemos los puntos que debemos modificar. El secreto está en organizar el script y en utilizar una nomenclatura bien definida.

Uso de pestañas de script

Como vimos cuando comenzamos a explorar el editor de script, un script se puede organizar en pestañas. Es recomendable dividir el script en pestañas y que cada una esté enfocada a un área funcional o tabla diferente.

Para añadir una pestaña, seleccione **Pestaña | Añadir** de la barra de menús o dé clic en el botón de **Añadir nueva pestaña** de la barra de herramientas. Así mismo, las pestañas se pueden mover a la izquierda o derecha seleccionando **Pestaña | Ascender** o **Pestaña | Descender,** respectivamente, o dando clic en los botones correspondientes en la barra de herramientas.

Organicemos un poco el script abriendo la ventana de **Editar Script** y siguiendo estos pasos:

1. Seleccione **Pestaña | Añadir Pestaña** de la barra de menús

2. Nombre la pestaña **Mapeos** y dé clic en **Aceptar** para cerrar la ventana de **Diálogo Renombrar Pestaña**.

3. Mueva la pestaña hacia la izquierda para que quede antes de la pestaña **Vuelos**.

4. Mueva todas las sentencias de MAPPING LOAD (Map_País_Fabricante, Map_Comentarios_Tablas, y Map_Comentarios_Campos) de la pestaña **Aeronaves** a la pestaña **Mapeos**.

5. Cree una nueva pestaña dando clic en el botón de **Añadir nueva pestaña** en la barra de herramientas.

6. Nombre la nueva pestaña **Comentarios** y dé clic en **Aceptar** para cerrar la ventana de **Diálogo Renombrar Pestaña**.

7. Mueva la pestaña de **Comentarios** hacia la izquierda para que quede antes de la pestaña **Vuelos**.

8. Mueva todas las sentencias COMMENT de la pestaña **Aeronaves** a la pestaña **Comentarios**.

9. Guarde el documento.

Ahora el script se ve un poco más organizado.

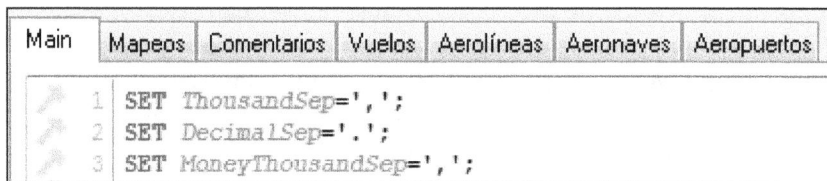

Main	Mapeos	Comentarios	Vuelos	Aerolíneas	Aeronaves	Aeropuertos

```
1  SET ThousandSep=',';
2  SET DecimalSep='.';
3  SET MoneyThousandSep=',';
```

Comentarios

Se pueden añadir comentarios al script de dos formas. Para definir una sola línea como comentario, podemos usar // al inicio de la misma. Por ejemplo:

```
// Esta es una sola línea de comentario
```

Adicionalmente, podemos definir varias líneas como comentarios encerrándolas entre /* y */, como se muestra a continuación:

```
/* Esta es la primera línea del comentario
Esta es la segunda línea del comentario */
```

Es recomendable añadir comentarios relacionados con lo siguiente en un script:

- Nombres de tabla: Esto hace más sencillo identificar qué script pertenece a qué tabla.

- Información general: Por ejemplo, quién hizo algún cambio al script y cuándo; también vale la pena comentar qué campo se usa como llave en una operación JOIN.

- Reglas de negocio: Describa las reglas de negocio aplicadas a nivel script y porqué se usa cierto método para lograr algo.

En la siguiente imagen se muestra un ejemplo de comentarios añadidos a la pestaña de **Aeronaves** de nuestro documento.

```
1   //===============================[ Aeronaves ]================================
2
3   [Aeronaves]:
4   LOAD AERONAVE_ID                          as [%ID Aeronave],
5       TIPO_AERONAVE_ID                      as [%Tipo de Aeronave],
6       SSD_NOMBRE                            as [Nombre de Aeronave],
7       FABRICANTE                           as Fabricante,
8       ApplyMap('Map_País_Fabricante',
9           FABRICANTE, 'No especificado')   as [País del Fabricante],
10      NOMBRE_LARGO                         as [Nombre Completo de Aeronave],
11      NOMBRE_CORTO                         as [Nombre Corto de Aeronave],
12      FECHA_INICIO                         as [Fecha de Alta Aeronave],
13      FECHA_FIN                            as [Fecha de Baja Aeronave],
14      If(Year(FECHA_INICIO) < 1990,
15          'Clásica', 'Actual')            as [Clasificación de Aeronave]
16  FROM
17  [..\Datos Fuente\CSVs\Aeronaves_Archivo_Base.csv]
18  (txt, codepage is 1252, embedded labels, delimiter is ',', msq);
19
20  Let vNoDeRegistros = NoOfRows('Aeronaves');
21  TRACE >>> Número de filas en Aeronaves: $(vNoDeRegistros);
22
23  //--- Añadir la conffiguración de motores a los datos de la aeronave.
24
25  LEFT JOIN ([Aeronaves])
26  LOAD [ID Tipo de Aeronave]               as [%Tipo de Aeronave],   //*** Campo llave
27      [Tipo de Motor],
28      [Número de Motores]
29  FROM
30  [..\Datos Fuente\CSVs\Tipos_Aeronave.csv]
31  (txt, codepage is 1252, embedded labels, delimiter is ',', msq);
32
33  //--- Ya no se requiere este campo llave debido a que se unió la información
34  //    de los motores a la tabla de Aeronaves.
35  DROP FIELD [%Tipo de Aeronave] FROM [Aeronaves];
```

Añadiendo una pestaña de información

Es buena práctica añadir una pestaña de **Información** a cada script. En esta pestaña se documenta, entre otras cosas, información sobre quién creó el documento, cuál es el propósito del mismo y cuándo fue modificado por última vez. Adicionalmente, se puede incluir un log de cambios para llevar un registro de los cambios que se han hecho al script desde su creación.

Tome un momento para añadir la pestaña de **Información** a su documento QlikView. Un ejemplo se muestra en la siguiente imagen de pantalla:

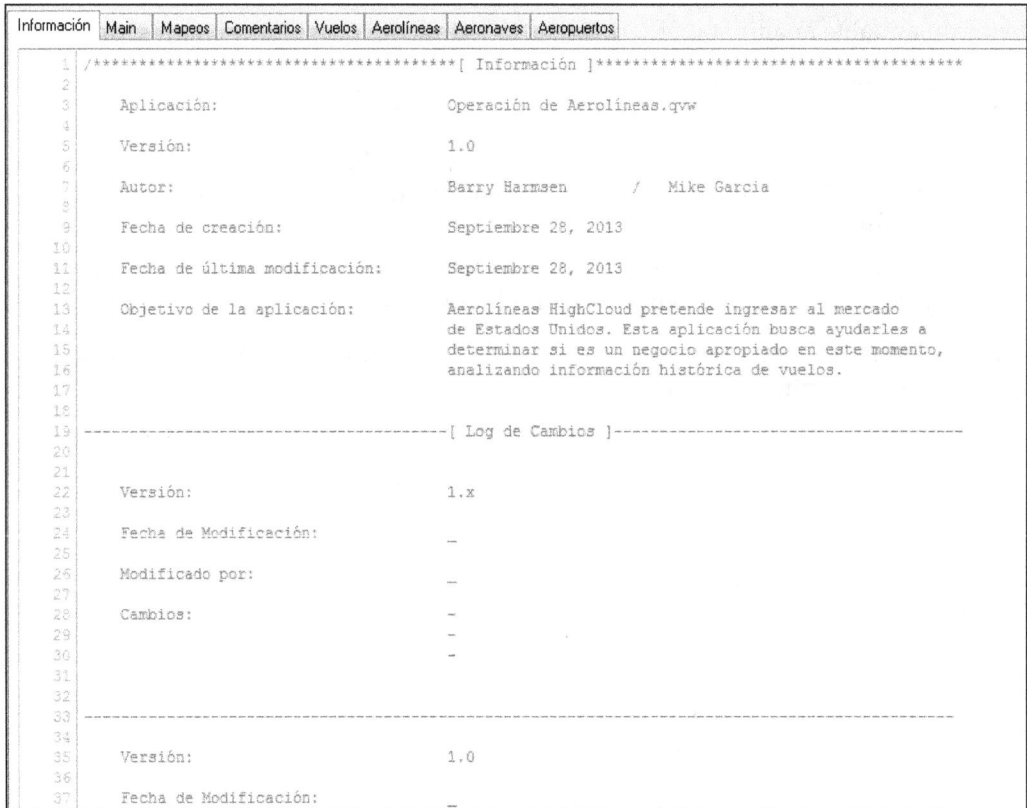

```
Información | Main | Mapeos | Comentarios | Vuelos | Aerolíneas | Aeronaves | Aeropuertos

 1  /*****************************[ Información ]*********************************
 2
 3     Aplicación:                        Operación de Aerolineas.qvw
 4
 5     Versión:                           1.0
 6
 7     Autor:                             Barry Harmsen      /    Mike Garcia
 8
 9     Fecha de creación:                 Septiembre 28, 2013
10
11     Fecha de última modificación:      Septiembre 28, 2013
12
13     Objetivo de la aplicación:         Aerolíneas HighCloud pretende ingresar al mercado
14                                        de Estados Unidos. Esta aplicación busca ayudarles a
15                                        determinar si es un negocio apropiado en este momento,
16                                        analizando información histórica de vuelos.
17
18
19  -------------------------------[ Log de Cambios ]----------------------------
20
21
22     Versión:                           1.x
23
24     Fecha de Modificación:             _
25
26     Modificado por:                    _
27
28     Cambios:                           _
29                                        _
30                                        _
31
32
33  ----------------------------------------------------------------------------
34
35     Versión:                           1.0
36
37     Fecha de Modificación:             _
```

Estructura del script

Además de pestañas, comentarios y una hoja de información, el uso de una estructura apropiada en el script mejorará la legibilidad del mismo. Se recomienda el uso de sangrías para visualizar los diferentes niveles dentro del script. También se sugiere alinear los alias de campos (el nombre de campo después de la palabra as en una sentencia LOAD). Observe el script mostrado en una de las imágenes anteriores para ver un ejemplo de cómo estructurar el script para hacerlo más legible.

Nomenclaturas

Finalmente, se recomienda definir y utilizar una nomenclatura en todo el script. Repasaremos la nomenclatura que hemos seguido en los ejercicios de este libro.

Nomenclatura de tablas

Las tablas que se usarán en el modelo de datos final tienen un nombre "amistoso" y aparecen en plural. De esta forma, un usuario de negocio entenderá lo que cada tabla contiene. Así, en lugar de llamar a una tabla CTE_DATA, la llamamos Clientes. Con esta nomenclatura está permitido usar espacios en los nombres de tabla.

A las tablas de mapeo se les antepone la palabra Map como prefijo de forma que podamos identificar inmediatamente que se trata de una tabla de mapeo. Estas tablas pueden usar nombre técnicos, por ejemplo Map_País_Fabricante, ya que no aparecerán en el modelo de datos final.

Las tablas temporales son tablas que no se usan en el modelo de datos final, sino que sirven para guardar un resultado temporal o intermedio. No hemos usado ninguna tabla temporal en nuestros ejemplos pero cuando las usemos tendrán el prefijo Temp. Por ejemplo Temp_Vuelos.

Nomenclatura de campos

De manera similar a las tablas usadas en el modelo de datos final, los nombres de campo también tienen un nombre amistoso. Por ejemplo, Nombre de Aeronave en lugar de SSD_Nombre. Como muchos de estos nombres contienen espacios, los nombres de campo se encierran entre corchetes de manera predeterminada, aunque no tengan ningún espacio.

Los campos llave, aquellos que se usan para asociar tablas, llevan el prefijo % (signo de porcentaje). Por ejemplo [%ID Aeronave].

> **Escondiendo campos**
>
> Los campos llave pueden causar confusión si aparecen listados en las diferentes ventanas de diálogo que usamos en la parte gráfica de QlikView. Como estos campos se usan en varias tablas, pueden regresar resultados inesperados al ser usados dentro de funciones de agregación. Por lo tanto, es recomendable esconder estos campos de lo que ve el usuario.
>
> Hay dos variables que se pueden usar para esconder campos: HidePrefix y HideSuffix. La primera variable esconde los campos que comienzan con una cadena de texto específica y la segunda esconde los campos cuyo nombre termina con una cadena de texto específica.
>
> Para esconder los campos llave, podemos añadir la siguiente instrucción al inicio de nuestro script: SET HidePrefix = '%';

Las métricas, aquellos campos que contienen cantidades, llevan el prefijo # (signo numeral). Por ejemplo, [# Pasajeros].

Banderas, aquellos campos que contienen un indicador Sí/No o 1/0, llevan el prefijo _ (guion bajo). Por ejemplo [_Vuelo llegó a tiempo].

Reutilizando scripts

Al desarrollar documentos QlikView con frecuencia tenemos que aplicar un mismo conjunto de transformaciones o lógica a datos diferentes. Algunos toman la ruta de copiar-pegar como reutilización de script. Aunque este método puede funcionar en un inicio, hace que el script sea mucho más difícil de administrar. Cuando algo en el script necesita cambiarse, se debe cambiar en cada instancia en donde aparece, corriendo así el riesgo de que existan diferentes versiones del mismo proceso de transformación.

En esta sección, veremos dos métodos más apropiados para reutilizar código. El primero consiste en usar subrutinas, las cuales pueden usarse para reutilizar código dentro de un mismo documento. La segunda es el uso de la sentencia Include, lo cual permite reutilizar código en varios documentos distintos.

Subrutinas

Una subrutina es un bloque de código reutilizable al que se puede llamar desde otras partes del script mediante la sentencia CALL. Este bloque se forma usando la estructura de control SUB .. END SUB. Las subrutinas pueden contener parámetros de forma que el procesamiento de datos se pueda hacer de una forma más flexible.

> Como el script en QlikView se ejecuta en orden secuencial, la subrutina se debe definir antes de que pueda ser llamada. Por lo tanto, se recomienda crear subrutinas lo más al inicio del script que se pueda.
>
> Al ejecutar el script, todo lo que exista entre las sentencias SUB y END SUB es ignorado por QlikView, ya que esto solo es ejecutado cuando haya una instrucción CALL haciendo referencia a la subrutina.

Un buen ejemplo de cómo podemos aprovechar una subrutina es el comando Trace que usamos en un ejercicio previo para escribir el número de registros de una tabla al registro de actividades del script. Veamos cómo podemos empaquetar esto en una subrutina. Como queremos que nuestra subrutina sea flexible, añadiremos un parámetro para especificar la tabla de la que queremos contar los registros.

Creamos una subrutina siguiendo estos pasos:

1. Abra el editor de script presionando *Ctrl + E*.

2. Cree una nueva pestaña llamada Subrutinas y posiciónela inmediatamente después de la pestaña **Main**.

3. Ingrese el siguiente código en la nueva pestaña:

```
SUB ConteodeFilas(TablaFuente)
// Escribe el número de registros en TablaFuente
// al registro de actividades del script
IF '$(TablaFuente)' <> '' THEN
     LET vNoDeRegistros = NoOfRows('$(TablaFuente)');
     TRACE >>> Número de filas en $(TablaFuente):
$(vNoDeRegistros);
     LET vNoDeRegistros = Null();
ELSE
     TRACE >>> No se especificó un nombre de tabla para el conteo
de registros;
ENDIF

END SUB
```

4. Vaya a la pestaña de **Aeronaves**.

5. Ingrese la siguiente instrucción inmediatamente después de la primera sentencia LOAD correspondiente a **Aeronaves**:

```
CALL ConteodeFilas  ('Aeronaves');
```

6. Añada la misma instrucción después de la sentencia LEFT JOIN ([Aeronaves]), justo arriba de la instrucción DROP FIELD.

Veamos más de cerca lo que este script hace.

La subrutina se declara usando la sentencia de control SUB:

```
SUB ConteodeFilas  (TablaFuente)
```

Esto indica a QlikView que deseamos declarar una subrutina llamada ConteodeFilas que tomará un solo parámetro: TablaFuente. Este parámetro es trasladado a la subrutina como una variable, la cual solo existe en el contexto de esa subrutina.

El script verifica que se haya definido un valor en el parámetro TablaFuente; si tiene un valor definido, se escribe el número de filas de la tabla correspondiente en el registro de actividad del script como lo vimos previamente. Si no hay un valor definido para el parámetro de TablaFuente, se escribe un mensaje de error.

La subrutina se finaliza con una sentencia de control END SUB.

> Probablemente se pregunte porqué usamos la instrucción Let vNoDeRegistros = Null();. De manera predeterminada, las variables que son creadas en el script también están disponibles desde la interfaz de QlikView. Para prevenir que la interfaz se sature con variables que son solo relevantes en el script, borramos la variable recién creada asignándole un valor Null(). Tome en cuenta que este método no funciona para borrar variables que ya existen previamente, en cuyo caso se deben borrar manualmente desde el panel de variables (que se abre presionando *Ctrl + Alt + V* en la interfaz gráfica).

En la pestaña de **Aeronaves**, usamos la instrucción CALL ConteodeFilas ('Aeronaves'); para mostrar el número de registros de la tabla Aeronaves antes y después de unir la información de configuración de motores a la misma.

Usando archivos de script externos

Se vio en la sección previa que podemos usar subrutinas para reutilizar bloques de código dentro de un documento QlikView. También es posible reutilizar el mismo código en varios documentos mediante el uso de un archivo de script externo. Es buena práctica reutilizar código en varios documentos ya que facilita y simplifica la administración de los mismos.

Veremos cómo podemos tomar la subrutina de conteo de registros que creamos en la sección previa y convertirla en un archivo de script externo que podemos usar en todos nuestros documentos QlikView. Sigamos estos pasos:

1. Abra la ventana de **Editor de Script** y active la pestaña **Subrutinas**.

2. Seleccione y copie al portapapeles el código completo de la subrutina presionando *Ctrl + A* (para seleccionar todo) y *Ctrl + C* (para copiar).

3. Abra el editor de texto de su elección (por ejemplo Notepad, presionando la tecla *Windows + R*, escribiendo notepad y presionando *Enter*).

4. Pegue el código de la subrutina al editor de texto.

5. Guarde el archivo desde el editor de texto al mismo directorio en donde se encuentra nuestro documento QlikView y con el nombre de ConteodeFilas.qvs.

6. Cierre el editor de texto y regrese a la ventana de **Editor de Script** en QlikView.

7. Vaya a la pestaña **Subrutinas** y elimine el código de la rutina completa, presionando *Ctrl + A* para seleccionar todo y *Suprimir* para borrarlo.

8. Seleccione **Pestaña | Renombrar** de la barra de menús y renombre la pestaña a Includes.

9. Seleccione **Insertar | Incluir Sentencia** de la barra de menús, y seleccione el archivo ConteodeFilas.qvs mediante la ventana de **Incluir Archivos de Script**.

El código resultante deberá ser similar al siguiente:

```
$(Include=conteodefilas.qvs);
```

Esta instrucción indica a QlikView que debe importar el contenido del archivo al script actual.

> En este ejemplo, pusimos el archivo de script en el mismo directorio que el documento QlikView. En un escenario real, tendríamos una estructura de directorios con una carpeta Include o Librería que contenga todos los scripts reutilizables.

Así como es posible usar archivos de script externos para reutilizar código, se puede aplicar el mismo principio a algunas configuraciones como ubicación de archivos y cadenas de conexión a bases de datos.

> **Qlikview Components**
>
> En lugar de crear su propia librería de scripts, puede considerar QlikView Components (Qvc). Qvc es una librería de scripts gratuita y de código abierto. Su misión es implementar mejores prácticas de scripting así como mejorar la rapidez y calidad de desarrollo en QlikView.
>
> Qvc contiene subrutinas y funciones para automatizar tareas de complejidad media, como creación de calendarios, cargas incrementales y creación de tablas de asociación para soportar varias tablas de hechos en un mismo modelo de datos.
>
> Qvc se puede descargar de `http://code.google.com/p/qlikview-components/`

Administrando ubicaciones de archivo y cadenas de conexión

En nuestros ejemplos, siempre hemos referenciado al directorio Datos Fuente para obtener los datos. Si, por alguna razón, este directorio cambia de ubicación, tendríamos que cambiar manualmente la ubicación a que hacemos referencia en varias partes de nuestro script.

Sigamos estos pasos para crear un archivo de script que guarde la configuración del directorio fuente en una sola ubicación.

1. Abra Notepad o cualquier otro editor de texto.
2. Ingrese el siguiente código:

   ```
   SET vDirectorioDatosFuente = '..\Datos Fuente\';
   ```

3. Guarde el archivo en el mismo directorio que el documento QlikView y asígnele el nombre de `Config.qvs`.

4. Cierre el editor de texto y regrese a la ventana de **Editor de Script** de QlikView.

5. Vaya a la pestaña **Includes** y posicione el cursor en la última línea.

6. De la barra de menús, seleccione **Insertar | Incluir Sentencia** y seleccione el archivo `Config.qvs` usando la ventana de **Incluir Archivos de Script**.

Hasta aquí, hemos creado un archivo de script que define la variable `vDiectorioDatosFuente` con la ruta al directorio donde se encuentran los datos fuente.

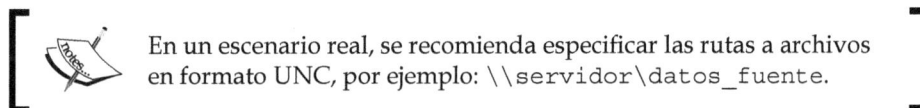

> En un escenario real, se recomienda especificar las rutas a archivos en formato UNC, por ejemplo: `\\servidor\datos_fuente`.

Lo que tenemos que hacer es reemplazar cada ocurrencia de la ruta en el código con la nueva variable. Para hacer esto, siga estos pasos:

1. En la ventana de **Editor de Script**, seleccione **Editar | Buscar/Reemplazar** de la barra de menús.

2. En el campo de entrada **Buscar**, ingrese `..\Datos Fuente\`.

3. En el campo de entrada de **Reemplazar con**, ingrese `$(vDirectorioDatosFuente)`.

4. Active la opción de **Buscar en todas las pestañas**.

5. Dé clic al botón **Reemplazar Todos**.

6. Dé clic en **Cerrar** para cerrar la ventana de diálogo de **Buscar**.

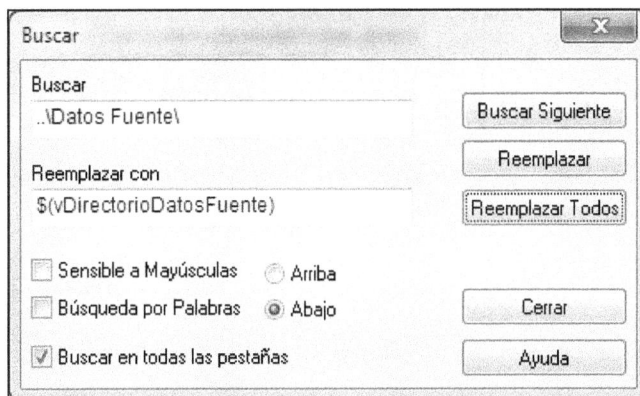

Con esto, cada ocurrencia en el script donde aparecía el nombre del directorio fuente ha sido cambiada por la variable vDirectorioDatosFuente. Si necesitamos cambiar la ubicación de este directorio, solo lo tenemos que cambiar en un solo lugar y esto afectará a todas las sentencias que lo utilizan.

Este mismo método se puede usar para guardar y administrar cadenas de conexión a bases de datos.

Resumen

Hemos llegado al final de este capítulo sobre construcción de scripts en QlikView. Aprendimos cómo navegar el editor de script. También, se repasaron las sentencias de script más importantes y las aplicamos a nuestro proyecto de Operación de Aerolíneas. Tomamos algunas recomendaciones y referencias para trabajar con diferentes tipos de datos en QlikView, depurar scripts, así como estandarizar y organizar nuestros scripts. Finalizamos el capítulo viendo algunas técnicas de reutilización de código, lo que permite que nuestros scripts sean más fáciles de administrar.

Una vez aprendido lo básico en relación a creación de scripts en QlikView, en el *Capítulo 8, Mejores Prácticas en Modelado de Datos,* aplicaremos este conocimiento, mientras que aprendemos mejores prácticas de modelado de datos.

8
Mejores Prácticas en Modelado de Datos

En el *Capítulo 4, Modelado de Datos,* comenzamos a trabajar con el modelado de datos en QlikView y revisamos algunos lineamientos a seguir al diseñar un modelo de datos. Ahora que hemos también revisado cómo manipular datos por medio de script en QlikView, estamos listos para ahondar más en ambos temas y revisar algunas mejores prácticas para lograr mejores y más limpios diseños de modelos de datos. Hablaremos sobre cómo lidiar con algunos desafíos comunes en el modelado de datos, tales como múltiples tablas de hechos, y veremos varias técnicas para asegurar que nuestro modelo de datos mantenga consistencia y no contenga datos innecesarios. Adicionalmente, veremos algunas mejores prácticas para trabajar con información de fecha y hora.

Aprenderemos a:

- Asegurar consistencia en nuestro modelo de datos
- Trabajar con modelos de datos complejos y múltiples tablas de hechos
- Reducir requerimientos de almacenamiento del modelo de datos.
- Trabajar con información de fecha y hora

¡Comencemos!

Consistencia de datos

El primer conjunto de mejores prácticas que presentaremos sobre el modelado de datos está enfocado a asegurar consistencia en los datos. Este es uno de los temas más importantes que debemos cuidar al construir documentos QlikView. Veamos algunas recomendaciones que podemos seguir para asegurar que nuestros datos se mantengan concisos.

Trabajando con dimensiones sin hechos

Algunas veces, una tabla de dimensiones puede contener valores que no están asociados a los hechos. Para demostrar esto, observemos nuevamente el modelo de datos que construimos en el *Capítulo 3, Fuentes de Datos,* y que hemos seguido usando desde entonces.

1. Abra el archivo de `Operación de Aerolíneas.qvw`.

2. Abra la ventana del **Visor de Tablas** seleccionando **Archivo | Visor de Tablas** o presionando *Ctrl + T*.

3. Pase el cursor del ratón por encima del campo %**ID Aeronave** en la tabla **Aeronaves**, prestando especial atención al valor de **Ratio de subconjunto**.

4. A continuación, pase el cursor del ratón por encima del campo %**ID Aeronave** en la tabla **Vuelos**, de nuevo prestando especial atención al valor de **Ratio de subconjunto**. Lo que observamos es que el campo %**ID Aeronave** tiene un ratio de subconjunto de 100% en la tabla de dimensión de Aeronaves, mientras que en la tabla de **Vuelos** tiene solamente un **48**% de **Ratio de subconjunto**. Esto lo podemos verificar en la siguiente imagen de pantalla:

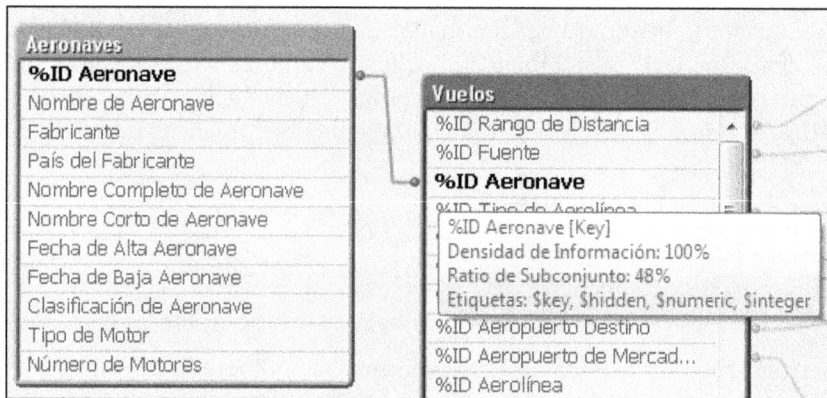

Ya aprendimos en el *Capítulo 4, Modelado de Datos,* lo que esto significa: de todos los valores únicos que tiene el campo %**ID Aeronave**, el 100% de esos valores aparecen en la tabla de dimensión de **Aeronaves**, mientras que solo el 48% de los valores aparece en la tabla **Vuelos**. En otras palabras, solo el 48% de los aviones han registrado vuelos.

Antes de ver cómo eliminar las aeronaves que no han registrado vuelos de nuestro modelo de datos, tomemos un momento para investigar cuáles son los modelos de aviones para los que no se han registrado vuelos.

1. Cierre la ventana del **Visor de Tablas** dando clic en **Aceptar**.

2. Añada una nueva hoja al documento dando clic en el botón **Añadir Hoja** de la barra de herramientas de diseño.

3. Una vez que estemos en la nueva hoja, dé clic derecho en algún espacio vacío del área de trabajo y seleccione **Propiedades** del menú contextual. Luego, desde la ventana de **Propiedades de Hoja**, active la pestaña **General** e ingrese como **Título** la etiqueta Consistencia de Datos.

4. Ahora, navegue a la pestaña **Campos** y, de la lista de **Campos Disponibles** a la izquierda, seleccione los campos **Año** y **Nombre de Aeronave** y dé clic en el botón **Añadir >**. Luego, dé clic en **Aceptar** y se crearán los dos cuadros de lista.

5. Ahora crearemos un **Cuadro de Tabla** dando clic derecho nuevamente sobre un espacio vacío del área de trabajo y seleccionando **Nuevo Objeto de Hoja | Cuadro de Tabla**, como se muestra a continuación:

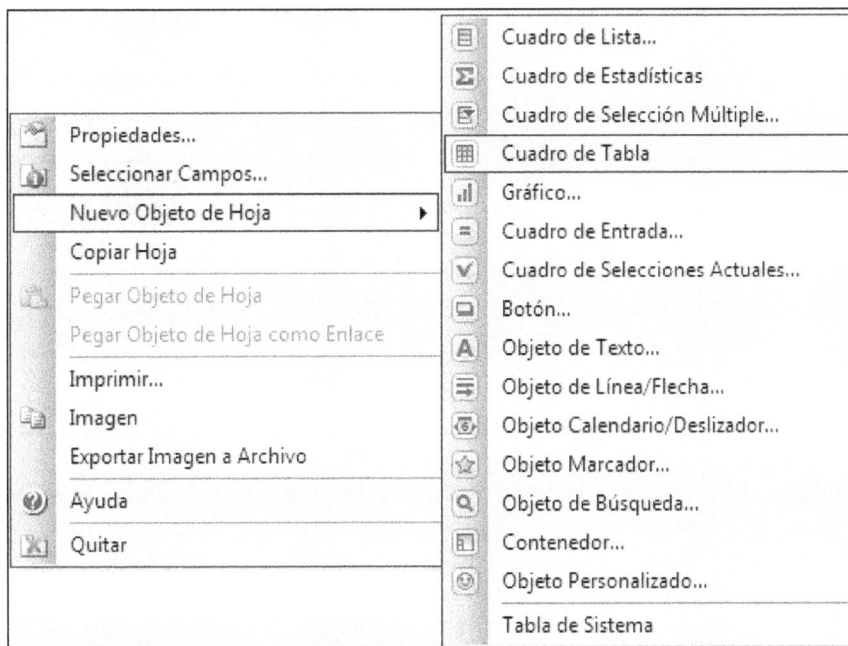

		Cuadro de Lista...
		Cuadro de Estadísticas
		Cuadro de Selección Múltiple...
Propiedades...		Cuadro de Tabla
Seleccionar Campos...		Gráfico...
Nuevo Objeto de Hoja ▶		Cuadro de Entrada...
Copiar Hoja		Cuadro de Selecciones Actuales...
Pegar Objeto de Hoja		Botón...
Pegar Objeto de Hoja como Enlace		Objeto de Texto...
Imprimir...		Objeto de Línea/Flecha...
Imagen		Objeto Calendario/Deslizador...
Exportar Imagen a Archivo		Objeto Marcador...
Ayuda		Objeto de Búsqueda...
Quitar		Contenedor...
		Objeto Personalizado...
		Tabla de Sistema

6. De la ventana de **Nuevo Cuadro de Tabla**, ingrese Vuelos en el cuadro de entrada **Título**.

7. Luego, seleccione los siguientes campos de la lista de **Campos Disponibles** y dé clic en el botón **Añadir >**: **%ID Aeronave, # Tiempo de Vuelo, # Asientos Disponibles, # Vuelos Realizados** y **# Vuelos Programados**.

En caso de que no aparezca el campo **%ID Aeronave** en la lista de **Campos Disponibles**, active la casilla de **Mostrar Campos de Sistema**. Esto ocurre porque en el capítulo 7 definimos la variable `HidePrefix` para ocultar los campos que comiencen con %.

8. Recuerde presionar la tecla *Ctrl* mientras da clic en cada uno de los campos para hacer una selección múltiple.

9. Dé clic en **Aceptar**.

10. Dé clic derecho en el cuadro de lista de **Año** y dé clic en **Seleccionar Todo**. Por asociación, la lista de aeronaves es reducida y se mantienen los valores correspondientes a aeronaves que han registrado vuelos en 2009, 2010 y 2011 (los años seleccionados).

11. Ahora, dé clic derecho en el cuadro de lista de **Aeronave** y seleccione **Seleccionar Valores Excluidos** del menú contextual. Esto cambiará la selección ahora a las aeronaves que no han registrado vuelos.

Si vemos el cuadro de tabla **Vuelos**, que se muestra en la siguiente imagen, podemos ver que las aeronaves seleccionadas no tienen datos asociados de la tabla de vuelos:

%ID Aeronave	# Tiempo de Vuelo	# Asientos Disponibles	# Vuelos Realizados	# Vuelos Programados
7 -	-	-	-	-
8 -	-	-	-	-
9 -	-	-	-	-
20 -	-	-	-	-
24 -	-	-	-	-
29 -	-	-	-	-
31 -	-	-	-	-
32 -	-	-	-	-

En algunos casos, puede resultar muy útil para un analista ver qué dimensiones no tienen hechos asociados. Por esa razón, vale la pena mantener esta información como parte del modelo. Cuando se presente un escenario así, lo mejor es verificar con los usuarios de negocio si desean o no tener esa información como parte de la aplicación.

Para nuestro ejemplo, quitaremos la información de aeronaves que no tienen vuelos asociados. Para ello, siga los pasos a continuación:

1. Abra la ventana del editor de script seleccionando **Archivo | Editar Script** de la barra de menús o presionando *Ctrl + E*.

2. Vaya a la pestaña de **Aeronaves**.

3. Ubique la siguiente sentencia LOAD:

```
[Aeronaves]:
LOAD AERONAVE_ID                          as [%ID Aeronave],
     TIPO_AERONAVE_ID                     as [%Tipo de Aeronave],
     SSD_NOMBRE                           as [Nombre de Aeronave],
     FABRICANTE                           as Fabricante,
     ApplyMap('Map_País_Fabricante',
        FABRICANTE, 'No especificado')    as [País del Fabricante],
     NOMBRE_LARGO                         as [Nombre Completo de
Aeronave],
     NOMBRE_CORTO                         as [Nombre Corto de
Aeronave],
     FECHA_INICIO                         as [Fecha de Alta
Aeronave],
     FECHA_FIN                            as [Fecha de Baja
Aeronave],
     If(Year(FECHA_INICIO) < 1990,
        'Clásica', 'Actual')              as [Clasificación de
Aeronave]
FROM
[$(vDirectorioDatosFuente)CSVs\Aeronaves_Archivo_Base.csv]
(txt, codepage is 1252, embedded labels, delimiter is ',', msq);
```

4. Del script anterior, elimine el punto y coma del final y presione *Enter* para crear una nueva línea.

5. En la nueva línea, ingrese el siguiente código:

```
Where Exists([%ID Aeronave], AERONAVE_ID);
```

6. Ahora, ubique la sentencia LOAD correspondiente al archivo Aeronaves_ Actualización_2010.csv y añada la siguiente cláusula Where al final de la misma forma a como hicimos en el paso anterior (se reemplaza el último punto y coma):

```
Where Exists([%ID Aeronave], AERONAVE_ID);
```

7. Guarde el documento y ejecute el script.

Las aeronaves sin vuelos ya no aparecen en el modelo de datos después de la recarga. El código que añadimos al script utiliza una cláusula WHERE en combinación con la función Exists(). Básicamente, estamos filtrando los registros para los cuales el campo AC_TYPEID de la tabla de dimensión no tiene un valor correspondiente en el campo %ID Aeronave de la tabla Vuelos, previamente cargada. Es decir, si no "existe" el valor en la tabla vuelos, no se carga tampoco en la tabla de dimensión.

La función Exists() toma dos parámetros:

```
Where Exists([%ID Aeronave], AERONAVE_ID);
```

El primer parámetro especifica el campo que contiene los valores contra los cuales debemos comparar los datos que se están cargando, y dicha comparación se realiza en base al campo (o expresión) que es especificado como segundo parámetro.

En algunos casos, los dos campos que están siendo comparados tienen el mismo nombre tanto en la tabla de dimensión como en la tabla de hechos. Si ese es el caso, podríamos usar una sintaxis simplificada de un solo parámetro, como se muestra a continuación:

```
Where Exists([%ID Aeronave]);
```

Dependiendo de cómo se definan los campos en la tabla de entrada, debemos usar la sintaxis adecuada de las dos que mostramos arriba. La principal ventaja de usar la versión simplificada (de un parámetro) es que, al cargar desde un archivo QVD, la carga se realizará de modo optimizado, mientras que en el primer escenario no.

Una alternativa a la función Exists() es el uso del prefijo KEEP, que sería antepuesto a la sentencia LOAD. Como se mostró en el capítulo anterior, usando LEFT KEEP o RIGHT KEEP podemos filtrar los registros y extraer solamente aquellos que tienen una asociación con la tabla de hechos. Una ventaja de usar este prefijo es que el conjunto de datos resultante se puede limitar en base a varios campos, mientras que en la función Exists() se debe usar solo un campo. Sin embargo, el procesamiento de script para el prefijo KEEP puede resultar mucho más lento para conjuntos de datos más grandes, por lo que la función Exists() es el método preferido siempre que sea posible.

Exploremos el método alternativo para lidiar con este mismo problema; esta vez usaremos el prefijo KEEP.

Un método alternativo

El método que usamos en el ejemplo previo funciona solo cuando la tabla de hecho ha sido cargada antes que la tabla de dimensión. Algunas veces tiene más sentido cargar primero las tablas de dimensión y la tabla de hechos después. En ese caso, la solución que discutimos arriba no va a funcionar ya que no hay manera de filtrar solo los valores de dimensión para los cuales se han cargado hechos cuando no existe aún la tabla de hechos. Por lo tanto, la función `Exists()` no se puede usar.

El método alternativo consiste en primero cargar la tabla de dimensión completa y después reducir el conjunto de datos en base a los valores asociados a la tabla de hechos, una vez que éstos hayan sido cargados. Veamos cómo funciona esto siguiendo los pasos a continuación:

1. Abra la ventana del editor de script nuevamente y vaya a la pestaña **Aeronaves**.

2. Comente las líneas que añadimos previamente seleccionando el código `WHERE Exists([%ID Aeronave], AERONAVE_ID);`, dando clic derecho y seleccionando **Comentario**.

3. Luego, añada un punto y coma en la siguiente línea para asegurar que la sentencia LOAD se finalice apropiadamente.

4. Después, necesitamos asegurar que la pestaña **Aeronaves** se ejecute antes de la pestaña **Vuelos**. Con la pestaña **Aeronaves** aun activa, presione *Ctrl + Q,T,P* de forma secuencial dos veces para moverla a la izquierda o seleccione **Pestaña | Ascender** de la barra de menús hasta que la pestaña **Aeronaves** esté ubicada a la izquierda de la pestaña **Vuelos**.

5. Ahora, active la pestaña **Vuelos** y, después de que haya finalizado la sentencia LOAD correspondiente, ingrese el siguiente código:

```
Temp_Dim_Aeronaves:
RIGHT KEEP ([Aeronaves])
LOAD DISTINCT
      [%ID Aeronave]
RESIDENT [Vuelos];

DROP TABLE Temp_Dim_Aeronaves;
```

6. Guarde el documento y ejecute el script; después use el **Visor de Tablas** para verificar el resultado.

El código que insertamos crea una tabla temporal, `Temp_Dim_Aeronaves`, que contiene todos los valores únicos de `%ID Aeronave` existentes en la tabla de hechos. Al usar la instrucción `RIGHT KEEP`, los datos en la tabla original de `Aeronaves` son reducidos a solo aquellos que tienen datos asociados en la tabla de `Vuelos`. Después de que la tabla `Aeronaves` ha sido filtrada, se elimina la tabla temporal.

> El prefijo `LEFT KEEP` se puede también usar al cargar la tabla de dimensión `Aeronaves` en caso de que la tabla de hechos se haya cargado antes.

Si seleccionamos todos los valores del cuadro de lista **Año**, veremos que ningún valor del cuadro de lista **Aeronave** está excluido.

Ejercicio individual

La mayoría de las dimensiones que cargamos en la aplicación de `Operación de Aerolíneas` en el *Capítulo 2, Ver para Creer,* y *Capítulo 3, Fuentes de Datos,* presentan el escenario descrito previamente. Es decir, el ratio de subconjunto de casi todos los campos llave en la tabla **Vuelos** es menor a 100%.

Los usuarios finales de nuestra aplicación QlikView, Aerolíneas HighCloud, han decidido que no necesitan valores de dimensión que no tengan hechos asociados, debido a que corresponden a aerolíneas que ya no están en operación o a aeronaves que ya no se usan.

Aplicando lo aprendido en esta sección, filtre todas las tablas de dimensión para que contengan solamente valores que aparecen en la tabla de hechos y guarde el documento actualizado.

> Las tablas de dimensión de `Aeropuertos Origen` y `Aeropuertos Destino` hacen una consulta directa a la base de datos. Por lo tanto, la función `Exists()` no se puede aplicar a estas tablas de la forma que se describió previamente. Una función de QlikView puede no interpretarse de la forma esperada en una consulta de base de datos. En estos dos casos, necesitamos usar el método de `LEFT KEEP` para lograr el resultado esperado.

Una vez que se hayan filtrado las tablas de dimensión y guardado el documento, vea el tamaño del archivo QVW; observará el impacto que tuvo la eliminación de los datos innecesarios. En este caso, el tamaño del documento en disco cambiará de alrededor de 55 MB a aproximadamente 33 MB. Esto tendrá un efecto positivo en el uso de RAM.

En la siguiente sección, trabajaremos con un ejemplo aislado por lo que puede cerrar el documento `Operación de Aerolíneas.qvw`.

Trabajando con hechos sin dimensión

Al igual que existen dimensiones sin hechos asociados, lo inverso también puede ocurrir. Veamos cómo podemos trabajar con hechos que no tienen valores de dimensión asociados.

Como se pudo haber dado cuenta en la ventana del **Visor de Tablas,** nuestro modelo de datos actual es suficientemente consistente. No hay hechos sin dimensión asociada. Sin embargo, para ilustrar el nuevo escenario, hemos preparado un ejemplo aislado para el cual encontrará los archivos de datos en el directorio `Operación de Aerolíneas\Ejemplos Aislados\Capítulo 8`. Asegúrese de que en dicho directorio existan los archivos `Vuelos.csv` y `Aeronaves.csv`. Luego siga estos pasos:

1. Abra el programa QlikView y cree un nuevo documento. Guarde el documento dentro del directorio `Operación de Aerolíneas\Ejemplos Aislados\Capítulo 8` como `Hechos sin Dimensión.qvw`.

2. Después, abra el editor de script presionando *Ctrl + E* y cargue los dos archivos de datos: `Vuelos.csv` y `Aeronaves.csv` de la forma en que ya hemos aprendido.

3. Asigne un nombre de manera explícita a cada tabla usando el nombre de archivo correspondiente.

4. Al crear la sentencia `LOAD` de cada tabla, notará que no existen campos en común entre ambas tablas, al menos no de forma explícita. Por lo tanto, necesitaremos renombrar el campo `AERONAVE_ID` en la tabla de `Aeronaves` a `%ID Aeronave` de forma que se cree una asociación entre las dos tablas a través de este campo. Para hacer esto, usa la palabra clave `as` como se muestra a continuación:

   ```
   AERONAVE_ID as [%ID Aeronave],
   ```

5. Ahora debemos tener el siguiente código:

   ```
   Aeronaves:
   LOAD AERONAVE_ID as [%ID Aeronave],
        [Tipo de Aeronave],
        Fabricante,
        [Nombre de Aeronave],
        [Nombre Corto de Aeronave]
   FROM
   Aeronaves.csv
   (txt, codepage is 1252, embedded labels, delimiter is ',', msq);
   ```

```
Vuelos:
LOAD Año,
     [Mes (#)],
     [%ID Aeronave],
     [# Vuelos Programados],
     [# Vuelos Realizados],
     [# Asientos Disponibles],
     [# Pasajeros],
     [# Carga Transportada]
FROM
Vuelos.csv
(txt, codepage is 1252, embedded labels, delimiter is ',', msq);
```

6. Guarde el documento completo y ejecute el script.

Después de que finalice la ejecución del script, abramos la ventana del **Visor de Tablas** (*Ctrl* + *T*) para analizar el ratio de subconjunto del campo **%ID Aeronave**, como se muestra a continuación:

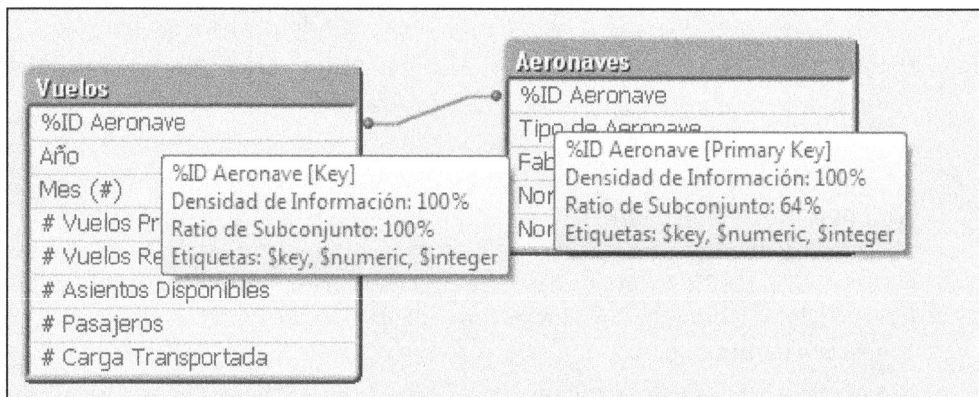

El ratio de subconjunto es 100% en la tabla de **Vuelos**, pero menor a 100% en la tabla de **Aeronaves**. En otras palabras, ahora tenemos vuelos sin datos de dimensión asociados.

El tener hechos sin dimensión es algo no deseable. Cuando usamos una dimensión en un gráfico, los hechos que no tienen valor de dimensión asociada se agrupan en un valor nulo (representado por un guion medio). Al ser un valor nulo, este grupo de hechos no puede ser seleccionado por el usuario.

Para ilustrar, creemos un nuevo gráfico de barras con la dimensión **Tipo de Aeronave**, que es un atributo de la aeronave, y Sum ([# Vuelos Realizados])/1000 como expresión. Llegaremos a tener algo como lo siguiente:

Vuelos por Tipo   💻 XL _ ☐

Tipo de Aeronave

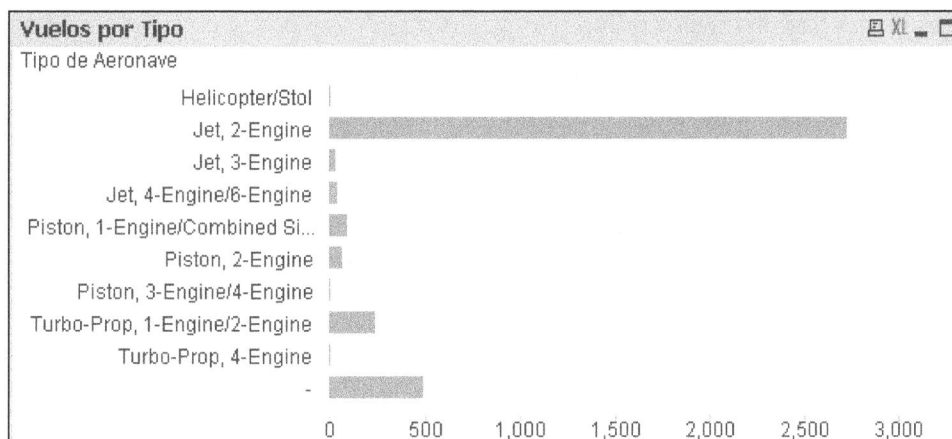

Por otro lado, no podemos simplemente eliminar los registros sin datos de dimensión de la tabla de hechos ya que esto afectaría los totales.

Aunque la solución más apropiada siempre se discute con el usuario final, un método comúnmente usado es añadir valores "dummy" a la tabla de dimensión. Para hacer esto en nuestro ejemplo, sigamos estos pasos:

1. Abra la ventana del editor de script

2. Al final del script, añada el siguiente código:

```
Temp_ID_Aeronaves:
LOAD DISTINCT
[%ID Aeronave] as Temp_ID_Aeronave
RESIDENT [Aeronaves];

CONCATENATE ([Aeronaves])
LOAD DISTINCT
      [%ID Aeronave],
      'Desconocido: ' & [%ID Aeronave] as [Nombre de Aeronave],
      'Desconocido'      as [Tipo de Aeronave],
      'DESCONOCIDO'      as [Fabricante],
      '???'              as [Nombre Corto de Aeronave]
RESIDENT Vuelos
WHERE NOT Exists(Temp_ID_Aeronave, [%ID Aeronave]);

DROP TABLE Temp_ID_Aeronaves; // Se borra la tabla temporal
```

3. Guarde el documento y ejecute el script.

Esto es lo que hace el nuevo código:

1. Copia todos los valores del campo `%ID Aeronave` de la tabla de dimensión `Aeronaves` en un campo temporal por separado, llamado `Temp_ID_Aeronave`.

    - Este campo es necesario ya que queremos comparar los valores de `%ID Aeronave` de la tabla de `Vuelos` con los valores de `%ID Aeronave` que existen en la tabla `Aeronaves`. Como ambos tienen el mismo nombre, este campo temporal nos ayuda a diferenciarlos.

2. Añadimos un segmento de tabla a la tabla de `Aeronaves` usando la cláusula `WHERE NOT Exists(Temp_ID_Aeronave, [%ID Aeronave])`. Esto nos sirve para cargar solamente las aeronaves que no aparecen en la tabla de dimensión original pero sí en la tabla de `Vuelos`.

3. Al mismo tiempo, para cada valor de `%ID Aeronave` añadido a la tabla se crea un registro "dummy" con una variante del valor `Desconocido` para cada uno de los atributos de aeronave.

Al revisar el **Visor de Tablas**, podemos ver que el ratio de subconjunto del campo **%ID Aeronave** es 100% en ambas tablas. Puede verificarlo viendo el gráfico que creamos previamente, el cual ahora agrupa todos los valores **Desconocidos** como se ve a continuación:

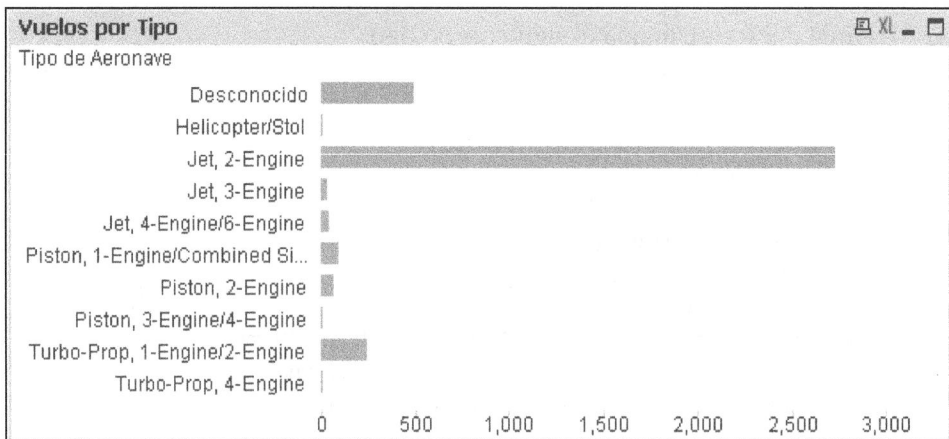

Ahora bien, si añadimos un cuadro de lista para algunos de los atributos de aeronave, podemos ver que se listan también los valores de **Desconocido** como se ve en la siguiente imagen. Estos valores ya son seleccionables.

Guarde el documento de `Hechos sin Dimensión.qvw` para continuar.

Reduciendo requerimientos de almacenamiento

Aunque puede ser tentador cargar tantos datos sea posible, esto puede ocasionar que el modelo de datos sea más complejo de lo que necesita ser. Más aún, como QlikView usa una base de datos en memoria, es buena idea no desperdiciar los recursos. La RAM es un recurso más escaso que el almacenamiento en disco.

Utilizando campos llave numéricos

Cuando se usan campos llave para ligar tablas, se recomienda que los valores de estos campos sean numéricos en lugar de tipo texto. La función de script `Autonumber()` se puede usar para generar un valor entero único para una expresión o llave compuesta, compactando así el espacio ocupado en RAM.

Considere, por ejemplo, la siguiente lista de colores y el valor correspondiente asignado por la función `Autonumber()`. Conforme cada valor vaya apareciendo en la lista, se le asigna un número consecutivo. Todas las ocurrencias subsecuentes del mismo valor tomarán el valor asignado a la primera ocurrencia. Por ejemplo, todas las ocurrencias del color Azul tienen el número 2, ya que es el segundo valor que encontramos en la lista:

Color	Autonumber(Color)
Rojo	1
Azul	2
Verde	3
Azul	2
Verde	3
Amarillo	4

Se puede asignar un segundo parámetro a la función `Autonumber()` para manejar más de un contador en el mismo script e indicar qué contador utilizar para la asignación de valores. Por ejemplo, `Autonumber(Color, 'Color')` usaría el contador llamado `Color`. Se recomienda usar un contador diferente para cada campo llave.

Es importante remarcar que la función `Autonumber()` regresa un número en base solamente al orden de carga. Si se quiere codificar el mismo valor en diferentes archivos QVW podríamos obtener números distintos. Por lo tanto, no es posible usar los resultados de la función `Autonumber()` obtenidos de diferentes documentos QlikView.

Eliminando campos no usados

Eliminar campos no usados de un modelo de datos es una estrategia ganadora en casi todas las aplicaciones QlikView. Puede ahorrar desde unos pocos hasta cientos de MB en documentos grandes. Los campos de texto, en particular, pueden llegar a ocupar mucho espacio.

Como desarrollador, usted probablemente tendrá una idea de los campos que no están siendo usados en el documento. Puede borrarlos del script o comentarlos para que permanezcan en el script como referencia, pero que no sean cargados al modelo.

Existe una herramienta (Document Analyzer, desarrollada por Rob Wunderlich) que puede identificar los campos no utilizados de forma automática. Esta herramienta consiste en un documento QlikView que se usa para procesar otro documento QlikView e indicar qué campos no se usan en ninguna parte del documento o en expresiones. Como esta herramienta no siempre detecta correctamente los campos no utilizados, siempre se recomienda realizar un chequeo de los resultados antes de proceder a borrar los campos. Sin embargo, como punto de partida es una herramienta excelente. El archivo QVW se puede descargar de `http://robwunderlich.com/downloads/`.

Separando campos de alta cardinalidad

QlikView usa varios algoritmos de compresión de datos para reducirlos a una fracción de su tamaño original. Una forma en que hace esto es guardando solamente los valores únicos de un campo. Por ejemplo, una tabla que contiene una lista de colores, donde algunos de ellos aparecen más de una vez, se compactaría de la siguiente manera:

Se puede imaginar que las columnas con pocos valores únicos (o, de baja cardinalidad) se compactarán mucho mejor que aquellas con muchos valores únicos (o, de alta cardinalidad).

De ser posible, vale la pena considerar si un campo de alta cardinalidad se puede separar en varios campos de baja cardinalidad.

Considere el ejemplo de un campo con la fecha y hora de un evento. Si cargáramos los datos correspondientes a un solo año, tendríamos potencialmente 31,536,000 valores únicos: 365 días x 24 horas x 60 minutos x 60 segundos.

Sin embargo, podemos separar el campo en dos: uno solamente con la fecha y otro solo con la hora. En este escenario el número máximo de valores únicos posibles se reduciría a 86,765, es decir, 365 días para el campo de fecha y 86,400 para el campo de hora (24 horas x 60 minutos x 60 segundos). Esto representa solo el 0.28% del volumen original y por lo mismo puede resultar en un alto impacto en cuanto al tamaño del documento, especialmente si hablamos de altos volúmenes de datos.

> En algunos casos, el componente de hora no se requiere en absoluto, así que es buena práctica simplemente truncar el valor para guardar solo el componente de fecha. La función Floor() nos puede servir para esto, puesto que elimina la parte decimal de un valor numérico dado.

Hay dos casos más en que esta técnica se puede aplicar: números telefónicos y números grandes. Por ejemplo, si tenemos una medida que contiene valores enteros que van de 0 a 100,000,000, podemos terminar potencialmente con 100 millones de valores únicos. Como alternativa, podemos separar el número en dos rangos de 10,000 (la raíz cuadrada de 100 millones) usando las funciones `Div()` y `Mod()`, como se muestra aquí:

```
LOAD
Div(NúmeroGrande, 10000) as NúmeroGrande1,
Mod(NúmeroGrande, 10000) as NúmeroGrande2
FROM NúmeroGrande;
```

La primera expresión en el código anterior realiza una división del valor `NúmeroGrande` entre 10,000 y guarda solamente la parte entera. La segunda expresión realiza una operación residuo, guardando solo el residuo resultante de la división de `NúmeroGrande` entre 10,000. Ambos campos tienen una cantidad posible de valores de 10,000. Esto es, tendremos solo 20,000 valores únicos como máximo al combinar ambos campos, lo que equivale a solamente el 0.2% de la lista original.

En la aplicación final, podemos regresar el valor original multiplicando `NúmeroGrande1` por 10,000 y añadiendo el resto de `NúmeroGrande2`:

```
(NúmeroGrande1 * 10000) + NumeroGrande2
```

Este cálculo requerirá más recursos de CPU que un cálculo a través de un solo campo. La mejor alternativa dependerá del contexto que se tenga, así que es mejor siempre realizar pruebas antes de implementar una solución como esta.

Desafíos de diseño en el modelado de datos

A continuación, revisaremos algunas técnicas para trabajar con modelos de datos más complejos, específicamente aquellos en los que se requiere incorporar varias tablas de hechos en un solo documento QlikView.

Usaremos un método práctico y continuaremos usando el documento de `Operación de Aerolíneas` con el que se ha trabajado con anterioridad. El desafío de diseño que describimos en esta sección va enfocado a integrar una nueva tabla de hechos que contiene estadísticas de empleo en aerolíneas a nuestro modelo de datos.

La tabla de estadísticas de empleo en aerolíneas

La tabla que añadiremos al modelo de datos contiene información mensual acerca del número de empleados por aerolínea, separados en empleados de tiempo completo y empleados de medio tiempo, así como el total equivalente de empleados de tiempo completo (FTE, por las siglas de su denominación en inglés: *Full-Time Equivalent*).

La tabla contiene los siguientes campos:

- Año
- Mes
- %ID Aerolínea
- %Código Único de Aerolínea
- Aerolínea
- Código de Aerolínea
- %ID Tipo de Aerolínea
- # Empleados de Tiempo Completo
- # Empleados de Medio Tiempo
- # Empleados Totales
- # FTEs

Todos los campos de dimensión ya forman parte del modelo de datos de Operación de Aerolíneas y los únicos campos nuevos son los relacionados a las métricas específicas de empleo.

El integrar varias tablas de hechos es uno de los retos principales que enfrentamos al diseñar un modelo de datos. Este es, de hecho, un escenario muy común y presentaremos dos formas de resolverlo:

1. Concatenando dos tablas de hechos en una sola
2. Creando una tabla de asociación (*link table*)

Veamos cómo funciona cada uno de estos métodos y cómo podemos integrar esta nueva tabla a nuestro modelo.

Concatenación de tablas de hechos

El primer método sugiere la combinación de las dos tablas en una sola. Es un método válido, debido a que todos los campos de dimensión de la nueva tabla también existen en la tabla inicial.

Hemos usado la sentencia CONCATENATE en ejemplos anteriores y la usaremos de nuevo para combinar ambas tablas de hechos.

Este método nos permitirá mantener un modelo de datos simple, ya que no habrá tablas adicionales en el mismo. Sin embargo, debemos tomar en cuenta una consideración importante: asimetría estructural.

Asimetría estructural

Aunque es cierto que todos los campos de dimensión que hay en la tabla de Empleos están presentes en la tabla de Vuelos, lo inverso no es cierto: no todas las dimensiones que existen en la tabla de Vuelos están presentes en la tabla de Empleos. Hay una asimetría estructural entre ellas.

Esta diferencia estructural se debe tomar en cuenta al crear la interfaz de la aplicación porque habrá algunos análisis a través de ciertas dimensiones que no se podrán realizar. Por ejemplo, no podremos crear un gráfico que contenga el número de empleados por aeropuerto, puesto que esa dimensión (aeropuerto) no está presente en la tabla Empleos y no hay forma de añadir esa información al documento. Sin embargo, sí podremos crear, por ejemplo, un gráfico que muestre el número de empleados por aerolínea, o por mes, o por año.

Así mismo, en cuanto a estructura hay otro punto que debemos atender: la tabla de Vuelos ya tiene los campos de dimensión Año, Mes y Trimestre, y esas dimensiones están incluidas como cuadros de lista en la interfaz del usuario para permitirle filtrar los datos con ellas. No obstante, la tabla de Empleos solo contiene los campos Año y Mes, pero no el campo Trimestre.

Hay una forma simple de resolver lo anterior: añadiendo un campo calculado a la tabla de Empleos antes de concatenarla a la tabla Vuelos. Al final, ambos segmentos de tabla contendrán el campo Trimestre. Si no incluimos el campo trimestre en la tabla de Empleos, cualquier selección del usuario en este campo excluirá de forma automática los datos de empleo.

Concatenación natural y concatenación forzada

Pasando a la concatenación de las tablas, como vimos en el capítulo 7, hay dos formas en que se puede dar esta operación en QlikView:

- Concatenación Natural
- Concatenación Forzada

Tomemos un momento para repasar las diferencias y ver cómo lo podemos aplicar a nuestras tablas de hechos.

Concatenación Natural

La concatenación natural ocurre cuando dos tablas se cargan con exactamente la misma estructura, es decir que contienen exactamente los mismos campos (tanto en número de campos como en nombre de campos).

Cuando esto se cumple, QlikView automáticamente combina todas las tablas que son similares y las trata como una sola tabla lógica.

Un ejemplo de esto se muestra en el siguiente script:

```
Ventas:
Load
Región,
Mes,
Año,
[Cantidad Total]
From Ventas2011.qvd (qvd);

Load
Región,
[Cantidad Total],
Mes,
Año
From Ventas2010.qvd (qvd);
```

En el script previo estamos cargando dos tablas en un modelo de datos y ambas tablas se cargan de archivos QVD distintos. La primera tabla contiene información para el año 2011, mientras que la segunda contiene información de 2010. Como ambas tienen la misma estructura, serán automáticamente combinadas en una sola tabla lógica en el modelo de datos de QlikView. Observe que el orden en que se definen los campos en el script de carga no es relevante para la concatenación natural.

NOCONCATENATE

En caso de que queramos evitar el comportamiento predeterminado cuando se presente esta circunstancia en el script, podemos añadir la palabra clave NOCONCATENATE como prefijo a la sentencia LOAD de la segunda tabla para que QlikView continúe tratando ambas tablas como dos tablas separadas en el modelo de datos.

Concatenación forzada

La concatenación forzada ocurre cuando definimos de manera explícita que dos tablas deben ser combinadas en una sola tabla lógica en el modelo de datos, aun cuando estas no tengan la misma estructura o nombre de campos.

Este es el método que usamos en una sección previa de este capítulo, donde usamos la operación CONCATENATE para agregar datos 'desconocidos' de aeronaves a la tabla de dimensión Aeronaves. Será útil en este nuevo escenario, dado que solo algunos de los campos son compartidos por ambas tablas.

Con el prefijo CONCATENATE podemos especificar con cuál de las tablas previamente cargadas se debe combinar la tabla nueva. Esto se hace añadiendo a la instrucción el nombre asignado a la tabla objetivo, encerrado entre paréntesis.

El siguiente script muestra cómo concatenar de manera explícita dos tablas que no comparten la misma estructura.

```
Ventas:
Load
Región,
Mes,
Año,
[Cantidad Total]
From Ventas2011.qvd (qvd);

Concatenate (Ventas)
Load
Región,
[Cantidad Total Presupuesto],
Mes,
Año
From Presupuesto2011.qvd (qvd);
```

Si no añadimos el nombre de la tabla (Ventas, en el caso ejemplificado) a la instrucción CONCATENATE, la nueva tabla se concatenaría a la tabla que fue cargada inmediatamente antes de ella, sin importar qué tabla sea.

Recomendamos como mejor práctica siempre definir la concatenación de manera explícita añadiendo el nombre de la tabla objetivo a la instrucción CONCATENATE, aun cuando ambas tablas tengan la misma estructura y se combinarían de forma natural. Esto es principalmente para evitar confusión y hacer más fácil para otros desarrolladores, incluyéndose usted mismo, entender lo que hace el script.

Concatenando la tabla de estadísticas de empleo

Ya que hemos repasado el tema de concatenación de tablas y descrito las consideraciones que debemos tomar en cuenta, llevémoslo a la práctica. Estaremos integrando la tabla de Empleos al modelo de datos ya diseñado para el documento de Operación de Aerolíneas.qvw.

Siga estos pasos:

1. Asegúrese de que el archivo Empleos.qvd se encuentre en el directorio Operación de Aerolíneas\Datos Fuente\QVDs.

2. Abra el documento Operación de Aerolíneas.qvw con el que hemos estado trabajando.

3. Guarde el documento con otro nombre. Llamémoslo Capítulo 8 - Tablas Concatenadas.qvw.

4. Vaya al editor de script, active la pestaña **Vuelos** y dé clic en el botón de **Añadir Pestaña** en la barra de herramientas.

5. Aparecerá la ventana de **Diálogo Renombrar Pestaña**, en la cual ingresaremos Empleos y daremos clic en **Aceptar**.

6. La nueva pestaña se añadirá a la derecha de la pestaña **Vuelos**, lo cual es particularmente importante para nuestro ejemplo.

7. Usando el **Asistente de Archivos** (dé clic en el botón **Ficheros Planos**) construya la sentencia LOAD para cargar el archivo Empleos.qvd. Asegúrese de que la sentencia LOAD se cargue en la pestaña **Empleos** que creamos previamente.

8. Añada la nueva columna Trimestre como un campo calculado para solucionar parte de lo que discutimos sobre la asimetría estructural. La expresión que usaremos para esto es:

```
'Q' & Ceil([Mes (#)]/3, 1) as Trimestre
```

9. Añada el prefijo CONCATENATE a la sentencia LOAD, especificando que la tabla Vuelos es con la que deseamos combinar la nueva tabla. El script que se añadirá se verá como a continuación:

```
Concatenate (Vuelos)
LOAD [%ID Aerolínea],
     [%Código Único de Aerolínea],
     [%ID Tipo de Aerolínea],
     [# Empleados de Tiempo Completo],
     [# Empleados de Medio Tiempo],
     [# Empleados Totales],
     [# FTEs],
     [Código de Aerolínea],
     Aerolínea,
     Año,
     'Q' & Ceil([Mes (#)]/3, 1) as Trimestre,
     Periodo,
     [Mes (#)],
     Mes
FROM
[..\Datos Fuente\QVDs\Empleos.qvd]
(qvd);
```

10. Guarde los cambios y ejecute el script.

Como no se han añadido tablas al modelo de datos, el modelo resultante se verá idéntico al que teníamos antes de ejecutar el script. La única diferencia es que ahora hay nuevos campos incluidos al final de la tabla **Vuelos** que corresponden a las métricas de empleo. Use la ventana del **Visor de Tablas** para verificar que se hayan añadido los nuevos campos.

Hemos descrito el primero de los métodos para lidiar con múltiples tablas de hechos en un modelo de datos. En la siguiente sección presentaremos otra opción junto con sus pros y contras de forma que usted pueda decidir cuál de los dos métodos satisface mejor sus necesidades.

Para continuar, guarde y cierre el documento Capítulo 8 - Tablas Concatenadas.qvw.

Trabajando con tablas de asociación

Cuando incluimos dos o más tablas de hechos en un solo documento QlikView, es muy probable que estas estén de algún modo relacionadas y tengan campos de dimensión en común entre ellas. Sin embargo, como hemos revisado previamente, en un modelo de datos QlikView, dos tablas no deben estar asociadas a través de dos o más campos, de ser así, se estaría generando una llave sintética.

Entonces, ¿cómo incorporamos dos o más tablas de hechos en un solo modelo y las tratamos como dos tablas lógicas separadas evitando las llaves sintéticas? A primera vista, puede parecer que ambas circunstancias son mutuamente excluyentes, pero sí hay una forma de lograrlo: mediante una tabla de asociaciones (*link table*).

Como su nombre lo indica, una tabla de asociaciones se usa para ligar dos o más tablas de hechos. Esto se hace moviendo los campos que existen en común entre ambas tablas a una tabla nueva (la tabla de asociaciones). La nueva tabla de asociaciones contiene todas las combinaciones posibles de valores para ese conjunto de campos y, mediante una llave única, se liga a las tablas originales.

Un ejemplo de tabla de asociaciones

Considere, por ejemplo, el siguiente escenario:

- Requerimos diseñar un modelo de datos para analizar información de desempeño de un Centro de Contacto y tenemos dos tablas: Operaciones y Nóminas. En base a estas tablas, necesitamos presentar información combinada de ambas áreas en un cuadro de mando con QlikView.

- La tabla de Operaciones tiene los siguientes campos: ID Llamada, Fecha y Hora, ID Empleado, ID Supervisor, ID Departamento, ID Tipo de Llamada, ID Cliente, Duración de Llamada y Total de Tiempo de Espera.

- La tabla de Nóminas tiene los siguientes campos: ID Nómina, ID Empleado, ID Departamento, ID Posición y Cantidad.

- También tenemos las tablas de dimensión correspondientes que dan una descripción a los campos de ID Tipo de Llamada, ID Empleado, ID Departamento y ID Posición.

Si dejamos que QlikView asocie las tablas automáticamente, obtendríamos el siguiente modelo de datos:

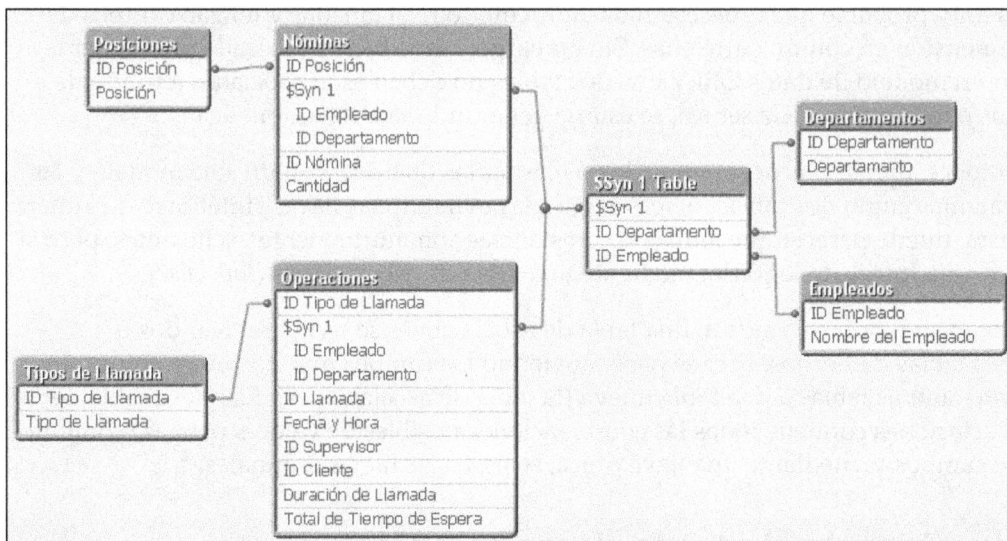

De la imagen previa, podemos observar que se ha creado una llave sintética debido a que hay dos campos (ID Empleado e ID Departamento) compartidos entre la tabla de Operaciones y Nóminas.

Para resolver el desafío, eliminaremos la llave sintética usando una tabla de asociaciones. Como mencionamos anteriormente, la nueva tabla de asociaciones tendrá todas las combinaciones de valores para los campos llave que existen en ambas tablas. También deberemos crear una nueva llave compuesta para conectar las tres tablas.

En esencia, la tabla de asociaciones reemplaza la tabla creada por la llave sintética y, en algunos casos, el resultado tanto en desempeño de la aplicación como en diseño es exactamente el mismo. Es buena práctica siempre "limpiar" el modelo de datos y eliminar todas las llaves sintéticas.

Nuestro modelo de datos rediseñado se verá como se muestra a continuación después de aplicarle los cambios necesarios:

La llave sintética ha sido eliminada y las tablas de Operación y Nóminas están ahora conectadas a las tablas de dimensión de Departamentos y Empleados de forma indirecta a través de la tabla de asociaciones.

Cuando diseñemos un modelo de datos usando este método siempre debemos considerar lo siguiente:

- La tabla de asociaciones se puede volver muy grande dependiendo del número de combinaciones posibles que existen entre los campos que la componen.

- Debemos asegurar que todas las combinaciones de valores de dimensión que existen en ambas tablas de hechos también existan en la tabla de asociaciones. Si no es así, la asociación entre las tablas de hechos y la tabla de asociaciones se perdería para algunos registros.

- Para optimización del desempeño de la aplicación, la tabla de asociaciones no debería tener registros duplicados. Solo se requiere un registro por combinación posible de valores.

- Si la tabla de asociaciones se vuelve inmensa, recuerde que QlikView necesita "caminar" por el camino definido entre las tablas cada vez que tenga que buscar asociaciones. Un "paso" adicional en este camino, especialmente si es a través de una tabla grande, puede resultar en mayor tiempo de cálculo al navegar la aplicación.

Creando una tabla de asociaciones en el documento Operación de Aerolíneas

Ahora llevemos a la práctica en nuestro modelo de datos de Operación de Aerolíneas lo que se aprendió en la sección anterior.

Recuerde que ya añadimos la tabla al modelo de Operación de Aerolíneas usando el método de concatenación en un ejemplo previo. Haremos lo mismo, pero esta vez siguiendo el método de la tabla de asociaciones. Así, podrá comparar cada uno usted mismo con sus pros y contras.

Siga estos pasos:

1. Asegúrese de tener el archivo que usamos antes de `Empleos.qvd` dentro del directorio de `Operación de Aerolíneas\Datos Fuente\QVDs`.

2. Abra el documento `Operación de Aerolíneas.qvw`.

3. Guarde el documento con otro nombre. Llamémoslo `Capítulo 8 - Tabla de Asociaciones.qvw`.

4. Vaya al editor de script y añada una nueva pestaña a la derecha de la pestaña de **Vuelos**. Nombre la nueva pestaña como **Empleos**.

5. Usando el **Asistente de Archivos** (dé clic en el botón de **Ficheros Planos**), construya la sentencia `LOAD` para cargar el archivo `Empleos.qvd`. Nombre la nueva tabla como `Empleos`.

6. Identifique los campos que existen en común entre la tabla de `Empleos` y la tabla de `Vuelos`. Estos campos son:
   - `Año, Periodo, Mes, Mes (#), %ID Aerolínea, %Código Único de Aerolínea, Código de Aerolínea, Aerolínea y %ID Tipo de Aerolínea.`

7. De todos los campos en común listados arriba, identifique aquellos que formarán una llave única. En este caso, los campos que deben incluirse en la llave única son:
   - `Periodo, %ID Aerolínea, %Código Único de Aerolínea, y %ID Tipo de Aerolínea.`

8. Los campos que dejaremos fuera de la llave son:
   - `Año, Mes, Mes (#), Código de Aerolínea y Aerolínea.`

9. Cree una nueva llave compuesta en ambas tablas usando la siguiente expresión de script:

```
Periodo
& ' | ' & [%ID Aerolínea]
& ' | ' & [%Código Único de Aerolínea]
& ' | ' & [%ID Tipo de Aerolínea] as [%Campo Llave]
```

10. Añada una nueva pestaña mediante el menú **Pestaña** y nómbrela Tabla de asociaciones. Asegúrese que esta nueva pestaña esté ubicada a la derecha tanto de la pestaña Empleos como de la pestaña Vuelos.

11. En la pestaña de **Tabla de asociaciones**, ingrese el siguiente código:

```
[Link Table]:
Load Distinct
        [%Campo Llave],
        [%Campo Llave] as [%TEMP Campo Llave],
        Año,
        Periodo,
        [Mes (#)],
        Mes,
        Trimestre,
        [%ID Aerolínea],
        [%Código Único de Aerolínea],
        [%ID Tipo de Aerolínea],
        [Código de Aerolínea],
        [Aerolínea]
Resident [Vuelos];

Concatenate ([Link Table])
Load Distinct
[%Campo Llave],
Año,
Periodo,
[Mes (#)],
Mes,
'Q' & Ceil([Mes (#)]/3, 1) as Trimestre,
[%ID Aerolínea],
[%Código Único de Aerolínea],
[%ID Tipo de Aerolínea],
[Código de Aerolínea],
[Aerolínea]
Resident [Empleos]
Where Not Exists([%TEMP Campo Llave], [%Campo Llave]);
```

```
Drop Field [%TEMP Campo Llave];
Drop Fields Año,
                Periodo,
                [Mes (#)],
                Mes,
                [%ID Aerolínea],
                [%Código Único de Aerolínea],
                [%ID Tipo de Aerolínea],
                [Código de Aerolínea],
                [Aerolínea] From [Empleos];

Drop Fields Año,
                Periodo,
                [Mes (#)],
                Mes,
                Trimestre,
                [%ID Aerolínea],
                [%Código Único de Aerolínea],
                [%ID Tipo de Aerolínea],
                [Código de Aerolínea],
                [Aerolínea] From [Vuelos];
```

12. Con el código mostrado arriba, estamos haciendo lo siguiente:

    ° Asignamos un nombre a la tabla: `Link Table`.

    ° Creamos una lista de las combinaciones únicas de valores de todos los campos compartidos de la tabla `Vuelos` (previamente cargada), incluyendo el nuevo `%Campo Llave`, mediante la sentencia `Resident Load` (más acerca de `Resident Load` en el *Capítulo 12, Transformación Avanzada de Datos*).

    ° Creamos un duplicado del campo `%Campo Llave` y lo nombremos `%TEMP Campo Llave`.

    ° Concatenamos una nueva lista de combinaciones únicas de valores de todos los campos compartidos de la tabla `Empleos` (previamente cargada), incluyendo el nuevo `%Campo Llave` y añadiendo el campo calculado de `Trimestre`. De esta nueva lista, excluimos todas las combinaciones que ya existen en la primer lista cargada antes, usando una cláusula WHERE.

    ° Eliminamos el campo `%TEMP Campo Llave` del modelo de datos ya que solo era para usarlo en la cláusula WHERE.

    ° Eliminamos los campos compartidos de cada una de las tablas de hechos, excepto el campo `%Campo Llave`, ya que estos se encontrarán ahora en la tabla de asociaciones.

13. Guarde los cambios que se hicieron y ejecute el script. El nuevo modelo de datos se verá como se muestra a continuación:

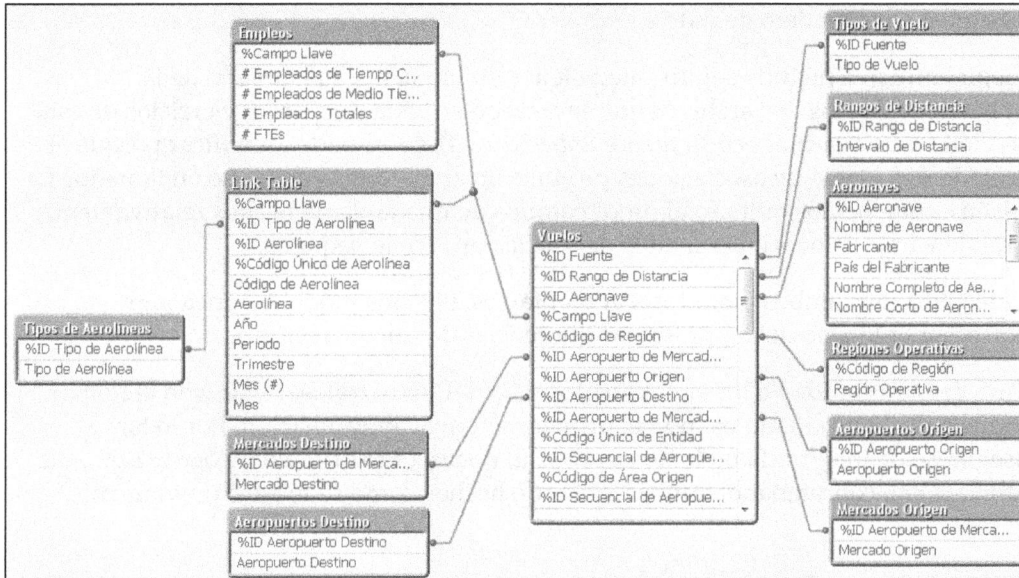

Debemos hacer dos recomendaciones importantes en relación con la creación de tablas de asociaciones:

- Siempre use la palabra clave `Distinct` al crear la tabla de asociaciones. Esto se hace para incorporar solo combinaciones únicas de valores a la tabla y evitar tener registros duplicados.

- Si el campo llave está compuesto de varios campos individuales, éste puede volverse muy demandante de recursos para la aplicación. En estos casos, podríamos usar la función `Autonumber()` descrita previamente.

Guarde el documento para continuar.

Encontrando un balance

Hemos descrito dos métodos para trabajar con múltiples tablas de hechos en un modelo de datos. Si nos preguntáramos cuál de los dos es mejor, tendríamos que aclarar que no hay un mejor absoluto y la decisión sobre cuál usar dependerá por completo del escenario particular en donde se busque implementar.

Al decidir el diseño del modelo de datos, siempre debe preguntarse si la asimetría estructural que discutimos antes es algo que se podría aceptar en el modelo de datos o si la asimetría es muy significativa y por lo tanto es preferible tener un "salto" adicional en el modelo de datos.

Elegir entre qué método seguir puede tener un impacto en el tamaño de la aplicación. Vea los dos archivos que se crearon en cada uno de los ejercicios de esta sección y observe cuál ocupa menor espacio en disco. ¿Puede identificar porqué el método de la tabla de asociaciones produce un archivo más pequeño en tamaño? La razón es que hemos quitado algunos campos de una tabla de hechos relativamente grande y los pusimos en una tabla de asociaciones más pequeña.

Para QlikView, ambos métodos son aceptables. Los dos modelos funcionan correctamente y no deben presentar diferencias de cálculos entre sí.

Para dar continuidad a los ejercicios del resto del libro, trabajaremos con el nuevo modelo de datos creado usando el primer método: Concatenación. Por lo tanto, asegúrese de integrar la tabla de Empleos al documento original de Operación de Aerolíneas concatenando ambas tablas de hechos como se mostró previamente.

El calendario maestro

Finalmente, nuestro último conjunto de mejores prácticas para el modelado de datos involucra trabajar con datos de fecha y hora. Al analizar datos, el tiempo normalmente juega un papel importante. Inicialmente, los usuarios no están interesados tanto en las transacciones y eventos individuales sino en ver la información a nivel global, por ejemplo los totales por periodo o tendencias a lo largo de varios periodos.

Los sistemas transaccionales normalmente guardan la fecha en que ocurrió una transacción o evento, pero no proporcionan información adicional para agrupaciones de tiempo. Esto tiene sentido porque los sistemas transaccionales buscan no guardar información redundante. Ahora bien, en nuestras aplicaciones QlikView buscamos poder hacer selecciones y agregaciones tan fácil como sea posible para los usuarios. Es por eso que, además de tener un campo con la fecha original, incluimos en nuestro modelo de datos los componentes de Mes, Trimestre y Año.

En lugar de poner estos atributos adicionales directamente en la tabla de hechos, como lo hemos hecho hasta ahora, la mejor práctica consiste en crear una tabla de dimensión separada como calendario maestro. Una ventaja importante de esto es que, si la tabla de hechos no contiene algún periodo intermedio, de todos modos lo podemos incluir en nuestro calendario maestro. De esta forma, cuando falten datos para un periodo, de todos modos podremos ver ese periodo en nuestro documento.

Siga estos pasos para añadir un calendario maestro al modelo de datos de Operación de Aerolíneas:

1. Abra el documento de Operación de Aerolíneas y vaya al editor de script.

2. Active la pestaña **Vuelos**. Luego, ubique las líneas correspondientes a los campos Año, Trimestre, Mes (#) y Mes.

3. Elimine esas líneas para que esos campos no sean cargados. Alternativamente, puede comentar las líneas en lugar de borrarlas por completo.

4. De esta forma, solo tendremos el campo Periodo en la tabla de hechos, lo cual codifica tanto el campo de Año como el campo Mes. Después usaremos el campo Periodo para ligar la tabla de hechos a la nueva tabla de calendario.

5. Hagamos lo mismo con la tabla de **Empleos**. Active la pestaña **Empleos** y elimine los campos Año, Trimestre, Mes (#) y Mes de la sentencia LOAD correspondiente. Asegúrese que el campo Periodo se siga cargando.

6. Inserte una nueva pestaña directamente después de la pestaña **Empleos** presionando de manera simultánea las teclas *Ctrl + Q,T,A* o seleccionando **Pestaña | Añadir Pestaña** de la barra de menús. Nombre la nueva pestaña como **Calendario**.

7. En esta pestaña, inserte el siguiente código:
   ```
   //--- Se seleccionan los periodos más alto y más bajo
   //       de la tabla de Vuelos
   Temp_Rango_Calendario:
   LOAD
        Num(Date#(Min(Periodo), 'YYYYMM'))     as [Fecha Mínima],
        Num(Date#(Max(Periodo), 'YYYYMM'))     as [Fecha Máxima]
   RESIDENT [Vuelos];
   ```

Este código crea una tabla temporal que contiene el periodo máximo y mínimo de la tabla Vuelos. Como estos valores se encuentran en formato YYYYMM, necesitamos convertirlos a un valor de fecha usando la función Date#().

> La función Date#() toma una cadena de texto que representa una fecha y la convierte a un valor real de fecha en base al formato fuente especificado.

Usando las funciones de agregación Min() y Max(), los campos resultantes tendrán la primera y última fecha, respectivamente, que aparecen en la tabla fuente.

Una vez que los valores correspondientes de fecha se han obtenido, se convierten a su representación numérica (que es el número de días transcurridos desde Diciembre 31, 1899) usando la función Num(). Por ejemplo, Diciembre 28, 2011, se convertiría a 40,905. Esto asegura que todas las fechas puedan ser tratadas como números consecutivos.

Usando las dos fechas contenidas en la tabla temporal, generaremos el calendario maestro que incluirá todos los meses que existen entre ellas.

1. Añada el siguiente código al final de la sentencia LOAD anterior.

```
//--- Asignamos los límites máx y min a variables
LET vFechaMin = Peek('Fecha Mínima', 0, 'Temp_Rango_Calendario');
LET vFechaMax = Peek('Fecha Máxima', 0, 'Temp_Rango_Calendario');

DROP TABLE Temp_Rango_Calendario; // Se elimina la tabla temporal
```

2. Usando el comando LET, asignamos el valor mínimo y máximo de fecha a variables temporales. La función Peek() es, como aprenderemos en el *Capítulo 12, Transformación Avanzada de Datos*, usada para obtener los valores de estas fechas de la tabla Temp_Rango_Calendario. Después de crear la variable, no necesitaremos más la tabla Temp_Rango_Calendario, por lo que es borrada con la sentencia DROP TABLE.

3. El siguiente paso es añadir el código que creará el calendario maestro. Ingrese el código a continuación debajo de la sentencia DROP TABLE del paso anterior:

```
[Calendario Maestro]:
LOAD DISTINCT
        Year(Temp_Fecha) * 100 + Month(Temp_Fecha) as [Periodo],
        Year(Temp_Fecha) as [Año],
        Month(Temp_Fecha) as [Mes],
        Date(Temp_Fecha, 'YYYY-MM') as [Año - Mes],
        'Q' & Ceil(Month(Temp_Fecha) / 3) as [Trimestre]
        ;
LOAD DISTINCT
        MonthStart($(vFechaMin) + IterNo() - 1) as Temp_Fecha
AUTOGENERATE (1)
WHILE $(vFechaMin) + IterNo() - 1 <= $(vFechaMax);

//--- Eliminamos las variables temporales
LET vFechaMin = Null();
LET vFechaMax = Null();
```

4. Puede darse cuenta que la primer sentencia LOAD en el código anterior no tiene una fuente. Cuando no se especifica una fuente, QlikView usa el resultado de la siguiente sentencia LOAD como fuente. Esto es lo que llamamos un Load Precedente.

5. El script primero crea una tabla con una sola columna llamada Temp_Fecha. Al usar la sentencia AUTOGENERATE (1) WHILE $(vFechaMin) + IterNo() - 1 <= $(vFechaMax), QlikView hace una iteración a través de todos los días entre la primera y la última fecha y crea un registro por día.

6. Como aplicamos la función MonthStart(), se crea una tabla que contiene cada primer día del mes para los periodos intermedios. La sentencia Load precedente luego usa el campo Temp_Fecha y le aplica varias operaciones con funciones de fecha para crear la tabla final del Calendario Maestro. En este punto, usamos una expresión para crear el campo llave de Periodo, concatenando el año y el mes en un solo número. Por ejemplo, Octubre 2011 se guardará en el campo Periodo como 201110. El campo Periodo luego será usado para asociar el calendario maestro con la tabla de hechos.

7. Después de que el calendario maestro es creado, las variables temporales son eliminadas al definir su valor en nulo, Null().

8. Guarde el documento y ejecute el script para que sea creado el modelo de datos final, el cual se muestra a continuación:

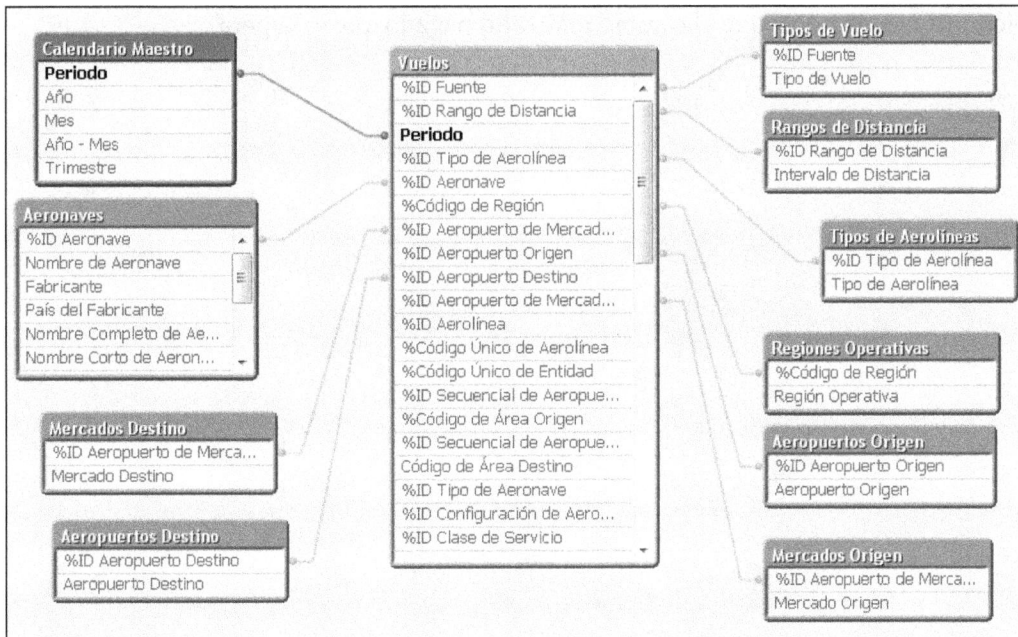

Dado que nuestro modelo de datos solo contiene datos a nivel mensual, el calendario maestro contiene relativamente pocos datos. Puede haber otras aplicaciones con información a nivel día. Hemos incluido un script ejemplo para generar un calendario maestro a nivel día; puede encontrar este archivo con el nombre de `CreateCalendarFromField.qvs` junto con los archivos de solución correspondientes a este capítulo, en el directorio `Operación de Aerolíneas\Ejemplos Aislados\ Capítulo 8`. Dicho script fue tomado de la librería QlikView Components (`https://code.google.com/p/qlikview-components/`), es por ello que las instrucciones aparecen en inglés.

Una nota final acerca del modelado de datos

Para cerrar este capítulo, debemos insistir en algo que podría ahorrarle muchas horas tratando de buscar lo que causa un posible error. Esto es, siempre confirme, pruebe y verifique que los cambios que ha hecho al modelo de datos resulten en lo que usted espera.

Muchas veces ocurre que añadimos una tabla aquí o allá, modificamos un nombre de campo, unimos dos tablas o algo similar y ese "pequeño" cambio modifica nuestro modelo de datos un poco pero los cálculos finales en los objetos son afectados en gran medida sin darnos cuenta.

Siempre asegúrese de que el cambio realizado haga lo que se espera.

Resumen

Con esto, hemos llegado al final de este capítulo sobre mejores prácticas en modelado de datos. Si no ha podido finalizar los ejercicios, no se preocupe; todas las soluciones se incluyen en los archivos de solución del capítulo.

Para resumir, en este capítulo aprendimos cómo lidiar con problemas comunes de consistencia de datos, tales como hechos sin dimensiones asociadas y viceversa, cómo podemos reducir los requerimientos de almacenamiento usando llaves numéricas, eliminando del modelo campos no utilizados y separando campos de alta cardinalidad en varias columnas.

También aprendimos cómo resolver uno de los desafíos más comunes en cuanto a modelado de datos utilizando dos métodos, concatenando las tablas de hechos y creando tablas de asociación, así como también discutimos las ventajas de cada método.

Por último, aprendimos cómo crear un calendario maestro.

En el *Capítulo 9, Transformación Básica de Datos,* aprenderemos algunas técnicas de transformación de datos que nos ayudarán a limpiar tablas fuente y cargar datos que no tienen el formato tabular que conocemos.

9
Transformación Básica de Datos

Hemos cubierto temas relacionados con fuentes de datos, visualización de datos, scripting y modelado de datos y éstos están interconectados en el proceso de desarrollo. Complementaremos estos cuatro temas con un quinto que es de fundamental importancia y que juega un papel esencial al desarrollar aplicaciones QlikView: transformación de datos. Con esto, llevaremos a un nivel más avanzado las lecciones aprendidas de todos los capítulos previos.

Los temas que se cubrirán en este capítulo nos ayudarán a:

- Adecuar las tablas fuente y adaptarlas a los requerimientos de diseño de nuestro modelo de datos.
- Trabajar con tablas no estructuradas e incorporarlas en nuestro modelo de datos.

Cambiando la estructura de una tabla fuente

Ya hemos visto cómo funciona el motor asociativo de QlikView y la importancia de tener un diseño de modelo de datos que aproveche por completo los algoritmos de asociación de QlikView. La primera sección de este capítulo se enfoca a la transformación de tablas fuente para adecuarlas a nuestro modelo de datos. Las diferentes transformaciones de estructura que haremos son:

- Limpiar una tabla con datos basura.
- Convertir una tabla cruzada en una tabla tradicional.
- Usar tablas de jerarquía.
- Cargar tablas genéricas.

Limpiando una tabla con datos basura

Es muy común que los usuarios de negocio requieran información consolidada de todo tipo de sistemas fuente: el CRM, el almacén de datos, tablas de Excel, sistemas propietarios, etc. En estos escenarios, el desarrollador frecuentemente se enfrenta con el problema de adaptar un archivo del usuario (Excel, CSV, TXT) que tiene una estructura no estándar o que contiene datos basura que se requieren borrar. Un ejemplo de esto son los encabezados en reportes o líneas de subtotales.

Convenientemente, el motor de extracción de QlikView es lo suficientemente poderoso para ser capaz de interpretar estas tablas, limpiarlas antes de cargarlas y convertirlas a una tabla con formato tradicional. Sin embargo, para que eso suceda, debemos especificar el conjunto de reglas que se deben seguir para cargar determinado archivo. Estas reglas y condiciones se pueden especificar mediante el **Asistente de Transformación**, que está disponible cuando cargamos archivos locales o archivos web (formato HTML).

Para demostrar cómo funciona el **Asistente de Transformación**, usaremos un archivo de texto que se ha proporcionado junto con el resto de los archivos usados a lo largo del libro. El archivo se llama `Plan de producción.txt` y se encuentra dentro de la carpeta `Operación de Aerolíneas\Ejemplos Aislados\Capítulo 9`.

> Los ejercicios que estaremos realizando en este capítulo son solo para demostración y no afectarán el documento de `Operación de Aerolíneas.qvw`.

Contenido del archivo

El contenido del archivo de `Plan de Producción.txt` se muestra en la siguiente imagen de pantalla, de la forma en que se vería abriéndolo con un editor de texto:

```
Fecha de Reporte: May 27, 2012
Nombre del Reporte: Plan de Producción
Generado por: Usuario de Sistema

Fecha    Planta #    ID Línea de Producción  Producción Estimada     Fecha    Planta #    ID Línea de Producción  Producción Estimada
-------  -------  -------  -------  -------  -------  -------
20120528    1    03    99     20120702    1    03    199
            1    04    85            1    04    185
20120529    2    04    112    20120703    2    04    82
20120530    2    03    103    20120704    2    03    93
20120601    1    05    108    20120705    1    05    68
Semana 1 Total            507  Semana 6 Total            627
20120604    1    03    173    20120709    1    03    73
            1    04    234    20120710    1    04    134
20120605    2    04    291    20120711    2    04    191
20120606    2    03    124    20120712    2    03    224
20120607    1    05    102          1    05    202
Semana 2 Total            924  Semana 7 Total            824
20120611    1    03    97     20120716    1    03    197
            1    04    193          1    04    93
20120612    2    04    102    20120717    2    04    202
20120613    2    03    82     20120718    2    03    182
20120614    1    05    96     20120719    1    05    196
Semana 3 Total            570  Semana 8 Total            870
20120618    1    03    199    20120723    1    03    190
20120619    1    04    142    20120724    1    04    132
            2    04    124          2    04    224
20120620    2    03    108    20120725    2    03    208
20120621    1    05    168    20120726    1    05    208
Semana 4 Total            741  Semana 9 Total            962
20120625    1    03    142    20120730    1    03    192
20120626    1    04    162    20120731    1    04    112
20120627    2    04    120          2    04    220
            2    03    134    20120801    2    03    234
20120628    1    05    78     20120802    1    05    178
Semana 5 Total            636  Semana 10 Total            936
```

La estructura y contenido del archivo se describen a continuación:

- Tiene un encabezado de 4 líneas, que dan información acerca del reporte y están arriba del nombre de los campos.

- Las columnas en el área de los datos están delimitadas por tabuladores.

- Las etiquetas de columna están ubicadas en la quinta línea.

- Después de la fila del encabezado de tabla, hay una línea basura que sirve solo como separador visual.

- El reporte muestra información diaria con subtotales por semana.

- El reporte muestra diez semanas de información, cinco de ellas aparecen a la izquierda y las otras cinco a la derecha.

- Los registros que aparecen sin fecha corresponden a la misma fecha que el registro anterior.

Hemos tomado el archivo descrito como ejemplo ya que representa una forma muy común de extraer información de ciertos sistemas. Aún en sistemas ERP populares, como SAP, hay reportes que se generan con esta estructura. Aún así, puede haber maneras de evitar usar el reporte no estructurado e ir directo a la base de datos origen a extraer la información, pero en algunos casos el acceso puede estar restringido.

Entonces, comencemos a limpiar este desorden.

Trabajando con el Asistente de Archivo y el Paso de Transformación

Cargaremos los datos de este archivo a un nuevo documento QlikView, por lo que crearemos el documento y lo guardaremos como `Plan de Producción.qvw`. Este nuevo archivo se guardará dentro del directorio `Operación de Aerolíneas\ Ejemplos Aislados\Capítulo 9`. Después de guardar el archivo, asegúrese que el archivo `Plan de Producción.txt` se encuentre en la misma ubicación.

A continuación, acceda al editor de script (*Ctrl + E*) y abra la ventana de **Asistente de Archivo** presionando el botón de **Ficheros Planos**.

Después, navegue al directorio donde se guardó el archivo de texto, selecciónelo y dé clic en **Abrir**. Después de eso, aparecerá el **Asistente de Archivo**, que es mostrado en la siguiente imagen de pantalla:

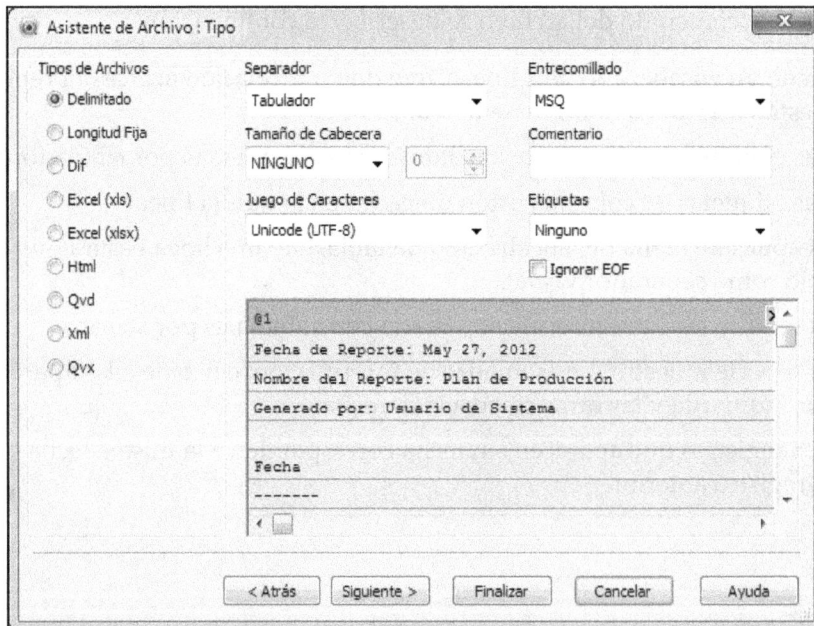

Asegúrese de definir los parámetros como se muestra en la imagen previa para que QlikView interprete correctamente los contenidos del archivo.

Después de presionar **Siguiente**, aparecerá la ventana de **Asistente de Archivo : Transformar** mostrando una breve descripción sobre el paso de transformación y una advertencia.

La advertencia indica que el **Paso de Transformación** no debe usarse para tablas grandes. El archivo ejemplo que usaremos contiene aproximadamente 50 registros, así que esto no representa un problema.

Dé clic en el botón de **Habilitar Paso de Transformación** para acceder a las funciones correspondientes. Aparecerá el siguiente asistente de transformación:

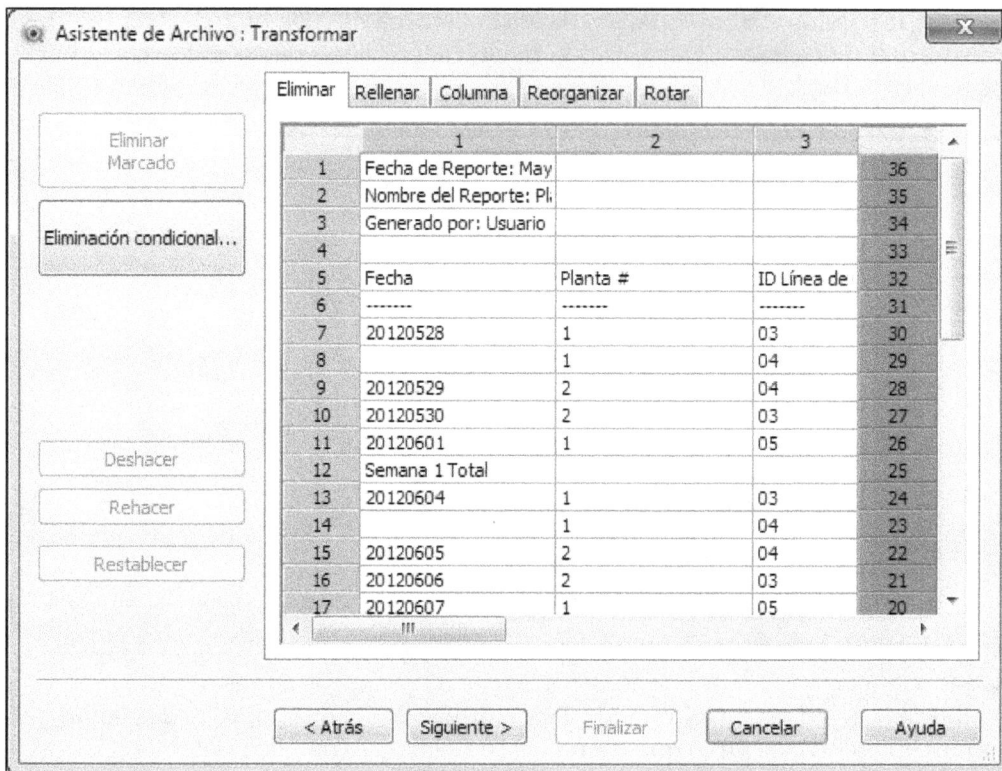

El **Asistente de Archivo : Transformar** se divide en varias pestañas y cada una se utiliza para distintos escenarios. En este ejemplo, usaremos tres de las cinco pestañas pero también describiremos qué hacen las otras y cuándo pueden ser útiles.

Sacando la basura

Nuestro archivo de ejemplo ciertamente tiene algo de basura que se necesita sacar. Usaremos la primera pestaña del paso de transformación para:

- Eliminar las filas de encabezado del reporte (las primeras cuatro líneas).
- Eliminar el separador visual entre los títulos de columna y los datos.
- Eliminar los subtotales semanales.

Para lograr lo anterior, siga estos pasos:

1. Dé clic en cada uno de los números de fila correspondientes a los primeras cuatro registros y al registro número seis, uno a la vez. Al hacer esto, se debe resaltar la fila completa y el botón de **Eliminar Marcado** se habilitará, como se muestra en la siguiente imagen.

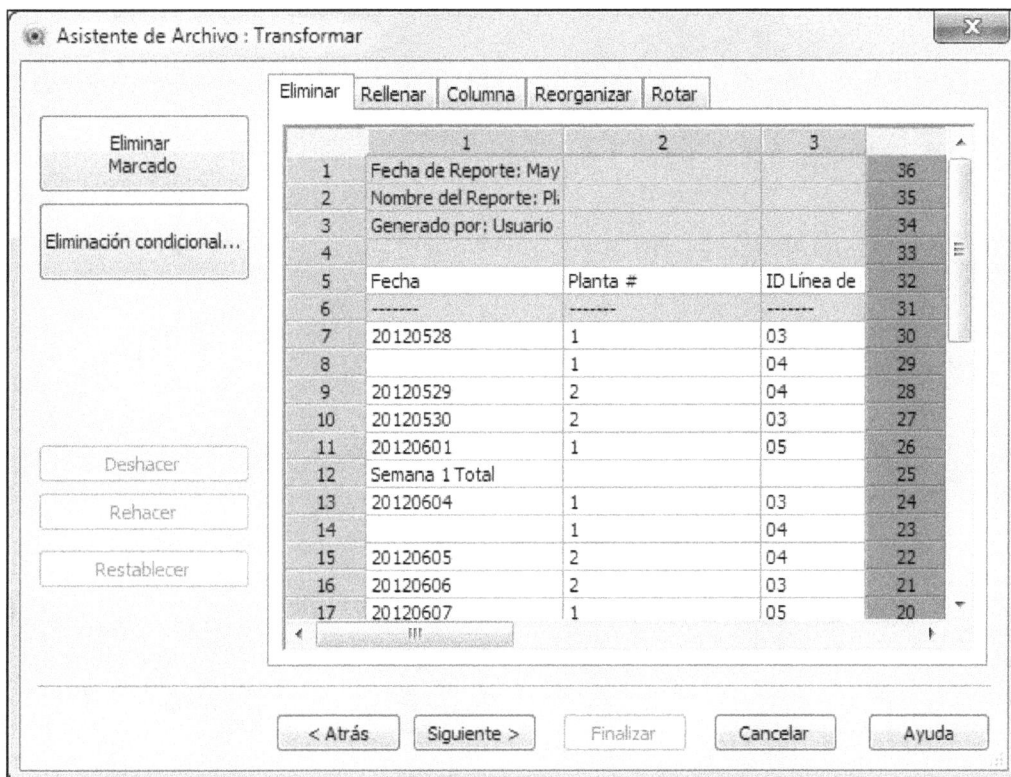

2. Dé clic en el botón **Eliminar Marcado** para borrar las líneas seleccionadas. Éstas deben desaparecer al instante.

3. Dé clic en el botón **Eliminación condicional** para continuar borrando los subtotales semanales. Aparecerá la ventana que se muestra en la siguiente imagen. Aquí, especificaremos una condición para identificar cuál(es) de las filas restantes de deben borrar.

4. Se especificarán los siguientes parámetros:
    ° El botón de opción de **Comparar con valor** debe estar seleccionado.
    ° El operador de comparación se definirá como **contiene**.
    ° El valor de comparación será la palabra `Total`.
    ° Las opciones de **Sensible a Mayúsculas** y **No** deben desactivarse.

5. Dé clic en el botón **Añadir** para terminar de configurar la condición de borrado y después en **Aceptar** para regresar a la ventana anterior.

El procedimiento anterior removerá la basura de nuestro archivo, pero eso no es todo lo que debemos hacer.

Reorganizando el contenido de la tabla

Hay otro desafío de formato que debemos enfrentar con este archivo, ya que los datos están separados en dos partes: las primeras cinco semanas están del lado izquierdo y las semanas de la 6 a la 10 están a la derecha. Ambas secciones ocupan las mismas filas, por lo que necesitamos reorganizar los datos.

Lo que haremos es mover los datos que están en la parte derecha de la tabla para ponerlos debajo de los datos que están a la izquierda. Para hacer eso, activaremos la pestaña **Reorganizar** del asistente de transformación y seguiremos estos pasos:

1. Utilice el cursor en forma de barra para marcar el inicio de la segunda sección de la tabla dando clic en el borde que está entre las columnas 4 y 5. Esto especificará la separación, como se muestra en la siguiente imagen. Si no logra ver dónde comienza la segunda sección de la tabla, utilice la barra de desplazamiento para moverse a la derecha.

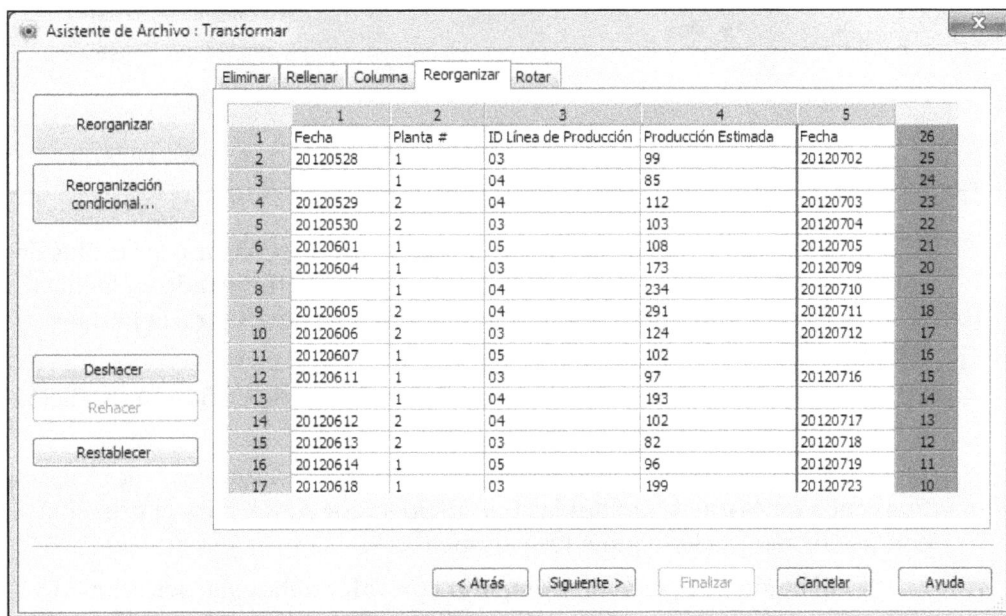

2. Dé clic en **Reorganizar** para mover el contenido de la tabla al lugar apropiado. Debemos ver ahora lo siguiente:

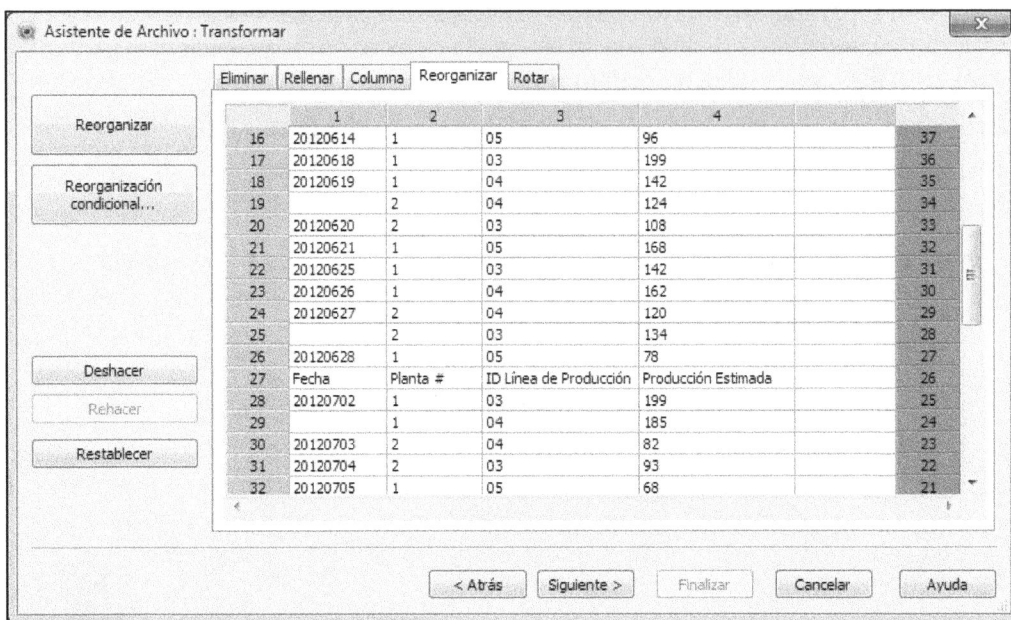

		1	2	3		4		
	16	20120614	1	05		96		37
	17	20120618	1	03		199		36
	18	20120619	1	04		142		35
	19		2	04		124		34
	20	20120620	2	03		108		33
	21	20120621	1	05		168		32
	22	20120625	1	03		142		31
	23	20120626	1	04		162		30
	24	20120627	2	04		120		29
	25		2	03		134		28
	26	20120628	1	05		78		27
	27	Fecha	Planta #	ID Línea de Producción		Producción Estimada		26
	28	20120702	1	03		199		25
	29		1	04		185		24
	30	20120703	2	04		82		23
	31	20120704	2	03		93		22
	32	20120705	1	05		68		21

Asistente de Archivo : Transformar — Pestañas: Eliminar, Rellenar, Columna, Reorganizar, Rotar. Botones: Reorganizar, Reorganización condicional..., Deshacer, Rehacer, Restablecer, < Atrás, Siguiente >, Finalizar, Cancelar, Ayuda.

3. El procedimiento anterior nos deja con una nueva línea basura: los títulos de columna correspondientes al contenido reorganizado (mostrado en la línea 27 en la imagen anterior). Para borrarla, necesitamos regresar a la pestaña **Basura** y seguir estos pasos:

4. Dé clic en el botón de **Eliminación Condicional** para especificar la condición que identificará qué líneas borrar.

5. En la ventana de diálogo de **Especificar Condición de Fila**, especificaremos dos condiciones que serán unidas por un operador **AND**. Para la primera condición, marque los siguientes parámetros:

   ° El botón de opción de **Comparar con valor** debe estar seleccionado.

   ° El operador de comparación se definirá como **contiene**.

   ° El valor de comparación será la palabra Fecha.

   ° Las opciones de **Sensible a Mayúsculas** y **No** deben desactivarse.

6. Dé clic al botón **Añadir** para incluir la primera condición y continuar definiendo la segunda con los siguientes parámetros:

   ° Seleccione el botón de opción **Rango**.

- ° Dé clic en el botón **Desde** y defina el índice de posición de celda en 2 **Desde arriba**. Luego dé clic en **Aceptar**.

- ° Dé clic en el botón **A** y defina el índice de posición de celda en 1 **Desde abajo**. Dé clic en **Aceptar**.

- ° Dé clic en el botón **Seleccionar** y defina el valor de **Seleccionar** en 1 y el valor de **Saltar** en 0. Dé clic en **Aceptar**.

7. Dé clic en **Añadir** para incluir la segunda condición y después en **Aceptar**.

Con lo anterior, tenemos dos condiciones para identificar las filas que se desean borrar.

Fue necesario aplicar ambas condiciones porque, si solo hubiéramos aplicado la condición de "contiene Fecha", la primera fila también hubiera resultado eliminada.

Además, de haber seleccionado la fila 27 marcándola directamente con el ratón y dando clic en el botón de **Eliminar Marcado**, el código resultante eliminaría siempre la línea 27 sin primero evaluar que realmente contenga basura. ¿Qué pasaría si el reporte se actualiza? Quién sabe si la nueva línea basura continuará siendo la número 27; no podemos estar seguros. Es mejor aplicar cierta lógica de forma que el código automáticamente identifique la línea basura cuando se actualice el reporte.

Rellenando celdas faltantes

En nuestro reporte, existen registros que no tienen una fecha especificada. Usaremos el asistente de transformación para rellenar esos valores siguiendo estos pasos:

1. Active la pestaña **Rellenar** del asistente de transformación.

2. Dé clic en el botón **Rellenar** y aparecerá el siguiente diálogo:

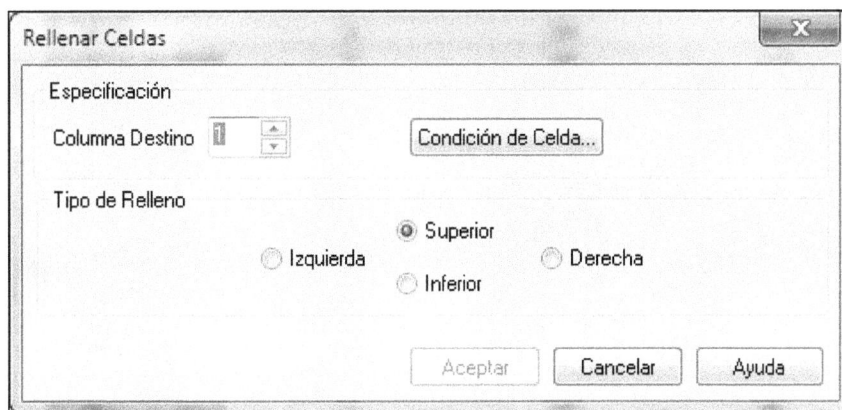

3. La **Columna Destino** la debemos especificar en 1, ya que es ahí donde están guardados los valores de fecha.

4. El **Tipo de Relleno** será **Superior** para tomar el valor que aparece en el registro inmediato anterior.

5. Dé clic en el botón de **Condición de Celda** para especificar qué filas se deben rellenar.

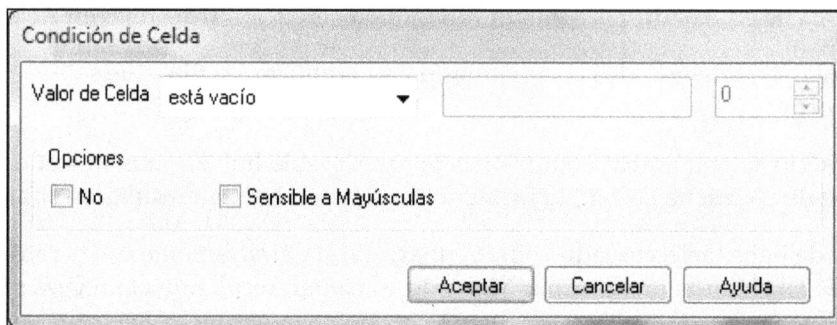

6. En la ventana de **Condición de Celda**, asegúrese que en el campo de **Valor de Celda** esté especificado el valor **está vacío** y que las opciones de **No** y **Sensible a Mayúsculas** estén deshabilitadas. Dé clic en **Aceptar** dos veces para regresar a la ventana del asistente de transformación y ver el resultado:

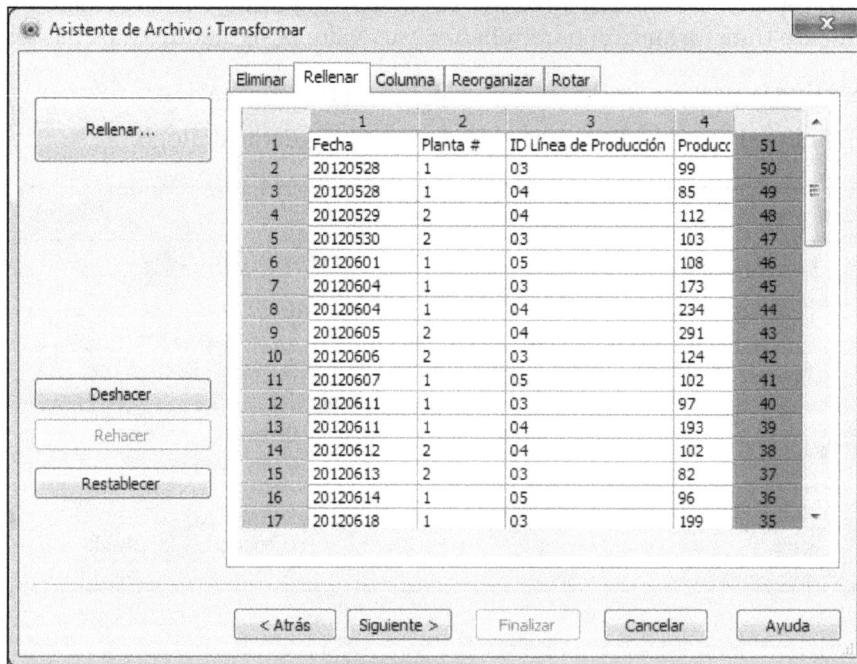

Las celdas que aparecían en blanco ya tienen un valor de fecha asignado. Dé clic en el botón **Siguiente >** para salir del asistente de transformación.

En la ventana de **Asistente de Archivo : Opciones**, defina el campo **Etiquetas** como **Etiquetas Incluidas** y después dé clic en **Finalizar** para generar la sentencia LOAD final.

El resultado final

Después de especificar los criterios de transformación, la sentencia LOAD correspondiente es generada de forma automática y las configuraciones especificadas aparecen como parte del código.

El script generado se ve como el siguiente:

```
LOAD Fecha,
     [Planta #],
     [ID Línea de Producción],
     [Producción Estimada]
FROM
[Plan de Producción.txt]
(txt, utf8, embedded labels, delimiter is '\t', msq, filters(
Remove(Row, Pos(Top, 6)),
Remove(Row, Pos(Top, 4)),
Remove(Row, Pos(Top, 3)),
Remove(Row, Pos(Top, 2)),
Remove(Row, Pos(Top, 1)),
Remove(Row, RowCnd(CellValue, 1, StrCnd(contain, 'Total'))),
Unwrap(Col, Pos(Top, 5)),
Remove(Row, RowCnd(Compound,
    RowCnd(CellValue, 1, StrCnd(contain, 'Fecha')),
    RowCnd(Interval, Pos(Top, 2), Pos(Bottom, 1), Select(1, 0))
)),
Replace(1, top, StrCnd(null))
));
```

Después de ejecutar el script podemos abrir el **Visor de Tablas** y ver que la tabla con la información de **Plan de Producción** ya tiene el formato adecuado.

Fecha	Planta #	ID Línea de Pro...	Producción Esti...
20120528	1	03	99
20120528	1	04	85
20120529	2	04	112
20120530	2	03	103
20120601	1	05	108
20120604	1	03	173
20120604	1	04	234
20120605	2	04	291
20120606	2	03	124
20120607	1	05	102
20120611	1	03	97
20120611	1	04	193

Como el código fue generado y pegado en el editor de script, cada vez que el archivo de texto se actualice solo es necesario volver a ejecutar el script para actualizar los datos en el documento QlikView, sin tener que volver a hacer todo el proceso de transformación nuevamente.

Hemos cargado de manera exitosa un archivo con contenido basura a QlikView aprovechando una de sus capacidades de extracción. Esta funcionalidad extiende la habilidad de QlikView para consolidar datos de fuentes dispersas y empodera al desarrollador QlikView en el proceso de diseño de modelo de datos.

Otros trucos de transformación

Veamos otras opciones que ofrece el asistente de transformación:

- **Columna**: Esta pestaña permite crear una copia de los datos de una columna y llevarlos a otra columna, sea existente o nueva.

- **Rotar**: Esta pestaña se puede usar para rotar una tabla por cualquiera de sus lados o transponerla.

- **Contexto**: Esta pestaña solo está disponible cuando se cargan archivos HTML y se puede usar para extraer información adicional sobre las celdas como URLs, etiquetas, etc.

Hemos explorado una de las herramientas para la transformación de datos disponibles en QlikView y ahora es tiempo de aprender sobre otras funciones que podemos usar al extraer datos.

Cargando una tabla cruzada

En esta sección, describiremos lo que es una tabla cruzada para QlikView, porqué no es apropiada para integrarse a un modelo de datos y cómo podemos transformarla en una tabla tradicional usando el motor de extracción de QlikView.

Un ejemplo de tabla cruzada

Veamos la siguiente tabla de entrada:

Departamento	Ene	Feb	Mar	Abr	May	Jun
A	160	336	545	152	437	1
B	476	276	560	57	343	476
C	251	591	555	195	341	399
D	96	423	277	564	590	130

Como podemos ver, tenemos un campo (columna) para cada mes. También tenemos el campo Departamento con sus respectivos valores de campo en una sola columna. Los valores en el área de datos de la tabla son cantidades. Asumamos que el área de datos muestra importes de venta.

El problema con esta estructura matricial es que, si queremos obtener el total de ventas por departamento, tendríamos que crear una expresión como la que se muestra a continuación:

```
Sum (Ene) + Sum(Feb) + Sum(Mar) + Sum(Abr) + Sum(May) + Sum(Jun)
```

Así mismo, con esta estructura de tabla no podríamos crear un gráfico de tendencia porque todos los meses están guardados como columnas separadas. Debido a eso, vamos a convertir los datos fuente a una tabla tradicional con la siguiente estructura:

Departamento	Mes	Ventas
A	Ene	160
A	Feb	336
A	Mar	545
A	Abr	152
A	May	437
A	Jun	1

De esta forma, en nuestros gráficos podremos crear expresiones simples como:

```
Sum(Ventas)
```

Usando el asistente de Tabla cruzada

Cargaremos esta tabla a un archivo QVW nuevo, por lo que empzaremos creando un nuevo documento QlikView que guardaremos como `Tabla cruzada.qvw` dentro del directorio `Operación de Aerolíneas\Ejemplos Aislados\Capítulo 9`.

Después de guardar el archivo, asegúrese que el archivo `Tabla cruzada.xls` esté en el mismo directorio.

Después, acceda al editor de script y abra la ventana de **Asistente de Archivo** dando clic en el botón **Ficheros Planos**.

Navegue al directorio en donde está guardado el archivo Excel de ejemplo, selecciónelo y presione **Abrir**. Con esto, aparecerá el **Asistente de Archivo** como se muestra a continuación:

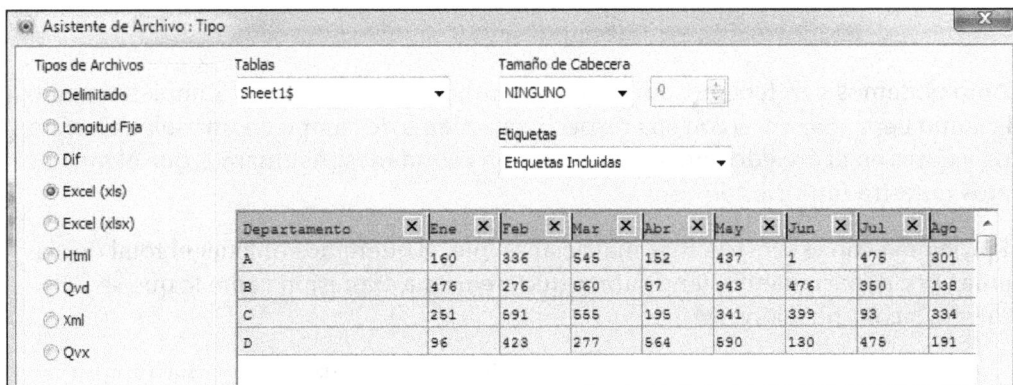

Asegúrese que los parámetros apropiados estén definidos como se muestra en la imagen previa para que QlikView pueda interpretar el archivo de forma correcta.

Dé clic en **Siguiente** dos veces y aparecerá la ventana de diálogo de **Asistente de Archivo : Opciones**. Dé clic en el botón de **Tabla cruzada** en la parte superior derecha de la ventana y aparecerá el cuadro de diálogo de **Tabla cruzada**.

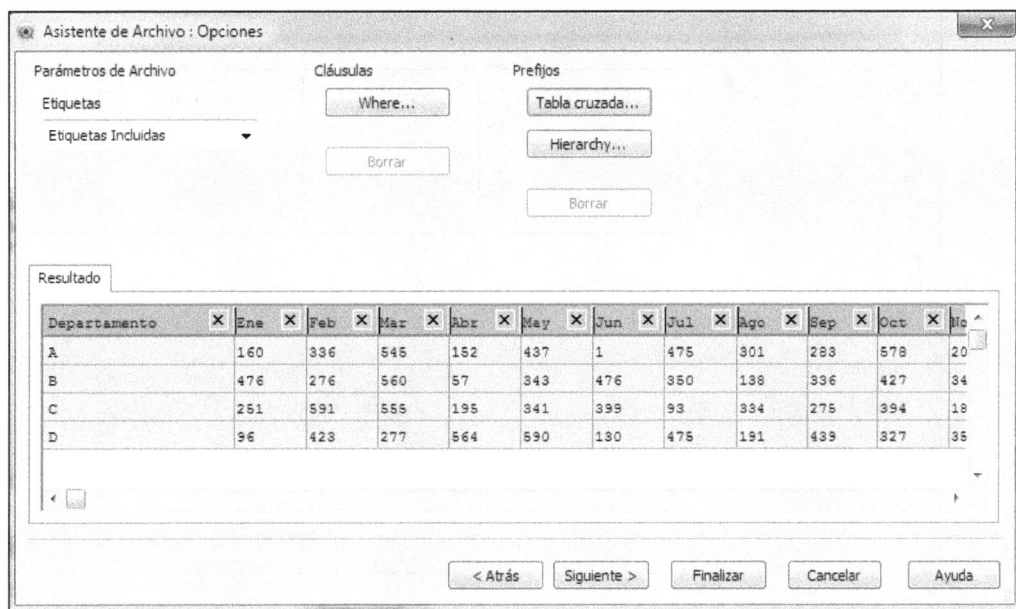

El asistente de **Tabla cruzada** solo requiere que especifiquemos tres parámetros, que son:

- El número de **Campos Qualifier**: Aquí, especificamos el número de columnas que preceden el área de datos (donde están las cantidades). En nuestro caso, solo hay una columna: **Departamento**.

- **Campo de Atributo**: Este parámetro se usa para asignar un nombre al campo que contendrá los nuevos valores de dimensión que resulten de la transformación. Para este ejemplo lo definiremos como Mes.

- **Campo de Datos**: Este valor indica el nombre del campo que contendrá los valores de los datos que resulten de la transformación. Lo nombraremos `Ventas`.

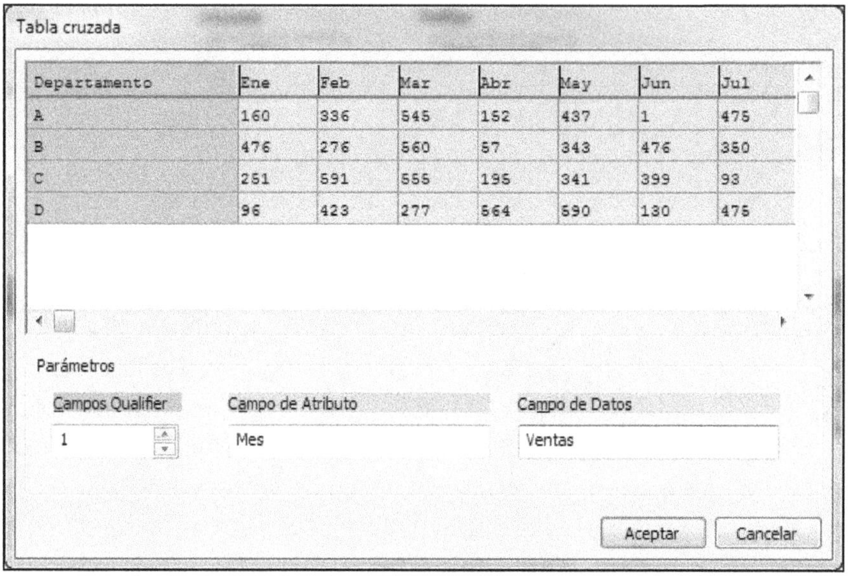

Tabla cruzada

Departamento	Ene	Feb	Mar	Abr	May	Jun	Jul
A	160	336	545	152	437	1	475
B	476	276	560	57	343	476	350
C	251	591	555	195	341	399	93
D	96	423	277	564	590	130	475

Parámetros

Campos Qualifier	Campo de Atributo	Campo de Datos
1	Mes	Ventas

Aceptar   Cancelar

Después de ingresar los datos como se muestra en la imagen previa, daremos clic en **Aceptar**. En el panel inferior de la ventana del **Asistente de Archivo**, veremos la pestaña de **Resultado**, que mostrará una vista previa de la tabla transformada.

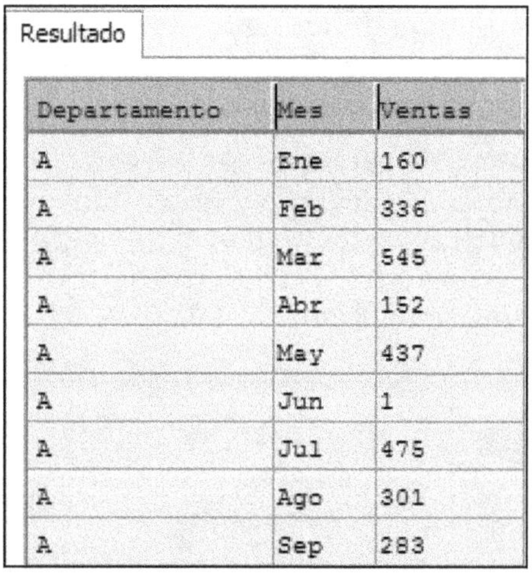

Resultado

Departamento	Mes	Ventas
A	Ene	160
A	Feb	336
A	Mar	545
A	Abr	152
A	May	437
A	Jun	1
A	Jul	475
A	Ago	301
A	Sep	283

Ahora podemos dar clic en **Finalizar** y será generada la sentencia LOAD correspondiente. El código generado es el siguiente:

```
CrossTable(Mes, Ventas)
LOAD Departamento,
     Ene,
     Feb,
     Mar,
     Abr,
     May,
     Jun,
     Jul,
     Ago,
     Sep,
     Oct,
     Nov,
     Dic
FROM
[Tabla Cruzada.xls]
(biff, embedded labels, table is [Sheet1$]);
```

Para comprobar resultados, guarde el documento y ejecute una recarga. Posteriormente, inspeccione los datos usando la ventana del **Visor de Tablas**.

Expandiendo una jerarquía

Una tabla de jerarquía es un formato normalmente usado para guardar información en una estructura padre-hijo. La naturaleza jerárquica de la tabla permite que un valor esté relacionado a uno o más valores en la tabla, sea como padre o como hijo. De hecho, un valor puede estar relacionado a uno o más valores como hijo y/o a uno o más valores diferentes como padre.

La ventaja de estas tablas es que almacenan la información de una manera muy compacta y QlikView puede expandir sus relaciones con una sentencia especial: HIERARCHY.

> En términos técnicos, el formato original de la tabla es llamado Nodos Adyacentes, mientras que la tabla que resulta de expandir las relaciones se llama Nodos Expandidos.

Un ejemplo de Jerarquía

Considere el siguiente ejemplo de tabla, que contiene información jerárquica sobre las regiones del mundo:

Padre	Hijo
Mundo	Europa
Mundo	América
Europa	Inglaterra
Inglaterra	Londres
Europa	Italia
Italia	Roma
América	Estados Unidos
Estados Unidos	Washington
Estados Unidos	Nueva York

Los datos de la tabla anterior están presentados en la forma en que la información se guarda, pero también pueden presentarse de la siguiente manera para una más fácil interpretación:

```
⊟ Mundo
  ⊟ América
    ⊟ Estados Unidos
        Nueva York
        Washington
  ⊟ Europa
    ⊟ Inglaterra
        Londres
    ⊟ Italia
        Roma
```

Esta jerarquía tiene cuatro niveles (Mundo – Continente - País – Ciudad). Cada uno de estos niveles se guardará en un campo diferente en el modelo de datos de QlikView después de expandir la jerarquía.

Trabajando con el asistente de Jerarquía

Para demostrar el proceso de expansión de jerarquías en QlikView, haremos lo siguiente:

1. Cree un nuevo documento QlikView y nómbrelo `Jerarquías.qvw`.

2. Guarde el archivo QVW en el directorio `Operación de Aerolíneas\Ejemplos Aislados\Capítulo 9`.

3. Asegúrese que el archivo `Ejemplo Jerarquías.xls` también se encuentre en la misma ubicación.

4. Vaya al editor de script y abra el diálogo de **Asistente de Archivo** para cargar el archivo `Ejemplo Jerarquías.xls`.

5. En la primera ventana del **Asistente de Archivo**, asegúrese de especificar los siguientes parámetros antes de continuar:

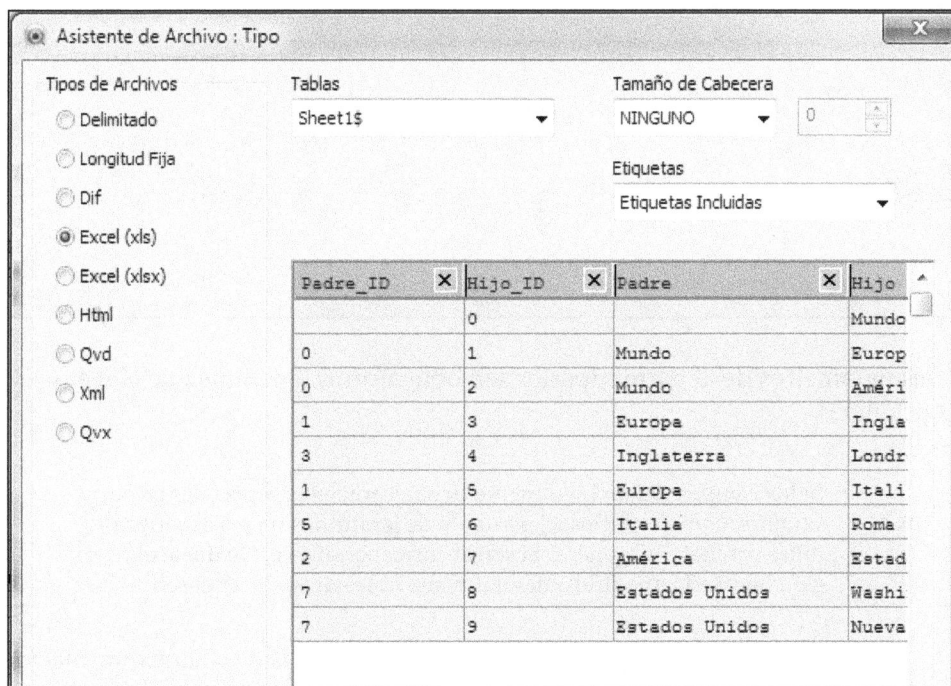

Asistente de Archivo : Tipo			

Tipos de Archivos
- Delimitado
- Longitud Fija
- Dif
- ⦿ Excel (xls)
- Excel (xlsx)
- Html
- Qvd
- Xml
- Qvx

Tablas: Sheet1$ ▾

Tamaño de Cabecera: NINGUNO ▾ 0

Etiquetas: Etiquetas Incluidas ▾

Padre_ID ✕	Hijo_ID ✕	Padre ✕	Hijo
	0		Mundo
0	1	Mundo	Europ
0	2	Mundo	Améri
1	3	Europa	Ingla
3	4	Inglaterra	Londr
1	5	Europa	Itali
5	6	Italia	Roma
2	7	América	Estad
7	8	Estados Unidos	Washi
7	9	Estados Unidos	Nueva

6. Después, dé clic en **Siguiente >** dos veces para llegar al diálogo de **Asistente de Archivo : Opciones**. Ubique el botón de **Hierarchy** en la parte superior derecha de la ventana y dé clic en él.

7. En la ventana que se abre a continuación, definiremos los siguientes parámetros:

Los tres parámetros de la parte superior son obligatorios, mientras que el resto son opcionales.

> Si los campos del archivo fuente tienen caracteres especiales en su nombre, como espacios, el asistente de jerarquías no los encerrará entre corchetes al generar el script correspondiente. De darse el caso, será necesario añadirlos manualmente antes de ejecutar el script.

1. De la pantalla anterior podemos ver que se solicita la siguiente información:

   ° **Campo ID**: Aquí se especifica el nombre del campo que guarda los identificadores correspondientes a los nodos hijos.

   ° **Campo ID Padre**: Aquí se especifica el nombre del campo que guarda el identificador del nodo padre.

   ° **Nombrar Campo**: Aquí se especifica el nombre del campo que guarda el nombre del nodo hijo.

- ° **Nombre de Padre**: Aquí se especifica una cadena de texto que se usará para nombrar un nuevo campo, que guardará el nombre de los nodos padre.

- ° **Nombre de Ruta**: Aquí se especifica una cadena de texto que se usará para nombrar un nuevo campo, que guardará una lista de nodos desde el nivel raíz hasta el nodo en cuestión

- ° **Nombre de Profundidad**: Aquí se especifica el nombre de un nuevo campo que guardará el número de nivel jerárquico en que se encuentra cada nodo al ser expandido.

- ° **Fuente de Ruta**: Aquí se especifica el nombre del campo en la tabla fuente que debe usarse para crear la ruta jerárquica.

- ° **Delimitador de Ruta**: Aquí se define una cadena de texto que servirá para separar los valores en la ruta jerárquica.

> Si cualquiera de los parámetros se deja vacío, el nuevo campo que usa el parámetro faltante no será creado al expandir la jerarquía.

Aunque los parámetros opcionales no se vayan a usar, la casilla de verificación de **Parámetros Hierarchy** debe marcarse para que el script sea generado.

> Al momento en que este libro fue escrito y editado, existe un defecto en la versión del programa QV11.2 SR3 compilación 12018 que hace que el campo de **Profundidad** (NivelJerárquico en el ejemplo anterior) no se incluya en el script generado. Por lo tanto, si nota que el campo no fue generado, es probable que necesite modificar el script para incluirlo manualmente y que se genere el campo correspondiente. Para eso, simplemente añada el parámetro de profundidad a la sentencia HIERARCHY generada, como se muestra en el script a continuación.

Después de definir los parámetros de jerarquía, dé clic en **Aceptar** para regresar a la ventana de **Asistente de Archivo** y después en **Finalizar** para generar la sentencia LOAD correspondiente.

El script resultante para nuestro ejemplo se verá de la siguiente manera:

```
HIERARCHY(Hijo_ID, Padre_ID, Hijo, NombrePadre, Hijo, Ruta, ' - ',
NivelJerárquico)
LOAD Padre_ID,
     Hijo_ID,
     Padre,
     Hijo
FROM
[Ejemplo Jerarquías.xls]
(biff, embedded labels, table is [Sheet1$]);
```

Después de recargar el script, tendremos una nueva tabla en nuestro modelo de datos con la siguiente estructura:

Padre_ID	Hij...	Padre	Hijo	Hijo1	Hijo2	Hijo3	Hijo4	NombrePadre	Ruta	NivelJerárquico
-	0	-	Mundo	Mundo	-	-	-	-	Mundo	1
0	1	Mundo	Europa	Mundo	Europa	-	-	Mundo	Mundo - Europa	2
0	2	Mundo	América	Mundo	América	-	-	Mundo	Mundo - América	2
1	3	Europa	Inglaterra	Mundo	Europa	Inglaterra	-	Europa	Mundo - Europa - Inglaterra	3
3	4	Inglaterra	Londres	Mundo	Europa	Inglaterra	Londres	Inglaterra	Mundo - Europa - Inglaterra - Londres	4
1	5	Europa	Italia	Mundo	Europa	Italia	-	Europa	Mundo - Europa - Italia	3
5	6	Italia	Roma	Mundo	Europa	Italia	Roma	Italia	Mundo - Europa - Italia - Roma	4
2	7	América	Estados Unidos	Mundo	América	Estados Unidos	-	América	Mundo - América - Estados Unidos	3
7	8	Estados Unidos	Washington	Mundo	América	Estados Unidos	Washington	Estados Unidos	Mundo - América - Estados Unidos - Washington	4
7	9	Estados Unidos	Nueva York	Mundo	América	Estados Unidos	Nueva York	Estados Unidos	Mundo - América - Estados Unidos - Nueva York	4

La tabla de nodos expandidos resultante tiene un campo para cada nivel jerárquico y un registro para cada nodo. Adicionalmente, se han creado nuevos campos para mostrar información de la ruta jerárquica y el nivel de profundidad.

En casos en donde un nodo tiene varios padres, la tabla de nodos expandidos tendrá varios registros para dicho nodo.

De igual manera, es importante remarcar que la tabla de nodos expandidos excluirá todo nodo huérfano, es decir, que no esté asociado a un nodo de nivel raíz. Solo los nodos conectados al nivel superior de la jerarquía (directa o indirectamente) se mantendrán en la tabla final.

Teniendo una tabla con esta estructura es fácil utilizar sus campos en la interfaz gráfica del documento QlikView; por ejemplo, dentro de una tabla pivotante o en una dimensión de grupo jerárquico.

Los campos creados también se pueden utilizar en cuadros de lista para hacer selecciones. A continuación exploraremos una funcionalidad con la que podemos crear un cuadro de lista con vista de árbol.

El cuadro de lista con vista de árbol

Con los datos resultantes del ejercicio anterior, crearemos un cuadro de lista siguiendo estos pasos:

1. De la barra de menús, seleccione **Diseño | Nuevo Objeto de Hoja | Cuadro de lista**.

2. En la ventana de **Nuevo Cuadro de Lista**, ingrese Vista de Árbol en el campo **Título**.

3. Luego, usando el menú desplegable de **Campo**, seleccione el campo **Ruta**.

4. En la pestaña **General**, marque la opción de **Mostrar en Vista de Árbol** e ingrese un guion medio (-) con un espacio al inicio y otro al final en el campo **Con Separador**.

5. Dé clic en **Aceptar** para crear el nuevo cuadro de lista.

Al crear este nuevo cuadro de lista, estamos aprovechando la ruta jerárquica definida en uno de los campos que se crearon en el ejercicio anterior. El cuadro de lista en vista de árbol solo requiere un campo con la definición jerárquica de un grupo de valores y en el que cada nivel de jerarquía esté separado por un caracter específico. En el ejemplo anterior, usamos un guion medio junto con espacios al inicio y al final como símbolo de separador, ya que así es como cada valor está separado en el campo.

La siguiente imagen muestra una comparación lado a lado de un cuadro de lista típico y uno en vista de árbol. Ambos usan el mismo campo:

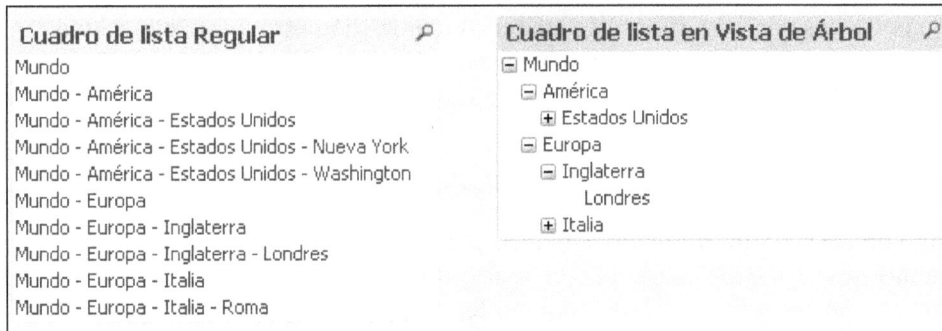

El cuadro de lista en vista de árbol es útil para representar niveles jerárquicos y ofrece una manera fácil de expandir o contraer la jerarquía usando los iconos con el símbolo de más (+) o menos (-), respectivamente.

Al dar clic en un valor padre que se encuentre colapsado, todos sus hijos son también seleccionados.

Carga genérica

Otra estructura de tabla que podemos encontrarnos al cargar datos a QlikView es lo que llamamos una tabla genérica.

Una tabla genérica se usa normalmente para guardar valores de atributos para diferentes objetos. Estos atributos pueden no estar compartidos por todos los objetos en la tabla, y esa es una de las razones por la que una estructura de tabla tradicional no se utiliza para este tipo de valores.

El siguiente es un ejemplo de una tabla genérica:

Objeto	Atributo	Valor
Pelota	Color	Amarillo
Pelota	Peso	120 g
Pelota	Diámetro	8 cm
Moneda	Color	Oro
Moneda	Valor	$100
Moneda	Diámetro	2.5 cm
Disco de Hockey	Color	Negro
Disco de Hockey	Diámetro	7.62 cm
Disco de Hockey	Grosor	2.5 cm
Disco de Hockey	Peso	165 g

Como podemos ver, hay diferentes atributos (color, diámetro, peso, etc) y solo algunos de ellos se usan para todos los objetos. Otros atributos, como grosor, son usados para un solo objeto.

Usando una estructura como la anterior, se asegura que la tabla no crezca mucho en términos de columnas sin importar si se añaden nuevos objetos o atributos.

Usando una estructura tradicional, el ejemplo anterior podría llegar a tener varias columnas (una por cada atributo) y el añadir un nuevo atributo a la tabla representa añadir una nueva columna. Adicionalmente, los atributos (columnas) que no aplican para ciertos objetos (filas) tendrían un valor nulo o vacío asignado.

Cargando una tabla genérica a QlikView

Para cargar una tabla genérica, se usa la palabra clave GENERIC para que QlikView convierta su estructura a una que es más apropiada para el modelo de datos asociativo y más fácil de explotar para interacción con el usuario final.

Carguemos una tabla de este tipo a un nuevo documento QlikView usando el prefijo GENERIC:

1. Empiece por crear un nuevo documento QlikView y nómbrelo Carga Genérica.qvw.

2. Guarde el archivo QVW en el directorio de Operación de Aerolíneas\ Ejemplos Aislados\Capítulo 9.

3. Asegúrese de que el archivo BD Genérica.xlsx también se encuentre en el mismo directorio.

4. Vaya al editor de script y abra el diálogo de **Asistente de Archivo** para cargar el archivo de BD Genérica.xlsx.

5. En la primera ventana del **Asistente de Archivo**, asegúrese de definir los parámetros como se muestra a continuación:

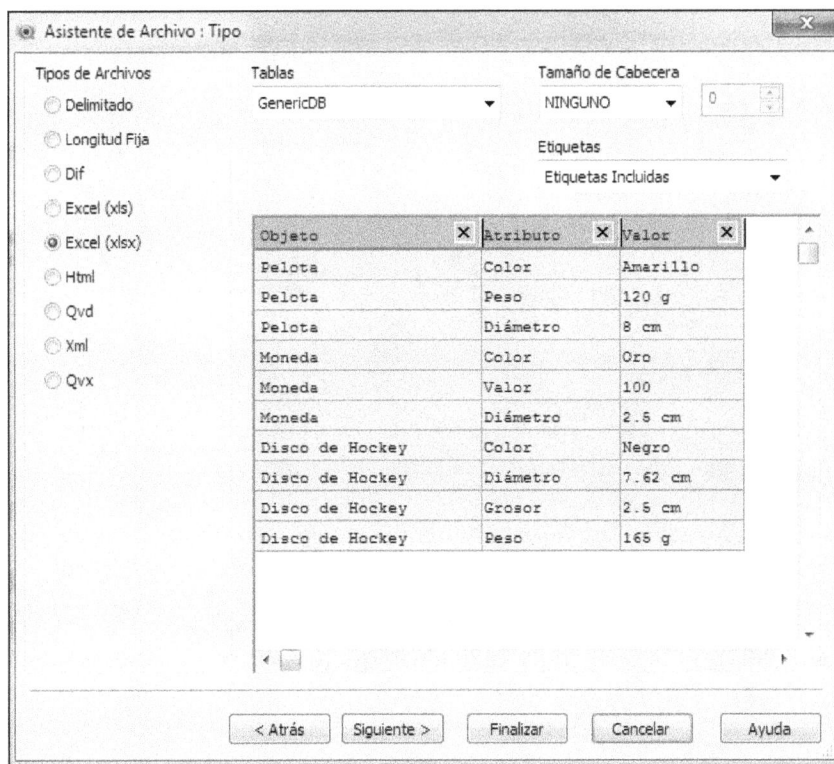

6. Luego, dé clic en **Finalizar** para cerrar el diálogo de **Asistente de Archivo** y generar el script de carga correspondiente.

7. Ahora, justo antes de la sentencia LOAD, ingrese el prefijo GENERIC para que el script final se vea como a continuación:

```
GENERIC
LOAD Objeto,
     Atributo,
     Valor
FROM
[BD Genérica.xlsx]
(ooxml, embedded labels, table is GenericDB);
```

8. Guarde el documento y ejecute el script.

Al anteponer el prefijo GENERIC a una sentencia LOAD, QlikView transforma y procesa el contenido de la tabla genérica para generar un modelo de datos en el que todos los atributos están en campos separados y asociados al objeto correspondiente. El modelo de datos resultante para el ejemplo previo se muestra en la siguiente imagen:

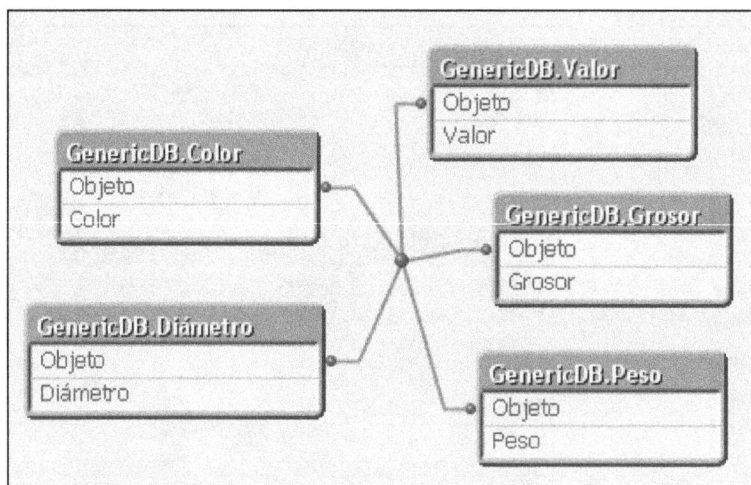

Cada una de las tablas del modelo de datos resultante tiene solo el número necesario de registros, dependiendo de cuántos objetos compartan el atributo correspondiente.

Con las nuevas tablas asociadas, podemos añadir distintos cuadros de lista al documento QlikView para permitir al usuario interactuar con lo diferentes atributos y objetos.

Resumen

Hemos visto cuatro escenarios distintos en los que la tabla origen no es apropiada para un modelo de datos QlikView y hemos mostrado las herramientas que ofrece QlikView para lidiar con estos formatos. De igual forma, aprendimos a usar el asistente de transformación para eliminar basura de las tablas de entrada, rellenar celdas faltantes y reorganizar el contenido de una tabla.

Así mismo, aprendimos lo que es una tabla cruzada, porqué no es apropiada para un modelo de datos en QlikView y cómo la podemos transformar en una tabla tradicional. De igual manera, revisamos cómo trabajar con tablas jerárquicas e identificar los nodos padre e hijo.

Finalmente, aprendimos lo que es una tabla genérica y cómo aprovechar la capacidad de QlikView para transformar su estructura.

En el *Capítulo 12, Transformación Avanzada de Datos,* revisaremos técnicas más avanzadas para transformar los datos fuente y usarlos en diferentes diseños de modelos de datos.

10
Expresiones Avanzadas

La interfaz actual de nuestra aplicación de Operación de Aerolíneas se compone de gráficos que usan agregaciones simples y directas, como suma de los valores en un campo determinado. Sin embargo, la creación de aplicaciones analíticas frecuentemente requiere cálculos más complejos, dependiendo de la naturaleza de los datos con los que trabajamos y la forma en que las métricas se deben calcular. Además, con frecuencia necesitamos añadir cierto contexto a los números; por ejemplo, podemos requerir presentar los datos en términos de variación (por ejemplo, en comparación con un año anterior) o crear visualizaciones de una forma que no es "natural", en cuyo caso podríamos usar dimensiones calculadas o sintéticas.

En este capítulo, exploraremos algunas de las complejidades que como desarrollador puede encontrarse al construir aplicaciones QlikView. En resumen, aprenderemos:

- Cómo aprovechar mejor las variables.
- A usar funciones condicionales.
- A manejar agregaciones avanzadas.

¡Manos a la obra!

Usando variables

Puesto en términos simples, las variables en QlikView se usan para guardar datos dinámicos o estáticos y pueden contener números, texto, o cualquier otro tipo de dato. Se guardan como una entidad separada y se les asigna un nombre para poder referenciarlas desde cualquier objeto en el documento.

Aunque una variable puede guardar un valor único, su uso se puede extender a un alcance mucho mayor una vez que comprendemos su funcionamiento interno.

A nivel general, podemos decir que las variables en QlikView se usan de dos formas diferentes:

- Para guardar un valor o cadena, ya sea dinámico o basado en una fórmula. Este tipo de variable también se puede usar para obtener e interpretar datos de entrada del usuario.

- Para guardar una definición de expresión que puede usarse en gráficos. Este es el método que exploramos en el *Capítulo 6, Construyendo Dashboards*.

La principal diferencia entre las opciones mencionadas arriba es que mientras la primera calcula el resultado antes de enviarlo al objeto de hoja que hace uso de la variable, la otra guarda solo la definición de la expresión y el objeto que hace uso de ella se encarga de evaluarla para obtener el resultado.

En esta sección cubriremos el uso de variables a un nivel avanzado, pero primero pongamos las bases en orden para avanzar desde ahí.

Creando una variable

Ya hemos seguido el proceso de creación de una variable en el *Capítulo 6, Construyendo Dashboards,* y ha podido ver que es bastante simple. Aún así, hagamos una breve revisión de los pasos involucrados usando nuestro documento de Operación de Aerolíneas. Abra el archivo QVW correspondiente y cree una nueva hoja de trabajo para no modificar los objetos que ya se han creado. Nombre la nueva hoja como `Variables`.

> Después de practicar con algunos ejemplos en una hoja por separado, aplicaremos los conceptos aprendidos para modificar los objetos en las hojas **Cuadro de Mando** y **Análisis**.

Ahora, vayamos a la ventana de **Panel de Variables** presionando las teclas *Ctrl + Alt + V* o seleccionando **Configuraciones | Panel de Variables** de la barra de menús, como se muestra en la siguiente imagen:

Desde esta ventana, podemos ver las variables que han sido definidas previamente. Dé clic en el botón **Añadir** y aparecerá el diálogo de **Nueva Variable**, en donde ingresaremos el nombre de la nueva variable.

El nombre predeterminado es `Variable1`. Cámbielo a `vTop` y dé clic en **Aceptar**. La variable será creada y podremos asignarle un valor a la misma. Para hacer eso, seleccione la nueva variable dando clic en su nombre e ingrese el número 5 en el cuadro de entrada de **Definición**. Luego, en el campo de **Comentario**, escriba el siguiente comentario que describe para qué se usa la variable:

```
Variable usada para cambiar dinámicamente el número de valores
desplegados en un Gráfico de Top N.
```

Es importante seleccionar la variable dando clic en ella antes de ingresar su definición, ya que de otro modo la definición que se ingrese no se aplicará correctamente.

Dé clic en **Aceptar** para cerrar la ventana de **Panel de Variables**.

Usando variables en gráficos

Nuestra nueva variable contendrá un valor estático que usaremos para manipular un gráfico. Específicamente, el valor representará el número de aerolíneas que se deben desplegar en un gráfico de barras. Así, solo las primeras 5 aerolíneas, ordenadas en forma descendente en base al número de vuelos, serán mostradas.

Cree un nuevo gráfico de barras con **Aerolínea** como dimensión y `Sum([# Vuelos Realizados])` como expresión. En la ventana de diálogo **Ordenar**, asegúrese que los valores de **Aerolínea** se ordenen por su **Valor Y** en forma **Descendente**.

El aspecto inicial de nuestro gráfico se muestra a continuación:

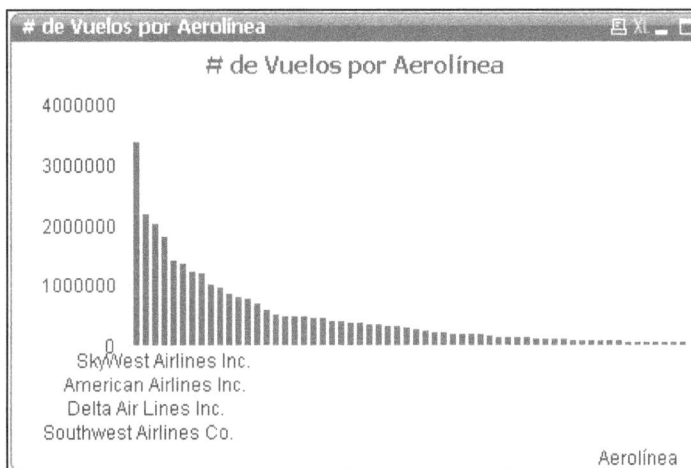

El gráfico está un poco saturado de barras en el espacio limitado que tenemos disponible. Necesitamos limitar el número de barras mostradas para que solo las primeras *N* aerolíneas estén visibles. *N* es el número que guarda nuestra variable vTop.

Vaya a la ventana de **Propiedades de Gráfico** y active la pestaña de **Límites de Dimensión**. Habilite la opción de **Restringir qué valores mostrar utilizando la primera expresión**. La configuración para el límite que especificaremos es:

- El botón de opción correspondiente a **Mostrar sólo** debe estar seleccionado.
- De la lista desplegable, seleccionaremos el valor **Mayor**.
- En el campo de entrada de **Valores**, ingresaremos nuestra variable usando la siguiente sintaxis: $(vTop)
- La casilla de **Mostrar Otros** estará deshabilitada.

La configuración anterior se muestra en la siguiente imagen:

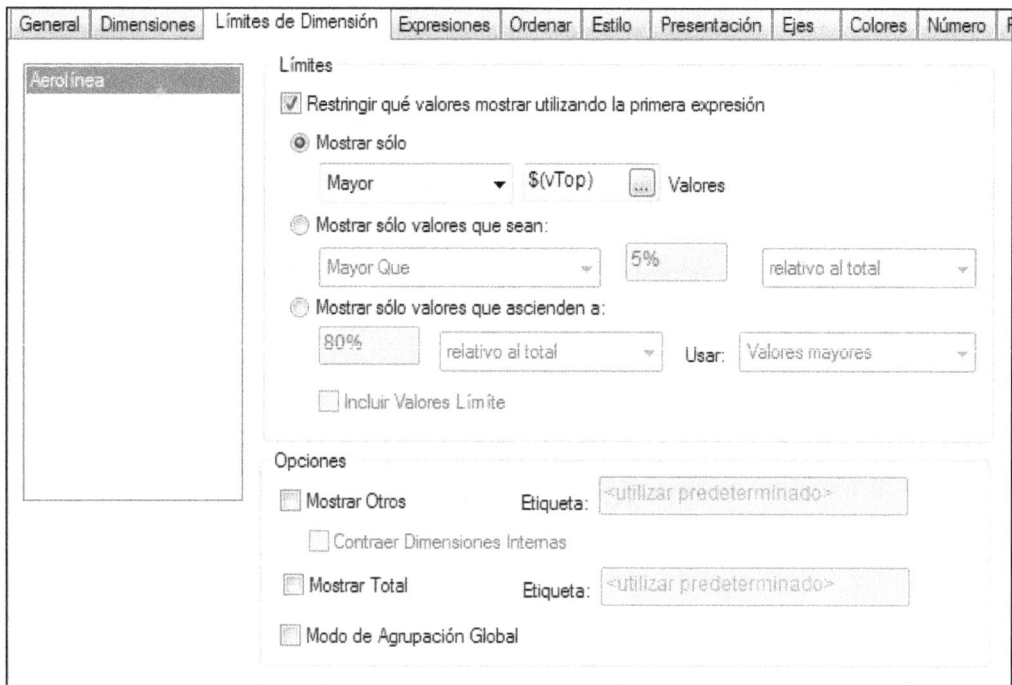

La sintaxis que usamos para ingresar la variable se llama Expansión Signo Dólar. En este caso particular, la variable se pudo haber ingresado sin el signo dólar, pero hay circunstancias en las que es obligatorio y es una buena práctica siempre incluirlo. Hablaremos más sobre esta sintaxis en una sección posterior de este mismo capítulo.

Después de establecer la configuración anterior, dé clic en **Aceptar** y el gráfico se verá más legible, como en la siguiente imagen:

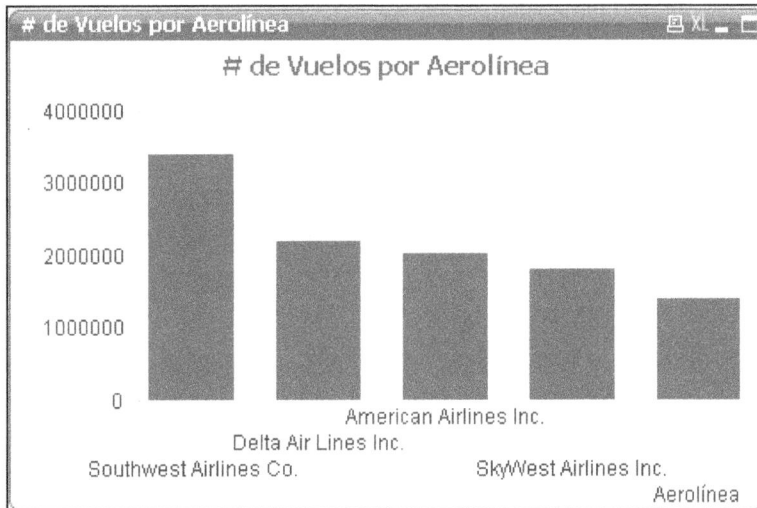

Puede cambiar la **Orientación** del gráfico a **Horizontal** en la pestaña **Estilo** de la ventana de propiedades para que los valores de dimensión sean más legibles.

Cambiando el valor de una variable interactivamente

La razón por la que usamos una variable para limitar el número de valores de dimensión mostrados en el gráfico es para permitir al usuario cambiar dinámicamente el valor. Hay dos objetos de hoja con los que se puede cambiar el valor de una variable:

- El cuadro de entrada
- El objeto deslizador

Describiremos ambos objetos y su uso.

Usando el cuadro de entrada

El cuadro de entrada es una celda en la cual el usuario ingresa un valor. Un cuadro de entrada puede contener cualquier número de variables, cada una con su propia celda asociada.

Para demostrar su uso de manera práctica, dé clic derecho en un espacio vacío del área de trabajo y seleccione **Nuevo Objeto de Hoja | Cuadro de Entrada** del menú contextual.

Aparecerá la ventana de diálogo de **Nuevo Cuadro de Entrada** con la pestaña **General** inicialmente activa. Usando el campo de entrada de **Título**, podemos especificar una etiqueta que se desplegará en la barra de título del objeto. Escriba la siguiente etiqueta en este campo: Ingrese número de valores top.

En la lista de **Variables Disponibles** que aparece a la izquierda, podremos ver todas las variables existentes en el documento. De igual forma, hay un botón de **Nueva Variable** con el que podemos crear una variable de manera muy conveniente, si olvidamos hacerlo antes.

Añadiremos la variable vTop a la lista de **Variables Mostradas** que está a la derecha. Haga esto seleccionando el nombre de la variable y dando clic en el botón **Añadir >**. Una vez que la variable esté en la lista de **Variables Mostradas**, selecciónela y se habilitará el campo de entrada de **Etiqueta** ubicado debajo de la lista. En este campo, reemplace el nombre de la variable con Valores Top.

Hay otras opciones que se pueden definir en el resto de las pestañas pero podemos dar clic en **Aceptar** en este momento y el objeto será creado con todo lo que necesitamos.

> La mayoría de las pestañas restantes tienen configuraciones que son muy similares a las que usamos en otros objetos de hoja como gráficos. Por ejemplo, también tenemos una pestaña de **Presentación** y otra de **Diseño**. Le invitamos a explorar las otras pestañas y cambiar su configuración en base a lo que ha aprendido en capítulos previos.

Una vez que el objeto ha sido creado, la celda de entrada correspondiente tendrá el número 5, que es el valor que definimos previamente en la variable. Si damos clic sobre la celda, entraremos a modo editar y podremos cambiar el valor de la variable. Al hacer eso, el gráfico se actualizará automáticamente para reflejar el cambio.

Cambie el valor de la variable a 10 usando el objeto de cuadro de entrada y vea el efecto en el gráfico.

> Para ajustar el tamaño del objeto de cuadro de entrada usamos el método que describimos en el *Capítulo 6, Construyendo Dashboards*, donde se redimensionó un cuadro de selección múltiple. Este método consiste simplemente en redimensionar la celda de etiqueta y celda de entrada de manera individual.

Usando el objeto Deslizador

De manera similar a un objeto de cuadro de entrada, el objeto deslizador se usa para cambiar interactivamente el valor de una variable desde la interfaz gráfica. La principal diferencia es la forma en que el usuario interactúa con el objeto; el objeto deslizador es un poco más visual.

Para crear un objeto deslizador, dé clic derecho en un espacio vacío de la hoja de trabajo y seleccione **Nuevo Objeto de Hoja | Objeto Calendario/Deslizador** del menú contextual.

Aparecerá la ventana de diálogo de **Nuevo Objeto Calendario/Deslizador** con la pestaña **General** activa. Para un objeto calendario/deslizador, la opción de estilo de entrada se puede definir como **Deslizador** o **Calendario**. El estilo **Deslizador** es el que estaremos usando en este ejemplo, ya que el estilo **Calendario** se usa para trabajar con valores de fecha.

> Es importante remarcar que este objeto se puede usar para interactuar con variables o para hacer selecciones de campo.

En la sección de **Datos**, asegúrese de activar el botón de opción de **Variable(s)** y seleccione la variable **vTop** de la lista desplegable. Las configuraciones de **Modo** y **Modo de Valor** se dejarán en sus valores predeterminados.

Debemos definir valores de límite mínimo y máximo, para así delimitar el rango de valores posibles del deslizador. Ingrese 5 como **Valor Mínimo** y 30 como **Valor Máximo**.

Para especificar que se deben usar solo valores enteros en el deslizador, habilite la opción de **Incremento Estático** y defina su valor en 1.

Dé clic en **Aceptar** para crear el objeto deslizador. Si se desea, puede cambiarse la orientación de horizontal a vertical en la pestaña de **Presentación** de la ventana de propiedades del objeto.

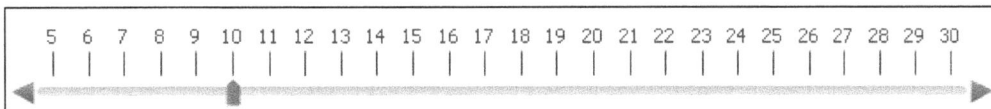

El valor inicial que tendrá el objeto deslizador es el que se dio previamente a la variable vTop. Para modificar el valor, dé clic en la tachuela y arrástrela al valor deseado. El gráfico reflejará automáticamente cualquier cambio realizado a la variable y, al mismo tiempo, el valor guardado en el objeto de cuadro de entrada que creamos previamente se mantendrá en sincronía con el objeto deslizador, ya que ambos objetos están utilizando la misma variable.

Usando variables en base a expresiones

En la sección previa, usamos una variable para guardar un valor estático, es decir, el valor no estaba basado en un cálculo y por lo tanto no respondía a las selecciones de campo hechas por el usuario.

Ahora crearemos una variable con un valor dinámico que se calculará en base a las selecciones hechas por el usuario. Para hacer el ejemplo lo más simple posible, crearemos una variable que tendrá el valor correspondiente al número total de empleados equivalentes de tiempo completo (FTEs, por las siglas de su denominación en inglés: *Full Time Equivalent*) en base a las selecciones actuales y usaremos ese valor en una expresión de gráfico.

Acceda a la ventana de **Panel de Variables** (*Ctrl + Alt + V*) y dé clic en el botón **Añadir**. En la ventana de **Nueva Variable**, ingrese vFTEsTotales como nombre de la variable y dé clic en **Aceptar**.

A continuación, seleccione la variable e ingrese la siguiente **Definición** en el campo de entrada correspondiente:

```
=Sum([# FTEs])
```

> No olvide el signo de igual. Esto indica a QlikView que debe calcular el valor de la variable a través de todo el conjunto de datos seleccionado sin importar el contexto en que la variable será usada.

Dé clic en **Aceptar** para cerrar la ventana de **Panel de Variables**.

A continuación, crearemos un nuevo gráfico de tipo tabla simple con el campo **Aerolínea** como dimensión y con la siguiente expresión:

```
Sum([# FTEs]) / $(vFTEsTotales)
```

En la pestaña **Número** de la ventana de **Propiedades de Gráfico**, asigne un formato de dos decimales y especifique que se debe **Mostrar en Porcentaje (%)**.

Estas configuraciones resultarán en una tabla con la lista de aerolíneas y el porcentaje de FTEs que cada una contribuye al total. Observe que hemos incluido nuestra variable vFTEsTotales como el divisor usando la sintaxis de Expansión Signo Dólar.

Como la variable tiene un valor único, todas las filas de la tabla simple usarán el mismo número como divisor, que representa el total de FTEs empleados por todas las aerolíneas; el valor del numerador, que es el número de FTEs correspondiente a cada aerolínea, será distinto en cada renglón.

Como el valor de la variable es un cálculo, su resultado cambiará dependiendo de las selecciones del usuario y el gráfico se actualizará para reflejar estos cambios.

> Hay otras formas de lograr el cálculo anterior, una de ellas es usando el calificador de TOTAL. Describiremos cómo usarlo en una sección posterior de este mismo capítulo.
>
> Otra forma es usando la opción de **Relativo** en la pestaña de **Expresiones**.

Utilizando variables para guardar expresiones

Ya hemos discutido el uso de variables para guardar un valor estático y para guardar un valor basado en un cálculo. Ahora es momento de llevar el uso de variables a un nivel más avanzado para expandir su usabilidad.

Recordaremos que, en el *Capítulo 6, Construyendo Dashboards,* usamos variables para guardar definiciones de expresiones que después utilizamos en gráficos. Para ahondar más en este tema, repasaremos rápidamente la teoría y procederemos a discutir algunas ventajas de este tipo de variables así como otros casos de uso.

Vaya al **Panel de Variables** y añada una nueva variable con el nombre eFTEs. La definición de esta variable será:

```
Sum([# FTEs])
```

Y le asignaremos el siguiente comentario a la variable:

```
Número de FTEs
```

Observe que la definición de la variable es casi idéntica a la que usamos en la variable de vFTEsTotales previamente. La diferencia es el signo de igual al inicio y esta pequeña diferencia tiene un impacto muy alto en el cálculo resultante.

> Al crear variables que serán usadas para guardar la definición de una expresión, el signo de igual se debe omitir para que el cálculo se realice en el objeto que hace uso de ella y no como parte del resultado de la variable.

Después de crear la variable, cree un nuevo gráfico de tipo tabla simple con el campo **Aerolínea** como dimensión y con la siguiente expresión:

```
$(eFTEs)
```

La nueva tabla simple desplegará el número de FTEs de cada aerolínea como si se hubiera usado la expresión de manera directa en lugar de a través de una variable.

La principal ventaja de usar variables para guardar expresiones de gráfico es que es más fácil administrar expresiones que son usadas en varios objetos de hoja. Por ejemplo, suponga que el número de FTEs se debe mostrar en miles; en este caso, solo se añade el divisor a la definición de la variable y todos los gráficos que hacen uso de ella se actualizarán para reflejar el cambio.

Algunas veces, se requiere definir varias propiedades de un mismo gráfico usando la misma expresión. Por ejemplo, al añadir un texto en gráfico con el resultado de la expresión o al definir umbrales con diferentes colores. El uso de una variable para guardar la expresión asegura consistencia a través de todas estas configuraciones.

Nomenclatura de variables

Hemos visto diferentes formas en que una variable se puede usar para interactuar con un documento QlikView y para manejar cálculos en objetos de hoja. Antes de continuar, repasemos algunos lineamientos en cuanto a nomenclatura de variables.

Al trabajar con variables, es importante asignarles nombres en base a ciertas reglas para ayudar a entender mejor el propósito de cada variable, el uso que éstas tienen y para administrarlas más fácilmente cuando crece la lista de variables en un documento QlikView.

La regla más básica en cuanto a nomenclatura de variables es el uso de prefijos predefinidos. Por ejemplo, en los ejercicios previos nombramos dos variables (vTop y vFTEsTotales) con el prefijo v. Se usa el prefijo v para nombrar las variables cuyo resultado es un valor único, a diferencia de la tercera variable que creamos (eFTEs) en donde utilizamos el prefijo e, ya que la variable es una expresión.

La sintaxis de Expansión Signo Dólar

Hemos estado usando una sintaxis particular para referenciar variables: se le llama Expansión Signo Dólar (DSE, por las siglas de su denominación en inglés: *Dollar Sign Expansion*). Repasemos brevemente cómo y porqué debemos usar esta sintaxis.

Podemos ver el rol de la sintaxis de Expansión Signo Dólar como el de simplemente evaluar el contenido de una variable, es decir, calcular (expandir) el resultado de la variable y después regresar el valor resultante.

Previamente mencionamos que, cuando el valor de salida de una variable es simplemente un número (como en las variables de vTop y vFTEsTotales), la Expansión Signo Dólar no es realmente requerida, ya que no hay nada que "expandir". Sin embargo, es una buena práctica siempre usar DSE aunque la variable a expandir no lo requiera, por las siguientes razones:

- En cualquier momento podemos decidir cambiar la definición de la variable y modificarla de una manera que ahora sí requiera la sintaxis DSE.
- Para mantener consistencia en los objetos con respecto al uso de variables.

Existen casos en que la expansión signo dólar no es efectiva por sí sola. Cuando el valor de salida de la variable es un texto, el resultado de la expansión será un resultado nulo o no definido porque un valor textual no se puede interpretar de forma numérica. En estos casos, debemos encerrar la sintaxis DSE en comillas simples o simplemente no usar DSE. Un ejemplo sería:

- Nombre de variable: vNombreDeUsuario
- Definición de la variable: =OSUser()
- Valor de salida de la variable (como valor textual): Dominio\Usuario

- Al llamarla desde un objeto de hoja (un objeto de texto, por ejemplo) debemos usar cualquiera de las siguientes dos expresiones:

  - ```
    ='Nombre de Usuario: $(vNombreDeUsuario)'
    ```
  - ```
    ='Nombre de Usuario: ' & vNombreDeUsuario
    ```

El uso de la sintaxis DSE es el método recomendado del ejemplo anterior.

Expansión Signo Dólar con parámetros

También es posible crear variables con parámetros y llamarlas especificando el valor de dichos parámetros por medio de la sintaxis DSE, permitiendo así extender la flexibilidad y reusabilidad de las variables.

La forma en que creamos una variable con parámetros se describe a continuación:

1. Abra la ventana de **Panel de Variables** (*Ctrl + Alt + V*) y cree una nueva variable. La llamaremos `eVuelosRealizados_DivVar`

2. La **Definición** de la variable será: `(Sum([# Vuelos Realizados]) / $1)`

3. En el campo de entrada de **Comentario**, ingrese: `Variable para calcular el número de vuelos realizados con divisor variable.`

4. Cierre la ventana de **Panel de Variables** dando clic en **Aceptar**.

Ya tenemos una variable con una definición similar, llamada `eVuelosRealizados`, que se utiliza para guardar una expresión que calcula el número de vuelos *en miles*. Esta vez, la diferencia es que insertamos un parámetro como divisor. Este parámetro está representado por `$1` y nos permitirá usar la misma variable para calcular el número de vuelos realizados en millones (especificando el parámetro como `1000000`), miles (cuando el parámetro sea `1000`), valores unitarios, etc.

Para usar la variable anterior como expresión, comience por crear un nuevo gráfico de tipo tabla simple con el campo **Tipo de Aerolínea** como dimensión y las siguientes tres expresiones:

1. La primera expresión, con etiqueta `# de Vuelos`, será:

   `$(eVuelosRealizados_DivVar(1))`

2. La segunda expresión, con etiqueta `# de Vuelos (miles)`, será:

   `$(eVuelosRealizados_DivVar(1000))`

3. La tercera expresión, con etiqueta `# de Vuelos (millones)`, será:

   `$(eVuelosRealizados_DivVar(1000000))`

Además de la etiqueta, la única diferencia en las expresiones anteriores es el valor del parámetro que se inserta en la variable.

Después de asignar formato a los valores de expresión y a la presentación del gráfico, tendremos el siguiente objeto:

# de Vuelos			
Tipo de Aerolínea	**# de Vuelos**	**# de Vuelos (miles)**	**# de Vuelos (millones)**
	10,750,155	**10,750.2**	**10.75**
Commuter Carriers (air taxi...	733,959	734.0	0.73
Foreign Carriers	595,573	595.6	0.60
Large Regional Carriers (car...	41,014	41.0	0.04
Major Carriers (carriers with...	6,129,188	6,129.2	6.13
Medium Regional Carriers (...	25,154	25.2	0.03
National Carriers (carriers w...	2,663,803	2,663.8	2.66
Small Certificated Carriers (...	561,464	561.5	0.56

Una variable pude tener cualquier número de parámetros definidos, cada uno especificado con un signo de dólar y un número que indica el número del parámetro: $1, $2, $3, etc.

Al expandir la variable, los parámetros se especifican encerrándolos entre paréntesis como una lista de valores separados por coma. Por ejemplo, una variable que toma tres parámetros se expandiría como sigue:

```
$(NombreDeVariable(30, 20, 50))
```

Donde los valores 30, 20 y 50 son insertados en la definición de la variable en la posición del parámetro correspondiente.

Los parámetros en una variable pueden ser números o texto; también podemos ajustar la variable para que reciba el nombre de un campo como parámetro o incluso recibir valores extraídos de algún campo.

Doble expansión de signo dólar

Ya hemos discutido cómo el uso de variables puede ser una buena idea para reutilizar expresiones, administrarlas más fácilmente y asegurar consistencia de datos a través de los diferentes objetos de hoja. Llevaremos esta idea un poco más lejos usando esas variables de expresión para permitir al usuario cambiar entre diferentes métricas a conveniencia.

1. Primero, asegúrese que las siguientes variables de expresión existan en el documento de Operación de Aerolíneas. Si las variables no se han definido, consulte el *Capítulo 6, Construyendo Dashboards,* para encontrar sus definiciones y aplicarlas:

   ° eVuelosRealizados

   ° ePasajeros

   ° eTiempoDeVuelo

2. Ahora, añadiremos una nueva tabla aislada en el modelo de datos a través de una sentencia LOAD Inline. Acceda al editor de script y añada una nueva pestaña al final del script; nómbrela Métricas. En esta nueva pestaña, añadiremos una nueva tabla usando el diálogo de **Asistente para Datos Inline (Insertar | Cargar Sentencia | Cargar Inline)**. Ingrese los valores como se muestra a continuación:

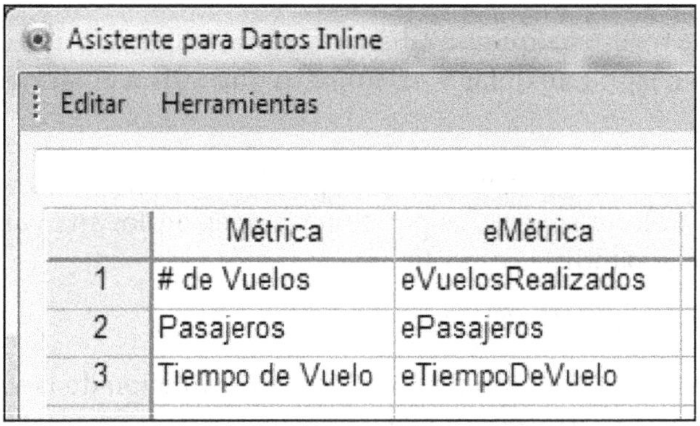

El script correspondiente que será generado es:

```
LOAD * INLINE [
    Métrica, eMétrica
    # de Vuelos, eVuelosRealizados
    Pasajeros, ePasajeros
    Tiempo de Vuelo, eTiempoDeVuelo
];
```

La primera columna de la tabla previa tiene los nombres de las métricas, que podrán ser seleccionados por el usuario desde un cuadro de lista. La segunda columna tiene los nombres de la variable de expresión correspondiente, que serán usadas para calcular cualquiera de las métricas seleccionadas.

1. Ejecute una recarga del script para añadir la nueva tabla al modelo de datos.

2. Luego, crearemos un nuevo cuadro de lista basado en el campo **Métrica** y lo pondremos en la hoja **Variables**.

3. Una vez que se haya creado el cuadro de lista, seleccione uno de sus valores y acceda a las propiedades del objeto para habilitar la opción de **Siempre un valor seleccionado**, la cual se activa desde la pestaña **General**. De esta forma, aseguramos que tendremos algo que calcular en todo momento.

> La opción de **Siempre un valor seleccionado** solo se puede habilitar cuando haya un solo valor seleccionado en el cuadro de lista al momento que se abre la ventana de **Propiedades de Cuadro de Lista**. De otro modo, aparecerá en gris.
>
> Algunas veces, esta configuración puede borrarse y puede ser necesario volver a aplicarla si el documento se recarga sin datos en el campo correspondiente (por ejemplo, en el caso de algún error de ejecución de script).

4. Ahora crearemos un nuevo gráfico cuya expresión estará cambiando dinámicamente en base a la selección en el campo **Métrica**. Las configuraciones de este nuevo gráfico serán:

    ° Seleccione **Gráfico de Tarta** como **Tipo de Gráfico**.

    ° Usaremos la siguiente expresión como `Título de la Ventana`:

    `=[Métrica] & ' por Tipo de Aerolínea'`

    ° Deshabilite la opción de **Mostrar Título en Gráfico**.

    ° Use el campo **Tipo de Aerolínea** como dimensión.

    ° Use la siguiente expresión:

    `$($(=eMétrica))`

    ° En la ventana de **Presentación**, habilite la opción de **Limitar Leyenda** con `15` caracteres.

Una vez que el gráfico sea creado, podremos cambiar la expresión que utiliza el mismo seleccionando el nombre de métrica deseado por medio del cuadro de lista de **Métrica**.

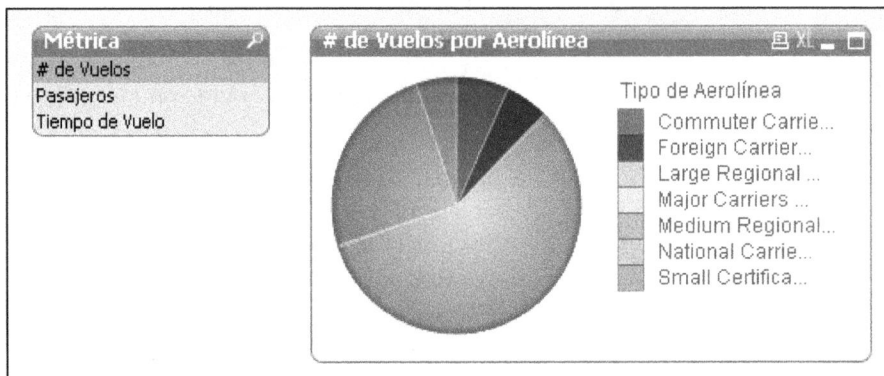

La selección de métrica en base a un cuadro de lista funciona de manera similar a tener expresiones agrupadas en el gráfico y que podemos intercambiar por medio de un botón de ciclo (como se describió en el *Capítulo 2, Ver para Creer*). Sin embargo, la selección de métricas dese un cuadro de lista nos permite cambiar la expresión en varios gráficos al mismo tiempo, algo que no es posible con el método de expresión cíclica.

> Observe que también hemos definido un título de gráfico dinámico que cambia de acuerdo a la selección de la métrica.

Estamos llevando a cabo dos expansiones anidadas antes de llegar al resultado que buscamos. La primera expansión de signo dólar es la interior y ésta toma el valor del campo eMétrica correspondiente a la selección del usuario para indicar qué variable se debe evaluar en la segunda expansión, que es la exterior.

Ya que hemos revisado las diferentes formas en que podemos utilizar variables en objetos QlikView, complementemos el conocimiento adquirido explorando otros usos de expresiones avanzadas.

> Asegúrese de guardar los cambios que hemos realizado al documento de Operación de Aerolíneas antes de continuar.

Usando el calificador TOTAL

El calificador TOTAL se añade a las funciones de agregación para ignorar las dimensiones del gráfico y hacer un cálculo a través del conjunto de datos completo, definido por el estado actual de selecciones.

En una sección previa de este capítulo, calculamos el porcentaje de FTEs que cada aerolínea contribuye al total y usamos una variable (vFTEsTotales) para guardar el valor del divisor. En lugar de utilizar una variable, se puede hacer el mismo cálculo usando la siguiente expresión:

```
Sum([# FTEs]) / Sum(TOTAL [# FTEs])
```

Cuando usamos esta expresión en una tabla con **Aerolínea** como dimensión, el numerador calculará el valor correspondiente a cada aerolínea, que será distinto en cada renglón de la tabla. El denominador calculará el número total de FTEs empleados por todas las aerolíneas, que será el mismo para todos los renglones de la tabla, ignorando así el valor de dimensión.

Se pueden usar modificadores adicionales en conjunto con el calificador TOTAL para ignorar solo algunas de las dimensiones en un gráfico, y no todas.

Por ejemplo, si la tabla simple que describimos previamente además de tener la dimensión **Aerolínea** también tiene las dimensiones **Año** y **Mes**, podemos añadir cualquiera de esas dimensiones a una lista de campos, separada por comas y encerrada en comillas angulares, para especificar cuál(es) deben ser ignoradas por el calificador TOTAL.

Tomemos como ejemplo la tabla pivotante ya existente en nuestro documento de Operación de Aerolíneas, en la pestaña de **Reportes**, y añadamos tres nuevas expresiones para ilustrar mejor el funcionamiento del calificador TOTAL. Las tres expresiones que añadiremos, junto con sus respectivas etiquetas, son:

- Contribución al total:
  ```
  Sum([# Vuelos Realizados]) / Sum(TOTAL [# Vuelos Realizados])
  ```

  ° Esta expresión regresará el porcentaje de vuelos para una aerolínea en un mes y año particular relativo al total de vuelos de todas las aerolíneas en todos los años y meses disponibles en el estado actual de selecciones.

- Porcentaje vs el total de la aerolínea
  ```
  Sum([# Vuelos Realizados]) / Sum(TOTAL <[Tipo de Aerolínea],
  Aerolínea> [# Vuelos Realizados])
  ```

○ Esto regresará el porcentaje de vuelos para una aerolínea, año y mes particulares relativo al total de vuelos realizados por esa aerolínea en todos los años y meses disponibles en el estado actual de selecciones.

- Porcentaje vs el total de la aerolínea por año

```
Sum([# Vuelos Realizados]) / Sum(TOTAL <[Grupo de Aerolíneas],
Aerolínea, Año> [# Vuelos Realizados])
```

○ Esto regresará el porcentaje de vuelos para una aerolínea, año y mes particulares relativo al total de vuelos realizados por esa aerolínea en ese año, pero considerando todos los meses de ese año disponibles en el estado actual de selecciones.

El resultado es mostrado en la siguiente imagen:

Número de Pasajeros (millones)								2011	
Año								2011	
Mes						ene			feb
Tipo de Aerolínea	Aerolínea	Número de Pasajeros (millones)	Vuelos Realizados (miles)	Contribución al total	Porcentaje vs el total de la aerolínea	Porcentaje vs el total de la aerolínea po...	Número de Pasajeros (millones)	Vuelos Realizados (miles)
Commuter C...		0.878	56.70	0.5%	7.7%	7.7%	0.811	51.13
Foreign Carr...		5.650	48.06	0.4%	8.1%	8.1%	4.850	43.21
	Aloha Air Cargo	0.000	0.65	0.0%	8.2%	8.2%	0.000	0.62
	Asia Pacific	0.000	0.06	0.0%	8.1%	8.1%	0.000	0.06
	Avjet Corporation	0.001	0.18	0.0%	9.2%	9.2%	0.001	0.17
Large Regional Carriers (carriers with annual revenue of $20 million to $100 million)	Capital Cargo Inte...	0.000	0.77	0.0%	8.9%	8.9%	0.000	0.76
	Casino Express	0.029	0.29	0.0%	8.5%	8.5%	0.029	0.28
	Florida West Airlin...	0.000	0.15	0.0%	9.0%	9.0%	0.000	0.11
	Lynden Air Cargo A...	0.000	0.10	0.0%	6.2%	6.2%	0.000	0.09
	Lynx Aviation d/b/a...	0.026	0.56	0.0%	35.6%	35.6%	0.023	0.51
	National Air Cargo...	0.000	0.04	0.0%	8.7%	8.7%	0.000	0.04
	Northern Air Cargo...	0.000	0.34	0.0%	6.1%	6.1%	0.000	0.33
	Tatonduk Outfitters...	0.000	0.54	0.0%	7.3%	7.3%	0.000	0.43
	Total	**0.056**	**3.67**	**0.0%**	**9.0%**	**9.0%**	**0.053**	**3.41**
Major Carrie...		44.495	495.10	4.6%	8.1%	8.1%	41.112	449.66
Medium Reg...		0.080	1.90	0.0%	7.6%	7.6%	0.093	2.11
National Carr...		9.113	205.50	1.9%	7.7%	7.7%	8.831	195.16
Small Certifi...		0.259	38.70	0.4%	6.9%	6.9%	0.240	36.77
Total		**60.531**	**849.63**	**7.9%**	**7.9%**	**7.9%**	**55.991**	**781.46**

La función Aggr()

El resultado de la función `Aggr()` se puede asemejar a la lista de valores que desplegaría una tabla simple al evaluar una expresión a través de una determinada dimensión. Por ejemplo, la siguiente tabla simple tiene el campo **Tipo de Vuelo** como dimensión y la expresión `Sum([# Vuelos Realizados])`.

# de Vuelos	凸 XL _ ☐
Tipo de Vuelo	**# de Vuelos**
	32,296,313
Domestic, Foreign Carriers	80,392
Domestic, US Carriers Only	27,889,508
International, Foreign Carriers	1,662,792
International, US Carriers Only	2,663,621

En esencia, la función de Aggr() crea una tabla simple virtual, similar a la mostrada anteriormente, para poder procesar la lista de valores que aparecerían en la columna de expresión sin siquiera crear el objeto. El resultado de la función Aggr() se puede usar para:

- Crear una dimensión calculada y realizar una agregación anidada.
- Realizar agregaciones adicionales en base al conjunto de valores resultantes.

Veamos algunos ejemplos de esto.

Usando la función Aggr() en agregaciones anidadas

Como los usuarios de Aerolíneas HighCloud están interesados en descubrir a los principales jugadores de la industria desde diferentes perspectivas, requieren de un objeto de visualización que identifique claramente la cobertura de rutas interestatales de las aerolíneas.

Para saber cuántas rutas interestatales cubre cada aerolínea, simplemente crearíamos una tabla simple similar a la mostrada a continuación:

Rutas Interestatales	凸 XL _ ☐
Aerolínea	**Rutas Inter...**
	2,655
Delta Air Lines Inc.	1,145
Miami Air International	864
Southwest Airlines Co.	821
Federal Express Corporation	708
ExpressJet Airlines Inc.	707
USA Jet Airlines Inc.	688
American Airlines Inc.	637
SkyWest Airlines Inc.	609
Atlantic Southeast Airlines	591

Llevando el concepto un poco más lejos, podemos preguntarnos algo distinto pero un tanto similar: Si clasificáramos las aerolíneas por número de rutas interestatales en que dan servicio, ¿cuántas aerolíneas corresponderían a cada categoría?

Podríamos desplegar una tabla simple con el número de rutas interestatales como la dimensión y el número de aerolíneas que corresponden a cada categoría como expresión. El problema es que no tenemos un campo en nuestro modelo de datos que tenga el "número de rutas interestatales", ni podríamos añadirlo como campo calculado en el script ya que el cálculo varía con cada selección de usuario; tener un campo pre-calculado simplemente no es la solución.

Lo que podemos hacer es realizar una agregación anidada que construya de forma dinámica la dimensión del gráfico. Para hacer esto, siga los pasos a continuación:

1. Cree una nueva hoja para crear ahí los objetos que usaremos en esta sección. Llamémosla Expresiones Avanzadas.

2. Luego, dé clic en el botón de **Nuevo Gráfico** de la barra de herramientas de diseño.

3. En la ventana de diálogo, seleccione **Tabla Simple** de la sección **Tipo de Gráfico** e ingrese la siguiente etiqueta como **Título de la Ventana**: Clasificación de Aerolíneas por # de rutas interestatales.

4. Dé clic en el botón **Siguiente**.

5. Después dé clic en el botón de **Añadir Dimensión Calculada** en la ventana de **Dimensiones**.

6. Se abrirá la ventana de **Editar Expresión** y en ella ingresaremos la definición de la dimensión en base a la función Aggr(). Ingrese la siguiente expresión y dé clic en **Aceptar**:

```
Aggr(Count(DISTINCT [Código de Estado Origen - Destino]),
[Aerolínea])
```

7. Esta expresión resultará en una lista de valores correspondientes al número de rutas interestatales a que cada aerolínea da servicio, que es la misma lista de valores que tenemos en la columna de expresión de la tabla simple mostrada en la imagen previa. La diferencia es que ahora esa lista será la dimensión de nuestro gráfico.

8. En la ventana de **Dimensiones**, seleccione la dimensión calculada que recién añadimos de la lista de **Dimensiones Utilizadas** y escriba Rutas Interestatales en el campo de **Etiqueta** que aparece debajo de dicha lista.

9. Luego, dé clic en **Siguiente** para pasar a la ventana de **Editar Expresión**, en donde ingresaremos la siguiente expresión:

```
Count(DISTINCT [Aerolínea])
```

10. La expresión hace un conteo de aerolíneas para que el gráfico final muestre el número de aerolíneas que cada clasificación de rutas interestatales tiene.

11. Dé clic en el botón **Aceptar** de la ventana de **Editar Expresión** y asigne la siguiente etiqueta a nuestra expresión en el diálogo de **Expresiones**: `# de Aerolíneas`.

12. Dé clic en **Finalizar** y tendremos el siguiente gráfico como resultado:

Rutas Interestatales	# de Aerolíneas
	311
2	41
1	32
4	20
8	14
6	14
5	9
12	8
3	7

Clasificación de Aerolíneas por # de rutas interestatales

De acuerdo a la tabla que vemos en la imagen, hay **41** aerolíneas que caen en la categoría de "dos rutas". **32** más dan servicio a una sola ruta interestatal, **20** más a **4** rutas, etc.

Para diseñar esta tabla, no es necesario crear pre-cálculos en las tablas fuente ni tampoco tener un campo de "Rutas Interestatales" como tal. El gráfico es completamente autónomo y no requiere otros objetos para funcionar.

> En una sección posterior, ahondaremos más en el tema de agregaciones anidadas para agrupar valores de dimensión por medio de intervalos.

Una breve nota sobre dimensiones calculadas

Aunque son muy útiles, las dimensiones calculadas no son buenas para el desempeño de la aplicación. Además de demorar el tiempo de cálculo, en algunos casos pueden provocar que el estado del gráfico no se guarde en caché de RAM, impidiendo así que el algoritmo de caché de QlikView entre en acción.

Como las dimensiones calculadas son algunas veces necesarias para agregaciones avanzadas, es recomendable usar esta funcionalidad solo cuando no hay formas alternativas de crear un objeto de visualización determinado. De ser posible, se recomienda crear nuevos campos en el script para reemplazar dimensiones calculadas.

Agregaciones adicionales sobre el resultado de Aggr()

También es posible realizar agregaciones adicionales sobre el conjunto de valores resultante de una función Aggr(). Veamos el siguiente ejemplo.

Partiendo de lo que vimos en el ejemplo anterior, supongamos que queremos usar un objeto de texto para presentar los valores máximo, mínimo y promedio de número de rutas interestatales a que cada aerolínea da servicio; nuevamente, nuestro punto de partida sería el siguiente gráfico:

Rutas Interestatales	Rutas Inter...
Aerolínea	
	2,655
Delta Air Lines Inc.	1,145
Miami Air International	864
Southwest Airlines Co.	821
Federal Express Corporation	708
ExpressJet Airlines Inc.	707
USA Jet Airlines Inc.	688
American Airlines Inc.	637
SkyWest Airlines Inc.	609
Atlantic Southeast Airlines	591

Como el gráfico está ordenado en forma descendente por el número de rutas, podemos rápidamente ver que el valor máximo corresponde a **Delta Air Lines Inc.** y es **1,145**. Para obtener el valor mínimo ordenaríamos la tabla en forma ascendente. Para obtener el valor promedio se vuelve un poco más complicado. Usemos la función Aggr() para desplegar los tres valores al mismo tiempo. Siga estos pasos:

1. Dé clic en el botón de **Crear Objeto de Texto** de la barra de herramientas de Diseño.

2. Aparecerá la ventana de **Nuevo Objeto de Texto** con la pestaña de **General** inicialmente activa. El texto que deseamos que el objeto despliegue se ingresa en el campo de entrada **Texto**.

> Si se quiere definir un texto basado en una expresión, ésta debe comenzar con un signo de igual.

3. En el campo de entrada de **Texto**, escriba la siguiente expresión:

```
=Max(Aggr(Count(DISTINCT [Código de Estado Origen - Destino]),
[Aerolínea]))
```

4. Observe que la porción correspondiente a la función `Aggr()` en la expresión anterior es exactamente la misma que la que usamos en el ejemplo anterior para crear la dimensión del gráfico. Hemos añadido la función de agregación `Max()` para obtener el valor máximo de la lista de valores resultante.

5. Dé clic en **Aceptar** para cerrar la ventana de diálogo de **Nuevo Objeto de Texto**. El objeto deberá desplegar el número **1145**.

Ya tenemos uno de los tres valores en que estamos interesados. Para obtener los dos valores restantes usaremos prácticamente la misma expresión pero cambiando la función `Max()` por las funciones `Min()` y `Avg()` y así obtener los valores mínimo y promedio, respectivamente.

1. Dé clic derecho en el objeto de texto que creamos y seleccione **Propiedades**.

2. Modificaremos la definición de **Texto** para añadir los dos nuevos valores. Reemplace la expresión previa con la que se muestra a continuación:

```
='Valor máximo: ' & Max(Aggr(Count(DISTINCT [Código de Estado
Origen - Destino]), [Aerolínea])) & Chr(10) &
'Valor mínimo: ' & Min(Aggr(Count(DISTINCT [Código de Estado
Origen - Destino]), [Aerolínea])) & Chr(10) &
'Valor Promedio: ' & Avg(Aggr(Count(DISTINCT [Código de Estado
Origen - Destino]), [Aerolínea]))
```

3. Podemos ver que la expresión está un poco larga y la función `Count()` se usa tres veces con los mismos parámetros. En este caso, sería una buena idea aplicar el concepto de variable de expresión descrito previamente en este capítulo. Una vez que se cree una nueva variable eRutas, la expresión anterior se podría cambiar por la siguiente:

```
='Valor máximo: ' & Max(Aggr($(eRutas), [Aerolínea])) & Chr(10) &
'Valor mínimo: ' & Min(Aggr($(eRutas), [Aerolínea])) & Chr(10) &
'Valor Promedio: ' & Avg(Aggr($(eRutas), [Aerolínea]))
```

4. Dé clic en **Aceptar** para aplicar los cambios y el objeto de texto deberá desplegar lo siguiente:

```
Valor máximo: 1145
Valor mínimo: 0
Valor Promedio: 77.813505
```

Una breve nota sobre el calificador DISTINCT

En algunas de nuestras expresiones anteriores usamos el calificador DISTINCT como parte de la función de agregación Count(). El calificador DISTINCT se usa en este caso para evitar hacer un conteo duplicado. Sin embargo, el uso de este calificador puede hacer que el cálculo tome mucho tiempo ya que provoca que la operación se realice con un solo hilo de procesamiento.

En algunos casos, se recomienda evitar el uso de la función Count() en conjunto con el calificador DISTINCT y, en lugar de eso, crear un campo contador en el script (un campo con el valor de 1) que después se pueda usar en una agregación más directa en la expresión final del gráfico, como Sum(ContadorRutas).

Obteniendo el factor de ocupación promedio por ruta por aerolínea

Aerolíneas HighCloud tiene un nuevo requerimiento en el que la función Aggr() nos será útil. Quieren saber cuál es el factor de ocupación promedio por aerolínea, pero a través de sus diferentes rutas. En este caso, una función de agregación directa como la función Avg() no dará el resultado que necesitamos porque hay una "dimensión" adicional en el cálculo. Para ilustrar, consideremos el siguiente gráfico:

| Factor de Ocupación promedio por Ruta por A... 🖳 Xl _ ☐ |||
Aerolínea	Código de Aeropuerto Origen - Destino	% Factor de Ocupación
		78.6%
40-Mile Air	CKX - TKJ	0.8%
40-Mile Air	CZN - TKJ	10.3%
40-Mile Air	FAI - HKB	28.6%
40-Mile Air	FAI - TKJ	30.0%
40-Mile Air	HKB - TKJ	25.1%
40-Mile Air	TKJ - CKX	1.4%
40-Mile Air	TKJ - CZN	11.7%
40-Mile Air	TKJ - FAI	22.7%
Abaco Air, Ltd.	MHH - FLL	54.5%
Abaco Air, Ltd.	MHH - FPR	83.3%

En este gráfico, podemos ver las diferentes rutas a que da servicio cada aerolínea y su factor de ocupación correspondiente. Debemos tomar cada valor individual por ruta y calcular el promedio sobre la lista de esos valores por cada aerolínea para obtener el valor que estamos buscando.

Tampoco podemos simplemente eliminar la dimensión "Ruta" porque el resultado no será lo que estamos buscando ya que el valor promedio de factor de ocupación por ruta por aerolínea no es el mismo que el factor de ocupación por aerolínea.

Usaremos la función `Aggr()` para cumplir el requerimiento, ingresando en el gráfico la siguiente expresión:

```
Avg(Aggr($(eFactorDeOcupacion), [Aerolínea], [Código de Aeropuerto
Origen - Destino]))
```

Observe que hemos incluido ambas dimensiones en la función `Aggr()`. Adicionalmente, esta función también tomará en cuenta las rutas con factor de ocupación cero o indefinido, que de manera predeterminada no se muestran en la tabla simple.

Dejaremos una segunda expresión en el gráfico con el valor de **Factor de Ocupación por Aerolínea** para mostrar la diferencia entre ambos cálculos. La segunda columna de expresión tendrá la siguiente definición:

```
$(eFactorDeOcupacion)
```

Ahora, podemos eliminar la dimensión Ruta de nuestro gráfico y obtendremos lo siguiente:

Aerolínea	% Factor de Ocupación por Ruta	Factor de Ocupación Global
	59.9%	**78.6%**
40-Mile Air	14.5%	15.2%
Abaco Air, Ltd.	57.4%	50.2%
ABC Aerolineas SA de...	89.0%	91.5%
ACM AIR CHARTER ...	15.9%	16.0%
Acropolis Aviation Ltd.	27.2%	28.1%
Aer Lingus Plc	76.0%	77.0%
Aeroenlaces Naciona...	60.9%	64.6%
Aeroflot Russian Airl...	79.1%	80.1%
Aerolineas Argentinas	80.9%	80.9%
Aerolineas Galapagos...	68.3%	73.2%

Con el uso de la función `Aggr()`, un documento QlikView se puede empoderar enormemente y podemos lograr cosas que son casi imposibles con otras herramientas, especialmente por el hecho de que todos los cálculos se realizan al momento.

> Asegúrese de guardar los cambios que hemos hecho al documento de Operación de Aerolíneas antes de continuar.

Funciones condicionales

Existen funciones condicionales en QlikView que podemos usar en la interfaz gráfica para dar a los objetos de hoja un nuevo nivel de flexibilidad en términos de manejo y presentación de datos, tanto en expresiones como en dimensiones. Repasemos algunos ejemplos de estas funciones para aumentar las capacidades de análisis de nuestra aplicación QlikView.

La función If()

Aunque algunas veces la evitamos por su alto consumo de recursos en comparación con otros métodos (como Análisis de Conjuntos, que se cubre en el *Capítulo 11*), la función If() tiene importantes usos al crear documentos QlikView. Esta función se usa cuando debemos obtener dos o más resultados distintos de una misma expresión, dependiendo del resultado que arroje una condición especificada.

La sintaxis

Como primer paso, describiremos la sintaxis utilizada por esta función y los parámetros que requiere para trabajar. Si ha trabajado antes con Microsoft Excel, entonces es muy probable que ya haya trabajado con la función If() en una hoja de cálculo. La sintaxis de la función If() en QlikView es casi la misma que en Excel. La función toma los siguientes tres parámetros:

- Condición: Una expresión que, al ser evaluada, resulta en verdadero o falso. Se pueden utilizar operadores relacionales y lógicos para crear la expresión.

- then: La expresión o valor que se defina como el parámetro then representa el resultado de la función If() cuando la condición evaluada resulte en verdadero.

- else: La expresión o valor que se defina como el parámetro else representa el resultado de la función If() cuando la condición evaluada resulte en falso.

El pseudocódigo es:

```
If(condición, then, else)
```

Así mismo, la función If() puede ser usada como una función de script para crear campos calculados. La sintaxis es la misma.

Adicionalmente, se puede construir una expresión anidada `If()` de la siguiente manera:

```
If(condicion1, expr1,
    If(condicion2, expr2,
    Expr3))
```

Un caso de uso

Es importante remarcar que la función `If()` puede requerir más recursos de procesamiento que otras alternativas. Cuando sea posible, se recomienda mover los cálculos basados en la función `If()` de la interfaz al script y manejar los resultados a través de campos calculados o banderas en el modelo de datos. Ahora bien, hay casos en los que el cálculo no puede manejarse en otra parte más que en el objeto de hoja. A continuación describimos un escenario en el que podemos tomar ventaja de las capacidades de la función `If()` dentro de un gráfico.

Heat Charts

Un *heat chart* es una matriz de valores en la que cada celda tiene asignado un color en base a un umbral definido. Crearemos uno de estos gráficos usando el documento de Operación de Aerolíneas para demostrar el concepto.

1. En el documento de `Operación de Aerolíneas.qvw`, active la pestaña de **Análisis**. Luego, dé clic en el botón de **Crear Gráfico** de la barra de herramientas de diseño.

2. De la ventana de diálogo de **Nuevo Gráfico**, seleccione la opción **Tabla Pivotante** en la sección de **Tipo de Gráfico** e ingrese la etiqueta `Heat Map: Factor de Ocupación` en el campo **Título de la Ventana**.

3. Dé clic en **Siguiente >** y aparecerá el diálogo de **Dimensiones**, en donde añadiremos los campos de **Aerolínea**, **Año**, y **Mes** como dimensiones de nuestro gráfico. Dé clic en **Siguiente** para continuar a la ventana de diálogo de **Expresiones**.

4. Ingrese la siguiente expresión en la ventana de **Editar Expresión**:
    `$(eFactorDeOcupacion)`

5. Dé clic en **Aceptar** para cerrar la ventana de **Editar Expresión** e ingrese `Factor de Ocupación` como la **Etiqueta** de la expresión.

6. A continuación, definiremos el color de fondo de la celda usando los atributos de la expresión. Para hacer esto, dé clic en el icono de expandir ubicado a la izquierda del nombre de la expresión en la ventana de **Expresiones**. Seleccione el atributo **Color de Fondo**.

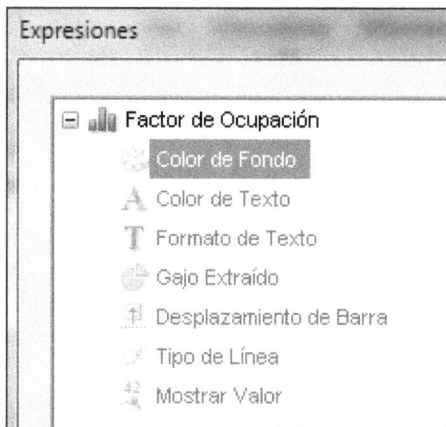

7. Una vez que esté seleccionado el atributo, vaya al cuadro de entrada de **Definición** y dé clic en el botón correspondiente (**...**) para abrir el diálogo de **Editar Expresión**.

8. La expresión que definiremos para este atributo se muestra a continuación:

```
If([Factor de Ocupación] >= 0.85, Green(),
  If([Factor de Ocupación] >= 0.70, LightBlue(),
  LightRed()))
```

9. Dé clic en **Aceptar** para cerrar el diálogo de **Editar Expresión**.

> Observe que no estamos recalculando el valor de Factor de Ocupación, sino que estamos referenciando a la expresión que definimos en el paso 4 por medio de su etiqueta correspondiente. Esto ayudará a ahorrar algunos recursos de CPU muy valiosos.

10. A continuación, seleccione el atributo de **Color de Texto** de la expresión **Factor de Ocupación** e ingrese White() en el cuadro de **Definición** correspondiente. Esto asegurará que el texto de la celda use un color blanco y sea más legible entre los tres colores de fondo diferentes que definimos anteriormente.

> La funcionalidad de "formato condicional" que aquí presentamos también se puede obtener usando la pestaña de **Efectos Visuales** en la ventana de **Propiedades de Gráfico**. Sin embargo, dicha opción solo soporta hasta tres niveles. Por medio de los atributos de la expresión podemos definir condiciones de formato más complejas, con más de tres niveles.

11. Dé clic en **Siguiente** seis veces hasta llegar a la ventana de diálogo de **Número** y defina el formato de la expresión como:

   ° **Fijo en** 2 **Decimales**

   ° **Mostrar en porcentaje** (%)

12. Dé clic en **Siguiente** tres veces hasta llegar a la ventana de diálogo de **Título** y habilite la opción de **Minimizado Automático**.

13. Dé clic en **Finalizar**.

Inicialmente, solo la primera dimensión (**Aerolínea**) estará visible. Expanda las otras dos dimensiones y arrástrelas a la parte superior para crear la matriz. El *heat map* debe verse como en la siguiente imagen:

Heat Map: Factor de Ocupación						2011
Aerolínea	Mes	ene	feb	mar	abr	may
Island Air Service		43.82%	39.32%	41.85%	43.88%	44.85%
Island Airlines LLC		62.58%	69.13%	68.46%	68.87%	60.01%
Japan Air Lines Co. Ltd.		78.90%	80.84%	70.92%	62.41%	73.73%
Jazz Aviation LP		51.82%	56.60%	61.90%	62.78%	65.38%
Jet Airways (India) Lim...		70.67%	64.48%	76.36%	83.94%	88.50%
Jet Aviation Business J...		22.22%	40.97%	11.11%	-	22.22%
Jet link AG		-	-	-		
JetAlliance Flugbetriebs...		20.00%	-	20.00%	24.49%	15.38%
JetBlue Airways		77.62%	78.43%	81.93%	78.75%	80.91%
JetClub AG		-	-	11.90%	-	16.07%
Jetstar Airways Pty Lim...		90.25%	74.33%	79.35%	74.51%	79.52%
Jin Air Co Ltd.		87.86%	82.98%	69.50%	52.59%	74.83%
KaiserAir, Inc.		-	-	59.63%	51.39%	53.98%
Katmai Air		-	-	-	-	17.18%
Kenmore Air Harbor		46.67%	49.30%	48.88%	51.55%	48.79%
Klm Royal Dutch Airlines		75.96%	70.15%	80.62%	87.30%	89.14%

Para acomodar el nuevo gráfico en la pestaña de **Análisis**, habilite la opción de **Minimizado Automático** en el gráfico de dispersión de **Número de pasajeros vs correspondencia**. Luego, ajuste el tamaño y posición del nuevo gráfico para que ambos ocupen el mismo espacio.

Ajuste también el tamaño y posición de los iconos minimizados correspondientes, tal como hicimos en la pestaña de **Reportes** durante el *Capítulo 6, Construyendo Dashboards*.

Ejercicio Individual

Es momento de un reto. Hemos definido el umbral con límites estáticos (0.85 y 0.7). ¿Cómo podríamos hacerlos *variables*? y ¿cómo podemos hacer que el mismo usuario defina los límites?

> 💡 La clave está en la primera sección de este capítulo.

Construyendo un heat chart con el asistente de mezcla de colores

En nuestro ejemplo previo, usamos las funciones de color Green(), LightBlue() y LightRed() en conjunto con la función If() para definir el atributo de color de fondo en las celdas. A continuación, editaremos la expresión definida en el atributo para hacer uso del **Asistente de Mezcla de Colores** y ver si podemos lograr una mejor vista para nuestro gráfico.

1. Dé clic en la tabla pivotante que creamos en el ejercicio previo y seleccione **Propiedades**.

2. Luego, navegue a la pestaña de **Expresiones** y dé clic en el icono de expandir para revelar la lista de atributos de expresión. Dé doble clic en el atributo **Color De Fondo** para abrir la ventana de **Editar Expresión**, en donde reemplazaremos la definición actual del atributo.

3. Borre el contenido de la definición actual y seleccione **Archivo | Asistente de Mezcla de Colores**.

4. Aparecerá la ventana de **Asistente de Mezcla de Colores**. Dé clic en **Siguiente** en el primer diálogo, que es solo de carácter informativo, y entraremos al **Paso 1**, en donde definiremos la **Expresión del Valor**.

5. Ingrese el nombre de la expresión principal, que en nuestro caso es Factor de Ocupación, encerrando el mismo entre corchetes. Esta expresión será usada para determinar el color de cada celda y su intensidad.

Paso 1 - Mezcla de Colores

Expresión del Valor   Introduzca una expresión que se empleará para calcular el color

[Factor de Ocupación] [...]

6. Dé clic en **Siguiente** para ir al **Paso 2** y definir los valores de límite superior e inferior. La configuración será definida de la siguiente manera:

   ° Deshabilitaremos la opción **Autonormalizar** para poder definir los valores límite.

   ° Definiremos el valor de **Límite Superior** en 1, que representa un 100% de ocupación.

   ° El color del **Límite Superior** se dejará en el color predeterminado (verde).

   ° Habilitaremos la opción de **Intermedio** y le asignaremos un valor de 0.75 y color azul.

   ° Definiremos el valor de **Límite Inferior** en 0.5, que representa un 50% de ocupación.

   ° El color del **Límite Inferior** se dejará como aparece de forma predeterminada, que es rojo.

Paso 2 - Mezcla de Colores

Autonormalizar

Límite Superior
1 [...]

Intermedio
0.75 [...]

Límite Inferior
0.5 [...]

Invertir

7. Dé clic en **Siguiente** para navegar al tercer paso de este asistente.

8. Dejaremos la configuración predeterminada en la ventana del **Paso 3**: la opción de **Colores Optimizados** está habilitada y la opción de **Saturación del Valor** está definida como **Utilizar Color Superior (Inferior)**.

9. Por lo tanto, solo dé clic en **Finalizar** para que se genere la nueva expresión de color. La nueva expresión se insertará de manera automática en la ventana de **Editar Expresión**. El resultado se muestra a continuación:

```
ColorMix2 (if(rangemin(1,rangemax([Factor de
Ocupación],0.5))<0.75,-Sqrt(-(rangemin(1,rangemax([Factor de
Ocupación],0.5))-0.75)/(0.75-0.5)),Sqrt((rangemin(1,rangemax([Fa
ctor de Ocupación],0.5))-0.75)/(1-0.75))), ARGB(255, 255, 0, 0),
ARGB(255, 0, 255, 0), ARGB(255, 0, 0, 255))
```

10. Esta expresión usa una combinación de diferentes funciones de color y funciones `If()` anidadas. Aunque la expresión se ve algo compleja, no debería ser un problema para nosotros ya que se genera de manera automática por el **Asistente de Mezcla de Colores**.

11. Dé clic en **Aceptar** en la ventana de **Editar Expresión** para aplicar los cambios y después clic en **Aceptar** nuevamente en la ventana de **Propiedades de Gráfico**.

El gráfico resultante se verá como a continuación:

Heat Map: Factor de Ocupación								XL
Aerolínea	**Año** ⊞	2009 ⊞	2010 ⊟					2011
	Mes			ene	feb	mar	abr	may
JetAlliance Flugbetriebs...		31.62%	25.57%	20.00%	-	20.00%	24.49%	15.38%
JetBlue Airways		77.13%	80.25%	77.62%	78.43%	81.93%	78.75%	80.91%
JetClub AG		18.37%	10.82%	-	-	11.90%	-	16.07%
Jetstar Airways Pty Lim...		77.55%	84.54%	90.25%	74.33%	79.35%	74.51%	79.52%
Jin Air Co Ltd.		-	78.28%	87.86%	82.98%	69.50%	52.59%	74.83%
KaiserAir, Inc.		-	-	-	-	59.63%	51.39%	53.98%
Katmai Air		61.84%	62.55%	-	-	-	-	17.18%
Kenmore Air Harbor		56.98%	54.93%	46.67%	49.30%	48.88%	51.55%	48.79%
Klm Royal Dutch Airlines		83.67%	85.97%	75.96%	70.15%	80.62%	87.30%	89.14%
Korean Air Lines Co. Ltd.		74.32%	79.00%	81.34%	73.95%	74.55%	75.59%	78.77%
Kuwait Airways Corp.		70.27%	80.46%	69.12%	67.11%	67.53%	76.28%	82.58%
Lacsa		81.28%	82.97%	83.37%	77.89%	87.14%	82.32%	80.73%
Lan-Chile Airlines		76.77%	77.08%	81.80%	80.78%	78.76%	77.97%	83.18%
LAN Argentina		75.37%	78.47%	79.32%	76.37%	77.38%	78.51%	86.34%
Lan Ecuador		79.34%	77.92%	74.03%	74.88%	79.28%	73.48%	74.13%
Lan Peru Airlines		77.84%	77.70%	85.54%	85.90%	82.89%	82.01%	87.45%

Si comparamos el nuevo gráfico con lo que teníamos anteriormente, es evidente que la nueva presentación es más dinámica y tiene niveles de intensidad adicionales que permiten identificar más fácilmente puntos de alerta o tendencias.

Comparaciones numéricas y de texto

Una consideración importante al usar comparaciones en las funciones condicionales es que las comparaciones basadas en texto serán más lentas que las comparaciones numéricas.

Por ejemplo, veamos las siguientes dos expresiones:

- `If(Mes = 'Enero', expr1, expr2)`
- `If(MesNum = 1, expr1, expr2)`

La única diferencia es que la primera expresión compara el valor del campo `Mes` como cadena de texto, mientras que la segunda expresión realiza una comparación basada en un valor numérico. La segunda será más rápida.

De manera similar, es también importante considerar que, al definir comparaciones numéricas, el valor a comparar no se debe encerrar en comillas simples (`MesNum = '1'`), ya que eso causará que QlikView trate la comparación como si fuera basada en texto.

La función Class()

Las funciones condicionales se usan mucho en conjunto con intervalos numéricos para encontrar en dónde cae un valor específico dentro de un rango o para agrupar resultados en bloques predefinidos. La función `Class()` es particularmente útil en estos casos.

Para ejemplificar, usemos el análisis que hicimos en la sección previa sobre el número de rutas interestatales por aerolínea. El gráfico inicial es:

Rutas Interestatales	Rutas Interestatales
Aerolínea	**2,655**
Delta Air Lines Inc.	1,145
Miami Air International	864
Southwest Airlines Co.	821
Federal Express Corporation	708
ExpressJet Airlines Inc.	707
USA Jet Airlines Inc.	688
American Airlines Inc.	637
SkyWest Airlines Inc.	609
Atlantic Southeast Airlines	591

Agruparemos las aerolíneas en base al número de rutas interestatales a que dan servicio usando intervalos, en lugar de usar el número individual de rutas. Añadamos la siguiente expresión a nuestro gráfico:

```
Class(Count(DISTINCT [Código de Estado Origen - Destino]), 100)
```

El resultado será como se muestra a continuación:

Aerolínea	Rutas Interestatales	Intervalo de # de Rutas
Rutas Interestatales		
	2,655	**2600 <= x < 2700**
Delta Air Lines Inc.	1,145	1100 <= x < 1200
Miami Air International	864	800 <= x < 900
Southwest Airlines Co.	821	800 <= x < 900
Federal Express Corporation	708	700 <= x < 800
ExpressJet Airlines Inc.	707	700 <= x < 800
USA Jet Airlines Inc.	688	600 <= x < 700
American Airlines Inc.	637	600 <= x < 700
SkyWest Airlines Inc.	609	600 <= x < 700
Atlantic Southeast Airlines	591	500 <= x < 600

En esencia, la función `Class()` toma el valor individual resultado de una expresión (en este caso el conteo de rutas) y automáticamente crea el intervalo correspondiente en base al tamaño de intervalo especificado.

> La función `Class()` solo soporta tamaños de intervalo fijos.

Podemos llevar este concepto un poco más lejos y usar la función `Class()` dentro de una agregación anidada. Añadamos la siguiente dimensión calculada a una gráfica de tipo tabla simple:

```
Aggr(Class(Count(DISTINCT [Código de Estado Origen - Destino]), 100),
[Aerolínea])
```

Y usemos la siguiente expresión:

```
Count(DISTINCT [Aerolínea])
```

Esto resultará en algo como lo mostrado a continuación:

# de aerolíneas por intervalo	
Intervalo de Rutas	**# de aerolíneas**
	311
0 <= x < 100	256
200 <= x < 300	13
800 <= x < 900	2
100 <= x < 200	14
700 <= x < 800	2
500 <= x < 600	7
400 <= x < 500	4
600 <= x < 700	3
300 <= x < 400	9
1100 <= x < 1200	1

Como puede observar, esta tabla es más sencilla de leer que la que despliega todos los valores individuales en la columna de dimensión.

Los valores de dimensión presentados muestran el formato predefinido para nombres de intervalo. Esto es algo fijo de QlikView, pero podemos crear nuestro propio formato personalizado con la función `Replace()`, como se muestra a continuación:

```
Replace(Aggr(Class(Count(DISTINCT [Código de Estado Origen -
Destino]), 100), [Aerolínea]), '<= x <', ' - ')
```

La expresión resultará en los siguientes valores de dimensión:

# de aerolíneas por intervalo	
Intervalo de Rutas	**# de aerolíneas**
	311
0 - 100	256
200 - 300	13
800 - 900	2
100 - 200	14
700 - 800	2
500 - 600	7
400 - 500	4
600 - 700	3
300 - 400	9
1100 - 1200	1

Un ejercicio individual usando la función Class()

Ya que ha visto cómo crear agregaciones anidadas con el uso de intervalos, tome un momento para crear un gráfico que muestre el número de aerolíneas que caen dentro de diferentes rangos de factor de ocupación. Use un tamaño de intervalo de 10 por ciento y añada el objeto a la pestaña **Cuadro de Mando**.

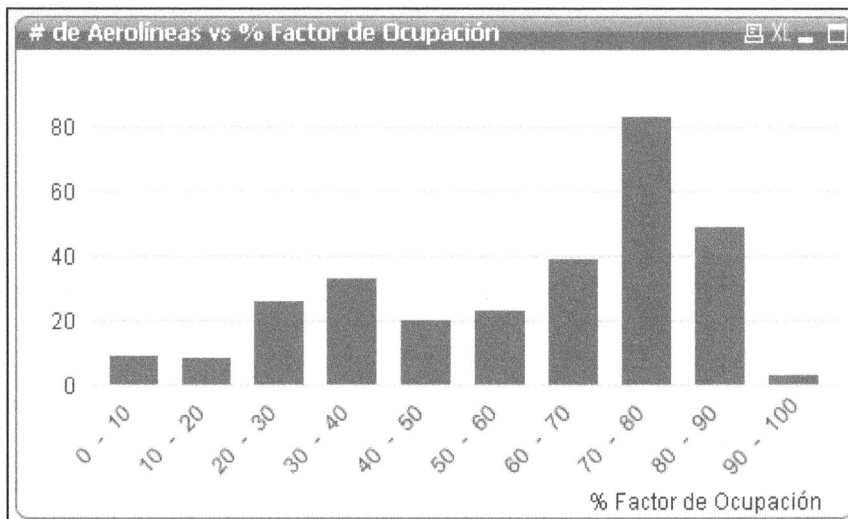

Lo más fascinante sobre este gráfico es que, cuando el usuario dé clic en una de las barras (que corresponden a un intervalo específico), todas las aerolíneas que caen en ese intervalo serán seleccionadas automáticamente. Esta selección se hace sobre el campo Aerolínea, ya que los intervalos del factor de ocupación no existen como un campo en el modelo de datos. Esta combinación de interactividad, asociaciones y cálculos complejos al momento permite que el usuario siga explorando los datos bajo una misma línea de pensamiento y llegar a nuevos descubrimientos por medio de la experiencia asociativa única en QlikView.

La función Pick()

Otra función condicional disponible en QlikView que resulta interesante y al mismo tiempo potente es la función Pick(). De cierto modo, se puede decir que esta función actúa como una serie de funciones If() anidadas. Los parámetros que requiere esta función son:

```
Pick(n, expr1, expr2)
```

Donde n es un número entero que determina cuál de las expresiones subsecuentes se debe evaluar. expr1 es la expresión que se evalúa cuando n=1, y expr2 es la expresión que se evalúa cuando n=2.

Se puede llegar al mismo resultado que la función Pick() usando un If() anidado. Por ejemplo:

```
If(n=1, expr1, If(n=2, expr2))
```

Así, podemos ver fácilmente que la función Pick() es mucho más simple de usar en este caso e incluso puede ser más ligera en términos de uso de recursos.

> La función Pick() no tiene límite establecido de cuántas expresiones puede contener.

Veamos un ejemplo práctico.

Usando Pick() con Dimensionality()

Uno de los ejemplos que describimos previamente sobre el uso de la función Aggr() requeriría que hiciéramos una sub-agregación en la expresión del gráfico para obtener el factor de ocupación correspondiente por aerolínea por ruta. En el ejemplo, usamos solamente dos campos como parámetros de dimensión: **Ruta** y **Aerolínea**. Sin embargo, la expresión definida no funcionará como esperamos si se añade una nueva dimensión al gráfico.

Si usáramos una tabla pivotante con varias dimensiones distintas y en la que las dimensiones están siendo expandidas o colapsadas dinámicamente, la sub-agregación usada para calcular el factor de ocupación promedio por ruta debería adaptarse de acuerdo al nivel de agregación activo en la tabla pivotante; es decir, la expresión correcta dependerá de qué dimensiones están visibles en la tabla pivotante.

Para tomar en cuenta los diferentes arreglos posibles en las dimensiones del gráfico, debemos usar la función Pick() en conjunto con la función Dimensionality() y la expresión Aggr() que usamos previamente.

La función Dimensionality() se usa en tablas pivotantes para indicar qué nivel de agregación está activo en la tabla pivotante para cada uno de sus segmentos o filas. Por ejemplo, si todas las dimensiones se encuentran colapsadas y solo la primera está visible, entonces la función Dimensionality() regresaría un 1; si se expande la primera dimensión, la función Dimensionality() regresaría 2 y así sucesivamente.

El resultado de la función Dimensionality() es específico para cada fila de la tabla, por lo que podríamos tener un nivel de agregación en una fila y otro nivel en una fila distinta, dependiendo de qué dimensiones estén expandidas. La función Dimensionality() tomará en cuenta el nivel de agregación de cada fila y regresará el resultado correspondiente.

La siguiente imagen ilustra este concepto y el resultado de la función Dimensionality() es presentado en la segunda columna de expresión, que está coloreada para una fácil interpretación:

Para abordar el escenario aquí presentado, comience por activar la hoja **Expresiones Avanzadas** en el área de trabajo y cree una tabla pivotante con las siguientes dimensiones: **Tipo de Vuelo**, **Tipo de Aerolínea**, y **Aerolínea**, en ese orden.

> Tome en cuenta que la solución aquí presentada solo funcionará mientras el orden de las dimensiones de la tabla pivotante no sea cambiado.

Luego, añada la siguiente expresión:

```
Pick(Dimensionality() + 1,
    Avg(Aggr($(eFactorDeOcupacion), [Código de Aeropuerto Origen -
Destino])),
    Avg(Aggr($(eFactorDeOcupacion), [Código de Aeropuerto Origen -
Destino], [Tipo de Vuelo])),
    Avg(Aggr($(eFactorDeOcupacion), [Código de Aeropuerto Origen -
Destino], [Tipo de Vuelo], [Tipo de Aerolínea])),
    Avg(Aggr($(eFactorDeOcupacion), [Código de Aeropuerto Origen -
Destino], [Tipo de Vuelo], [Tipo de Aerolínea], Aerolínea))
    )
```

Asigne la siguiente **Etiqueta** a la expresión: `Factor de Ocupación promedio por Ruta`. Luego cree otra expresión e ingrese lo siguiente:

```
$(eFactorDeOcupacion)
```

Asigne la siguiente etiqueta a esta nueva expresión: `Factor de Ocupación Directo`. Luego, vaya a la pestaña **Presentación** de la ventana de **Propiedades de Gráfico** y habilite la opción de **Mostrar Sumas Parciales** para las tres dimensiones.

De igual forma, cambie el formato en la pestaña **Número** para que los resultados se presenten en porcentaje con un decimal.

El gráfico resultante se verá como a continuación:

Factor de Ocupación promedio por Ruta				
Tipo de Vuelo	**Tipo de Aerolínea**	**Aerolínea**	Factor de Ocupación promedio por Ruta	Factor de Ocupación Directo
Domestic, Foreign ... ⊞			55.4%	75.3%
	⊟ Commuter Carriers... ⊞		55.2%	63.9%
		⊟ Avjet Corporation	34.5%	31.3%
	Large Regional Carriers (carriers with annual revenue of $20 million to $100 million)	Casino Express	63.0%	64.5%
		Lynx Aviation d...	72.1%	64.2%
Domestic, US Carriers Only		National Air Car...	23.8%	32.3%
		Tatonduk Outfit...	27.9%	27.9%
		Total	**40.3%**	**62.5%**
	Major Carriers (carr... ⊞		72.6%	80.1%
	Medium Regional ... ⊞		41.4%	48.7%
	National Carriers (... ⊞		58.9%	76.0%
	Small Certificated ... ⊞		36.0%	55.0%
	Total		**55.7%**	**78.7%**
International, Fore... ⊞			61.6%	78.8%
International, US ... ⊞			66.9%	77.9%
Total			**57.4%**	**78.6%**

En esta imagen podemos comparar el resultado de ambas expresiones. Un resultado mayor en la columna de **Factor de Ocupación Directo** significa que las rutas de baja ocupación tienen pocos vuelos y no afectan mucho el resultado global. Sin embargo, el impacto de esas rutas aún puede verse en la columna de **Factor de Ocupación promedio por Ruta**, ya que en ésta todas las rutas tienen el mismo peso sin importar el número de vuelos que tengan.

Para cada nivel de `Dimensionality()`, el gráfico presentado usa una sub-agregación distinta al calcular el factor de ocupación promedio por ruta. Adicionalmente, cuando el nivel de `Dimensionality()` es cero (la fila de total al final), el gráfico calcula el promedio para todas las rutas de todas las aerolíneas y de todos los tipos de vuelo. Usamos `Dimensinoality() + 1` como el parámetro `n` de la función `Pick()` porque de otro modo no habría forma simple de especificar una expresión para cuando el valor de `Dimensionality()` sea igual a cero.

> Como la definición de la expresión está basada en cierto arreglo predefinido de dimensiones en nuestra tabla pivotante, debemos tener cuidado al usar una expresión como esta, ya que dará resultados inesperados cuando las dimensiones cambien de orden (por ejemplo, cuando el usuario arrastre las columnas de la tabla a una nueva posición).

Un tip para copiar expresiones

Cerraremos este capítulo de expresiones avanzadas compartiendo un tip que le puede ahorrar algo de tiempo al desarrollar documentos QlikView. Al crear expresiones de gráfico, no solo definimos la fórmula sino que también los atributos de expresión, formato numérico, presentación, etiquetas, alineación, etc. Es muy común que, al usar más de una expresión en un gráfico (por ejemplo una tabla simple), dos o más de estas expresiones sean muy similares en términos de formato y, en algunos casos, usen casi la misma fórmula.

En estos casos, podemos simplemente copiar y pegar una expresión dentro de la pestaña de **Propiedades de Gráfico** para replicar la definición de expresión completa y después ajustar solamente los parámetros o definiciones que sea necesario, ahorrando así mucho tiempo y trabajo.

Para hacer esto, simplemente dé clic derecho en el nombre de la expresión que quiere replicar, seleccione **Copiar** y dé clic derecho nuevamente en un espacio en blanco debajo de la lista de expresiones, seleccionando ahora **Pegar** para crear la copia.

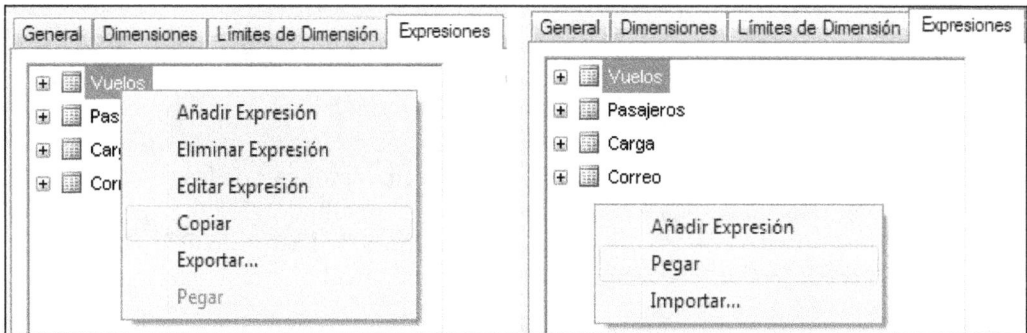

Resumen

Hemos llegado al final de este capítulo en el que hemos podido utilizar algunas técnicas avanzadas para agregación de datos y construcción de expresiones. Hemos aprendido a usar variables en QlikView y utilizarlas en expresiones de gráfico.

También aprendimos a usar funciones condicionales para que una misma expresión regrese resultados distintos en base a comparaciones lógicas y/o relacionales.

Finalmente, aprendimos a usar agregaciones anidadas y avanzadas en gráficos.

En el *Capítulo 11, Análisis de Conjuntos y Comparaciones en el Tiempo*, aprenderemos sobre Análisis de Conjuntos (*Set Analysis*, por su denominación en inglés), que es una de las funcionalidades más poderosas de QlikView, y cómo se puede usar para crear reportes comparativos contra periodos anteriores.

11
Análisis de Conjuntos y Comparaciones en el Tiempo

La comparación de métricas entre periodos distintos de tiempo es uno de los requisitos fundamentales de cualquier solución de inteligencia de negocios. Hay varias formas de hacer este tipo de comparativas en QlikView, pero la más flexible y dinámica se basa en el Análisis de Conjuntos (*Set Analysis*, por su denominación en inglés). El análisis de conjuntos es, por sí solo, una herramienta poderosa que se puede usar no solo para comparaciones en el tiempo sino para muchos otros cálculos complejos.

En este capítulo, expandiremos nuestro conocimiento ya adquirido de capítulos previos e introduciremos los siguientes conceptos nuevos:

* Análisis de Conjuntos y modificadores de conjuntos de datos.
* Comparaciones en el tiempo.
* Análisis comparativo con estados alternos.

Abordaremos estos temas usando ejemplos prácticos. Dado lo complicado de la sintaxis que estaremos usando y la complejidad de las expresiones que se pueden construir con Set Analysis, recomendamos que tenga mucha paciencia y dedicación al tema. Aun con el mejor material de referencia, el Análisis de Conjuntos puede tomar mucho tiempo en dominarse, así que no se desanime.

La magia del Análisis de Conjuntos

El Análisis de Conjuntos es una de las herramientas más importantes que tenemos a nuestra disposición al crear documentos QlikView. Debemos advertir de entrada que el uso excesivo de expresiones con análisis de conjuntos en gráficos puede resultar en un desempeño pobre de la aplicación o tiempos de respuesta altos. Aún así, debemos saber que, si es usado de manera efectiva, puede tener un impacto positivo tanto en desempeño como en experiencia de usuario.

En esta sección cubriremos temas en relación a cuándo usar análisis de conjuntos, porqué usarlo, cuál es la sintaxis correcta, entre otros, y revisaremos algunos ejemplos y recomendaciones para maximizar el desempeño de la aplicación.

¿Para qué sirve?

El análisis de conjuntos es una funcionalidad en QlikView que nos permite tomar control sobre lo que los gráficos despliegan y permite hacer cálculos que no se podrían realizar de otra manera, al menos no tan dinámicamente. Para entender su funcionamiento interno, podemos comparar su función con la forma en que trabajan las selecciones que se hacen por medio de cuadros de lista.

Cuando hacemos selecciones de valores de campo en la aplicación, ésta afecta el documento completo y todos los gráficos solo despliegan información asociada con el conjunto de datos correspondiente a esas selecciones. De cierto modo, eso es lo que hace también el análisis de conjuntos: restringe, predefine o extiende el conjunto de datos en que los gráficos basan sus cálculos.

Por ejemplo, usando una expresión de análisis de conjuntos, podemos especificar que cierto gráfico debe realizar una agregación solo en base a registros que cumplen una serie de criterios en algunos campos (por ejemplo, Región A y Región B del campo Región), aun cuando los registros que no cumplen con dicho criterio formen parte del conjunto de registros seleccionado por el usuario. Otro ejemplo es mostrar resultados del año anterior aun cuando éste no ha sido seleccionado, es decir, que si el usuario selecciona el año 2013, una columna de una tabla muestre datos de 2013 y otra columna los datos de 2012. Así pues, con el uso de análisis de conjuntos podemos no solo restringir, sino también extender, las selecciones hechas por el usuario.

> El conjunto modificado de registros que se define mediante una expresión de análisis de conjuntos afecta solo a la expresión en donde está siendo utilizado, no al documento completo.

Este es el concepto general, pero algunas veces no resulta tan simple especificar a nuestro gráfico que "muestre solo resultados del año/mes/periodo anterior" como sería usando selecciones. En análisis de conjuntos, necesitamos especificar el conjunto de registros modificado usando una expresión con una sintaxis específica.

Hay algunas situaciones en las que el uso de análisis de conjuntos resulta práctico:

- Para comparar resultados de dos periodos de tiempo distintos en una sola vista y en base al mismo estado de selección.
- Para restringir o excluir ciertos valores de campo en un cálculo.
- Para crear acumulados anuales hasta cierta fecha (YTD, por las siglas de su denominación en inglés: *Year-To-Date*), aun cuando el usuario selecciona solo un mes.
- Para ignorar selecciones en algún campo que puede no ser relevante para el cálculo de alguna métrica en particular.
- Para ignorar todas las selecciones.
- Para usar un conjunto de datos especificado por un marcador, aun cuando el marcador no se haya activado.
- Para reemplazar expresiones que usan la función If(), que puede requerir una cantidad alta de recursos de hardware.
- Una mezcla de todas las anteriores.

Primero nos enfocaremos en comprender bien la sintaxis y después aplicaremos estos conceptos para lograr algo que es obligatorio en toda aplicación QlikView: análisis de variabilidad a través del tiempo.

Sintaxis y ejemplos

Los detalles para crear una expresión de análisis de conjunto (a la que también llamaremos *expresión set* o *expresión de conjunto*) se describen en el siguiente procedimiento paso a paso:

1. Comenzamos por definir la expresión base. Digamos que queremos sumar el total de número de vuelos realizados; entonces, comenzamos con lo siguiente:

```
Sum([# Vuelos Realizados])
```

2. Luego, necesitamos construir la parte de la expresión set. Es aquí donde especificamos el conjunto de registros que queremos usar en nuestro cálculo. La definición del conjunto se pone justo después del primer paréntesis en la expresión base y se encierra en llaves:

```
Sum({expresión de conjunto}  [# Valores Realizados])
```

3. Después de la primer llave, se define el **identificador de conjunto** por medio de a) un signo de dólar, que indica que el conjunto modificado de registros se basará en las selecciones actuales; b) el número 1, que indica que usaremos el conjunto de datos completo de todo el documento, ignorando las selecciones del usuario; o c) el identificador de un marcador, que usa las selecciones especificadas en el marcador como conjunto base. Para ilustrar nuestro ejemplo usaremos el identificador de signo dólar por ser el más común. Tendremos lo siguiente:

```
Sum({$} [# Vuelos Realizados])
```

> Un punto a remarcar es que el signo dólar puede ser omitido, ya que es el identificador predeterminado, y la expresión de conjunto no se verá afectada. Aún así, es buena práctica siempre especificar el identificador de conjunto para mantener consistencia en las expresiones.

4. Después del signo dólar, se definen los campos a usar como **modificadores de conjunto**. Esta es la parte en donde especificamos qué añadir o excluir del conjunto de registros inicial. El juego completo de definiciones campo-valor se encierra en comillas angulares (< >) y la sintaxis es `NombreDeCampo = {NuevoValor}`. A continuación se describen algunas variaciones de esta sintaxis:

   ° `NombreDeCampo = {valor}`: cuando el parámetro `NuevoValor` es un valor numérico, se especifica tal cual sin modificaciones adicionales.

   ° `NombreDeCampo = {'ValorTexto'}`: cuando el parámetro `NuevoValor` es un texto, deberemos encerrarlo en comillas simples.

   ° `NombreDeCampo = {"CriterioDeBúsqueda"}`: si queremos usar un criterio de búsqueda como la definición del valor, lo debemos encerrar en comillas dobles.

La definición del valor también puede ser una lista de valores diferentes separados por una coma.

> También nos podemos referir al parámetro de `NuevoValor` como el parámetro de `Lista de Elementos`, ya que puede componerse de uno o varios valores.

Una vez que añadamos los modificadores de conjunto, nuestra expresión set estará completa y tendrá la siguiente estructura (mostrada como pseudocódigo para fines de ilustración):

```
Sum({$<Campo1 = {NuevoValor1}, Campo2 = {NuevoValor2}>} [# Vuelos
Realizados])
```

A continuación se presentan algunos ejemplos de uso de esxpresiones set:

- `Sum({$<[Tipo de Aerolínea] = {'Foreign Carriers'}>} [# Vuelos Realizados])`

  ○ Esta expresión resultará en el número total de vuelos realizados, pero solo tomando en cuenta el conjunto de registros definidos por la selección actual ($) y en donde el campo `Tipo de Aerolínea` tenga un valor de `Foreign Carriers`. Todas los otros tipos de aerolíneas serán excluidas del cálculo.

  ○ En este ejemplo, si el usuario ha seleccionado específicamente un valor diferente en el campo `Tipo de Aerolínea`, esa selección será ignorada y el cálculo se hará en base al conjunto modificado de registros. Es importante comunicar este hecho al usuario final del documento QlikView y añadir algún tipo de indicador en la interfaz de usuario sobre aquello en que se está basando cada cálculo, de forma que el uso de análisis de conjuntos no afecte negativamente la experiencia de usuario en la aplicación.

- `Sum({$<Año = {2010}>} [# Vuelos Realizados])`

  ○ Esta expresión usará un conjunto de registros basado en las selecciones actuales ($) y en donde el `Año` sea `2010` aun cuando el usuario seleccione algo más en ese campo.

- `Sum({$<Año = {"20*"}>} [# Vuelos Realizados])`

  ○ Esta expresión usará un conjunto de registros basado en las selecciones actuales ($) donde el año coincida con la cadena de búsqueda `"20*"`, que significa que solo los años que empiecen con `20` serán tomados en cuenta.

- `Sum({$<Año = {">=2010"}>} [# Vuelos Realizados])`

  ○ Esta expresión usará un conjunto de registros donde el `Año` sea mayor o igual a `2010` para calcular el número de vuelos. Se usa una cadena de búsqueda en la definición del valor de campo.

- Sum({$<[Región Operativa] = {'Domestic', 'Latin America'}, Año = {2011}>} [# Vuelos Realizados])

  ° Esta expresión usará un conjunto de registros basado en las selecciones actuales y donde el campo de Región Operativa sea Domestic o Latin America, y solo tomando en cuenta los registros correspondientes al Año 2010.

  ° Observe que los dos elementos en la definición de valor de campo están separados por una coma.

- Sum({1<[Región Operativa] = {'Domestic', Latin America'}, Año = {2011}>} [# Vuelos Realizados])

  ° En esta expresión, la única diferencia con respecto al ejemplo anterior es el uso del número 1 como identificador de conjunto. El cálculo usará como punto de partida el conjunto de datos completo del documento, ignorando cualquier selección del usuario, pero tomará solo en cuenta los registros en donde la Región Operativa tenga un valor de Domestic o Latin America, y solo los registros correspondientes al año 2011.

- Sum({$<[Región Operativa] = {'Domestic', 'Latin America'}, Año = >} [# Vuelos Realizados])

  ° En esta expresión, no hay ningún elemento modificador asignado al campo Año. El cálculo usará el conjunto de registros basado inicialmente en las selecciones actuales pero ignorando la selección hecha en el campo Año, y tomando en cuenta solo registros en que la Región Operativa sea Domestic o Latin America.

Internamente, QlikView evalúa las definiciones de valor de campo en el análisis de conjuntos de la misma manera que en se evalúan las expresiones condicionales (pero usualmente más rápido) para determinar si un conjunto de registros específico se debe tomar en cuenta en el cálculo o no. Por lo tanto, la misma regla discutida previamente sobre el uso de valores numéricos en lugar de valores textuales aplica para la construcción de expresiones con análisis de conjuntos. La regla es: el uso de un modificador de conjunto basado en un campo de texto (Mes = {'Ene'}, por ejemplo) es más lento que usar campos numéricos (MesNum = {1}).

De manera similar, es importante considerar que el valor que se defina en una comparación numérica no debe ir encerrado en comillas simples (MesNum = {'1'}), ya que eso causará que QlikView maneje la comparación como si fuera basada en texto.

Usando variables en expresiones set

En ocasiones, resulta conveniente hacer uso de variables en expresiones de conjunto para hacerlas aún más dinámicas. Revisaremos algunos ejemplos de expresiones de análisis de conjuntos que hacen uso de variables en lugar de valores de campo estáticos.

Para esto, usaremos la sintaxis de expansión signo dólar dentro de la definición de valor de campo o lista de elementos. Si, por ejemplo, nuestra variable contiene un número, escribiríamos la expresión de análisis de conjuntos de la siguiente manera:

```
Sum({$<Año = {$(vAñoAnterior)}>} [# Vuelos Realizados])
```

Por otro lado, si nuestra variable contiene texto, ésta se usaría en la expresión set de la siguiente manera:

```
Sum({$<[Tipo de Aerolínea] = {'$(vGrupoDeInterés)'}>} [# Vuelos Realizados])
```

Si queremos usar el valor de una variable como criterio de búsqueda, la expresión sería:

```
Sum({$<[Tipo de Aeronave] = {"$(vBuscarTiposDeAeronave)"}>} [# Vuelos Realizados])
```

Apenas hemos dado una introducción al tema, pero hay mucho más que saber sobre el análisis de conjuntos. Continuemos a la siguiente sección para descubrir un poco más al respecto.

Conjuntos Dinámicos

En la sección anterior, revisamos algunos ejemplos básicos usando modificadores de conjunto con definiciones de valor de campo explícitas. Nuestro siguiente paso será hacer nuestro conjunto modificado de registros dinámico y basado en las selecciones actuales del usuario, es decir, usando definiciones de valor de campo basadas en cálculos. Al hacer esto, el conjunto modificado de registros cambiará dinámicamente dependiendo de lo que el usuario seleccione.

Para insertar cálculos en la lista de elementos modificadores de una expresión set usamos la sintaxis de Expansión Signo Dólar (DSE). Así, la expresión se construye como se muestra a continuación:

```
Sum({$<Año = {$(=Max(Año))}>} [# Vuelos Realizados])
```

Como puede observarse, es cálculo se ingresa como si estuviéramos usando una variable solo que con un signo de igual adicional y la expresión misma. Aquí, la expansión signo dólar evalúa el cálculo que contiene y la expresión set solo usa el resultado del mismo en el modificador de conjuntos.

> No debemos olvidar el signo de igual al insertar cálculos en las expresiones de conjuntos. Si no se incluye este signo de igual, el cálculo insertado no será evaluado.

Si queremos obtener el conjunto de registros correspondiente al año anterior de lo que el usuario tenga seleccionado, usaríamos:

```
Sum({$<Año = {$(=Max(Año)-1)}>} [# Vuelos Realizados])
```

En este ejemplo, la expansión signo dólar está primero calculando el año más reciente del conjunto de datos determinado por las selecciones actuales. Después, le resta un año para obtener el valor del año anterior y el resultado se pasa al modificador de conjunto como la definición de valor de campo. En cualquier momento que el usuario cambie sus selecciones, también se cambia el modificador de conjunto.

> Debemos ser insistentes en nuestra recomendación de que es importante hacer saber al usuario qué registros se están tomando en cuenta para determinado cálculo. Así evitaremos confusión, ya que puede resultar ilógico para el usuario ver que se calculen datos que no forman parte de su selección.

Este mismo concepto funciona con Trimestres, Años, Meses, Días, etc. Ahora bien, debemos tener en cuenta otras consideraciones para algunos campos. Por ejemplo, si usáramos el cálculo anterior para el campo Mes, Max(Mes) - 1 no funcionaría si el usuario selecciona Enero. La expresión regresaría cero, que no es un mes válido. Aunque podemos fácilmente construir una expresión que regrese el número 12 en lugar de cero (con el uso de la función If(), por ejemplo), en una sección posterior de este mismo capítulo (*Comparación de Periodos de Tiempo*) exploraremos una solución más simple y directa para este escenario.

Más operadores de asignación

Todos los ejemplos anteriores hacen uso de expresiones de conjunto que tienen valores de campo explícitos en la lista de elementos, ignorando así las selecciones del usuario en el campo especificado. En algunos casos, necesitaremos primero tomar en cuenta el conjunto de registros correspondiente a la selección del usuario y, a partir de ahí, modificarlo añadiendo o quitando ciertos valores. Para hacer esto, se usan diferentes operadores de asignación en la definición de valores de campo. Los operadores de asignación disponibles son:

- =: Este es el operador que hemos estado usando y simplemente redefine la selección para cierto campo.

- +=: Este operador define implícitamente una unión entre los valores de campo seleccionados y los que se especifiquen en la lista de elementos.

- -=: Este operador define implícitamente una exclusión de los valores que especifiquemos de aquellos valores que el usuario ha seleccionado.

- *=: Este operador se usa para definir los valores de campo correspondientes en base a la intersección entre lo que el usuario ha seleccionado y los valores que se especifiquen en la lista de elementos. Es decir, el conjunto de registros resultante serán los valores que "intersectan" o están presentes tanto en las selecciones del usuario como en los valores que definamos explícitamente en la lista de elementos.

- /=: Este operador se usa para definir una diferencia simétrica (XOR), y el conjunto de registros resultante contendrá los valores que están presentes en uno de los dos conjuntos (las selecciones del usuario o la lista de valores especificados de manera explícita) pero no en ambos.

Veamos algunos ejemplos para comprender mejor los operadores de asignación:

- Sum({$<Año += {2007, 2008}>} Ventas)
  - ° Esta expresión regresará las ventas de los años que el usuario haya seleccionado y también de los años 2007 y 2008 estén o no seleccionados

- Sum({$<Producto -= {'Producto X'}>} Ventas)
  - ° Esta expresión regresará las ventas de los productos que el usuario tenga seleccionados, pero excluirá los registros correspondientes al Producto X, en caso de formar parte de dicha selección.

- Sum({$<Producto *= {'Producto X', 'Producto Y'}>} Ventas)
  - ° Esta expresión regresa las ventas para la selección actual, pero solo para la intersección entre los productos seleccionados y los productos X y Y.

- `Sum({$<NumeroDeProducto *= {"48*"}>} Ventas)`
  - ° Esta expresión regresa las ventas correspondientes a las selecciones actuales, pero solo para la intersección de los productos seleccionados y todos los productos cuyo número comienza con `48`.

Operadores de conjunto

Los modificadores de conjunto, es decir, la parte que está encerrada en comillas angulares (`<  >`), también se pueden construir combinando varias listas de elementos diferentes en la definición de valor de campo. Además, la expresión de conjunto completa se puede componer de varios modificadores de conjunto diferentes. Esto se logra con el uso de operadores de conjunto.

Los diferentes operadores de conjunto que se pueden usar son:

- `+`: Unión
- `-`: Exclusión
- `*`: Intersección
- `/`: Diferencia Simétrica

> El operador de exclusión (`-`) también se puede usar para obtener el conjunto complemento.

Los operadores de conjunto funcionan de manera similar a los operadores de asignación descritos en la sección previa. Revisemos algunos ejemplos básicos:

- `Sum({$<Año = {2007, 2008} + {"<=2000"}>} [# Vuelos Realizados])`
  - ° Esta expresión regresará el total de vuelos realizados en los años `2007`, `2008`, junto con todos los vuelos de los años que son menores o iguales a `2000`.

- `Sum({$<[Región Operativa] = {'Latin America'}, Año = {2011}> + <[Región Operativa] = {'Domestic'}, Año = {2010}> - <[Tipo de Aerolínea] = {'Foreign Carriers'}>} [# Vuelos Realizados])`
  - ° Esta expresión resultará en el número total de vuelos realizados durante `2011` por las aerolíneas que operan en `Latin America`, más los vuelos realizados durante `2010` por aerolíneas que operan como `Domestic`, pero excluyendo las aerolíneas de tipo `Foreign Carriers` de ambos conjuntos.
  - ° Esta es uno de esos cálculos que no serían posibles con simples selecciones.

Como en operaciones aritméticas, se pueden usar paréntesis para encerrar diferentes operaciones de conjunto y asegurar que se evalúen en el orden correcto.

Usando funciones de elementos

Hay dos funciones especiales que se pueden usar en expresiones de conjunto para especificar implícitamente una lista de elementos. Las funciones son:

- `P()`: Para usar todos los valores posibles en un campo como la lista de elementos.

- `E()`: Para usar todos los valores excluidos en un campo como la lista de elementos.

Un ejemplo rápido:

- `Sum({1<Año = p(Año)>} [# Vuelos Realizados])`
    - ° Esta expresión usará el conjunto de datos de todo el documento, ignorando todas las selecciones de usuario (debido a que se especificó el número `1` como identificador de conjunto), pero tomará en cuenta solo los registros correspondientes a los años que el usuario haya seleccionado. En otras palabras, solo las selecciones hechas en el campo `Año` serán consideradas.

> Para más ejemplos, vaya al menú **Ayuda** en QlikView, seleccione **Contenido** y active la pestaña **Índice** del panel de la izquierda para buscar **Análisis de Conjuntos**. También hay un documento en QlikCommunity que explora ejemplos adicionales:
> `http://community.qlikview.com/docs/DOC-1867`

Las posibilidades son infinitas. Tome un momento y practique con el documento de Operación de Aerolíneas para que vea usted mismo lo que puede lograr con el análisis de conjuntos.

Comparación de Periodos de Tiempo

Uno de los casos de uso más comunes de análisis de conjuntos son los reportes de comparación de periodos de tiempo. El tener la capacidad de hacer análisis de variabilidad de un periodo con respecto a otro es un requerimiento básico de cualquier herramienta de inteligencia de negocios y se realiza de forma muy fácil en QlikView con el uso de análisis de conjuntos.

Combinemos el conocimiento adquirido y apliquémoslo para añadir comparaciones de periodos de tiempo en nuestro documento de Operación de Aerolíneas.

El reto

Los ejecutivos de Aerolíneas HighCloud requieren un cuadro de mando que les permita comparar fácilmente diferentes indicadores de desempeño en relación a periodos anteriores. Las comparativas de periodo que se requieren son:

- Acumulado del año actual (YTD, por las siglas de su denominación en inglés: *Year-to-Date*) contra el mismo periodo del año anterior.

- Mes actual contra el mismo mes del año anterior.

- Mes actual contra el mes anterior.

Las comparativas deben ser dinámicas y en base a las selecciones del usuario. Por ejemplo, si el usuario selecciona Octubre de 2010, las comparativas correspondientes deberían ser:

- Acumulado de enero a octubre de 2010 contra el acumulado de enero a octubre de 2009.

- Octubre de 2010 contra octubre de 2009.

- Octubre de 2010 contra septiembre 2010.

De igual manera, todas las selecciones del usuario en los diferentes atributos de aerolínea, aeronave, y aeropuerto, se deben tomar en consideración en todos los análisis de comparación de periodos.

Hagamos algo de magia con análisis de conjuntos.

Definiendo los modificadores de conjunto

Abordaremos el requerimiento definiendo primeramente los modificadores de conjunto que se requieren para cada comparativa de periodo. Para eso, debemos recordar que los campos relacionados con dimensiones de tiempo en los cuales el usuario puede hacer una selección son `Año`, `Trimestre` y `Mes`.

Cabe mencionar que el usuario no siempre tendrá valores explícitamente seleccionados en todos los campos de tiempo. Puede haber selecciones solo en el campo `Año`, por ejemplo, o `Año` y `Mes`, o solo `Mes`, o incluso ninguna selección en ningún campo.

Lo modificadores de conjunto que definamos al construir nuestras expresiones deben considerar todos estos posibles escenarios y siempre mostrar un resultado claro. Esto asegurará que el usuario no se confunda sobre qué filtros se están aplicando al navegar el documento.

Aunque el usuario no haga ninguna selección en los campos de dimensión de tiempo, podemos fácilmente inferir un periodo sobre el cual basar nuestras comparativas tomando el mes más reciente de la lista de valores asociados. Supongamos que el usuario tiene el siguiente estado de selección:

- Año = 2010
- Trimestre = Q2

Con lo anterior, podemos inferir que el "mes actual" (nuestro periodo base) es junio de 2010, ya que es el mes más reciente en la lista de valores posibles (junio es el último mes del segundo trimestre del año).

Por otro lado, si el usuario no tiene nada seleccionado, tomaremos diciembre 2011 como nuestro periodo base, ya que es el mes más reciente disponible en el conjunto de datos del documento.

Obteniendo el conjunto de datos relacionado al periodo base

Una expresión simple como `Max(Periodo)` nos puede ayudar a obtener el periodo base en todos los escenarios debido a que el campo `Periodo` tiene el componente `Mes` y el componente `Año`. Por lo tanto, los modificadores de conjunto que usaríamos para obtener el conjunto de datos correspondiente al periodo base en cada una de las comparativas requeridas son:

- Acumulado del año actual:

  ```
  <Periodo = {"<=$(=Max(Periodo))"}, Año = {"$(=Max(Año))"},
  Trimestre =, Mes = >
  ```

  ° Este modificador de conjunto resultará en un conjunto de datos con todos los periodos que sean menores o iguales al periodo actual y pertenezcan al año actual, lo cual nos dará los registros acumulados del año (YTD).

- Mes actual:

  ```
  <Periodo = {$(=Max(Periodo))}, Año = , Trimestre =, Mes = >
  ```

  ° Este modificador de conjunto resultará en un conjunto de datos correspondiente a solo el mes actual.

Hemos definido ignorar ciertas selecciones de campo en nuestros modificadores de conjunto, ya que, dependiendo de las selecciones del usuario, el periodo base que tratamos de obtener puede estar excluido del conjunto de registros activo. Por lo tanto, necesitamos ignorar las selecciones que pueden provocar alguna restricción para poder acceder a todos los periodos que necesitemos. Las selecciones que se ignoran con las relacionadas a las dimensiones de tiempo en que el usuario puede hacer selecciones.

Ya que tenemos el periodo base, estamos a medio camino. Solo necesitamos construir los modificadores de conjunto para el periodo contra el que se desea hacer la comparativa.

Obteniendo el conjunto de registros del periodo comparativo

El periodos comparativo más fácil de obtener es el del "mes anterior". Usaríamos algo como `Max(Periodo) - 1` para obtener su valor, pero esta expresión no siempre funciona para nuestro propósito. Como se mencionó antes, si nuestro periodo base fuera enero, el mes anterior que obtendríamos usando la expresión anterior sería uno inexistente. Por ejemplo, si el periodo actual es 201101 (recuerde que el campo tiene formato YYYYMM), la expresión regresaría 201100.

Una forma de resolver esto es con el uso de la función `If()`:

```
If(Right(Max(Periodo) - 1, 2) = '00', (Max(Año) - 1) & '12',
Max(Periodo) - 1)
```

Sin embargo, lo anterior es muy poco práctico, así que exploraremos otro método. En lugar de usar la representación numérica del periodo en formato YYYYMM, podemos asignar a cada periodo un identificador numérico consecutivo usando la función `Autonumber()` en el script de carga.

Siga estos pasos:

1. Abra el documento `Operación de Aerolíneas.qvw` y acceda a la ventana del editor de script.

2. Active la pestaña de **Calendario** y modifique el script de carga del `Calendario Maestro` añadiendo el siguiente código entre el nombre de la tabla y la primer sentencia LOAD DISTINCT:

```
Load
*,
AutoNumber(Periodo, 'PeriodoID') as [PeriodoID]
;
```

3. Guarde el documento y ejecute el script para aplicar los cambios.

4. Simplemente, se añadió una nueva sentencia `Load` precedente para crear el campo `PeriodoID`. Se toma como base el campo `Periodo`, que es creado en otro `Load` precedente, y usamos la función `Autonumber()` para generar el identificador consecutivo. Como el calendario se crea en orden ascendente, cada nuevo periodo tendrá un valor de `PeriodoID` que es consecutivo al anterior.

5. Cree un cuadro de tabla temporal con todos los campos relacionados al calendario para visualizar mejor el contenido de la tabla `Calendario Maestro`. Se debe ver como se muestra a continuación:

PeriodoID	Periodo	Año	Mes	Año - Mes	Trimestre
1	200901	2009	ene	2009-01	Q1
2	200902	2009	feb	2009-02	Q1
3	200903	2009	mar	2009-03	Q1
4	200904	2009	abr	2009-04	Q2
5	200905	2009	may	2009-05	Q2
6	200906	2009	jun	2009-06	Q2
7	200907	2009	jul	2009-07	Q3
8	200908	2009	ago	2009-08	Q3
9	200909	2009	sep	2009-09	Q3
10	200910	2009	oct	2009-10	Q4
11	200911	2009	nov	2009-11	Q4
12	200912	2009	dic	2009-12	Q4
13	201001	2010	ene	2010-01	Q1
14	201002	2010	feb	2010-02	Q1
15	201003	2010	mar	2010-03	Q1
16	201004	2010	abr	2010-04	Q2
17	201005	2010	may	2010-05	Q2

La función `Autonumber()` solo creará correctamente los identificadores en orden cronológico cuando la tabla del calendario se carga o genera en orden ascendente. De no ser el caso, se podría utilizar una fórmula alternativa para generar el campo `PeriodoID` con valores consecutivos; esta fórmula sería:

`(Year(Temp_Fecha) - 1) * 12 + Num(Month(Temp_Fecha))`

Esto asignará, por ejemplo, el valor `24120` a diciembre de 2010, `24121` a enero 2011, etc.

Ya que tenemos el campo `PeriodoID`, podemos usar una expresión simple para obtener el valor del periodo anterior. La siguiente expresión funcionará en todo escenario:

```
Mas(PeriodoID) - 1
```

Así pues, los modificadores de conjunto correspondientes para obtener los periodos comparativos son:

- Acumulado del año anterior:

  ```
  <PeriodoID = {"<=$(=Max(PeriodoID)-12)"}, Año = {"$(=Max(Año) -
  1)"}, Trimestre = , Mes =, Periodo = >
  ```

    ° Este modificador de conjunto resta `12` del identificador correspondiente al periodo actual para obtener el periodo correspondiente del año anterior. Al mismo tiempo, resta `1` del valor de año para obtener el año anterior. Como estamos usando el campo `PeriodoID`, el campo `Periodo` se debe especificar como uno de los campos cuyas selecciones se deben ignorar.

- Mismo mes del año anterior

  ```
  <PeriodoID = {"$(=Max(PeriodoID)-12)"}, Año = , Trimestre = , Mes
  =, Periodo = >
  ```

    ° Si restamos `12` del identificador correspondiente al periodo actual, obtenemos el mes correspondiente del año anterior.

- Mes anterior

  ```
  <PeriodoID = {"$(=Max(PeriodoID)-1)"}, Año = , Trimestre = , Mes
  =, Periodo = >
  ```

    ° Si restamos `1` del identificador del periodo actual, obtenemos el conjunto de registros del mes anterior.

Ahora que hemos definido nuestros modificadores de conjunto, es momento de construir las expresiones.

Construyendo las expresiones

Usando los modificadores de conjunto base y comparativos que acabamos de definir, construiremos nuestras expresiones finales como se describe a continuación.

> Los siguientes ejemplos usan el campo `# Vuelos Realizados` en la función de agregación pero éste se puede cambiar para obtener cualquier otro indicador.

Las expresiones que se muestran a continuación tienen la siguiente estructura para obtener el porcentaje de variación entre los periodos comparados:

```
(PeriodoBase / PeriodoDeComparacion) - 1
```

- Acumulado del año actual contra el mismo periodo del año anterior

```
(Sum({$<PeriodoID = {"<=$(=Max(PeriodoID))"}, Año =
{"$(=Max(Año))"}, Trimestre =, Mes = , Periodo = >} [# Vuelos
Realizados])
        /
Sum({$<PeriodoID = {"<=$(=Max(PeriodoID) - 12)"}, Año =
{"$(=Max(Año) - 1)"}, Trimestre = , Mes = , Periodo = > } [#
Vuelos Realizados]))
        -1
```

- Mes actual contra el mismo mes del año anterior.

```
(Sum({$<PeriodoID = {"$(=Max(PeriodoID))"}, Año = , Trimestre =,
Mes = , Periodo = >} [# Vuelos Realizados])
        /
Sum({$<PeriodoID = {"$(=Max(PeriodoID) - 12)"}, Año = , Trimestre
= , Mes = , Periodo = > } [# Vuelos Realizados]))
        -1
```

- Mes actual contra mes anterior

```
(Sum({$<PeriodoID = {"$(=Max(PeriodoID))"}, Año = , Trimestre =,
Mes = , Periodo = >} [# Vuelos Realizados])
        /
Sum({$<PeriodoID = {"$(=Max(PeriodoID) - 1)"}, Año = , Trimestre =
, Mes = , Periodo = > } [# Vuelos Realizados]))
        -1
```

> Las expresiones presentadas se usan para obtener el porcentaje de variación de un periodo al otro. Se pueden ajustar estas mismas expresiones para obtener las cantidades o cambio neto correspondiente a cada periodo.

Ya tenemos las expresiones que requerimos, pero éstas no nos sirven si no creamos algunos gráficos que hagan uso de ellas. Tome un momento para crear algunos objetos de visualización como gráficos de indicador o tablas simples que permitan al equipo de Aerolíneas HighCloud obtener una vista general del desempeño en términos de crecimiento relativo de un periodo contra otro.

[📝 Hemos incluido algunos ejemplos de gráfico en el archivo de solución correspondiente a este capítulo.]

Facilitando comparativas de periodo adicionales

El mismo concepto utilizado para construir el campo `PeriodoID` se puede usar para crear el campo `TrimestreID`. Podemos fácilmente crear muchas expresiones para comparación de periodos luego de haber construido el calendario con al menos los siguientes campos: `Año`, `Mes`, `Trimestre`, `PeriodoID` y `TrimestreID`.

Tome un momento para agregar el campo `TrimestreID` a la tabla de calendario maestro usando la siguiente expresión de script:

```
AutoNumber(Año & Trimestre, 'TrimestreID') as [TrimestreID]
```

Con este cambio, el script de carga de la tabla de `Calendario Maestro` final será:

```
[Calendario Maestro]:
Load
    *,
    AutoNumber(Periodo, 'PeriodoID') as [PeriodoID],
    AutoNumber(Año & Trimestre, 'TrimestreID') as [TrimestreID]
    ;
LOAD DISTINCT
    Year(Temp_Fecha) * 100 + Month(Temp_Fecha) as [Periodo],
    Year(Temp_Fecha) as [Año],
    Month(Temp_Fecha) as [Mes],
    Date(Temp_Fecha, 'YYYY-MM') as [Año - Mes],
    'Q' & Ceil(Month(Temp_Fecha) / 3) as [Trimestre]
    ;
LOAD DISTINCT
    MonthStart($(vFechaMin) + IterNo() - 1) as Temp_Fecha
AUTOGENERATE (1)
WHILE $(vFechaMin) + IterNo() - 1 <= $(vFechaMax);
```

Guarde el documento y ejecute el script nuevamente.

Más ejemplos de análisis de variabilidad en el tiempo

Repasemos brevemente algunas expresiones comunes de análisis de conjuntos que podemos usar cuando se requiera. Las siguientes expresiones calculan el número total de vuelos realizados para diferentes periodos específicos de tiempo:

- Vuelos acumulados del año actual (YTD):

```
Sum({$<PeriodoID = {"<=$(=Max(PeriodoID))"},
Año = {$(=Max(Año))},
Trimestre = ,
Mes = ,
Periodo = >} [# Vuelos Realizados])
```

- Vuelos acumulados del trimestre actual (QTD, por su denominación en inglés: *Quarter-to-date*):

```
Sum({$<PeriodoID = {"<=$(=Max(PeriodoID))"},
TrimestreID = {$(=Max(TrimestreID))},
Año = ,
Trimestre = ,
Mes = ,
Periodo = >} [# Vuelos Realizados])
```

- Vuelos del mes actual (MTD, por su denominación en inglés: *Month-to-date*):

```
Sum({$<PeriodoID = {$(=Max(PeriodoID))},
Año = ,
Trimestre = ,
Mes = ,
Periodo = >} [# Vuelos Realizados])
```

- Vuelos del mes anterior:

```
Sum({$<PeriodoID = {$(=Max(PeriodoID) - 1)},
Año = ,
Trimestre = ,
Mes = ,
Periodo = >} [# Vuelos Realizados])
```

> Cuando en una aplicación QlikView tenemos datos a nivel diario, las expresiones de mes anterior y mes actual se pueden construir de tal forma que solo se tomen en cuenta los días transcurridos en el mes, en lugar del mes completo. Esto se haría añadiendo un nuevo campo al modificador de conjunto, por ejemplo Fecha o Día.

- Vuelos del trimestre anterior:

```
Sum({$<TrimestreID = {$(=Max(TrimestreID) - 1)},
Año = ,
Trimestre = ,
Mes = ,
Periodo = >} [# Vuelos Realizados])
```

- Vuelos del mismo mes pero del año anterior:

```
Sum({$<PeriodoID = {$(=Max(PeriodoID) - 12)},
Año = ,
Trimestre = ,
Mes = ,
Periodo = >} [# Vuelos Realizados])
```

- Vuelos del mismo trimestre pero del año anterior:

```
Sum({$<TrimestreID = {$(=Max(TrimestreID) - 4)},
Año = ,
Trimestre = ,
Mes = ,
Periodo = >} [# Vuelos Realizados])
```

- Vuelos acumulados al mismo periodo del año anterior:

```
Sum({$<PeriodoID = {"<=$(=Max(PeriodoID) - 12)"},
Año = {$(=Max(Año) - 1)},
Trimestre = ,
Mes = ,
Periodo = >} [# Vuelos Realizados])
```

- Vuelos de los últimos 12 meses:

```
Sum({$<PeriodoID = {">=$(=Max(PeriodoID)-
11)<=$(=Max(PeriodoID))"},
Año = ,
Trimestre = ,
Mes = ,
Periodo = >} [# Vuelos Realizados])
```

He aquí un juego completo de fórmulas que le ayudarán a crear comparativas de periodos en sus aplicaciones QlikView de una manera muy simple. Le invitamos a probarlas usando el documento de Operación de Aerolíneas para así añadir a nuestro dashboard algo de contexto.

Guardando expresiones de análisis de conjunto en variables

Las comparativas de periodos son muy utilizadas en documentos QlikView y pueden resultar un poco complicadas de construir. En lugar de escribir los modificadores de conjunto en cada expresión en que son utilizados, es una buena práctica guardar su definición en una variable que pueda luego ser llamada desde cualquier parte del documento QlikView en donde se requiera.

Por ejemplo, vea la siguiente expresión que calcula el número de vuelos acumulados del año actual en base a las selecciones del usuario:

```
Sum({$<PeriodoID = {"<=$(=Max(PeriodoID))"},
Año = {$(=Max(Año))},
Trimestre = ,
Mes = ,
Periodo = >} [# Vuelos Realizados])
```

Del cálculo anterior, podemos extraer la parte del modificador de conjuntos (la que está encerrada en comillas angulares) y definirla como una nueva variable, llamada vSetYTD. Luego, usaríamos esta nueva variable en una versión modificada de la expresión mostrada arriba, como se muestra a continuación:

```
Sum({$<$(vSetYTD)>} [# Vuelos Realizados])
```

Observe que estamos insertando el modificador de conjunto en nuestra fórmula con el uso de la sintaxis de expansión signo dólar. Esto resulta en exactamente la misma expresión que la original.

La razón de guardar solamente el modificador de conjunto sin las comillas angulares en la definición de la variable es poder tener la flexibilidad de incluir modificadores adicionales además de los que contiene la variable. Por ejemplo, podemos extender el modificador de conjuntos de la siguiente manera:

```
Sum({$<$(vSetYTD), [Región Operativa] = {'Latin America'}>} [# Vuelos
Realizados])
```

Al añadir modificadores de conjunto específicos a una expresión, todas las otras expresiones que hacen uso de la variable base no se ven afectadas.

Además, podemos crear variables para todos los modificadores de conjunto que se usan en comparativas de periodos de forma que estén siempre listas para usarse cuando se requiera en cualquier expresión:

Nombre de la Variable	Definición de la variable
vSetYTD	PeriodoID = {"<=$(=Max(PeriodoID))"},
	Año = {$(=Max(Año))},
	Trimestre = ,
	Mes = ,
	Periodo =
vSetQTD	PeriodoID = {"<=$(=Max(PeriodoID))"},
	TrimestreID = {$(=Max(TrimestreID))},
	Año = ,
	Trimestre = ,
	Mes = ,
	Periodo =
vSetMTD	PeriodoID = {$(=Max(PeriodoID))},
	Año = ,
	Trimestre = ,
	Mes = ,
	Periodo =
vSetPreviousMonth	PeriodoID = {$(=Max(PeriodoID) - 1)},
	Año = ,
	Trimestre = ,
	Mes = ,
	Periodo =
vSetPreviousQuarter	TrimestreID = {$(=Max(TrimestreID) -1).},
	Año = ,
	Trimestre = ,
	Mes = ,
	Periodo =

Nombre de la Variable	Definición de la variable
vSetLYMTD	PeriodoID = {$(=Max(PeriodoID) - 12)},
	Año = ,
	Trimestre = ,
	Mes = ,
	Periodo =
vSetLYQTD	TrimestreID = {$(=Max(TrimestreID) - 4)},
	Año = ,
	Trimestre = ,
	Mes = ,
	Periodo =
vSetLYYTD	PeriodoID = {"<=$(=Max(PeriodoID) - 12)"},
	Año = {$(=Max(Año) - 1)},
	Trimestre = ,
	Mes = ,
	Periodo =
vSetRolling12	PeriodoID = {">=$(=Max(PeriodoID)- 11)<=$(=Max(PeriodoID))"},
	Año = ,
	Trimestre = ,
	Mes = ,
	Periodo =

Una vez que hayamos definido las variables anteriores, la creación de expresiones nuevas para comparación de periodos será un proceso bastante directo y simple.

Modificadores de conjunto con parámetros

Ahora llevaremos el concepto un poco más lejos al incorporar lo que se discutió en el *Capítulo 10, Expresiones Avanzadas,* sobre variables con parámetros y aplicarlo a un modificador de conjunto.

Sigamos estos pasos:

1. Abra la ventana del **Panel de Variables** (*Ctrl + Alt + V*) y cree una nueva variable. Llámela `vSetMesAnteriorN`.

2. La definición de esta nueva variable será:

    ```
    PeriodoID = {$(=Max(PeriodoID) - $1)},
    Año = ,
    Trimestre = ,
    Mes = ,
    Periodo =
    ```

Observe que la nueva variable es casi la misma que una de las definidas anteriormente: `vSetPreviousMonth`. La diferencia entre ambas variables es que ahora estamos insertando un parámetro en el valor asignado a `PeriodoID`. Este parámetro está representado por `$1` y nos permitirá usar el mismo modificador de conjuntos para obtener el conjunto de registros correspondientes al mes anterior (cuando el parámetro se especifique como 1), dos meses atrás (cuando el parámetro se especifique como 2) y para cualquier otro mes anterior usando siempre la misma variable.

Para usar la variable que acabamos de definir en una expresión de gráfico, comience por crear un nuevo gráfico de tipo tabla simple con el campo **Aerolínea** como dimensión y las siguientes tres expresiones:

1. La primera expresión, que etiquetaremos como `Vuelos del Mes Actual`, será:

    ```
    Sum({$<$(vSetMesAnteriorN(0))>} [# Vuelos Realizados])
    ```

2. La segunda expresión, que etiquetaremos como `Vuelos del Mes Anterior`, será:

    ```
    Sum({$<$(vSetMesAnteriorN(1))>} [# Vuelos Realizados])
    ```

3. La tercera expresión, que etiquetaremos como `Vuelos de hace dos meses`, será:

    ```
    Sum({$<$(vSetMesAnteriorN(2))>} [# Vuelos Realizados])
    ```

Además de la etiqueta, la única diferencia entre las expresiones que acabamos de definir es el valor del parámetro insertado en la variable.

Luego de dar un formato adecuado a los valores de las expresiones y a la presentación del gráfico, tendremos lo siguiente:

Análisis en puntos del tiempo			
Tipo de Aerolínea	Vuelos del Mes Actual	Vuelos del Mes Anterior	Vuelos de hace dos meses
	879,559	**846,485**	**893,962**
Major Carriers...	510,026	486,557	508,956
National Carri...	217,773	210,652	219,263
Commuter Ca...	57,789	56,819	61,644
Foreign Carriers	50,738	47,806	50,641
Small Certifica...	38,171	39,898	48,506
Large Region...	3,044	2,875	2,943
Medium Regi...	2,018	1,878	2,009

¡Fascinante!

Podemos llevar esto todavía un paso más adelante. Se mencionó anteriormente que las comparativas de periodos son usadas ampliamente en casi cualquier documento QlikView, pero lo que hemos hecho con el procedimiento anterior es definir las variables en un solo documento. ¿Qué pasa con todos los demás documentos? ¿Necesitamos crear cada una de las variables para cada uno de nuestros documentos QlikView? Pues bien, veamos una alternativa.

Modificadores de conjunto portables

Ahora que nuestros modificadores de conjunto se manejan mediante variables, podemos automatizar el proceso de creación de estas variables para no tener que hacerlo manualmente. Usaremos una sentencia Include para crear las diferentes variables durante la ejecución del script mediante un archivo de script externo y compartido en todos los diferentes documentos QlikView.

Para comenzar, crearemos un archivo de texto que contendrá el código utilizado para definir cada variable. El contenido del archivo de texto será:

```
Let vSetYTD = 'PeriodoID = {"<=' & Chr(36) & '(=Max(PeriodoID))"},'
               & Chr(10) &
             'Año = {' & Chr(36) & '(=Max(Año))},' & Chr(10) &
             'Trimestre = ,' & Chr(10) &
             'Periodo = ,' & Chr(10) &
             'Mes = ';
```

```
Let vSetQTD = 'PeriodoID = {"<=' & Chr(36) & '(=Max(PeriodoID))"},' &
Chr(10) &
                        'TrimestreID = {' & Chr(36) &
'(=Max(TrimestreID))},' & Chr(10) &
                        'Año = ,' & Chr(10) &
                        'Trimestre = ,' & Chr(10) &
                        'Periodo = ,' & Chr(10) &
                        'Mes = ';


Let vSetMTD = 'PeriodoID = {' & Chr(36) & '(=Max(PeriodoID))},' &
Chr(10) &
                        'Año = ,' & Chr(10) &
                        'Trimestre = ,' & Chr(10) &
                        'Periodo = ,' & Chr(10) &
                        'Mes = ';


Let vSetPreviousMes = 'PeriodoID = {' & Chr(36) & '(=Max(PeriodoID) -
1)},' & Chr(10) &
                        'Año = ,' & Chr(10) &
                        'Trimestre = ,' & Chr(10) &
                        'Periodo = ,' & Chr(10) &
                        'Mes = ';


Let vSetPreviousTrimestre = 'TrimestreID = {' & Chr(36) &
'(=Max(TrimestreID) - 1)},' & Chr(10) &
                        'Año = ,' & Chr(10) &
                        'Trimestre = ,' & Chr(10) &
                        'Periodo = ,' & Chr(10) &
                        'Mes = ';


Let vSetLYMTD = 'PeriodoID = {' & Chr(36) & '(=Max(PeriodoID) - 12)},'
& Chr(10) &
                        'Año = {' & Chr(36) & '(=Max(Año)-1)},' &
Chr(10) &
                        'Trimestre = ,' & Chr(10) &
                        'Periodo = ,' & Chr(10) &
                        'Mes = ';


Let vSetLYQTD = 'TrimestreID = {' & Chr(36) & '(=Max(TrimestreID) -
4)},' & Chr(10) &
                        'Año = ,' & Chr(10) &
                        'Trimestre = ,' & Chr(10) &
                        'Periodo = ,' & Chr(10) &
                        'Mes = ';
```

```
Let vSetLYYTD = 'PeriodoID = {"<=' & Chr(36) & '(=Max(PeriodoID) -
12)"},' & Chr(10) &
                          'Año = {' & Chr(36) & '(=Max(Año)-1)},' &
Chr(10) &
                          'Trimestre = ,' & Chr(10) &
                          'Periodo = ,' & Chr(10) &
                          'Mes = ';

Let vSetRolling12 = 'PeriodoID = {">=' & Chr(36) & '(=Max(PeriodoID) -
11)<=' & Chr(36) & '(=Max(PeriodoID))"},' & Chr(10) &
                          'Año = ,' & Chr(10) &
                          'Trimestre = ,' & Chr(10) &
                          'Periodo = ,' & Chr(10) &
                          'Mes = ';
```

Al definir las variables en el script, debemos ser muy cuidadosos debido a la presencia del signo dólar en la definición de las mismas. Si usáramos el signo dólar directamente dentro de la definición de la variable, QlikView interpretaría que es algo que se debe expandir en el proceso y causará que la ejecución del script falle. Por lo tanto, evitamos el uso directo de este símbolo y usamos una función de cadena en lugar del mismo. La función `Chr(36)` da como resultado el signo dólar, ya que este es el código ASCII usado para representar dicho símbolo. La cadena resultante se concatena al resto de la definición al crear la variable.

Así mismo, se insertan saltos de línea con la función `Chr(10)`.

Nombraremos el archivo de texto como `VariablesSet.txt` y lo guardaremos en la misma ubicación que el documento de Operación de Aerolíneas.

> En el directorio de archivos proporcionado se ha incluido una copia del archivo de texto `VariablesSet.txt`. Éste se encuentra dentro de la carpeta `Operación de Aerolíneas\Aplicaciones`.

Ahora que tenemos el archivo de texto, lo incluiremos en nuestro script usando la siguiente instrucción:

```
$(Include=VariablesSet.txt)
```

> Con la sentencia `Include` se pueden utilizar rutas relativas o absolutas. Revise bien el directorio donde se ubica el archivo a incluir al usar esta sentencia ya que, si el archivo especificado no se encuentra, QlikView no le alertará del error.

Al ejecutar el script, las variables correspondientes serán creadas y estarán listas para ser usadas en expresiones de gráfico. La misma instrucción se puede usar en cualquier documento QlikView para que ejecute el mismo script de `VariablesSet.txt` y comparta las mismas variables.

> En el blog de Barry se describe un método alternativo para definir variables en un archivo externo y cargarlas a QlikView. Puede encontrar la descripción de este método en `http://www.qlikfix.com/2011/09/21/storing-variables-outside-of-qlikview/`. Le sugerimos revisar ese método también.

Variables de modificadores de conjunto y el calendario maestro

Como las variables de modificadores de conjunto creadas con el script anterior están basadas en nombres de campo, dichos nombres deben existir en el documento donde se usarán las variables (de preferencia en una tabla de calendario maestro), de otro modo no funcionarán. Por lo tanto, le recomendamos integrar tanto el script para crear las variables que hemos discutido como el script del calendario maestro en un solo script genérico y guardarlo en un archivo de texto para que sea llamado desde cualquier documento QlikView, asegurando así consistencia y funcionalidad.

Análisis comparativo con estados alternos

Además de comparativas de periodos, hay otros escenarios en los que el comparar dos conjuntos de datos diferentes puede ayudar a maximizar las capacidades analíticas de un documento QlikView. En esta sección, presentaremos una funcionalidad, disponible en QlikView desde la versión 11 del producto, que permite la creación de escenarios comparativos altamente dinámicos para facilitar un descubrimiento del negocio de una forma completamente nueva.

Un ejemplo de análisis comparativo

Veamos uno de estos escenarios usando nuestro documento de Operación de Aerolíneas. Suponga que deseamos comparar el número de vuelos internacionales que llegan a la ciudad de Chicago, IL y que son realizados por aerolíneas de Estados Unidos contra el número de vuelos domésticos que salen de la ciudad de Chicago con destino al estado de California, que son también realizados por aerolíneas de Estados Unidos. Si viéremos esta comparativa en un gráfico de barras y a través del tiempo, tendríamos lo siguiente:

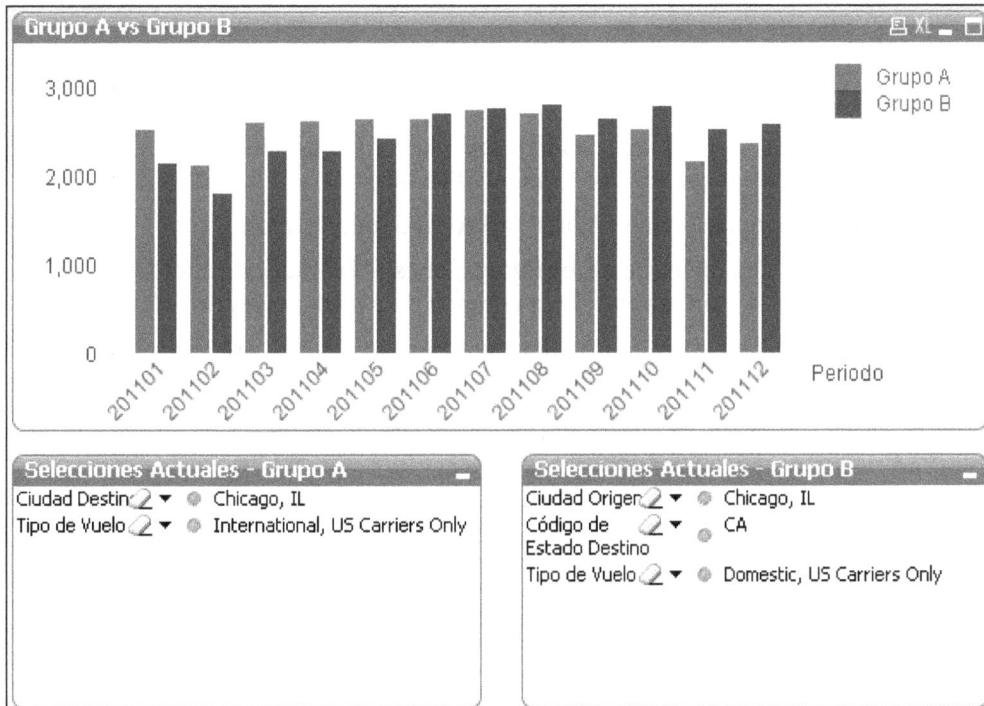

En el ejemplo previo, el total de vuelos en el **Grupo A** (representado por las barras azules) corresponden a los vuelos provenientes de fuera de Estados Unidos que llegan a Chicago y que son realizados por aerolíneas de Estados Unidos, como lo indica el cuadro de selecciones actuales de la izquierda. El **Grupo B** (representado por las barras color café) agrupa vuelos que salen de Chicago con destino a California y que son realizados también por aerolíneas de Estados Unidos, como lo indica el cuadro de selecciones actuales de la derecha.

Podemos ver fácilmente que el número de vuelos correspondiente al conjunto del **Grupo A** es mayor que el del **Grupo B** durante los primeros cinco meses de 2011, es casi el mismo durante junio y julio y es menor durante el resto del año.

Estados alternos paso a paso

Hemos podido definir dos conjuntos de datos diferentes y comparar sus resultados correspondientes lado a lado al habilitar la funcionalidad de **estados alternos**. Para ver cómo funciona, construyamos el gráfico mostrado previamente siguiendo este procedimiento:

1. Abra el documento de `Operación de Aerolíneas.qvw` con el que hemos estado trabajando.

2. Dé clic en el botón **Añadir hoja** de la barra de herramientas de Diseño para crear una nueva hoja.

3. Dé clic derecho en un espacio en blanco del área de trabajo de la nueva hoja y seleccione **Propiedades**.

4. En la ventana de **Propiedades de Hoja**, active la pestaña **General** e ingrese `Análisis Comparativo` en el campo **Título**.

5. Dé clic en **Aceptar** en la ventana de **Propiedades de Hoja**.

6. A continuación, navegue a **Configuraciones | Propiedades del Documento** y active la pestaña **General** de la ventana de **Propiedades de Documento**.

7. Luego, dé clic en el botón de **Estados Alternos** y aparecerá una nueva ventana, que se muestra a continuación:

8. En la ventana de **Estados Alternos**, dé clic en el botón **Añadir** e ingrese `Grupo A` en la ventana de **Nuevo Nombre de Estado**. Posteriormente, dé clic en **Aceptar** para crear el nuevo estado alterno y regresar a la ventana de **Estados Alternos**.

9. Dé clic nuevamente en el botón de **Añadir** en la ventana de **Estados Alternos** para crear un nuevo estado y llámelo `Grupo B`.

10. Dé clic en **Aceptar** para cerrar la ventana de **Estados Alternos** y nuevamente en **Aceptar** para salir de la ventana de **Propiedades de Documento**.

11. Hemos definido dos estados diferentes: **Grupo A** y **Grupo B**. Estos estados se usarán para guardar los dos conjuntos de datos diferentes que queremos analizar, los cuales estarán dados por selecciones del usuario en un conjunto de cuadros de lista que crearemos a continuación.

12. Añada los siguientes cuadros de lista dando clic derecho en un espacio vacío del área de trabajo de la hoja y eligiendo **Seleccionar Campos** del menú contextual:

    ° `Aeropuerto Destino`, `Aeropuerto Origen`, `Ciudad Destino`, `Ciudad Origen`, `Código de Estado Destino`, `Código de Estado Origen`, `País Destino`, `País Origen` y `Tipo de Vuelo`.

13. A continuación, cree un objeto contenedor y añada al mismo todos los cuadros de lista arriba mencionados.

14. De la pestaña **General** en la ventana de **Propiedades del Contenedor**, seleccione **Grupo A** de la lista desplegable de **Alternar Estado**, como se muestra aquí:

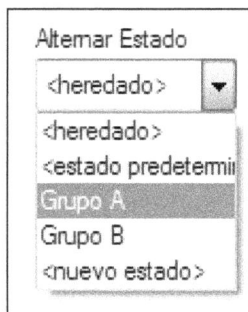

> Este menú desplegable solo está disponible una vez que la funcionalidad de **Estados Alternos** se haya activado al definir al menos un estado alterno desde la ventana de **Propiedades de Documento**. Si no se ha creado ningún estado alterno previamente, la lista desplegable no estará visible.

15. Ingrese `Origen y Destino - Grupo A` como el título del objeto contenedor y dé clic en **Aceptar** para cerrar la ventana de **Propiedades del Contenedor**.

16. A continuación, clone el objeto contenedor que acabamos de crear copiándolo al portapapeles (*clic derecho* | **Copiar al Portapapeles** | **Objeto**) y después pegándolo de nuevo (dé clic derecho en el área de trabajo de la hoja y seleccione **Pegar Objeto de Hoja**).

17. Acceda a la ventana de propiedades correspondiente a la nueva copia del objeto contenedor y cambie el estado alterno de **Grupo A** a **Grupo B**. Cambie también el título a `Origen y Destino - Grupo B`.

18. Después de ajustar la presentación de los dos objetos contenedores que acabamos de crear, deberemos tener lo siguiente:

Origen y Destino – Grupo A							Origen y Destino – Grupo B						
Tipo de Vuelo	AB AK AL AR AZ BC						Tipo de Vuelo	AB AK AL AR AZ BC					
	CA CO CT DC DE FL GA							CA CO CT DC DE FL GA					
De Aeropuerto	HI IA ID IL IN KS KY						De Aeropuerto	HI IA ID IL IN KS KY					
	LA MA MB MD ME MI MN							LA MA MB MD ME MI MN					
De País	MO MS MT NB NC ND NE						De País	MO MS MT NB NC ND NE					
	NH NJ NL NM NS NT NU							NH NJ NL NM NS NT NU					
De Estado	NV NY OH OK ON OR PA						De Estado	NV NY OH OK ON OR PA					
	PE PR QC RI SC SD SK							PE PR QC RI SC SD SK					
De Ciudad	TN TT TX UT VA VI VT						De Ciudad	TN TT TX UT VA VI VT					
	WA WI WV WY YT							WA WI WV WY YT					
A Aeropuerto							A Aeropuerto						
A País							A País						
A Estado							A Estado						
A Ciudad							A Ciudad						

Hemos definido dos juegos de cuadros de lista para controlar las selecciones e indicar qué datos debe considerar cada uno de los estados alternos. De manera predeterminada, el estado de todo nuevo objeto está definido como **heredado**, por lo que todos nuestros cuadros de lista están usando el mismo estado alterno que se haya definido en el objeto de siguiente nivel jerárquico, que es el contenedor en el que están puestos.

Cualquier selección hecha en un estado no afecta ningún otro estado.

Aprovechamos los objetos contenedores para acomodar los cuadros de lista relacionados a las dimensiones de origen y destino y ahorramos así algo de espacio de pantalla, buscando mantener un diseño ordenado en nuestro documento.

A continuación crearemos un gráfico de barras para visualizar la comparación de los dos conjuntos de datos:

1. Copie los cuadros de lista correspondientes a **Año**, **Trimestre** y **Mes** de una de las otras hojas y colóquelos en la nueva hoja de **Análisis Comparativo** como objetos enlazados.

2. Cree un nuevo gráfico de barras dando clic en el botón de **Crear Gráfico** en la barra de herramientas de Diseño y defina para él las siguientes propiedades:

   ° **Tipo de Gráfico: Gráfico de Barras**

   ° **Título de la Ventana**: Grupo A vs Grupo B

   ° **Mostrar Título en Gráfico**: deshabilitado

   ° **Dimensión: Periodo**

   ° Expresión 1:

     Etiqueta: Grupo A

     Definición: Sum({ [Grupo A] * $} [# Vuelos Realizados])

   ° Expresión 2:

     Etiqueta: Grupo B

     Definición: Sum({ [Grupo B] * $} [# Vuelos Realizados])

   ° **Etiquetas de Primera Dimensión**: con orientación **diagonal**

   ° **Configuraciones de Formato Numérico: Entero** para ambas expresiones

Nuestro nuevo gráfico responderá a las selecciones de usuario en cualquiera de los dos estados y mostrará las comparativas correspondientes. Seleccionemos los siguientes valores en cada uno de los estados alternos:

- Grupo A
    - ° **Tipo de Vuelo: International, US Carriers Only**
    - ° **Ciudad Destino: Chicago, IL**

- Grupo B
    - ° **Tipo de Vuelo: Domestic, US Carriers Only**
    - ° **Ciudad Origen: Chicago, IL**
    - ° **Código de Estado Destino: CA**

- **Año: 2011**
    - ° La selección de **Año** se hace en el estado predeterminado del documento, ya que el cuadro de lista correspondiente no se ha asociado a ninguno de los dos estados alternos. Esta selección aplicará en el cálculo de ambas expresiones.

Nuestro gráfico de análisis comparativo muestra la tendencia que discutimos al inicio de esta sección. Veamos con mayor detalle la forma en que construimos las expresiones utilizadas.

Expresiones basadas en estados alternos

La sintaxis que utilizamos es muy similar a la descrita cuando abordamos el tema de análisis de conjuntos. En este caso los parámetros [Grupo A] y [Grupo B] son el equivalente a un identificador de conjunto. Para recapitular, los dos identificadores de conjunto que se describieron previamente son:

- $ (signo dólar): Este identificador de conjunto se usa para basar el cálculo en las selecciones actuales (estado predeterminado).

- 1 (número uno): Este identificador de conjunto se usa cuando el cálculo se debe basar en el conjunto de datos completo del documento, ignorando cualquier selección hecha por el usuario.

De manera similar a como utilizamos estos dos identificadores de conjunto, podemos usar cualquier estado alterno definido en el documento como identificador de conjunto en nuestras expresiones. Así, el cálculo se realizará en base solo a las selecciones hechas en cuadros de lista (u objetos) asociados con ese estado específico.

Además del identificador de conjunto (o **identificador de estado**), la sintaxis para el resto de la expresión es básicamente la misma que usamos en análisis de conjuntos. Esto significa que podemos integrar modificadores de conjunto adicionales en nuestras expresiones de estados. Así mismo, podemos usar los mismos operadores de conjunto descritos en la sección de *Operadores de conjunto* de este capítulo.

Combinando estados alternos y el estado predeterminado

En las dos expresiones que se crearon arriba, usmaos el operador de intersección para restringir nuestro cálculo y usar un conjunto de datos modificado. Por ejemplo, la expresión correspondiente a **Grupo A** es:

```
Sum({[Grupo A] * $} [# Vuelos Realizados])
```

Con esta expresión, el cálculo se basará tanto las selecciones hechas en el estado alterno llamado **Grupo A** como en las selecciones hechas en el estado predeterminado, pero solo tomará en cuenta el conjunto resultado de la intersección de ambos estados. En otras palabras, solo los datos que se encuentran en ambos conjuntos son considerados en el cálculo. Esto es particularmente útil cuando solo necesitamos de algunos campos para diferenciar cada estado alterno (como las dimensiones de origen y destino), mientras que las selecciones hechas en todos los demás campos se debe considerar como aplicables a todos los estados alternos por igual. En nuestro caso, usamos el operador de intersección para poder tomar en cuenta cualquier selección hecha en los campos **Año**, **Trimestre** y **Mes**.

Debemos tener cuidado al usar intersección de conjuntos en nuestras expresiones de estados. Para que esto funcione apropiadamente, no deben existir selecciones contradictorias en el estado predeterminado para los campos que hemos definido también en algún estado alterno.

Si quiere evitar posibles contradicciones, hay otra manera en la que podemos construir las expresiones:

- **Grupo A**:

  ```
  Sum({[Grupo A]<Año = p(Año), Trimestre = p(Trimestre), Mes =
  p(Mes)>} [# Vuelos Realizados])
  ```

- **Grupo B**:

  ```
  Sum({[Grupo B]<Año = p(Año), Trimestre = p(Trimestre), Mes =
  p(Mes)>} [# Vuelos Realizados])
  ```

Las expresiones arriba presentadas solo considerarán las selecciones hechas en los campos **Año**, **Trimestre** y **Mes** del estado predeterminado del documento y las añadirá a todas las selecciones hechas en el estado alterno correspondiente. De esta forma, nos aseguramos de no tomar en cuenta cualquier selección hecha en otro campo fuera del estado alterno.

> Las funciones de elementos p() y e() se describen en la sección *Usando funciones de elementos* de este mismo capítulo.

Aplicando estados alternos a objetos de hoja

De manera predeterminada, todos los objetos de hoja (es decir, gráficos, cuadros de lista, hojas, etc) usan el estado **heredado** a menos que se especifique otra cosa a través de la ventana de propiedades correspondiente. Los objetos de hoja pueden heredar estados de un objeto de nivel jerárquico mayor, como una hoja o un objeto contenedor.

Hay otro estado alterno que se puede aplicar de manera específica a cualquier hoja u objeto de hoja: el estado **predeterminado**. El documento QlikView siempre está en el estado predeterminado.

Adicionalmente, una vez que la funcionalidad de estados alternos se haya habilitado, podemos crear nuevos estados alternos desde cualquier objeto de hoja; para esto, seleccionamos la opción **<nuevo estado>** del menú desplegable de **Estados Alternos**, que aparece en la pestaña **General** de la ventana de propiedades correspondiente.

Navegación del documento con estados alternos

Así como ocurre con análisis de conjuntos, el uso de estados alternos se puede volver un poco confuso para los usuarios finales si no tenemos cuidado. Es muy importante desarrollar las aplicaciones QlikView de manera que todos los objetos basados en estados alternos estén propiamente etiquetados. Esto ayudará al usuario a identificar fácilmente cómo se está realizando cada cálculo y el conjunto de datos en que se basa.

Una forma en que podemos hacer esto es añadiendo cuadros de selecciones actuales para representar cada estado alterno en cualquier momento. Vea la imagen con la que iniciamos esta sección y se dará cuenta cuán importantes son.

Borrando selecciones en un estado alterno

De manera predeterminada, todos los botones en la barra de herramientas de navegación afectan todos los estados. Cuando damos clic al botón **Borrar**, todas las selecciones de todos los estados son borradas. De manera similar, los comandos **Atrás** y **Adelante** aplican a las selecciones en todos los estados.

Sin embargo, es posible borrar las selecciones de un estado específico sin afectar los otros. Esto se logra a través de un comando que se encuentra dentro del menú desplegable del botón **Borrar**, como se muestra a continuación:

Siempre valide

Las expresiones de conjunto y estados alternos se pueden volver muy complejas, por lo que es una buena práctica validar los resultados cuidadosamente. Aquí presentamos algunas formas en las que podemos hacer esto:

- Al usar cálculos dentro de la lista de elementos de un modificador de conjuntos, tome el cálculo individual fuera de la expresión e insértela dentro de un objeto de texto para visualizar su resultado y asegurar que eso es lo que usted espera.

- Una vez que se haya construido una expresión con análisis de conjuntos, experimente un poco con las selecciones para ver cómo cada filtro afecta el cálculo y asegurar que es lo que el usuario esperaría.

- Cuando llegue a un resultado usando una expresión con análisis de conjuntos, replique la expresión base sin la parte de análisis de conjuntos y trate de llegar al mismo resultado usando solo selecciones. Si todo está correcto, el resultado siempre debe ser el mismo, a menos claro que el conjunto de datos modificado no pueda ser replicado usando solo selecciones.

Resumen

Y así, hemos llegado al final de este capítulo en el cual hemos podido usar técnicas de expresiones avanzadas y análisis de conjuntos para hacer comparaciones de distintos periodos de tiempo. También, aprendimos la sintaxis y variaciones de una expresión con análisis de conjuntos.

De igual forma, aprendimos algunas técnicas para ahorrar tiempo y reutilizar modificadores de conjunto comunes en varios documentos diferentes.

Por último, aprendimos cómo usar estados alternos para análisis comparativo.

Continuemos con el *Capítulo 12, Transformación Avanzada de Datos*, que explora los conceptos de transformación de datos hasta un nivel avanzado.

12
Transformación Avanzada de Datos

En este capítulo exploraremos las diferentes funciones y técnicas de transformación de datos disponibles a través del motor de extracción de QlikView. El uso de estas funciones nos permitirá realizar un procesamiento más fino de los datos fuente, estructurarlos y adecuarlos para el modelo de datos de nuestra aplicación destino.

Los objetivos de este capítulo son:

- Repasar los esquemas de arquitectura de datos más comunes que pueden facilitar el desarrollo y administración de aplicaciones QlikView.
- Describir las funciones de agregación de datos que tenemos a nuestra disposición.
- Aprender sobre algunas de las funciones de transformación más importantes de QlikView

Arquitectura de datos

Ahora que hemos pasado algo de tiempo desarrollando aplicaciones en QlikView, es importante introducir el concepto de **arquitectura de datos**. Este concepto se refiere al proceso de estructurar las diferentes capas de procesamiento de datos que existen entre las tablas fuente y el documento final. El tener una arquitectura de datos bien diseñada simplifica mucho la administración de una implementación QlikView. Esto también hace a la solución QlikView escalable cuando una vez que llega el momento de desarrollar nuevas aplicaciones y el ambiente QlikView comienza a crecer. Aunque puede haber muchas diferentes arquitecturas de datos, en esta sección discutiremos dos de las más comúnmente usadas en implementaciones QlikView.

Arquitectura de dos fases

El siguiente diagrama muestra la arquitectura de dos fases:

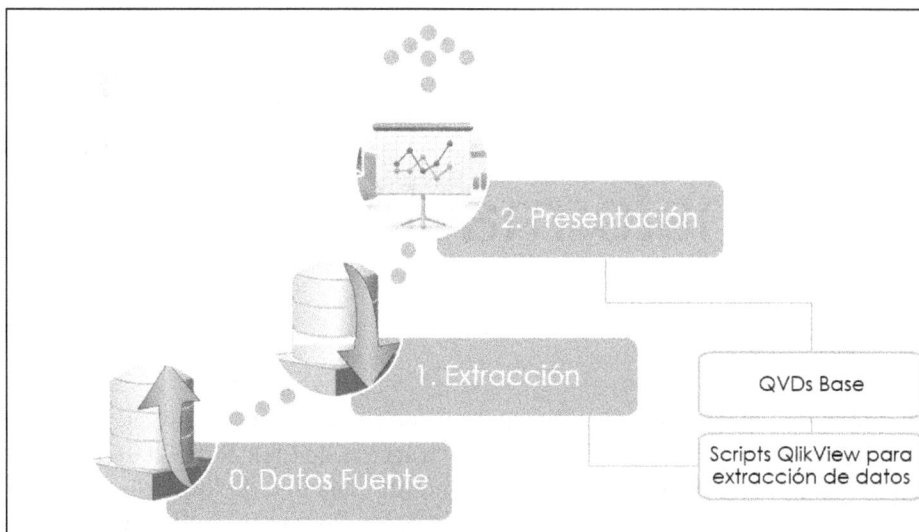

La arquitectura de dos fases se compone de las siguientes capas:

- Capa de datos fuente: representa las bases de datos fuente y tablas de origen.

- Capa de extracción: se compone de documentos QlikView que contienen principalmente scripts de carga. Estos documentos son usados para extraer los datos de la capa fuente y guardarlos en archivos QVD. Los scripts de extracción pueden crear copias directas de las tabas fuete para guardarlas en su correspondiente archivo QVD o realizar algún tipo de transformación antes de guardar el resultado.

- Capa de QVDs base: contiene los QVDs resultantes de la capa de extracción. Estos QVDs base se convierten en fuentes de datos y son utilizados por la aplicación final.

- Capa de presentación: es el conjunto de aplicaciones QlikView que se usan para presentar los datos al usuario final. Estas aplicaciones usan los archivos QVD base creados en la capa anterior como fuente de datos. En algunas ocasiones, se les aplican transformaciones adicionales a los QVDs base antes de llegar a formar parte del modelo de datos final. No se realizan extracciones de la base de datos en la capa de presentación.

Las ventajas de usar esta arquitectura y tener una capa de QVDs base son reutilización y consistencia. Decimos que promueve la reutilización porque, en despliegues donde varias aplicaciones hacen uso de la misma fuente de datos, la base de datos origen (capa de datos fuente) no se sobrecarga con solicitudes redundantes. Al mismo tiempo, el proceso de reutilización de QVDs asegura consistencia a través de los diferentes archivos QlikView que hacen uso de la misma información.

> Esta arquitectura es la que hemos estado utilizando en los capítulos previos, ya que hemos cargado datos a nuestro documento QlikView principalmente de archivos QVD previamente creados.

Esta arquitectura se usa principalmente cuando la fuente de datos está suficientemente organizada como para incluir las tablas origen directamente en el modelo de datos con poca o ninguna modificación. Sin embargo, cuando se requiere una transformación de datos significativa, la administración de esta arquitectura se puede volver un poco complicada, ya que no está claramente definido en qué fase se realiza dicha transformación.

Arquitectura de tres etapas

Ahora, veamos la arquitectura de tres etapas:

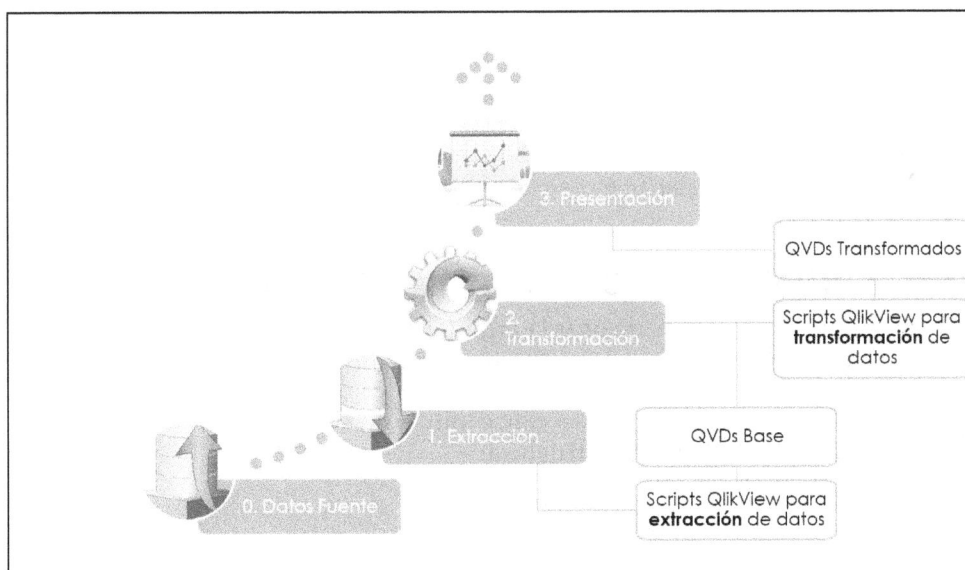

En esta arquitectura se añaden dos nuevas capas: capa de transformación y capa de QVDs transformados. El rol de estas dos capas es llevar a cabo todas las transformaciones que se requieren realizar a los datos fuente antes de que se puedan integrar al modelo de datos destino.

Este planteamiento de arquitectura sugiere que todos los archivos QVD base guardarán una copia directa de la tabla origen, optimizando el proceso de extracción. Así mismo, en la capa de transformación se pueden combinar varios archivos QVD base para crear QVDs *desnormalizados* y realizar cualquier agregación o segmentación que sea necesaria. De igual manera, en esta capa es donde se añaden nuevos campos calculados o llaves compuestas. Es así como se preparan los QVDs transformados para ser cargados de manera directa en el modelo de datos final.

Los documentos en la capa de presentación usan los QVDs transformados y, en algunos casos, QVDs base que no requieran modificación. Idealmente, esta lectura de QVDs se hace de forma directa y con esto aseguramos que en esta capa las cargas sean optimizadas.

Los archivos QVDs en esta arquitectura también pueden ser reutilizados cuando el modelo de datos de dos o más documentos QlikView requieren de la misma fuente.

> Este método es con el que trabajaremos de ahora en adelante, ya que aplicaremos transformaciones a nuestros QVDs base.

Una arquitectura bien diseñada puede abrir la posibilidad de tener varios equipos QlikView trabajando en distintas etapas. Por ejemplo, un equipo de desarrolladores puede preparar los QVDs base y transformados, mientras que equipos de analistas o diseñadores QlikView pueden hacer uso de los mismos para construir los documentos finales sin requerir acceso a la base de datos.

Preparando el nuevo ambiente de trabajo

Ya que revisamos las ventajas de usar la arquitectura de tres fases, tomemos un momento para preparar la estructura de carpetas Windows que usaremos.

Copie los archivos correspondientes a este capítulo en su carpeta de `Desarrollos QlikView` para tener la siguiente estructura:

```
 ⊿ 📁 Operación de Aerolíneas
     📁 0. Includes
   ⊿ 📁 1. Datos Fuente
       📁 Tablas de Dimensión
       📁 Tablas de Hechos
     📁 2. QVW
   ⊿ 📁 3. QVD
       📁 Base
       📁 Transformados
     📁 4. Aplicaciones
```

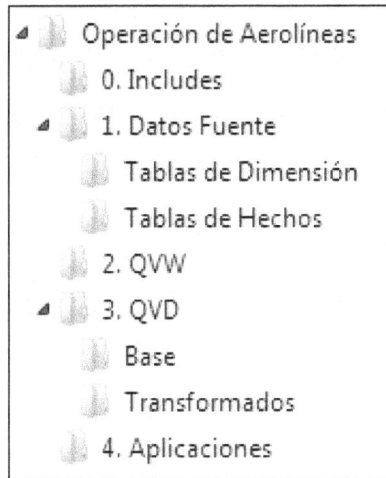

La carpeta **0. Includes** se usa para guardar código reutilizable que puede ser llamado desde los documentos finales usando la sentencia `Include`. La carpeta **1. Datos Fuente** representa la capa de datos fuente; esta carpeta la usamos debido a que nuestra base de datos origen se compone de archivos CSV pero de otro modo no se requeriría. La carpeta **2. QVW** contiene todos los archivos de script QlikView (QVW) generadores de QVDs tanto para la capa base como para la capa de transformación. La carpeta **3. QVD** se usa para guardar los archivos QVD resultantes tanto de la capa de extracción como de la capa de transformación. La carpeta **4. Aplicaciones** representa la capa de presentación.

Dentro de estas carpetas, encontrará todas las tablas fuente en formato CSV y los scripts de extracción y archivos QVD base usados en capítulos previos. En las siguientes secciones trabajaremos directamente con la capa de transformación.

Cargando datos que ya están guardados en QlikView

La primera lección sobre transformación avanzada de datos tratará sobre la optimización de cargas al procesar datos. En el *Capítulo 3, Fuentes de Datos*, se revisaron las diferentes formas en las que podemos extraer información de distintas fuentes de datos. Así mismo, describimos cómo podemos sacar ventaja del formato QVD para guardar y leer datos en modo optimizado. A continuación, describiremos una manera más de leer tablas fuente pero esta vez la "fuente" será el mismo QlikView. Hay diferentes casos en los que este método será de utilidad y describiremos dos escenarios para realizarlo:

- Accediendo a datos guardados en un modelo de datos QlikView (archivo QVW) desde otro documento QlikView por separado. Nombraremos este método *Clonando un modelo de datos*.

- Accediendo a datos desde el mismo documento QlikView en donde reside el modelo de datos. Nombraremos a este método *Cargando desde RAM*.

Clonando un modelo de datos QlikView

Esto concepto se refiere a la posibilidad de replicar un modelo de datos de un documento QlikView existente y pasarlo a otro documento sin acceder a la fuente de datos original. En términos técnicos, se le llama una **carga binaria**. Una vez que el modelo de datos se haya clonado en el segundo documento QlikView, éste pude seguirse manipulando, se puede integrar en un modelo de datos más grande (es decir, añadirle tablas) o incluso se puede reducir eliminando algunas de sus tablas o datos.

El proceso para llevar a cabo una carga binaria es el siguiente:

1. Se crea un documento QlikView nuevo.

2. Desde la venta del editor de script (*Ctrl + E*) damos clic en el botón de **Archivo QlikView**, que se encuentra en la pestaña **Datos** del panel de herramientas.

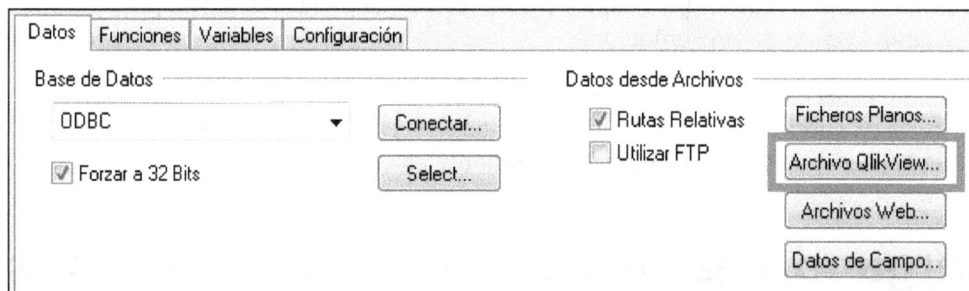

3. En la ventana de **Abrir Documento QlikView**, navegamos a donde está la carpeta que contiene el archivo QVW que guarda el modelo de datos deseado y damos clic en **Abrir**.

4. Se añadirá una nueva instrucción de script al inicio de la pestaña activa que contendrá la sentencia `Binary`. Por ejemplo: `Binary [nombre de archivo. qvw];`

> La sentencia `Binary` debe ser la primera instrucción que se ejecute en el script, por lo que siempre debe estar al inicio de la primera pestaña de script. Además, solo se permite una carga binaria en un script QlikView.

5. Una vez clonado el modelo de datos podemos añadir más tablas al mismo, cargándolas como se haría normalmente. Después de recargar el script, el modelo de datos se habrá clonado hacia el nuevo documento QlikView y tendrá además cualquier otra tabla que se haya añadido.

> Una carga binaria es la forma más rápida de cargar datos a un documento QlikView.

En el ambiente en que hemos estado trabajando a lo largo del libro, ¿puede encontrar algún caso de uso para una carga binaria? ¿Cuál sería?

A mí se me ocurre uno. Por ejemplo, tendríamos un documento QlikView inicial con los datos de Operación de Aerolíneas (el que construimos en el *Capítulo 2, Ver para Creer*). En base a este modelo inicial, podemos crear un nuevo documento QlikView al que solo le añadiríamos los datos de Empleo (usados en el *Capítulo 8, Mejores Prácticas en Modelado de Datos*). Como resultado, tendríamos un documento de Operación de Aerolíneas al que accederían algunos usuarios y otro con los mismos datos pero con información adicional sobre empleo en aerolíneas, que podría ser tratada como confidencial y accedida por otro grupo de usuarios.

Como nota adicional, podemos mencionar que las cargas binarias se usan en otro tipo de arquitectura de datos. No entraremos a detalle, pero basta con mencionar que la nueva capa en esta otra arquitectura se compone de documentos QlikView que consisten en solo un modelo de datos, sin objetos de hoja ni parte gráfica, a los que llamamos **QlikMarts**. Estos QlikMarts se vuelven después fuente de datos para los documentos QlikView en la capa de presentación.

Cargando desde RAM

En algunos casos, necesitaremos leer la misma tabla más de una vez en una sola ejecución de script. Es decir, se extraen los datos fuente una vez y después se reprocesan una vez más para un siguiente paso de transformación. Como los datos se quedan guardados en RAM después de la primera extracción, podemos usar estos datos ya extraídos como fuente en la segunda lectura en lugar de hacer nuevamente una extracción de la base de datos origen. Esto se logra mediante una carga **Resident**.

Carga Resident

La palabra reservada `Resident` se puede asemejar a la palabra reservada `From` en una sentencia `Select` o `Load`. La diferencia es que se usa `Resident` cuando se quiere hacer referencia a tablas ya almacenadas por QlikView en RAM, es decir, tablas que ya se han cargado previamente durante la misma ejecución de script. El proceso para lograr esto es como sigue:

1. Primero debemos cargar datos de una fuente externa (cualquier base de datos o archivo plano), por lo que creamos el script de carga correspondiente. Un ejemplo sería:

   ```
   Ventas:
   LOAD
   NumeroFactura,
   Fecha,
   Vendedor,
   Departamento,
   Cantidad as CantidadFacturada;
   SQL SELECT * FROM BaseDeDatos.dbo.Ventas;
   ```

   > Observe que hemos definido un nombre de tabla antes de la sentencia LOAD, con el fin de usarlo para referenciar a la tabla más adelante. También hemos renombrado el campo `Cantidad` por `CantidadFacturada`.

2. Después, añadimos un script de carga subsecuente en el mismo archivo para acceder a la tabla que ya está en RAM. Hacemos esto usando la palabra reservada `Resident`. En este ejemplo, adicionalmente se realizará una agregación de datos usando una instrucción `Group By`, que es una técnica de transformación descrita más adelante en este mismo capítulo.

   ```
   TotalesDeVenta:
   LOAD
   Departamento,
   Sum(CantidadFacturada) as CantidadTotal
   Resident Ventas
   Group By Departamento;
   ```

Observe que, al referenciar una tabla que ya forma parte del modelo de datos QlikView, se deben usar los nombres de campo que hayamos asignado, los cuales no necesariamente serán los mismos que en la tabla origen. En este ejemplo, estamos usando `CantidadFacturada`, el nombre que fue definido en el primer script de carga. Lo mismo aplica para los nombre de tabla.

Como resultado, tendremos dos tablas en nuestro modelo de datos; una tabla tendrá todos los datos a un nivel atómico, producto de la primera consulta, y la otra será una versión totalizada de la tabla `Ventas` a nivel `Departamento`, producto de la carga `Resident` que construimos en conjunto con la instrucción `Group By`.

Agregación de Datos

Aunque QlikView se luce al trabajar con volúmenes de datos masivos, algunas veces simplemente no se requiere tener cargada toda la información a un nivel atómico. La agregación de datos consiste en resumir las tablas a un nivel de detalle más general. Un ejemplo de uso es en implementaciones que requieren segmentación de documentos por detalle, es decir, cuando se crean varios documentos para dar servicio a diferentes grupos de usuario con distintas necesidades de análisis: puede haber un documento con todos los datos al máximo nivel de detalle y otro con un modelo de datos similar pero con tablas totalizadas (reducidas). Así, los usuarios son mejor servidos debido a que se mantiene un balance entre desempeño de la aplicación y necesidades de análisis.

En esta sección implementaremos un escenario de segmentación de documentos en donde agruparemos datos de la tabla `Vuelos` para crear un segundo documento pensado para usuarios ejecutivos que solo requieren datos resumidos.

Agregación de la tabla de Vuelos

Al agrupar datos, el primer paso siempre es definir cuáles de los campos de dimensión serán excluidos del resultado y cuáles se mantendrán en la tabla resumida. Debemos analizar esta pregunta viendo los datos de lo más granular a lo más general. La siguiente lista muestra los campos de dimensión más importantes en la tabla de `Vuelos` ordenados por granularidad:

- **Aeropuerto (Origen y Destino)**
- **Ciudad**
- **Estado**
- **País**
- **Aeronave**
- **Tipo de Aeronave**
- **Aerolínea**
- **Tipo de Aerolínea**

- **Región**
- **Mes**
- **Trimestre**
- **Año**

Si analizamos cómo se afecta el resultado del proceso de agregación al remover cada dimensión, podemos encontrar que el mayor impacto se daría si quitamos las dimensiones de **Aeropuerto**, tanto origen como destino, ya que éstas son las que tienen la mayor granularidad. Al mismo tiempo, podemos decir que la dimensión de **Aeropuerto** no añade mucho valor a los análisis que se buscan entregar en nuestro documento, por lo que es una buena elección excluirla.

> Eliminar dimensiones de los datos impacta directamente los análisis que se pueden realizar en el documento QlikView resultante. Por lo tanto, la decisión de qué dimensiones mantener y cuáles quitar para lograr hacer una tabla resumida se debe discutir con el usuario final.

Podemos eliminar más dimensiones, por ejemplo **Aeronave** o **Aerolínea**, pero mientras avanzamos en la lista de campos a las dimensiones más generales vemos que éstas se vuelven más y más importantes para lograr diferentes análisis.

Además, es importante que el proceso de quitar dimensiones se realice cuidadosamente, pensando tanto en términos de requerimientos de análisis como en tasa de agregación que podemos llegar a obtener. Por ejemplo, eliminar la dimensión **País** no resultaría en una reducción significativa si mantenemos el campo de **Estado**. Además, ¿qué pasa si eliminamos las dimensiones de **Aeropuerto** pero mantenemos las de **Ciudad Origen** y **Ciudad Destino**? Lo que pasa es que la tabla no se reduce significativamente ya que ambos campos mantienen una relación cercana y su granularidad es casi la misma (hay solo un aeropuerto en la mayoría de las ciudades).

En nuestro ejemplo, eliminaremos las dimensiones relacionadas con origen y destino.

Finalmente, debemos tener en cuenta cuántos registros tiene la tabla original para poder medir la reducción obtenida de la agregación. En nuestro caso, la tabla de **Vuelos** tiene originalmente 1,256,075 registros.

Sigamos estos pasos para realizar la agregación de la tabla Vuelos:

1. Cree un nuevo documento QlikView y guárdelo dentro de la carpeta 2. QVW
   con el nombre Transformación - Vuelos.qvw.

2. Vaya al editor de script, dé clic en el botón de **Ficheros Planos** del panel
   de herramientas y, en la ventana de **Abrir Archivos Locales**, navegue a
   la carpeta 3. QVD\Base.

3. Seleccione el archivo Datos de Vuelos.qvd y dé clic en **Abrir**. Después,
   dé clic en **Finalizar** para cerrar la ventana del **Asistente de Archivos**.

4. Dentro del script de carga generado, ubique las líneas correspondientes a
   los campos relacionados con dimensiones de origen y destino para borrarlos.
   Los campos que debemos borrar son:

   ◦ [%ID Rango de Distancia]
   ◦ Distancia
   ◦ [%ID Aeropuerto Origen]
   ◦ [%ID Secuencial de Aeropuerto Origen]
   ◦ [%ID Aeropuerto de Mercado Origen]
   ◦ [%Código de Área Origen]
   ◦ [%ID Aeropuerto Destino]
   ◦ [%ID Secuencial de Aeropuerto Destino]
   ◦ [%ID Aeropuerto de Mercado Destino]
   ◦ [Código de Área Destino]
   ◦ [Código de Aeropuerto Origen]
   ◦ [Ciudad Origen]
   ◦ [Código de Estado Origen]
   ◦ [Estado Origen]
   ◦ [Código de País Origen]
   ◦ [País Origen]
   ◦ [Código de Aeropuerto Destino]
   ◦ [Ciudad Destino]
   ◦ [Código de Estado Destino]
   ◦ [Estado Destino]
   ◦ [Código de País Destino]
   ◦ [País Destino]
   ◦ [Código de Aeropuerto Origen - Destino]
   ◦ [ID Aeropuerto Origen - Destino]

- ° [Ciudad Origen - Destino]
- ° [Código de Estado Origen - Destino]
- ° [Estado Origen - Destino]

5. A continuación, de la lista de campos que quedan, debemos identificar cuáles son dimensiones y cuáles son métricas. Los campos que son métricas son:

   - ° [# Vuelos Programados]
   - ° [# Vuelos Realizados]
   - ° [# Payload]
   - ° [# Asientos Disponibles]
   - ° [# Pasajeros]
   - ° [# Carga Transportada]
   - ° [# Correo Transportado]
   - ° [# Tiempo Rampa-a-Rampa]
   - ° [# Tiempo de Vuelo]

6. Las funciones de agregación serán aplicadas a estos campos. Identifique en qué parte del script de carga se ubican los campos arriba listados y reemplace el nombre de campo por la siguiente expresión:

   ```
   Sum([Nombre de Campo]) as [Nombre de Campo],
   ```

7. Donde [Nombre de Campo] se reemplaza por el nombre de cada una de las métricas listadas.

> Tenga cuidado de no excluir la coma que separa cada definición de campo y asegúrese de borrar la coma del último campo listado, antes de la palabra reservada From.

8. Finalmente, añadiremos la instrucción Group By al final de la sentencia LOAD y en ella listaremos todos los campos de dimensión que se han quedado como parte del script de carga, separando cada uno por una coma.

9. De igual forma, añadiremos un nombre de tabla antes de la instrucción LOAD. El script final se debe ver como se muestra a continuación:

```
Vuelos:
LOAD
        [%ID Aerolínea],
    [%ID Tipo de Aerolínea],
    [%Código Único de Aerolínea],
    [%Código Único de Entidad],
```

```
        [%Código de Región],
        [%ID Tipo de Aeronave],
        [%ID Aeronave],
        [%ID Configuración de Aeronave],
        [%ID Clase de Servicio],
        [%ID Fuente],
        [Código de Aerolínea],
        Aerolínea,
        Año,
        Periodo,
        Trimestre,
        [Mes (#)],
        Mes,
        Sum([# Vuelos Programados]) as [# Vuelos Programados],
        Sum([# Vuelos Realizados]) as [# Vuelos Realizados],
        Sum([# Payload]) as [# Payload],
        Sum([# Asientos Disponibles]) as [# Asientos Disponibles],
        Sum([# Pasajeros]) as [# Pasajeros],
        Sum([# Carga Transportada]) as [# Carga Transportada],
        Sum([# Correo Transportado]) as [# Correo Transportado],
        Sum([# Tiempo Rampa-a-Rampa]) as [# Tiempo Rampa-a-Rampa],
        Sum([# Tiempo de Vuelo]) as [# Tiempo de Vuelo]

FROM
[..\3. QVD\Base\Datos de Vuelos.qvd]
(qvd)
     Group By
        [%ID Aerolínea],
     [%ID Tipo de Aerolínea],
     [%Código Único de Aerolínea],
     [%Código Único de Entidad],
     [%Código de Región],
     [%ID Tipo de Aeronave],
     [%ID Aeronave],
     [%ID Configuración de Aeronave],
     [%ID Clase de Servicio],
     [%ID Fuente],
     [Código de Aerolínea],
     Aerolínea,
     Año,
     Periodo,
     Trimestre,
     [Mes (#)],
     Mes;
```

10. Después, guarde los cambios hechos al documento y ejecute el script.

El script anterior convertirá los 1,256,075 registros de la tabla original en solamente 41,266. Un ejemplo breve de lo que acaba de ocurrir se muestra en la siguiente imagen:

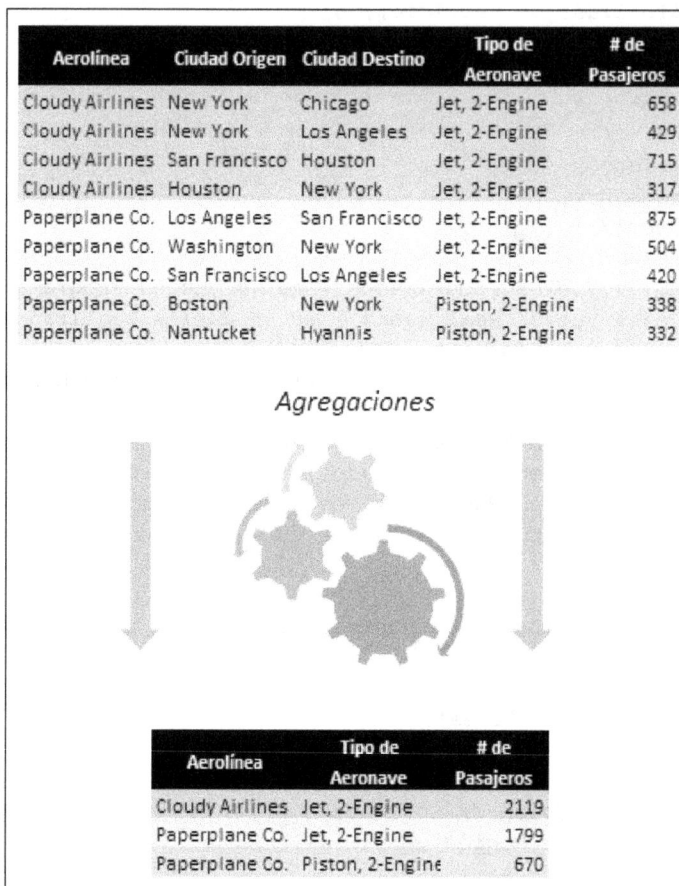

Aerolínea	Ciudad Origen	Ciudad Destino	Tipo de Aeronave	# de Pasajeros
Cloudy Airlines	New York	Chicago	Jet, 2-Engine	658
Cloudy Airlines	New York	Los Angeles	Jet, 2-Engine	429
Cloudy Airlines	San Francisco	Houston	Jet, 2-Engine	715
Cloudy Airlines	Houston	New York	Jet, 2-Engine	317
Paperplane Co.	Los Angeles	San Francisco	Jet, 2-Engine	875
Paperplane Co.	Washington	New York	Jet, 2-Engine	504
Paperplane Co.	San Francisco	Los Angeles	Jet, 2-Engine	420
Paperplane Co.	Boston	New York	Piston, 2-Engine	338
Paperplane Co.	Nantucket	Hyannis	Piston, 2-Engine	332

Agregaciones

Aerolínea	Tipo de Aeronave	# de Pasajeros
Cloudy Airlines	Jet, 2-Engine	2119
Paperplane Co.	Jet, 2-Engine	1799
Paperplane Co.	Piston, 2-Engine	670

Observe que los totales son los mismos para ambas tablas.

Una tabla más pequeña ocupará menos recursos (RAM y CPU), por lo que los cálculos en QlikView se harán más rápido. Si la mejora en desempeño obtenida con la agregación de los datos no significa restar valor o funcionalidad para el usuario final, entonces este método siempre es una buena opción.

El resultado de la transformación

Hemos cargado un QVD base que contiene información de vuelos y lo hemos transformando aplicándole agregaciones, ¿y ahora qué? Pues bien, el siguiente paso es usar el comando STORE para guardar la tabla transformada en un nuevo archivo QVD que residirá en la carpeta de 3. QVD\Transformados.

Después de eso, se podría por ejemplo crear un nuevo modelo de datos en la capa de presentación en base al documento de Operación de Aerolíneas, pero usando el nuevo QVD resumido y sin las dimensiones relacionadas al origen y destino de los vuelos. El nuevo documento QlikView estaría enfocado a dar servicio a usuarios que solo requieren información a un nivel general.

Funciones de agregación

QlikView ofrece muchas más opciones de agregación además de la suma. Las funciones más utilizadas se muestran en la siguiente tabla:

Función	Descripción	Ejemplo
Sum()	Suma valores numéricos. Opcionalmente, se puede añadir un calificador DISTINCT para ignorar valores duplicados.	Sum ([Distancia]) Sum (DISTINCT [# Tiempo de Vuelo])
Min()	Regresa el valor numérico mínimo de una lista de valores. Opcionalmente, se le puede especificar un parámetro rank para regresar el n-ésimo valor más pequeño.	Min (Distancia) Min (Distancia, 2)
Max()	Regresa el valor numérico máximo de una lista de valores. Opcionalmente, se le puede especificar un parámetro rank para regresar el n-ésimo valor más grande.	Max ([# Pasajeros]) Max ([# Pasajeros], 2)
Only()	Si la agregación de un valor regresa solo un único valor, ese valor se da como resultado de esta función, de otro modo la función resulta en nulo. Por ejemplo, cuando la lista de valores es {1, 1, 1}, la función Only() regresa el valor 1. Si la lista de valores es {1, 2, 3}, la función Only() regresa nulo.	Only ([# Asientos Disponibles])

Función	Descripción	Ejemplo
MinString()	Es similar a la función Min(), pero se aplica a cadenas de texto. Además, esta función no permite el parámetro Rank.	MinString (Fabricante)
MaxString()	Es similar a la función Max(), pero se aplica a cadenas de texto. Además, esta función no permite el parámetro Rank.	MaxString(Fabricante)
Concat()	Concatena todos los valores de un listado en una sola cadena de texto, con cada valor separado por un delimitador que se especifica en el segundo parámetro. Opcionalmente, se le puede añadir el calificador DISTINCT para ignorar valores duplicados.	Concat (Aeropuerto, ';') Concat (DISTINCT Fabricante, ',')
Count()	Cuenta el número de elementos en una lista. Opcionalmente, se le puede añadir el calificador DISTINCT para ignorar valores duplicados. En lugar del nombre de un campo, se puede usar un asterisco (*) para contar el número de registros.	Count (Aeronave) Count (DISTINCT Aeronave)

Ordenando tablas

En esta sección hablaremos de la instrucción Order By, que se añade a una sentencia LOAD y se usa para ordenar la tabla fuente en base a ciertos campos. Hay una condición para que la instrucción Order By funcione: se puede aplicar solamente a una sentencia LOAD que realiza una carga Resident, es decir, no funciona con ninguna otra fuente de datos.

Algunas bases de datos pueden recibir y aplicar la instrucción Order By en la consulta SELECT, pero en esta sección trabajamos solo son la instrucción Order By aplicada dentro de QlikView.

La instrucción Order By debe recibir al menos un campo sobre el cual se debe realizar la ordenación y, opcionalmente, el orden (sea ascendente o descendente). Si no se especifica un orden, se asume como ascendente.

Un ejemplo de un script que utiliza la instrucción `Order By` es:

```
Load
Región,
Fecha,
Cantidad
Resident TablaVentas
Order By Fecha asc;
```

En este script, cargamos tres campos (`Región`, `Fecha` y `Cantidad`) de una tabla previamente cargada (`TablaVentas`). Mientras la tabla está siendo cargada, los datos se van ordenando en base al campo `Fecha` en forma ascendente (primero los registros más antiguos y después los más nuevos).

Ordenando los campos del Order By

Un punto importante a considerar cuando usamos la instrucción `Order By` es que no solamente se puede especificar un campo como criterio de ordenación. Podemos, por ejemplo, ordenar a tabla por `Fecha` de más antigua a más nueva y por `Cantidad` de mayor a menor. El orden en que se especifiquen estos dos campos determinará el resultado de la operación. Por ejemplo, vea los dos siguientes scripts de carga:

```
A:
Load
Región,
Fecha,
Cantidad
Resident TablaVentas
Order By Fecha asc,
    Cantidad desc;

B:
Load
Región,
Fecha,
Cantidad
Resident TablaVentas
Order By Cantidad desc,
    Fecha asc;
```

La diferencia entre ambos scripts es la instrucción `Order by`. En el script `A`, el campo `Fecha` toma precedencia en la ordenación de los datos, mientras que, en el script `B`, el campo `Cantidad` es el primer campo de ordenación.

Tome un momento para pensar qué resultado esperaría obtener de cada uno de los scripts. Verá que el resultado de cada uno se puede interpretar de la siguiente manera:

- En el script A, la tabla se ordena primero por Fecha de más antigua a más reciente y después, para cada fecha, los registros correspondientes se ordenan por Cantidad en orden descendente.

- En el script B, la tabla se ordena primero por Cantidad de la transacción, con las cantidades más grandes arriba; si hay registros con la misma cantidad, éstos se ordenan por Fecha de más antiguo a más reciente.

Lo más común es buscar que la tabla se ordene primero por Fecha y después por Cantidad. Es importante tomar esto en cuenta al usar la instrucción Order By en nuestros scripts.

> Como nota final, recuerde siempre borrar del modelo de datos la tabla sobre la cual se hizo la carga Resident si no se requiere más.

La función Peek()

Otra herramienta que añadiremos a nuestra colección en este conjunto de técnicas de transformación de datos es la función Peek(). La función Peek() es una función inter-registro que nos permite acceder a registros previamente cargados de la tabla y usar sus valores para evaluar una condición o afectar el registro activo (el que se está leyendo).

La función tiene un parámetro obligatorio, el nombre del campo que guarda el valor al que deseamos acceder, y dos parámetros opcionales: una referencia de fila y la tabla en donde el campo está guardado.

Por ejemplo, vea la siguiente expresión:

```
Peek ('Fecha', -2)
```

Esta expresión toma el penúltimo valor cargado en el campo Fecha y ese valor es regresado como resultado.

O vea esta otra expresión:

```
Peek('Fecha', 2)
```

En esta expresión se usa una referencia de fila positiva, en lugar de negativa, y toma el valor en el campo `Fecha` que está guardado en el tercer registro de la tabla (el conteo comienza en cero).

También se puede añadir el nombre de una tabla como tercer parámetro, como en la siguiente expresión:

```
Peek ('Fecha', 0, 'Presupuesto')
```

Esta expresión regresa el valor que guarda el campo `Fecha` en el primer registro de la tabla `Presupuesto`, específicamente.

Uniendo fuerzas

Por sí solas, la instrucción `Order by` y la función `Peek()` ya son bastante poderosas. Ahora, imagine lo que pasa cuando usamos estas dos herramientas en conjunto para transformar los datos de entrada. En esta sección usaremos ambas funciones para añadir un nuevo campo calculado a nuestra tabla de `Empleos`, la cual integramos a nuestro modelo de datos en el *Capítulo 8, Mejores Prácticas en Modelado de Datos*.

Un repaso

La tabla `Empleos` provee información referente al número mensual de empleados por aerolínea. El número total está segmentado entre empleados de medio tiempo y empleados de tiempo completo, y de igual forma se tiene un total de FTEs.

El objetivo

Los ejecutivos de Aerolíneas HighCloud han solicitado al equipo de QlikView que se cree un reporte para mostrar el cambio neto mensual de número de empleados en un gráfico de línea para poder descubrir y analizar picos en el comportamiento de los datos de cada aerolínea.

Manos a la obra

Veamos, ¿cómo encontramos el cambio neto total en número de empleados para este mes comparado al anterior? Pues bien, simplemente tomamos el número de empleados en el mes actual y le restamos el número de empleados que teníamos en el mes previo.

Para añadir este campo a la tabla de `Empleos`, y siguiendo las mejores prácticas que discutimos previamente, crearemos un nuevo documento QlikView que será usado para aplicar las transformaciones; lo guardaremos dentro de la carpeta `2. QVW` y nombraremos este archivo como `Transformación - Empleos.qvw`. La tabla resultante será después guardada como QVD dentro de la carpeta `3. QVD\ Transformados`.

Cargando la tabla

Una vez que tengamos el nuevo documento creado, guardado y aun abierto, vaya al editor de script (*Ctrl + E*) y siga estos pasos:

1. Añada una nueva pestaña al script dando clic en el menú **Pestaña** y seleccionando **Añadir Pestaña**.

2. En la ventana de **Diálogo Renombrar Pestaña**, ingrese `Carga Inicial` como el nombre de la nueva pestaña y dé clic en **Aceptar**.

3. Use el **Asistente de Archivo** para cargar la tabla de **Empleos** del archivo QVD correspondiente (`Empleos.qvd`) guardado en la carpeta de `3. QVD\ Base`.

4. Dé clic en **Finalizar** en el primer diálogo del **Asistente de Archivo**, ya que no se le harán modificaciones al archivo en esta carga inicial.

5. Asigne un nombre a la tabla escribiendo `Temp_Empleos:` antes de la sentencia `LOAD` del script generado. Elimine la instrucción `Directory;` de ser necesario.

6. Ahora, añada una nueva pestaña a la derecha de la pestaña **Carga Inicial** dando clic a la opción **Añadir Pestaña** del menú **Pestaña**.

7. En la ventana de **Diálogo Renombrar Ventana**, ingrese `Transformación` como el nombre de la pestaña y dé clic en **Aceptar**.

8. Una vez que se encuentre en la pestaña de **Transformación**, cree el script para cargar la tabla de `Temp_Empleos` mediante una carga `Resident`. Nombraremos esta nueva tabla como `Empleos`. Para hacer esto, escriba el siguiente código:

```
Empleos:
LOAD [%ID Aerolínea],
     [%Código Único de Aerolínea],
     [%ID Tipo de Aerolínea],
     [# Empleados de Tiempo Completo],
     [# Empleados de Medio Tiempo],
     [# Empleados Totales],
```

```
        [# FTEs],
        [Código de Aerolínea],
        Aerolínea,
        Año,
        Periodo,
        [Mes (#)],
        Mes
   Resident Temp_Empleos;
```

Ya estamos listos para añadir las funciones de transformación a la tabla. Es importante observar que, si recargamos el script ahora, la nueva tabla de **Empleos** no será creada debido a la concatenación natural de la que hablamos en el *Capítulo 8, Mejores Prácticas en Modelado de Datos*, porque tanto la tabla **Temp_Empleos** como la tabla **Empleos** tienen exactamente el mismo número de campos y los mismos nombres de campo. Sin embargo, con las funciones que aplicaremos y los nuevos campos que añadiremos, esta similitud estructural se perderá y no será necesario añadir la instrucción NoConcatenate.

Ordenando la tabla

Usando las técnicas aprendidas en la sección de *Ordenando Tablas* de este mismo capítulo, definiremos un orden de carga de la tabla Resident usando los campos %ID Aerolínea, Año y Mes (#). El script anterior se modificará a lo que se muestra a continuación:

```
Empleos:
LOAD [%ID Aerolínea],
     [%Código Único de Aerolínea],
     [%ID Tipo de Aerolínea],
     [# Empleados de Tiempo Completo],
     [# Empleados de Medio Tiempo],
     [# Empleados Totales],
     [# FTEs],
     [Código de Aerolínea],
     Aerolínea,
     Año,
     Periodo,
     [Mes (#)],
     Mes
Resident Temp_Empleos
    Order By [%ID Aerolínea], Año, [Mes (#)];
```

Observe el orden en que hemos especificado los campos de ordenación. El resultado de la ordenación es: todos los registros se ordenan primero por %ID Aerolínea; para cada aerolínea, los registros se ordenan por Año en forma ascendente y, después, para cada año, los registros se ordenan por mes del primero al último. En nuestro caso, la ordenación por %ID Aerolínea puede ser ascendente o descendente. Sin embargo, es importante que la ordenación por Año y Mes se haga en forma ascendente, que es el orden predeterminado en que se hace la operación si no se especifica el orden de manera explícita.

Accediendo a registros previos

El último paso será tomar la tabla ordenada y empezar a comparar los meses adyacentes para calcular la diferencia en número de empleados de un mes a otro. Ya hemos visto cómo usar la función Peek() para obtener un valor de registros previos pero, en nuestro caso, se vuelve un poco más complicado ya que debemos tener cuidado de no comparar registros correspondientes a diferentes aerolíneas. Usaremos la función If() en conjunto con la función Peek() para que las comparaciones se hagan solamente entre registros de una misma aerolínea. El ajuste que haremos al script anterior resultará en lo siguiente:

```
Empleos:
LOAD
    If([%ID Aerolínea] = Peek('%ID Aerolínea', -1),
        [# Empleados Totales] - Peek('# Empleados Totales', -1),
        0) as [# Cambio Empleados Totales],
    [%ID Aerolínea],
    [%Código Único de Aerolínea],
    [%ID Tipo de Aerolínea],
    [# Empleados de Tiempo Completo],
    [# Empleados de Medio Tiempo],
    [# Empleados Totales],
    [# FTEs],
    [Código de Aerolínea],
    Aerolínea,
    Año,
    Periodo,
    [Mes (#)],
    Mes
Resident Temp_Empleos
    Order By [%ID Aerolínea], Año, [Mes (#)];
```

Ya estamos casi listos para recargar el script y ver el resultado. Solo necesitamos añadir una instrucción DROP para eliminar la tabla Temp_Empleos de RAM después de haberla utilizado en la carga Resident. Añada el siguiente código al final de la pestaña **Transformación**:

```
Drop Table Temp_Empleos;
```

Después de esto, guarde los cambios que hicimos al documento y ejecute una recarga del script. El script realizará la transformación y, al terminar, podemos abrir la ventana del **Visor de Tablas** para ver un segmento de la tabla **Empleos** resultante. Esto es lo que tendremos:

%ID Aerolínea	Aerolínea	Año	Mes (#)	Periodo	# Cambio Empleados Totales	%Có
19386	Northwest Airlines	2009	01	200901	0	NW
19386	Northwest Airlines	2009	02	200902	54	NW
19386	Northwest Airlines	2009	03	200903	-54	NW
19386	Northwest Airlines	2009	04	200904	765	NW
19386	Northwest Airlines	2009	05	200905	-3568	NW
19386	Northwest Airlines	2009	06	200906	1008	NW

En la ventana de diálogo de la vista previa, podemos ver que la primera aerolínea (**19386**) ha tenido un comportamiento errático en su plantilla de empleados. En Febrero de 2009 tuvieron un incremento de 54 empleados y en el siguiente mes bajó su plantilla la misma cantidad. Después se hizo una reducción masiva de **3568** empleados en Mayo de 2009.

Ahora que tenemos el campo [# Cambio Empleados Totales], añadamos los campos de cambio neto correspondientes al número de empleados de medio tiempo y tiempo completo, así como FTEs. También añadiremos el comando STORE para guardar el resultado de la tabla en un archivo QVD.

El script modificado se verá como a continuación:

```
Empleos:
LOAD
    [%ID Aerolínea],
    Aerolínea,
    Año,
    [Mes (#)],
    Periodo,
    If([%ID Aerolínea] = Peek('%ID Aerolínea', -1),
```

```
            [# Empleados Totales] - Peek('# Empleados Totales', -1),
            0) as [# Cambio Empleados Totales],
      If([%ID Aerolínea] = Peek('%ID Aerolínea', -1),
            [# Empleados de Tiempo Completo] - Peek('# Empleados de
Tiempo Completo', -1),
            0) as [# Cambio Empleados de Tiempo Completo],
      If([%ID Aerolínea] = Peek('%ID Aerolínea', -1),
            [# Empleados de Medio Tiempo] - Peek('# Empleados de Medio
Tiempo', -1),
            0) as [# Cambio Empleados de Medio Tiempo],
      If([%ID Aerolínea] = Peek('%ID Aerolínea', -1),
            [# FTEs] - Peek('# FTEs', -1),
            0) as [# Cambio FTEs],
      [%Código Único de Aerolínea],
      [%ID Tipo de Aerolínea],
      [# Empleados de Tiempo Completo],
      [# Empleados de Medio Tiempo],
      [# Empleados Totales],
      [# FTEs],
      [Código de Aerolínea],
      Mes
Resident Temp_Empleos
    Order By [%ID Aerolínea], Año, [Mes (#)];

Drop Table Temp_Empleos;
Store Empleos into '..\3. QVD\Transformados\Transformación Empleos.
qvd';
```

Teniendo estos campos en nuestro modelo de datos es fácil realizar análisis más a profundidad como los que se muestran en la siguiente imagen:

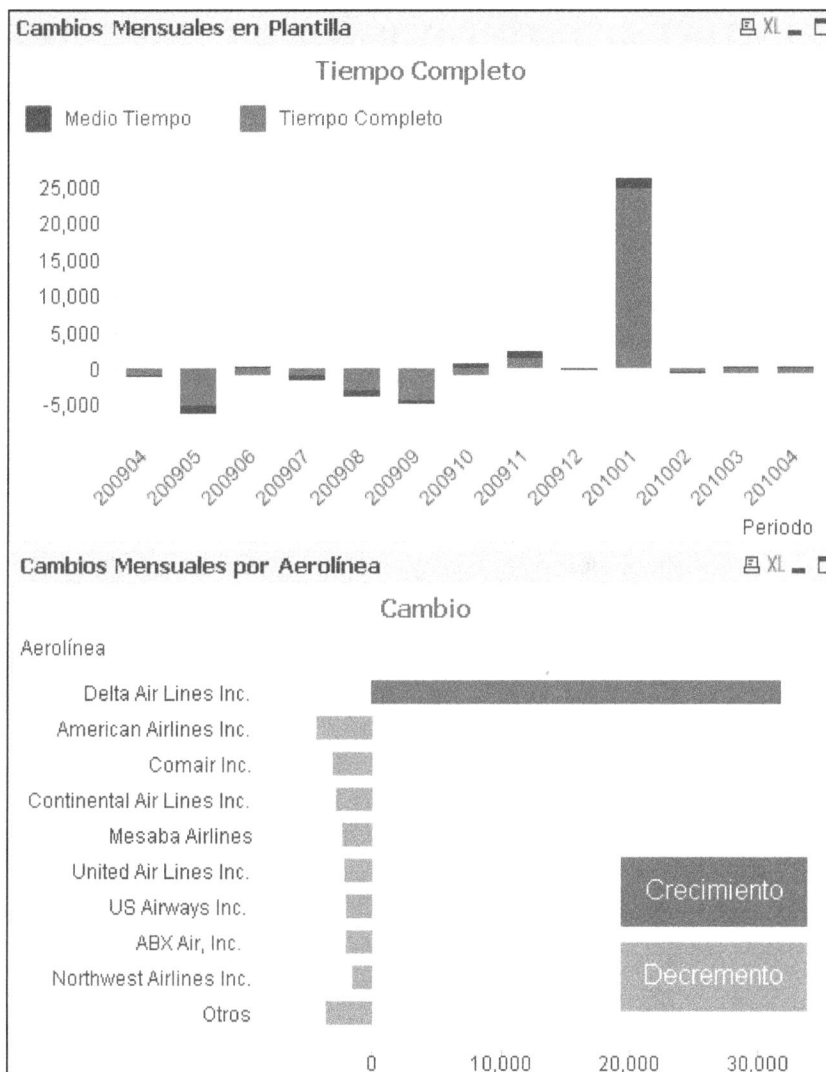

De la imagen anterior podemos ver que, aunque la mayoría de las aerolíneas experimentaron una disminución en su plantilla de empleados de Abril de 2009 a Abril de 2010 (los periodos seleccionados), Delta Airlines Inc. incrementó su plantilla por cerca de 32,000 empleados en el mismo periodo.

Al integrar estos datos al modelo final, podemos encontrar correlaciones entre nuevas contrataciones, bajas de personal, número de vuelos, número de pasajeros, ocupación de vuelos, etc. Esto permite ofrecer a los usuarios de QlikView en Aerolíneas HighCloud un panorama más amplio de la situación en el mercado de aerolíneas.

Trabajando con dimensiones lentamente cambiantes

Una dimensión lentamente cambiante es aquella cuyos valores varían en periodos de tiempo indefinidos, es decir, pueden tener diferente significado dependiendo del contexto de periodo de tiempo.

Para ilustrar el concepto, veamos el caso de Juan, un empleado de soporte técnico en determinada compañía, a través de un cierto periodo de tiempo. Cuando Juan se unió a la compañía, tenía la posición de Técnico Junior. Después de un año, fue promovido a Técnico Senior. Después de un año más, es el Gerente de Soporte.

Ahora, imagine que queremos visualizar el número de casos que han sido resueltos por el equipo completo de soporte a través de un periodo de tres años y encontrar cuántos de esos casos fueron resueltos por técnicos junior, cuántos por técnicos senior y cuántos por el gerente de soporte. Si, para propósitos de reporteo, tomamos la posición actual de Juan, todos los casos que él ha resuelto en los últimos tres años se registrarían como si hubiesen sido resueltos por el gerente de soporte, lo cual es incorrecto. En lugar de eso, debemos identificar en qué posiciones se ha desempeñado Juan y el periodo de tiempo específico para cada una. Luego, debemos contar el número de casos correspondientes que ha resuelto en cada rol de soporte y reportarlos. Esto se vuelve una tarea complicada si trabajamos con tablas de tamaño considerable.

Es en escenarios como este en donde podemos hacer uso de la función de script `IntervalMatch`.

Adaptaremos nuestro ejemplo a los datos de Operación de Aerolíneas con que hemos trabajado, así que asegúrese de que tenga el archivo `Estatus Aerolíneas.qvd` en la carpeta `3. QVD\Base`.

La tabla de Estatus Aerolíneas

Comencemos describiendo el contenido de la tabla `Estaus de Aerolíneas`. Si abriéramos esta tabla en Excel, veríamos lo siguiente:

%ID Aerolínea	Código de Aerolínea	Aerolínea	%Código Único de Aerolínea	%Código Único de Entidad	%Código de Área de Aerolínea	%ID Tipo de Aerolínea	%Código de Región	Fecha de Inicio	Fecha de Fin
20195	WI	Tradewinds Airlines	WI	6884	10	4	Domestic	2/1/1998	12/31/1999
20195	WI	Tradewinds Airlines	WI	16884	10	4	International	2/1/1998	12/31/1999
20195	WI	Tradewinds Airlines	WI	6884	10	1	Domestic	1/1/2000	12/31/2010
20195	WI	Tradewinds Airlines	WI	16884	10	1	International	1/1/2000	12/31/2010
20195	WI	Tradewinds Airlines	WI	6884	10	4	Domestic	1/1/2011	12/31/2011
20195	WI	Tradewinds Airlines	WI	16884	10	4	International	1/1/2011	12/31/2011
20195	WI	Tradewinds Airlines	WI	6884	10	1	Domestic	1/1/2012	
20195	WI	Tradewinds Airlines	WI	16884	10	1	International	1/1/2012	

Como se puede observar, el extracto de tabla mostrado en la imagen contiene los datos correspondientes a una aerolínea en particular: **Tradewinds Airlines**. Las primeras seis columnas de la tabla no son relevantes por ahora, así que enfoquémonos en las cuatro restantes. Tenemos una columna de `%ID Tipo de Aerolínea` que nos dice si la aerolínea está catalogada como aerolínea grande, mediana, etc. También tenemos una columna de `%Código de Región` que indica si el registro corresponde a la entidad doméstica o internacional de la aerolínea (una aerolínea puede tener ambos tipos de vuelo). Y por último pero no menos importante, tenemos las columnas de `Fecha de Inicio` y `Fecha de Término`, que serán los principales campos que estaremos usando para trabajar con la naturaleza lentamente cambiante de esta dimensión en particular. Estos valores indican el periodo de tiempo en que es válido cada registro de la tabla.

Por ejemplo, los primeros dos registros mostrados previamente tienen un periodo de validez de Enero de 1998 a Diciembre de 1999, en donde Tradewinds Airlines estaba catalogado como aerolínea Regional de tamaño medio (%**ID Tipo de Aerolínea = 4**). Después, de Enero de 2000 hasta Diciembre de 2010, la aerolínea jugaba como Regional de tamaño grande (**ID Tipo de Aerolínea = 1**). Después de eso, y hasta diciembre de 2011, se regresó a la categoría de nivel medio pero ascendió una vez más y por tiempo indefinido.

Al reportar las operaciones de Tradewinds Airlines, debemos tomar en cuenta su clasificación de aerolínea en cada momento (campo %**ID Tipo de Aerolínea**), dependiendo del periodo de tiempo que se esté analizando. Hacer esto no es algo trivial, así que hagamos algo de magia con la función `IntervalMatch`.

> Si vemos la tabla original de `Vuelos`, nos daremos cuenta que ésta ya tiene un campo `%ID Tipo de Aerolínea`, que es el mismo que se muestra en la tabla `Estatus Aerolíneas`. Sin embargo, para demostrar cómo trabaja la función `IntervalMatch` y cómo nos puede ser útil, asumiremos que el campo no está ya cargado en la tabla de hechos y que lo debemos obtener de la tabla `Estatus Aerolíneas`.

Magia con IntervalMatch

Debido a la naturaleza asociativa del modelo de datos y a la naturaleza dinámica de las consultas que un usuario QlikView realiza, las dimensiones basadas en intervalos no se pueden consultar como se haría con el lenguaje SQL. Veamos cómo podemos manejar estas dimensiones y consultas con el motor asociativo.

Debido a que el valor de dimensión depende de un periodo de tiempo, el concepto básico es que el campo llave a través del cual se asociará la dimensión con el resto del modelo de datos se debe componer tanto del identificador de la dimensión como de un elemento de tiempo.

Nos referimos como "elemento de tiempo" a las piezas individuales en que se puede dividir un intervalo de tiempo (días, meses, años, etc).

La partición de intervalos significa que un registro basado en intervalos en una tabla será convertido a varios registros basados en los elementos individuales. Si, por ejemplo, un intervalo engloba el equivalente a tres elementos, un solo registro de intervalo se expandirá a tres registros, uno para cada elemento de tiempo correspondiente.

Expandiendo intervalos

La función `IntervalMatch` divide intervalos numéricos de naturaleza discreta en base a dos entradas:

- Una tabla compuesta de dos campos: uno para indicar el inicio del intervalo y otra para el término del intervalo.
- Una lista de valores representando los elementos individuales en que se dividirán los intervalos de acuerdo a su correspondencia.

Todos los intervalos deben ser cerrados, es decir, todos deben tener un valor de término.

Veamos un ejemplo básico para ilustrar mejor el concepto. Suponga que tenemos la siguiente tabla de intervalos:

ID	Inicio	Fin
A	6	8
B	2	15
C	9	20
D	1	8
E	8	15
F	10	15
G	6	9
H	8	9

También tenemos una lista de elementos individuales con los cuales asociar los datos. La lista de elementos que usaremos tiene 20 valores (del 1 al 20).

Asegúrese de que haya un archivo llamado `Intervalos.xlsx` en la carpeta de `1. Datos fuente\Ejemplos`. Este archivo contiene ambas tablas descritas arriba y es el que usaremos en el ejercicio.

Para aplicar la función **IntervalMatch**, siga estos pasos:

1. Cree un nuevo documento QlikView, nómbrelo `Ejemplo Intervalos.qvw` y guárdelo dentro de la carpeta `2. QVW\Ejemplos`.

2. Vaya al editor de script y presione el botón `Ficheros Planos` para cargar la tabla llamada `Elementos` del archivo `Intervalos.xlsx`.

3. Nombre la tabla cargada como `Elementos`. El script hasta ahora se debe ver como a continuación:

```
Elementos:
LOAD Elemento
FROM
[..\..\1. Datos Fuente\Ejemplos\Intervalos.xlsx]
(ooxml, embedded labels, table is Elementos);
```

4. A continuación, cree un nuevo script de carga debajo del que se acaba de generar, esta vez cargando la tabla `Intervalos` del archivo de Excel.

5. Modifique la sentencia `LOAD` recién creada de la siguiente manera:

   ○ Borre el campo ID.

   ○ Añada el prefijo `IntervalMatch` como sigue:

      ```
      IntervalMatch(Elemento)
      ```

6. Ingrese una instrucción `DROP` al final del script para eliminar la tabla `Elementos` del modelo de datos.

7. El script final se debe ver como a continuación:

```
Elementos:
LOAD Elemento
FROM
[..\..\1. Datos Fuente\Ejemplos\Intervalos.xlsx]
(ooxml, embedded labels, table is Elementos);

IntervalMatch(Elemento)
LOAD
     Inicio,
     Fin
FROM
```

```
[..\..\1. Datos Fuente\Ejemplos\Intervalos.xlsx]
(ooxml, embedded labels, table is Intervalos);

Drop Table Elementos;
```

8. Ahora, guarde los cambios y ejecute el script.

Después de ejecutar el script, tendremos una tabla que contiene todos los intervalos expandidos y tres campos: Elemento, Inicio y Fin. Si añadimos tres cuadros de lista al área de trabajo, uno para cada campo, y un cuadro de tabla para ver los intervalos, podremos apreciar las asociaciones creadas por la función IntervalMatch. Algunas de estas asociaciones se muestran en las siguientes imágenes.

Al seleccionar el primer intervalo (de 1 a 8), vemos que los elementos asociados a ese intervalo son todos los números del 1 al 8.

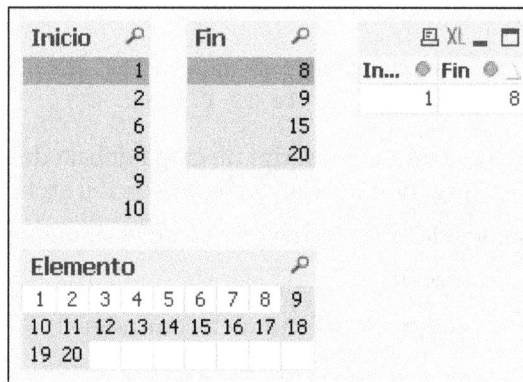

De igual manera, si seleccionamos el número 15 del cuadro de lista de Elemento, veremos los 4 intervalos que engloban a ese elemento. Todos los demás intervalos están ahora excluidos.

Finalmente, la tabla resultante de la transformación, que ya forma parte del modelo de datos del documento, se ve como a continuación:

Inicio	Fin	Elemento
1	8	1
1	8	2
1	8	3
1	8	4
1	8	5
1	8	6
1	8	7
1	8	8
2	15	2
2	15	3

Algunas consideraciones

Al trabajar con la función `IntervalMatch` es importante tener en cuenta lo siguiente:

- Esta función puede llegar a consumir muchos recursos así que, dependiendo del tamaño de la tabla de intervalos que se use como entrada, debe primero considerar si la máquina con la que está trabajando podrá manejar la operación. De otro modo, es probable que tenga que dividir la tarea en partes.

- Los intervalos pueden englobar elementos que no se requieren en el modelo de datos y debemos asegurar que esos elementos no sean considerados al expandir los intervalos. Así ahorraremos un poco de recursos de CPU y RAM. Para lograr esto, la lista de elementos que se use como entrada en la función de `IntervalMatch` debe solo contener los elementos requeridos.

- De manera similar, la tabla de intervalos debe contener solo registros únicos para ahorrar recursos. Si un intervalo está presente dos veces, entonces la función `IntervalMatch` lo expandirá dos veces. El uso del calificador `DISTINCT` nos puede ayudar a lograr esto.

- Al usar la tabla de intervalos, los campos se deben especificar en el orden correcto: el valor de inicio antes que el valor de fin de intervalo.

Aplicando IntervalMatch a la tabla de Estatus de Aerolíneas

Ya que hemos visto un ejemplo básico de cómo trabaja la función `IntervalMatch`, estamos listos para aplicar los conceptos aprendidos y hacer la operación a la tabla de `Estatus de Aerolíneas` que describimos previamente.

Como breve recapitulación, nuestro principal objetivo es el de añadir el campo `%ID Tipo de Aerolínea` de la tabla `Estatus de Aerolíneas` a la tabla de `Vuelos`. Para asignar el valor correspondiente a cada registro de la tabla de hechos debemos considerar la fecha en que el hecho correspondiente se presentó. Por lo tanto, la llave entre la tabla de hechos y la tabla de `Estatus de Aerolínea` se compondrá de un elemento de tiempo (un campo de `Fecha`) y el campo `%Código Único de Entidad`, que existe en ambas tablas.

Sigamos estos pasos:

1. Cree un nuevo documento QlikView y llámelo `Transformación - Estatus Aerolíneas.qvw`. Guárdelo en la carpeta `Operación de Aerolíneas\2. QVW`.

2. Acceda al editor de script y añada una nueva pestaña. En la ventana de **Diálogo Renombrar Pestaña** escriba `Vuelos` como nombre de la pestaña.

3. Una vez que esté posicionado en la nueva pestaña, dé clic al botón **Ficheros Planos** y seleccione el archivo `Datos de Vuelos.qvd`, que se encuentra dentro de la carpeta `3. QVDs\Base`.

4. Después de seleccionar el archivo y dar clic en **Abrir**, dé clic en **Finalizar** en la ventana de **Asistente de Archivos** para crear el script de carga correspondiente.

5. Nombre la tabla como `Vuelos` ingresando el nombre antes de la instrucción `LOAD` y poniendo el signo de dos puntos al final.

6. Ahora crearemos un nuevo campo calculado para tener una representación de fecha del campo `Periodo`. Use la siguiente expresión para crear el nuevo campo:

```
Date#(Periodo, 'YYYYMM') as Fecha
```

7. Renombraremos el campo original de `%ID Tipo de Aerolínea` en la tabla de **Vuelos** a `OLD_Tipo de Aerolínea`, para que en lugar de éste podamos usar el nuevo campo que resulte de la transformación.

8. El resto del código no será modificado, por lo que nuestro script de carga se verá como a continuación:

```
Vuelos:
LOAD
        Date#(Periodo, 'YYYYMM') as Fecha,
         [%ID Aerolínea],
    [%ID Tipo de Aerolínea] as [OLD_Tipo de Aerolínea],
    [%Código Único de Aerolínea],
    [%Código Único de Entidad],
    [%Código de Región],
    [%ID Aeropuerto Origen],
    [%ID Secuencial de Aeropuerto Origen],
    [%ID Aeropuerto de Mercado Origen],
    [%Código de Área Origen],
    [%ID Aeropuerto Destino],
    [%ID Secuencial de Aeropuerto Destino],
    [%ID Aeropuerto de Mercado Destino],
    [Código de Área Destino],
    [%ID Tipo de Aeronave],
    [%ID Aeronave],
    [%ID Configuración de Aeronave],
    [%ID Rango de Distancia],
    [%ID Clase de Servicio],
    [%ID Fuente],
    [# Vuelos Programados],
    [# Vuelos Realizados],
    [# Payload],
    Distancia,
    [# Asientos Disponibles],
    [# Pasajeros],
    [# Carga Transportada],
    [# Correo Transportado],
    [# Tiempo Rampa-a-Rampa],
    [# Tiempo de Vuelo],
    [Código de Aerolínea],
    Aerolínea,
    [Código de Aeropuerto Origen],
    [Ciudad Origen],
    [Código de Estado Origen],
    [Estado Origen],
    [Código de País Origen],
    [País Origen],
    [Código de Aeropuerto Destino],
    [Ciudad Destino],
    [Código de Estado Destino],
```

```
              [Estado Destino],
              [Código de País Destino],
              [País Destino],
              Año,
              Periodo,
              Trimestre,
              [Mes (#)],
              Mes,
              [Código de Aeropuerto Origen - Destino],
              [ID Aeropuerto Origen - Destino],
              [Ciudad Origen - Destino],
              [Código de Estado Origen - Destino],
              [Estado Origen - Destino]
     FROM
     [..\3. QVD\Base\Datos de Vuelos.qvd]
     (qvd);
```

9. A continuación, crearemos una nueva pestaña dando clic en el botón **Añadir Pestaña** de la barra de herramientas. A la nueva pestaña la llamaremos `Intervalos`.

10. En esta nueva pestaña, ingresaremos el siguiente código:

```
[Estatus de Aerolíneas]:
IntervalMatch (Fecha, [%Código Único de Entidad])
        LOAD
               [Fecha de Inicio],
               If(Len([Fecha de Fin]) < 1,
               Today(1), [Fecha de Fin]) as      [Fecha de Fin],
               [%Código Único de Entidad]
        FROM
        [..\3. QVD\Base\Estatus Aerolíneas.qvd]
        (qvd);
```

11. Con este script, se estará creando una nueva tabla como resultado de la operación `IntervalMatch`. En este caso, estamos usando la **sintaxis extendida** de la función, por lo que la tabla resultante tendrá un registro por cada combinación de intervalo, elemento y campo llave de la dimensión (`Fecha de Inicio`, `Fecha de Término`, `Fecha` y `%Código Único de Entidad`, respectivamente).

> Cuando usamos la sintaxis extendida, todos los campos especificados como parámetros de la función `IntervalMatch` deben existir en la tabla previamente cargada (`Vuelos`, en nuestro ejemplo), y estar listados como parte de la sentencia LOAD a la cual se le está aplicando.

12. También usamos una expresión condicional para asegurar que todos los intervalos sean cerrados, lo cual es un requisito de la función `IntervalMatch`. Cuando un intervalo esté abierto, se añadirá la fecha de ejecución del script como valor al campo `Fecha de Fin` de dicho intervalo.

13. Ahora que hemos expandido los intervalos, asociemos la tabla de hechos con el valor de dimensión que nos interesa (`%ID Tipo de Aerolínea`). Haga esto ingresando el siguiente código debajo del anterior:

```
Inner Join ([Estatus de Aerolíneas])
     LOAD
          [Fecha de Inicio],
          If(Len([Fecha de Fin]) < 1,
          Today(1), [Fecha de Fin]) as [Fecha de Fin],
          [%Código Único de Entidad],
          [%ID Tipo de Aerolínea]
     FROM
     [..\3. QVD\Base\Estatus Aerolíneas.qvd]
     (qvd);
```

14. Con el script anterior, simplemente estamos añadiendo un nuevo campo (`%ID Tipo de Aerolínea`) al resultado de la operación `IntervalMatch`. Esto nos deja una tabla que contiene todas las combinaciones posibles de intervalo, `Fecha`, `%Código Único de Entidad` y el valor correspondiente de `%ID Tipo de Aerolínea`.

15. Terminaremos el proceso de transformación uniendo la tabla de intervalos expandidos a la tabla de hechos para que el campo `%ID Tipo de Aerolínea` sea añadido a la misma. Ingrese el siguiente código después del anterior:

```
Left Join (Vuelos)
     LOAD
          Fecha,
          [%Código Único de Entidad],
          [%ID Tipo de Aerolínea]
     Resident [Estatus de Aerolíneas];

Drop Table [Estatus de Aerolíneas];
Drop Field Fecha;
```

16. La operación JOIN se está realizando comparando tanto el campo Fecha como el campo %Código Único de Entidad entre ambas tablas. Al final, ejecutamos una instrucción DROP para borrar de memoria la tabla de Estatus Aerolíneas que no se necesita más. También borramos el campo Fecha de la tabla de Vuelos, ya que solo se requería durante las operaciones de IntervalMatch y JOIN.

17. Ya que se ha desarrollado el proceso de transformación para añadir el nuevo campo de %ID Tipo de Aerolínea a la tabla de hechos, podemos guardar el resultado en un nuevo archivo QVD y borrarlo de RAM con las siguientes dos instrucciones:

```
Store Vuelos into [..\3. QVD\Transformados\Transformación Vuelos.
qvd];
Drop Table Vuelos;
```

Combinando el Order By, Peek e IntervalMatch al mismo tiempo

En las secciones anteriores describimos tres funciones diferentes comúnmente utilizadas para transformación de datos. Ahora presentaremos un caso de uso en donde las tres funciones se complementarán para lograr una tarea específica.

El caso de uso

Sabemos que la función IntervalMatch requiere intervalos cerrados. ¿Qué pasa si lo único que tenemos es una fecha de inicio? Para ilustrar este escenario, vea la siguiente imagen:

%ID Aerolínea	Código de Aerolínea	Aerolínea	%Código Único de Aerolínea	%Código Único de Entidad	%Código de Área de Aerolínea	%ID Tipo de Aerolínea	%Código de Región	Fecha de Inicio
20195	WI	Tradewinds Airlines	WI	6884	10	4	Domestic	2/1/1998
20195	WI	Tradewinds Airlines	WI	16884	10	4	International	2/1/1998
20195	WI	Tradewinds Airlines	WI	6884	10	1	Domestic	1/1/2000
20195	WI	Tradewinds Airlines	WI	16884	10	1	International	1/1/2000
20195	WI	Tradewinds Airlines	WI	6884	10	4	Domestic	1/1/2011
20195	WI	Tradewinds Airlines	WI	16884	10	4	International	1/1/2011
20195	WI	Tradewinds Airlines	WI	6884	10	1	Domestic	1/1/2012
20195	WI	Tradewinds Airlines	WI	16884	10	1	International	1/1/2012

Como se puede observar, el campo `Fecha de Fin` ha desaparecido. Sin embargo, hay una forma de inferir el valor de cierre de intervalo y asignarlo: en base a la fecha de inicio correspondiente al registro siguiente. Es decir, si un registro comienza el 1 de febrero de 1998 y el siguiente comienza el 1 de enero de 2000, significa que el primer intervalo terminó en Diciembre 31 de 1999, ¿cierto?

Para poder calcular la fecha de fin, necesitamos primero ordenar los valores de la tabla para que todos los registros correspondientes estén contiguos, luego acceder mediante la función `Peek()` al valor de inicio del registro siguiente (o anterior, si la tabla se ordena al revés) y restar un día para obtener el valor de `Fecha de Fin`. Después de eso, podremos usar la función `IntervalMatch` para expandir los intervalos.

Para completar este ejercicio, haga uso de la misma tabla de `Estatus de Aerolíneas` que utilizamos en el ejercicio anterior, solo ignore el campo `Fecha de Fin` como si no estuviera ahí. Podrá comparar sus resultados con lo que obtuvimos en la sección anterior.

¡Buena suerte!

Cargas incrementales

Otra importante ventaja de diseñar una arquitectura de datos apropiada es el hecho de que facilita la construcción y mantenimiento de escenarios de carga incremental, que son requeridos muy comúnmente al trabajar con altos volúmenes de datos.

Una carga incremental se usa para transferir datos de una base de datos a otra de manera eficiente y evitar el uso innecesario de recursos (y tiempo). Por ejemplo, suponga que actualizamos nuestra capa de archivos QVD base un lunes por la mañana, extrayendo todas las transacciones del sistema fuente y guardando la tabla en un archivo QVD. La mañana siguiente se necesita actualizar nuestro archivo QVD base para que el documento QlikView final contenga la información más reciente, incluyendo las transacciones generadas en el sistema fuente durante el día previo (después de nuestra última extracción). En ese caso, tenemos dos opciones:

1. Extraer la tabla fuente completa.
2. Extraer solo las transacciones nuevas o modificadas de la tabla fuente y adjuntar esos registros a los que ya tenemos guardados en nuestro archivo QVD base.

La segunda opción es lo que llamamos una **carga incremental**.

El siguiente diagrama muestra el proceso de una carga incremental en un nivel general usando una capa de QVDs base:

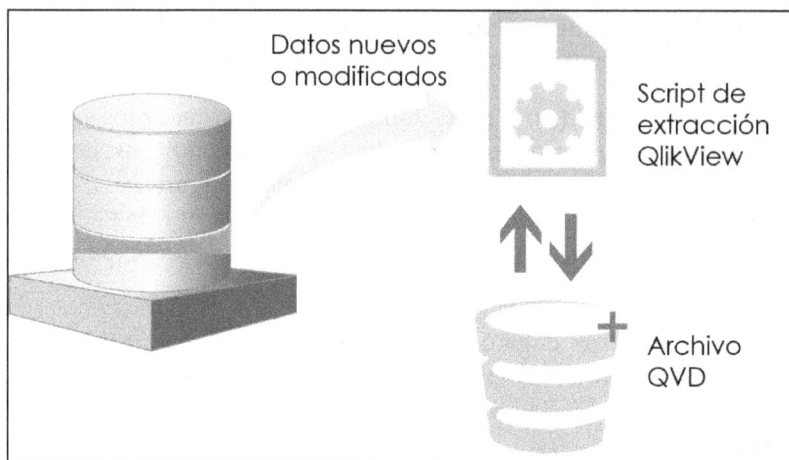

El proceso para llevar a cabo una carga incremental en QlikView varía en complejidad dependiendo de la naturaleza de las transacciones en la tabla fuente. En un nivel general, abordaríamos el escenario siguiendo estos pasos:

1. Primero realizamos una consulta a la base de datos fuente usando una cláusula Where con la lógica apropiada, buscando extraer solo los registros nuevos o actualizados.

2. Una vez que se extrajeron los nuevos registros, podemos adjuntar los que guardamos previamente en el QVD usando la instrucción CONCATENATE.

    ° En esta segunda carga se puede requerir una cláusula Where con la lógica apropiada para que los registros previamente guardados que hayan sido actualizados en la tabla fuente, y por lo tanto extraídos ya en el primer paso de este proceso, no se carguen de nuevo. Al hacer esto, evitaremos inconsistencias en los datos.

3. Finalmente, una vez que ambas tablas se hayan concatenado, guardamos el archivo QVD reemplazando el que teníamos anteriormente.

Un requerimiento básico para que sea posible una carga incremental es que sea posible identificar los registros nuevos o actualizados en la tabla fuente. Podemos identificar fácilmente los registros buscados si la tabla fuente tiene un campo FechaDeModificación o FechaDeCreación (o similar) y este campo guarda la fecha/hora correspondiente para cada registro. Este es normalmente el caso en ambientes productivos pero algunas veces no existe tal campo.

Un ejemplo de script, en pseudocódigo, que realiza el procedimiento arriba
mencionado se muestra a continuación:

```
Let vFechaDeCarga = Num(Now( ));

Tabla:
SQL SELECT
LlavePrimaria,
Campo_A,
Campo_B
FROM Tabla_Fuente
WHERE FechaDeModificación >= $(vUltimaFechaDeCarga)
AND FechaDeModificación < $(vFechaDeCarga);

Concatenate (Tabla)
LOAD
LlavePrimaria,
Campo_A,
Campo_B
FROM NuestroArchivo.QVD
WHERE NOT EXISTS(LlavePrimaria); /* Esta condición WHERE es para
ignorar registros que ya existan en la tabla cargada con el SQL Select
de arriba, que son versiones nuevas de registros existentes.*/

If ScriptErrorCount = 0 then

    STORE Tabla INTO NuestroArchivo.QVD;
    Let vUltimaFechaDeCarga = vFechaDeCarga;

End If
```

En el script presentado usamos dos variables, vFechaDeCarga y
vUltimaFechaDeCarga, para llevar registro de cuándo fue ejecutado por última
vez el script y consultar la base de datos de acuerdo a ello. Estas variables se
guardan como valores numéricos, en lugar de su representación de fecha/hora,
para evitar problemas en cuanto a formatos de fecha. Debemos asegurar que la
base de datos reconozca la comparación sobre FechaDeModificación en formato
numérico o adaptar la variable en consecuencia. También usamos una variable de
sistema, ScriptErrorCount, para asegurar que el archivo QVD y la variable de
vUltimaFechaDeCarga se actualicen solamente cuando el script se haya ejecutado
sin errores.

El procedimiento que acabamos de describir funciona en dos escenarios:

- Cuando la tabla origen se actualiza solo insertando nuevos registros (escenario de *solo inserción*).

- Cuando la tabla origen se actualiza insertando nuevos registros o actualizando registros existentes (escenario de *inserción y actualización*)

Ahora bien, hay un tercer escenario: cuando la tabla fuente se puede actualizar insertando nuevos registros, actualizando registros existentes o borrando registros (escenario de *inserción, actualización y borrado*).

Cuando es posible que en la base de datos se borren registros, aumenta un poco la complejidad del proceso de carga incremental y se pueden requerir más pasos en el mismo. Un método que se podría implementar es realizar una segunda carga de la base de datos fuente, esta vez extrayendo la lista completa de identificadores de registro (llaves primarias) sin el resto de los campos, para después realizar una operación de INNER JOIN con la tabla actualizada (la que resultaría del segundo paso en el proceso descrito arriba) y eliminar así registros borrados antes de guardar el nuevo archivo QVD.

Para este escenario, el siguiente código se debe insertar antes de la estructura If .. Then .. Else en el script presentado previamente como ejemplo:

```
Inner Join SQL SELECT LlavePrimaria FROM Tabla_Fuente;
```

El contar con una lógica de carga incremental en la capa de extracción nos puede ayudar a reducir la cantidad de datos que se transfieren a través de la red de un servidor a otro durante el proceso de extracción. También ayuda a reducir significativamente el tiempo que toma esta extracción.

Cuando implementamos un escenario de carga incremental, es esencial monitorear y validar el proceso para asegurar que la lógica implementada en la extracción sea la apropiada y los datos guardados en QlikView sean consistentes con los guardados en la base de datos fuente.

Resumen

Hemos llegado al final de un capítulo un poco intenso. Esperamos que haya podido seguir los temas y, de no ser así, le recomendamos regresar a leer esas secciones que le resultaron más difíciles para que pueda comprender por completo los conceptos.

En este capítulo, aprendimos la importancia de tener una arquitectura de datos bien diseñada. También aprendimos a cargar datos de otro documento QlikView o de tablas previamente cargadas a RAM, y a utilizar algunas funciones de agregación.

Aprendimos cómo ordenar tablas durante una carga, cómo calcular campos en base a registros previamente cargados, cómo trabajar con dimensiones lentamente cambiantes para incorporar esas tablas en el modelo de datos asociativo y, finalmente, el proceso general para hacer una carga incremental.

En el *Capítulo 13, Más sobre Diseño Visual y Experiencia de Usuario*, continuaremos explorando algunas funcionalidades que nos pueden ayudar a mejorar la experiencia del usuario en nuestras aplicaciones.

13
Más sobre Diseño Visual y Experiencia de Usuario

En el *Capítulo 6, Construyendo Dashboards*, exploramos varios objetos de hoja y aprendimos cómo crear y configurar estos objetos. Este capítulo profundizará más en el tema, no buscando solamente desarrollar más competencias técnicas, sino también proporcionar algunas reglas básicas que le ayudarán a crear buenas aplicaciones QlikView.

Este capítulo consiste en dos secciones. La primera sección se enfoca en algunas mejores prácticas para la creación de una interfaz de usuario consistente.

La segunda sección explora algunas formas de añadir interactividad adicional a las aplicaciones QlikView.

Creando una interfaz de usuario consistente

La interfaz de usuarios, que incluye el idioma, diseño y acomodo de objetos, debe ser lo más consistente posible. Una interfaz consistente hace que la navegación sea más fácil y predecible para el usuario, y les ayuda a tener un mejor entendimiento de cómo funciona la aplicación y sentirse más en control.

Entender al usuario final y su objetivo

Antes de comenzar a diseñar un documento QlikView y la interfaz de usuario, es clave que primero entienda a los usuarios finales y sus objetivos. Solo cuando esté familiarizado con el objetivo de la aplicación podrá diseñar una interfaz que ayudará a los usuarios a lograr sus objetivos.

Un ejemplo de algo que ayuda a lograr tener una interfaz consistente, y que hemos visto mientras construimos nuestro documento, es posicionar los objetos en la misma ubicación en todas las hojas en donde son utilizados. Si, por ejemplo, el cuadro de selecciones actuales siempre está en el mismo lugar, el usuario sabrá inmediatamente dónde buscarlo al cambiar de una hoja a otra. La funcionalidad de objetos enlazados es la mejor forma de asegurar esto.

Resolución de pantalla

Una de las principales cosas que se deben evitar al diseñar un documento QlikView es crear un cuadro de mando que ocupe más espacio que lo que se ve en la pantalla de un usuario, ya que esto hace que el usuario tenga que utilizar las barras de desplazamiento para ver la información.

> Si, por cualquier razón, necesita crear un cuadro de mando que ocupe más espacio que lo que está disponible en pantalla, es importante tomar en cuenta que el desplazamiento vertical es más apropiado que el desplazamiento horizontal. La mayoría de los usuarios estarán acostumbrados al desplazamiento vertical por sus navegadores web.

La forma más fácil de prevenir esto es averiguar la resolución de pantalla que utilizan los usuarios en sus equipos. Si hay más de una resolución común, se recomienda utilizar el común denominador menor. Conociendo esta resolución, puede diseñar sus hojas y documentos de forma que quepan en ese espacio.

> Si su resolución de pantalla no coincide con la que tienen los usuarios puede usar la opción de **Ver | Restablecer Ventana** de la barra de menús para ajustar la ventana de QlikView a la resolución deseada.

Imagen de Papel Tapiz

Una manera de dar a sus documentos un aspecto consistente en cada hoja (e incluso a través de varios documentos) es usar una imagen de papel tapiz. Normalmente, se usan imágenes de fondo con paneles predefinidos para indicar dónde se pueden colocar los objetos. La siguiente imagen muestra un ejemplo de imagen de fondo:

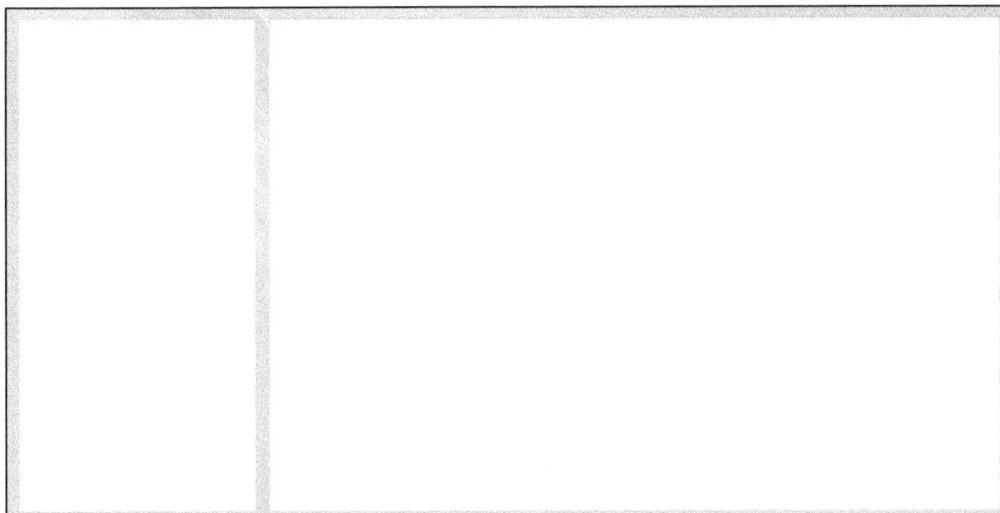

La imagen previa tiene bordes gruesos. Con el fin de reducir pixeles innecesarios, podría convenir usar una imagen de fondo un poco más minimalista en sus propios diseños.

Al definir una imagen de fondo, ya sea a nivel documento o a nivel hoja, es recomendable configurar las siguientes propiedades:

- **Formato de Imagen** se debería dejar con la opción **Sin Ajustar**.
- La opción de **Horizontal** debería estar en **Izquierda**.
- La opción de **Vertical** debería estar en **Superior**.
- En **Color de Fondo** se debería definir un color que coincida con la imagen de fondo, de manera que las orillas de la ésta armonicen con el resto del espacio de fondo.

QlikView Developer Toolkit

Para crear una imagen de fondo se puede usar un editor de imágenes como Photoshop. Si no tiene acceso a un editor de imágenes, o si simplemente no tiene inclinaciones artísticas, la instalación del programa QlikView incluye un kit de herramientas que le puede servir. Este kit se puede encontrar en `C:\Archivos de Programa\ Ejemplos\Developer Toolkit` e incluye cerca de 100 imágenes de papel tapiz predefinidas que puede usar en sus documentos QlikView.

Vale la pena remarcar que se pueden utilizar múltiples imágenes de fondo para cumplir con lo que se requiere en las diferentes hojas de un mismo documento. Por ejemplo, puede usar una imagen de fondo con dos paneles horizontales en su hoja de cuadro de mando, mientras la hoja de análisis usa una imagen de fondo con tres paneles verticales.

Plantillas

Aunque usar imágenes de fondo puede ser un paso significativo hacia la estandarización del aspecto en un documento QlikView, cuando realmente se quiere estandarizar –por ejemplo, forzar una imagen institucional- lo que se necesitan son plantillas.

Una plantilla se guarda en un archivo externo con formato XML y extensión `.qvt`. Contiene secciones separadas para definición de propiedades de documento, hoja y objetos de hoja. Para cada uno de estos objetos se guardan las propiedades específicas al mismo, así como las propiedades de título, borde e impresión. Incluso se puede guardar solo una parte de las configuraciones; por ejemplo, se puede crear una plantilla con el tipo de fuente del eje de un gráfico, pero ignorando el color de la fuente.

El siguiente diagrama muestra la estructura de un archivo de plantilla. Observe que hay una sección separada para cada tipo de objeto de hoja:

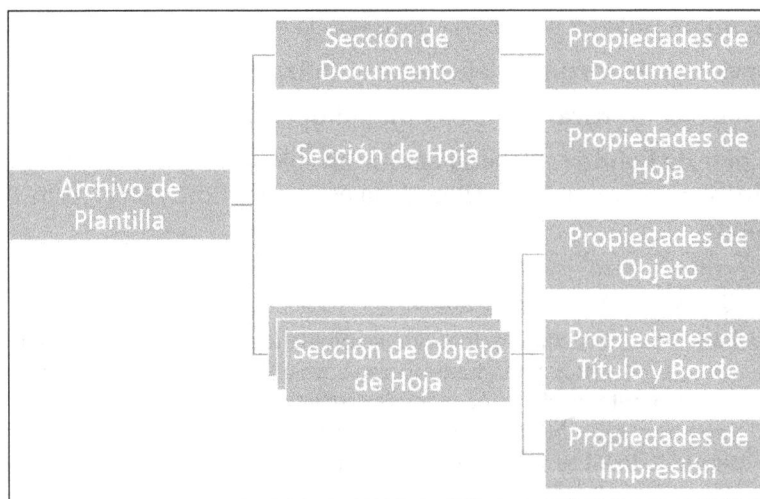

Las plantillas se crean usando el **Asistente de Creación de Plantillas** y pueden contener configuraciones para tantos objetos se deseen, desde una sola propiedad de un solo tipo de gráfico hasta el diseño y aspecto completo de un documento.

Aplicando plantillas

Como los archivos de plantilla guardan propiedades a varios niveles (documento, hoja y objeto), podemos aplicarlas también a varios niveles. Empecemos con un ejemplo práctico que demuestra cómo aplicar una plantilla al documento completo:

1. Abra el archivo `SinPlantilla.qvw` que está guardado en el directorio `4 . Aplicaciones\Ejemplos`.

2. Vaya a **Configuraciones | Propiedades de Documento | Diseño**.

3. Dé clic en el botón de **Aplicar Plantilla** y seleccione el archivo `HighCloudCorporativo_terminado.qvt` de la carpeta `0 . Includes\ Plantillas`.

El resultado será que el documento tiene ahora un estilo similar al que hemos estado usando en nuestros propios documentos. Observe que, entre otras cosas, la imagen de fondo, colores y configuraciones de título cambiaron una vez que aplicamos la plantilla:

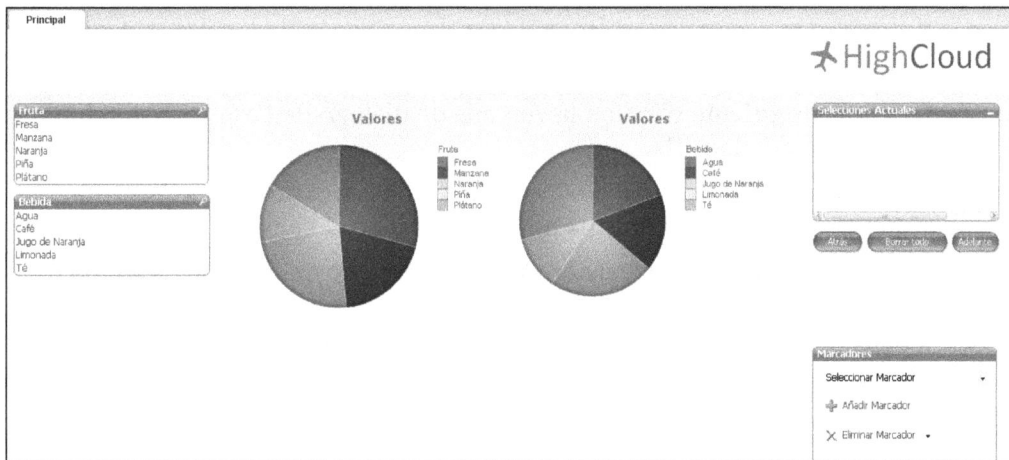

Como se mencionó antes, las plantillas no siempre necesitan ser aplicadas al documento completo. Podemos también aplicar una plantilla a una sola hoja, seleccionando **Configuraciones | Propiedades de Hoja** y dando clic en el botón **Aplicar Plantilla** de la pestaña **General**.

Además, podemos aplicar una plantilla a un solo objeto (o grupo de objetos, si los activamos todos al mismo tiempo) desde la ventana de propiedades de objeto y dando clic al botón de **Aplicar Plantilla** de la pestaña **Diseño**.

Ya que hemos visto cómo aplicar plantillas, veamos ahora cómo crearlas.

Creando Plantillas

Una plantilla siempre se crea copiando las propiedades de un documento, hoja u objeto ya existente. Como ya pasamos algo de tiempo dando estilo a nuestro documento, lo podemos usar como base para crear la plantilla corporativa de HighCloud.

> La creación de plantillas para estilizar un documento completo no es una tarea simple e involucra muchos pasos repetitivos. Para hacer la demostración breve, solo crearemos las secciones de la plantilla correspondientes a documento, hoja y dos tipos de objeto de hoja.

Comenzaremos añadiendo las configuraciones de documento.

Añadiendo configuraciones de documento

Siga estos pasos para crear la primera iteración de nuestra plantilla corporativa de HighCloud en base a las propiedades del documento:

1. Seleccione **Herramientas | Asistente de Creación de Plantillas** de la barra de menús.

2. Dé clic en **Siguiente** para ir a la ventana de diálogo de **Paso 1 – Seleccione un archivo de plantilla**.

3. Asegúrese de que el botón de opción activado sea el de **Nueva Plantilla** y que en la opción de **Plantilla** esté seleccionado el valor **<NINGUNO>**.

4. Dé clic en **Siguiente**, lo cual abrirá una ventana de diálogo para guardar nuestro archivo de plantilla.

5. Navegue a la carpeta de `0. Includes\Plantillas` y nombre el archivo de plantilla como `HighCloudCorporativo`.

6. En la ventana de diálogo de **Paso 2 – Seleccione una fuente**, seleccione **Documento** de la lista desplegable de **Origen** y dé clic en **Siguiente**.

7. Con esto, llegamos a la ventana de diálogo del **Paso 3a – Propiedades específicas del tipo de objeto**, que se muestra en la siguiente imagen. Dependiendo de qué tipo de objeto hayamos elegido, este diálogo mostrará todas las propiedades que podemos exportar al archivo de plantilla.

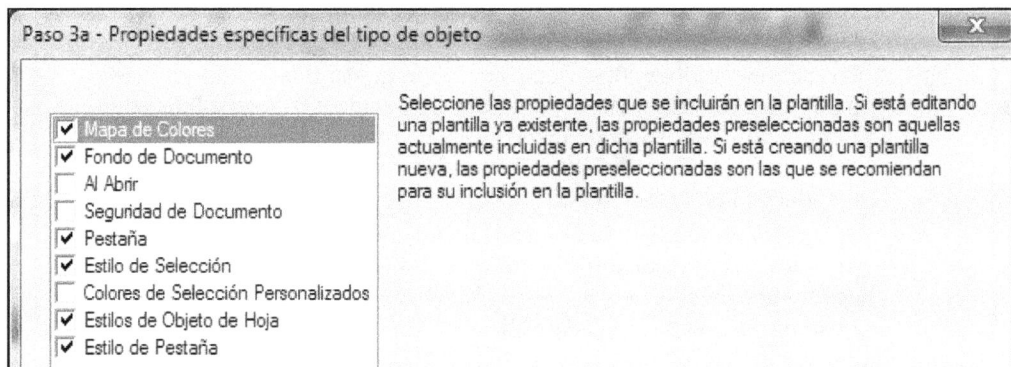

8. Habilite las casillas de la forma en que lo muestra la imagen previa y dé clic en **Siguiente**.

9. Dé clic en **Finalizar** para cerrar el **Asistente de Creación de Plantillas** y guardar la plantilla.

Así, llegamos al final de la ventana de diálogo del **Asistente de Creación de Plantillas** para las propiedades del documento. Veamos la última ventana de diálogo del asistente. En la siguiente imagen se muestra la ventana de **Paso 5 – Guardar la plantilla**, y aquí podemos decidir si queremos usar la plantilla recién creada para con ella definir las configuraciones predeterminadas del documento actual o de todos los documentos. Por ahora omitiremos esta opción pero, una vez que haya creado su propia plantilla corporativa, puede ser útil definirla como plantilla predeterminada para todos sus nuevos documentos.

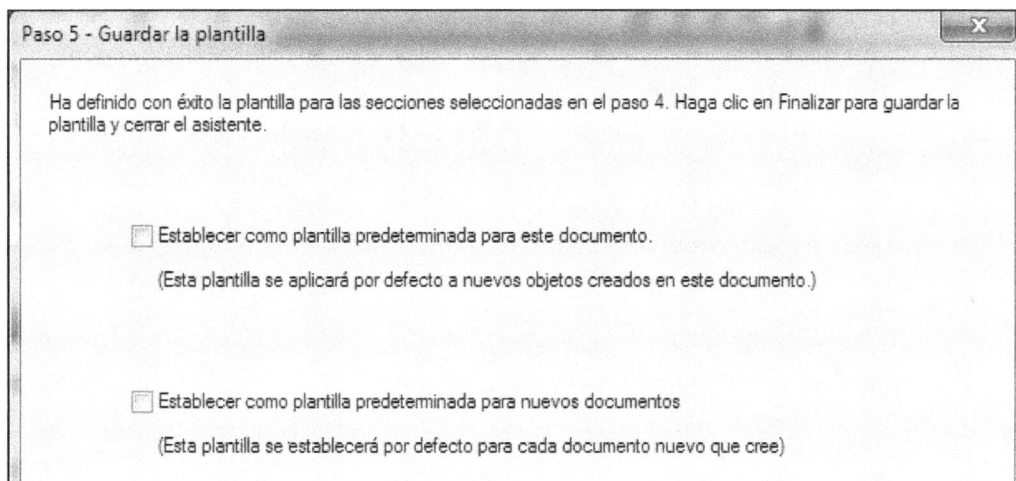

Fuera de estilo

En cualquier momento, podemos redefinir la plantilla predeterminada para el documento seleccionando **Configuraciones | Propiedades de Documento** de la barra de menús y cambiando la opción de la lista desplegable de **Plantilla Predeterminada para Nuevos Objetos** en la pestaña de **Presentación**.

Para redefinir la plantilla predeterminada para todo nuevo documento, seleccione **Configuraciones | Preferencias de Usuario** de la barra de menús y cambie la opción de la lista desplegable de **Plantilla Predeterminada** en la pestaña **Diseño**.

Ahora que hemos añadido las propiedades de documento a nuestra plantilla, en la siguiente sección añadiremos las propiedades de hoja.

Añadiendo propiedades de hoja

Sigamos estos pasos para añadir las propiedades de hoja a nuestra plantilla:

1. Seleccione **Herramientas | Asistente de Creación de Plantillas** de la barra de menús y dé clic en **Siguiente** para abrir la ventana de diálogo del **Paso 1 – Seleccione un archivo de plantilla**.

2. Active el botón de opción correspondiente a **Modificar la Plantilla Existente** y seleccione **Examinar** de la lista desplegable.

3. Seleccione el archivo `HighCloudCorporativo.qvt` que creamos previamente y dé clic en **Siguiente** para abrir la ventana del **Paso 2 – Seleccione una fuente**.

4. De la lista desplegable de **Origen**, seleccione **Hoja Document\SH03 – Cuadro de Mando**. (El identificador de Hoja, `SH03` en este ejemplo, puede ser distinto en su documento).

5. Dé clic en **Siguiente** para llegar al **Paso 3a – Propiedades específicas del tipo de objeto**.

6. Como podemos ver en la siguiente imagen, los objetos listados en esta ventana de diálogo son distintos a los que se listan cuando manejamos la plantilla a nivel documento. Así mismo, observe que las opciones que aparecen seleccionadas son las que están ya incluidas en la plantilla, ya que estamos modificando una plantilla existente. Estas opciones fueron heredadas de las propiedades de nivel documento.

Paso 3a - Propiedades específicas del tipo de objeto   ✕

☐ Mapa de Colores
☐ Zoom de Hoja
☑ Fondo de Hoja
☐ Permisos de Hoja
☑ Pestaña de Hoja

Seleccione las propiedades que se incluirán en la plantilla. Si está editando una plantilla ya existente, las propiedades preseleccionadas son aquellas actualmente incluidas en dicha plantilla. Si está creando una plantilla nueva, las propiedades preseleccionadas son las que se recomiendan para su inclusión en la plantilla.

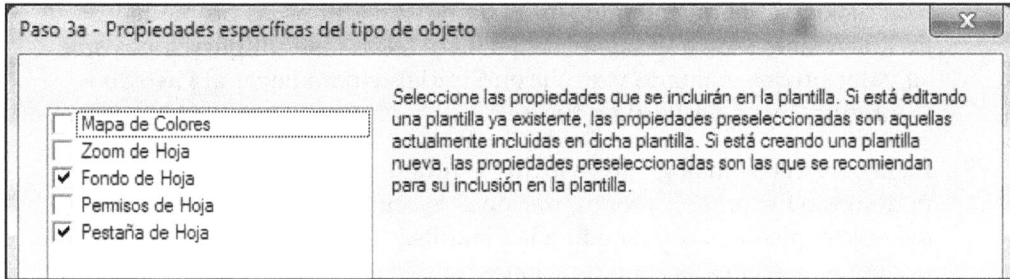

7. Habilite las casillas correspondientes a **Mapa de Colores** y **Zoom de Hoja** y dé clic en **Siguiente**.

8. Dé clic en **Finalizar** para cerrar el asistente y añadir las propiedades de hoja a la plantilla de HighCloudCorporativo.qvt.

Añadiendo propiedades de objeto de hoja

Ya que añadimos las propiedades de hoja a nuestra plantilla, añadiremos las propiedades para dos objetos de hoja: el cuadro de lista y el gráfico de tarta. Primero, añadiremos las propiedades correspondientes al gráfico de tarta siguiendo estos pasos:

1. Seleccione **Herramientas | Asistente de Creación de Plantillas** de la barra de menús y dé clic en **Siguiente** para abrir la ventana de diálogo del **Paso 1 – Seleccione un archivo de plantilla**.

2. Active el botón de opción correspondiente a **Modificar la Plantilla Existente** y seleccione **Examinar** de la lista desplegable.

3. Seleccione el archivo HighCloudCorporativo.qvt con que hemos estado trabajando en los ejercicios previos y dé clic en **Siguiente** para llegar al **Paso 2 – Seleccione una fuente**.

4. Del menú desplegable de **Origen**, seleccione el objeto **Gráfico Document\ CH14 – Participación de Mercado**. (El identificador de objeto, CH14 en este ejemplo, puede ser distinto en su documento).

5. Habilite las tres casillas dentro de la sección de **Grupos de Propiedades: Específico de Tipo de Objeto, Título y Borde** y **Configuraciones de Impresión**.

6. Dé clic en **Siguiente** para llegar al **Paso 3a – Propiedades específicas del tipo de objeto**.

7. Este diálogo es el mismo que vimos cuando añadimos las propiedades de documento y de hoja a la plantilla. Deje todas las configuraciones en su valor predeterminado y dé clic en **Siguiente** para llegar al **Paso 3b – Configuraciones de Título y Borde**.

8. En la ventana de diálogo de **Paso 3b - Configuraciones de Título y Borde**, podemos seleccionar las configuraciones relacionadas con el título y borde del objeto que deseamos añadir a la plantilla. Como veremos más adelante, podemos aplicar estas configuraciones no solo al tipo de objeto que estamos añadiendo a la plantilla, sino también a otros objetos. En la práctica, esto quiere decir que cuando creamos una plantilla para un documento completo solo necesitaremos añadir estas propiedades dos veces: una vez para objetos con título, como los cuadros de lista, y otra para objetos sin título, como gráficos.

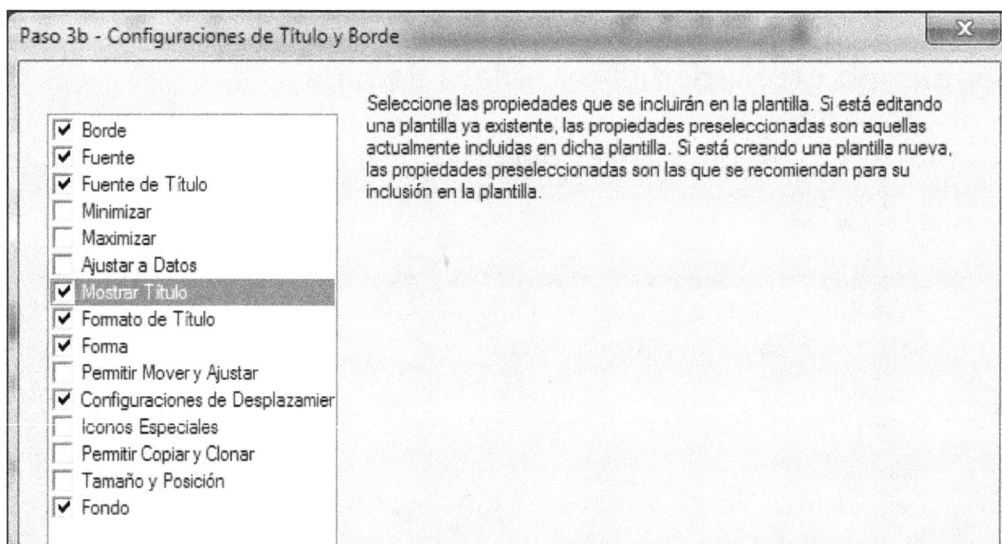

9. Habilite la casilla de **Mostrar Título** para asegurar que las configuraciones de título se incluyan en la plantilla.

10. Dé clic en **Siguiente** para llegar al **Paso 3c – Configuraciones de Impresora**.

11. Deje todas las configuraciones en su valor predeterminado y dé clic en **Siguiente** para llegar al **Paso 4 – Inserción de propiedades en la plantilla**.

En esta ventana de diálogo, que se muestra en la siguiente imagen, podemos especificar a qué tipos de objeto deseamos aplicar las configuraciones de **Título & Borde** e **Imprimir**.

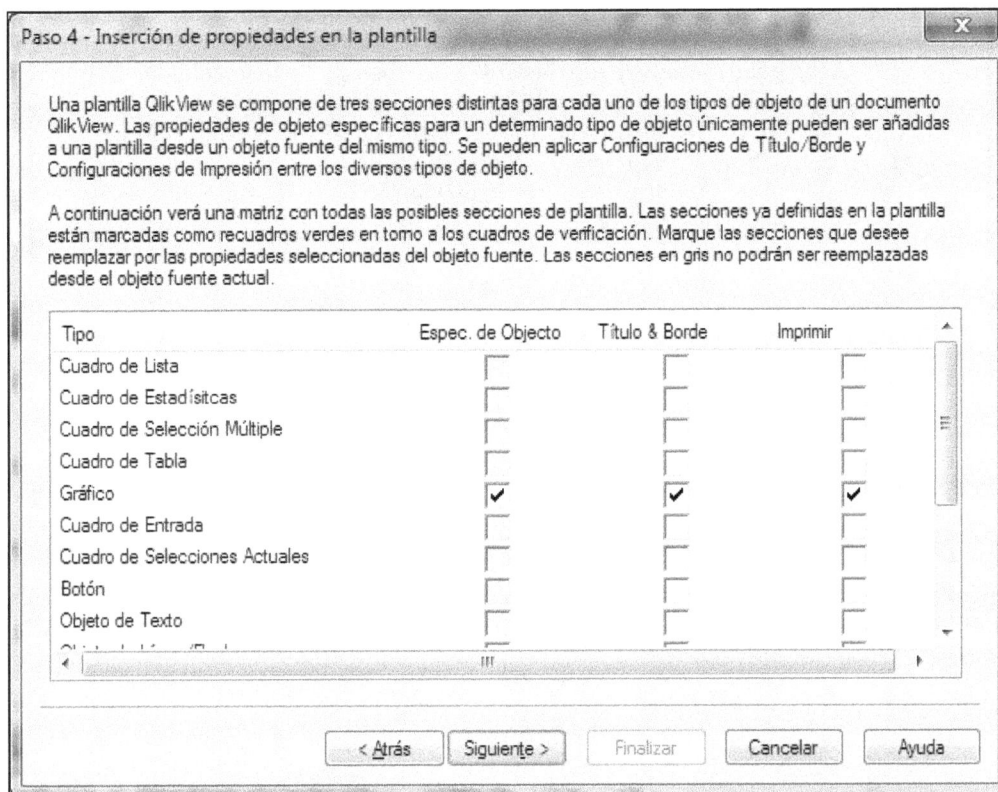

Sigamos estos pasos para añadir las configuraciones de **Título & Borde** e **Imprimir** a todos los objetos que requieren un aspecto similar al de nuestro objeto fuente.

1. En la columna de **Título & Borde**, seleccione el **Botón, Objeto de Línea/ Flecha, Objeto Calendario/Deslizador, Contenedor, Gráfico** y **Objeto de Búsqueda**. Ninguno de estos objetos requiere una barra de título de forma predeterminada.

2. En la columna de **Imprimir**, seleccione todos los objetos para aplicar la misma configuración de impresión a cada uno.

3. Dé clic en **Siguiente** y después en **Finalizar** para guardar la plantilla.

Hemos añadido las propiedades para el gráfico de tarta a nuestra plantilla, la cual ya contenía las propiedades de nivel documento y hoja.

Plantillas separadas para distintos objetos

Como puede observarse en la ventana de diálogo de **Inserción de propiedades en la plantilla**, la configuración para todos los tipos de gráfico se guarda en un solo tipo de objeto (**Gráfico**). Esto puede hacer difícil aplicar configuraciones diferentes a tipos de gráfico distintos. Por ejemplo, se complica aplicar configuraciones como mostrar rejilla en gráficos de línea pero ocultarla en gráficos de barra. Para esto, lo más sencillo es crear archivos de plantilla separados para cada uno de los objetos de gráfico.

Ejercicio Individual

Es probable que ya haya identificado el patrón que se sigue al crear y añadir configuraciones a un archivo de plantilla, por lo que es un buen momento para un ejercicio individual. Aún necesitamos añadir las propiedades correspondientes al cuadro de lista a nuestra plantilla, para lo cual nos basaremos en el cuadro de lista de **Tipo de Vuelo**. Preste especial atención a la configuración de **Mostrar Título** ya que queremos asegurar que cada cuadro de lista despliegue una barra de título. Además de aplicar al cuadro de lista, aplique las propiedades definidas para **Título & Borde** también a los siguientes objetos:

- Cuadro de Estadísticas
- Cuadro de Selección Múltiple
- Cuadro de Tabla
- Cuadro de Entrada
- Cuadro de Selecciones Actuales
- Objeto Marcador

Si puede completar este ejercicio de manera exitosa, entonces ya cuenta con todas las habilidades necesarias para crear y modificar sus propias plantillas.

Puede probar su nuevo archivo de plantilla aplicándolo al archivo `SinPlantilla.qvw` que usamos previamente en este capítulo.

Interactividad Adicional

Además del estilo de un documento QlikView, la forma en que la aplicación responde a la interacción con el usuario también es crítica para asegurar una experiencia de usuario positiva. Convenientemente, la mayor parte de la interactividad en la aplicación ya está incorporada en los cuadros de lista, gráficos, etc., pero aún hay algunas opciones que le pueden ayudar a pulir aún más sus documentos.

Primero exploraremos cómo podemos hacer que QlikView responda a ciertos eventos usando disparadores y acciones. Después, veremos cómo podemos crear una expresión de búsqueda avanzada que nos permita buscar datos de una manera flexible. Así mismo, veremos cómo usar estas expresiones de búsqueda avanzada para enviar alertas cuando se cumplan ciertas condiciones predefinidas. Terminaremos esta sección viendo como calcular y/o mostrar un objeto de manera condicional.

Disparadores

Usnado disparadores, QlikView nos permite responder a ciertos eventos (por ejemplo, cuando se activa una hoja) con una acción. Los disparadores se pueden definir en varios niveles.

Revise antes de publicar en QlikView Server

No todos los disparadores y acciones están soportados al publicar un documento en QlikView Server. Si su propósito es publicar en QlikView Server, asegúrese de revisar en el Manual de Referencia (incluido con la instalación de QlikView) durante el desarrollo que los disparadores y acciones que está utilizando están soportados, o tome el método práctico y pruébelo con un documento de prueba.

Disparadores de documento

A nivel documento, podemos seleccionar **Procedimientos de Evento de Documento**, **Campo**, o **Variable**. Esto se hace yendo al menú **Configuraciones | Propiedades de Documento** y activando la pestaña **Disparadores**:

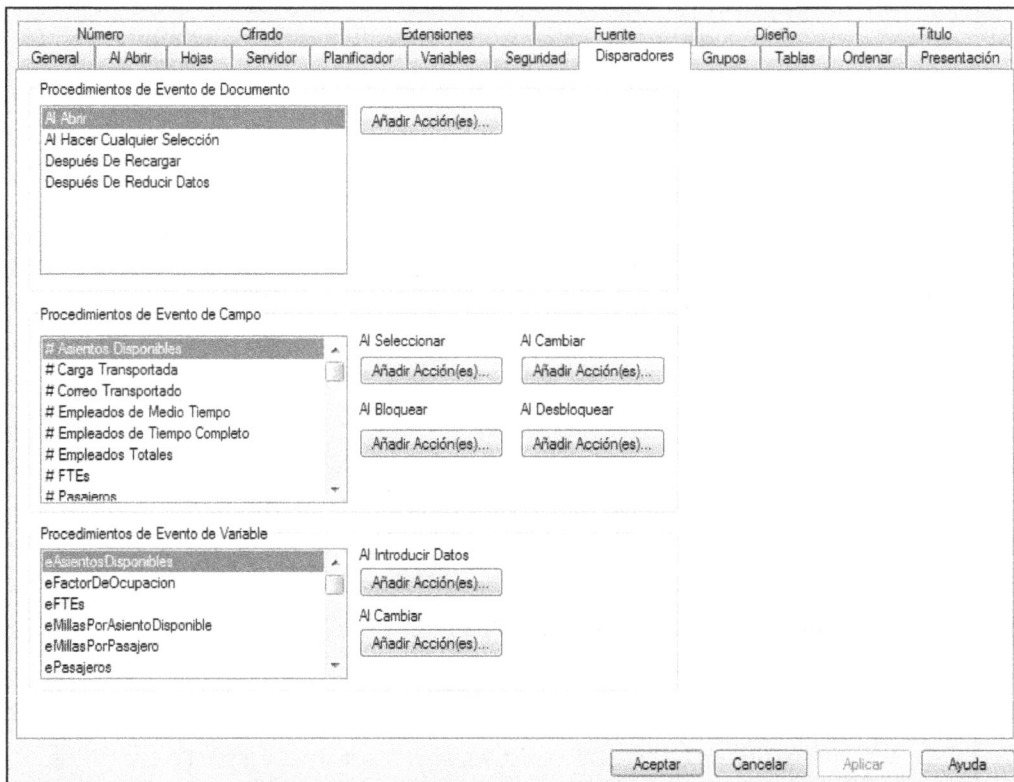

Antes de ver los disparadores individuales, veamos un ejemplo práctico. Siga estos pasos para que se seleccione automáticamente el año 2011 siempre que se abra el documento:

1. Seleccione **Configuraciones | Propiedades de Documento** de la barra de menús y, en la ventana de **Propiedades de Documento**, active la pestaña **Disparadores**.

2. Seleccione **Al Abrir** dentro de la sección de **Procedimientos de Evento de Documento** y dé clic en el botón **Añadir Acción(es)** de esta misma sección.

3. En la ventana de diálogo **Acciones**, dé clic en **Añadir**.

4. En la nueva ventana de diálogo, seleccione la acción **Borrar Todo** y dé clic en **Aceptar**.

5. Dé clic nuevamente al botón **Añadir** en la ventana de **Acciones**.

6. Ahora seleccione la acción **Seleccionar en Campo** y dé clic en **Aceptar**.

7. De vuelta en la ventana de diálogo de **Acciones**, ingrese la palabra Año dentro del cuadro de entrada de **Campo**.

8. En el cuadro de entrada de **Buscar Cadena de Texto**, ingrese 2011.

9. Dé clic en **Aceptar**.

10. Observe que a la opción de **Al Abrir**, dentro de la lista de **Procedimientos de Evento de Documento**, se le ha añadido la indicación de que **<Posee Acción(es)>**. Esto es útil para identificar que ese evento tiene una acción asociada.

11. Dé clic en **Aceptar** para cerrar la ventana de diálogo de **Propiedades de Documento**.

12. En el cuadro de lista de **Año**, seleccione **2009** y **2010**.

13. Seleccione **Archivo | Guardar** de la barra de menús para guardar el documento.

14. Seleccione **Archivo | Cerrar** para cerrar el documento.

15. Abra nuevamente el documento.

Al abrirlo, notará que el documento tendrá seleccionado el año **2011** aun cuando lo guardamos con los años **2009** y **2010** seleccionados. Esto pasa debido a que, al abrir el documento, se dispara el evento **Al Abrir**. Este evento ejecuta a su vez las dos acciones que definimos: primero borra todas las selecciones y después selecciona el año 2011.

Además de disparadores a nivel documento, también podemos definir disparadores en campos y variables. En la siguiente tabla se muestran todos los disparadores que se pueden definir en la ventana de **Propiedades de Documento**:

Tipo de Disparador	Disparador	Descripción
Evento de documento	Al Hacer Cualquier Selección	Este evento se ejecuta cuando se hace una selección en cualquier campo del documento QlikView
	Al Abrir	Este evento se ejecuta cuando el documento es abierto. Este disparador no funcionará cuando se abra el documento por medio del cliente AJAX.

Tipo de Disparador	Disparador	Descripción
	Después de Reducir Datos	Este evento se dispara cuando se ejecuta el comando de Reducir Datos.
	Después de Recargar	Este evento se dispara cuando el documento QlikView se recarga.
Evento de campo	Al Seleccionar	Este evento se dispara al realizar cualquier selección en el campo especificado.
	Al Cambiar	Este evento se dispara cuando la selección en el campo especificado es cambiada debido a una selección en otro campo.
	Al Bloquear	Este evento se dispara cuando el campo especificado es bloqueado.
	Al Desbloquear	Este evento se dispara cuando el campo especificado es desbloqueado.
Evento de variable	Al Introducir Datos	Este evento se dispara cuando un nuevo valor para la variable se ingresa directamente (en un cuadro de entrada, por ejemplo).
	Al Cambiar	Este evento se dispara cuando el valor de la variable cambia debido al cambio en otra variable o en el estado de selección.

Disparadores de Hoja

Además de los disparadores arriba descritos, existen los disparadores a nivel hoja. Para crear estos disparadores, seleccione **Configuraciones | Propiedades de Hoja | Disparadores** de la barra de menús, como se muestra en la siguiente imagen. Podemos asociar acciones a estos dos eventos:

- **Al Activar Hoja** se dispara cuando la hoja en cuestión es activada.

- **Al Abandonar Hoja** se dispara cuando la hoja pasa de estar activa a estar inactiva.

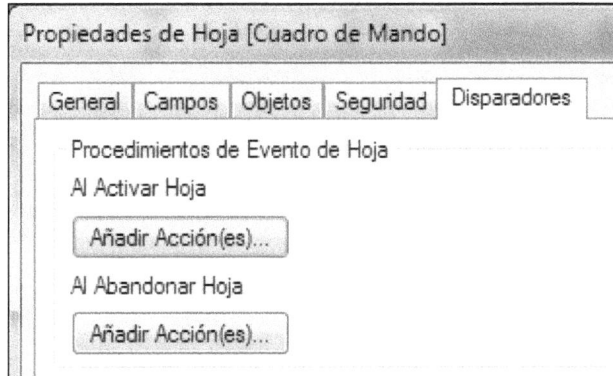

Ya que hemos visto cómo funcionan los disparadores, veamos qué acciones podemos asociar a ellos.

Acciones

A lo largo de este libro, hemos usado acciones en varios lugares y objetos; por ejemplo, al crear los botones de Atrás, Adelante y Borrar Selecciones. Exploremos con más detalle lo que las acciones nos permiten realizar.

Además de asociar acciones a los disparadores de hoja o documento, es posible hacerlo a los siguientes objetos:

- Botones
- Objetos de Texto
- Gráficos de Indicador
- Objetos de Línea/Flecha

Como ya hemos visto, desde la ventana de diálogo de **Acciones** es posible añadir una acción dando clic en el botón de **Añadir**, que se muestra en la siguiente imagen. Para borrar una de las acciones, simplemente se debe seleccionar y dar clic en el botón **Eliminar**. Los botones de **Ascender** y **Descender** se usan para cambiar la secuencia en que las acciones son ejecutadas.

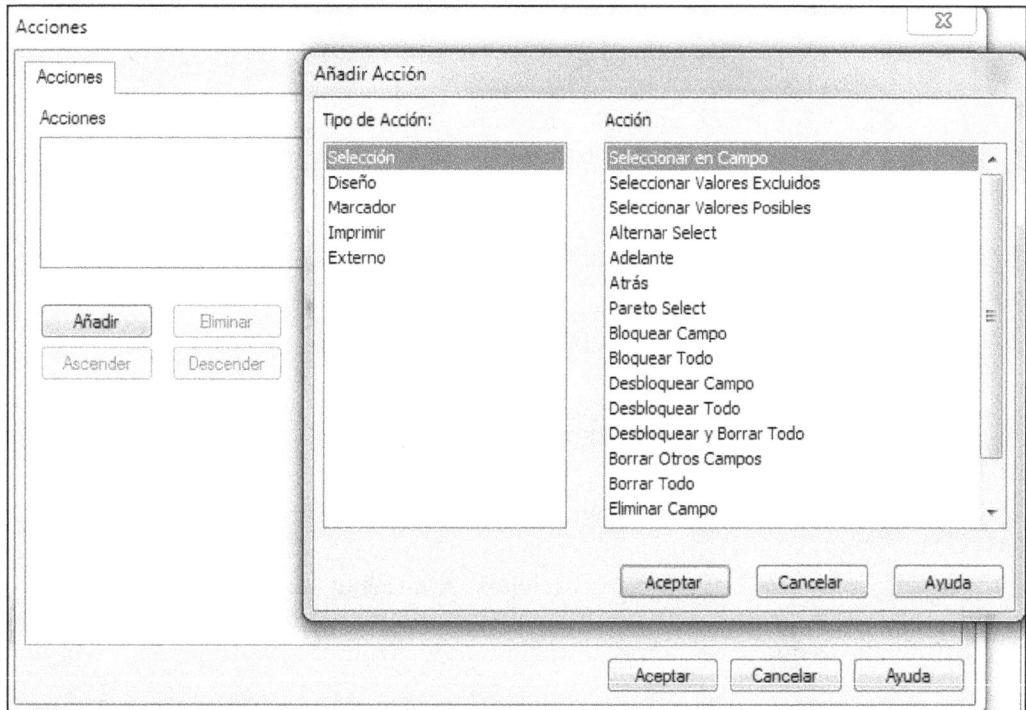

Cuando damos clic en el botón de **Añadir** se abre la ventana de diálogo de **Añadir Acción**. En esta ventana podemos elegir la acción a ejecutar y podemos filtrar el listado por el **Tipo de Acción** correspondiente.

Referenciando hojas y objetos de hoja

Las acciones que realizan una operación en una hoja u objeto, como un gráfico, reporte o marcador, harán referencia al mismo a través de su identificador correspondiente. Este identificador normalmente se encuentra en la pestaña **General** de la ventana de propiedades del objeto, como se observa en la siguiente imagen. Se recomienda asignar identificadores entendibles y predecibles de manera que se facilite el proceso de definir acciones.

Propiedades de Hoja [Cuadro de Mando]

General | Campos | Objetos | Seguridad | Disparadores

Título
Cuadro de Mando

Alternar Estado
<heredado>

ID de Hoja
SH03

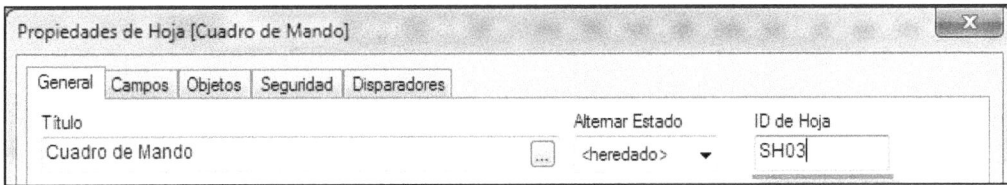

La siguiente tabla lista todas las acciones, agrupadas por tipo de acción, y describe su función correspondiente:

Tipo de Acción	Acción	Descripción
Selección	Seleccionar en Campo	Selecciona el/los valor(es) especificados.
	Seleccionar Valores Excluidos	Selecciona el/los valor(es) excluidos (color gris) en el campo especificado.
	Seleccionar Valores Posibles	Selecciona el/los valor(es) posibles en el campo especificado.
	Alternar Select	Sirve para alternar entre la selección actual y un estado de selección en donde se añaden a la selección actual los valores de campo especificados.
	Adelante	Navega un paso adelante en la selección. Esto es solo posible cuando se ha navegado atrás uno o más pasos.
	Atrás	Navega en la selección un paso atrás.
	Pareto Select	En base a una expresión especificada, selecciona los valores de campo que concentran un determinado porcentaje relativo al total.
	Bloquear Campo	Bloquea la selección en el campo especificado.
	Bloquear Todo	Bloquea las selecciones en todos los campos.
	Desbloquear Campo	Desbloquea la selección en el campo especificado.
	Desbloquear Todo	Desbloquea las selecciones en todos los campos.
	Desbloquear y Borrar Todo	Desbloquea las selecciones en todos los campos y al mismo tiempo borra todas las selecciones.
	Borrar Otros Campos	Borra las selecciones en todos los campos excepto en uno especificado.

Tipo de Acción	Acción	Descripción
	Borrar Todo	Borra las selecciones en todos los campos.
	Eliminar Campo	Borra las selecciones en el campo especificado.
	Copiar Contenidos de Estado	Copa las selecciones de un estado (origen) a otro estado alterno (destino). Esta opción solo está visible cuando se han definido estados alternos en el documento.
	Intercambiar Contenidos de Estado	Intercambia las selecciones entre dos estados alternos. Esta opción solo está visible cuando se han definido estados alternos en el documento.
Diseño	Activar Objeto	Activa el objeto especificado.
	Activar Hoja	Activa la hoja especificada.
	Activar Hoja Siguiente	Activa la hoja que se encuentra a la derecha de la hoja activa. Se recomienda usar **Activar Hoja** en lugar de esta acción, ya que durante el desarrollo se puede cambiar la posición de las hojas propiciando resultados inesperados.
	Activar Hoja Anterior	Activa la hoja que se encuentra a la izquierda de la hoja activa. Se recomienda usar la acción de Activar Hoja en lugar de esta acción.
	Minimizar Objeto	Minimiza el objeto especificado.
	Maximizar Objeto	Maximiza el objeto especificado.
	Restaurar Objeto	Restaura el objeto especificado.
	Fijar Nombre de Estado	Asigna un estado alterno al objeto especificado. Esta opción solo es visible cuando se han definido estados alternos en el documento.
Marcador	Aplicar Marcador	Aplica el marcador especificado.
	Crear Marcador	Crea un marcador nuevo en base a las selecciones actuales.
	Reemplazar Marcador	Reemplaza el marcador especificado con el estado de selección actual.
Imprimir	Imprimir Objeto	Imprime el objeto especificado a la impresora especificada (o en su caso a la impresora predeterminada).

Tipo de Acción	Acción	Descripción
	Imprimir Hoja	Imprime la hoja especificada.
	Imprimir Informe	Imprime el reporte especificado a la impresora especificada (o en su caso a la impresora predeterminada).
Externo	Exportar	En base a las selecciones aplicadas, se exportan los datos de los campos especificados a un archivo o al portapapeles.
	Lanzar	Abre una aplicación externa.
	Abrir URL	Abre una dirección URL en el navegador web predeterminado.
	Abrir Documento QlikView	Abre otro documento QlikView. Con esta acción, es posible transferir las selecciones del documento actual al nuevo, habilitando la opción de **Estado de Transferencia**.
	Ejecutar Macro	Ejecuta una macro.
	Establecer Variable	Cambia el valor de una variable al valor especificado.
	Mostrar Información	Muestra la información asociada (cargada mediante la instrucción INFO o BUNDLE LOAD) para el campo especificado.
	Cerrar este Documento	Cierra el documento.
	Ejecutar Script	Ejecuta una recarga del documento.
	Actualización Dinámica	Ejecuta una instrucción de actualización dinámica de datos.

A continuación, exploraremos con mayor detalle una forma de usar expresiones de búsqueda avanzada para realizar búsquedas más detalladas.

Expresiones de Búsqueda Avanzada

Hemos estado utilizando principalmente cadenas de texto al realizar búsquedas en los cuadros de lista. Aunque este tipo de búsqueda es suficiente en casi todos los casos, algunas veces se necesita que la búsqueda sea un poco más específica y tal vez incluso basada en cálculos. Es para esto que utilizamos expresiones de **búsqueda avanzada**.

Abordemos el tema con un ejemplo práctico. Como HighCloud aún está en proceso de decidir cuál(es) de las ciudades de Estados Unidos incluir en su red, sus analistas quieren monitorear las ciudades destino en base a los siguientes criterios:

- Ciudades a que han arribado vuelos originados fuera de Estados Unidos.

- Solo ciudades de Estados Unidos.

- Que su factor de ocupación global sea mayor o igual a 80%.

Siga estos pasos para crear la expresión de búsqueda que necesitamos:

1. Ubique el cuadro de selección múltiple de **Información de Vuelos** y dé clic en el campo de **Ciudad Destino** correspondiente para desplegar su lista de valores.

2. Dé clic derecho en cualquier valor de la lista y seleccione la opción **Búsqueda Avanzada** del menú contextual.

3. En el cuadro de entrada de **Buscar Expresión**, ingrese la siguiente expresión:

```
=[País Origen] <> 'United States' and
 [País Destino] = 'United States' and
 $(eFactorDeOcupacion) >= 0.8
```

4. Dé clic en **Enviar** para aplicar la selección y después en **Cerrar** para salir de la ventana de diálogo de **Búsqueda Avanzada**.

Al abrir la lista desplegable de valores de **Ciudad Destino**, podemos ver que se ha aplicado una selección en el campo. Lo que aparece en verde son las ciudades de Estados Unidos con un factor de ocupación de 80% ó más y con vuelos internacionales. Así mismo, podemos ver que el cuadro de **Selecciones Actuales** muestra nuestra expresión de búsqueda, como se observa en la siguiente imagen:

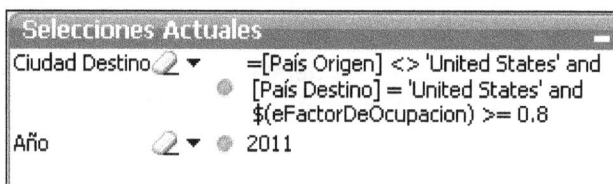

En el ejemplo previo, usamos la ventana de diálogo de **Búsqueda Avanzada** para ingresar la expresión de búsqueda. Si ya tenemos clara la expresión que deseamos ingresar, también es posible seleccionar el cuadro de lista o menú desplegable correspondiente e ingresar la expresión directamente, anteponiéndo a la misma el signo de igual.

Ejercicio Individual

Trate de crear una expresión avanzada que seleccione todas las aerolíneas que tienen entre 70 y 80 porciento de factor de ocupación y que han transportado a más de 10 millones de pasajeros.

> Observe que las expresiones de búsqueda avanzada deben comenzar con el signo de igual (=), de otra forma la expresión será interpretada como simple texto.

Marcadores dinámicos

Las expresiones de búsqueda avanzada son útiles no solo para búsquedas ad hoc. Si creamos un marcador basado en una expresión de búsqueda avanzada, el marcador resultante será dinámico. Esto quiere decir que la expresión de búsqueda es re-interpretada cada vez que se selecciona el marcador.

Veamos cómo funciona lo anterior creando un marcador que seleccione las 10 principales aerolíneas por número de pasajeros.

1. Borre todas las selecciones que estén actualmente aplicadas.

2. Dé clic derecho sobre el cuadro de lista de **Aerolínea** y seleccione **Búsqueda Avanzada**.

3. En el cuadro de entrada de **Buscar Expresión**, ingrese los siguiente:

   ```
   =Rank($(ePasajeros)) <= 10
   ```

4. Dé clic sobre el botón **Enviar** para realizar la búsqueda y revise el cambio en las selecciones del campo **Aerolínea**.

5. Dé clic en **Cerrar** para salir de la ventana de diálogo de **Búsqueda Avanzada**.

6. Seleccione **Marcadores | Añadir Marcador** de la barra de menús

7. Ingrese 10 principales aerolíneas por número de pasajeros como el **Nombre de Marcador**.

8. Marque la opción de **Hacer que el marcador se aplique en la selección actual**.

9. Dé clic en **Aceptar** para guardar el marcador.

Ahora tenemos un marcador que seleccionará las diez aerolíneas con mayor número de pasajeros, en base a las selecciones actuales.

Alertas

QlikView se puede utilizar para explorar los datos de cualquier modo que se desee. Hay ocasiones en las que no queremos hacer toda esa exploración nosotros mimos, sino que queremos ser notificados cuando se cumple alguna condición. Es aquí en donde las alertas resultan útiles.

Una alerta se puede disparar por tres eventos: después de que el documento se abre, después de que el documento se recarga o después de una reducción de datos. La alerta se puede mostrar en un mensaje emergente o enviarse por correo electrónico a uno o más destinatarios.

Antes de ahondar más en el tema, veremos un ejemplo práctico. Configuraremos una alerta que nos notificará con un mensaje emergente cuando el promedio de factor de ocupación para las diez aerolíneas principales sea menor de 85%. Sigamos estos pasos:

1. Seleccione **Herramientas | Alertas** de la barra de menús.

2. Dé clic al botón **Añadir**.

3. En el cuadro de entrada de **Descripción**, ingrese `Factor de ocupación de las 10 aerolíneas principales`.

4. Del menú desplegable de **Marcador**, seleccione **10 aerolíneas principales por número de pasajeros**.

5. En el cuadro de entrada de **Condición,** ingrese `$(eFactorDeOcupacion) < 0.85`

6. En el cuadro de entrada de **Mensaje,** ingrese lo siguiente: `El factor de ocupación promedio ha bajado a menos de 85% para las 10 aerolíneas principales.`

7. Habilite todos los eventos: **Al Abrir, Después de Recargar** y **Después de Reducir.**

8. Dé clic en **Aceptar** para cerrar el diálogo de **Alertas**.

9. Seleccione **Archivo | Guardar** para guardar el documento.

10. Seleccione **Archivo | Cerrar** para cerrar el documento.

11. Abra nuevamente el documento.

Como la condición que especificamos siempre se cumple (el factor de ocupación para las es siempre alrededor de 80%), cuando abramos nuevamente el documento veremos el siguiente mensaje de alerta:

> ⚠ El factor de ocupación promedio ha bajado a menos de 85% para las 10 aerolíneas principales. ✕

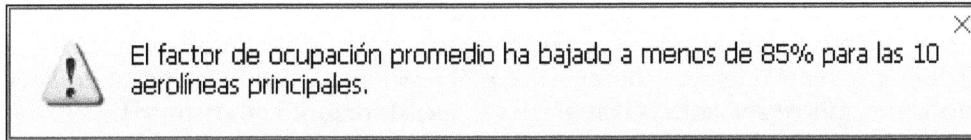

Veamos nuevamente el cuadro de diálogo de **Alertas** para ver con qué otras opciones contamos. Este diálogo se muestra en la siguiente imagen de pantalla:

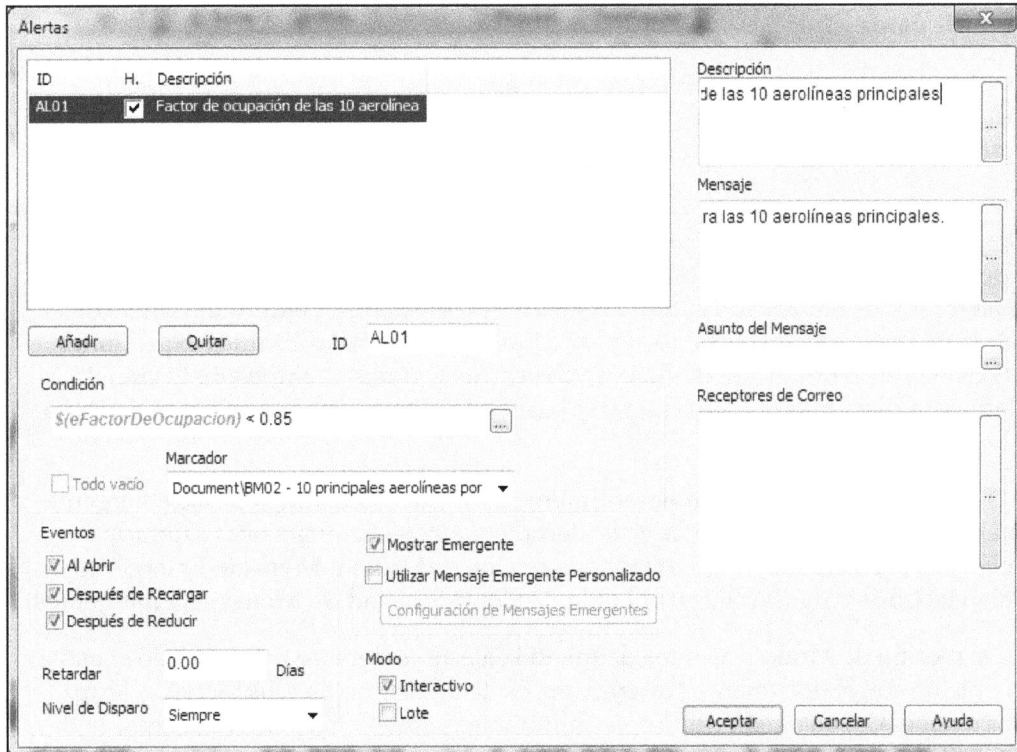

La esquina superior izquierda del diálogo despliega todas las alertas que se han definido. Para cada alerta, se muestra su identificador único (**ID**), una casilla de verificación para habilitarla o deshabilitarla y el campo de **Descripción** de la alerta. Se pueden añadir nuevas alertas o eliminar una ya existente usando los botones de **Añadir** y **Quitar**, respectivamente. El cuadro de entrada de **ID** nos permite asignar un identificador alternativo a una alerta.

El cuadro de entrada de **Condición** es en donde se ingresa la condición a probar. De manera predeterminada, esta condición se prueba considerando el estado de selecciones actual. Podemos ignorar esta configuración marcando la opción de **Todo vacío**, con lo que se evaluará la condición en base al conjunto de datos completo del documento, o especificando un marcador sobre el cual evaluar la condición, como lo hicimos en el ejercicio anterior.

En la sección de **Eventos**, podemos definir cuándo se evalúa la condición de la alerta: después de abrir el documento (**Al Abrir**), **Después de Recargar** o **Después de Reducir datos**.

En el cuadro de entrada de **Retardar** podemos especificar cuántos días esperar después de que una alerta es disparada antes de evaluarla nuevamente. Esto es para evitar recibir la misma alerta constantemente.

Otra opción para suspender el disparo de alertas es el menú desplegable de **Nivel de Disparo**. La opción **Siempre** es la opción predeterminada y significa que la alerta se disparará siempre que se cumpla la condición. Si elegimos **Cambios en el Mensaje**, la alerta se disparará solo cuando los valores de **Mensaje** o **Asunto del Mensaje** cambien. Claro está que ésta opción solo funciona cuando utilizamos expresiones calculadas en la definición de dichos valores. Si elegimos **Cambios de Estado**, la alerta será disparada solo una vez y se suspenderá hasta que la condición de alerta deje de cumplirse.

Al habilitarse la opción de **Mostrar Emergente** se despliega un mensaje emergente cuando se cumple la condición de la alerta. Podemos personalizar el aspecto del mensaje emergente seleccionando la opción de **Utilizar Mensaje Emergente Personalizado** y dando clic en el botón de **Configuración de Mensajes Emergentes**.

En la sección de **Modo** podemos definir si la alerta se debe evaluar cuando el usuario interactúe con el documento (**Interactivo**, es decir, abierto en QlikView Desktop por un usuario) o cuando un proceso automático, como QlikView Publisher, use el documento (**Lote**).

En el cuadro de entrada de **Descripción** podemos definir un nombre o descripción para la alerta. El cuadro de entrada de **Mensaje** contiene el mensaje que se debe desplegar cuando la alerta sea disparada. Ambos opciones se pueden definir usando expresiones.

Además de mostrar mensajes emergentes, una alerta puede también enviar un mensaje por correo electrónico. En esta ventana, se puede definir un **Asunto del Mensaje** y los **Receptores de Correo**.

Para enviar correos desde QlikView Desktop, se requiere definir una cuenta de correo electrónico y el servidor SMTP correspondiente. Esto se hace desde el menú **Configuraciones | Preferencias de Usuarios | Correo**. Al publicarse la aplicación en QlikView Server, hay configuraciones de correo similares que se deben definir mediante la consola de administración de QlikView.

Ya que hemos visto cómo funcionan las alertas, pasemos a revisar cómo podemos desplegar y calcular objetos de manera condicional.

Mostrando y calculando objetos condicionalmente

Durante la construcción de nuestro cuadro de mando, pudimos ver cómo podemos esconder/mostrar condicionalmente un objeto de texto. Como probablemente ya lo ha descubierto, esta funcionalidad no solo aplica para objetos de texto, sino también para cualquier hoja, objeto de hoja, dimensiones y expresiones de gráfico.

Para objetos de hoja, la opción de **Mostrar Condicional** se ubica en la pestaña de **Diseño** del diálogo de propiedades del objeto. Para hojas, se ubica en la pestaña **General** de la ventana de **Propiedades de Hoja**.

Para gráficos, dentro de la ventana de **Propiedades de Gráfico** se puede establecer una condición para mostrar u ocultar dimensiones usando la casilla de verificación de **Habilitar Condicional**, que se encuentra en la pestaña de **Dimensiones**. A las expresiones de gráfico, se les puede también definir una condición para mostrar u ocultarlas utilizando la casilla de **Condicional** correspondiente, que está dentro de la pestaña de **Expresiones**.

El mostrado condicional de objetos puede hacer que los documentos sean más amigables. Por ejemplo, podemos:

- Mostrar alertas visuales para indicar a los usuarios posibles desviaciones o anomalías en los datos.

- Esconder objetos que en base al estado de selecciones actual se desplegarían incorrectamente. Por ejemplo, una hoja que despliega información para una aerolínea individual no se desplegaría correctamente si se selecciona más de una aerolínea.

- Mejorar la interfaz de usuario combinando esta funcionalidad con botones y variables. Por ejemplo, se pueden mostrar y ocultar grupos de objetos dentro de la misma hoja o se puede simular ventanas con mensajes emergentes.

Veamos un ejemplo práctico en el que añadiremos una hoja que sólo será visible cuando se seleccione una única aerolínea:

1. Seleccione **Diseño | Añadir Hoja** de la barra de menús.

2. Utilizando el comando **Diseño | Ascender** o el botón **Ascender** de la barra de herramientas, mueva la nueva pestaña para que esté al lado de la hoja de **Reportes**.

3. Presione *Ctrl + Alt + S* para abrir la ventana de diálogo de **Propiedades de Hoja**.

4. Use la siguiente expresión para el **Título** de la hoja: `= 'Detalles sobre ' & Aerolínea`

5. Dé clic en **Aceptar** para cerrar la ventana de diálogo de **Propiedades de Hoja**.

6. Observe que el texto en la pestaña dice **Detalles sobre**, sin incluir el nombre de una aerolínea. Esto pasa cuando hay más de una aerolínea seleccionada. Sigamos el proceso a continuación para corregir este inconveniente:

7. Presione *Ctrl + Alt + S* para abrir la ventana de diálogo de **Propiedades de Hoja**.

8. En la sección de **Mostrar Hoja**, seleccione el botón de opción **Condicional** e ingrese la siguiente expresión en el cuadro de entrada correspondiente:

   `=Count(DISTINCT [Aerolínea]) = 1`

9. Dé clic en **Aceptar** para cerrar el diálogo de **Propiedades de Hoja**.

La expresión cuenta el número único de aerolíneas que hay seleccionadas por lo que, si el estado de selecciones actual contiene más de una aerolínea, verá inmediatamente que la hoja desaparece. Solo se mostrará la hoja cuando se selecciona una única aerolínea o se hace una selección que resulta en la asociación de una sola aerolínea.

Mostrar todas las hojas y objetos

La combinación de teclas *Ctrl + Shift + S* ignora todas las condiciones de mostrado, haciendo visibles de manera inmediata todas las hojas y objetos escondidos. Este es un comando muy útil que vale la pena recordar durante el desarrollo de aplicaciones. Debe ser muy cuidadoso y deshacer este cambio antes de pasar la aplicación a un ambiente productivo.

Además de mostrar objetos y hojas condicionalmente, también podemos añadir una condición de cálculo a nuestros gráficos. Cuando se define una condición de cálculo en un gráfico, éste solo será calculado por QlikView cuando dicha condición se cumpla. Algunos casos de uso para condiciones de cálculo son:

- Evitar que se calculen gráficos que tienen requerimientos específicos relacionados con el estado de selecciones. Por ejemplo, un gráfico que compara dos aerolíneas se debe calcular solamente cuando hay seleccionadas dos aerolíneas.

- Evitar que se calcule un gráfico que puede llegar a requerir muchos recursos. Por ejemplo, una tabla simple con cientos de miles de filas. Es difícil que un usuario vaya a leer todas esas líneas y este tipo de objetos requiere muchos recursos para ser desplegado, por lo que se recomienda restringir el cálculo.

Veamos un ejemplo relacionado con el segundo caso de uso arriba listado. En la pestaña de **Reportes**, creamos una tabla pivotante que muestra los pasajeros y los vuelos por aerolínea y mes. Veamos cómo podemos usar una condición de cálculo para especificar que el objeto se calcule solo cuando hay seleccionadas menos de 25 aerolíneas:

1. Dé clic derecho en la tabla pivotante de **Número de Pasajeros (millones)** y seleccione **Propiedades** del menú contextual.

2. Active la pestaña **General**.

3. En el cuadro de entrada de **Condición de cálculo**, ingrese la siguiente expresión:

```
Count(DISTINCT [Aerolínea]) <= 25
```

4. Dé clic en el botón de **Mensajes de Error** que aparece más abajo dentro de la misma ventana.

5. En la ventana de **Mensajes de Error Personalizados**, seleccione **La condición de cálculo del objeto no se cumple** de la lista de **Mensajes Estándar**.

6. En el cuadro de entrada de **Mensaje Personalizado**, ingrese: Por favor, seleccione menos de 25 aerolíneas para que esta tabla pivotante pueda ser calculada.

7. Dé clic en **Aceptar** para cerrar la ventana de diálogo de **Mensajes de Error Personalizados**.

8. Dé clic en **Aceptar** para cerrar la ventana de **Propiedades de Gráfico**.

Si tiene más de 25 aerolíneas seleccionadas, en lugar de mostrar la tabla pivotante se mostrará un recuadro blanco con el mensaje de error que definimos. Al seleccionar 25 aerolíneas o menos se recalculará y mostrará automáticamente el objeto.

En esta sección, nos fue posible explorar una gran parte de lo que QlikView nos ofrece en cuando a interactividad adicional. Esto nos lleva al final del capítulo.

Resumen

En este capítulo, aprendimos cómo crear una interfaz de usuario consistente en QlikView, utilizando una resolución de pantalla fija, imagen de papel tapiz y plantillas.

También aprendimos a añadir un grado más de interactividad a nuestros documentos con el uso de disparadores, acciones, expresiones de búsqueda avanzada, marcadores dinámicos, alertas y condiciones de mostrado y cálculo.

En el Capítulo 14, Seguridad, repasaremos un aspecto muy importante en el desarrollo de documentos QlikView: cómo protegerlos apropiadamente y prevenir accesos no permitidos.

14
Seguridad

En los capítulos anteriores, nos hemos enfocado principalmente en extraer datos hacia QlikView para presentarlos en cuadros de mando, hacer análisis y crear reportes. Nuestros documentos no están protegidos y pueden ser abiertos por cualquier persona con acceso a QlikView. Como las aplicaciones QlikView pueden contener grandes volúmenes de información confidencial, en un escenario real el dejar los datos desprotegidos puede ser una situación muy riesgosa.

En este capítulo nos enfocaremos en cómo podemos proteger nuestros documentos QlikView. Primero veremos cómo podemos hacer que partes del script sean accesibles por solo un grupo limitado de desarrolladores. Después, veremos cómo asegurar que solo usuarios autorizados tengan acceso a nuestro documento. Finalizaremos este capítulo explorando formas de definir diferentes permisos para usuarios autorizados y limitar la información con que un usuario puede interactuar una vez concedido el acceso.

De manera puntual, en este capítulo aprenderá:

- Cómo crear un script oculto que solo sea accesible por un grupo de desarrolladores.
- Cómo permitir acceso al documento solamente a usuarios autorizados.
- Cómo limitar lo que un usuario puede hacer y ver en un documento.

¡Es hora de empezar a poner candados!

El script oculto

Cuando se ejecuta un script QlikView, el resultado de las acciones se despliegan en la ventana de **Progreso de Ejecución del Script** y, de estar habilitado, se escriben a un archivo log. Aunque esta funcionalidad es muy útil para ver qué ocurre durante una recarga, algunas veces no se quiere que ciertas cosas (por ejemplo, la carga de las credenciales de acceso) sean visibles a todos. De hecho, algunas veces no se quiere que todos los desarrolladores tengan acceso al script completo. Es aquí en donde el **script oculto** entra en juego.

El script oculto es una parte del script que está protegida por una contraseña. Siempre es la pestaña que está más a la izquierda (y no puede moverse), por lo que se ejecuta antes que el resto del script durante una recarga. Todo lo que sea ejecutado dentro del script oculto no es escrito al archivo log.

> Se puede habilitar que el script oculto se registre también en el archivo log. Esto se hace yendo a la ventana de **Propiedades de Documento** y, dentro de la pestaña **Seguridad**, habilitando la opción de **Mostrar Progreso de Script Oculto**. Tome en cuenta que esto permitirá que cualquier persona use el depurador para examinar paso a paso el código oculto. No se recomienda habilitar esta opción, ya que esto contradice el principal propósito de usar un script oculto.

La siguiente imagen de pantalla muestra la ventana del editor de script:

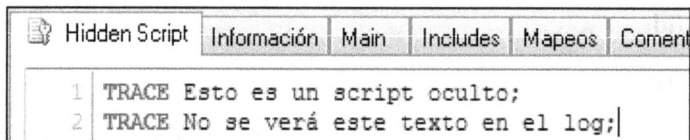

```
 Hidden Script | Información | Main | Includes | Mapeos | Coment
    1 | TRACE Esto es un script oculto;
    2 | TRACE No se verá este texto en el log;
```

Añadamos una pestaña de script oculto a nuestro documento siguiendo estos pasos:

1. Abra el documento de Operación de Aerolíneas.qvw.
2. Acceda a la ventana de **Editor de Script**.
3. Vaya a **Archivo | Crear script oculto** en la barra de menús.
4. Ingrese la contraseña oculto dos veces y dé clic en **Aceptar** para crear el script oculto.
5. En la pestaña de **Hidden Script**, ingrese la siguiente instrucción:
   ```
   TRACE Este es un script oculto;
   ```
6. Guarde el documento y ejecute una recarga.

Observe que la instrucción TRACE no se muestra en el archivo log, debido a que está dentro del script oculto.

Re-abriendo un script oculto

Cuando se ha ingresado una contraseña para el script oculto, esta sección permanece visible en la ventana de **Editor de Script**. El script se vuelve a ocultar cuando se cierra el documento y para poder verlo de nuevo se debe ingresar la contraseña. Para abrir nuevamente el script oculto, seleccione **Archivo | Editar script oculto** de la barra de menús e ingrese la contraseña. De igual manera, tome en cuenta que la contraseña del script oculto no se puede recuperar, por lo que debe asegurarse de guardar la contraseña en un lugar seguro.

En la siguiente sección, veremos cómo podemos usar el script oculto para configurar los permisos de acceso a usuarios.

Sección de acceso

A la configuración de permisos de acceso a usuario en QlikView se le conoce como **sección de acceso** o **section access**, nombrado así por la instrucción de script con la que se define dicha configuración. En la sección de acceso se cargan campos con detalles sobre los permisos de cada usuario. Estos campos se cargan de la misma manera que cualquier otro campo en QlikView y se pueden extraer desde una tabla inline, base de datos o archivo externo.

Más vale guardar que arrepentirse (2)

Se recomienda ampliamente hacer una copia de respaldo del documento QlikView antes de configurar la sección de acceso. Si cualquier cosa sale mal durante la configuración de la sección de acceso, es posible que ya no se pueda abrir el documento de nuevo. ¡Sea cuidadoso!

Además de usar una tabla inline, base de datos o archivo externo, también existe la opción de guardar y mantener la información de sección de acceso dentro de QlikView Publisher. Esta opción no es distinta a guardar un archivo de tabla con la información de sección de acceso en un folder (semi-) compartido o, por ejemplo, en SahrePoint. La información se carga a QlikView como un archivo web.

> Como este libro se enfoca en desarrollo dentro de QlikView Desktop, la opción de guardar configuraciones de seguridad en QlikView Publisher no será cubierta, pero es bueno que la tenga en cuenta.

Comencemos con un ejercicio de ejemplo para proteger nuestro documento QlikView con un usuario y contraseña:

1. Presione *Ctrl + E* para abrir la ventana de **Editor de Script**.

2. Vaya a **Archivo | Guardar todo el Documento como** en la barra de menús.

3. Guarde el archivo como `Operación de Aerolíneas SA.qvw`.

4. Ya que hemos creado una copia separada del archivo, active la pestaña de script oculto.

5. Vaya al menú **Insertar | Sección de Acceso | Inline**.

6. En la ventana de diálogo de **Asistente de Tablas de Restricción de Acceso**, dé clic en la opción de **Tabla de Acceso Básico del Usuario** y dé clic en **Aceptar**.

7. En la ventana de diálogo de **Asistente para Datos Inline**, ingrese los datos de la siguiente tabla:

ACCESS	USERID	PASSWORD
ADMIN	ADMIN	ADMIN123
USER	USUARIO	USUARIO123

8. Dé clic en **Aceptar** para cerrar el **Asistente para Datos Inline**.

Se debe haber generado el siguiente código:

```
Section Access;
LOAD * INLINE [
    ACCESS, USERID, PASSWORD
    ADMIN, ADMIN, ADMIN123
    USER, USUARIO, USUARIO123
];
Section Application;
```

Como se puede observar, el script se inicia con la sentencia `Section Access`, la cual indica a QlikView que se cargarán datos de autorización de usuarios. Los datos de `ACCESS`, `USERID` y `PASSWORD` se cargan usando una tabla inline. El script se finaliza con la sentencia `Section Application`, indicando a QlikView que se continuará con el script regular de la aplicación.

Usamos una pestaña de script oculto para crear la sección de acceso. Cuando en lugar de eso se usa una pestaña regular de script, cualquier usuario que tenga privilegios para ver el script podrá ver las credenciales de usuario en texto (si se usa una tabla inline) o ver la ubicación de los archivos de acceso (si se usa un archivo de tabla externo). Usando un script oculto, podemos limitar quién podrá ver el script de la sección de acceso, añadiendo así una capa extra de seguridad.

Otra punto a remarcar es que todos los nombres de campo y datos se escriben en mayúsculas. Aunque técnicamente no es necesario que los datos cargados desde una tabla inline estén en mayúsculas, si lo es así para datos que se extraigan de una fuente externa para ser usados en la sección de acceso. Para mantener consistencia, es buena idea siempre cargar todos los datos en mayúsculas dentro de la sección de acceso.

Ya que hemos visto cómo configurar un ejemplo básico de sección de acceso, validemos su funcionamiento siguiendo estos pasos:

1. Guarde el documento seleccionando **Archivo | Guardar todo el Documento** de la barra de menús.

2. Ejecute una recarga del script y guarde nuevamente el documento.

3. Cierre QlikView Desktop seleccionando **Archivo | Salir** de la barra de menús.

4. Abra nuevamente QlikView y el archivo de `Operación de Aerolíneas SA.qvw`.

5. En el cuadro de entrada de **Identificación de Usuario**, ingrese `admin`.

6. En el cuadro de entrada de **Contraseña**, ingrese `admin123`.

Si todo se configuró correctamente, debe haber accedido al documento sin problemas. Tome un momento para repetir estos pasos e ingresar nombres de usuario y contraseña incorrectos para verificar que QlikView no permita el acceso al documento.

> QlikView solo verifica las credenciales de usuario una vez en cada sesión. Si cierra el documento y lo vuelve a abrir sin salir por completo del programa QlikView Desktop, no se le solicitará usuario y contraseña para entrar. Solo cuando cierre por completo el programa y vuelva a abrir QlikView Desktop se le preguntarán por sus credenciales de acceso nuevamente. Esto es importante recordarlo al cambiar y hacer pruebas con la sección de acceso.

Campos de la sección de acceso

Los derechos de acceso se pueden definir en base a varios criterios. En el ejemplo anterior usamos los campos ACCESS, USERID, y PASSWORD, pero la ventana de diálogo de **Asistente de Tablas de Restricción de Acceso** ofrece más opciones, como se ilustra a continuación:

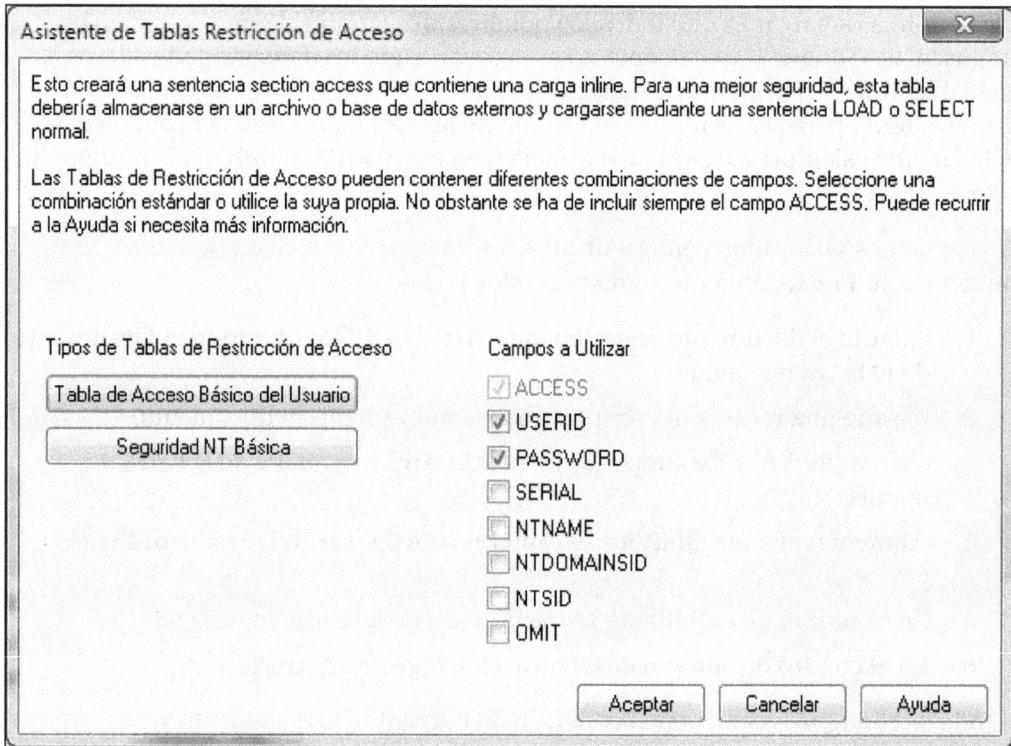

Estas opciones y su descripción se listan en la siguiente tabla:

Nombre del campo	Descripción
ACCESS	Es un campo requerido que define el nivel de acceso del usuario. El nivel de acceso puede ser **ADMIN**, para nivel de acceso de administrador con privilegios de cambiar cualquier cosa en el documento, o **USER**, para nivel de acceso (restringido) de usuario.
	Si se abre el documento a través de QlikView Server, la configuración de **ACCESS** se ignora, por lo que todo usuario es tratado con nivel de acceso **USER**.
USERID	Si se define este campo, QlikView preguntará por un nombre de usuario. El definido en este campo no es el mismo nombre de usuario que el usuario de Windows.

Nombre del campo	Descripción
PASSWORD	Si se define este campo, QlikView preguntará por una contraseña. Esta no es la misma que la contraseña usada para el usuario de Windows.
SERIAL	Se usa para especificar un número de serie QlikView. Esto permite que el acceso se base en el número de licencia del programa QlikView.
NTNAME	Es un nombre de usuario NT de dominio o nombre de grupo.
	Tome en cuenta que se debe especificar también el nombre de dominio. Por ejemplo: DOMINIO\NTNAME.
NTDOMAINSID	En este campo se puede especificar un identificador SID de Windows NT, que es un código que identifica el dominio de Windows. Este identificador tiene la siguiente estructura: S-1-5-21-479397367-1589784404-1244202989.
	Solo usuarios que estén autenticados en el dominio especificado podrán abrir el documento. Sea muy cuidadoso al usar esta opción ya que una actualización en la red puede provocar que cambie el SID y pierda el acceso al documento.
	El valor correspondiente a **NTDOMAINSID** se puede ingresar en el editor de script mediante el menú **Insertar | SID de Dominio**.
NTSID	En este campo se puede especificar un código SID de Windows NT que identifica a un usuario mediante un valor similar al **NTDOMAINSID**. Tiene la siguiente estructura: S-1-5-21-479397367-1589784404-1244202989-1234.
	De igual forma, debe ser muy cuidados al usar esta opción ya que un cambio no previsto le puede hacer perder el acceso al documento.
	Este valor se puede encontrar abriendo una ventana de command prompt (tecla *Windows* + *R* y ejecutando cmd) y escribiendo wmic useraccount get name, sid.
OMIT	En este campo se puede especificar un nombre de campo que deba ser escondido para el usuario correspondiente.

Observe que se permite casi cualquier combinación de campos. Por ejemplo, si se define solamente **NTNAME** y **PASSWORD**, el usuario de dominio tendrá que autenticarse correctamente y además especificar la contraseña asociada en QlikView con su cuenta de dominio (que puede ser distinta a la contraseña de dominio de Windows). También, es válido tener solamente el campo **USERID**, de forma que se necesite especificar solamente un nombre de usuario para obtener acceso al documento, sin importar el usuario de dominio y sin preguntar por una contraseña.

> **Orden en que se validan los campos**
>
> QlikView primero valida si los campos SERIAL, NTNAME, NTDOMAINSID, o NTSID son suficientes para proporcionar acceso al documento. Solamente si no se encuentra alguna correspondencia en la tabla de permisos, o si estos campos no están definidos en la misma, QlikView preguntará por un usuario y contraseña, en caso de haberse definido alguno(a).

En la siguiente sección veremos cómo podemos usar la sección de acceso para restringir permisos de usuario a nivel datos.

Campos de reducción

Además de los campos listados en la sección previa, podemos asociar campos adicionales a la tabla para reducir o limitar el conjunto de datos que un usuario determinado puede ver. Sigamos este ejemplo para limitar los tipos de vuelo (y sus vuelos asociados) que están disponibles para diferentes usuarios:

1. Abra el editor de script y active la pestaña de script oculto.

2. Actualice la tabla inline de la sección de acceso para que contenga la siguiente información:

ACCESS	USERID	PASSWORD	%TIPODEVUELO
ADMIN	ADMIN	ADMIN123	*
USER	DF	DF123	DOMESTIC_FOREIGN
USER	DU	DU123	DOMESTIC_US
USER	IF	IF123	INTERNATIONAL_FOREIGN

3. A continuación, posicione el cursor después de la instrucción de Section Application.

4. Vaya al menú **Insertar | Cargar Sentencia | Cargar Inline**.

5. Dentro del **Asistente para Datos Inline**, seleccione **Herramientas | Datos de Documento**.

6. En la ventana de diálogo de **Importar**, seleccione el campo **Tipo de Vuelo**.

7. Asegúrese que en la sección de **Valores a Importar** esté activado el botón de opción correspondiente **a Todos los Valores** y dé clic en **Aceptar**.

8. Escriba `Tipo de Vuelo` como encabezado de columna y añada una segunda columna de nombre `%TIPODEVUELO`.

9. Continúe llenando la tabla para que contenga los datos mostrados a continuación:

%TIPODEVUELO	Tipo de Vuelo
DOMESTIC_FOREIGN	Domestic, Foreign Carriers
DOMESTIC_US	Domestic, US Carriers Only
INTERNATIONAL_FOREIGN	International, Foreign Carriers
INTERNATIONAL_US	International, US Carriers Only

10. Dé clic en **Aceptar** para cerrar el diálogo de **Asistente para Datos Inline**.

El script resultante se verá como a continuación:

```
Section Access;
LOAD * INLINE [
    ACCESS, USERID, PASSWORD, %TIPODEVUELO
    ADMIN, ADMIN, ADMIN123, *
    USER, DF, DF123, DOMESTIC_FOREIGN
    USER, DU, DU123, DOMESTIC_US
    USER, IF, IF123, INTERNATIONAL_FOREIGN
];
Section Application;

LOAD * INLINE [
    %TIPODEVUELO               , Tipo de Vuelo
    DOMESTIC_FOREIGN           , "Domestic, Foreign Carriers"
    DOMESTIC_US                , "Domestic, US Carriers Only"
    INTERNATIONAL_FOREIGN      , "International, Foreign Carriers"
    INTERNATIONAL_US           , "International, US Carriers Only"
];
```

Con esto, se crea el campo `%TIPODEVUELO`. Este campo existe tanto en la parte correspondiente a la sección de acceso como en el modelo de datos de la aplicación, por lo que actuará como un campo puente entre estas dos secciones. Mediante asociación, podemos limitar a lo que un usuario particular puede tener acceso en el modelo de datos.

> **Creando una tabla inline en base a datos existentes**
>
> Una funcionalidad interesante en el diálogo de **Asistente para Datos Inline** es la posibilidad de cargar los contenidos de un campo que ha sido previamente cargado al modelo de datos, usando el menú **Herramientas | Datos de Documento**. Esto puede resultar muy útil cuando queremos agrupar los valores de un campo existente.

Pudo haber observado que para el usuario ADMIN hemos usado un asterisco (*) en lugar de un valor en el campo %TIPODEVUELO. Si se usa un asterisco, significa que el usuario correspondiente tendrá acceso a todos los valores listados en el campo de reducción. En este ejemplo, significa que ADMIN tendrá acceso a los tipos de vuelo DOMESTIC_FOREIGN, DOMESTIC_US e INTERNATIONAL_FOREIGN, pero no al tipo de vuelo INTERNATIONAL_US, ya que este valor no está listado en la tabla de sección de acceso.

Si queremos que el usuario ADMIN pueda tener acceso también al tipo de vuelo INTERNATIONAL_US, tendremos que añadir una línea adicional referenciando el tipo de vuelo INTERNATONAL_US en la tabla de sección de acceso. Hagamos eso ahora:

1. Cree una nueva línea de script después de la línea de ADMIN, ADMIN, ADMIN123, *.

2. En esta nueva línea, ingrese los siguientes valores: ADMIN, ADMIN, ADMIN123, INTERNATIONAL_US.

3. Vaya a **Archivo | Guardar todo el Documento** para guardar los cambios.

4. Dé clic al botón de **Recargar** para ejecutar el script.

> En este ejercicio, se redujo el modelo de datos en base a un solo campo. Para reducir el modelo de datos en base a múltiples campos podemos simplemente añadir otra columna de reducción a la tabla de sección acceso y así tendremos un campo puente más al modelo de datos.
>
> Algo importante a tomar en cuenta en este escenario es que la reducción se hará en base a la intersección de todos los campos puente. Si, por ejemplo, se da a un usuario acceso al tipo de vuelo Domestic, US Carriers Only y al tipo de motor Jet, el usuario solo podrá ver los vuelos domésticos realizados por aerolíneas de Estados Unidos y usando una aeronave tipo jet. Todos los vuelos usando otro tipo de motor serán excluidos.

Aunque hemos terminado la parte de script para configurar la sección de acceso con los campos de reducción, necesitamos hacer algunos cambios adicionales antes de poder ver los resultados. Vayamos de vuelta a la interfaz del documento.

Reducción inicial de datos

Es necesario indicar a QlikView que debe realizar una **Reducción Inicial de Datos** al abrir el documento. Al habilitar la reducción inicial de datos, QlikView elimina del modelo todos los datos a que el usuario no tiene acceso.

> El uso de la reducción inicial de datos es de suma importancia. No usarla significa que cualquier usuario con acceso al documento tendrá acceso al conjunto completo de datos del modelo, con lo cual se pierde el propósito de aplicar seguridad al documento.

Sigamos estos pasos para configurar la reducción inicial de datos en nuestro documento:

1. Abra la ventana de **Propiedades de Documento** presionando las teclas *Ctrl + Alt + D*.

2. Vaya a la pestaña **Al Abrir** y active la opción de **Reducción Inicial de Datos basada en la Sección de Acceso**.

3. Asegúrese que la casilla de **Exclusión Estricta** esté también activa.

4. Marque la casilla de **Carga Binaria no permitida**.

5. Dé clic en **Aceptar** para cerrar el diálogo de **Propiedades de Documento**.

6. Vaya a **Archivo | Guardar** en la barra de menús para guardar el documento.

Hemos configurado el documento para que, al ser abierto, se excluyan todos los datos a que el usuario en cuestión no tenga acceso. Veamos más de cerca las opciones que habilitamos en las **Propiedades de Documento**:

- **Reducción Inicial de Datos basada en la Sección de Acceso**: Esta opción habilita la reducción inicial de datos en el documento.

- **Exclusión Estricta**: Con esto, QlikView niega el acceso a usuarios que tengan asociados valores en los campos de reducción pero que éstos no tengan correspondencia con los valores del modelo de datos. Esto no aplica para usuarios con nivel de acceso ADMIN, quienes tendrán acceso al modelo completo de datos en este escenario. Se recomienda siempre habilitar esta opción para prevenir el acceso a datos no permitidos del documento.

- **Carga Binaria no permitida**: una vez habilitada esta opción, no será posible cargar el modelo de datos del documento a otro documento QlikView mediante una carga binaria. Se recomienda siempre habilitar esta opción, a menos que use una arquitectura de datos de capa múltiple que use cargas binarias, por ejemplo para crear QlikMarts.

Cuando un documento con sección de acceso se carga dentro de otro documento mediante una carga binaria, el nuevo documento heredará la sección de acceso de la aplicación original.

Tome un momento y trate de entrar al documento con los usuarios DU, DF e IF y vea cómo los datos son reducidos para mostrar solo la información asociada a los tipos de vuelo que cada usuario tiene autorización de ver. Después de eso, abra nuevamente el documento e ingrese con el usuario ADMIN, ya que necesitaremos privilegios de administrador para hacer los cambios que se describen a continuación.

Omitiendo campos

En los campos listados en el **Asistente de Tablas de Restricción de Acceso**, hay uno que es un poco distinto a los otros: el campo **OMIT**. Mientras que todos los otros campos se usan para identificar a un usuario, el campo **OMIT** se usa para eliminar campos del modelo de datos para ciertos usuarios especificados.

En el siguiente ejercicio, crearemos un nuevo usuario, llamado SINAEROLINEA, y eliminaremos el campo Aerolínea para este usuario en particular. Sigamos estos pasos:

1. Abra el editor de script presionando las teclas *Ctrl + E* y active la pestaña de script oculto.

2. Actualice la tabla inline de sección de acceso para añadir el campo OMIT.

3. Defina el valor del nuevo campo OMIT en nulo para todos los usuarios existentes, añadiendo simplemente una coma (,) al final de cada línea de ADMIN y USER.

4. Añada un usuario nuevo al final de la lista ingresando el siguiente código:

   ```
   USER, NOCARRIER, NOCARRIER123, *, Aerolínea
   ```

5. Vaya al menú **Archivo | Guardar Todo el Documento** para guardar los cambios.

6. Dé clic en el botón de **Recargar** para ejecutar el script. Una vez recargado el documento, guárdelo nuevamente.

El script resultante se debe parecer al mostrado a continuación:

```
Section Access;
LOAD * INLINE [
    ACCESS, USERID, PASSWORD, %TIPODEVUELO, OMIT
    ADMIN, ADMIN, ADMIN123, *,
    ADMIN, ADMIN, ADMIN123, INTERNATIONAL_US,
    USER, DF, DF123, DOMESTIC_FOREIGN,
    USER, DU, DU123, DOMESTIC_US,
    USER, IF, IF123, INTERNATIONAL_FOREIGN,
    USER, SINAEROLINEA, SINAEROLINEA123, *, Aerolínea
];
```

Hemos creado un nuevo usuario, SINAEROLINEA, cuya contraseña es SINAEROLINEA123. Este usuario tiene acceso a todos los tipos de vuelo pero no puede ver el campo Aerolínea.

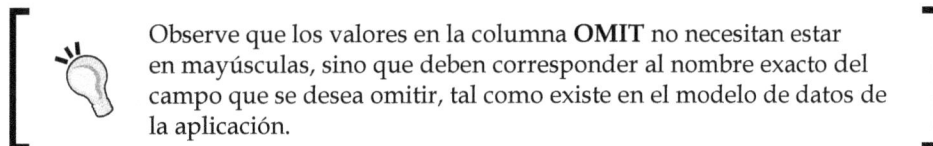

> Observe que los valores en la columna **OMIT** no necesitan estar en mayúsculas, sino que deben corresponder al nombre exacto del campo que se desea omitir, tal como existe en el modelo de datos de la aplicación.

Probaremos si todo funciona de acuerdo a lo planeado, pero esta vez usaremos otro método. Siga estos pasos:

1. Mantenga su aplicación actual de QlikView (el programa) y el documento abiertos.

2. Inicie una segunda instancia de QlikView desde el menú **Inicio** o mediante el ícono de acceso rápido.

3. Si recibe una advertencia de **Archivos de recuperación automática**, dé clic en **Cerrar** para ignorarla.

4. Vaya a **Archivo | Abrir** y seleccione el archivo Operación de Aerolíneas SA.qvw.

5. Cuando se le pida un usuario y contraseña, ingrese SINAEROLINEA y SINAEROLINEA123 en los campos correspondientes.

Si todo marchó correctamente, debemos ver que el cuadro de lista de **Aerolínea** aparece vacío y que el campo está marcado como **(no disponible)**.

> (no disponible)[Aerolínea]

Al abrir una segunda instancia del programa QlikView y probar en ella nuestro archivo, hemos reducido significativamente el riesgo de quedarnos sin acceso al documento. Si cualquier cosa hubiera salido mal, podríamos revertir los cambios hechos al documento en la primera instancia que se mantuvo abierta. Es altamente recomendado el uso de este método.

> **La asociación funciona también en la sección de acceso**
>
> Hasta ahora, hemos usado una sola tabla para guardar los datos de la sección de acceso. Es posible también usar múltiples tablas asociadas entre sí.
>
> Por ejemplo, si queremos omitir múltiples campos para un solo usuario, es necesario añadir cada uno de estos campos en una nueva línea. Esto se puede realizar dentro de la tabla de seguridad que hemos estado usando, pero una mejor alternativa es eliminar el campo OMIT de la primera tabla y crear una segunda tabla asociada que contenga los campos USERID y OMIT.

Ya que hemos visto cómo limitar quién tiene acceso al documento, y definir qué es lo que cada quién puede ver, en la siguiente sección veremos algunas otras opciones para restringir lo que los usuarios tienen permitido hacer dentro del documento.

Seguridad a nivel documento

Los privilegios de usuario se pueden configurar en dos niveles dentro de QlikView: a nivel documento y a nivel hoja. Podemos abrir los privilegios de usuario a nivel documento presionando *Ctrl + Alt + D* para abrir el diálogo de **Propiedades de Documento** y activando la pestaña **Seguridad**. Esta pestaña se muestra en la siguiente imagen de pantalla:

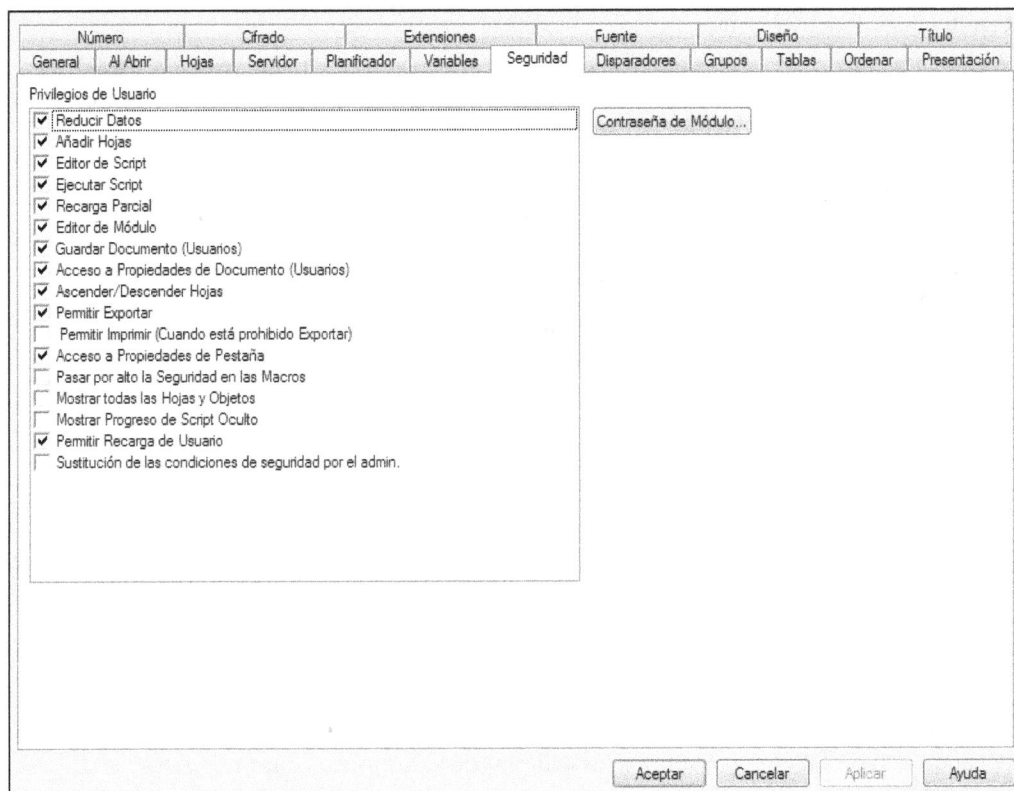

La siguiente tabla lista y describe las configuraciones posibles de seguridad a nivel documento:

Privilegio de Usuario	Descripción
Reducir Datos	Permite que los usuarios puedan reducir datos usando el menú **Archivo	Reducir Datos**.
Añadir Hojas	Permite que los usuarios puedan añadir nuevas hojas mediante el menú **Diseño	Añadir Hoja**.
Editor de Script	Permite que los usuarios puedan editar el script mediante el menú **Archivo	Editar Script**. Se recomienda no habilitar esta opción.
Ejecutar Script	Permite realizar una recarga completa del documento mediante el menú **Archivo	Recargar**. Como esto siempre resulta en el conjunto de datos completo, ignorando la seguridad de acceso, no se recomienda habilitar esta opción.

Privilegio de Usuario	Descripción
Recarga Parcial	Permite realizar una recarga parcial mediante **Archivo | Recarga Parcial**. Como esto regresará un conjunto de datos completo, ignorando la seguridad de acceso, no se recomienda habilitar esta opción.
Editor de Módulo	Permite a los usuarios editar macros mediante **Herramientas | Editor de Módulo**. No se recomienda habilitar esta opción.
Guardar Documento (Usuarios)	Permite a los usuarios con nivel de acceso USER guardar el documento mediante **Archivo | Guardar**. Como esto puede resultar en que un usuario sobrescriba el documento con una versión con datos reducidos, no se recomienda habilitar esta opción.
Acceso a Propiedades de Documento (Usuarios)	Permite a los usuarios abrir la ventana de **Propiedades de Documento** mediante el menú de **Configuraciones**. Aunque se recomienda deshabilitar esta opción, aun cuando los usuarios tengan este privilegio no podrán ver las pestañas de **Hojas**, **Servidor**, **Planificador**, **Seguridad** y **Cifrado**.
Ascender/Descender Hojas	Permite a los usuarios cambiar la posición de las hojas mediante el menú **Diseño | Ascender Hoja** o **Diseño | Descender Hoja**.
Permitir Exportar	Permite a los usuarios exportar e imprimir datos, o copiarlos al portapapeles.
Permitir Imprimir (Cuando está prohibido Exportar)	Si se deshabilita la opción de **Permitir Exportar**, esta otra opción permitirá a los usuarios de todos modos imprimir datos.
Acceso a Propiedades de Pestaña	Permite el acceso a las propiedades de pestaña.
Pasar por alto la Seguridad en las Macros	Permite a los usuarios ignorar las configuraciones de seguridad establecidas cuando se ejecutan comandos desde una macro. Se recomienda deshabilitar esta opción.
Mostrar todas las Hojas y Objetos	Permite a los usuarios ignorar el mostrado condicional de objetos y hojas presionando *Ctrl* + *Shift* + *S*. Se recomienda mantener deshabilitada esta opción.
Mostrar Progreso de Script Oculto	Muestra el progreso del script oculto en la ventana de diálogo de **Progreso de Ejecución de Script**. No se recomienda habilitar esta opción.
Permitir Recarga de Usuario	Si la opción de **Ejecutar Script** está habilitada, deshabilitar esta casilla evitará que usuarios con nivel de acceso USER puedan recargar el documento. Se recomienda deshabilitar esta opción.
Sustitución de las condiciones de seguridad por el admin	Cuando está habilitada esta opción, se ignora toda configuración de seguridad del documento y hoja cuando un usuario con privilegios de ADMIN abre el documento. Se recomienda habilitar esta opción.

Además de estas configuraciones, el botón de **Contraseña de Módulo** permite proteger el editor de macros con una contraseña.

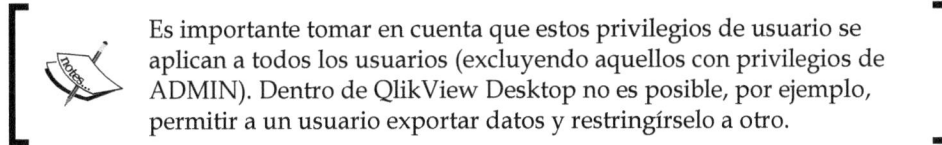

> Es importante tomar en cuenta que estos privilegios de usuario se aplican a todos los usuarios (excluyendo aquellos con privilegios de ADMIN). Dentro de QlikView Desktop no es posible, por ejemplo, permitir a un usuario exportar datos y restringírselo a otro.

Además de la seguridad a nivel documento, podemos aplicar privilegios de seguridad a nivel hoja, como se explica en la siguiente sección.

Seguridad a nivel hoja

A nivel hoja, podemos determinar qué acciones pueden realizar los usuarios. Los privilegios a nivel hoja se pueden configurar desde **Configuraciones | Propiedades de Hoja** en la barra de menús y activando la pestaña **Seguridad**. Los contenidos de esta pestaña se muestran en la siguiente imagen de pantalla:

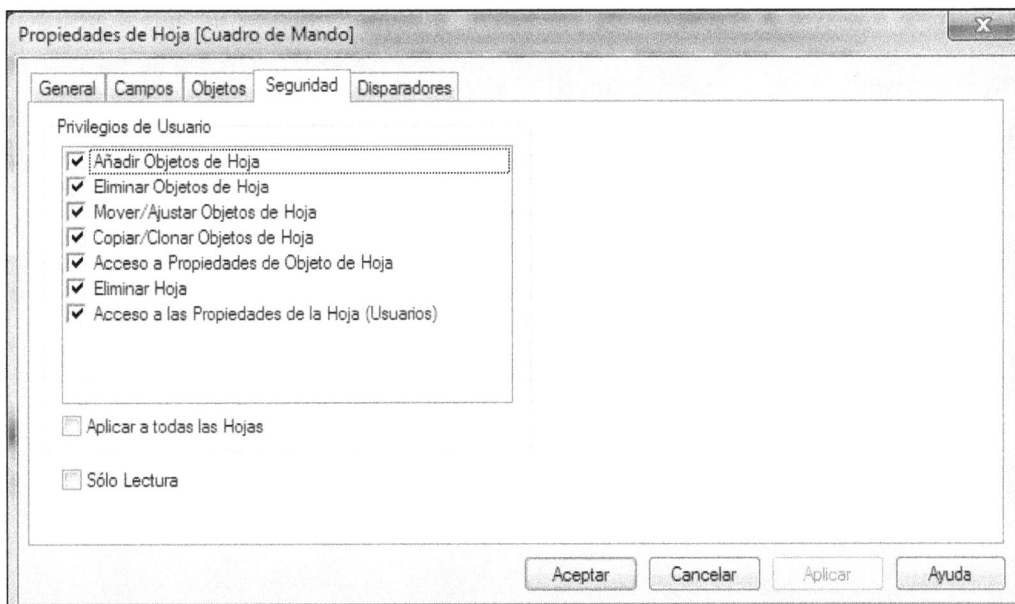

La siguiente tabla lista y describe los diferentes privilegios de usuario que se pueden definir a nivel hoja:

Privilegio de Usuario	Descripción
Añadir Objetos de Hoja	Permite a los usuarios añadir nuevos objetos de hoja.
Eliminar Objetos de Hoja	Permite a los usuarios eliminar cualquier objeto de hoja, no solo los que ellos han creado.
Mover/Ajustar Objetos de Hoja	Permite a los usuarios mover y redimensionar los objetos de hoja. En hojas en que no deseamos que los usuarios muevan o redimensionen los objetos, esta opción es mucho más conveniente que desactivar la opción de **Permitir Mover/Ajustar** en cada objeto de hoja individual.
Copiar/Clonar Objetos de Hoja	Permite a los usuarios crear una copia de los objetos de hoja existentes.
Acceso a Propiedades de Objeto de Hoja	Permite a los usuarios acceder a la ventana de diálogo de propiedades de objeto.
Eliminar Hoja	Permite a los usuarios eliminar la hoja.
Acceso a las Propiedades de la Hoja (Usuarios)	Permite a los usuarios acceder a la ventana de diálogo de **Propiedades de Hoja**.

Al seleccionar la opción de **Aplicar a todas las Hojas,** podemos aplicar los privilegios de la hoja activa a todas las hojas en el documento.

Resumen

Hemos llegado al final de este capítulo sobre seguridad, en el que primero vimos cómo podemos determinar qué usuarios tienen acceso al documento. Después exploramos formas de restringir los datos a que los distintos usuarios tienen acceso. Finalizamos el capítulo viendo cómo podemos establecer los privilegios de usuario a nivel documento y a nivel hoja.

De manera puntual, en este capítulo aprendimos cómo crear un script oculto y también que es muy importante crear una copia de respaldo antes de aplicar la seguridad al documento.

También aprendimos cómo añadir la sección de acceso al documento y cómo identificar usuarios en base a diferentes criterios, como **USERID**, **PASSWORD**, número **SERIAL** de QlikView o nombre de usuario **NTNAME**.

Finalmente, aprendimos cómo usar la sección de acceso para reducir de manera dinámica los datos que cada usuario tiene autorización de ver y cómo aplicar privilegios de usuario a nivel documento y a nivel hoja.

Con el final de este capítulo, llegamos también al final de este libro. A lo largo del libro aprendimos a crear scripts para extraer datos desde diversas fuentes, transformarlos y cargarlos a QlikView. También aprendimos cómo crear y estilizar objetos de visualización para uso en cuadros de mando, hojas de análisis y reportes, y cómo realizar cálculos complejos y análisis comparativo de periodos de tiempo. Finalmente, aprendimos cómo podemos proteger nuestros datos de manera apropiada.

Esperamos que después de leer este libro y realizar los diferentes ejercicios se sienta con la seguridad de que ha adquirido las habilidades que necesita para comenzar a desarrollar sus propias aplicaciones QlikView. Le deseamos muy buena suerte en sus emprendimientos con QlikView y ¡bienvenido a la comunidad de desarrolladores QlikView!

Índice

[PACKT] PUBLISHING enterprise
professional expertise distilled

Gracias por comprar
QlikView 11 para Desarrolladores

Acerca de Packt Publishing

Packt publicó su primer libro "Mastering phpMyAdmin for Effective MySQL Management" en Abril de 2004 y posteriormente continuó especializándose en la publicación de libros enfocados principalmente en tecnologías y soluciones específicas.

Nuestros libros y publicaciones transmiten experiencias de profesionales como usted, del área de Tecnologías de Información, que le guían en adaptar y personalizar sistemas y aplicaciones. Nuestros libros le proporcionan el conocimiento y habilidad necesaria para personalizar los programas informáticos y tecnologías utilizadas ampliamente. Los libros Packt son más específicos y menos generales que los libros de TI que ha visto antes. Nuestro modelo de negocio único nos permite ofrecerle información más enfocada, facilitándole más de lo que necesita saber y menos de lo que no necesita.

Packt es una casa editorial moderna y única, que se enfoca en producir libros de calidad y de alta relevancia para las comunidades de desarrolladores, administradores, y principiantes por igual. Para más información, por favor visite nuestro sitio web: www.packtpub.com.

Acerca de Packt Enterprise

En 2010, Packt lanzó dos nuevas marcas, Packt Enterprise y Packt Open Source, con la finalidad de continuar su enfoque hacia la especialización. Este libro es parte de la marca Packt Enterprise, que es cuna de libros sobre programas informáticos de clase empresarial, es decir, software creado por fabricantes globales, incluyendo (pero no limitado a) IBM, Microsoft y Oracle. Sus títulos ofrecen información de relevancia para una variedad de usuarios de estos programas, incluyendo administradores, desarrolladores, arquitectos y usuarios finales.

Escribiendo para Packt

Todas las solicitudes que recibimos de personas interesadas en ser autores son bienvenidas. Puede enviar sus propuestas de nuevos libros a author@packtpub.com. Si su propuesta está aún en la etapa inicial y le gustaría discutirla antes de escribir una propuesta formal, contáctenos; uno de nuestros editores de adquisiciones se pondrá en contacto con usted.

No solamente estamos buscando autores consolidados; si usted cuenta con fuertes habilidades técnicas pero no tiene experiencia en publicaciones, nuestros editores le pueden ayudar a desarrollar una carrera como autor, o simplemente obtener reconocimiento adicional por su experiencia.

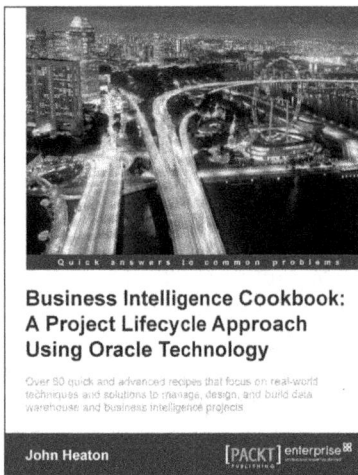

Business Intelligence Cookbook: A Project Lifecycle Approach Using Oracle Technology

ISBN: 978-1-849685-48-1   Paperback: 368 pages

Over 80 quick and advanced recipes that focus on real-world techniques and solutions to manage, design, and build data warehouse and business intelligence projects

1. Full of illustrations, diagrams, and tips with clear step-by-step instructions and real time examples to perform key steps and functions on your project

2. Practical ways to estimate the effort of a data warehouse solution based on a standard work breakdown structure.

3. Learn to effectively turn the project from development to a live solution

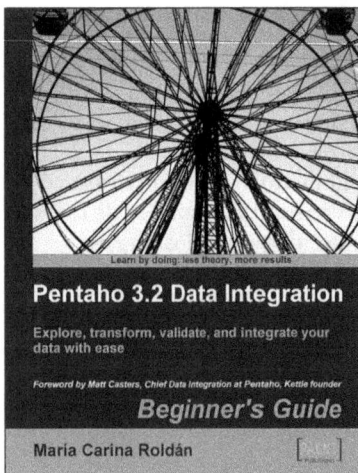

Pentaho 3.2 Data Integration: Beginner's Guide

ISBN: 978-1-847199-54-6   Paperback: 492 pages

Explore, transform, validate, and integrate your data with ease

1. Get started with Pentaho Data Integration from scratch.

2. Enrich your data transformation operations by embedding Java and JavaScript code in PDI transformations.

3. Create a simple but complete Datamart Project that will cover all key features of PDI.

Please check **www.PacktPub.com** for information on our titles

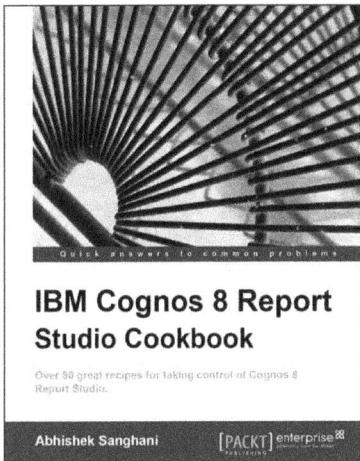

IBM Cognos 8 Report Studio Cookbook

ISBN: 978-1-849680-34-9   Paperback: 252 pages

Over 80 great recipes for taking control of Cognos 8 Report Studio

1. Learn advanced techniques to produce real-life reports that meet business demands

2. Tricks and hacks for speedy and effortless report development and to overcome tool-based limitations

3. Peek into the best practices used in industry and discern ways to work like a pro

4. Part of Packt's Cookbook series-each recipe is a carefully organized sequence of instructions to complete the task as efficiently as possible

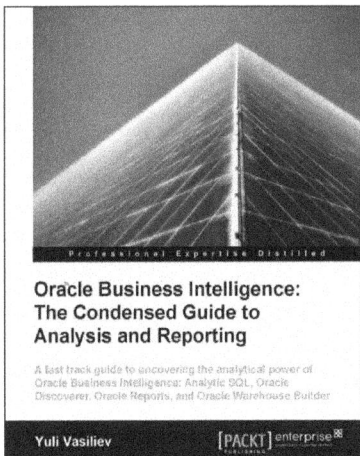

Oracle Business Intelligence : The Condensed Guide to Analysis and Reporting

ISBN: 978-1-849681-18-6   Paperback: 184 pages

A fast track guide to uncovering the analytical power of Oracle Business Intelligence: Analytic SQL, Oracle Discoverer, Oracle Reports, and Oracle Warehouse Builder

1. Install, configure, and deploy the components included in Oracle Business Intelligence Suite (SE)

2. Gain a comprehensive overview of components and features of the Oracle Business Intelligence package

Please check **www.PacktPub.com** for information on our titles

www.ingramcontent.com/pod-product-compliance
Lightning Source LLC
Chambersburg PA
CBHW060948210326

41598CB00031B/4753